深蓝装备理论与创新技术丛书

水陆两栖车辆设计制造技术

高志龙　迟　达　蒋永旭　诸国华　编著

哈爾濱工程大學出版社
Harbin Engineering University Press

内容简介

两栖车辆不仅具有"水上快速而隐蔽、陆上机动而灵活等特点，而且在水陆交界处具有独特的通行性能"，在民用交通运输方面和军事方面都显示出其重要性，具有很好的发展前景。本书主要介绍两栖车辆的设计与制造技术，包括两栖车辆综述、两栖车辆研究设计关键技术、低速两栖车辆的设计、高速两栖车辆的设计、两栖车辆的制造与改装、无人两栖车辆系统、水陆两栖舟桥车船、水陆两栖房车研究。

本书可作为从事水陆两栖车辆制造与设计研究的相关人员的参考用书。

图书在版编目(CIP)数据

水陆两栖车辆设计制造技术 / 高志龙等编著. —哈尔滨：哈尔滨工程大学出版社，2023.1

ISBN 978-7-5661-4038-8

Ⅰ. ①水… Ⅱ. ①高… Ⅲ. ①水陆两用车-设计②水陆两用车-制造 Ⅳ. ①U469.6

中国国家版本馆 CIP 数据核字(2023)第 135803 号

水陆两栖车辆设计制造技术

SHUILU LIANGQI CHELIANG SHEJI ZHIZAO JISHU

选题策划 田立群 唐欢欢
责任编辑 马佳佳
特约编辑 杨文英 周海锋 田立群
封面设计 李海波

出　　版 哈尔滨工程大学出版社
社　　址 哈尔滨市南岗区南通大街 145 号
邮政编码 150001
发行电话 0451-82519328
传　　真 0451-82519699
经　　销 新华书店
印　　刷 黑龙江天宇印务有限公司
开　　本 787 mm×1 092 mm 1/16
印　　张 31.25
字　　数 578 千字
版　　次 2023 年 1 月第 1 版
印　　次 2023 年 1 月第 1 次印刷
定　　价 168.00 元
http://www.hrbeupress.com
E-mail:heupress@hrbeu.edu.cn

深蓝装备理论与创新技术
丛书编委会

前　言

两栖车辆是一种特种的、兼备陆地行驶与水上航行功能的特种车辆。最早在第二次世界大战(二战)中便显示了其重要作用,受到了人们的重视。其后扩展到民用领域,如旅游、应急救援、工程施工、运输、生活房车等。目前,两栖车辆在军事斗争中的重要性和在国民经济建设以及人民日常生活中的作用等方面,越来越受到人们的关注。

欧美与苏联在发展应用两栖车辆技术方面起步较早,已经发展了几代并有多种型号,技术上处于国际前列。我国两栖车辆的研究工作起步较晚,尽管近几年来,研发、制造发展很快,尤其在军用方面取得了许多重要成果,但是总体上来说军用型号不多,在民用上的发展较慢,许多领域还处于空白。

为了更好地发展两栖车辆技术,编著者利用工作的积累并收集国内外的相关资料编写了本书,介绍了两栖车辆的设计与制造技术,供相关人员在工作中参考应用。

本书正文部分共分为 8 章:

第 1 章为两栖车辆综述,主要介绍水陆两栖车辆的作用、分类;国内外两栖车辆的发展情况;国内外的对比以及在民用的两栖救援、工程施工、两栖旅游等方面的发展及现状;两栖车辆的发展趋势。

第 2 章为两栖车辆研究设计关键技术,主要介绍两栖车辆应用场景、两栖车辆设计关键技术,包括两栖车辆的底盘技术、车体线形及结构、发动机的通风散热技术、水上推进技术、密封问题、抗沉性问题、防腐蚀问题、减阻技术、航行特征、轮胎收发等技术。

第 3 章为低速两栖车辆的设计,包括低速两栖车辆的总体设计、性能分析、结构设计、传动与动力系统设计、分动器设计、机电设计、综合性数值分析、安全管控设计及 7 ~ 10 t 级载重两栖救援车。

第 4 章为高速两栖车辆的设计,包括高速两栖车辆介绍、总体设计、螺旋桨设计、高航速技术、车身结构设计、传动与动力系统设计、热管理设计及 700 kg 载重高速两栖车辆的设计案例等。

第 5 章为两栖车辆的制造与改装，介绍了高速与低速的两栖车辆生产制造、两栖车辆的改装建造与两栖车辆试验技术。

第 6 章为无人两栖车辆系统，包括数字模型、数字链与数字孪生、数字物理信息中心、两栖车辆无人系统的云计算、无人两栖车辆设计案例等。

第 7 章为水陆两栖舟桥车船，主要介绍其发展情况及相关技术。

第 8 章为水陆两栖房车研究，主要介绍了国内外两栖房车的发展、两栖房车的关键技术以及对两栖房车发展的展望。

最后是结束语。

由于编著者能力有限，书中必然会有许多不足之处，我们由衷地希望能够得到读者的批评指正。

编著者

2022 年 11 月

目　录

第1章
两栖车辆综述

两栖车辆是一种特种的、兼备陆地与水上航行功能的装置。由于两栖车辆具有水上快速而隐蔽、陆上机动而灵活,以及在水陆交界处所具有的独特通行性能等特点,因而无论在民用交通运输方面,还是在军事方面都显示出了其重要性。

(1)两栖车辆在国内外的民用方面已经使用的领域有木材运输机械、油气管道的铺设、地质勘探、船舶停泊卸货,等等。在旅游、打猎、捕鱼等方面也有用两栖车辆作为陆上和水上通行运输工具的。

(2)在军民融合和军事领域方面,两栖战斗车辆以其“隐蔽性好,突击性强,在天气恶劣、波浪较大情况下仍能登陆和下水”的独特能力,显示了其重要的军事价值。在战争史上,突然袭击、出奇制胜的登陆战例情况不胜枚举。

当前,世界各大强国都很重视两栖车辆的装备与发展,尤其在军事方面,除专门发展用于登陆作战的两栖车辆外,在现代战争条件下的各种用途的轻型战斗车辆,许多都具备两栖行驶的性能。

两栖车辆的重要意义已经得到了我国各个方面的关注,在广大科技人员的努力下必将得到快速发展。

1.1 两栖车辆的作用与分类

众所周知,如果湖泊、大江、海洋的水横跨在人们、部队的面前,无疑将阻碍前进的步伐,这是一种经常会遇到的状况,也是影响人们前行的最大障碍。

障碍在实际战场上的分布密度通常是多种多样的,有的战场虽然有不少天然的和人工的障碍物,但这些障碍物如果彼此之间的距离很大,就不会影响部队的快速行军。但对于有些障碍来说,如大量的湖泊、河流和水库等,就会严重影响部队的军事行动。

要解决水的障碍这一问题可以有许多方法,如建各种形式的桥梁、潜渡或乘船摆渡等。但是,在现代战争的条件下,要取得一个战役和战斗的胜利,在某种程度上取决于突然性和军事装备能否迅速克服障碍。

架设固定桥与乘船摆渡来越过水障碍,需要时间与装备,不是能够即刻成行;可以采用车辆自身的涉渡或潜渡能力来克服水障碍。这种方法需要有一定的技术安全保障的时间与具有技术能力的车辆,而且能否实施涉渡或潜渡,还要取决于水障碍的水深、底部土质和水流速度等要素。由此,研究制造能够克服前进路上江河湖海的环境情况,而跨越过去的车辆就显得十分重要了。

目前,各种类型两栖车辆装备的涉水深度在0.6~1.2 m,而且其涉水深度还随着水流速度的增加而有所降低。岸边的水深及底部土质对涉渡的可能性也有很大影响,尤其是轮式车辆更是如此。

因此,只有面对水不深、岸边和底部土质坚硬,且水流速度不大的水障碍时才能组织车辆涉渡。某些具有水密性能的主战坦克能用潜渡方法通过大约5 m深的水障碍。但用潜渡方法通过水障碍是需要更长的准备时间的,对潜渡地点的要求和选择也更加严格,车辆在水下的行驶也需要查明底部土质、水流速度和有无障碍物阻挡等。

还可以运用两栖车辆的自身浮渡通过水障碍。坦克和机械化部队运用这种方法,只需要很短的准备时间或不需要准备时间,就能在广阔的战线上,无论任何时间、任何气候条件强行通过水障碍,这是非常有价值的一种方法。特别是在大的水障碍地区,运用不同类型的两栖车辆实施强渡,是当前最为安全有效,也是最为省力的一种方法。

因此,目前人们把不需要进行长时间技术准备的依靠自身浮渡通过水障碍的轮式或履带式车辆称作两栖车辆,而当浮航处水较深、距离较远、要求速度较快时,就必须考虑装备的船舶方面的性能,这类装备则可称为两栖车船。当然,这种两栖车辆对于旅游、紧急救援与其他特种需求也是非常有意义的。

鉴于军民使用的两栖车辆种类较多,用途各异,其分类一般采用如下几种不同方法。

1.按两栖装备的性质区分

(1)以海上使用为主的车辆

这种车辆的体形较大、抗风浪能力较强、水上航速较高,具有防海水腐蚀性能。

(2)以内陆江河使用为主的车辆

这种车辆体形小,陆上机动性能要求高,水上航速稍低。

(3)以装备工程兵部队为主的车辆

这种车辆具有绞盘、起重、架桥等工程兵作业装置。

2. 按在水上推进的方法区分

(1)轮胎式推进

利用轮胎的转动推进车辆的水上行驶,结构简单,航速低。

(2)履带式推进

利用履带通过划水产生推力以推进车辆水上行驶,结构简单,推进效率低,所需发动机功率较大,转向及倒车性能较差。

(3)螺旋桨推进

通过螺旋桨的旋转产生推力推动车辆在水上行驶,转向通过航舵或改变螺旋桨的旋转方向实现,推进效率较高,工作可靠,但螺旋桨暴露在车外易损坏。

(4)喷水推进

利用喷水推进装置产生的水的动量变化,形成车辆在水上行驶的推力;具有防护性好、倒车和转向灵活、转向半径小、浅水性能好等优点。

3. 按航行原理区分

船舶的航速不同,其航行原理也是不同的。水面高速船的运动状态的划分主要取决于升力相对于排水量的大小,一般是用不同的体积弗劳德数来确定所有在水面上航行的船舶分类。经初步计算,这种分类方法对两栖车辆也是适用的。

(1)排水型两栖车辆

$F_{RV}<1.0$ 的两栖车辆都可称为排水型两栖车辆,这种两栖车辆的全部质量完全由流体浮力所支持,具有防海水腐蚀性能。在这种状态下:依靠车轮、履带划水或用螺旋桨驱动,水上速度一般在 10 km/h 左右;在基型底盘上改装,车底防水密封,安装防浪板;外观采用船形车体,车辆尾部安装螺旋桨或喷水推进器及舵桨机构;车身吃水深,水阻大,抗风浪和机动性较差。典型代表为轮式和履带式普通两栖车辆。

(2)过渡型两栖车辆

$1.0<F_{RV}<3.0$ 时,因航速增加,流体动力已成为不可忽视的因素,而静浮力的成分却有所减少,但流体动力还没有大到足以把两栖车辆抬出水面滑行的程度,因此称为过渡状态或过渡阶段。

(3)非排水特殊型两栖车辆

当 $F_{RV}>3.0$ 时,车辆的流体动力已经成为支持整个车辆质量的绝大部分,这时车体与水平面成一定的纵倾角沿水面向前滑行。

此类两栖车辆包括水翼型两栖车辆和滑水型两栖车辆两种。

①水翼型两栖车辆。水上行驶阻力小,推进效率高;但水上稳性较差,登陆时收翼技术要求高。

②滑水型两栖车辆。滑水型两栖车辆所需动力略高于水翼型车船,也能获得较高的水上航速,结构相对比较简单;它的不足之处是抗风浪能力稍差。其特点是:水上速度一般在 50 km/h 左右;车辆底盘采用密封的流线型船体;设置车轮收放装置、底盘提升系统;依靠喷水推进装置进行驱动。

未来,随着技术的发展还将出现综合采用滑水、水翼、气垫等减阻技术的新型两栖车辆。

4. 按两栖车辆用途区分

(1)两栖客车(旅游大巴、巡游、摆渡);

(2)两栖应急救援车(医疗救护、消防救火、物资人员运送);

(3)两栖工程车(起重吊运、安装);

(4)两栖房车;

(5)两栖指挥车;

(6)两栖装甲车;

(7)两栖坦克车;

(8)两栖舟桥车;

……

5. 两栖车辆的结构特点

(1)良好的密封性,尤其是车体和其他水线以下结构;

(2)具有水上推进装置;

(3)具有确保安全和长距离航行的辅助设备,如转向装置和排水工具等;

(4)具有对松软土壤具有良好通过性的行驶结构;

(5)具有提高出水上岸能力的措施,如水上推进能力与陆上推进共同的工作结构;

(6)具有自动清除水草的结构;

……

1.2 国外两栖车辆发展情况

两栖车辆兼具车与船的特性，既可在陆上行驶，又可泛水浮渡，在军事、经济等领域具有广泛的应用价值。

有资料记载的第一辆水陆两栖车辆由美国人 Oliver Evans 于 1805 年发明，为了能使车在水中行驶，他在车上装了轴和桨轮，用发动机飞轮轴的皮带和皮带轮来驱动桨轮，当这辆两栖车辆一到水中，车尾的桨轮便开始工作。

人们将 Oliver Evans 的发明称为“一辆使用蒸汽动力的装有轮子的船”，从结构和使用上看这个发明又是一辆能在水中行驶的车。

图 1－1、图 1－2 记载的是第一次世界大战期间德国为奥地利军队制造的水陆两栖车辆，可被认为是真正意义上的水陆两栖车辆。

图 1－1 最早记录水陆两栖车辆的照片

图 1-2　德军装备 82 型军车(左)和 166 水陆两栖车(右)

1.2.1　两栖车辆发展的综合状况

从第一次世界大战期间的军用水陆两栖车辆开始,水陆两栖车辆的发展已经百年,经历了军用—民用—军民用互动发展的几个阶段,每个阶段形成了不同的产业格局并发展出了不同的技术。

1. 军用两栖车辆阶段

从 1930 年代到 1945 年。两栖车的发展基本上是满足军事需要,形成了军方和大型汽车制造企业联合主导的垄断性产业格局,产品特点是平稳、中速,解决了底盘、推进和密封性等基础技术。

第二次世界大战期间,在轴心国一方,德军装备的大众 166 型水陆两栖车,陆地行驶最高速度接近 90 km/h,水中速度 10 km/h 左右。该车装备部队以后受到德军官兵的广泛欢迎,到 1944 年末,沃尔夫斯堡工厂和保时捷位于斯图加特的工厂总计生产了 14 238 辆该类型水陆两栖车。

此间,在同盟国一方,美军也装备了大量的两栖车辆,美国军方和福特公司研发量产了福特公司的 GPA 两栖吉普,与斯蒂芬研究院和通用公司则合作生产了 DUKW 两栖运输车。大众 166 和 GPA 两栖吉普车都是轻型两栖车,载重都在 1 t 以下,承载 4 ~5 人,货物 300 kg 左右,抗风浪能力较弱,水面速度一般在 8 km/h,主要用在穿越内河湖泊上,见图 1-3。

图1-3　美军水陆两栖车(被称为“大澡盆”)

水陆吉普设计得并不是很成功,没有得到士兵的一致好评,该车在设计之初就存在很多缺点,如车身太重、干舷太低,还有若干技术上的缺陷,在以后的使用中虽然不断改进,仍然未能取得满意的效果,该车共计生产了12 778辆。

外号“水鸭子”的DUKW两栖车辆各项性能指标优越:该车总重7.5 t,水上时速为10 km/h,抗风浪能力强,可以运载25名士兵或2.3 t各类货物。在历史转折的诺曼底登陆战中,DUKW在尚未占领码头的情况下,两天中运送补给1.8万t,帮助盟军度过了最困难的时刻。

德国大众与美国福特所投入巨额资金研发出的两栖车具有相类似的基本技术:底盘技术、水中推进技术、密封性技术和发动机的通风散热技术。美、德军用两栖车辆都采用了非承载底盘。这种越野车底盘抗扭性强,爬坡性能较好,能够克服30°角度障碍。DUKW更是最先具备可在驾驶室内改变轮胎气压的车辆,轮胎可完全充气以应付硬地路面,亦可降低轮胎气压以应付如沙滩的软陆,从而大大增强越野性能。它们的推进器都采用螺旋桨。比如德国大众两栖车是三叶螺旋桨推进器。

2. 军民融合的产业发展阶段

该阶段始于二战结束,其特点是市场需求以都市旅游和私人探险为主,技术上沿袭军用技术,产业格局上众多企业参与开发而形成准完全竞争状态。

由于战争结束,欧洲国家不再研发军用轮式两栖车辆,而美军用“装了轮子的驳船”的LARC两栖登陆艇来取代轮式两栖运输车,结果是军用两栖车辆技术转入民用领域,中小企业蜂拥进入这一市场。欧洲著名的Tripple公司在大众166型基础上设计了各种民用两栖车辆。美国则大量出现改装车小企业,分布在五大湖和东西沿岸。它们把GPA和DUKW分别改装成民用家庭两栖车辆和消防部门的两栖救援车以及水上旅游观光车。

二战后，美军的两栖吉普表现平平，但其中的一款车经过改装，却创造了令人难以置信的奇迹：一名退役的大兵卡林和他的爱妻驾驶这辆车横渡了大西洋并环游世界，见图1-4。

图1-4　卡林与妻子完成水陆两栖车冒险的浪漫旅程

敞开式的车舱被改装成一个封闭的舱室，又在车辆底部加装了大型的燃料油舱。在他们环游世界的旅程中，这辆吉普车一共在海上航行了15 360 km，在陆地上行驶了62 400 km。

民用两栖车辆的研发脚步很快，各国发明家纷纷设计出了不同风格的两栖车辆。例如，英格兰的一家公司，研制成功了一种水陆两用汽车，该车在陆地上的最高速度可达100英里①每小时（约160 km/h），在水面上的航速则为30英里每小时（约48.27 km/h）。

两栖车辆虽然在民用领域运用上一直没什么突破，但因其具有的良好通过性和适应性而始终受到军方的关注，多被应用于缉私与灾难救助中。

同时，其可用于海军陆战队、伴随登陆与反登陆部队的作战保障，岛屿部队的物资人员输送和边防部队的执勤巡逻和武警公安执行特种任务等。

3. 民用技术发展及民用转军用阶段

面对个体化需求，新兴的科创企业迅速采用新材料和新技术大幅度改进推进、排水、收放和操作系统，形成了寡头企业主导局面。

上万辆各类改装民用两栖车辆在使用半个世纪之后逐步退出历史舞台，新

① 1英里=1.609 km，60英里=97 km≈100 km。

的两栖车辆需求高度个体化:寻求的是高速度、轻质和操作便利。这种需求对于传统两栖车辆是一个巨大挑战。传统两栖车辆由于推进系统、车体形状等导致水面时速一般都在 15 km 以下,早期两栖车辆的推进器主要是螺旋桨。螺旋桨推进系统工艺成熟、效率较高、可靠性强、传动系统复杂,浅吃水时候容易产生浅水效应,螺旋桨暴露在外,容易被泥石、水草及垃圾损伤。传统两栖车辆车体多为平底圆头,造成了航行状态为排水航行,航行阻力较大。最后,浸在水中的车轮及悬架装置会导致巨大的水上行驶阻力,既减缓速度,又增加油耗。因此,要制造出跑车型两栖车,必须要进行大幅度技术革新。

面对新的需求,汽车业巨头比如福特、通用和丰田都保持沉默,主要原因如下。

(1)大企业关注的是大众市场,而两栖车辆是一个小众市场;

(2)两栖车辆研发涉及船舶相关技术,超出了传统汽车工艺范畴,成本较高;

(3)两栖车辆个体化需求多,难以标准化生产,生产成本较高;

(4)售后服务要求高。

(5)两栖车辆行驶在水面上,风险远大于普通汽车,一旦出事,有损大企业品牌形象。

当时从事研发和生产的是欧美少数几家中小型专业性研发科创企业。他们呼应新需求而引领了新一轮研发热潮,美国 Gibbs 公司和瑞士 Rinspeed 等公司研发和生产出了水面行驶时速超过 45 km 的两栖车,WaterCar 研制的 Pather 的速度甚至达到了 70 km/h。

跑车型两栖车辆的成功主要归功于以下 5 个方面的突破性进展。

(1)新一代两栖车辆推进系统更多采用喷水推进。它利用推进泵喷出水流的反作用力推动船舶前进,其推进效率是螺旋桨的三倍,抗空泡能力强大,操纵性优异,工作平稳,运行噪声低,传动机构简单,保护性能好,适应变工况能力强,浅水工作能力强,附体阻力小。

(2)采用了 V 型体型。传统的圆头平底车体,虽然平稳,但是却让两栖车辆处于排水航行状态,阻力极大。为了使两栖车辆从排水航行状态尽快进入到水动力支撑的滑水航行状态,Gibbs 公司两栖车车底形状采用了单体滑行艇与双体滑行艇技术,不仅大幅度降低两栖车辆在水中的阻力,还增加了车辆在水中的操纵稳定性,保证了较大的最小离地间隙。

(3)为了尽可能减小水中车轮及悬架装置带来的巨大行驶阻力,新的两栖车辆开始收起车轮并使之高于水面。Gibbs 公司研发的独立悬架的车轮收放系统是迄今为止最为成功的收放系统,完成收放不超过 10 s。

(4)新两栖车辆更多地应用轻质抗腐蚀的复合材料,大大增加浮力,提升载重量和耐用性。Gibbs 公司两栖车就采用了树脂复合材料。WaterCar 的 Panther 车盘上覆盖有玻璃纤维外壳,加起来有 1 m^3 的闭孔泡沫,使整车在水中行驶时具有良好的浮力。

(5)由于高速行驶,两栖车辆需要应对更加复杂的水面状况,新型两栖车辆自然装备了越来越多电子传感器以及软件系统来自动调节,因此,新型两栖车辆操作驾驶已具备了智能化。Gibbs 的两栖车辆具有网络功能,以共享和分发来自车上和远程传感器的信息,而瑞士的 Rindspeed 则开发出了无人驾驶的两栖车辆。

民用领域的突破性进展反过来引起了军方兴趣。美国军队在新一代轮式两栖车中都准备采用 Gibbs 公司的发明设计。比如,与洛克希德马丁公司联合研制的 ACC 高速军用两栖车辆采用了滑水车体,Hummings 两栖车辆应用了车轮收放系统。

美国还不断开发各种型号的两栖车辆,于 20 世纪 50 至 60 年代发展了 LARC－5、LARC－15 和 LARC－30 三种补给物资两栖运输车辆。1973 年中东战争后,两栖运输车辆在登陆渡河(海)中的作用进一步得到重视。

多年来,美国、俄罗斯、英国等军事强国研制了各型两栖越野汽车,主要有美国的 GPA、LARC－5、LARC－15 和 LARC－30,意大利的 IVECO6640G,西班牙的 VAP3550,英国的 Alvis Stalwart 和 Am phitruck 等型号。

1.2.2 民用两栖车辆情况

民用两栖车辆是从小型民用车辆发展而来的,现在已经发展到大型旅游客车、救援车、工程车、房车等各种类型,各种车型技术发展也很快,下面对国外民用两栖车发展状况简要介绍如下。

1. 世界上最快的两栖汽车——Python 两栖汽车

加州一家水上汽车公司 WaterCar 设计的水陆两用车,取名 Python,是当今世界上最快的水陆两用车,见图 1－5。

(a)

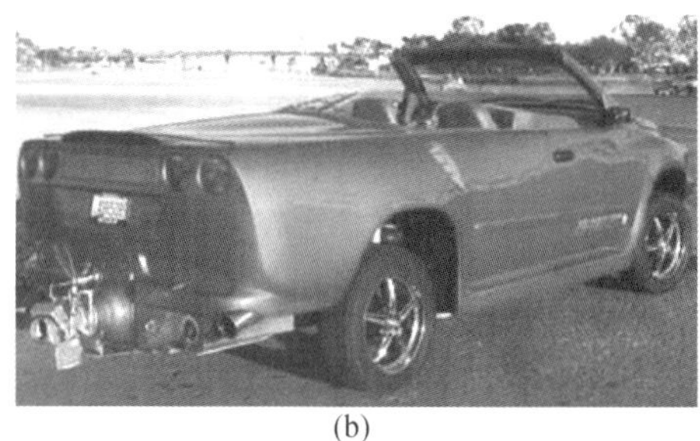

(b)

(c)

图 1－5　Python 两栖汽车

Python 配备了 Corvette ZR1 的 V8 引擎,动力强劲。其在陆地上的最高速度可达到 161 km/h,而它“最快”的称号却是在水上获得的。

Python 的流线型车底搭配专用的 Dominator 喷水推进器,水上的速度能高达 60 英里每小时(约 100 km/h),而且启动速度从 0 到 60 英里每小时只需 4.5 s。

Python 内部并没有因为它是一台水陆两栖车而装备潦草,中央控制台设计得十分复古,按键也清晰。后排的样式则采用了游艇的设计,座椅采用真皮材质,可供四人乘坐,见图 1－6。

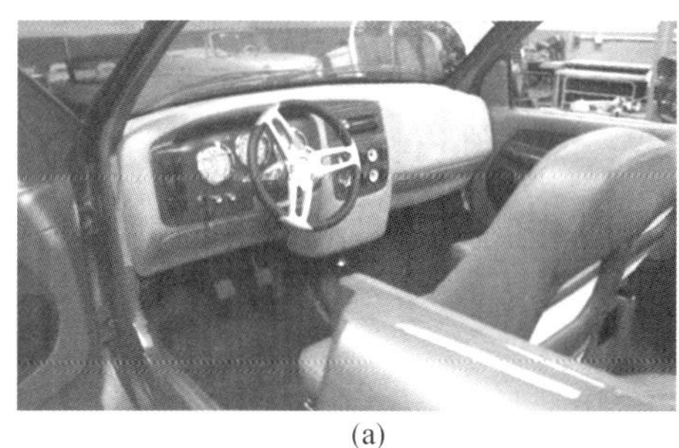

(a)

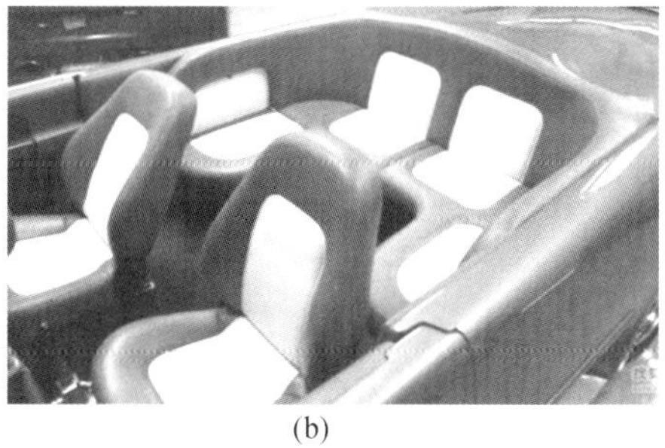

(b)

图 1－6　Python 两栖汽车内装

与 Python 相同的 Gator 同样来自美国 WaterCar 水陆两栖车工厂，而 Gator 则是由美国本土生产的两栖民用汽车。在车壳方面，Gator 基于吉普改进而来，车身部件也全部采用特殊材料制成，见图 1－7。

(a) (b) (c)

图 1－7　Gator 两栖车及内饰

美国 WaterCar 公司为这款车专门配备了“工具包”，里面包括一个由玻璃纤维材质打造的车身、负责驱动车辆前进的喷射推进装置、高扭矩签到轴齿轮箱及传动部件，除此之外，工具包还有可更换的车辆悬挂部件、转向总成及各种不锈钢零件，它们可以将这台看上去有些“呆板”的 SUV 变成能水能陆的两栖“动物”。

这台 Gator 的内饰简单明朗，黑色的中控区域规则地分布着各种仪表，车厢采用四座设计，如果用来末日逃生，相信后排乘三个人也不是问题，而黄与黑的搭配让这台车在规整、严肃中又不失时尚。目前 Gator 多分布于美国的各个海滩旅游地。

2. 大空间两栖车 Multi Amphibious Vehicle

2010 年，北美车展上展出了一款由韩国电动汽车生产商推出的大空间两栖车 Multi Amphibious Vehicle，见图 1－8。

(a)

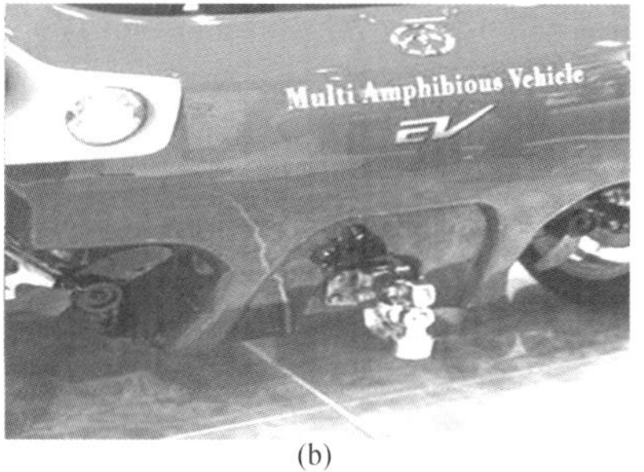

(b)

图 1－8　韩国电动汽车生产商推出的两栖车

3. 英国 Gibbs 公司 Aquada 两栖汽车(图 1－9)

(1)水上航速 50 km/h 以上;

(2)175 马力[①] V6 发动机;

(3)采用长 0.89 m、重 40 kg 的喷水推进装置;

(4)安装类似飞机起落架的收放车轮装置;

(5)陆上速度可达到 100 英里每小时(约 160 km/h)。

(6)只需按一下按钮便可从汽车变身为一艘船。

(a)

(b)

(c)

图 1－9　Gibbs 公司 Aquada 两栖汽车

① 马力,是工程技术上常用的一种计量功率的单位,1 马力约等于 0.735 kW。

4. 英国 Gibbs 公司 Humdinga 民用型两栖汽车

(1)水上航速达到 48 km/h;

(2)350 马力 V8 机械增压发动机;

(3)采用 2 个喷水推进装置;

(4)安装车轮收放装置。

5. 瑞士 Splash 水翼型高速三栖汽车

Splash 是 Rinspeed 公司首台水陆空三用概念车,首次展出于 2004 年的瑞士日内瓦车展中,见图 1 - 10。

(a)

(b)

图 1 - 10　水翼板打开状态与未打开状态

这款水陆空三栖汽车在陆地上行驶的最大速度接近 200 km/h,而从静止加速到 100 km/h 所需的时间仅为 5.9 s。水面上速度约 50 km/h。

由于水翼的角度是可以调整的,因此,该车可以在低速行驶(30 km/h)的情况下离开水面,进行短暂的“飞行”。在飞行的过程中,车身与水面的距离能够达到 60 cm,而且轮子一点都不沾水。如果水面平静,车的“飞行”速度可以达到 80 km/h。

这款水陆空三栖汽车的车身两侧安装了 V 字形水翼板,依靠水翼板可将车辆整体托离水面。其动力机组是一台双气缸发动机,其最大功率为 140 马力。该车使用的是天然气发动机,特别符合当今的环保潮流。Rinspeed Splash 内饰和座椅的设计颇具科技感,让人感觉仿佛坐进了太空飞船中。

6. 瑞士公司 Rinspeed sQuba 可潜驶的两栖车

Rinspeed 于 2008 年推出了一款名为 sQuba 的水陆两用车,这台车车身低矮紧凑、造型大胆流畅,它的设计师也就是 Rinspeed 公司首席执行官 Frank M. Rinderknecht 坦言,这台车的设计灵感来自美国 007 系列影视片《海底城》中的路特斯 Elise。

sQuba 配备有一套激光传感巡航系统，该车设计特别重视减重，将车内其他有可能造成车身重量增加的不必要装置全部取消，它的门板等车身外覆件大量采用了碳纤维及防腐蚀材质，底盘采用了中空的铝合金材质，整车重量仅为920 kg。

它在进入水面行驶的时候不需要收起车轮，只是通过动力输出方式切换使车辆能够在水上行驶。

这台车配备了双螺旋桨，可提供足够的推动力，能潜入水下 10 m 行驶，这是其他两栖车所不具备的“特异功能”。

由于这台车采用的是两门双座的敞篷设计，潜入水底时，驾驶人员可依靠车上装备的15升与18升两个独立氧气供应装置戴上氧气面罩，见图1－11。

(a)　(b)　(c)　(d)　(e)　(f)

图1－11　瑞士公司 Rinspeed sQuba 可潜驶的两栖车

这台两栖车搭载了三台电动机,实现了零排放。三台电动机中,有一台负责 sQuba 在陆地的动力输出,其余两台则都是为了它在水上行驶及水下"潜航"所准备的,陆地上最高时速可达 120 km,水上最高时速为 6 km,而当它潜入水下时最高时速便只有 3 km。

一旦面对暴雨的肆虐、洪水的侵袭,如果有这样的水陆两栖汽车一定能带来很多便利,当然即使没有灾难,开着车去水上玩玩也是一件很炫酷的事情。

7. 水上救援两栖车辆

令各种交通工具头疼的洪灾救援,对救援用水陆两栖车来说却是最能施展拳脚的地方。

图 1-12 是目前较为先进的民用水陆两栖卡车,名为 Gibbs Amphibians,它的体积小、速度快,在水中最快能达到 48 km/h,深受水中救援/作业公司的喜爱。目前已经授权新加坡的一家公司在亚洲生产制造。

(a)

(b)

图 1-12　民用水陆两栖卡车

图 1-13 所示的两栖车 Humdinga,是专为水灾救援研发的,在平地上速度能够达到 50 km/h,在水中 15 km/h,7 人或者 800 kg 的搭载量足够运送一些赈灾物资赶往现场。

(a)

(b)

图 1-13　水灾救援两栖车

8. 两栖旅游与豪华巴士

图1－14的左图是新加坡著名的鸭子船，是以越南战争时期真正的两栖车改修的水陆鸭子船游览车，右图是冰岛当地旅游用的一种水陆两栖车，既能在水中前行，也可在陆地和冰盖上面行驶，可以把游客带到更接近北极圈的地方。

(a)

(b)

图1－14　新加坡著名的鸭子船和冰岛旅游用两栖车

造价120万美元的超级豪华两栖房车可以驶离陆地，进入湖泊或河流行驶。它的外观与最豪华的汽车相像，一旦接触到水，又如同一艘游艇。它是由美国南卡罗来纳州的两栖车制造公司生产的，受到喜欢猎奇的富豪青睐，其行驶速度很快，后边还有小甲板（图1－15）。内部装饰超豪华，是移动的家，见图1－16。

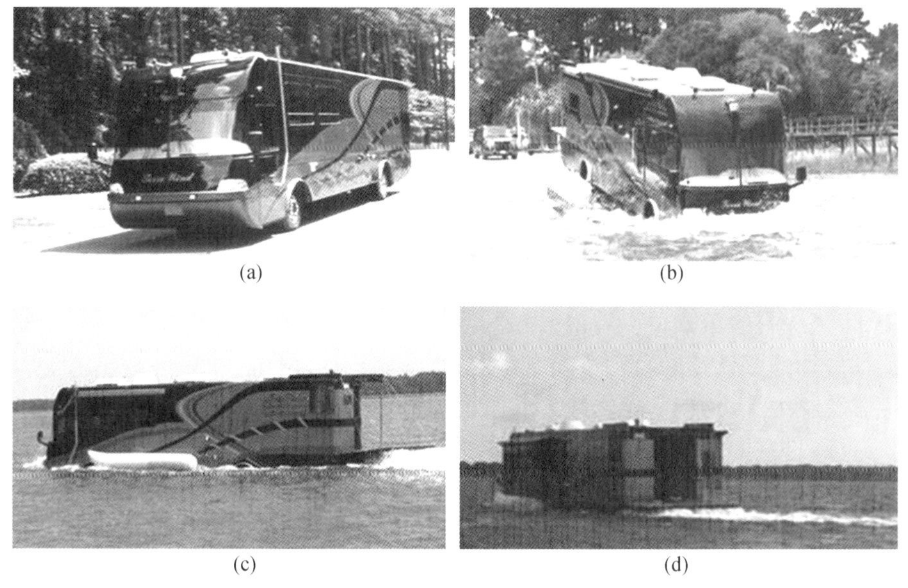
(a)　(b)　(c)　(d)

图1－15　超级豪华两栖房车

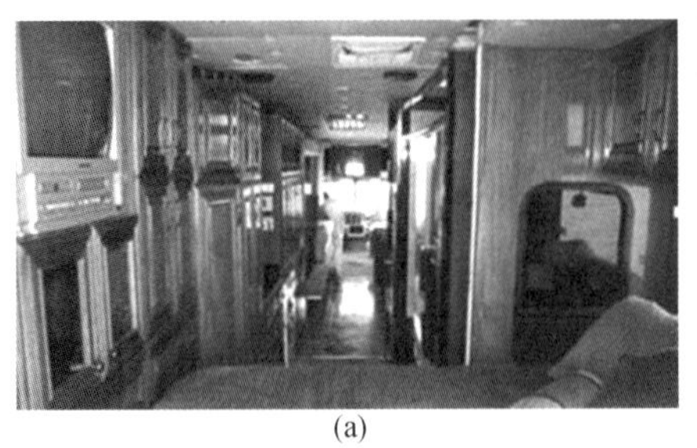
(a)

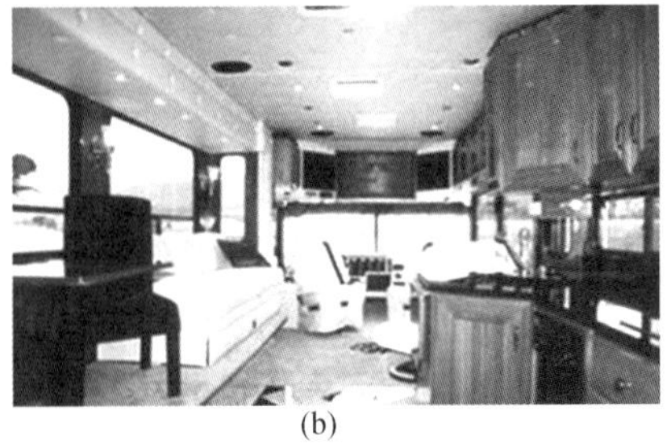
(b)

图 1-16 超级豪华两栖房车内装

图 1-17 为国外两栖房车变身为豪华游艇的水陆两栖车。

图 1-17 超级豪华游艇两栖房车

1.2.3 军用两栖车辆情况

在 1916 年,研究人员虽然已经设计出水陆装甲输送车,但在第一次世界大战后期,人们对两栖车辆的兴趣不大。水陆两栖车辆最早的大批量应用来自军事需求。水陆两栖军车起源于英国。1918 年 10 月,英国军方使用两侧各挂装一个"驼"式浮箱的Ⅸ型坦克,在伦敦附近的布伦特水库进行了首次坦克浮渡试验,开启了水陆两栖车研制的先河。真正的两栖车辆全新概念的建立是在 1928 年,从 1932 年研制的车辆可以看出,当时美国和德国各自研制的可以用于沿海执行海关任务和考察任务的自动小船,使用了汽车的行动部件。1931 年,英国的水陆坦克总质量为 3 t,装有一挺机枪,水上速度为 6 km/h。

二战时期,两栖车由于战争的需要,获得了飞速的发展。战争后期,抢滩登陆的作战应用广泛,规模越来越大,组织指挥越来越复杂,两栖装甲战车的发展获得了历史性的机遇。直至今天,两栖军车的技术水平与装备数量仍是衡量一个国家军事能力的重要指标之一。表 1-1 列出了国外服役中和即将服役的主要水陆两栖战车的主要参数。

表1-1　国外主要水陆两栖军车型号及参数表

型号		用途	诞生年份	服役状态	底盘形式	外形尺寸/mm 长×宽×高	整备质量/kg	陆上车速/(km·h^{-1})	水中车速/(km·h^{-1})
苏联/俄罗斯	BMP-3	作战车	1986	服役	履带	7 140×3 150×2 300	18 700	70	—
	LuAZ-96	支援车	1993	服役	4×4	3 628×1 740×1 625	1 350	75	—
	BMD-4M	作战车	2005	服役	履带	6 100×3 110×2 450	13 000	70	10
	BTR-MDM	输送车	2005	服役	履带	—	—	70	10
	BTR-82A	作战车	2005	服役	8×8	7 700×2 950×2 800	16 000	100	12
	章鱼-SDM1	作战车	2018	研制	履带	—	18 000	70	7
美国	AAV7A1 (LVIP7AAV)	突击车	1981	服役	履带	8 160×3 270×2 692	22838	64	13.2
	LAV-25	步兵车	1982	服役	8×8	6 393×2 499×2 692	12882	100	5.6~10
	GPV-哨兵	吉普车	2001	服役	4×4	6 310×2 590×2 390	16284	100	5.6~10
	GPV-指挥官	吉普车	2001	服役	6×6	6 810×2 590×2 390	21 772	100	5.6~10
	GPV-上尉	吉普车	2001	服役	8×8	7 960×2 590×2 390	26 308	100	5.6~10
	GPV-上校	吉普车	2001	服役	8×8	8 110×2 590×2 390	26 308	100	5.6~10
	GPV-将军	吉普车	2001	服役	10×10	9 260×2 590×2 390	—	100	5.6~10
	EFV	作战车	2003	服役	履带	9 330×3 360×3 280	34 473	72.41	46
	AAAV	突击车	2006	服役	履带	10 556×3 632×3 200	34 476	72.41	46
	ACV1.1	运输车	2005	服役	8×8	8 900×3 100×2 800	27 250	90	9.2
	ACC-E	突击车	—		4×4	—	—	129	72
	64	突击车	—		6×6	—	—	104	64

表 1－1（续）

型号		用途	诞生年份	服役状态	底盘形式	外形尺寸/mm 长×宽×高	整备质量/kg	陆上车速 /(km·h^{-1})	水中车速 /(km·h^{-1})
意大利	箭式	运输车	—	服役	8×8	—	28 000	70－90	11.11
西班牙	VAP3550	运输车	1978	服役	4×4	8 550×2 500×2 500	12 500	87	9.26
英国	Aquatrack	运输车	—	服役	履带	9 600×3 200×3 700	21 750	75	13
日本	MAV	突击车	2017	研制	履带	—	—	—	—
菲律宾	CROC	运输车	—	服役	4×4	—	—	—	40（海岸）
法国	AMX10PAC90	支援车	1978	服役	履带	5 870×2 830×2 730	14 500	65	2～8
韩国	KAAV	突击车				4 410×1 830×1 620	23000	72	13
	KAAV－II	突击车				—	—	—	46
斯洛伐克	鳄鱼	运输车	1995	服役	4×4	4 400×2 280×1 950	5400	120	—
土耳其	豹式	侦察车	2005	服役	6×6 6×4	—	—	100	9

1. 苏联与俄罗斯发展情况

苏联1932年利用汽车的部件研制了履带式的T－37水陆坦克，总质量3.2 t，在旋转炮塔上装有一挺7.62 mm机枪，使用了4～9 mm厚的装甲，陆上速度为36 km/h，水上速度为6 km/h，安装有螺旋桨，而且在不改变螺旋桨旋转方向的情况下可以实现车辆转向，这是该车的一大特点。该车的改进型T37－AI于1937年投入生产。

1936年，苏联又设计出总质量为3.3 t的T－38水陆坦克，该坦克装有ГА3－M1汽车发动机和传动装置，陆上速度46 km/h，水上速度6～7 km/h，该坦克的改进型有T－38－M1和T－38－M2。

1940年装备的T－40水陆坦克战斗总质量为5.5 t，2名乘员，在旋转炮塔上装有12.7 mm机枪和7.62 mm机枪各一挺，装甲厚14 mm，安装有63 kW汽车发动机，陆上速度44 km/h，车尾装有螺旋桨，用航舵转向，水上速度5～6 km/h。该车用于取代T－37和T－38坦克。

二战以后，在苏美加紧扩军备战，不断增强其核武库的同时，苏联十分重视陆军机动性的不断提高。以陆军战斗车辆与辅助车辆的装备来看，从二战结束到20世纪40年代末，坦克仍然以T－38为主，机械化部队的步兵输送工具主要是越野汽车，火炮的牵引工具依然是越野汽车与骡马并存。但是到了20世纪50年代，陆军就基本实现了T－54、T－55中型坦克和ITT－76水陆坦克及6TP－60轮式装甲输送车等一系列战斗车辆和辅助车辆的配备。

20世纪60年代末，随着美苏两国形成核武器均势，核大战不会轻易暴发，加之世界上局部地区常规战争连绵不断，规模越来越大，武器也日益先进。因此，到20世纪70年代中期，苏联在总结中东战争和越南战争的经验与教训的基础上，进一步修正了自己的军事思想，在准备打各种战争的前提下，把战争的重点放在常规战争方面，具体来说，就是侧重打以核战争为后盾的常规战争。这时，苏联再次确认陆军在武装力量中数量最多的基本军种，并进一步明确了加快陆军建设的步伐。进入20世纪70年代后，陆军向装甲化和自动化方向发展，主要武器装备基本上又更新了一代。已经列装的新装备有T－64A、T－72主战坦克，6MД－2伞兵战车，6TP－70、6TP－80轮式装甲输送车等，标志着苏联的陆军机械化战斗车辆基本实现了两栖化。他们既能在陆上行驶，又能在水上浮渡，水上航速一般为6～10 km/h。

综上所述，苏联的两栖车辆装备主要是以装备陆军机械化部队为主，也可以装备海军陆战队。其特点是火力强、体型小、陆上机动性好、水上和陆上使用的功率一致,其水上速度是在这一前提下,经过努力而实现的最大数值。

(1)BTR－MDM 履带式装甲车

BTR－MDM 履带式装甲车是先进的高速水陆两栖车(图 1－18 和表 1－2),其最新升级版于 2018 年第一季度列装俄罗斯空中突击大队。装甲车装备 1 门 100 mm 火炮,装载 34 枚破甲弹和 4 枚"刺客"(Stabber)(AT－10)导弹,还装备 1 门 30 mm 自动炮(备弹 500 发)以及 1 挺 7.62 mm 机枪。根据目标类型,主炮射程为 5.5 km(对装甲车辆)和 7 km,见表 1－3。

(a)

(b)

(c)

图 1－18 俄罗斯 BTR－MDM 履带式装甲

表 1－2 俄罗斯 BTR－MDM 履带式装甲车主要参数

入役年份	2005	乘员/人	8
尺寸和质量		越野性能	
整车质量/t	13.6	垂直梯度	60%
整车长度/m	6.36(含炮管)	侧面边坡	30%
车体长度/m	6.1	垂直立墙高/m	0.8
宽度/m	3.11	跨越战壕宽沟槽/m	1.8
总高/m	2.45	涉水两栖	泛水航渡

表 1－3 俄罗斯 BTR－MDM 履带式装甲车武器装备

主炮	100 mm 炮、30 mm 炮	发动机功率/马力	450
并列机枪	5.76 mm＋5.45 mm 机枪	最大陆地速度/($km \cdot h^{-1}$)	70
手榴弹发射器	40 mm	两栖速度/($km \cdot h^{-1}$)	10
动力装置	2v－06－2 柴油发动机	安装功率/kW	500

(2)BTR－82A 轮式装甲车

BTR－82A 轮式装甲车(图 1－19)可为上岸步兵提供压制火力。它于 2011

年开始服役,2013 年量产并装备部队,实为 BTR－80 轮式装甲车改进型号,换装了 300 马力柴油发动机和新型高强度轮胎,增强了越野机动性能,每辆 BTR－82A有 3 名乘员,可搭载 7 名步兵。武器系统为一门 30 mm 2A72 速射炮,每分钟射速 800 发,最大射程 4 000 m(高爆燃烧弹),可混装高爆燃烧弹或穿甲曳光弹。BTR－82A 已于 2015 年 9 月在叙利亚投入实战,至今仍是驻叙俄军的主力陆战装备之一。俄罗斯 BTR－82A 轮式装甲车主要技术参数见表 1－4。

(a)

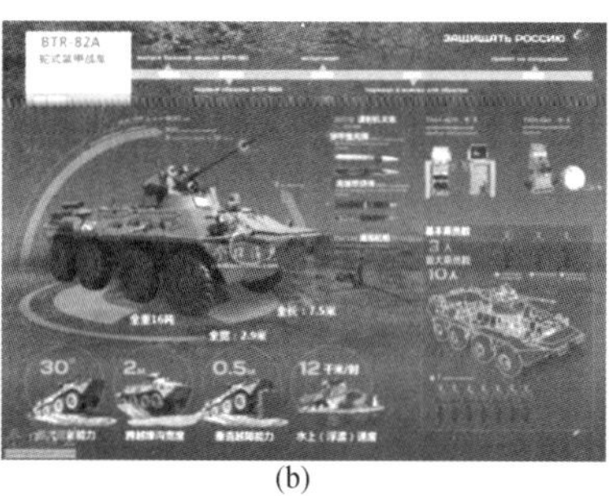

(b)

图 1－19　俄罗斯 BTR－82A 轮式装甲车

表 1－4　俄罗斯 BTR－82A 轮式装甲车主要技术参数

<table>
<tr><td>入役年份</td><td>2011</td><td>乘员/人</td><td>10</td></tr>
<tr><td colspan="4">尺寸和质量</td></tr>
<tr><td>质量/t</td><td>15</td><td>长度/m</td><td>7.7</td></tr>
<tr><td>宽度/m</td><td>2.95</td><td>车高/m</td><td>2.8</td></tr>
<tr><td colspan="4">武器装备</td></tr>
<tr><td colspan="2" rowspan="2">30 mm 2A72 速射炮</td><td>射速/(发·min⁻¹)</td><td>800</td></tr>
<tr><td>最大射程/m</td><td>4 000</td></tr>
<tr><td colspan="4">动力性</td></tr>
<tr><td>发动机功率/马力</td><td>300</td><td>最高陆地速度/(km·h⁻¹)</td><td>100</td></tr>
<tr><td>最大行程/km</td><td>600</td><td>水上速度/(km·h⁻¹)</td><td>10</td></tr>
<tr><td>梯度</td><td>60%</td><td>垂直越壕/m</td><td>0.5</td></tr>
<tr><td>边坡</td><td>40%</td><td>跨越沟槽/m</td><td>2</td></tr>
</table>

(3)章鱼－SDM1

“章鱼－SDM1”于 2018 年 12 月开始为期 1 年的测试。计划从 2020 年开始装备俄军师级部队。“章鱼”战车由伏尔加格勒拖拉机厂等军工企业研制,可容纳 3 人,战斗全重为 18 t。当运输机将“章鱼”送至目标空域后,使用 BMD-4M 型空降战车底盘及车底的缓冲气垫,该战车可借助车顶的多个降落伞实现空降着陆。

“章鱼”战车可从登陆舰中下水,进行抢滩登陆。在水中,该战车的密封储气舱和大功率排水泵使其获得浮力,另有持续喷水的推进器提供航行动力。“章鱼”的陆上行驶时速可达 70 km,水上时速为 7 km。

“章鱼”战车配备有性能先进的火控系统和自动追踪目标设备。主武器是 1 门自动装弹的 125 mm 口径反坦克滑膛炮,可使用反坦克导弹。此外,还配有高射机枪及并列机枪。这样的火力装备可让“章鱼”扮演水上轻型坦克的角色。

该车采用了一台 2V-06-2 型发动机,功率为 500 马力(368 kW)。公路行驶速度最高速度为 70 km/h、野外路面为 45 km/h,水面行驶速度为 10 km/h。在战场上可以跨越 1.8 m 宽的战壕或者是 0.8 m 高的垂直墙,其采用的液气悬挂系统可以使车体的离地高度为 130 ~ 530 mm 不等,正常离地高度为 450 mm。(图 1-20)

(a)

(b)

图 1-20 俄罗斯试制“章鱼-SDM1”水陆两栖车

2. 美国两栖车辆发展情况

美国是一个海洋国家,向海外运送军事力量是他夺取、扩大和保护其全球利益的重要手段。根据美国宪法,海军陆战队是美国的武装力量,是唯一不需要经国会批准,总统就可以动用的部队。因此,这支从属于美国海军的、1775 年 11 月建立并重建于 1798 年 7 月的海军陆战队,已经成为美国推行全球战略和对外政策的一张王牌。同时,他又是世界上规模最大、实力最强的一支两栖作战部队。所以,美国发展两栖车辆从一开始就具有“以海上使用为主”的明确目标。

初期的发展情况:

1924 年,一位名为安德鲁·希金斯的美国人设计了“厄尔卡”小船,由于该小船具有独特的车体，能防止推进器在浅水中被撞，而且在卸载以后能出水登陆，于是1926年被美国海军采购，并于1934年装备海军陆战队。1941年4月，希金斯又设计出一个带船首跳板的小船，能运载一辆18 t的坦克。共生产200辆，用于二战的两栖作战。后来，这种小船经过实践考验暴露出两个问题：

第一，太平洋大多数岛屿上的珊瑚礁会把小船的船底撞坏；

第二，登陆前，在海滩区域卸载时，容易造成登陆区域的拥挤，而实战经验早已证明，登陆区域的拥挤正是造成第一次世界大战加里波利两栖作战失败的原因之一。

1933—1935年，一位名叫唐纳·罗伯宁的美国人，研制出了一种用于救援的两栖拖拉机，能在水上浮航。采用铝车体，其履带既是陆上推进装置，也能在水上划水。陆上速度为40 km/h，水上速度为3.68 km/h，经过四轮样车研制后，提高了可靠性，水上速度已经达到13.76 km/h。1938—1939年，美国海军陆战队鉴定第一辆军用样车，样车于1940年交付，水上速度达到15.55 km/h。于是1941年2月海军在认同样车设计成果的基础上与履带登陆车Ⅰ型LVT－1的厂家正式签订了200辆的生产合同，要求1941年8月交付。该车用钢板代替了铝板，能防轻武器射击，具有珊瑚礁和拍岸浪条件下的更大坚固性。总质量为8.75 t，能运载1 814 kg货物，陆上速度28.8 km/h，水上速度11.2 km/h。

在第二次世界大战期间，美国共研制了LVT－1、LVT－2、LVT－3以及LVT－4四种车型和多种变型车。1942年，这些装备曾在太平洋瓜达卡纳尔岛进行过两栖作战。自那时以后，美国海军陆战队和陆军分队在二战的每次两栖作战中都使用了这些装备，并且这些设备在斯凯尔特河口的进攻战斗和强渡莱茵河的两次内陆河流的两栖作战中发挥了重要作用。

第二次世界大战以后的发展情况：

太平洋战争期间，美国海军陆战队第2两栖装甲营的LVT(A)－4型两栖战车涂装式样如图1－21所示。

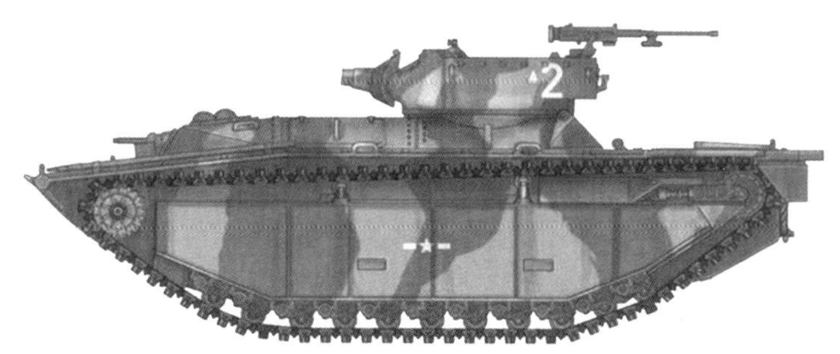

图1－21　美国LVT(A)－4型两栖战车

美国1947年颁布了国家安全法，进一步明确了海军陆战队的主要任务：

①协同美国海军占领并保卫重要地区；

②遂行对于海战目的具有重要意义的两栖登陆作战；

③向美国海军舰只、政府驻外机构及海军基地派出安全警卫人员；

④执行总统指派的任务。

同时，美国国家安全局还责成海军陆战队承担发展“登陆部队使用的与两栖作战有关的战术、技术与装备”的任务。从此以后，根据这项立法，美国海军陆战队与美国陆军分别承担各自的任务，海军陆战队便成为唯一担负两栖作战任务的部队，并在侵朝战争等一系列两栖作战中发挥了重要作用。仁川登陆以后，美国更加重视履带式登陆车的发展，又发展了3种车型，其中AA7V－A1两栖突击车参见图1－22。

(a) (b)

图1－22　AA7V－A1两栖突击车

①LVTP5履带式登陆人员输送车

1952年列装，该车修改了原来LVT系列车辆采用的部分浸水式履带推进器，改为全浸式，并将回程履带加装了外罩。取消了原LVT系列车辆履带上安装的极易破坏路面的“鹅掌式”叶片。该车37 t，体型高大，发动机功率为596 kW，但水上航速不高，仅达到10.94 km/h。

②LVTP7（AAV7）履带式登陆人员输送车

该车后来改称两栖突击车，1971年列装。该车首次采用喷水推进，与LVTP5相比，质量减轻，仅为23 t，体型也小了，发动机功率也减到294 kW，但水上的航速却增加到12.87 km/h，这些改进很可能是受苏联两栖车辆的影响。

③LVTP－7A1(AAV－7A1)履带式登陆人员输送车

该车系 LVTP7 的改进型,采用喷水推进和履带推进两种方式,由于车体线型做了很大改进,采用喷水推进时,航速已达 13.5 km/h,已经达到排水型车辆的很高水平。此外,该车用于水上转向并安装在喷口位置的回转机构较为简单、可靠,1983 年列装。在海湾战争的地面战斗开始以前,美国也曾在科威特战区部署过 300 辆该两栖突击车。

冷战以后美国海军的新战略:

冷战结束后,世界格局发生了重大变化。美国所担心的大规模核战争威胁及苏联和华沙条约组织成员国的军事进攻不复存在了。但是,世界仍面临着大量地区性、局部战争的威胁。

在这种形势下,美国提出了冷战后的防备新战略。为配合美国在海外的军事行动,要保持一批可以快速、机动行动的海军陆战队远征部队和特遣队,一旦全球任何一个地区发生情况,就能立即做出反应。为此,美国海军部改变了传统的两栖作战三阶段理论,重新拟定了未来两栖作战两阶段的新概念,即"舰上机动和不间断地由舰到岸上目标的,由海向陆的作战机动"。这种新概念的实质就是,实施首次突击的登陆部队要避开敌岸主要火力的有效射程,以很高的速度,从敌视距范围以外发起两栖突击,或称之为超视距突击登陆。在这种作战思想的指导下,美国海军海上装备部于 1988 年决定发展 AAAV 两栖突击车,并由 AAI 公司研制高航速技术演示车。1994 年,UDLP 公司和 GDLS 公司分别研制了 AAAV 机动性试验样车,在 1996 年经过试验评估后,继续进行深化研制工作。AAAV 履带式两栖装甲车见图 1－23。

(a)

图 1－23　AAAV 履带式两栖装甲车

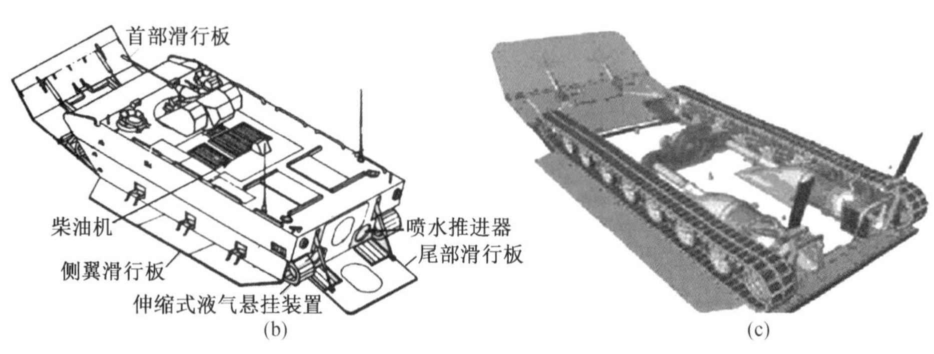

图 1-23(续)

对 AAAV 两栖突击车曾提出过若干设计方案,其中以水翼型车辆方案的水上动力特性为最好,因为水翼产生的升力能将车体完全托离水面,因此水上阻力小,推进效率高。但上陆时难以收起水翼是更大的问题。

相比之下,普通排水型车辆的陆上行驶性能最好,特别适合于陆上作战。但在水中航行时,阻力增大,此时车上能安装的最大功率发动机也只能使车辆航速达到所需航速的一半。

还有一种是滑行车辆方案,其水上运动与赛艇类似。当喷水推进器把车辆加速到一定速度以后,主要靠喷水推进器和车辆快速行驶产生的水动力支持车体,而不是靠浮力支持车体在水面上滑行。这种方案所需动力略高于水翼型车辆,但能获得较高的水上航速,结构也相对简单,缺点是抗风浪能力稍差。

因此,最终确定 AAAV 两栖突击车采用滑行车辆方案。在样车上安装的是可展开和收起的车首滑行板,侧翼铰接式滑行板和车尾铰接式滑行板。

采用可回缩的液气弹簧悬挂系统,在水上航行时,可以回缩到与车体底部齐平,以减少航行阻力。

美军目前的主力两栖战车是 AAV-7A1 两栖突击车,该车具有良好的浮渡能力,但在实战中证明面对地雷和简易爆炸装置时该车变得极其脆弱。

AAV-7A1 两栖突击车两侧都有附加装甲,外形非常有特点,见图 1-24。

为弥补下一代两栖突击车服役前的空白,美军对 392 辆 AAV-7A1 两栖突击车进行生存力方面的升级(图 1-25)。以此增强美国、北约盟国、合作伙伴之间协同作战的能力,应对未来可能的军事威胁。

(a)

(b)

图 1 - 24　AAV - 7A1 两栖突击车

图 1 - 25　AAV - 7A1 履带式两栖突击车

2016 年,美军对首批 10 辆车进行了试验,该车小批量初始生产从 2017 年启动,共生产了 52 辆。

美国海军陆战队的目标是该车在 2023 年具备全面作战能力,这将涉及 4 个步兵营的能力提升。

多年来美国海军陆战队一直在讨论更换现役的 AAV - 7A1 两栖突击车,最终在 2018 年选中 BAE 系统公司研制的新型两栖战车(简称 ACV),并计划于 2021 年前部署。

(1)GPV 系列两栖车辆

美国通用车辆有限公司是研制轮式车辆的老手,前身为著名的 AV 技术公司,拥有"龙骑兵"系列 4 ×4 装甲车和 LAV - 25 轮式步战车等著名产品。为了满足各种客户的需求,GPV 车族颇为庞大,仅基础车型就包括有 4 ×4、6 ×6、8 ×8、8 ×8 加长与 10 ×10 五种。GPV 车族的名字也取得十分讨巧,其中 4 ×4 型被称为"哨兵"(Sentry),6 ×6 车型为"指挥官"(Commander),8 ×8 车型为"上尉"(Captain),8 ×8 加长型为"上校"(Colonel),10 ×10 车型为"将军"(General)。其中哨兵、指挥官、上校、将军车型见图 1 - 26。

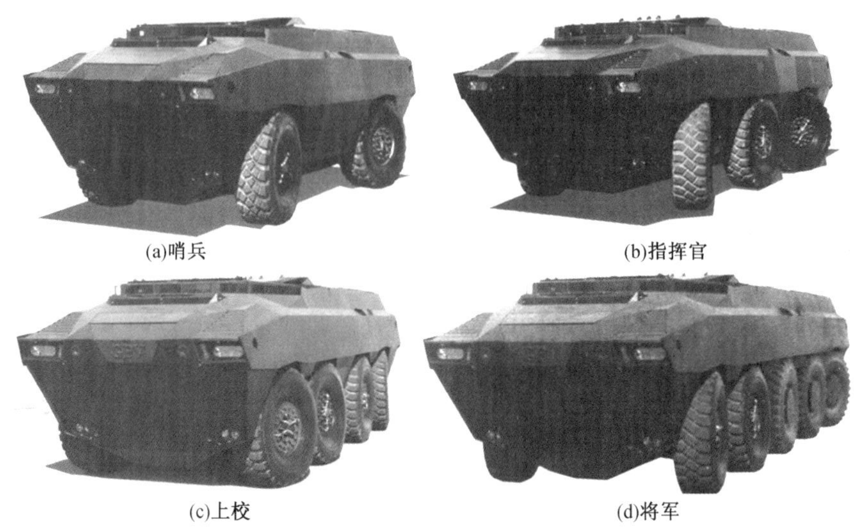

(a)哨兵　(b)指挥官

(c)上校　(d)将军

图 1 -26　美国 GPV 系列装甲车 - 哨兵、指挥官、上校、将军

虽然从 4×4 到 10×10 差距巨大,但高度模块化设计使得五种车型之间的零部件通用化程度高达 98%,大大降低了研发和采购成本,并降低了后勤保障压力。GPV 系列装甲车内部空间大,搭载乘员方案有多种选择,其中"哨兵"和"指挥官"车型采用 2+10 人配置,即车长、驾驶员 +10 名士兵;"上尉"车型采用 2+12 人配置;"上校"有两种搭载方案,分别为 2+12 或 2+14 人;"将军"也有两种搭载方案,分别为 2+14 或 2+16 人。

(2)EFV 水陆两栖装甲车

美国 EFV 两栖装甲车(图 1-27 和表 1-5)是世界上第一部可以在水面上"滑行"的装甲战车,其在水面上的时速是其他两栖战车无法比拟的,是新一代的两栖战车。

AAAV 定型后,于 2003 年 9 月 10 日被改称为"远征战车"。

图 1 -27　美国 EFV 水陆两栖装甲车

表1-5　美国EFV水陆两栖装甲车的主要参数

诞生年份	1996年	乘员与载员/人	20
底盘类型	履带式	最大行程/m	523
战斗全重/kg	34.473	轮胎负重轮数量	6对
车长/m	9.33	水上最大速度(机动模式)/km·h^{-1}	46
宽度/m	3.66	水上最大速度(过渡模式)/(km·h^{-1})	19
高度/m	3.28	陆上最大速度/(km·h^{-1})	72.41

依航行状态不同,EFV可分为以下三种操作模式。

一是海上高速机动时,车首原先折收的弓形滑板向前撑开。液压控制的履带将略回收,而原本内收在车体下方、左右各一的车脊滑板将外翻,盖住履带下缘。履带前方也会有对盖板挡住,以避免高速航行时履带与海面接触产生巨大阻力。原本收置于车尾上方的横梁滑板也会放下,在高速航行时可发挥撑起车尾的功用。也就是说,在海上机动时,EFV整车将会变成一个大型海上冲浪板,再加上推力的转向喷水推进器,EFV就可以46 km/h的高速在海上机动遨游。

二是海上过渡模式。EFV由低速转高速或高速转低速时,各部位滑板放收的过程:以登陆前的最后航行阶段为例,其履带盖板、车脊滑板、车尾横梁滑板必须先行收起,以利登岸后履带的操作。此时履带伸出并与海水直接接触,阻力大增,发动机马力也缩减,其航行速率将降至19 km/h左右,但仍比早期AAV7-A1快许多。

三是陆地模式。即所有滑板收起,履带伸出的地面行驶模式。

EFV的传动系统采用艾利森公司的动力传动模组。在3级海况下,EFV仍可以46 km/h的高速在海面航行,航行速率可达AAV7-A1的3~4倍。在37 km/h航速时其回转半径为85 m,在46 km/h航速时,其回转半径为100 m。并能在75 m的距离内,紧急停止。EFV可装载1 382 L燃油,燃油可供其在海上航行120 km或在陆地上行驶480 km。海上航行与陆上行驶能力亦可有多种组合,例如在海上航行40 km后,仍可在陆上行程近320 km。

(3) ACV 1.1两栖装甲车

ACV 1.1采用全装甲设计,总质量超过20 t,由一台700马力的六缸涡轮增压柴油发动机驱动,可搭载13名战斗人员和7.2 t武器弹药,配备有升级版传感、观通设备,可装备一门30 mm加农炮,以及反坦克导弹、机枪等武器。

为保持其水密性能,ACV 1.1 只有一个供驾驶员观察外部情况的窗口,车辆底部有自动排水泵,另有发动机和乘员通风独立系统。在高海况下,可以 5 节(9.2 km/h)的速度航渡抢滩,陆上行驶速度最高可达 96 km/h。

ACV 1.1 (图 1 - 28)具有自适应驾驶功能,可以在陆上模式和海上模式之间一键切换。洛克希德 · 马丁公司声称,下一步还将开发海上自动驾驶模式。各类两栖车配置与性能参见图 1 - 29。

(a)

(b)

图 1 - 28　ACV 1.1 两栖装甲车

	二战时期水陆两栖车	新型两栖战车
设计时间	1942年	2015年
乘员数量	25名乘员(乘坐位) 无装甲防护	15名乘员(乘坐位) 全装甲防护
轮对数目	6	8
生存能力	无装甲防护	全装甲防护 抑爆功能
陆上速度	80 km/h 平坦路面	80 km/h 越野状态
水面速度	5节(9.2 km/h) 中等海况	5节(9.2 km/h) 高海况
载重量	2.35 t	7.25 t
自重	6.5 t	20 t
发动机	六缸汽油发动机 95马力	六缸涡轮增压柴油发动机 700马力
武器装备	12.7 mm机枪	30 mm加浓炮
电子设备	无	数据链

(a)

	AAV-7两栖战车	新型两栖战车
设计时间	20世纪60年代末	2015年
乘员数量	24名乘员(乘坐位) 全装甲防护	15名乘员(乘坐位) 全装甲防护
轮对数目	12(履带式)	8(轮式)
生存能力	全装甲防护	全装甲防护 抑爆功能
陆上速度	32 km/h 越野状态	90 km/h 越野状态
	7节(13.2公里/小时) 中等海况	5节(9.2公里/小时) 高海况
载重量	4.54 t	7.25 t
自重	29.1 t	20 t
发动机	八缸柴油发动机 400马力	六缸涡轮增压柴油发动机 700马力
武器装备	40 mm榴弹发射器 12.7 mm机枪	30 mm加浓炮
电子设备	电台	数据链

(b)

图 1 - 29　各类两栖车配置与性能

(4)ACC 系列两栖装甲车

美国洛克希德·马丁公司联手 Gibbs 公司,为美军开发新型两栖战斗车(图 1-30 和图 1-31)。ACC 又分为用于远征作战的 ACC-E 和用于内河作战的 ACC-R 两种型号。

图 1-30 美国 ACC 系列水陆两栖装甲车

图 1-31 美国新型两栖战车

与现役履带式 AAV-7 型两栖突击车不同,美国专门设计的新型两栖战车具有更为优秀的陆上速度、机动性和生存能力。这种新型战车为 8×8 轮式车辆,重达 30 t,拥有数字化驾驶仪表盘,配有 12.7 mm 重机枪,还能够根据需要选配装有 30 mm 速射炮的无人炮塔。

前者采用四轮驱动,水上时速 72 km,陆上时速 129 km;

后者为六轮驱动,水上时速 64 km,陆上时速 104 km,这样的技术指标超越了所有其他国家的同类装备。

3. 英国及欧洲国家两栖军车发展情况

(1)英国两栖军车

英国两栖军车配置:采用 2 个喷水推进装置,水上最高航速达到 48 km/h、车重 2 750 kg、300 马力汽油发动机、满载人数为 6 人,安装了车轮收放装置(图 1 - 32)。

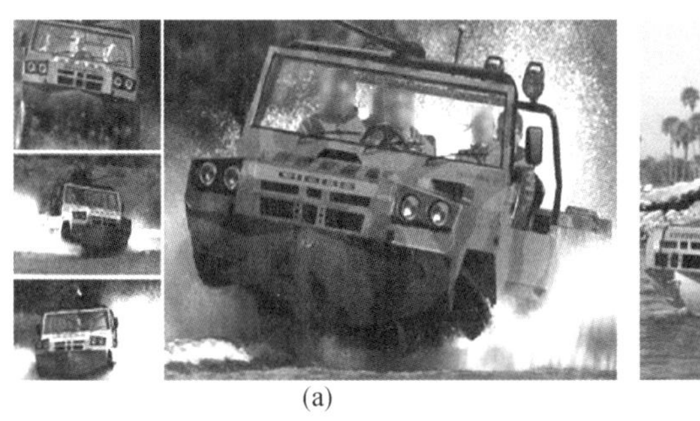
(a)

(b)

图 1 - 32　英国 Gibbs 公司军用型两栖汽车

(2)瑞士两栖军车

军车配置:2 个螺旋桨推进器 、独立车轮悬架、速度为 10 km/h、自动操作式挡浪板、双舵转向控制装置,可合拢发动机格栅百叶窗(图 1 - 33)。

图 1 - 33　瑞士ⅢC 轮式装甲车

1.3　国内两栖车辆的综合状况

高性能的军事装备是一个国家整体工业水平发达与否的重要标志，这要得益于长期的技术投入，得益于完备的工业体系。对中国工业装备企业来说：设计建造满足国家发展战略的各类装备，是一个严峻的考验。

两栖车辆装备不仅是国家民用与应急救援战略需要的装备产品，更是军事战争需要的装备产品。因此，为了满足国家战略需求，适应世界军事装备技术的发展，研发具有自主知识产权、先进的两栖车辆是非常必要且紧迫的。

我国水陆两栖车辆的相关制造和研究开展较晚，从20世纪50年代后期，在苏联的援助下开始进行ПТ-76的仿制，并在20世纪60年代开始自主研制。但因在研制指导思想上要求的新技术过多，指标过高，进度过急，两轮两栖车辆研发，均成果有限，未能取得预期成果致使两栖车辆研发工作一度停滞。

直到20世纪90年代，随着台湾问题的升级，以及国防建设整体的需求，高性能水陆两栖车的研发又一次迫在眉睫。由此，在63式水陆坦克的基础上，通过改型，后续发展出63A式水陆坦克、77-1水陆装甲运输车和03P水陆坦克等多种衍生型号，水上速度也由12 km/h提高到28 km/h（图1-34）。

(a)　(b)　(c)

图1-34　国产63式改型水陆坦克：63A（左）、03P（中、右）

进入21世纪，在“十五”计划期间，除了军用水陆两栖坦克之外，水陆两栖越野车成为重点研发制造的对象。在此期间，北京汽车制造有限公司（北汽）在BJ2032S底盘的基础上进行改装，部分借鉴二战期间美军装备的威利斯JEEP水陆两用车经验，研制成了中国第一辆真正意义上的轮式水陆两栖车辆（图1-

35）。该车型搭载柴油发动机，前置排气管、发动机冷却风扇，车尾配置水轴承控制四片式叶轮（表 1－6），可乘坐 8 人。发动机采用五十铃 4JB1 发动机，前后非独立悬挂，可用于旅游景区、野外游览、沙漠拓展、荒原穿越、河流涉渡等，也可用于城市内涝救援、灾情巡逻、抗洪救灾、防汛应急抢险、野外救援等，军民两用，也出口到了部分国家。

(a)

(b)

图 1－35　北汽水陆两栖车

表 1－6　北汽制造水陆两栖车主要性能表

长×宽×高/mm	4 630×1 830×2 150	发动机型	JE493ZLQ4CB
轴距/mm	2 750	燃油/排放	柴油
最小离地间隙/mm	205	排量/mL	2 771
水中转弯直径/mm	20	额定功率 /(kW·rpm^{-1})	75/3 600
接近角/离去角	42/33	最大扭矩 /(Nm·rpm^{-1})	220/2 000
轮胎型号	240/80R16	整备质量/kg	1 850
驱动形式	分时四驱	最大爬坡度/%	60
前/后制动器类型	前盘后鼓	陆地最高车速 /(km·h^{-1})	90
前/后悬架	双横臂式独立悬架/变刚度钢板弹簧非独立悬架	水上最高航速 /(km·h^{-1})	22

除了北汽水陆两栖车之外，嘉陵工业生产的山猫全地形水陆两栖车也是我军

曝光率非常高的一款明星产品。不仅经常出现在我军陆军部队的相关报道中，也是各种展会上备受关注的一款产品。山猫系列车型紧凑，外观小巧。整车长3.9 m，车宽1.8 m，车高1.8 m，后置动力，排量1.4 L，功率64 kW的YC4W85柴油机的直列四缸发动机，结合五挡手动变速箱，陆上最大车速可以达到60 km/h，越壕宽度1.2 m，爬坡度不低于70%。整车质量1.7 t，载重1.1 t，油箱容积85 L，最大行驶里程可达数百千米；两栖浮渡时载重超过300 kg，水上航速达到10 km/h。可载轻型火箭炮、榴弹炮等轻重火力。主要缺点在于为增加越野性和机动性，牺牲了悬挂减震系统。嘉陵工业近年来正在逐步推进山猫系列全地形车的民用市场（图1－36）。

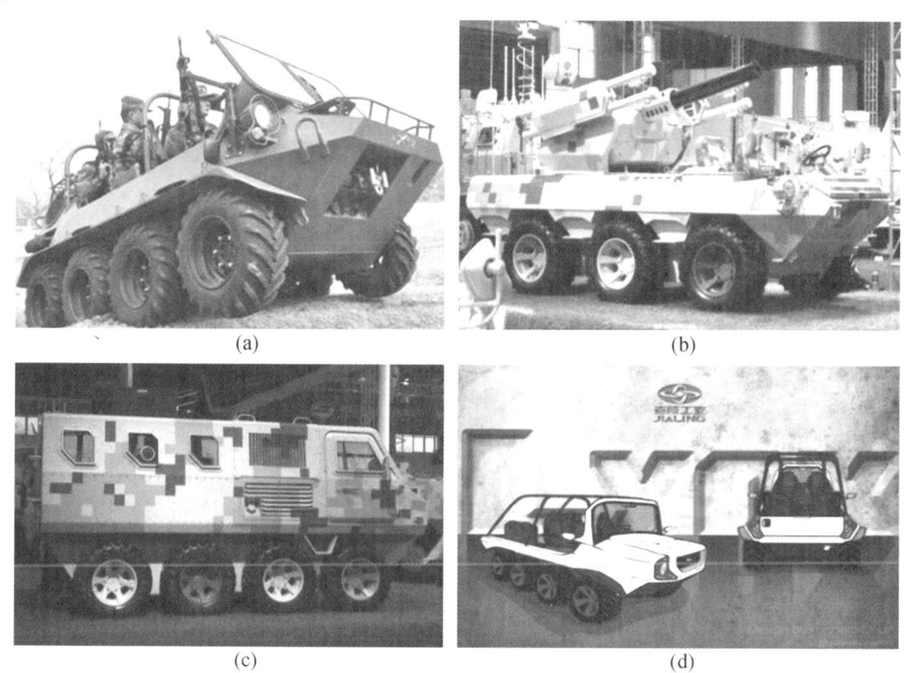

(a) (b) (c) (d)

图1－36 山猫系列全地形车

在重型装甲坦克方面，中国也早在2005年就推出了ZTD－05和ZBD－05式系列高速两栖装甲突击车，该车使用可收回的液气悬挂系统，双功率大马力发动机，喷水推进，尾舱压浪板。车体由排水型演进为滑水型，从而获得了接近40 km/h的海上最大航速，具有极强的机动能力和作战能力，特别是水中速度，使突击车能高速抢滩，在距离滩头20 km远的海上就可以开始高速冲滩，30 min就可以上岸，其主要性能和图片分别见表1－7和图1－37。

表 1-7 ZBD-05 式水陆两栖装甲车主要性能

总重/t	26	输出功率/kW	1 103
悬挂系统	扭力杆	操作人数	3+8
陆上最高速度/(km·h^{-1})	65	水上最高速度/(km·h^{-1})	40
主要武器	30 mm 机关炮		
次要武器	红箭-73C 反坦克导弹 7.62 mm 并列机枪		

(a)

(b)

图 1-37 ZBD-05 式水陆两栖坦克

1.3.1 5 t 级军用两栖车辆

用老款东风 EQ2102 军车改装的水陆两栖车，价格相对较低且实用，性价比更高。

(1)外观：长 10~13.5 m、宽 2.5~2.6 m、高 3.2~4.3 m。

(2)载重：水上可最大载重物资 6 t 或运送人员 60 名、陆地可最大载重物资 5 t 或运送人员 50 名。

(3)时速：水上最高航速 15 km/h，最大抗浪高 2.5 m、陆上最高速度 90 km/h，具备越野功能。

(4)可搭载 1.5 t 液压吊机/10 t 液压绞盘、水上救护设备及通信发电等设备(图 1-38)。

1.3.2 新型两栖步兵战车

中国兵器工业集团研发了两款两栖步兵战车，一个是综合能力达到世界先进水平的履带式步兵战车——VN12;另一个就是目前世界上现役装备中海上航速最快的两栖战车——VN18。

VN18 战斗全重 26.5 t,采用全铝合金车体;可以安装 30 km 火炮、7.62 mm 机枪、反坦克导弹和抗干扰烟幕弹;陆地最高速度达 65 km/h,水上速度最高可以达到 30 km/h,是目前世界上速度最快的两栖战车之一。VN18 两栖战车能运送 3 名车组人员和 11 名战斗人员。和 VN12 相比,VN18 两栖战车最大的优势就是海上性能。

图 1-38　南昌凌波汽车科技有限公司的改装两栖车辆

VN18 两栖战车的水上性能非常优异,这个战车在水上的最高速度,可以达到 25 ~ 30 km/h,能够在四级海况下面行进。

全重 26.5 t 的 VN18 两栖战车,为什么能有如此优异的海上高速机动能力?这主要得益以下几大关键技术的自主创新。

(1)这款车采用了滑行车体技术,在战车后舱,还根据飞机机翼设计原理,设计研发出独特的尾滑板,提升了战车在水中行驶的速度,使战车在水上快速行进时能够浮漂起来,像快艇模式滑行起来。

(2)采用了新型的 1 600 马力的大功率发动机。

(3)研发了一种可以在水中收放履带、负重轮的悬挂系统,以减轻战车在水

中行驶的阻力。

目前只有美国和中国有这类两栖突击车,我国的战车是世界上现役装备中,水上性能最高的两栖突击车之一(图 1 – 39)。

战车轰鸣、铁甲神威,在一批批驰骋疆场的铁甲洪流中,VN12、VN18 这两款新型步兵战车,被国际了解和欣赏,正昂首阔步、自信地走向世界(已对外出口)。

中国的两栖车辆系列中,除两栖装甲车辆由工程兵部队使用两栖运输车船外,还有 BY5020TSL 型两栖汽车,它能越野,又具有浮渡性能,可军民两用。

图 1 – 39 两栖步兵战车

据报道,最近我国推出了全球第一款履带式两栖智能无人防务快艇——“海蜥蜴”,它在武昌造船厂通过出厂验收。这款装备在国内并没有引起足够的关注,却在国际上引起了极大的关注。甚至有人称其会“改变未来作战模式”,这只代号“海蜥蜴”的无人快艇总长 12 m,型宽 4.14 m,型深 1.65 m,设计吃水 0.55 m,独特三船体流线结构和泵喷推进技术可以使其在海上快速平稳地行驶。

它的底部安装有可收缩式履带,保留了在路上快速前进的条件,机舱内安装的武器数量和种类让人眼花缭乱(图 1 – 40)。

(a)

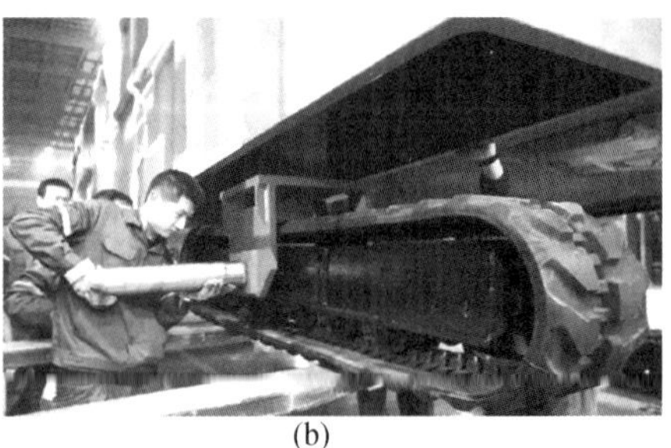

(b)

图 1 – 40 两栖智能无人防务快艇

由于船体使用铝合金材质,“海蜥蜴”的重量仅为钢质船体的三分之一。配备的柴油机驱动双喷水引擎则可以保障其在水面以超过 90 km 的时速高速航行。这些只是基本条件,它最大的特点却是拥有另一项特殊技能。那就是隐蔽休眠技术,这项技术可以让“海蜥蜴”在目标岛屿附近“潜伏”8 个月,从而达到出其不意、攻其不备的效果(图 1 –41、图 1 –42)。

据报道,“海蜥蜴”遥控距离在 50 km 以内,也就是说,操作员可以坐在离战场很远的地方控制它,使它对目标发起攻击。而且,它的续航里程也是高达 1 200 km,通过卫星可以实现更远距离的指挥控制。最有意思的是,即便是超出控制距离,“海蜥蜴”还可自主移动到安全地点藏匿起来,其智能化程度简直像一只“蜥蜴精”。

图 1 –41 “海蜥蜴”号两栖艇

图 1 –42 “海蜥蜴”两栖艇作战示意图

“海蜥蜴”能按照作战要求进行隐蔽休眠、智能巡航、快速突击和抢滩登陆。此外,它还可以承担特种部队的水上投送、近岸警戒、岛礁机场防护等工作。

1.4 国内外军用两栖车辆对比

综合以上国内外主要水陆两栖军车性能的对比，国内外在水陆两栖军车方面主要存在以下差距：

（1）国外两栖战车速度已经达到60～70 km/h，实现高海况、高航速。

（2）国外两栖战车已经普遍采用滑水型车身设计、轮胎回收装置等技术。

（3）国外各主要军事强国近5年都有新研制的两栖车型陆续列装。

与发达国家的两栖车辆产业相比，中国的民用两栖车辆随着人民生活条件的提高与旅游需求以及防灾救险的需要，正面临着一个高速发展的机遇期。但是，我们与世界先进水平还有距离，真正进入两栖车辆产业的国企、民企数量很少，技术积累薄弱，拥有自主技术能力更少，成功打开市场销路的企业更是凤毛麟角。所以，必须努力转变现状，开拓前进，赶上世界先进水平。

1.4.1 民用两栖救援车

1. 国外主要水陆两栖救援车现状

进入21世纪，两栖车开始更多地应用在民用救灾抢险和大众生活娱乐方面，和军用不同，它既追求各种情境的适用性，也追求美观、性能、舒适与经济性。特别是高速水陆两栖车的需求，不断增多。目前，英国、瑞士和芬兰在民用两栖车辆的设计和研发水平走在了世界前列。

英国的Gibbs公司在1997年就研制了第一代高速水陆两栖车——Aquada。为了减小水中阻力，Aquada采用了车轮收放技术，即当车辆驶入水中后，将车轮收到车底以上，脱离水面，最大程度减小水的阻力，提高水中行驶的速度和平稳度，同时由发动机四轮驱动切换为喷水推进器驱动。为此，Gibbs公司研制了独创的可收缩车轮悬架系统，在此系统下，车轮收放的完整过渡只需要4 s（图1-43）。

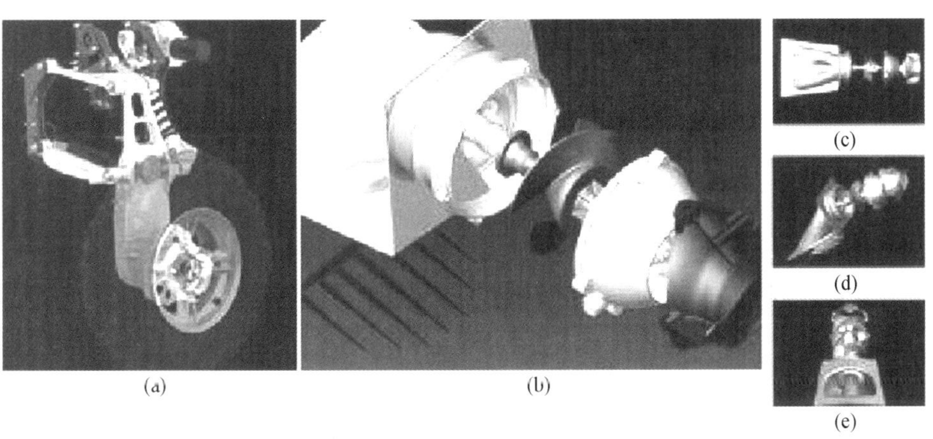

图 1－43　Aquada 可收缩车轮悬架系统

在第一代 Aquada 高速水陆两栖车研制成功后，Gibbs 公司于 2004 年又推出了基于“悍马”底盘的 Humingda 越野型水陆两栖车及 Phibian 货运型水陆两栖车。升级版的 Humingda 具有非常好的水上行驶和陆上越野性能（图 1－44 和表 1－8）。车长 7 m，最多可配置 9 个座位，非常适合个人或商业用途。而货运版的 Phibian 则将卡车、船只和拖车的性能特征集合于一身，被设计为抢险救灾型两栖车的主力（图 1－45 和表 1－9）。

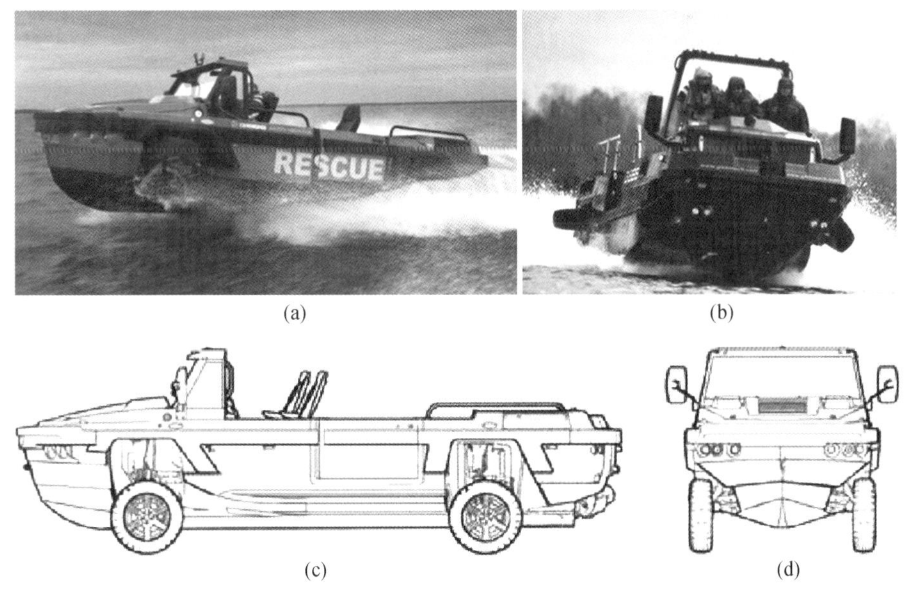

图 1－44　Humingda 水陆两栖车

表 1-8　Humingda 水陆两栖车主要性能

基本信息		性能参数	
长×宽×高/mm	7 012×2 304×2 440	发动机型	MERCURY MARINE 4.2L TIERIII V8
轴距/mm	3 940	燃油/排放	柴油
最小离地间隙/mm	245	燃料容量/L	166
接近角/离去角	25°/20°	轮胎收放时间/s	<5
轮胎型号	9JX20 275/60/R20	整备质量/kg	4 000
驱动形式	分时四驱	最多座位数/个	9
前/后制动器类型	前盘后鼓	陆地最高车速 ($km \cdot h^{-1}$)	128
前/后悬架	双横壁式独立悬架/变刚度钢板弹簧非独立悬架	水上最高航速 /($km \cdot h^{-1}$)	48

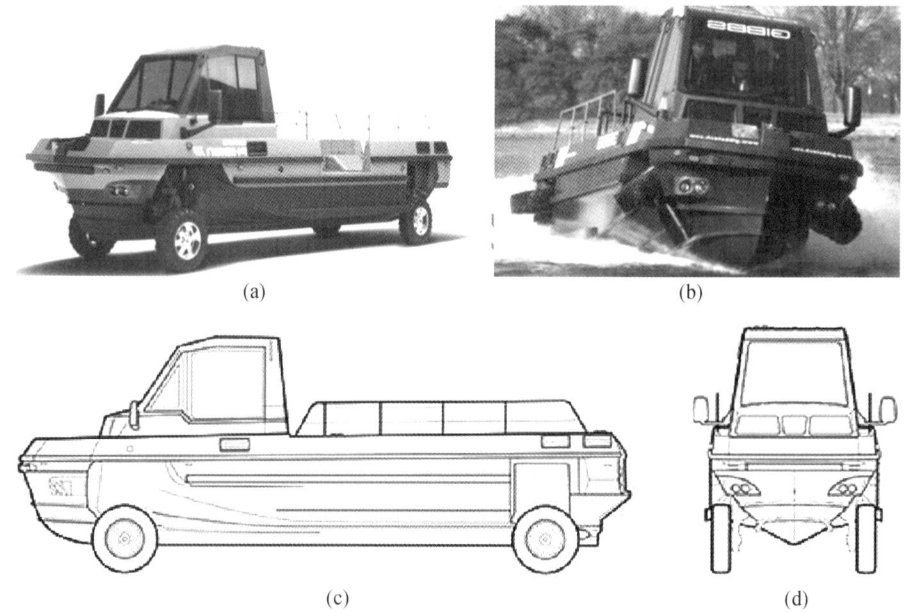
(a)　(b)　(c)　(d)

图 1-45　Phibian 高速水陆两栖车

表1-9　Phibian高速水陆两栖车性能

长×宽×高/mm	9 213×2 532×3 522	发动机型	两个XV8涡轮增压柴油发动机
轴距/mm	6 290	燃油/排放	柴油
最小离地间隙/mm	353	最大输出功率/马力	250×2
接近角/离去角	30/28	整备质量/kg	4 500
轮胎型号	275/80R20 MPT	最多座位数/个	15
驱动形式	前驱或后驱	陆地最高车速/(km·h^{-1})	112
前/后制动器类型	液压盘式制动器	水上最高航速/(km·h^{-1})	48

2.中国主要水陆两栖救援车辆现状

我国的两栖救援车辆发展从无到有、从小到大、从简易到复杂，已用于救援等工作，但长期以来都仅是小批量、多品种、订单式、需求多样、没有自动化生产线，难以大批量、规模化生产，导致制造成本较高，阻碍了发展速度和进程。

除军工企业之外，我国已有若干民营企业在生产水陆两栖车，如浙江西贝虎（图1-46、表1-10、图1-47）、河北五星（图1-48）等企业，都研发了若干明星产品。

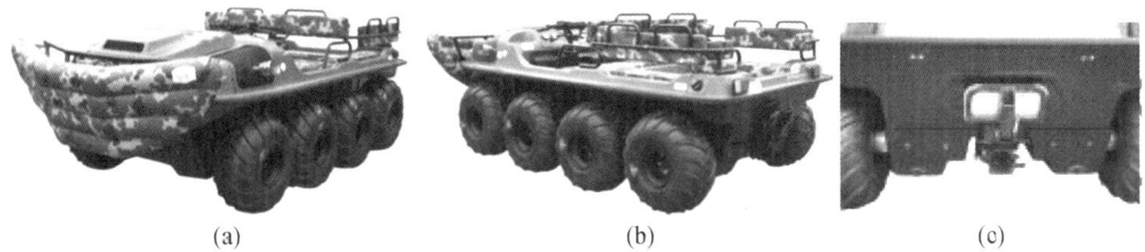

(a)　(b)　(c)

图1-46　西贝虎水陆两栖车

表1-10　西贝虎水陆两栖车主要性能

长×宽×高/mm	3 160×1 720×1 150	发动机型	SQR372
轴距/mm	670+670+670	燃油/排放	柴油
轮距/mm	1 420	油箱容积/L	38
最小离地间隙/mm	180	排量/mL	812
水中转弯直径/mm	710	额定功率/(kW·rpm^{-1})	39/6 000

表 1-10（续）

最大爬坡角	32	整车质量/kg	830
轮胎型号	25×12(11.5)-9NHS	额定载重/kg	55(陆);400(水)
接近角/离去角	54/57	最大扭矩/(Nm·rpm^{-1})	70/3 500
驱动形式	陆地:全轮驱动 水上:内置轴流喷泵	陆地最高车速/(km·h^{-1})	45
前/后制动器类型	钳盘式液压制动器	水上最高航速/(km·h^{-1})	12

(a)

(b)

图 1-47　水陆两栖全地形抢险救援车

图 1-48　河北五星水陆两栖车(BJ5022XZHE)

南昌凌波公司是国内一家拥有自主知识产权的企业,能够研发轻、中型两栖车。它可以按照客户的不同需求生产两栖救援车,但尚未在国内大量销售。其具有主要代表性的两栖车辆如图 1-49 所示。

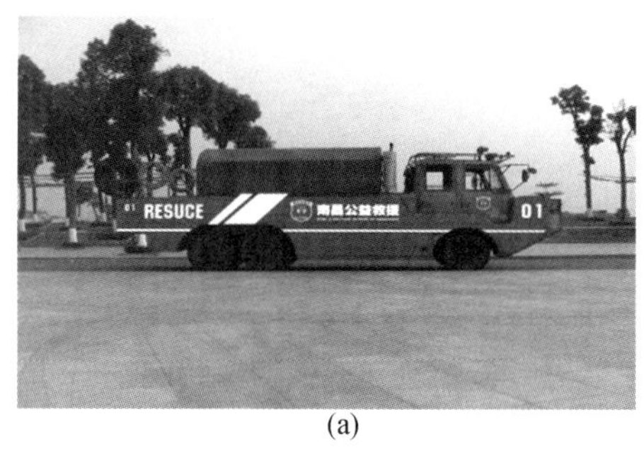

(a)

(b)

图 1－49　水上救援与科学考察及旅游与休闲两栖车

另外还有青岛渔民用“三蹦子”改装的水陆两栖车，平时既可以下海捕海鲜，又可以在平地上当车开(图 1－50)。

总的来说，中国的两栖车的研发和生产还处在新一轮启动阶段。具有研发和生产两栖车的企业不多，且大多企业只能生产轻型两栖车，载重量很少超过 1 t，水上速度都在 10～15 km，还没有企业研发出高速两栖救援车。

此外，在客观环境上，两栖车辆发展也受到一些限制。例如到目前为止，我国还没有独立的两栖救援车辆标准，所参考的是船舶标准，比如《船舶设计标准》和《水面船舶不沉性计算标准》(CB/Z 265—1998)等，这为生产两栖车辆的企业获得特种车辆许可证和船级社的认证增加了很多困难。

图 1－50　“三蹦子”改装的两栖车

但是可以预见，在广阔市场的需求推动下，不少企业已在规划发展，吸收国外技术，加大自主研发力度，我国两栖车辆即将迎来高速发展的阶段。

3. 国内外水陆两栖救援车对比

综合以上国内外水陆两栖救援车的性能对比，国内的水陆两栖救援车主要存在运载能力低、水中速度慢、型号单一等问题。

(1)运载能力低

国内的两栖救援车运载能力主要在 500 kg 以内，可运载 6 人以下，很难搭载大型救援设备，且救援速度慢；而国外主要两栖救援车普遍可以承重 1 000 kg 左右，运载 10～15 人。

(2)水中航速慢

国内各主要两栖救援车仍以排水性车身设计为主，水中航速普遍在 20 km/h 以下，在紧急事故救援中不能第一时间赶到现场，在大型事故救援中也无法满足快速转移人员的需求；国外各主要两栖救援车早已采用滑水型车身设计，同时采用可收缩车轮悬架系统，水中航速可以提高到 50 km/h，接近水中快艇的速度，满足快速处理事故现场和快速救援的要求。

(3)型号单一

国内水陆两栖救援车生产厂家并不少，但产品型号大同小异，产品性能参数基本重叠，目前仍是以 8×8、4 人座小型两栖载人车和 4×4、4 人座吉普车型两栖越野车为主。国外水陆两栖救援车根据使用场景的需求，已经有救援设备车、救援卡车、9 人座以上中型救援车等车型，可以满足各种救援场景需求。整体看来，国内主要水陆两栖救援车仍然与 Gibbs 公司 20 世纪的第一代产品在结构和性能上相似，无法与国外新型先进水陆两栖救援车相比。因此，大力发展国内自主研发的高速、大型水陆两栖车的任务迫在眉睫。

1.4.2 两栖工程车船

在工程装备领域应用的两栖车主要用于海洋、江河、港口、湖泊、水电站等水面和浅水区的水草切割、垃圾收集和污染治理等。目前这一领域的两栖车还没有成熟的应用，更多的是使用清理船的方式，极少数清理船具有一定的履带式登陆能力，具备准两栖功能，但是不能在公路上行驶。

1. 国外主要两栖工程车(船)现状

国外水面清理船主要是在船舶的效率、灵活性方面考虑多些，明轮式的驱动方式基本已放弃。特别是低速的灵活性，一般采用全回转舵桨装置加上侧向推进系统,可实现船舶的 360°原地回转,船舶整体可水平横移。2019 年 10 月 26 日,在荷兰鹿特丹,荷兰环保组织 The Ocean Cleanup 的创始人兼首席执行官 Boyan Slat 展示了名为“拦截者”的新型水面清理船(图 1 - 51),该设备将被用于河流和海洋的清洁运动。它能够漂浮在受污染的水面,每天收集多达 50 t 的垃圾。垃圾随河流的自然水流进入拦截器。拦截器上的所有电子设备,包括传送带、穿梭机、灯、传感器、数据传输等都是太阳能驱动的。该项目将在 5 年内清理世界上 1 000 条污染最严重的河流。

图 1 - 51　荷兰新型拦截者水面清理船(2019 年)

2. 国内主要两栖工程车(船)现状

相比于国外不断更新的新型水面清理船,国内相关设备总体结构与功能相对单一。虽然生产厂家较多,但所有产品大同小异,且已经多年没有出现新的产品,只是在船体上附加清理设备上略有更新。目前根据附加设备功能的不同,主要分为水面保洁船、水葫芦收割船、割草船、垃圾打捞船、清淤船、水草收集船,等等(图 1 - 52、图 1 - 53、表 1 - 11)。

图 1 - 52　国内某型割草清理船的工作及运输

(c)　　　　(d)

图 1－52(续)

(a)

(b)

图 1－53　水陆两栖清理车(左)和具有履带登陆能力的水面清理船(右)

表 1－11　国内某型垃圾收集船数据表

船体长/m	9	船总长(含设备)/m	14.6
船体宽/m	3	船总宽/m	3.6
船体深/m	1.3	船总深/m	3.3
收集宽度/m	8.5	收集深度/m	0.9
设计吃水深度/m	0.8	主机功率/kW	75
工作航速/($km \cdot h^{-1}$)	7	调迁航速/($km \cdot h^{-1}$)	13

3. 国内外两栖工程车对比

目前国内外都没有成熟应用的水陆两栖工程车,相比于清理船,水陆两栖清理车的主要优势如下。

(1)垃圾收集后的转运、运输一步到位,不需要垃圾或清理设备在不同设备间的转移,节省时间和成本。

(2)在不同水域间的工作转换不需要额外的搬运设备,可自行到达目标水域,节省时间和成本。

(3)在浅水、湿地、浅滩、养殖水域等复杂水域运行时,没有搁浅的危险，拥有更多的应用场景。

而水陆两栖清理车相比于水面清理船的主要不足在于车辆的运载能力相对较低,对于大型水面的清理工作要多辆清理车同时运行。因此,要发展水陆两栖清理车,就要找到合适的应用场景,发挥清理车灵活机动和低成本运营的优势。

1.4.3　两栖旅游车

1. 国外主要两栖旅游车现状

目前国外各主要旅游景点的水陆两栖车主要采用鸭子船的形式,即一种类似水上旅游大巴的大型低速水陆两栖车,配有导游,沿旅游景点参观游览,可承载游客 30 ~ 50 人,水中速度 10 ~ 20 km/h。2001 年,澳大利亚黄金海岸凯恩斯最早出现了鸭子船。冒险鸭水陆两栖船是澳大利亚的 36 位船舶工程师,历时 5 年时间,耗资千万美元研发成功的,目前,已在黄金海岸布里斯班等地经过二十多年的实际水陆运营。之后,在美国,新加坡,日本,韩国,马来西亚,中国台湾、青岛等地,都陆续引进或研发出外形和功能相似的鸭子船。

冒险鸭水陆两栖船通常在二战两栖战车的基础上进行大规模改装及研发,既缩减成本,又增加卖点。其外观卡通,前部有一张硕大的卡通鸭嘴,车体略高于普通大巴,车长 11.98 m,宽 2.48 m,高 3.85 m,吃水为 1.05 ~ 1.2 m;驾驶舱配置水陆双驾驶舵,GPS 导航系统,AIS 自动识别系统,图像采集监视系统,冷暖空调系统等。在陆地最快行驶 99 km/h,与普通大巴的速度差不多;在水中的行驶速度高达 15 kn,约 28 km/h。先进的配置及设计使冒险鸭水陆两栖船更平稳、安全、舒适(图 1 – 54 至图 1 – 61)。

(a)

(b)

图 1 – 54　波士顿鸭子船

(a)

(b)

图 1－55　关岛 RIDE DUCK 鸭子船

(a)

(b)

图 1－56　新加坡新达城 DUCK TOUR 旅游鸭子船

(a)

(b)

图 1－57　新加坡滨海广场 City Tour 鸭子船

(a)

(b)

图 1－58　马来西亚马六甲海峡鸭子船

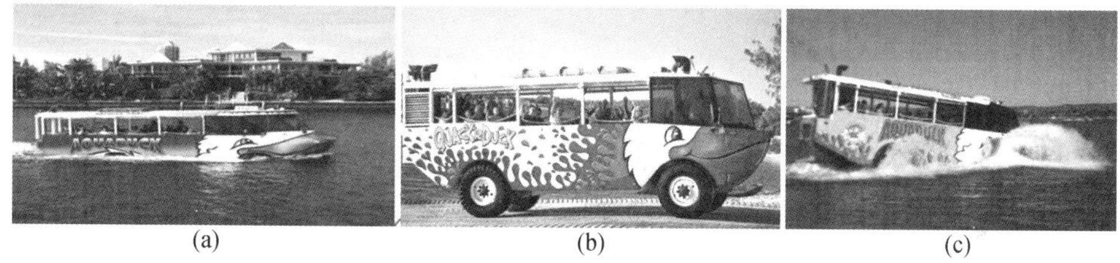

(a)　(b)　(c)

图 1－59　澳大利亚黄金海岸 AQUA DUCK 鸭子船

(a)　(b)　(c)

图 1－60　高雄爱河鸭子船

图 1－61　日本东京若州海滨公园“飞天鸭”号

表1-12 国际上各主要景点鸭子船运营收入表

国家/地区	景点	人均收费标准/元	载客量/人	每天班次/次	最大日销售额/万元
澳大利亚	黄金海岸	156	30	8	3.7
美国	波士顿	262	50	30	39.3
	关岛	300	50	5	7.5
新加坡	新达城 DUCK TOUR	200	30	14	8.4
	City Tour	130	30	9	3.5
日本	若州海滨公园	200	30	8	4.8
马来西亚	马六甲	150	30	8	3.6
中国台湾	高雄	80	50	5	2
中国	青岛	120	30	15	5.4

除了景点的旅游观光用两栖车之外,有的国家还运营了两栖公交车用于替代传统的渡轮。2009年3月,马耳他"Amphi长途客车"(Amphi Coaches)公司推出了世界上首辆水陆两用大巴,并在当地得到了广泛推广使用。其陆上时速在113 km左右,水上时速则在11~14 km,能够安全续航长达3 500 h,自面世后销量一直呈上升趋势。2010年初,由荷兰制造的两栖公共汽车曾在英国克莱德河附近下水,该车造价大约为70万英镑,可以载50名乘客,利用车后的一对喷水式助推器在水中前行,它在水中的时速为15 km左右;一旦上岸,"两栖巴士"的驾驶方式就与普通巴士无异。克莱德河是连接英国伦弗鲁和格拉斯哥两地的水上交通要道。一直以来,这两地的居民都选择搭乘渡轮到达对岸。但目前负责渡轮运营的公司表示,为了节省开支,他们将抛弃渡轮,改换"两栖巴士",既替代了传统渡轮的运输功能,又增加了城市的旅游体验(图1-62、图1-63)。

另外,新兴起的两栖露营车船、两栖房车也有很大的市场前景。

美国某旅游公司推出的Terra Wind两栖房车内的设施设备堪称豪华,其陆上速度可达每小时100英里(160 km/h),水中速度每小时7英里(11 km/h),这辆Terra Wind两栖房车配置了GPS航海图、42英寸的等离子电视、淋浴室、大理石地面客厅、卧室、厨房等,在水中行驶时乘客的感受与在陆上一样舒适。

(a)

(b)

图1－62 英国克莱德河水陆两栖大巴

图1－63 马耳他水陆两栖大巴

2. 中国主要两栖旅游车船现状

2009年5月，中国青岛从澳大利亚引进了第一辆水陆两栖巴士——“冒险鸭”（图1－64）。作为中国首例水陆两栖旅游项目，“冒险鸭”抢滩登陆青岛，是中国两栖旅游的里程碑，填补了国内旅游市场的空白。“冒险鸭”被列为青岛重大旅游项目。该项目行程40 min，收费120元。2010年和2011年，青岛“冒险鸭”又推出更新的两栖车——“冒险鸭2代”和“冒险鸭3代”。

(a)

(b)

图1－64 青岛冒险鸭两栖巴士

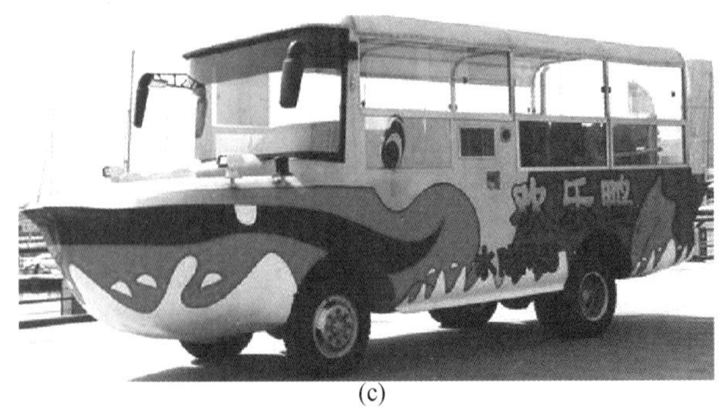

(c)

图 1－64(续)

两栖车的身材比原车更加庞大,综合了国外两栖巴士的诸多优点。

(1)车内经过船舶工程师精心设计改良后,布局更合理,配套更豪华舒适,加宽了座位之间的空间。

(2)综合功能更加卓越、完善,最奇特的是车身长着两个外伸的翅膀。当它俯冲入水后,车身将向左右伸出两块短板,傍贴海面,仿若水鸟拂海而过的翅膀。据专家介绍,车身两边的翅膀类似船上的防摇鳍,可以增强车身稳定性,将起到平衡海上行驶的作用。

之前,中国乃至世界上还从来没出现过这种“长翅膀”的两栖巴士,有业内人士预料,它的出场,对国内外游客来说,将是一个绝对特立独行的新鲜物,具有非常可观的旅游前景。

同时新一代两栖车辆还增加了先进、便捷的水密安全门,使游客上下船更加便捷;船尾也增加了紧急逃生安全门,增强了游客的安全保障;采用先进的船体自动平衡系统,在海上航行时更加平稳;整体车身采用全承载式结构,下部采用全钢封闭分隔式船舱,车身更加坚固、密闭;采用水陆一体的散热系统,配有轴流风机和防火风闸等先进设备,船体散热更加顺畅、迅速;车体内饰更加豪华,内部环境更为美观舒适。

需要注意的是,青岛“鸭子船”项目也遭遇了许多问题,比如 2012 年“冒险鸭 3 号”两栖巴士在返回奥帆中心途中,因机舱发生闪爆事故造成 15 名乘客被烫伤,4 人重伤。该项目由于安全问题,后期经营备受关注,终于在 2015 年被取消。之后国内还没有景点继续尝试引进或开发两栖旅游巴士项目。除了大型项目外,在枣庄等小型旅游景点,也有人单独将两栖车辆作为体验项目,单独开放。一台类似国产 8 × 8 水陆两栖车,每次体验 10 ~ 15 min,收费 120 元左右(图 1－65)。

(a) (b) (c) (d)

图 1－65　国内小型两栖车体验项目

3. 国内外两栖旅游车情况对比

从技术能力和性能指标上，国内个别企业生产的两栖旅游车（未有正式投入运营）与国外相比并没有大的差距，许多数据指标上还有所改进和提高。不过水陆两栖旅游车项目的整体运营仍存在许多问题，没有得到大众认可和普及。作为试点的青岛鸭子船没有成功，很大程度上是由于所使用两栖车产品是从国外采购的，后续的维护与维修不到位，产品的许多属性和功能不能根据国内景点实际情况定制改良，导致后续运营和安全都存在较大问题。所以，定制适合自身运营情况的两栖车，仍有极大的市场前景。

1.5　两栖车辆的发展趋势

1.5.1　市场发展趋势

随着国际政治经济和气候环境的变化，水陆两栖车在未来十年面临前所未有的机遇。首先，国内外市场正在进入高速发展期，预测总需求量超过 7 000 辆，

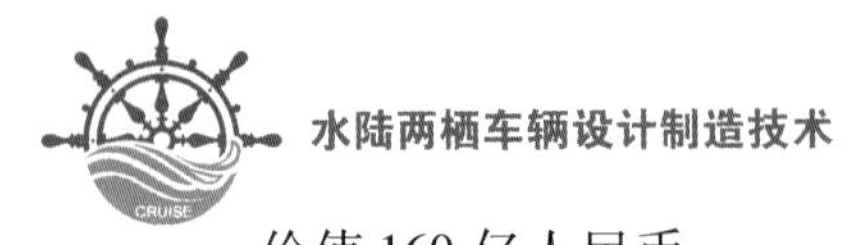

价值160亿人民币。

美国军方于2020年采购了204辆新型ACV。据称，如果所有期权得到执行，合同总价预计将达约12亿美元。日本除了向美国购买AVVV突击两栖车之外，自己也在研制新一代军用两栖车。许多发展中国家也纷纷在计划订购两栖车，即便是财政入不敷出的菲律宾，都准备花费600多万美元订购多辆两栖车。估计除中国外，军用轮式两栖车辆需求达到2 000辆，价值40亿人民币。

近几年来，民用水陆两栖车辆的需求发展很快，特别是适用于救灾的应急救援车辆以及满足人们旅游与生活所需的两栖旅游客车及两栖房车，这几类车型的市场需求将很大，发展前景很好。

1. 中国的军用两栖车需求空前

中国正在走向深蓝，成为海洋大国。因此，海军陆战队规模扩大，需要超级机械化装备，每个建制单位除了各类装甲战车，还需要大量后勤补给、侦查、突击和工程用的轮式两栖车。

轮式两栖运输车对于保卫祖国海疆也具有极其重要的意义。在我国东海和南海分布着数以百计大大小小的岛礁。如果要建造码头进行补给，所需成本惊人，且战时容易受到攻击。而轮式两栖车则成本低、便捷、可靠性高，完全可以实现无码头补给。历史上，在诺曼底登陆最初阶段，由于没有码头，80%的补给都是依靠水陆两用运输车完成的。

2. 救援两栖车辆需求急剧上升

由于极端气候日益加重，世界各地灾害频繁。中国的抗洪抢险任务与日俱增。仅2016年夏天洪水，中国已有28省(区、市)1 508个县遭受洪涝灾害，受灾人口超过6 000万人。虽然当地军警和民政机构动员了大量的冲锋舟，但是冲锋舟较小，无法大规模运送救济品和转移灾民，而且也无法覆盖整个城市，其损失超过100亿元。

因此，中国急需一种能够在水上、山丘、沼泽等复杂地形上无障碍行驶的车辆，为水利、市政、电信、医疗、城市抢险、抗震救灾、消防和工程等系统提供强而有力的帮助。参照国外，每十万城市人口需要一辆水陆两栖救援车，那么中国中型以上城市所需的车辆数字将达到5 000辆，加上五年期间保修的零部件更换等，市场也很大。

国外的需求同样惊人，非洲、美洲以及印尼、菲律宾等东南亚诸国都拥有数以千计的岛屿。随着全球气候变暖，海平面增高，台风等自然灾害成倍增加，救援两栖车的需求数量也急剧增加。预计大中型两栖车和轻型两栖车辆、两栖工程车辆等需求总计价值将超过10亿美元。

3. 旅游市场需求方兴未艾

目前旅游市场上的水陆两栖车辆有许多还是第二次世界大战期间由美军设计的两栖车辆退役后，经改装成为伦敦、波士顿等大城市的水陆旅游工具，被称为DuckTours。比如伦敦的DuckTours，历时1.5 h，途经许多著名的标志性建筑，如大本钟、伦敦眼和特拉法格广场，然后引人注目地开进泰晤士河，乘客可以在河上观赏风景。

国外的都市两栖旅游车正在面临更新换代的时期。二战由DUKW改装的旅游车已经六七十年了，近几年都将退出历史舞台。

目前，中国的两栖车辆旅游市场尚在探路之中。加拿大的Agro公司已在上海市奉贤区办了体验馆，中国的两栖车辆旅游市场一旦打开，前景可观。

中国是海洋大国，拥有成千上万个大大小小的岛屿，但是大部分的海岛远远没有得到开发。现在有居民居住的不足500人海岛的生存环境艰苦，水、电、能源、交通等基础设施严重落后，目前还有很多有居民海岛没有通电、通水，更不要说医疗卫生、文化教育等设施了。

这些岛屿除了南海诸岛，距大陆一般都在30 km内，而且许多岛屿之间距离都是二三千米。这些海岛，美丽和舒适程度不亚于东南亚等地的海岛。如果我们再不开发，经过几十年可能就会自然消亡，必须适度适量、科学合理地保护性开发海岛旅游资源。但是用传统方法开发这些岛屿，码头、水泥公路等基础设施的运输和修建会耗费巨大资金，环保问题也突出，一般社会资本无法承受，而水陆两栖车则是低成本开发的关键工具。它不需要码头，甚至公路就可以运送各类物资。随着我国放开政策的陆续实施，民间开发岛屿旅游的市场也很可观。

4. 科考机构需求不减

随着全球气候变迁和全球化的深化，各国家政府和科技机构深入岛屿和内陆森林以及极地进行进一步科学研究，科考探险用两栖车辆是科考探险产业理想的交通工具，因此新一轮的高端科考用两栖车辆的需求将是必然的趋势。

5. 家用中小型两栖车辆蓄势待发

中国目前拥有汽车数量已经超过一亿辆，越来越多的汽车爱好者希望拥有一辆私人两栖车辆进行旅游，我国将迎来两栖房车需求的时代。在国内，游艇发展较慢的重要原因是需要游艇码头，其常年费用往往超过游艇本身价格，与我国经济发展程度存在差距。而如果有两栖房车,可以停靠在自家门口或停车场,就像小轿车一样,那么这个市场在我国随着人们生活水平的提高与需求的增长,其前景不可估量。

6. 推动我国的海洋经济

依据我国实施的海洋战略,广大沿海地区正在借助天时地利人和的优势大力推动海洋经济。呼应中国政府的《中国制造 2025》计划,把海洋工程作为未来发展重点。各地政府每年特别安排专项资金用于支持海洋交通工具、海洋电子信息、海洋生物和海洋高端装备等四大支柱产业,鼓励研发创新以及成果转化。

水陆两栖车辆项目,将会助推海洋产业。在科研和产业发展上,可以建设两栖车海洋模拟测试中心,制定全国两栖车标准规范,也可设立国际级两栖车辆设计中心和测试基地。项目在充分享有自贸区优惠政策的基础上,借助游艇交易中心的平台,大力发展两栖车辆产业。

7. 促进产业军民融合

中国正在走向海洋大国,需要强大的海军保卫辽阔的海洋。中国新成立的军民融合发展委员会以及军民融合产业基金正在有力推动大量社会资本深层次参与到军事产业化、市场化、民用化进程中。这一方面促进民用领域中高新科技大幅度转向国防产业,缩小与全球军事强国差距,另一方面也为国防工业储备大量科技人才。

水陆两栖车辆是典型的军民融合产品。水陆两栖车辆的诞生源于一战的军事需要,而二战的大规模登陆战则催化了两栖车辆的产业化。德国的大众 166 型、美国的 GPA 水陆两用吉普车和 DUKW 两栖运输车都产量上万。二战之后,军用两栖车转为民用。德国 Tripple 公司民用水陆两栖车辆原型是大众 166 型,GPA 吉普是欧美千家万户的私人水陆车,而 DUKW 运输车则成了各大海滨城市的旅游观光巴士和各类救援车的主力。冷战之后,民用两栖车发展迅速。英国 Gibbs 公司、WaterCar 公司,瑞士 Rinnspeed 公司等研发的各种高速两栖车辆采用了新技术、新材料和智能化设备,操作简便,水面速度前所未有。这些民用技术正在积极转为军用,比如美国 Humdinga 高速两栖车性能远高于传统两栖车。

8. 助推“一带一路”倡议

随着全球化的发展,中国的贸易以及和国外的交往正在走向深层次。“一带一路”将共同打造新亚欧大陆桥、中蒙俄、中国 - 中亚 - 西亚、中国 - 中南半岛等国际经济合作走廊,涉及的国家涵盖中西亚、东南亚和非洲。由于这些国家不少

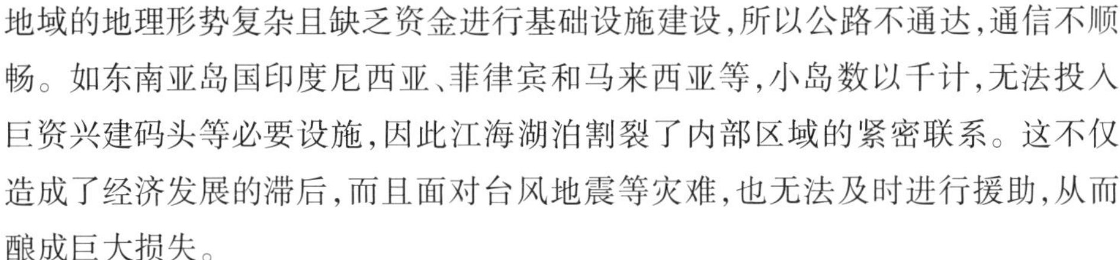

地域的地理形势复杂且缺乏资金进行基础设施建设，所以公路不通达，通信不顺畅。如东南亚岛国印度尼西亚、菲律宾和马来西亚等，小岛数以千计，无法投入巨资兴建码头等必要设施，因此江海湖泊割裂了内部区域的紧密联系。这不仅造成了经济发展的滞后，而且面对台风地震等灾难，也无法及时进行援助，从而酿成巨大损失。

在基础设施尚未完善的情况下，水陆两栖车是成本最低的克服地理障碍的交通工具。它不但能够运载大量必需品到达这些地区，提升贫困地区人民的福利，而且可以在抗风浪情况下，快速运送人员与救援物资，为海外同胞和当地居民提供救助。

两栖车辆有助于配合"一带一路"倡议，不仅能够向所在国家出售价格较低的两栖车，为以前很少触及的地区输送物资，而且也能为中国和其他国际救援组织提供两栖车，进行人道主义救助，扩大中国软实力。

1.5.2　两栖车辆技术发展趋势

在军事用途方面，世界军用水陆两栖车辆的发展趋势可以概括为以下几点。

1. 整体谋划、系列发展

军用水陆两栖车辆呈现系列化发展趋势。如英军两栖车辆既有 4×4 的轻型车，又有 6×6 的中型车。美军的两栖运输车包括 5 t、15 t 和 30 t 三个系列，意大利 IVECO 两栖物资输送车包括 6640G 型和 6640H 型等。同时，外军还在基型两栖车基础上发展了多种变形车，主要有侦察车、指挥车和救护车等。

2. 以军用越野汽车底盘为基础研制两栖车

国外军用两栖车辆均以越野汽车底盘为基础进行改装研制，这样加快了研制速度、大大降低了研制成本。如意大利 IVECO 6640 系列水陆两栖车辆就是在 IVECO 公司 4×4 军用越野汽车基础上发展而来的，西班牙 VAP3550 系列两栖车则大量采用了 VAP 公司 4×4 和 6×6 军用越野汽车的总成、部件。

依托军用越野汽车发展两栖车辆，可降低研制生产成本，有利于批量生产、提高产品质量，便于部队的后勤保障。

3. 提高车辆的两栖机动性能

为提高两栖车辆在内陆水网、海滩、海岸等复杂地面的通过能力，两栖车辆大多采用独立悬架系统，安装有轮轴间差速锁、宽断面调压轮胎和轮胎中央充放气系统，并配备有绞盘，用于上岸时的自救牵引和水中救援牵引，提高两栖车辆的两栖通过性能。

考虑到渔网、海生植物等对推进器的缠绕以及车辆的陆地通过性和水上航速要求，军用两栖车辆多优先选用喷水推进器或导管式螺旋桨。

4. 采用新型的车身材料

根据不同的作战使命，军用水陆两栖车辆的车身形式既有全封闭的，也有敞开式的。为减轻车体质量，提高耐海水、盐雾腐蚀能力，两栖车辆的车身开始采用新型的材料，如新型复合材料、铝合金或玻璃钢等。

5. 两栖车辆大型化

两栖车辆从小车开始，至今其载重量都不大，这在军用与民用两个方面的应用需求都是远远不够的，现在的小型高速两栖车辆在巡逻、突击、指挥等方面可以发挥作用，但是满足不了民用应急救援、物资运送、工程与旅游等需要；军事用途的两栖车辆更需要大型化，现在的几吨载重量远远不够。

因此，两栖车辆的大型化非常紧迫，诚然，大型化会有许多技术难题，其水上速度达不到很高，改装的难度也相应提高，这就需要工程技术人员去攻坚克难，开拓创新。

6. 基于中国三代重型军卡的两栖车辆

中国第三代重型军用越野车(图 1－66)堪称我军重卡的巅峰之作！其能够以模块化方式承载多种载荷，从导弹发射器到指挥方舱，从火箭炮到传统货箱，应有尽有。它采用了世界流行的先进整体设计，底盘、驾驶模块、载荷模块可灵活组合。图 1－67 清晰地展示了其底盘车架的整体布局。

图 1－66　中国第三代重型军用越野车

(a)

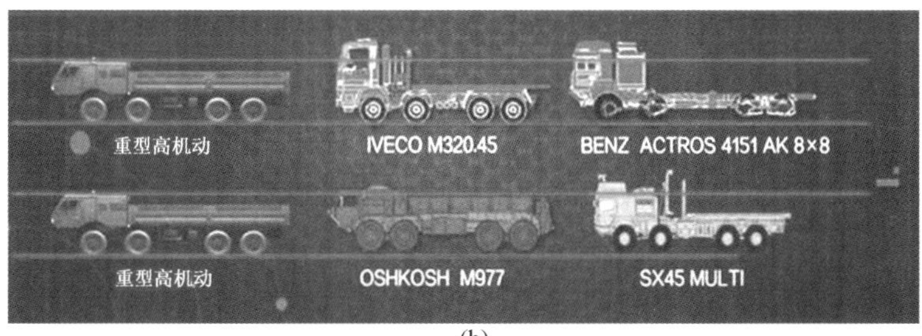

(b)

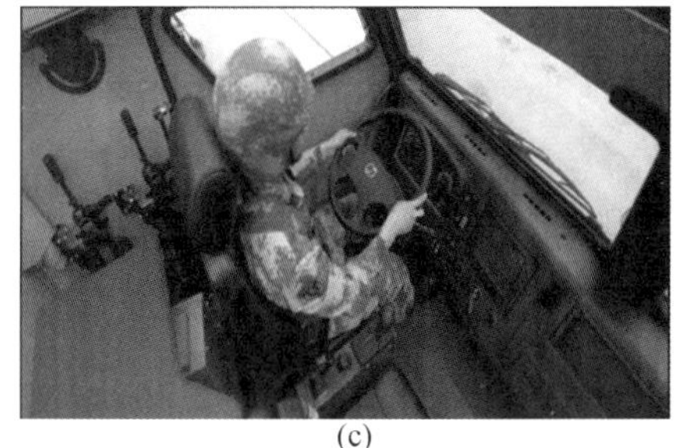

(c)

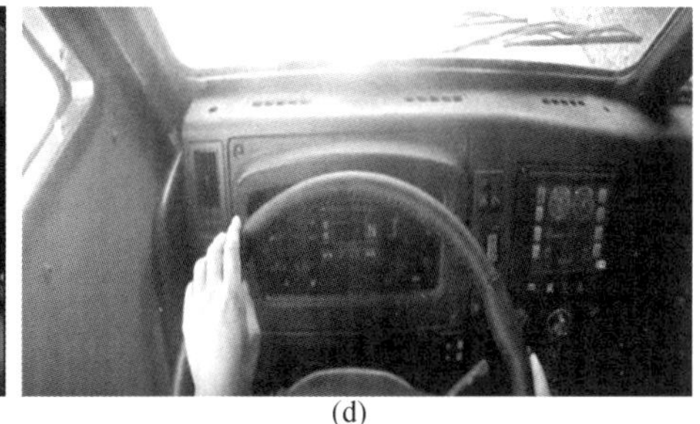

(d)

图 1－67　第三代重型军用越野车改装情况

通过低矮化设计,中国第三代重型军用越野车获得了比欧洲依维柯、奔驰等军用卡车型号更为合理的外形设计。

这使得中国第三代重型军用越野车有着更为出色的战略机动能力,可更为方便地由运输机、火车、船舶进行远距离运输,车的主仪表板,有类似于多功能触摸屏的先进设计。

从图 1－67 可以看到,方向盘后方与驾驶舱中部各有一个大型显示器。通过主液晶屏幕切换显示模式,可令周边按钮变成多功能用途,满足切换操作多种复杂功能的需求。

从图 1－68 也可以看出:中国第三代重型军用越野车虽然不是两栖车辆,但

涉水能力极佳,能通过一般车辆无法逾越的水障。如果能够以此车型为基础,我国将设计出世界上最为先进的两栖车辆,这也是我们的目标。

图 1-68 重型军用越野车涉水性能

我们要关注两栖车辆发展的情况,紧跟发展趋势、抓住市场与技术两大要素,努力创新,充分应用当今世界的新技术、新材料、新能源与新一代 IT 技术,把我国的两栖车辆设计制造水平提高到国际先进水平。

参考文献

[1] 清华大学苏州汽车技术研究院. 水陆两栖车辆技术发展及应用调查报告[R]. 苏州:清华大学苏州汽车技术研究院,2020.

[2] 清华大学苏州汽车技术研究院. 创客轻卡四驱物流车产品定义书[Z]. 苏州:清华大学苏州汽车技术研究院, 2012.

[3] 清华大学苏州汽车技术研究院. 标准建设与服务策略[Z]. 苏州:清华大学苏州汽车技术研究院,2011.

[4] 清华大学苏州汽车技术研究院. 两栖车辆技术与组织手册[Z]. 苏州:清华大学苏州汽车技术研究院,2015.

[5] 吴珂,王伟,赵丰. 军用水陆两栖汽车发展现状和发展趋势[J]. 专用汽车,2004(2):15-16.

[6] 清华大学苏州汽车技术研究院. 国内外水陆两栖车辆现状调研[Z]. 苏州:清华大学苏州汽车技术研究院,2019.

[7] 杨楚泉. 水陆两栖车辆原理与设计[M]. 北京:国防工业出版社,2003.

第2章
两栖车辆研究设计关键技术

水陆两用车(amphibian automobile)又名两栖车辆、水陆两栖船、水陆两用艇。它是结合了车与船的双重性能,既可像汽车一样在陆地上行驶穿梭,又可像船一样在水上泛水浮渡的特种车辆,其在交通运输上具有特殊的历史意义。

由于需要具备卓越的水陆通行性能,可从行进中渡越江河湖海而不受桥或船的限制。因此,两栖车辆的设计要考虑车与船双重的特殊性能要求。而且,由于其广泛应用在军事用途上,又要充分考虑军事战斗的需求。

两栖车辆的设计建造往往是选择某一车型,在此基础上进行改装设计和制造。当然也不排除为了军事用途的需要而创新设计。

2.1 两栖车辆应用场景

2.1.1 低速两栖车辆应用

图 2-1 为各类两栖车。图 2-2 为两栖救援平台效果图。图 2-3 为 8×8 全地形两栖车。

1. 技术指标

(1)整车装备质量:≤1 800 kg;

(2)装载质量:1 500 kg;

(3)外形尺寸:≤4 000 mm×1 750 mm×1 400 mm;

(4)最高车速:40 km/h;

(5)加速时间:≤15 s;

(6)最大爬坡度:≥65%;

(7)垂直越障高:≥350 mm;

(8)越壕宽度:≥1 100 mm;

(9)最小转弯直径:可原位转向;

(10)续驶里程:≥350 km;

(11)初速度:30 km/h;

(12)制动距离:≤10 m。

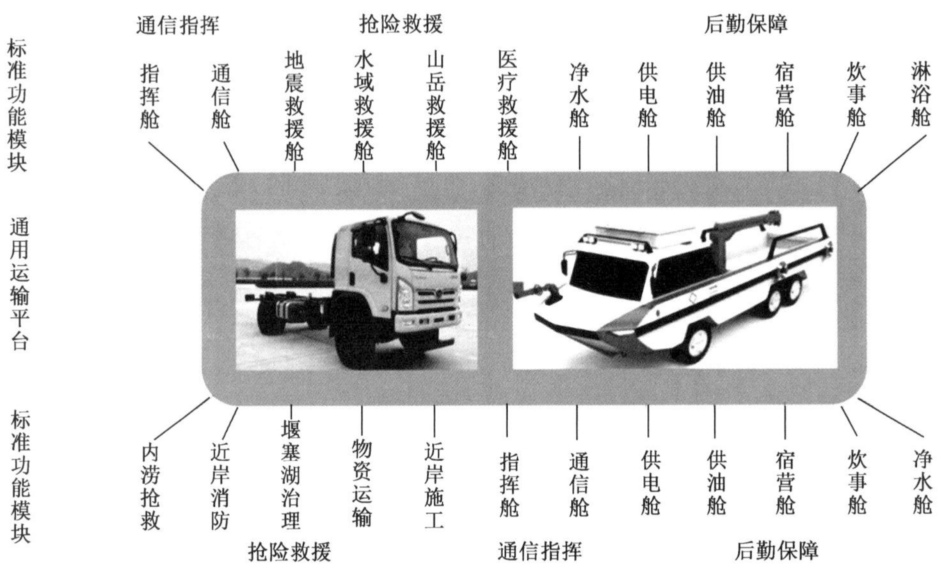

图 2-1　各类两栖车

两栖车可与高机动底盘、水陆两栖专用底盘、水陆两栖地形组合,组成适应不同灾害救援的高机动救援装备车族。

图 2-2　两栖救援平台效果图

图 2 – 3　8 × 8 全地形两栖车

2. 可应用领域和范围

地质勘探系统、电力、通信、天然气网管等工程施工；国家林区和大型林场的应急消防灭火装备；铁路干线的巡视、维护、抢修需求等民用工业市场。

3. 国外民用领域需求场景

(1)东南亚地区：夏季台风洪水频发，政府和民间没有可靠装备实施救援。

(2)北美地区：此地区经济较发达，主要是满足客户群自驾需求的车辆改装，包括两栖房车、皮卡。

(3)南美地区：旅游胜地，如墨西哥、智利等国家有狭长的海岸线，天然的旅游资源需要水陆两栖车辆满足游客需求。

(4)欧洲地区：经济发达地区，客户群与客户需求与北美地区类似。

(5)北非地区：沿岸国家多战乱，夏季多洪水，道路交通设施差，多国军警及联合国难民署等政府和非政府机构对两栖车辆有很大的需求。

(6)东亚地区：日本和韩国主要以旅游需求为主。

2.1.2　高速两栖车辆应用

1. 军用登岛作战

(1)背景：在未来渡海登岛作战中，岸基炮火阵地火力范围覆盖 30 ~ 40 km，而传统两栖登陆车辆水上航行速度一般在 15 ~ 25 km/h，登陆作战过程中，战斗战术车辆从登陆艇上入水，将暴露在敌方炮火下 1.2 ~ 1.5 h，现代火炮毁伤面积大、精度高，在这种作战环境下我方整体损失巨大。

两栖车辆水上航行速度如果能提高到 50 km/h 甚至 60 km/h，使我方登陆车辆在敌方炮火覆盖下的时间控制在 30 ~ 40 min，将大大减少我军损失。

（2）结论：在未来岛礁攻防作战中，采用高航速的两栖车辆作为物资保障与特种作战的机动平台是上述对策的最佳解决方案。它不仅满足无码头补给与紧急救援、船用消防、设备充电、船体维修、近岸设备维修等需求，也是抢险救灾的必备装备（表 2 - 1、图 2 - 4）。

表 2 - 1　对策表

序号	对策	好处
1	根据战场变化采用分散补给	扩展补给空间，分散敌之火力
2	小批量多批次补给	提高补给效率和战场生存率
3	无码头登陆，以两栖登陆补给为主	适应海上、沙滩、公路机动，减少滩头卸货环节和时间
4	提高海上航行速度和机动能力	缩短物资运输在途时间，充分利用稍纵即逝的战机
5	海上机动	快速通过火力打击区域，建立有效的运输线

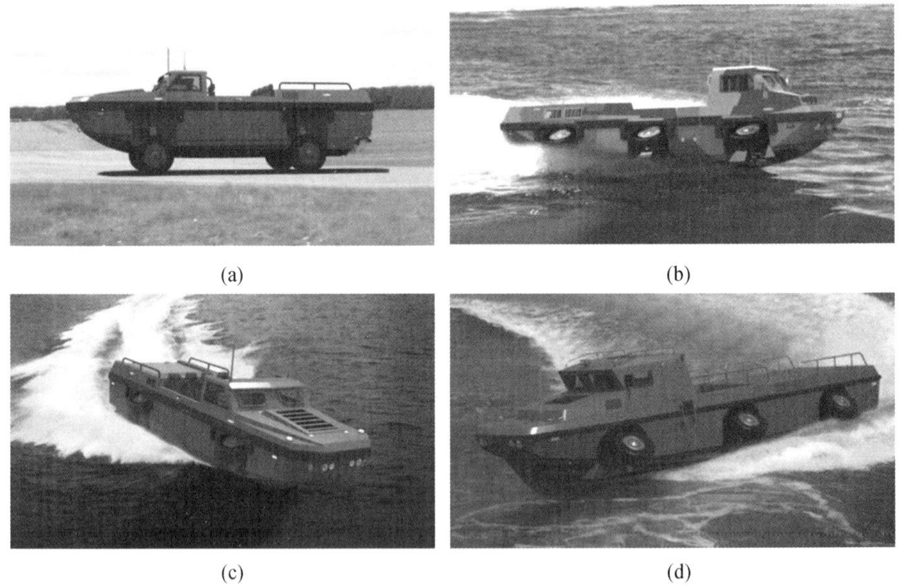

(a)　(b)　(c)　(d)

图 2 - 4　高速两栖车辆图示

2. 民用车辆改装为两栖车辆

以船为主，以车为辅，以船舶技术改装车辆成为两栖车辆的技术路线（图 2－5、图 2－6）包括：

（1）两栖车辆造型技术；

（2）高速滑行艇式车身设计技术；

（3）两栖车辆总布置技术；

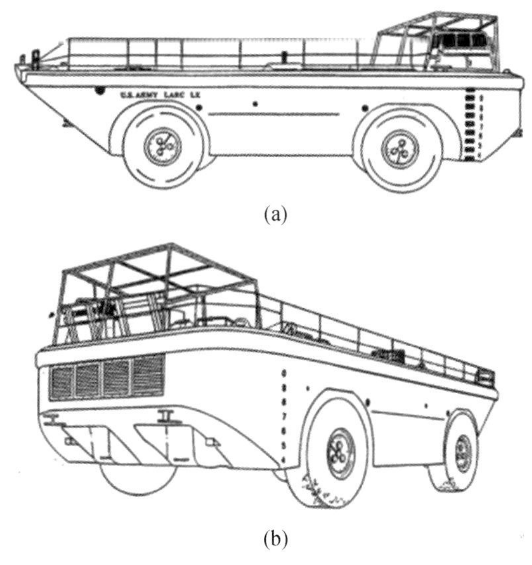

(a)

(b)

图 2－5　某高速两栖车辆示意图

（4）水陆两栖行驶系统设计技术；

（5）双模式水陆驱动技术；

（6）整车热管理技术；

（7）车辆入水与回收方案；

（8）滩头登陆技术；

（9）轻量化设计技术；

（10）水上安全性设计技术；

（11）驾驶室装甲防护。

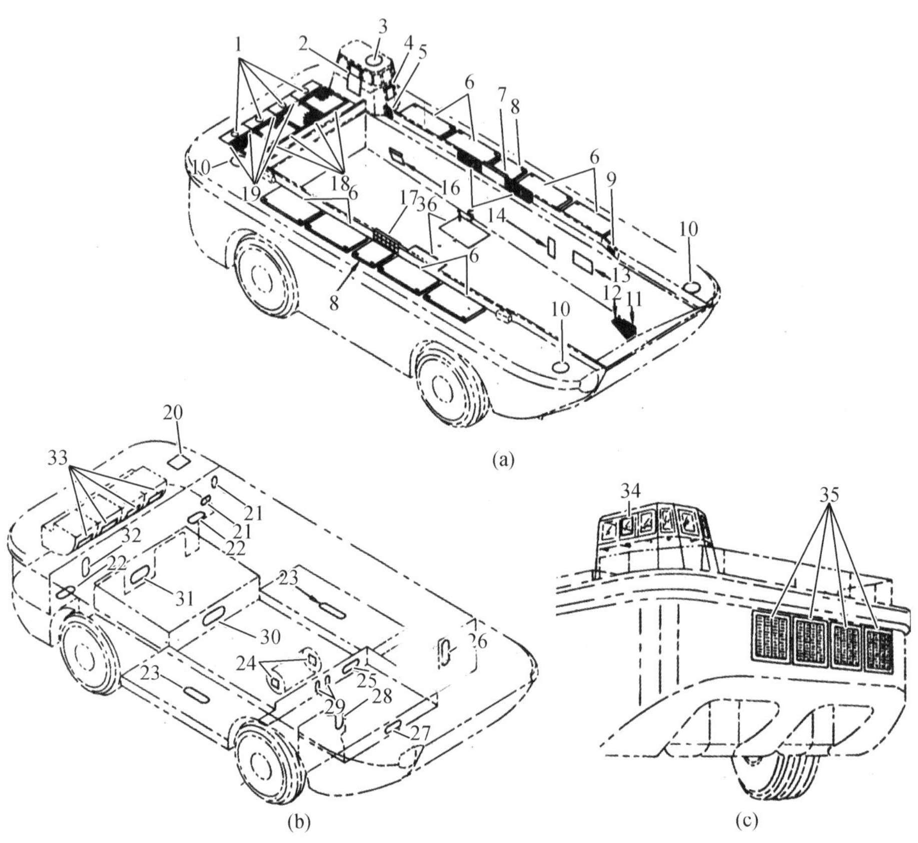

1—散热器小龙头检修盖;2—右驾驶室门禁盖;3—驾驶室气孔盖;4—液压油柜接口驾驶室前进检修盖;5—后发动机排气百叶窗;6—6 号舱壁;7—大型机械舱口盖测量板接口盖;8—机舱舱口盖通道盖前发动机排气百叶窗;9—发动机前通风门;10—3 号甲板舱口盖通道盖;11—泵舱;12—3 号货油泵甲板格栅检修盖;13—前斜接箱盖;14—液压管路检修盖中央发动机排气百叶窗;16—艉检修盖;17—排气百叶窗;18—散热器甲板风扇格栅接口盖;19—散热器接口盖;20—驾驶室工作人员座位;21 —14 号舱壁驾驶室左室门盖;22— 船尾储藏区甲板通道;23—下机舱甲板;24—液压油柜检修盖;25—6 号舱壁通道口盖板;26—3 号舱壁通道口盖板;27—3 号舱壁中心通道口盖板;28—3 号舱壁右舷通道口盖板;29—6 号舱壁中心通道口盖板;30—11 号舱壁通道口盖板;31—14 号舱壁中心通道口盖板;32—14 号舱壁右舷;33—散热器管道通路(通路开口)盖板;35—斯特恩百叶窗;36—船用齿轮检修盖。

图 2－6　某高速两栖车辆的布置图

2.2　两栖车辆设计关键技术

水陆两栖车辆要满足陆上和水上的使用要求，存在许多关键技术，如底盘技术、车体线形及结构、发动机的通风散热技术、水中推进技术、密封性技术、抗腐蚀技术和抗沉性、减阻技术、航行特性技术、悬架 K 特性、轮胎收放等。

2.2.1　底盘技术

为满足水陆两栖车辆陆上、水上行驶，和出、入水等工况的使用要求，两栖车辆传动系统须具备驱动桥单独工作、推进装置单独工作、驱动桥和推进装置同时工作三个功能，为此，应在传统汽车底盘的基础上增加推进装置和从驱动桥取力的传动装置等。

考虑到前桥和推进装置同时工作，以提高水陆两栖车辆的出水能力，应尽量采用越野汽车底盘进行改造。同时，两栖车辆应配置无内胎轮胎和轮胎充放气系统，以提高车辆在松软、泥泞地面的通过性。

2.2.2　车体线形及结构

水陆两栖车辆为减少车辆在水中的水阻力和提高车辆的航向稳定性，应优化车体设计和水下车体线形设计。据统计，国外军用两栖车辆车体的长宽比一般为 2.4 ~ 3.7，长高比一般为 2.7 ~ 3.7。

具体的技术论述将在下面的低速与高速两栖车辆设计中讨论，这里不详细论述。

2.2.3　发动机的通风散热技术

密封与散热是一对矛盾体，因车身密封，发动机的散热器散热效果变差，易造成发动机过热，影响车辆的动力性。国外的解决方式主要有增加散热风扇、引出通风管、将出风口高置和强制通风以及增加外挂于车身的副散热器等。

文献[1]将进气通道、散热器、风扇、发动机、车体等组成的散热系统作为一个整体,由高速旋转的风扇强制通风,借助计算流体力学(CFD)技术对冷却风道内的流场进行数值仿真分析,研究了出风口的布置对散热通风的影响。

1. 两栖车辆散热通风系统 CFD 计算方法

(1)几何模型

建立动力舱内部数学模型时,适当简化对空气流动及散热影响不大的部件或几何尺寸较小部件。针对进气通道等实体部件,则需按照实际几何拓扑关系,形成散热通风系统,动力舱冷却风道三维实体模型如图 2-7 所示。考虑外界环境对动力舱内气体流动的影响,需在动力舱外部建立一足够大的空间,建立 25 m×10 m×10 m的计算域,具体如图 2-8 所示。

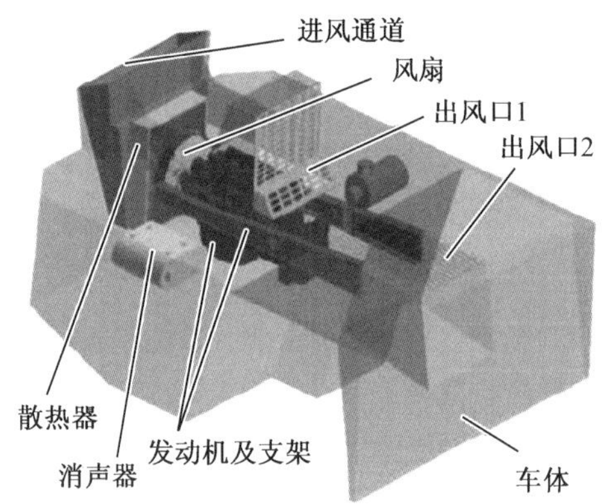

图 2-7　动力舱冷却风道模型示意图

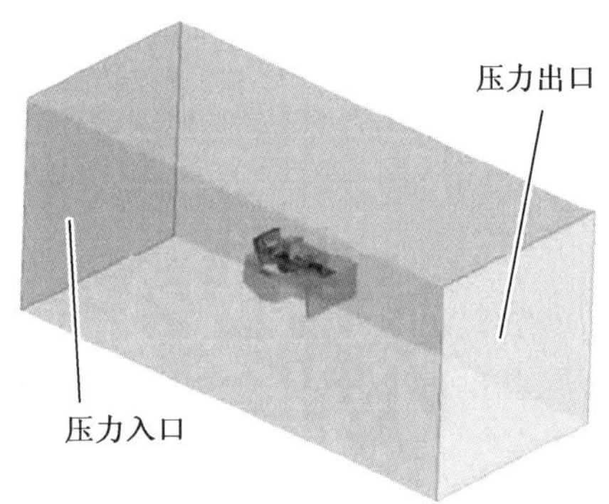

图 2-8　动力舱外部模型及计算域示意图

(2)控制方程

针对动力舱入口流量及舱内气流分布进行仿真分析,不考虑流体与外界的热交换,其流动控制方程式如下。

连续性方程:

$$\frac{\partial}{\partial X_i}(\rho u_i)=0 \tag{2-1}$$

动力守恒方程:

$$\frac{\partial}{\partial X_i}(\rho u_i u_j)=-\frac{\partial P}{\partial X_i}+\frac{\partial}{\partial X_j}\left(\mu\frac{\partial u_i}{\partial u_j}-\rho\overline{u_i^* u_j^*}\right) \tag{2-2}$$

式中　P——流体微元体上的压力;

ρ——密度;

$\rho \overline{u_i^* u_j^*}$——雷诺应力项。

(3)边界条件

固体区与流体区的物理性参数为常数,将空气密度设定为1.201 4 kg/m^3,为稳态流动状态,不考虑重力和温度的影响,并且将空气考虑为不可压缩;计算域的入口处为压力入口边界,压力设置为1个标准大气压;计算域出口处为压力出口边界,压力同样设置为1个标准大气压。

考虑近壁区域分子黏性的影响,动力舱内部壁面采用壁面函数法边界,空气与固体壁面交界处的流动采用无滑移条件处理;对于风扇边界,基于准确的风扇数模,采用设定旋转参考坐标系的方法,将转速2 600 r/min作为动力源加载到叶片转动所扫过区域的网格;对于散热器边界,采用的散热器为实际真实模型,故未将其简化为多孔介质模型。

(4)网格划分

由于整个计算域较大,且各部位空气流动存在一定差异,所以采用不同疏密程度的网格对整个计算域进行网格划分。动力舱外部规则的计算域,采用尺寸较大的结构化网格进行离散;而针对动力舱结构复杂的内部区域,则采用小尺寸的非结构化网格实施离散。为确保计算的精确性,在动力舱周围采用2层加密,针对动力舱内部散热器、风扇等重要部位进行局部网格加密,生成的网格总数为172万个。

2. 结果分析

对出风口位置分布进行研究,首先出风口1、出风口2全开作为方案A进行空气流动分析;其次分别关闭出风口1、打开出风口2作为方案B,打开出风口1、关闭出风口2作为方案C,进行数值模拟分析,具体如图2-9所示。

(1)方案A仿真结果及分析

图2-10为散热通道对称面处压力分布图。由图2-10可知,负压主要集中在散热器及风扇等部位,而正压最大值位于与风扇出风口相距较近的发动机部件处。为了更详细地观察散热通道内部的压力分布,增加如图2-11的局部压力分布放大图。

由图2-10和图2-11中封闭的较小压力区域可推断,气流在图中黑点标示部位出现了不同程度的涡流区。图2-12为散热通道对称面处速度矢量图。表2-2为各截面处的压力及速度表。

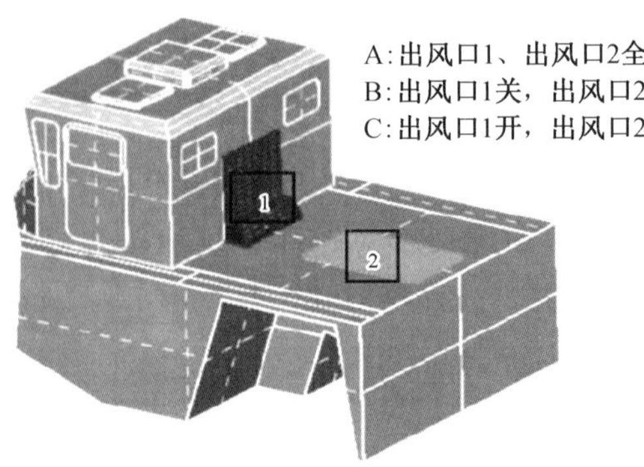

图 2－9　A、B、C 3 种方案模型图

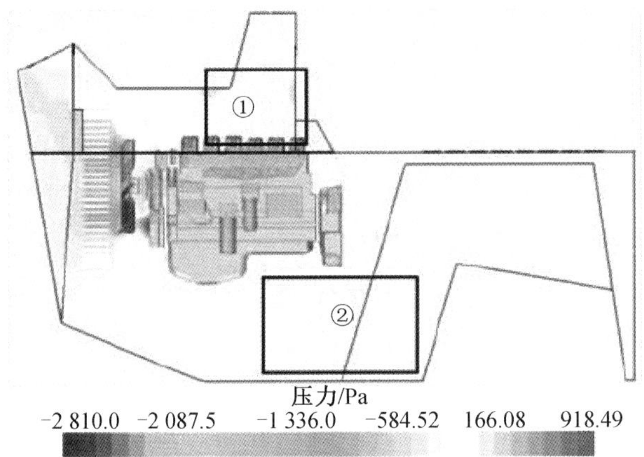

图 2－10　散热通道对称面上压力分布图

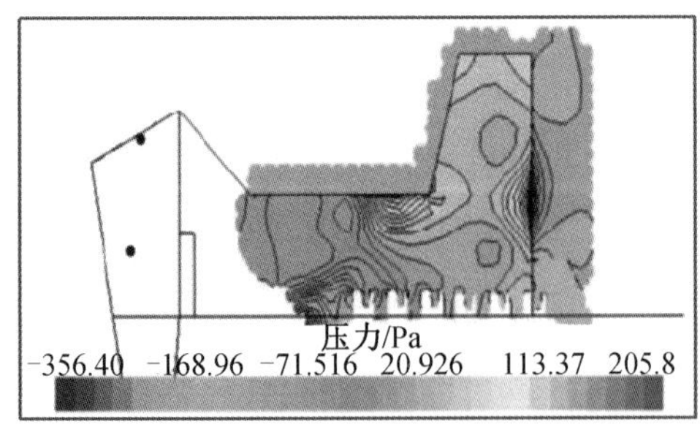

(a)图2-10①处的压力分布放大图

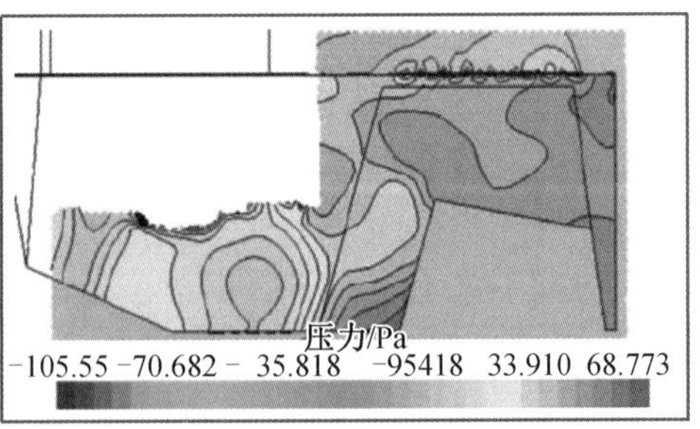

(b)图2-10②处的压力分布放人图

图 2－11　压力分布

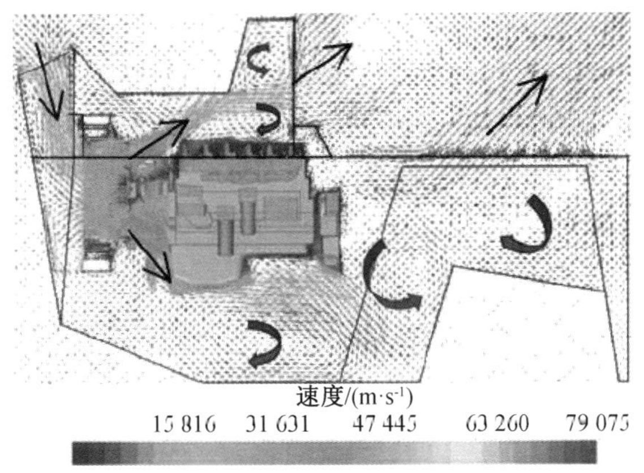

图 2-12　散热通道对称面处速度矢量图

表 2-2　各截面处的压力及速度表

	Ⅰ	Ⅱ	Ⅲ	Ⅳ	Ⅴ	Ⅵ(出风口 1)	Ⅶ(出风口 2)
压力/Pa	-127.4	-316.8	-565.4	-1 162.7	-127.9	24.8	18.2
速度/($m\cdot s^{-1}$)	12.1	13.5	10.4	25.5	34.7	10.4	6.7

由图 2-13 可知,气流被吸入进气通道,经过风扇的高速旋转充填至散热通道的各个角落,最后经驾驶室背面及车体上表面处的出风口 2 流出。从图中还可清晰地看出,在发动机上部、底部及后部小范围内均存在一定程度的涡流。气流在冷却风道内部涡流区停留时间较长,形成热量聚集,从而使得动力舱内部温度升高,对发动机散热产生不利影响。虽然发动机下部及后部涡流不易改善,但其上部靠近出风口 1 的部位,可以通过优化驾驶室底部来减少涡流区分布,使该部位的气流能顺利从驾驶室背部的出风口 1 处流出。

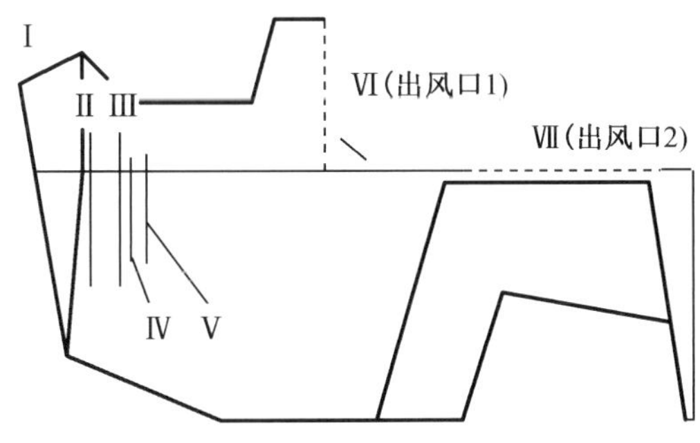

图 2-13　散热系统阻力分配示意图

由表 2-2 可知，Ⅰ→Ⅱ进气通道阻力 ΔP_1，其值为 189.4 Pa；Ⅱ→Ⅲ散热器阻力 ΔP_2，其值为 248.6 Pa，冷却气流在穿过散热器前后两侧时，速度减少 3.1 m/s；风扇前侧Ⅳ截面处负压显著，后侧Ⅴ截面与前侧压力差为 1 034.8 Pa；出风口 1 和出风口 2 处的压力相当，其值分别为 24.8 Pa 和 18.2 Pa，驾驶室背部出风口 1 处由于靠近风扇而具有较大的出风速度。

(2)方案 B、方案 C 下所得结果及分析

图 2-14 和图 2-15 所示分别为方案 B、方案 C 状态下，散热通道对称面处的速度矢量图。对比可知，方案 B 状态下，进风通道内速度矢量线分布较密，这表明在此状态下有较多气流被吸入动力舱内，更有利于发动机散热。根据计算结果，统计出风口在 3 种方案下的冷却空气流量值，结果参见表 2-3。

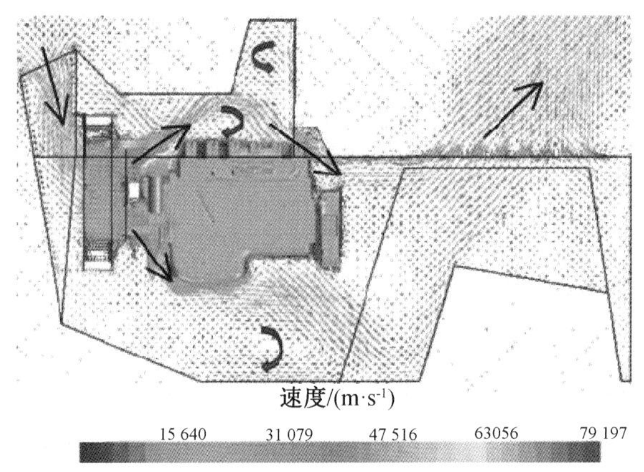

图 2-14　方案 B 状态下散热通道对称面处速度矢量图

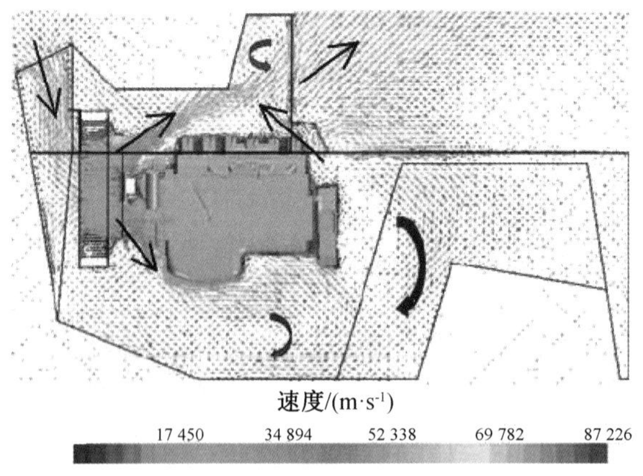

图 2-15　方案 C 状态下散热通道对称面处速度矢量图

表 2-3　3 种方案下的冷却空气流量表

	A 方案	B 方案	C 方案
流量/($m^3 \cdot s^{-1}$)	5.87	5.51	5.04

由表 2-3 可知，出风口 1 和出风口 2 全开时，散热通道可通过的气流量数值最大，达到 5.87 m^3/s；当驾驶室背面出风口 1 被堵住时，散热通道可通过的气流量相对 A 方案减少 6.1%；当车体上表面出风口 2 被堵住时，散热通道可通过的气流量相对 A 方案减少 14.1%，可吸入气流量减少较为显著。

文献[1]建立的两栖车辆动力舱三维数学模型，能够较好地反映其内部空气流动状态；涡流区形成热量聚集，对发动机散热存在一定影响；出口风的位置分布对整个散热通道气流流量影响显著。

2.2.4　水中推进技术

水陆两栖车辆的水中推进方式主要有螺旋桨推进、喷水推进和船用挂机推进等形式。

1. 螺旋桨推进

螺旋桨推进是两栖车采用较多的一种方式，技术上较易实现，其效率较高，工作可靠，这也是船艇普遍采用的推进形式。但其存在着传动系统布置较复杂，螺旋桨暴露在车外易损坏、易被水草缠绕等问题（图 2-16）。

特点：它不是利用推进器（如螺旋桨）直接产生推力，而是利用推进泵喷出水流的反作用力推动船舶前进。

(1) 优点

①结构简单、成本较低；

②抗空泡能力强、操纵性优异；

③工作平稳、运行噪声低。

(2) 缺点

①吃水时易产生浅水效应；

②螺旋桨暴露在外易受损伤；

③工作平稳、运行噪声低。

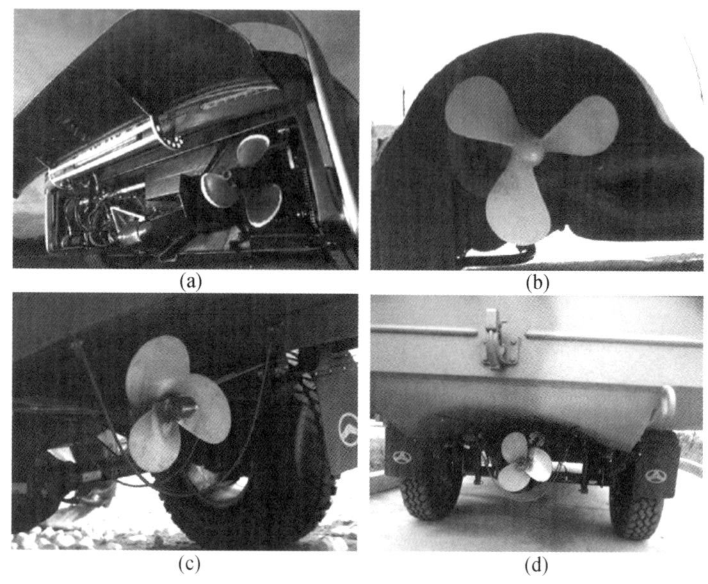

(a) (b) (c) (d)

图 2-16 螺旋桨

2. 喷水推进

喷水推进速度快、易同时实现转向控制。喷水推动装置由吸水管、泵及喷水管等部件组成，具有防护性好、转向半径小、浅水性能好等优点，但喷水推进只有在高速时才能获得较高效率，在低速时其效率低于螺旋桨推进。目前国内喷水推进装置体积较大，在车上的布置受车体空间限制，而小型号效率高的喷水推进器品种较少，可以考虑选用国外产品。

(1)特点

它不是利用推进器（如螺旋桨）直接产生推力，而是利用推进泵喷出水流的反作用力推动船舶前进。

(2)应用

高速攻击艇、高速运输舰、战斗舰艇、两栖装甲车辆。

(3)优点

①推进效率高(50%~63%)；

②抗空泡能力强、操纵性优异；

③工作平稳、运行噪声低；

④运动结构简单、保护性能好；

⑤适应变工况能力强、浅水工作能力强；

⑥附体阻力小。

国内在喷水推进技术方面领先的是中船 708 研究所等单位，目前可以设计 50 ~ 2 500 kW 的喷水推进装置，该推进装置可以用作航速在 45 km/h 左右的高航速两栖军车的喷水推进器，如图 2 - 17、图 2 - 18 所示。

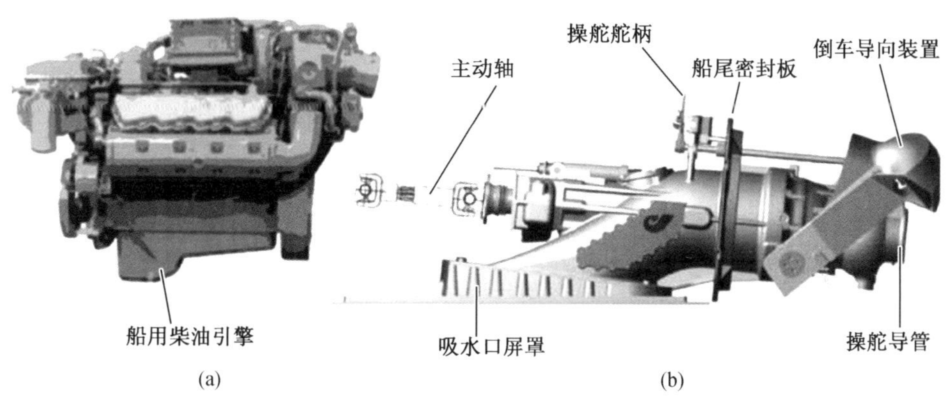

图 2 - 17　发动机与喷水推进器连接示意图

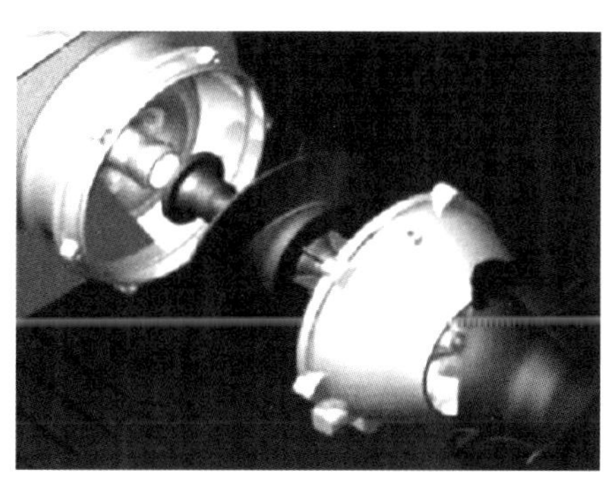

图 2 - 18　喷水推进器结构示意图

3. 船用挂机推进

船用挂机推进的优点是布置方便，不影响陆地行驶能力，改装工作量较小，比较适合现役装备的改进，但不适用于浅水岸滩机动，也不适用于研制新型的制式装备。

此外车轮划水也是两栖车辆的推进方式之一，一般为旅游娱乐的两栖车辆选用，对于军用两栖车辆而言，车轮滑水一般为辅助推进方式。

2.2.5 密封性技术

密封性是水陆两栖车辆水上行驶要解决的首要问题,水下车体和车门是两栖车辆密封的重要部位。为便于密封,两栖车辆应尽量采用独立悬架结构。

对于在海上使用的两栖车辆,因海水含有大量盐分,常用的结构金属和合金大多易受海水的腐蚀。同时海水对滑油性能的破坏也很大,长时间浸泡,轴承可能因缺油而失效。因此,除对裸露金属进行防腐处理外,可在轴承油封外加水封垫圈等。对金属车身,需做专门的防腐处理,如挂锌块、涂电解保护膜等,也可选用新型复合材料,如玻璃钢车身、耐腐蚀铝车身等。对于主要用于内河、淡水湖泊的两栖车辆,淡水对滑油性能的破坏及对金属的腐蚀较小,只需定期补充滑油。

1. 主要解决的密封问题

考虑两栖车辆在水中的密封,防止水进入车船体的内部影响机构的运行,具体的密封情况可以参照一般船体的螺旋桨处的密封,主要部分是:后轮轮轴与船体之间的密封、前后轮悬架和车体间的密封、螺旋桨与车体间的密封。

2. 主要解决方法

一般船舶螺旋桨和船体之间的密封多数采用数个轴颈轴承代替普通的滑动轴承或滚珠轴承。轴承的数量和布置由轴的长度与直径、轴的抗弯振动性能、轴的静弯曲线,以及弯曲应力和轴承支撑座的强度决定。

艉轴管轴承和密封比较特别,比其他轴承要坚固得多,因为它必须承受较大的负载,还要承受螺旋桨引起的突然冲击力(如在汹涌海浪中和突发事故时)。

艉轴管密封有各种不同的技术解决办法。在大多数船上用单工结构,艉部轴封保护艉管不进海水。艉轴管内压取决于船舶吃水,艉轴管内充油,抬高油箱可以调节油压,使之高于外部水压。与环境有关的一项特别有意义的发展是单工紧凑空域艉轴管密封技术。

另外,充压并可调压的中间腔将油和海水隔开,即使在事故情况下海水也不能进入船舱内,油也不能溢出船外。

除了螺旋桨外,其他的密封可以参考螺旋桨的密封情况进行,本书就不一一叙述了。

2.2.6　抗腐蚀技术

1. 水陆两栖车辆腐蚀现状及综合控制技术

(1)两栖车辆腐蚀现状

海洋环境中两栖车辆构件的问题主要包括点蚀、缝隙腐蚀、电偶腐蚀、应力腐蚀、剥蚀、晶间腐蚀、磨损腐蚀、腐蚀疲劳等腐蚀问题,这些腐蚀问题与结构设计及冶金因素密切相关。本书通过分析车辆零部件在干湿交替、振动、冲击等复合工况中所产生的腐蚀故障问题,统计分类研究,归纳总结海洋环境中两栖车辆的腐蚀状况和特征。

①车辆外部腐蚀问题

两栖车辆采用的材料一般为 Al - Zn - Mg 超硬铝合金,该材料具有高的比强度、优良的可焊性、较好的断裂韧性,但是其应力腐蚀敏感性和剥蚀倾向较大。

两栖车辆的铝合金表面由于预处理工艺不当易存在缺陷,车辆使用时,表面缺陷与海水中的活性氯离子促进阳极反应,形成点蚀孔,导致涂层脱落严重;两栖车辆构件中使用材料种类较多,当腐蚀电位相差较大的异种金属材料互相搭接使用时,易发生严重的电偶腐蚀问题;海滩砂石与车体底部铝合金相互摩擦时,易导致车体底部腐蚀磨损严重。

两栖车辆下海时,海水浸没的部分在上岸以后难以彻底清洗干净,缝隙间滞留海水中的氧在修复金属表面钝化膜时消耗加快,易造成严重的缝隙腐蚀,导致诱导轮、主动轮以及螺栓等严重锈蚀。铝合金构件承受大的拉伸应力,在腐蚀介质下易产生应力腐蚀,在环境腐蚀和动循环载荷的同时作用下易引起严重的腐蚀疲劳损伤。

②车辆内部腐蚀问题

在车辆内部,由于密封不严导致海水渗漏到车内,在局部运动构件内形成高温盐雾的腐蚀环境;部分零件浸泡在海水中,表面涂层不能抵御侵蚀,锈蚀问题严重;车辆保养过程中用淡水难以清洗干净,加剧了零部件的腐蚀,如离合器、螺栓螺杆锈蚀严重、拉杆接头及销子等部分零件锈蚀致使操纵阻力变大、制动弹簧件的失效和断裂直接导致操作失灵;电子仪器设备和线路在实际使用中,易发生绝缘击穿、接触不良、电阻值改变等问题,导致电器故障频发;海水渗漏到发动机部分机件,在发动机工作部件产生高温的情况下,形成高温盐雾腐蚀环境,致使发动机冷排气管道、发动机支架及附件等腐蚀严重。腐蚀状况如图 2 - 19 所示。

(2)两栖车辆腐蚀综合控制技术

两栖车辆在使用中,零部件易发生锈蚀、退化、变质等腐蚀现象,两栖车辆腐蚀问题具有多诱因、大范围和全方位的特征,是涉及材料、环境、机械、腐蚀等多学科的复杂难题,严重腐蚀现状导致两栖车辆的性能降低,维护保养困难,维修费用增加,使用寿命缩短等问题。

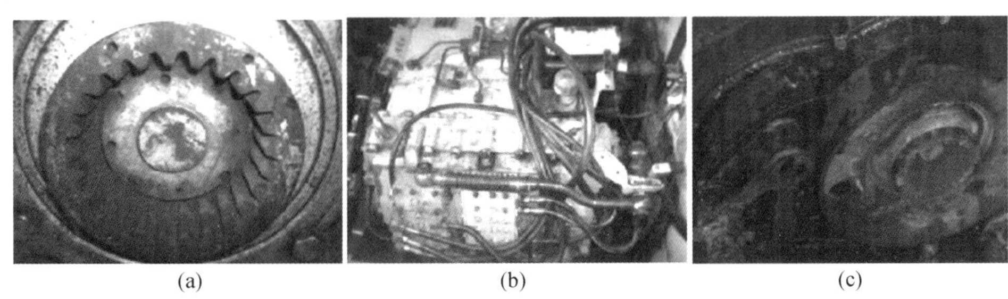

图 2-19　齿轮锈蚀、传动箱锈蚀与发动机系统腐蚀

控制零部件的锈蚀、退化、变质等腐蚀问题,有助于两栖车辆的性能发挥,以及车辆安全可靠性和使用寿命的提升。腐蚀综合控制需采取全寿命、全系统的有效防腐措施,这些措施包括防腐蚀设计、防腐蚀技术工艺、两栖车辆维修和日常维护保养等全过程中腐蚀预防体制的建立。

根据两栖车辆腐蚀状况、腐蚀规律的不同,以及各部位采用腐蚀控制技术和方法的不同,将两栖车辆划分为车体部分、车底部分、异种金属连接部分、整车等进行腐蚀防护。

①新型 Al-Zn-In-Mg-Ga-Mn 六元牺牲阳极材料

针对两栖车辆现用牺牲阳极在干湿交替使用中出现启动时间慢、阳极表面结壳、电流效率低等问题,有学者提出采用建立车体电位平衡时间、阳极块电流效率作为评价标准,通过添加 Ga、Mn 元素调整阳极材料配方,研制新型高活化和高极化速度的 Al-Zn-In-Mg-Ga-Mn 六元牺牲阳极材料(图 2-20)。

通过对新型六元阳极材料电化学性能测试、金相组织观察和溶解形貌扫描电镜观察,进一步分析新型六元阳极材料的溶解和活化性能的影响与作用机制,验证了牺牲阳极溶解—再沉积理论,建立六元牺牲阳极工作过程模型,分析其热力学和动力学工作过程,采用 BESAY 阴极保护数值模拟软件设计与布置,系统设计车辆牺牲阳极保护方案并模拟其保护效果,优化阳极块分布,安装匹配车体阳极块,力争使保护效果显著提高。

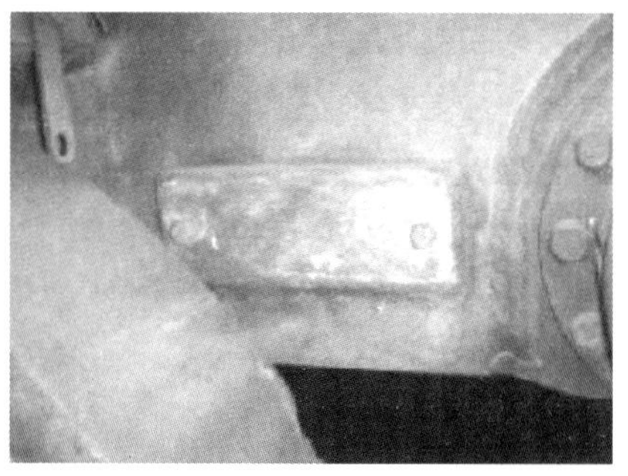

图 2－20　实装的牺牲阳极块

从图 2 －21 测试的结果中得到，在整个试验周期内，牺牲阳极具有小于 －1.10 V 的开路电位，随着电位升高，各周期阳极电流急剧增加，进入活化状态，且其极化率很小，表明该阳极输出电流能力较强。在 45 和 60 个工作周期时，维钝电流变小，说明牺牲阳极表面已经开始钝化。通过实车保护电位测试试验，结果表明：在干湿交替条件下，新型六元牺牲阳极保护下的车体电位平衡建立时间缩短至 5 min 以内，车体平均电位负移 50 mV，工作电位达到 －1.10 V，电流效率高达 90％，溶解形貌均匀，腐蚀产物自动脱落，无结壳现象，对车体起到很好的保护作用。

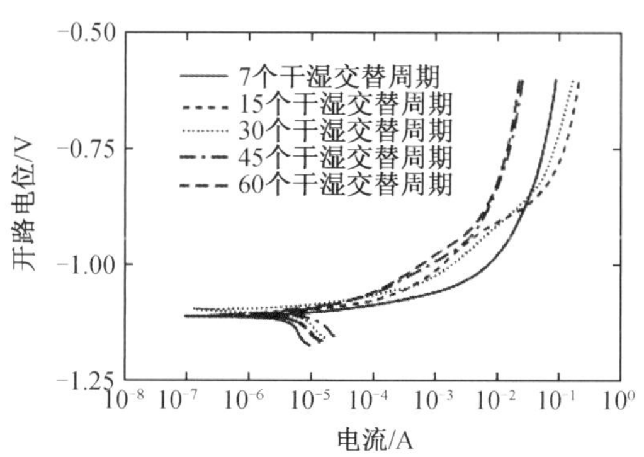

图 2－21　牺牲阳极不同干湿交替周期的极化曲线

②陶瓷型耐磨蚀涂层

针对两栖车辆铝合金底板磨损、腐蚀严重等问题，在底甲板处涂覆陶瓷型耐磨蚀涂层，该方法选用环氧树脂作为粘料，选用脂肪胺与芳香胺作为混合型固化剂，选用 Al_2O_3 颗粒作为耐磨填料。利用“颗粒级配”理论，解决了涂层耐磨难题，利用“脱模定型”工艺，解决了涂层粗糙和针孔难题，运用堆积级配理论，通过正交试验,对 Al_2O_3 涂层填料的颗粒度、颗粒级配组合进行优化,确立了陶瓷型涂层的配方与成分,测试和分析陶瓷型涂层的相关性能,研究陶瓷涂层耐磨蚀机理,结合实车涂覆工艺,规范施工工艺流程,优化工艺参数,有效降低了陶瓷涂层缺陷,提高了两栖车辆底板的耐磨蚀能力。

经过实车测试试验,结果表明:车体底板陶瓷耐磨蚀涂层化学稳定性好,与车体结合强度高,达到 30 MPa,邵氏硬度 80 ~ 90 HA,相对耐磨性 4 ~ 5(45 号钢为 1);涂层无脱落、无锈蚀、无明显划痕(涂层效果对比见图 2 - 22)。

(a)

(b)

图 2 - 22　无耐腐蚀涂层与采用涂层的车底部对比

③复合防腐涂覆层技术

针对履带腐蚀锈死问题,研究采用化学镀 Ni - P 合金镀层、真空渗锌、锌铬涂层等复合涂覆层对履带进行防护,通过从单一涂层到涂覆层的系统试验,得到涂层总厚度为 40 ~ 60 μm,真空渗锌层 + 锌铬涂层 + 高分子厌氧胶的复合防腐涂覆层技术方法能够有效解决履带腐蚀问题,复合涂覆层结构见图 2 - 23。

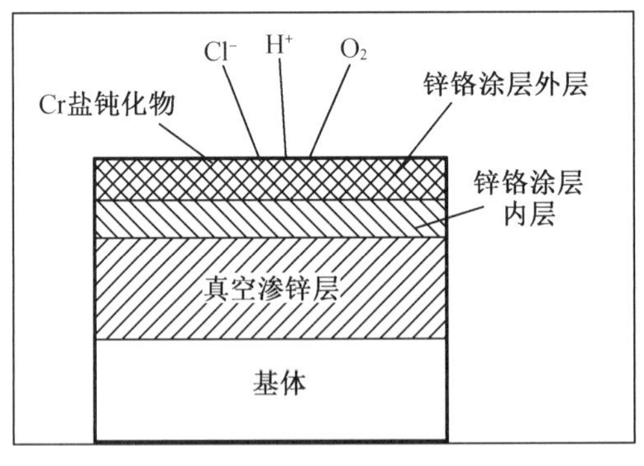

图 2 - 23　复合涂覆层结构

经过实车测试试验，结果表明：复合涂层在一个工作期内能够对履带起到较好的防腐作用，防腐效果优于单一的锌铬涂层和化学镀 Ni－P 合金镀层，锈蚀情况大大减少，可轻松实现履带紧固件的多次拆卸，降低车辆维修保养强度（效果对比见图 2－24）。

图 2－24　裸件腐蚀 24 h（左）与复合防腐涂覆层腐蚀 1 000 h（右）效果对比

④异种金属电位匹配技术

在全面统计两栖车辆上使用的各类材料基础上，研究人员系统整理了车体上金属连接件的数量、位置、名称及所使用材料的表面处理，确定了某种两栖车辆上共使用了 26 种材料，共产生 30 多种异金属固定连接，150 多种异金属部件活动连接，建立了两栖车辆电偶腐蚀数据库。通过电偶基础试验（材料电偶测试曲线见 2－26 图），得到主要材料在海水中的电偶序：7A52、5A06、2A12、Q235、45 号钢、38CrSi、1Cr18Ni9Ti 的自腐蚀电位。

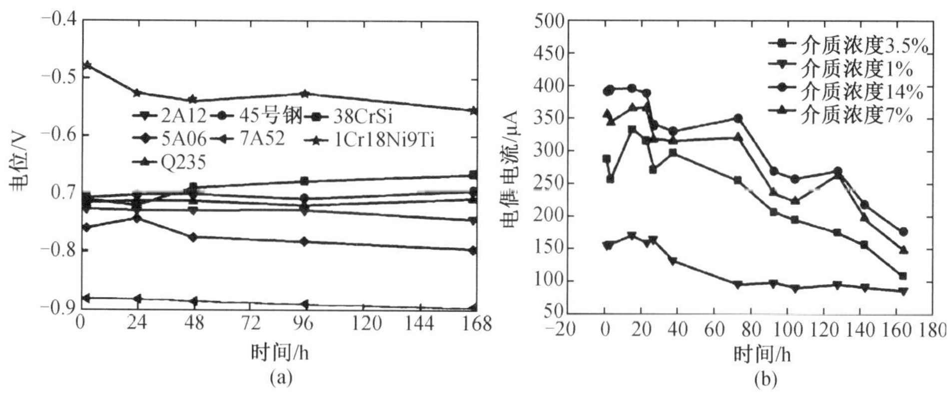

图 2－26　两栖车辆材料电偶序图与 7A52－5A06 电偶电流随介质浓度的变化

通过研究1%、3.5%、7%、14% 4种浓度条件下的电偶电流,结果显示:电偶电流随着介质浓度的增加而增加;介质浓度较低时,增加介质浓度对电偶电流影响较大;介质浓度大于7%时,介质浓度的改变对电偶电流影响较小,表明电解质浓度的改变在一定范围内对电偶腐蚀影响较大。同时研究了阴/阳面积比、温度和含氧量对电偶腐蚀的影响,模拟两栖车辆在干湿交替状态下电偶腐蚀现象、特点,提出两栖车辆电偶腐蚀防护原则如下:

a. 尽量避免腐蚀电位相差悬殊的异种金属做直接导电接触;

b. 腐蚀电位相差悬殊的异金属必须组装在一起时,应采取可靠的绝缘措施;

c. 有效控制阴/阳面积比,抑制加速电偶腐蚀的因素。根据两栖车辆电偶腐蚀防护原则,研究制定异种金属电偶腐蚀防护措施,见表2-4。

表2-4 异种材料零件接触常用的防护措施表

接触形式	防护措施
一般接触(搭接、对接)	铝件:微弧氧化,阳极化;钢件:达克罗,化学镀Ni-P合金;装配时,接触面涂平面密封胶
螺钉、螺栓、端联器、弹簧等	铝件:阳极化;钢件:达克罗,化学镀Ni-P合金;装配时,涂低强度密封胶YL022、管螺纹锁固胶等
钢与铝的压入配合(钢衬套压入铝支承座内)	铝件:微弧氧化、真空渗锌;钢件:达克罗,化学镀Ni-P合金;装配时,涂平面密封胶
铝钢滑动件	铝件:微弧氧化;钢件:硬质阳极化+溶剂型防腐润滑油

经过实车测试试验,结果表明:两栖车辆电偶腐蚀数据库为两栖车辆腐蚀综合控制打下基础,提出的电偶腐蚀控制原则和防护措施使异种材料的电偶电位相差小于0.05 V,大大降低了两栖车辆电偶腐蚀程度。

⑤高分子密封胶防腐技术

在两栖车辆的设计中,采用了机械密封设计,如采用密封圈、密封垫等密封技术,一般情况下,在两栖车辆的使用和维修中,不会改变原有的密封设计。为了改善装备的防腐效果,更多是采用高分子密封防腐材料,以填充的方式隔离腐蚀介质,起到防护作用。消除密封间隙的技术方法就是在需要密封的部位涂一些高分子密封胶,这些高分子胶经固化后就密封了间隙。

对于两栖车辆的车外紧固螺栓,螺栓螺纹与螺母螺纹之间总是存在一定间隙(内螺纹设计所致),如海水会渗入间隙而造成螺纹的锈蚀,甚至形成“锈死”

现象，在海水或盐雾环境中锈蚀严重。在车辆维修保养时，经常需要拆卸这些螺栓，在拆卸过程中，已经严重锈蚀的螺栓很难顺利拆卸，严重时易造成螺栓被拧断的现象，给维修保养带来困难。要消除螺纹锈蚀现象的根本途径是消除间隙，让海水无空可渗。在高分子螺纹密封锁固胶的系列产品中，设计有两个功能：一个是螺纹间隙的密封，另一个是锁固，使螺栓不会在使用时松动脱落。对于两栖车辆的车外螺栓，主要是密封防腐，锁固功能是次要的。用低强度的高分子螺纹密封锁固胶，不可选用高强度和超高强度胶，否则将导致螺栓拆卸时相当困难，甚至无法卸下。

两个平面之间的密封，例如发动机上、下箱体的密封，变速箱上、下箱体的密封等，大都采用固体衬垫密封，使用中渗漏现象比较普遍。采用高分子平面密封胶进行密封，大幅度提升了密封可靠性能。在装配前，将膏状的密封胶涂在密封平面上，利用高分子密封胶优良的填充性将平面的不平度、粗糙度等缺陷填平。当合上对偶平面并固化后，形成了一个密封性优良的密封层，阻绝海水进入密封零部件内，大大降低了两栖车辆的内部腐蚀问题。

海洋腐蚀环境具有多样性和复杂性的特点，故而在海洋环境中使用的两栖车辆的腐蚀防护工作是一项复杂的系统性工程。两栖车辆各部位工作环境、腐蚀状况、腐蚀规律是不同的，所以，对于各部位采用的腐蚀控制技术应当是不同的，不能一概而论。

当前，针对海洋环境下材料的腐蚀防护技术有很多，每项技术都有其鲜明的特点，体现在使用环境的不同、防护寿命的差异和成本的高低等方面。采用综合防腐控制技术的目的，在于整合现有的各种防腐技术的独特优势，并针对两栖车辆不同部位在海洋环境下产生的不同腐蚀情况，提出综合性的解决方案，使得两栖车辆在综合性地兼顾了相关腐蚀防护因素之后，进而在两栖车辆的整个腐蚀防护设计及控制层面上达到最优。两栖车辆腐蚀综合控制技术研究是一项系统工程，必须树立全系统和全过程腐蚀综合控制思想，制定以预防、控制和治理为主要内容的工艺规程，构建两栖车辆腐蚀控制维修保障的配套技术手段，从顶层到控制各层面发展和完善两栖车辆腐蚀控制理论体系，这对海洋环境下两栖车辆腐蚀问题的控制和解决具有重要的意义和价值。

2. 腐蚀问题的数值设计分析方法

作为一种经济有效的腐蚀防护办法，牺牲阳极的阴极保护在海洋及近海钢构、船舶与海洋工程装备等领域得到了广泛应用，各种条件下牺牲阳极材料的选用也取得了很多宝贵的经验，常用的牺牲阳极材料的基本成分已大体确定并标准化。

进入 21 世纪,针对海洋结构物腐蚀问题,环保型牺牲阳极将成为今后的发展方向。

海上结构物的腐蚀设计与控制一直是防腐工程中的技术难点,以往传统的阴极保护设计与评估方法通常采用试验室比例模型测量、经验公式或者加入比较大的安全因子来完成,比较费时费力,难以达到理想的预期目标。除了设计中要详细分析腐蚀问题与预先防护的措施,在交付运行时,更要进行实时监控,以防腐蚀问题与其他问题交织后产生更大破坏力。

(1)根据给定的海上结构物体 ICCP 系统参数获得结构物体整个模型阴极保护结果。

(2)为了考察和验证海上结构物体的防腐设计方案,对其阴极保护系统实施计算机仿真计算,将为其防腐设计和腐蚀控制提供更有力的支持,同时进一步提高防腐设计的技术水平。

(3)实时监测钢结构发生腐蚀的情况,可以及时发现可能出现的各种危险问题。

总之,应使用数值分析方法,应用 BEASY 软件的 ICCP 系统优化功能,在固定辅助阳极位置的条件下,优化船体 ICCP 系统阴极保护电流参数,获得最优阴极保护状况下的最小电流。进行实时的分析,以提供决策的技术支持。

20 世纪后期,一种数值方法——边界元法被成功应用到腐蚀仿真模拟中。海洋结构物阴极保护数学模型为

$$\begin{cases} \dfrac{1}{\rho}\nabla^2\phi = 0 & \text{in } \Omega\text{(控制域内)} \\ q = \dfrac{1}{\rho}\dfrac{\partial\phi}{\partial n} = 0 & \text{on } S_1\text{(湿表面涂层完好部位)} \\ q = \dfrac{1}{\rho}\dfrac{\partial\phi}{\partial n} = f_\infty(\phi) & \text{on } S_2\text{(涂层损伤或裸露部位、阳极表面)} \\ q = \dfrac{1}{\rho}\dfrac{\partial\phi}{\partial n} = 0 & \text{on } S_w\text{(海面)} \\ \phi = \phi_\infty & \text{on } S_\infty\text{(距离被保护构件足够远处)} \\ q = \dfrac{1}{\rho}\dfrac{\partial\phi}{\partial n} = 0 & \text{on } S_\infty\text{(距离被保护构件足够远处)} \end{cases} \tag{2-3}$$

边界积分方程:

$$\begin{cases} \phi_P + \int_S q^*(P,Q)\phi \mathrm{d}S = \int_S q\phi^*(P,Q)\mathrm{d}S + \dfrac{1}{\rho}\phi_\infty \\ \int_S q\mathrm{d}S = 0 \end{cases} \tag{2-4}$$

对于三维问题,各向同性情况的基本解为

$$\phi^*(P,Q)=\frac{1}{4\pi\kappa R}$$

$$\phi^*(P,Q)=\frac{e_r\cdot n}{4\pi R^2} \tag{2-5}$$

对于区域 Ω 内的 ϕ 值和 q 值的求解,即

$$\phi_i = \sum_{j=1}^{N} G_{ij}q_j - \sum_{j=1}^{N} H_{ij}\phi_j$$

$$\begin{cases}(q_x)_i = \dfrac{\partial\phi}{\partial x} = \int_S q\dfrac{\partial\phi^*}{\partial x}\mathrm{d}S - \int_S \phi\dfrac{\partial q^*}{\partial x}\mathrm{d}S \\ (q_y)_i = \dfrac{\partial\phi}{\partial y} = \int_S q\dfrac{\partial\phi^*}{\partial y}\mathrm{d}S - \int_S \phi\dfrac{\partial q^*}{\partial y}\mathrm{d}S \\ (q_z)_i = \dfrac{\partial\phi}{\partial z} = \int_S q\dfrac{\partial\phi^*}{\partial z}\mathrm{d}S - \int_S \phi\dfrac{\partial q^*}{\partial z}\mathrm{d}S\end{cases} \tag{2-6}$$

G3 与 P110 两种金属的化学成分见表 2-5,其在 5% NaCl 溶液中的极化曲线与电偶对模拟试验示意图见图 2-28。

表 2-5 G3 与 P110 两种金属的化学成分(质量分数)

材料型号	C	Si	Mn	P	S	Cr	Mo	Ni	Fe
G3	≤0.015	≤1.0	≤1.0	≤0.04	≤0.03	21~23.5	6~8	48~52	18~21
P110	0.25	0.2	1.4	≤0.009	≤0.003	0.15	0.01	0.012	balance

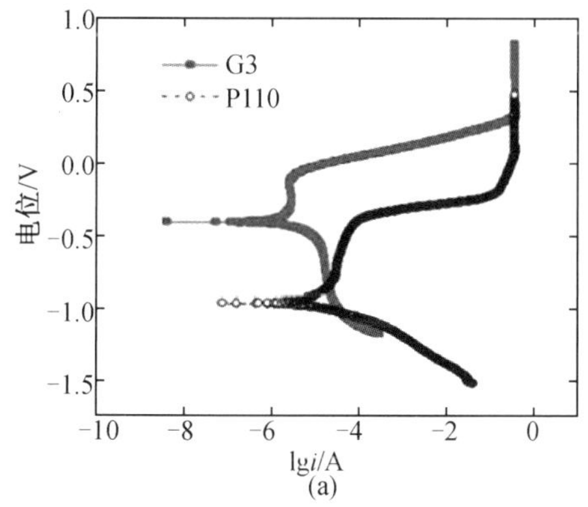

(a)

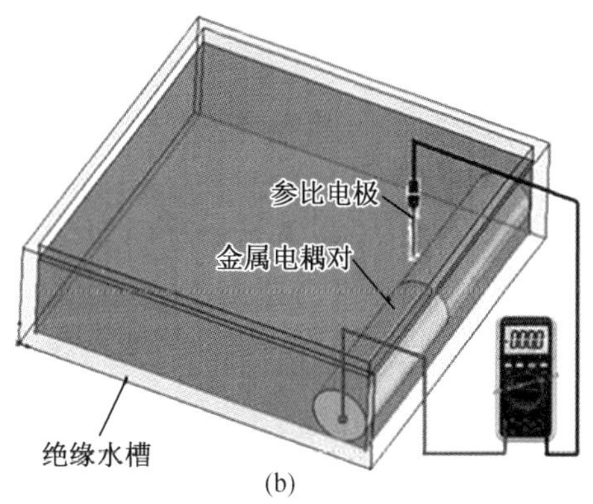

(b)

图 2-28 G3 与 P110 在 5%NaCl 溶液中的极化曲线与电偶对模拟试验示意图

建模示意图如图 2－27 所示。

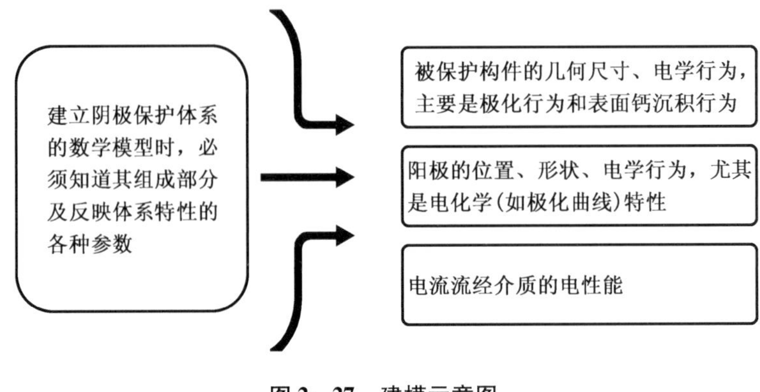

图 2－27　建模示意图

网格划分及网格独立性验证结果如图 2－28、表 2－6 所示。

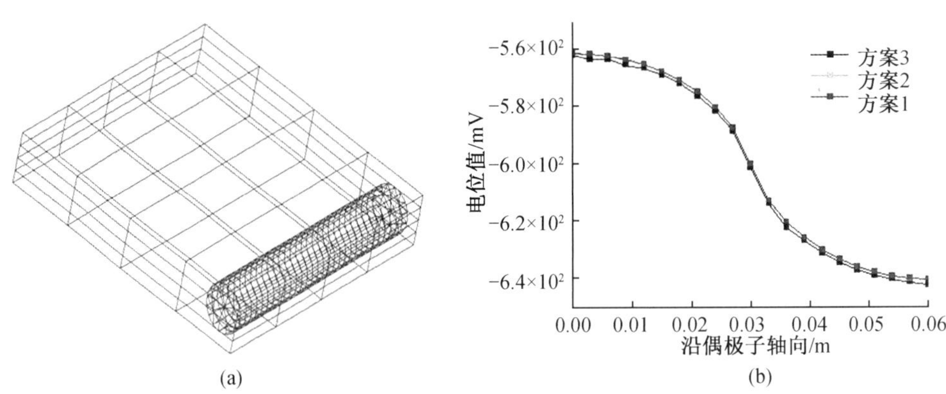

图 2－28　计算域网格图与不同网格尺度下沿偶极子轴向电位分布图

表 2－6　网格独立性验证结果表

方案	网格总数	圆棒轴向节点数	圆形周向节点数	最低电位/mV	最高电位/mV	最低电位偏差	最高电位偏差
1	296	10	6	－642.37	－562.43	—	—
2	568	15	8	－640.41	－561.83	－0.003	－0.001
3	904	20	10	－640.40	－561.83	－0.000 02	0.00

G3 与 P110 电偶对模拟电位分布云图如图 2－29 所示，电解质中电位分布云图与电偶对电位分布计算值与测量值对比如图 2－30 所示。

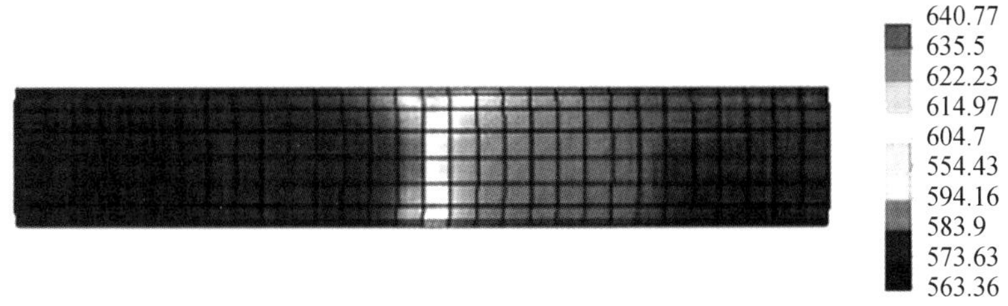

图 2－29　G3 与 P110 电偶对模拟电位分布云图(单位:mV)

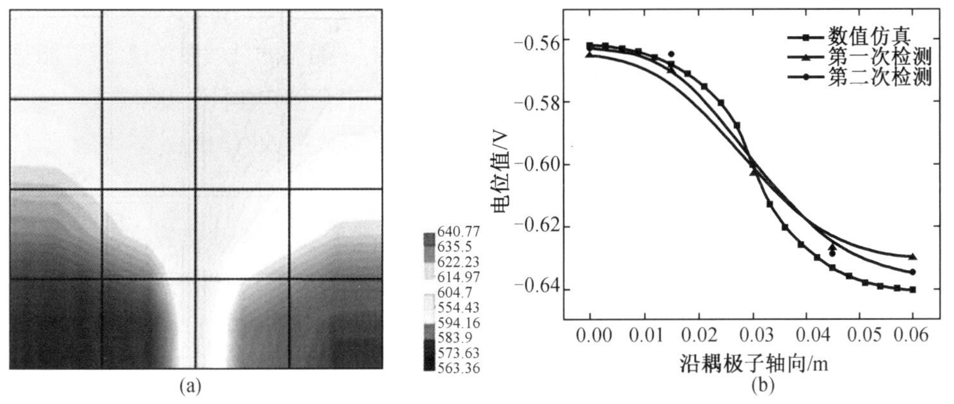

图 2－30　电解质中电位分布云图(单位:mV)与电偶对电位分布计算值与测量值对比

由测试结果可知，应用边界元法编制的程序在计算阴极保护电位分布和解决阴极保护极化问题时是可靠、可信的。

2.2.7　抗沉性

1. 抗沉性简介

抗沉性(insubmersibility)是指船舶在一舱或数舱破损进水以后，仍然能够保持一定的浮性和稳性，使得船舶不至于沉没或延缓沉没的时间，以确保人员生命和财产安全的性能。

在船舶设计中，是通过在船壳内用水密舱壁将船体分隔成适当数量的舱室的方法来保证船舶的抗沉性，在船舶的侧视图上，舱壁甲板边线以下处的一条曲线(与甲板边线平行)称为安全限界线,要求当船舶的一舱或数舱进水后,船舶的下沉不淹没设计规定的安全限界线位置,并保持一定的稳性。船舶侧视图参见图2-31。

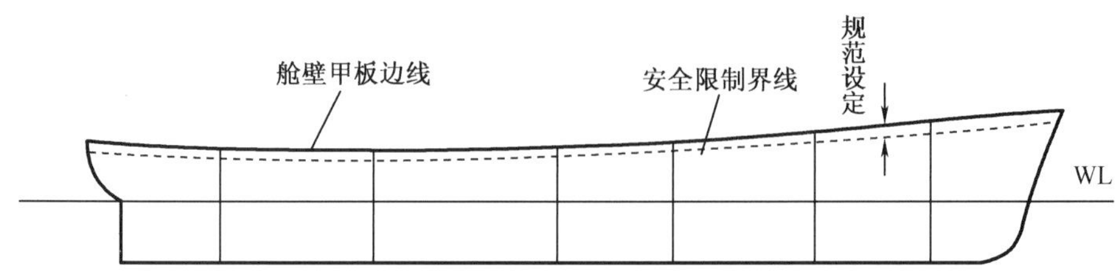

图2-31 船舶侧视图

为了保证船舶在破损后的水线不超过限界线,对于船舱的长度要加以限制,船舱的最大长度称为可浸长度,它表示进水以后的水线正好达到船舶的极限破舱水线。我国《船舶与海上设施法定检验规则》中采用了分舱因数 F 来决定舱长:

$$许用舱长 = 可浸长度 \times 分舱因数\ F, F \leqslant 1.0$$

当 $F=1.0$ 时,许用舱长等于可浸长度,要求船舶在一舱破损后能浮于极限安全限界线处。

两栖车辆由于要下水航行,就必然要与船舶一样具有抗沉性的问题,这关系到两栖车辆的安全性与生命力。虽然目前还没有一个针对两栖车辆的船级社规范,但是也必须参照相关的船级社规定如《船舶破损控制手册》等规则,来设计规定两栖车辆抗沉性问题。

2. 两栖车辆抗沉性

抗沉性是两栖车辆最主要的性能之一,在设计阶段就要关注这一问题。首先要清楚两栖车辆通常是一个舱室,没有设置分舱,因此安全风险会相比设置分舱的船舶大;同时要了解影响其进水造成车辆下沉的主要问题;然后设计相应对策与措施。

在设计时,要考虑造成可能进水的主要问题:

①在航行时,由波浪形成的水大量涌入;

②在航行前,作业人员违反航行准备条件或在航行时违反操纵规则等造成水的大量进入;

③对于军事用途的两栖车辆,可能是在战斗和使用中遭到破损而大量进水。

两栖车辆的抗沉性,针对不同的车辆不同形式,应有不尽相同的方法。为了保证其抗沉性要求，通常有如下措施：

①在设计时就考虑较大的浮力储备；

②采用完全密封的车船体结构；

③在完全密封的船体内，建立高于大气压力的超压载重；

④尽可能设置分舱结构；

⑤采用轻质多孔材料制成车体结构或将这些材料填满自由空间；

⑥在设计时，布置高效的排水载重。

总之两栖车辆的结构对抗沉性影响很大，同时浮力储备与设置排水装置是所有两栖车辆都必须考虑的问题。

(1)浮力储备对抗沉性的影响

为了提高两栖车辆的抗沉性，增加浮力储备是有效措施之一。但是增大水线以上车船体水面部分体积或提高“干舷”，仍然受到车船高、宽、长等主尺度增大的限制。因此，只能在满足总体设计要求的前提下，适当增大浮力储备，但适当放宽主要尺度，允许较大浮力储备，对抵御风浪、增大稳性和提高装载重量也是有利的。

(2)排水装置对抗沉性的影响

当前，普遍采用的排水设备是离心泵、旋转式或轴流式泵，安装喷水推进装置的车船，有的会采用引射排水系统结构。

在排水设备中，由两栖车辆的使用要求、特点、排水量大小及浮力储备大小决定排水泵的效能、数量、安装位置。部分排水设备的性能情况见表 2 – 7。

表 2 – 7　部分两栖车辆排水设备性能

型号	БРДМ(苏)	БАВ(苏)	K – 61(苏)	LVIP – 5(美)	Terrapin(英)	AlvisStal – Wart(英)
车船类型	轮式侦察	轮式装甲	履带式运输	履带式装甲	轮式车	轮式车
排水量/kg	5 630	10 050	14 550	31 750	16 500	13 300
泵的数量/个	引射泵 1 电动泵 1	机械泵 2 手摇泵 1	机械泵 2	机械泵 4 电动泵 1	机械泵 2 手摇泵 1	机械泵 2
泵的效能/($L \cdot min^{-1}$)	引射泵 500 电动泵 80	机械泵 450 手摇泵 60	机械泵 800	机械泵 1134 电动泵 472	机械泵 555 手摇泵 68	机械泵 540
泵总效能/($L \cdot min^{-1}$)	580	510	800	1 606	623	540
泵总效能与排水量之比值/%	10.3	5.1	5.5	5.06	3.78	4.06

(3)车体破损检查排除

当两栖车辆需要超越水障碍时,应在下水前先检查车船体有无破损,一旦发现破损部位,需立即予以修复或排除。每一车船上的工作人员都要做好这一工作。

当两栖车辆下水后,发现车船体有破损,而且已经开始大量进水时,为了防止事态扩展,应该立即打开排水装置,同时,根据水流的方向、响声判断并根据传感设备确定破损源予以堵漏。

在两栖车辆航行过程中要堵住水线以下的破损部位,并注意几个方面问题:

①车船上操作人员便于及时接近破损的部位;

②及时了解破损部位的水流量;

③破损部位的水头。

在两栖车辆总体设计中,应该充分注意确保操作人员能够顺利进入车船体内部的所有部位,这对于应急情况下保持车船的航行性能和生命力具有非常重要的意义。凡是满足这一情况的两栖车辆都将具有较好的抗沉性。

2.2.8 减阻技术

1.减阻技术简介

(1)重要性

水上减阻技术是高速水陆两栖车的核心技术。

(2)本质

缩小车底部与水的接触面积,降低水上滑行阻力,达到近似贴着水面"飞"的状态。

①减阻技术1——滑行车体(图2-32至图2-34)

②减阻技术2——轮胎收放技术(图2-35)

(3)背景

浸在水中的车轮及悬架装置会产生巨大的水上行驶阻力,高航速两栖车欲获得高航速必须收起车轮并使之高于水面。

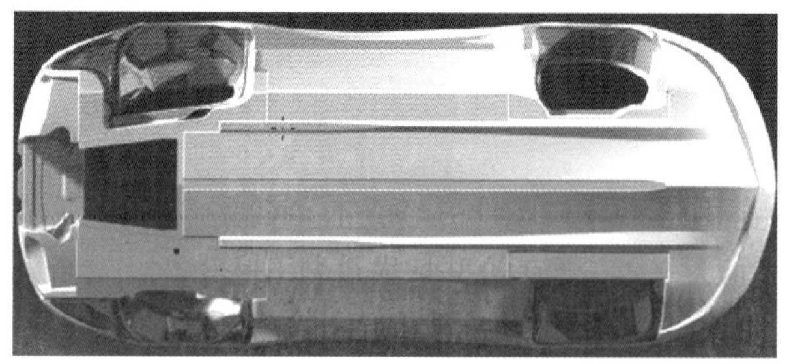

图2-32　Gibbs公司两栖车辆的车底

(a)

(b)

图2-33 军用水陆两栖车 Humdinga 与 Hydra Spyder 水陆两栖车

(a)

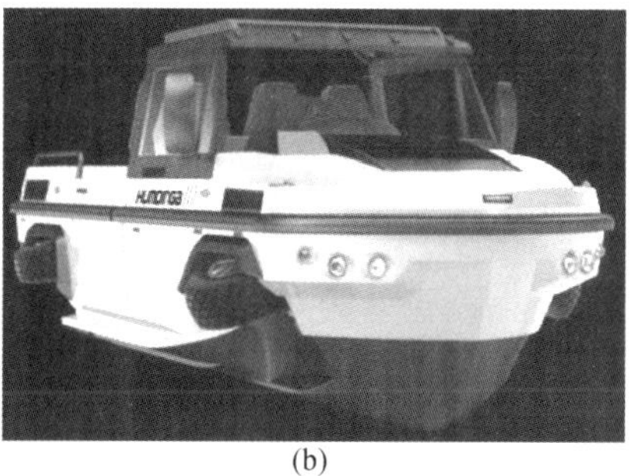

(b)

图2-34 滑行车体

(a)

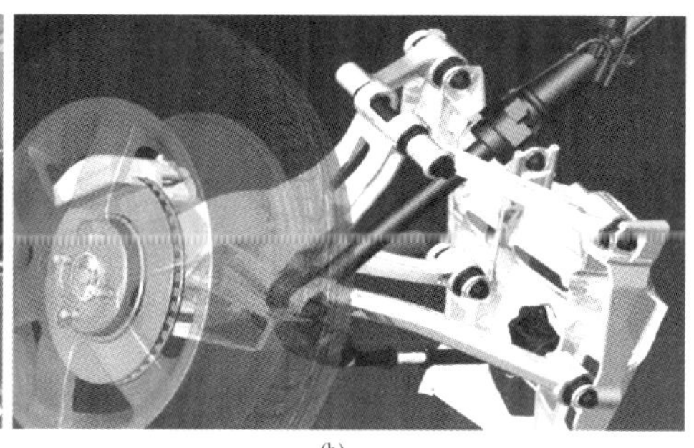
(b)

图2-35 车轮收放装置

(4)分类

①垂直升降车轮;

②翻转式收放车轮。

(5)特点

①改进悬架导向机构,达到收放车轮的目的;

②具有一套独立的液压系统以保证车辆在水中收起轮胎和陆地上车身高度调节能力。

2. 两栖车辆的减阻技术

文献[5]提出了一种两栖车辆水陆模式切换系统,结构简单,整车重量轻量化,切换速度快,传动平稳。同时针对水陆两栖车在水中阻力大的问题,提出一种双叉臂悬挂提升装置,这种系统主要以减小附件阻力的方法提升两栖车辆的航速,克服了传统悬挂系统提升装置挤压车内空间及忽略减震性能的弊端。

在洪水等自然灾害发生时,普通运载车无法到达灾区,直升机投递的方式运送救援物资,存在空投量小、受环境影响大的问题。两栖车可以适应复杂的浅水地形,及时进行救援商品运输,尽可能在短时间内完成工作。

现有的两栖车辆水陆两个系统的动力由一台或两台发动机提供,由两台发动机提供动力的两栖车辆结构简单,但车辆质量将增加,不符合两栖车辆的快速化趋势。而现有的由一台发动机提供两套推进系统动力的两栖车,发动机多放在前部或后部,质心发生偏移,存在在高速行驶时易产生点头或仰头、下水困难、传动结构复杂等问题。同时目前市场上的悬挂系统提升装置种类繁多,很多悬挂系统提升装置为斜向翻转提升,如此一来既极大挤压了车内空间,又不适应高行驶性能的双叉臂悬挂系统,且片面追求提升车轮功能,忽略了悬挂系统的减震功能。

3. 两栖车辆减阻装置的数字设计

文献提出了以人机交互手段,运用产品现代设计方法及相关理论,借助现代信息技术,建立计算机辅助设计开发平台,为提出具有新功能、新技术的新型两栖车辆设计制造提供软件支撑平台,从而突破现有的技术框架,通过减少阻力来提高两栖车辆的水上推进速度,以提高产品性能,同时增强企业的创新能力。

(1)系统总体结构

计算机辅助设计的任务就是在设计阶段,根据用户对两栖车辆的功能、性能要求,帮助工程师获取理想的成果。

设计需要选取某款软件(过去往往采用国外引进软件,现在我国自主知识产权的软件也具有相同功能)作为前台开发工具,后台有数据库支撑,系统构架采用常规的客户端—服务器端(C/S)的方式。

针对产品设计就需要基于物联网,建立以物件为最基本元素、四个主要数据库(工程数据库、物件管理数据库、控制数据库、决策支持数据库)为核心构成的集成,如图 2-36 所示。

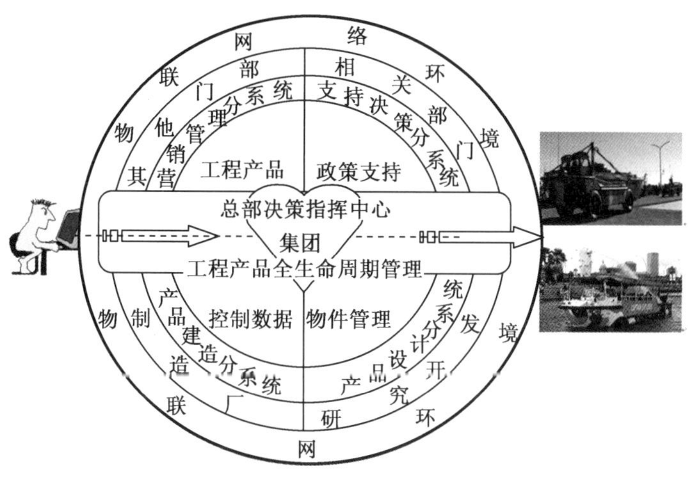

图 2 –36　集成示意图

(2)系统功能模块

针对减阻装置设计的系统模块如图 2 –37 所示。

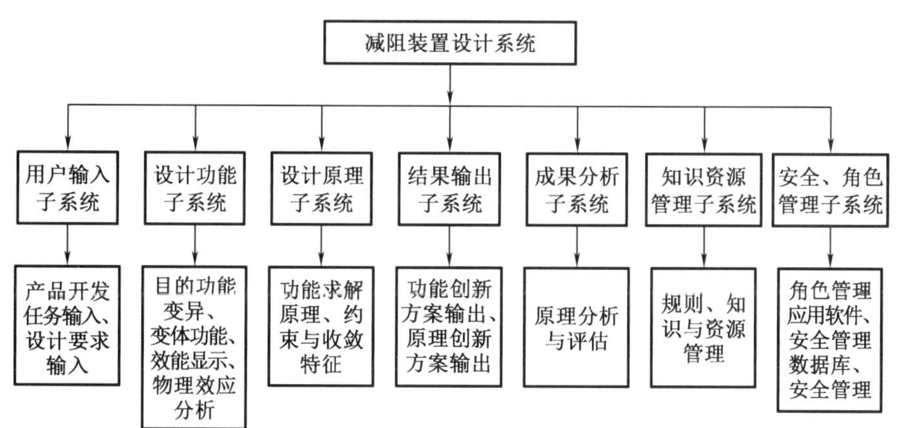

图 2 –37　系统模块结构

各个功能模块组成了减阻装置计算机辅助设计系统。

(3)系统数据安全

设计系统包含了企业的产品核心资源,因此安全管理是计算机辅助设计系统的重要组成部分。安全管理包含了如下内容:

①应用软件安全性:应用级安全管理采用储存用户名与密码的登录方式,只

有录入上述条件才能登录软件系统,开展工作;

②数据库管理系统安全性:分辨分级应用数据库系统的安全性,由数据库自带的系统安全管理模块储存用户的账户、密码与级别。

(4)设计系统结果输出

根据上述理论研制的计算机辅助设计系统可以用来帮助工程师进行两栖车辆减阻装置的创新设计,以“减小阻力”的设计目标作为新型功能设计的输入,然后进行功能拓展与原理的分析、评估,得到拓展的功能空间和前述原理表达的差异性与收敛空间,通过迭代取得优化结果。

优化结果可以由后处理的智能化自然语言版本输出,也可以将数字模型直接交由生产部门进行加工处理。

2.2.9 航行特性技术

两栖车辆在特定地理环境中具有不可替代的作用,由于独特的行驶特性,其研究已成为各国两栖车辆及国防科研的重要内容之一。对于高速两栖车辆,优良的水上动态特性对其安全行驶具有重大作用。目前,国内外关于两栖车辆的研究主要采用拖模试验与数值模拟两种方法。在两栖车辆的数值模拟分析方面,国内主要开展了两栖车辆的减阻及外形优化设计等方面的研究。由于真实海况下两栖车辆航行时始终处于升沉和纵摇的耦合运动状态,通常数值模拟方法无法有效分析两栖车辆在水中的水动力特性。

文献[9]针对两栖车辆在水中的运动过程,对比了静态网格技术和动态网格技术方法,确定了动态网格技术相比于静态网格技术的先进性和可行性,选择了网格光顺作为本文计算的动态网格方法,并对网格的无关性进行了验证,且对比确定了多相流模型、湍流模型,建立了两栖车水上航行流场数值模拟方法。构建了能够模拟两栖车水上运动的数学模型。通过车辆振动流固耦合运动方程,建立了能够描述车体和流场之间流固耦合方程和车体振动响应的结构动力学模型,由此形成了一种有效的非定常流动流固耦合计算分析方法。

文献[10]分析了轮式两栖车辆水上航行特性,并与试验结果进行了对比,验证了两栖车辆水上航行动态网格数值模拟和运动数学模型方法的可行性。研究了车体航行姿态、受力特性、浮态、绕流场、阻力特性和功率特性等,分析了不同速度下航行姿态和受力特性的变化过程,浮态和绕流场的变化规律。将数值模拟与试验结果进行了对比,两者取得了较好的吻合程度。

1. 国内外情况简要介绍

由于两栖车辆具有“陆上机动而灵活、水上快速而隐蔽；在水陆交界处有特殊的通行性能”这些优点，无论是在现代军事领域还是民用领域都有广阔的应用前景，所以世界各国都在两栖车上投入了大量研究。

1920 年，英国人发明了第一辆应用于军事领域的履带式两栖车，该车水上航速 2.4 km/h。随后美、苏、德、法、日各国相继进行了两栖车相关的研究。

其中苏联的 T－37 水陆两栖车的外形已与现代两栖车辆相仿。T－37 是世界上装备部队的第一种水陆两用坦克，可以说苏联为两栖车辆的研究打下了至关重要的基础。T－37 使用了 4～9 mm 厚的装甲，总质量 3.2 t，陆上速度为 35 km/h，水上航速为 6 km/h，推进方面由于研制较早，所以较为落后，没有采用现代的泵喷推进，采用的是螺旋桨推进。此后，苏联部队在此基础上不断更新，已经列装的两栖坦克有 T－40 水陆坦克、ПТ－76 水陆坦克、БТР －50П 履带式水陆装甲输送车、БТР－60 轮式装甲输送车、БМП－3 履带步兵战车等，两栖战车系列的完善和进步标志着苏联的陆军机械化水平进入了新的阶段，领先于世界其他国家。除 20 t 以上的车辆装备外，陆军轻型战斗车辆基本实现了两栖化，在水中和陆地都可以畅通无阻，其中比较典型的两栖车辆是 БМП－3 履带式步兵战车和 ПТ－76 水陆坦克。

美国在两栖车辆的研制方面处处与苏联抗衡，适应水陆两种环境的两栖车辆成为美军的研究重点。从一开始，美国发展的两栖车辆就具有“以海上使用为主”的明确目标。履带式两栖车辆方面，在第二次世界大战期间，美国总共研制了 LVT－1、LVT－2、LVT－3 以及 LVT－4 四种车型和多种变型车，并在历次两栖作战中发挥了重要作用。在第二次世界大战以后，美国对于两栖战车研究的重视程度有增无减，逐步研究开发了几种具有代表性意义的车型：LVTP5、LVTP7（AAV7）、LVTP－7A1（AAV7A1）。美国通用动力公司地面系统部基于“超视距突击登陆”机动作战的思想指导，研制了一种先进的 AAAV 两栖突击车，并于 2008 年列装部队。该车型是近年来美国两栖战车的研究精华。该车型战斗全重为 33.8 t，陆上速度最大可达 72 km/h，最大航程 482 km；水上航速达到（37～46.25）km/h。在短短几十年，美国两栖车水上航速能有如此快速的提高，有其自身的原因。

（1）该车引用了滑行车体的概念，由于滑水型车体在水中的行驶阻力较小，所以该车采用了可回缩的液气弹簧悬挂系统，在水上航行时可以与车体底部平齐以达到减阻的目的。

(2)其采用了新型的推进装置,推进效率较高。该车在高速航行时使用4个直径为406 mm的三级喷水推进器,在低速时使用两个直径为305 mm的两级喷水推进器,通过喷水导流板实现转向和倒车的功能。

(3)该车型具有优越的发动机性能,通用动力公司为其选用了MTU公司的MT883型柴油机,有中冷器、后冷器和串联涡轮的两级增压器,输出功率高达1 911.8 kW。图2-38和图2-39中分别列出了AAAV车型外形示意图和航行状态图。

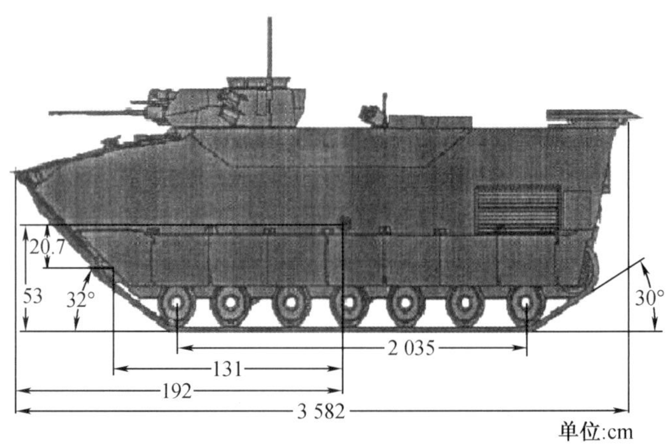

图2-38 AAAV两栖突击车外形示意图

图2-39 海面行驶中的AAAV两栖突击车

轮式两栖车辆方面,早在1942年,美国通用汽车公司就在通用2.5 t卡车的基础上开发了一款水陆两栖汽车DUWK,如图2-40(a)所示。二战期间,此两栖车由于优越的性能为世人所知。该车为66驱动,可装载2 500 kg,但是该车在水中的最高航速只能达到9 km/h。

(a)

(b)

图 2-40　DUWK 水陆两栖车与 LVHX 系列水陆两栖车

当前对于两栖车辆的研究集中于提高两栖车辆的航行速度和航行稳定性。为实现车辆在水中的高速行驶,美军于 1957 年在 DUWK 车辆的基础上开发了水翼型 DUWK 样车,其在水中的最高航速可达 55 km/h。而后,美军于 20 世纪 60 年代在水翼型 DUWK 试验样车研制成功的基础上,相继开发了 LVHX-1 和 LVHX-2 水翼型高速两栖车。

LVHX 系列高速两栖车辆[图 2-40(b)]可载重 5 t,装有 900 kW 燃气轮机,在车首和车尾各装有一个全浸式水翼,并用支柱与车体相连,通过在尾部支柱上安装的直径为 736 mm 的螺旋桨推进,其在翼航状态下的航速可达 70 km/h。

我国在 20 世纪 50 年代后期开始设计和生产两栖车辆,对两栖车辆的研究和生产起步较晚。由于研究较晚,我国的两栖车辆的研制相对比较落后。尽管我国的水陆坦克历经重大改进,性能有较大提高,但由于研制经费及技术的限制,所以总体水平同美国和世界其他先进国家相比,仍存在一定的差距。

1958 年 10 月,中国研制的第一代水陆坦克是 63 式水陆两用坦克,经过两年之后,该车于 1960 年开始小批量生产并交部队试用。针对在试用过程中出现的一系列问题,又重新做了修正和改进工作。该车于 1963 年 3 月设计定型,命名为 63 式水陆坦克并投入批量生产。90 年代后,我国由于台海形势的需要重新开展两栖车辆的研究和改进工作。在 1996 和 1997 年间,我国对 63 式水陆坦克等车型进行了以提高其水上机动性为目的的研究工作。

近年来,计算机技术的飞速发展,使得研究人员在两栖车车体外形设计中系统深入地进行水动力特性分析成为可能。并且将计算流体力学(CFD)技术应用于两栖车辆的水动力特性研究和外形优化,还可获取更多的流场信息,大大减少了试验次数,降低了试验成本。CFD 以其特有的优势已经广泛地应用在航空、航天和船舶技术等领域。鉴于两栖车辆水池试验要花费大量的人力物力，而且周期也较长，即使是经济和科技都非常发达的美国，在进行车模水池试验的同时，也进行大量的数值模拟以指导试验，提高效益。

近年来，世界上许多国家都基于 CFD 技术对两栖车辆的设计和研制开展了大量工作，其性能有了极大的提高。但是，由于相互之间缺少交流，相关的公开研究资料相当匮乏，因此，至今还没有形成一套公认的成熟设计理论。但是，与任意一种绕流物体的受力分析相同，现今大多数的两栖车辆水上性能的研究都参照船舶的水动力学理论和模型试验进行分析。尽管船舶与两栖车辆存在着很多相似之处，但也有着显著的区别。船舶理论的一些研究方法不再适用于两栖车辆的研究，例如绝大多数船体基本呈流线型，符合流体动力学要求，而船舶理论是在此基础上建立起来的。但是，两栖车辆必须兼顾陆上行驶性能，这就不大可能设计成流线型和瘦削型的。

在 CFD 技术的整个工程研究过程中，通过数值模拟方法研究两栖车辆水上航行特性越来越受到人们的重视和认可。由于车辆在水上运动的速度不同，车辆的航行特性是完全不一样的，但是在几何建模的初期却不能找到这个真实的航行姿态，这使得根据试验或经验确定的航行姿态模拟的结果不能真实反映车辆前进过程中的水动力特性。所以找到一种可行的两栖车辆航行姿态数值模拟调整方法，并将此方法通过合适的程序设计，达到自动化的效果来研究两栖车航行特性是十分必要的。

现阶段对两栖车辆航行特性的数值模拟主要是采用静网格方法，通过手动调整车体姿态来得到车体的绕流场特性。具体方法是车体是静止不动的，然后赋予来流一速度值，从而得出车体的绕流场情况。通过不断地变换车体航行姿态，得到最后真实的航行姿态。但是这种模拟方法的主要缺点显而易见:第一是手动操作繁多，第二是车体静止不动，没有产生浮态的变化，无法观测到水面的变化。而两栖车辆在实际的水上行驶过程中，由于外绕流场的压力变化，车体受力不平衡，产生浮态的变化，而且随着速度的变化，其浮态也是不断变化的，这样就造成模拟的外绕流场与实际情况有一定的误差，从而造成模拟结果的不准确性。

两栖车辆在静水中航行时，由于受到外力的作用，会产生 6 个自由度的运动，这几种运动之间存在非线性耦合作用。图 2－41 构建了两栖车船水上航行数学模型，采用动网格技术研究了静水直航状态下，两栖车辆航行姿态的变化规

律,进而得到了两栖车辆在不同航速下的航行特性。

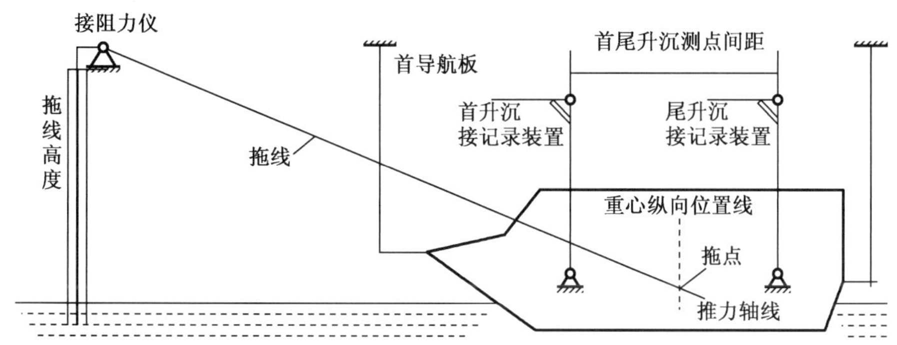

图2－41　车模拖曳方式示意图

对两栖车辆而言,兼顾了船舶和车辆的性能,可以使用CFD软件(如CFX、STAR－CCM和FLUENT等)来模拟车辆在各方案下的水动力特性,进而分析流场机理。这样既能有效地节约成本,也能达到分析目的和设计要求。

2. 两栖车辆水上航行数值模拟

CFD已在多个工程领域得到广泛应用,在涉及水动力计算中的船舶领域更是得到了迅猛的发展。两栖车辆作为一种船舶和车辆的结合体,其水上性能的研究与船舶有很大的相似性。另外,两栖车辆水上航行属于典型的流固耦合运动,不仅伴随水和空气两种黏性流体的相互作用,还伴随着水和车体、空气和车体之间的相互作用。

对于两栖车辆水上航行数值计算,近年来研究人员已做了很多工作,积累了大量的经验。虽然取得了一系列成果,但是到目前为止,两栖车辆水上航行的水动力数值模拟仍存在不足。有必要改进两栖车辆数值模拟的技术,对两栖车辆的航行特性进行深入研究。

(1)两栖车辆航行姿态数值模拟网格技术

两栖车辆在水上实际航行过程中伴随着升沉、摇摆等复杂运动,其水上航行特性对其安全性能的保证具有重大作用。两栖车辆在水上航行时,由于本身重力、静水浮力以及动升力的作用,使车体具有上下移动和纵倾,对此动态过程进行模拟时需要调整的参数有车体升沉和纵倾角。根据车体受力情况调整几何模型,即调整升沉和纵倾角之后,重新进行网格划分和计算,直至车体达到平衡状态,从而确定车体最终稳定时的航行姿态。

对于两栖车辆水上动态性能的数值计算，主要有两种计算方法：第一种是静态网格技术，第二种是动态网格技术。下面依次进行两种网格技术的介绍并比较两种技术在两栖车数值模拟中的适用性。

①静态网格技术及航行姿态调整策略

静态网格技术采用手动方法调整车体升沉和纵倾，是静态调整方法。每计算完一个状态，要根据车体所受到的水动力和力矩，对车体的升沉和航姿进行调整，工作量大，但网格的精度易于控制，计算结果比较精确。静态调整方法调整升沉和纵倾的流程列于图 2－42 中。

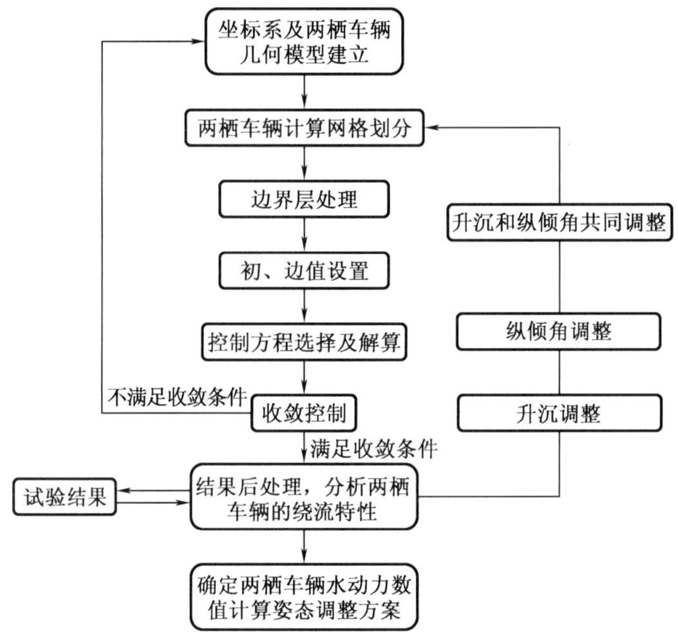

图 2－42　人机交互逐步趋近调整流程图

以下介绍升沉和纵倾的静态调整方法的具体过程。

a. 升沉的调整方法

如图 2－43 所示，设车辆的初始计算姿态，车体纵倾角为 θ。

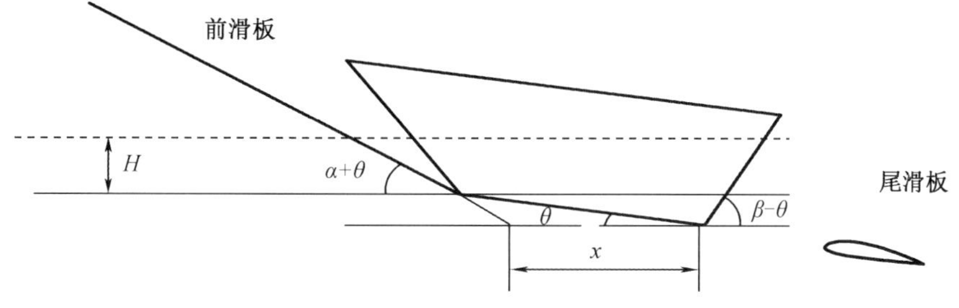

图 2-43 车体航行状态示意图

- 按初始姿态进行数值计算，得出车体的实际升力 F；
- 计算此状态下浮力的理论值 $G_F = \rho_g V$；
- 动升力的理论值为 $G - G_F$；
- 动升力的实际值与理论值的差为 $\Delta F = F - (G - G_F)$；
- 将这一差值按某一权重（建议权重 0.5）补偿给浮力，然后求出这个状态下的 H，从而调整升沉的变化。

$$H = \frac{-C_2 + \sqrt{C_2^2 + 4 \times C_1 \times \left(C_3 + \frac{G_F - 0.5 \times \Delta F}{\rho g B} - A_{F0}\right)}}{2 \times C_1} = -L \times \sin\theta \tag{2-11}$$

最后得到纵倾角固定不变时调整后新的水线 H，重新调整水线位置进行计算，直至满足要求为止。

b. 纵倾角的调整方法

车体在水面高速航行时，波面的形状决定车体的水线形状。由于波浪的存在，使得车体纵向吃水不是平均分布的，尽管车体的排水体积没有改变，重心也没改变，但排水体积的形状发生了变化，使得浮心位置发生改变。加之水流的冲击作用，对车体有非均匀分布的动升力作用，这就使车体在行驶过程中必然会产生一个纵向的倾斜角。

在升沉计算满足要求后，假设升沉（水线 H）不再改变，下面进行车体的纵倾角的变换调整：

- 查看在升沉调整满足要求时的航行姿态及车体对 O 点的动力距 M；
- 车体的纵倾角固定，计算车体重力 G 对 O 点的力矩为 $M_0 = Gb$，车体状态如图 2-44 所示。

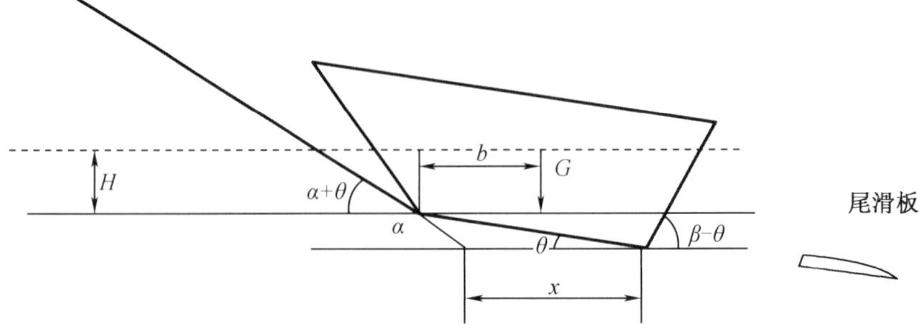

图 2－44　车体纵倾示意图

• 若 $M > G_b$，则将 θ 减小 Δ 重新计算，若 $M < G_b$，则将 θ 增大 Δ 计算，直至车体大体满足力矩平衡，如果 $(M - G_b) \leqslant 5\%$，则认为力矩大体平衡，纵倾角调整满足要求。Δ 值一般取 0.3°，如果力矩差值比较大则可适当增加 Δ 的值到 0.5° 左右。

满足力矩平衡后，再利用升沉调整方法中的判据进行升沉判断，如果升沉仍然满足要求则调整完成，此时的纵倾角和升沉就是车辆在水域中航行时真实航态的纵倾角和升沉；如果升沉判断不满足要求，则采用上述的升沉调整方法再次进行升沉的调整，直至满足要求。

c. 升沉和纵倾角的调整方法

车体升沉的调整和纵倾角的调整相互影响，不能独立进行。当车体水线调整平衡时，由于对重心力矩不为零，因此需调整纵倾角。但是纵倾角一旦改变，车体所受升力必然变化，因此需要进一步调整车体升沉。故两栖车辆升沉和纵倾角的调整需要协同进行。图 2－45 列出了车体姿态调整的流程图。

②动态网格技术及航行姿态调整策略

由于静态网格技术的局限性，动态网格技术应运而生。两栖车辆在水中的运动是一个动态过程，采用动网格模型可以有效解决这一问题。

自动调整方法开始时，首先对车辆几何模型进行建立和划分网格，边界层处理、初边值设置、控制方程不变，在计算中，软件会依据车体的受力情况对车体姿态进行自动调整，调整的参数包括升沉和纵倾角。

动态网格技术软件还会对车体的姿态变化和受力特性进行实时监测，具体的实现方式是在软件前处理中设置一系列的监测点、监测面、监测体或通过表达式自行设定一些量值，比如车体重心点升力、车体重心点转动力矩、首滑板阻力、尾翼阻力、升沉和纵倾角等，从而软件在计算过程中可以实时监测到预先设定的

参数，得到参数的变化规律。自动调整方法流程如图 2－46 所示。

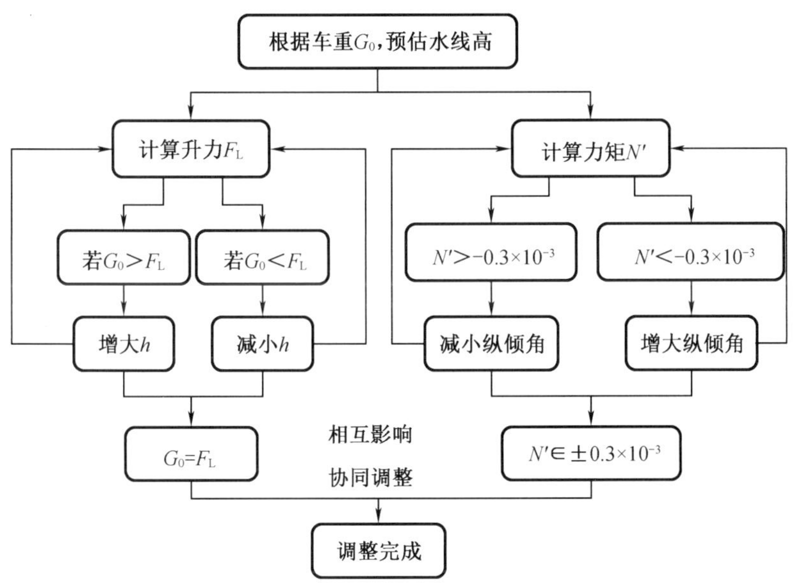

图 2－45　车体姿态调整流程图

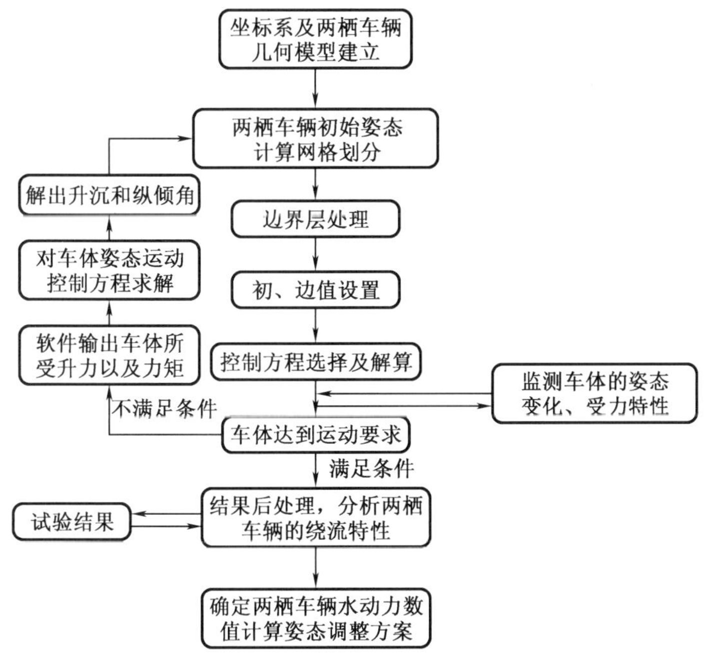

图 2－46　自动调整方法流程图

a. 弹簧光顺

在弹簧近似光滑模型中，网格的边被理想化为节点间相互连接的弹簧。在网格边界节点发生位移后，会产生与位移成比例的力，力量的大小根据胡克定律计算。边界节点位移形成的力虽然破坏了弹簧系统原有的平衡，但是在外力作用下，弹簧系统经过调整将达到新的平衡，也就是说由弹簧连接在一起的节点，将在新的位置上重新获得力的平衡。

从网格划分的角度说，从边界节点的位移出发，采用胡克定律，经过迭代计算，最终可以得到使各节点上的合力等于零的、新的网格节点位置，这就是弹簧光顺法的核心思想。

b. 网格重构

在使用非结构网格的区域上，采用弹簧光顺模型进行动网格划分可满足一般的运动条件。但是如果运动边界的位移远远大于网格尺寸，采用弹簧光顺模型可能导致网格质量下降，甚至出现体积为负值的网格，或因网格畸变过大导致计算不收敛。为了解决这一问题，局部重划软件在计算过程中将畸变率过大或尺寸变化过于剧烈的网格集中在一起进行局部网格的重新划分。如果重新划分后的网格可以满足畸变率要求和尺寸要求，则用新的网格代替原来的网格；如果新的网格仍然无法满足要求，则放弃重新划分的结果。

c. 动态分层

动态层模型的中心思想是根据紧邻运动边界网格层高度的变化，添加或者减少动态层，即在边界发生运动时，如果紧邻边界的网格层高度增大到一定程度，就将其划分为两个网格层；如果网格层高度减小到一定程度，就将紧邻边界的两个网格层合并为一个层。分割网格层可以用常值高度法或常值比例法。在使用常值高度法时，单元分割的结果是产生相同高度的网格。在采用常值比例法时，网格单元分割的结果是产生比例等于分割因子的网格。

d. 滑移网格

滑移网格可以用到两个或更多的单元区域。每个单元区域至少有一个边界的分界面，该分界面区域与另一单元区域相邻。相邻的单元区域的分界面互相联系形成“网格分界面”，这两个单元区域相互之间可以沿着网格分界面相对移动。

滑移网格模型分界面两侧的相邻网格之间可以相对滑动，因此，网格面不需要在分界面上排列。理论上，网格分界面的流量应该根据两分界面的交叉处所产生的面来计算，而不是根据他们各自的分界面。

(2)两栖车辆数值计算方法

①几何建模

计算采用简化的轮式两栖车辆车体为研究对象,车重为 6.5 t,在水中行驶时车轮处于提升状态,造型在 PROE 中进行,数值模拟两栖车模型如图 2－47(a)所示,试验两栖车模型如图 2－47(b)所示。

(a)数值模拟两栖车模型

(b)试验两栖车模型

图 2－47　简化两栖车模型图

②网格划分和边界条件设置

车体在计算流体域中的位置如图 2－48、图 2－49 所示。计算区域以车体为中心向前延伸了 1.5 个车长,向后延伸了 3 个车长,向下延伸了 10 倍于车体静吃水深。流体域的入口给定了一个中等湍流强度的速度,车体表面采用绝热、无滑移的固壁条件。

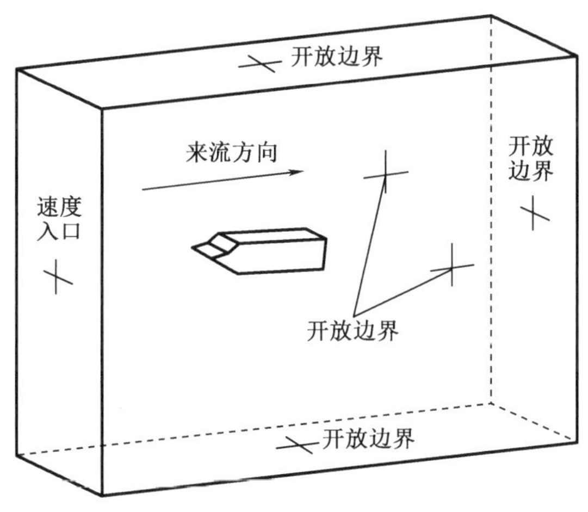

图 2－48　边界条件设置示意图

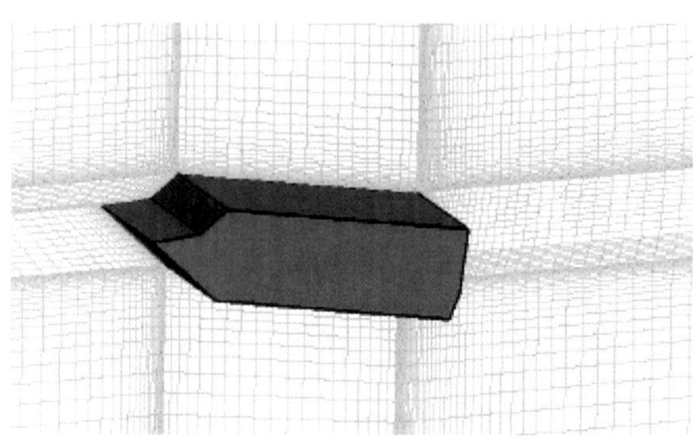

图 2-49　车体附近网格划分

为了保证计算精度，流体域的离散采用了全结构化网格，如图 2-49 所示。对车体的近壁区域网格进行加密，并设置边界层，以便更好地捕捉非定常流动细节，网格总数为 100 万个，$y+$ 值约等于 1。出口和周边外域给定为开放边界。在整个计算域给定初始静压强分布为

$$998\times(1-s)\times9.8\times(-y/1[\mathrm{m}])\ \mathrm{Pa}$$

其中，$s=\mathrm{step}(y/1[\mathrm{m}])$。

(3)数值模拟计算方法验证

①网格无关性验证

网格无关性是保证数值模拟计算精度不可缺少的一环，进行两栖车辆网格无关性验证的传统方法是通过两栖车辆的阻力特性进行分析，以两栖车辆阻力系数 C_d 为评判条件，网格无关性从两栖车辆阻力系数 C_d 进行分析。通过计算，获得网格数量 n 与阻力特性关系，如图 2-50 所示。

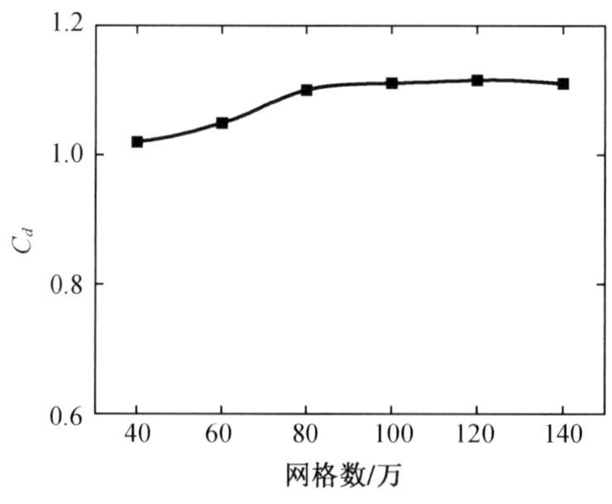

图 2-50　网格数与阻力系数关系图

可以看出,使用阻力系数作为网格无关性评判标准时,网格数量在 100 万个以后,阻力特性变化不大,鉴于此,书中所使用的数值模拟网格约 100 万个。

②数值和试验的对比

本书应用上述数值计算方法对某试验两栖车辆模型水上运动进行了模拟,根据对应的试验工况,取数值计算升力等于车重、合力对重心力矩基本为零的稳态工况为计算结果,并将结果与模型车试验数据进行对比。最终计算获得的阻力、姿态角、升力与试验数据的对比见表 2 - 8。

表 2 - 8　数值计算与试验对比表

Fr 数	工况	阻力系数	纵倾/(°)	升沉/m
1.40	数值	0.262	9.8	0.82
	试验	0.276	10.5	0.75
1.87	数值	0.287	10.2	0.91
	试验	0.295	11.2	0.86

该数值模拟方法各方面误差均在 10% 以内,具有较高精度,由此可见本书建立的模拟方法能够有效分析两栖车辆水上航行运动。

(4)两栖车辆动力学模型

由于两栖车辆在静水中航行,同时考虑到车体形状的对称性,本书仅从纵摇和升沉 2 个自由度进行研究。为了模拟两栖车辆在水中的真实航行状态,准确求解车体升沉和纵摇航行姿态的变化情况,本书将两栖车简化为一个三维二自由度的模型,如图 2 - 51 所示。图 2 - 51 中 $F(y)$ 表示车体 y 轴所受升力,y 轴正向为正;$M(z)$ 表示车体 z 轴所受转动力矩,正负方向遵守右手法则。

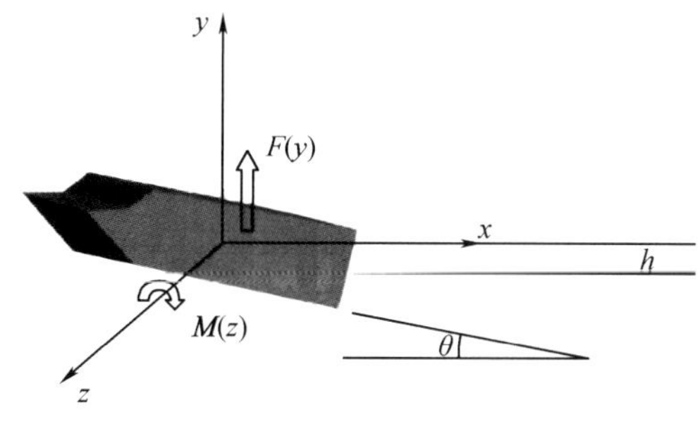

图 2 - 51　满足 $h(t)$ 和 $\theta(t)$ 两个自由度的两栖车辆三维模型图

(5)数值计算模型

对上述两栖车辆静水直航绕流问题的物理过程简化如下:流场入口流速均匀;车体为移动参考系;速度恒定时,流动为非定常湍流。绕流场计算涉及多相流模型、湍流模型和流场数值解法等问题。

①多相流模型

两栖车辆水上航行属于典型的流固耦合运动,不仅伴随水和空气两种黏性流体的相互作用,还伴随着水和车体、空气和车体之间的相互作用。车体在水中运动时,由于水和空气两种流体是有黏性的,所以车体受力满足黏性流体力学的基本方程。所以从本质上可以将两栖车辆水上航行问题归结为带自由表面的流固耦合问题,自由表面即为水和空气的交界面。由于速度比较低,水和空气都可以认为是不可压缩牛顿流体。

为了实现数值分析,需要 Eulerian 法来确定自由表面的位置,追踪它的移动并考察其对流动的影响。目前流行的 Eulerian 法多相流模型有 Level Set 方法和 Mixture 两种。Level Set 模型是基于水和空气都是不可压缩流体的假设,Mixture 模型与 Level Set 方法一样,其使用单流体方法,但却有别于 Level Set 方法:Mixture 模型允许相间互相渗透(interpenetrating);Mixture 模型引入了滑移速度的概念,允许相以不同的速度运动。

在数值模拟过程中多相流模型选用 Level Set 模型。在 CFX 中在选择计算模型时选取自由表面模型(free surface model),并在相间传递(interphase transfer)中选择自由表面(free surface)。

②湍流模型

在湍流数值模拟方法研究中,学者们经过大量的探索,基本将湍流数值模拟方法分为直接数值模拟方法和非直接数值模拟方法两种方法。

- 直接数值模拟方法就是直接用瞬时的 Navier - Stokes 方程对湍流进行计算。
- 非直接数值模拟方法通过设法对湍流作某种程度的近似和简化处理,从而不直接计算湍流的脉动特性。

鉴于两栖车辆的航行特性和船舶的航行特性有一定的相似性,书中主要就成功应用在船舶航行特性模拟中的湍流模型作简要的介绍。

a. 标准 $k-e$ 模型

$k-e$ 模型忽略了分子之间的黏性,只针对湍流流场。标准 $k-e$ 模型是半经验公式,主要基于湍流动能和扩散率。k 方程是精确方程,e 方程是由经验公式导出的方程。

b. RNG $k-e$ 模型

RNG $k-e$ 模型是基于标准 $k-e$ 模型演变而来的，是对标准 $k-e$ 模型的完善。它使用了一种叫"renormalization group"的数学方法，这种数学方法来源于严格的统计技术。它和标准 $k-e$ 模型很相似，但是有以下改进：

- RNG 模型在 e 方程中加了一个新的假设条件，与标准 $k-e$ 模型相比，模拟精度有了很大的提高；
- 考虑到了湍流漩涡的影响；
- RNG 理论为湍流普朗特数提供了一个解析公式，然而标准 $k-e$ 模型使用的是用户提供的常数。
- 标准 $k-e$ 模型是一种应用在高雷诺数（Re）的模型，RNG 理论则考虑了低 Re 流动黏性的解析公式。但是 RNG 理论效用需要正确地对待近壁区域，与标准 $k-e$ 模型相比，在流动的应用更广、更深。

c. $k-\omega$ 模型

标准 $k-\omega$ 模型具有较高的数值稳定性，对于尾流、混合流动以及圆柱或平板绕流等问题有较为准确的预测。$k-\omega$ 模型对两个输运方程进行求解，其一是湍动能 k，其二是湍流频率 ω。模型经验常数如表 2－9 所示。

表 2－9　$k-\omega$ 模型中的常数表

β'	α	β	σ_k	σ_ω
0.09	5/9	0.075	2	2

③两栖车辆水上航行流场数值解法

为了求解两栖车辆水上航行特性，本书基于有限体积法建立了与两栖车水上航行流场求解方程相应的离散方程，即代数方程组。但是涉及压力、速度、温度等的方程组却不能被直接求解，必须适当调整离散方程，即对各未知量的求解顺序及方式进行特殊处理之后，再进行方程组的求解，求解的方法大致可以分为耦合式求解法和分离式求解法。

耦合式解法的原理是对方程组的各个方程进行联立求解，这种方法的优点是计算精度高，适用于计算参数存在相互依赖关系的方程组。

分离式求解法完全不同于耦合式求解法，它不直接求解联立方程组，而是对方程组中的方程逐个进行求解。

SIMPLE 算法：该方法由 Patankar 与 Spalding 于 1972 年提出。其基本思想为：先提出压力场的初始猜测值，然后通过带入动量方程得到速度场。但是由于压力场的假定并不精确,所以得到的速度场一般都不满足连续性方程,所以要对压力场进行迭代修正。修正的原则是与压力场相对应的速度场能满足这一迭代层次上的连续性方程。

具体步骤为将有压力和速度关系的动量方程代入连续方程,从而得到压力修正方程,由压力修正方程得出压力修正值,直到速度场收敛为止(图 2 -52)。

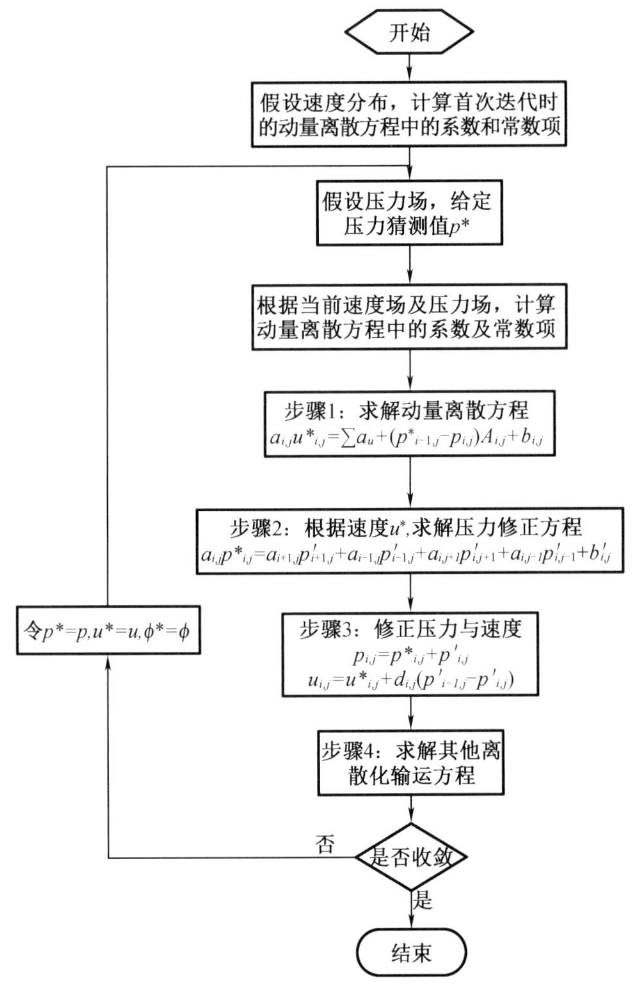

图 2 -52　SIMPLE 算法流程图

(6)混合耦合算法计算模型

流固耦合问题研究的是流体和固体结构之间的相互作用,包括固体结构在流体载荷作用下产生的变形或运动及其对流场的影响,因此,求解流固耦合问题,需要同时考虑流场和结构场的求解及其耦合。一般用到四种数值解法,分别为 FC(Fully Coupled)、LC(Loosely Coupled)、TC(Tightly Coupled)、HC(Hybrid Coupled)算法。本次计算采用的是 HC 算法。计算中,忽略车体本身的阻尼项,同时给出车体的质量矩阵和刚度矩阵,根据每一步计算得到的车体升力 $F(y)$ 和作用力矩 $\boldsymbol{M}(z)$,得到车体升沉和纵倾的变化规律(图 2-53)。

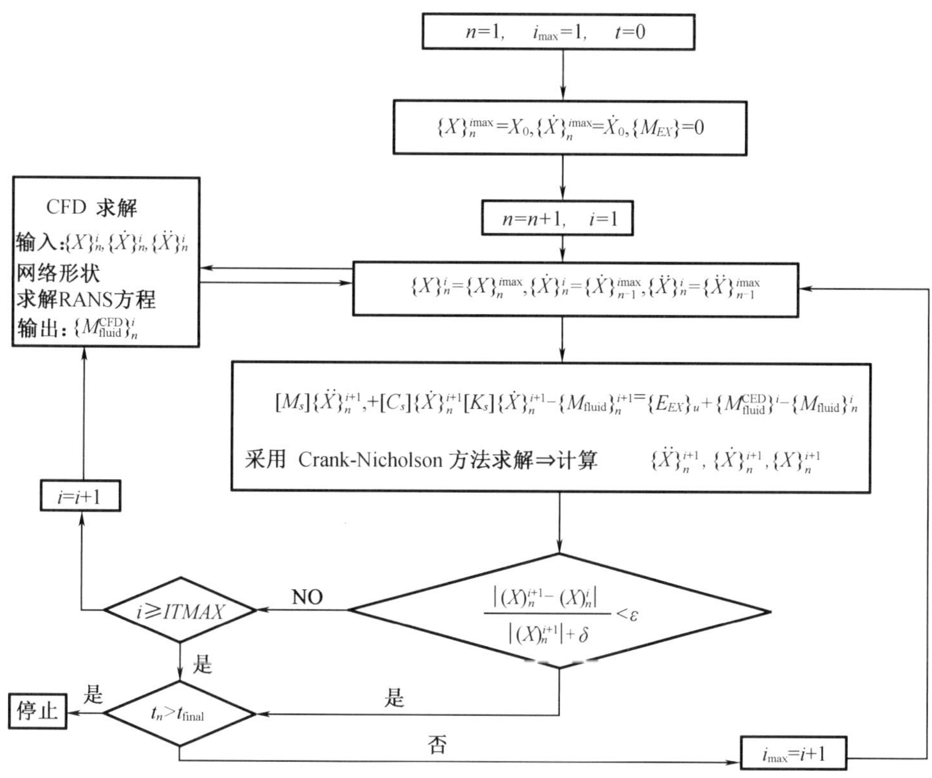

图 2-53 混合耦合算法流程图

选择 Fortran 语言为对接程序,使用 ANSYS/CFX 软件中的用户编程接口,对软件进行二次开发。首先,要进行的工作是保证 CFX 与 Visual Fortran 程序编辑器正确连接,确保调用 CFX 中的 cfx5mkext 命令进行用户自行编程并与软件连接,实现对 CFX 软件的二次开发;其次,在 CFX. Pre 里建立用户子程序(User Routine),确定 User Routine 和在 CEL 里要用到的函数关系式的名字,以方便调用;再次,利用 ANSYS/CFX 的二次开发模型对两栖车水上航行过程进行数值

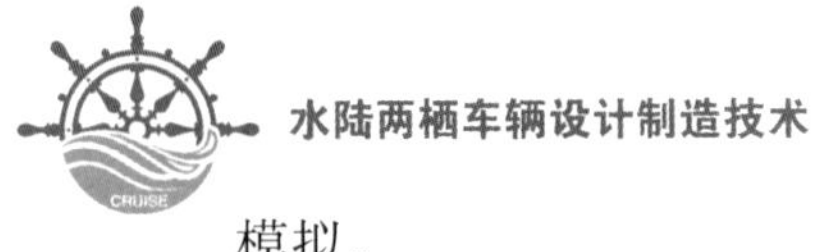

模拟。

3. 两栖车辆航行特性数值模拟研究

动态网格技术对两栖车辆航行特性的数值模拟主要有以下几个目的：一是准确预测车体航行过程中的姿态变化，在这里面包括了准确预报相同速度下车体航行姿态的变化过程以及车体稳定航行后的航行姿态结果；二是准确预测由于车体航行姿态的变化导致的流场变化；三是描述车体压力场的变化，从而说明车体航行姿态变化的原因；四是描述车体的受力特性，主要是阻力特性，为提高车辆快速性提供参考。

(1)航行姿态过程分析

①低速航行姿态过程分析

低速下数值计算以车体 $Fr=0.93$ 的计算过程为例进行分析。如图2-54所示，参照上述的两栖车动力学模型，车体初始姿态为0.2 m的重心升沉，纵倾角为13°。

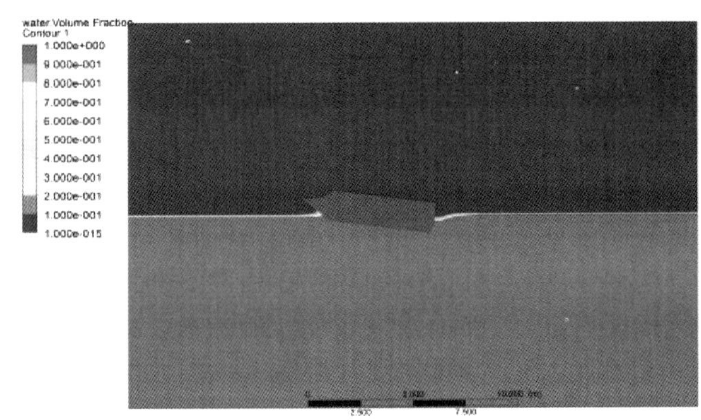

图2-54　车体初始航行姿态(*Fr*=0.93)

通过截取典型时刻的水汽两相图，所得车体的运动变化如图2-55所示。可以观察到，车体在运动初期的艏、艉兴波很大。随着车体航行姿态的变化，艏部水流逐渐向前排开；艉部水流呈现出先上卷、后排开的趋势。但车体的航行姿态是个微观的变化量，仅从宏观的车体外部无法预测出航行姿态的真实变化情况，必须相应地对车体的航行姿态进行实时监测。

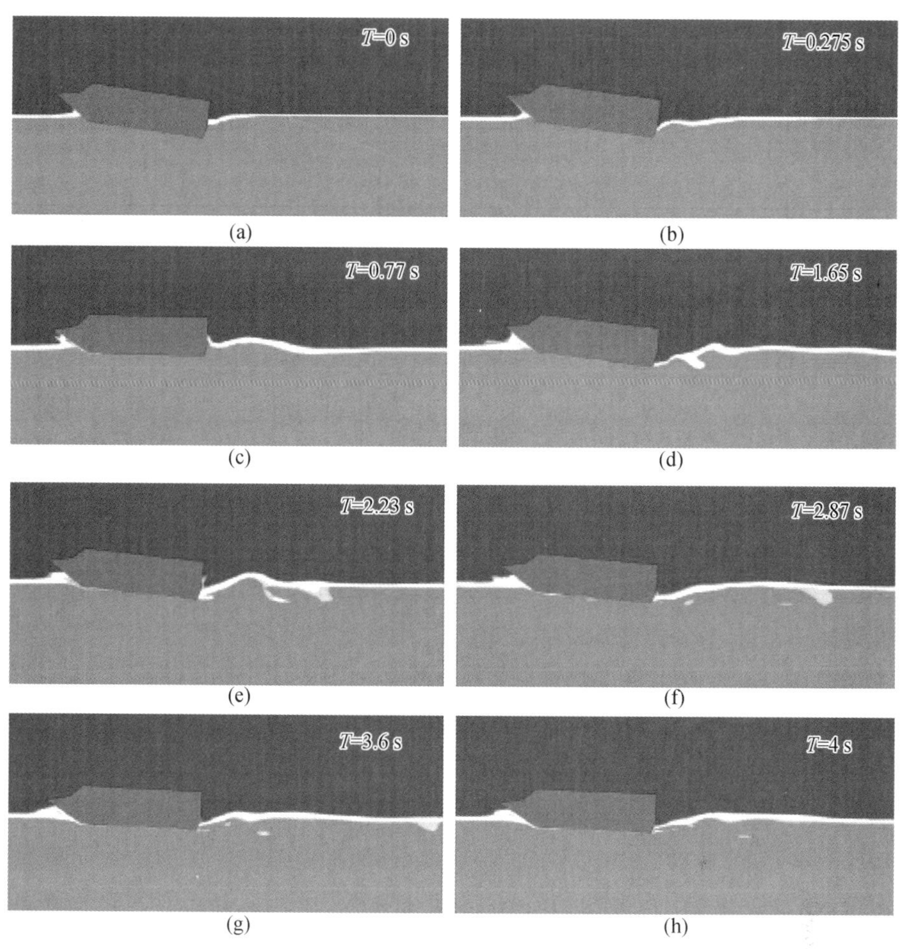

图 2－55　不同时刻车体气液两相图（Fr＝0.93）

计算过程中，对车体的升沉和纵倾的变化量进行监测。Fr 不同时升沉 h 和纵倾 θ 的变化曲线分别见图 2－56 和图 2－57。其中，h 表示升沉的变化量，θ 表示纵倾的变化量。可知车体在运动响应计算过程中，经过一段时间的大幅振荡调整，找到了受力平衡点，达到动平衡状态。车体结束大幅振荡调整大概需要 3.5 s，初始大幅振荡调整阶段过后逐步微调进入稳定航行姿态，经过初期短暂振荡调整，车体后续航行状态基本稳定。

②中速航行姿态过程分析

中速下数值计算以车体 Fr＝1.40 的计算过程为例进行分析。车体的初始姿态为 0.3 m 的重心升沉，纵倾角为 13°。

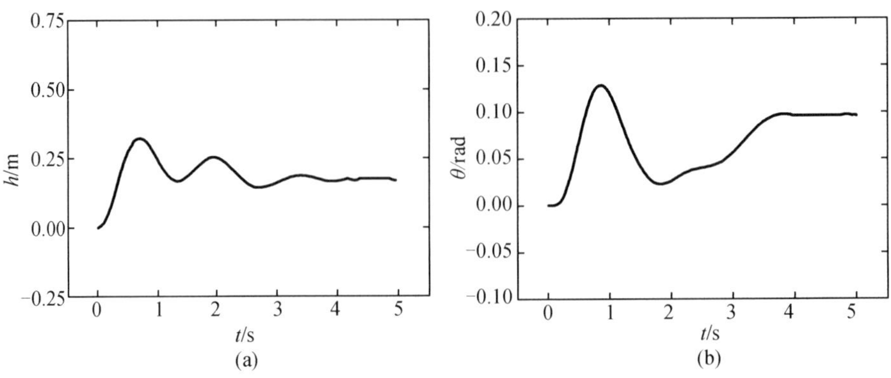

图 2－56　车体升沉变化图与车体纵倾变化图（$Fr = 0.93$）

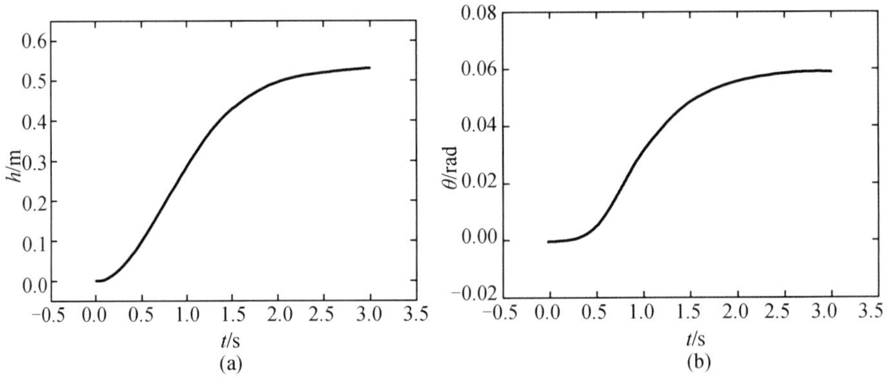

图 2－57　车体升沉变化图与车体纵倾变化图（$Fr = 1.4$）

其中，h 表示升沉的变化量，θ 表示纵倾的变化量。和低速下航行姿态变化明显不同的是，车体没有了明显的姿态变化过程的区分，从不平衡状态到稳定航行的过程中，车体没有了类似于低速下的大幅振荡调整阶段，而是循序渐进，逐渐达到动平衡状态。车体达到动平衡状态大约需要 2.75 s，升沉和纵倾也是逐渐变化到稳定航态，在达到稳定航态后，车体航行姿态基本稳定。

③高速航行姿态过程分析

高速下数值计算：计算了 $Fr = 1.87$ 及以上 3 个速度。这里以 $Fr = 1.87$ 计算过程为例进行分析。车体的初始姿态为 0.2 m 的重心升沉，纵倾角为 11°。车体在不同时刻的航行姿态变化见图 2－58。其中，h 表示升沉的变化量，θ 表示纵倾的变化量。与中速下车体姿态变化过程类似，车体没有了明显的姿态变化过程的区分，从不平衡状态到稳定航行的过程中，车体没有了类似于低速下的大幅振荡调整阶段，而是循序渐进，逐渐达到动平衡状态。车体达到动平衡状态大约需要 2.25 s。

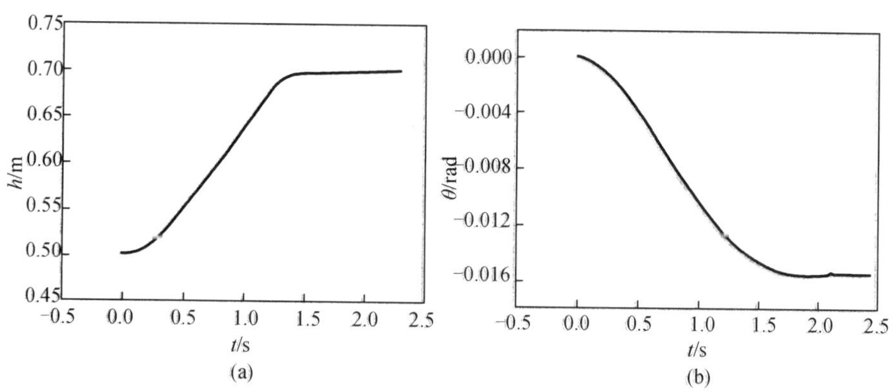

图 2－58　车体升沉变化图与车体纵倾变化图（*Fr*＝1.87）

（2）车体受力特性分析

①低速航行受力特性分析（工况 *Fr*＝0.93）

为了说明车体航行姿态变化的原因，与此同时，对车体的单位排水量总阻力 C_D、单位排水量总升力 C_L 和纵倾力矩系数 C_N 进行监测，从而确定车体达到平衡的时间和平衡时的具体状态。

三个系数的变化情况见图 2－59。为了表述方便，将图 2－59 中单位排水量总阻力 C_D、单位排水量总升力 C_L 和纵倾力矩系数 C_N 采用6 个时间点进行划分，分别为 t_1 至 t_6。在平稳运动阶段中，车体的航行姿态也会略有改变，继而总升力和纵倾力矩也会改变，但变化幅度不大。由此可以得出车体平衡实际是动态平衡的概念，从而弥补了静态网格技术车体姿态静止不动的不足。

②中速航行受力特性分析（工况 *Fr*＝1.40）

参照低速情况，为了说明车体航行姿态变化的原因，对工况 *Fr*＝1.40 车体的单位排水量总阻力 C_D、单位排水量总升力 C_L 和纵倾力矩系数 C_N 进行监测，从而确定车体达到平衡的时间和平衡时的具体状态。三个系数的变化情况见图 2－60。可以观测到，和 *Fr*＝1.40 下航行姿态相匹配的是，受力特性相应地也没有了明显的变化过程的区分，比低速下受力更加平缓，经过了 2.75 s 左右，检测到了三个系数趋于平缓，且接近车体的平衡条件。

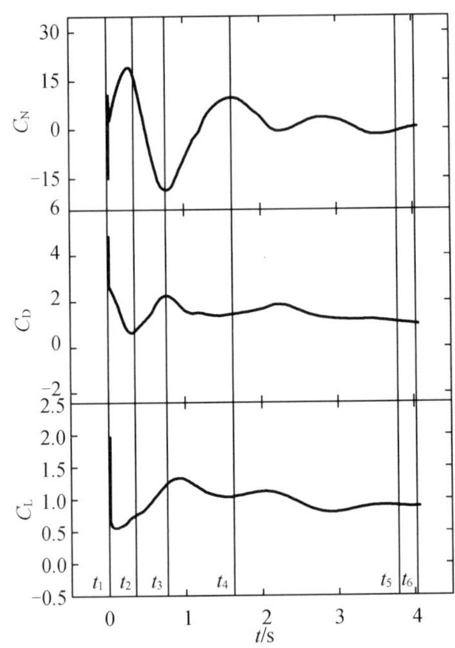

图 2－59　不同时刻车体受力特性变化趋势图（*Fr*＝0.93）

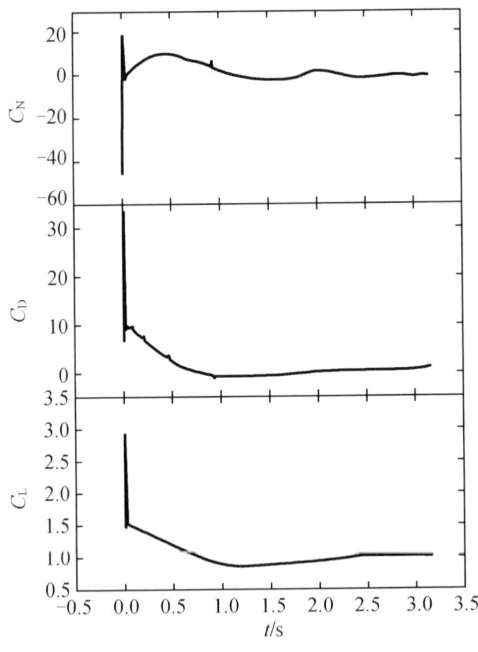

图 2－60　不同时刻车体受力特性变化趋势图（*Fr*＝1.40）

③高速航行受力特性分析($Fr=1.87$)

对工况 $Fr=1.87$ 车体的单位排水量总阻力 C_D、单位排水量总升力 C_L 和纵倾力矩系数 C_N 也进行监测,三个系数的变化情况见图 2-61,和工况 $Fr=1.40$ 时车体受力特性相似,工况 $Fr=1.87$ 时受力特性没有了明显的变化过程的区分,比低速 $Fr=0.93$ 下受力更加平缓,经过了 2.25 s 左右,检测到了三个系数趋于平缓,且接近车体的平衡条件。其原因在于 $Fr=1.40$ 和 $Fr=1.87$ 两个工况主要依靠速度产生的动浮力来支撑车体质量,故相较于低速,姿态调整更为平缓,调整幅度相应地也较小,可较快地达到平衡状态。但需注意的是,在高速状态下车体的受力并不均匀,有小幅的波动,这也造成车体姿态的小幅变化。

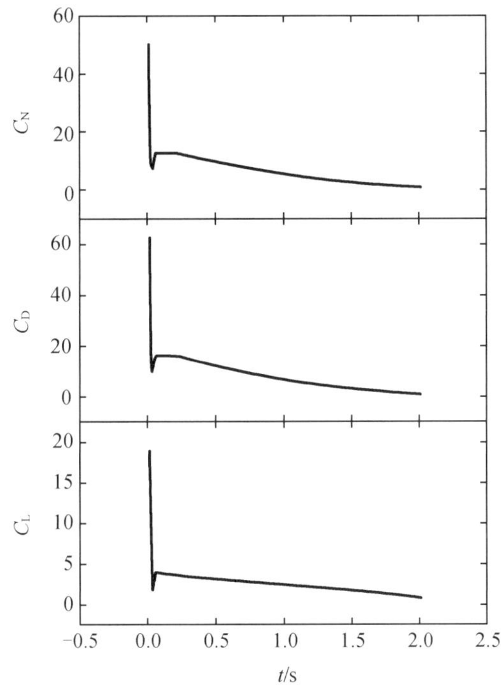

图 2-61 不同时刻车体受力特性变化趋势图($Fr=1.87$)

(3)车体周围流场分析

①相同 Fr 数时不同时刻车体绕流形态分析

以工况 $Fr=0.93$ 为例进行分析。为了分析车体姿态变化的不同过程,截取典型时刻车体的绕流形态图,见图 2-62 。由图中我们可以清楚地观测到车体在静水航行过程中的绕流形态变化,车体航态的变化得到了充分体现。车体首部兴波随着时间推移逐渐上卷，周围兴波逐渐向两侧延展，尾部逐渐出现明显的波浪。

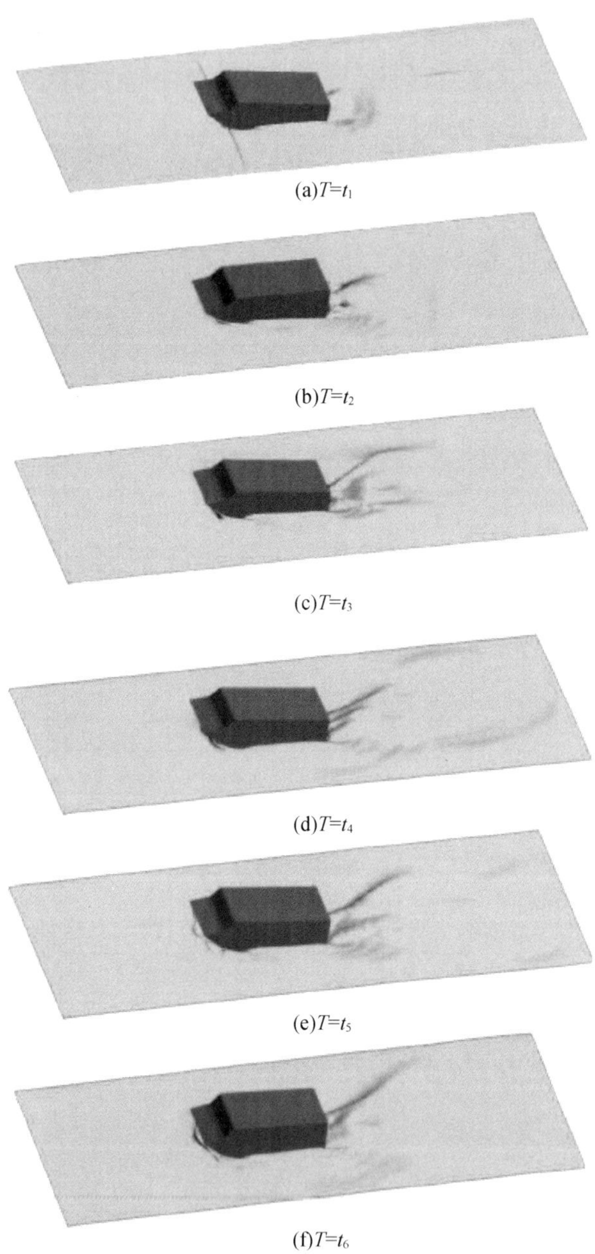

(a) $T=t_1$

(b) $T=t_2$

(c) $T=t_3$

(d) $T=t_4$

(e) $T=t_5$

(f) $T=t_6$

图 2－62　不同时刻车体绕流形态图（$Fr=0.93$）

截取典型时刻车体纵剖面的速度矢量图，如图 2-63 所示。观察纵剖面的速度矢量图，在 t_2 和 t_3 时刻，车体首部、尾部附近有大量旋涡存在，在车尾处水流有明显向上移动的趋势。旋涡的出现会增加涡流损失，增大两栖车在水中航行时的阻力，并且在旋涡区域内部会形成低压区，增大车体的黏压阻力，进而改变车体表面的压力分布情况，影响车体航行姿态的调整；而当车处于平稳运动 t_5 时刻，车体首部、尾部附近只有少量兴波存在，不再有大尺度的旋涡出现，车体姿态趋于稳定。这也说明车体外形不仅适合该两栖车低航速的减阻需要，而且满足该车在航行中运动的减阻要求。

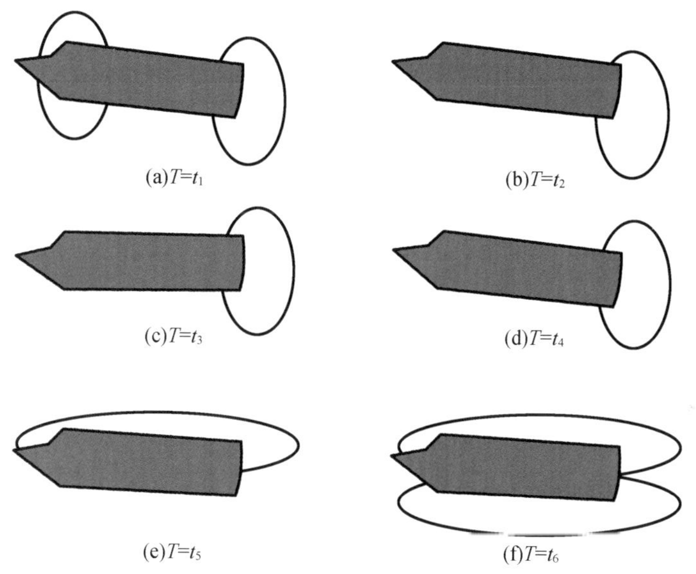

图 2-63　不同时刻车体周围速度矢量图（$Fr=0.13$）

工况 $Fr=1.40$ 和 $Fr=1.87$ 时车体绕流场变化情况和工况 $Fr=0.93$ 时类似，在此不再赘述。

②不同 Fr 数时稳定航行车体绕流形态分析

静态网格和动态网格最后的目的都是求得车体稳定后的航行特性。

为了展现不同的航行状态，试验选取了几个典型的 Fr 数，做出车体稳定航行后的水汽两相云图来具体观测车体姿态变化。从图 2-64 中可以更加清晰地观测到每个航速下车体稳定后的运动状态及航行姿态。在从低速 $Fr=0.93$ 到高速 $Fr=2.57$ 的航行过程中，车体重心是逐渐提升的；在 $Fr=1.87$ 时，车体实现了滑水的过程，大部分车体已经排出了水面。随着速度的再次提升，车体的重心提升不是特别明显，纵倾也稍稍减小。

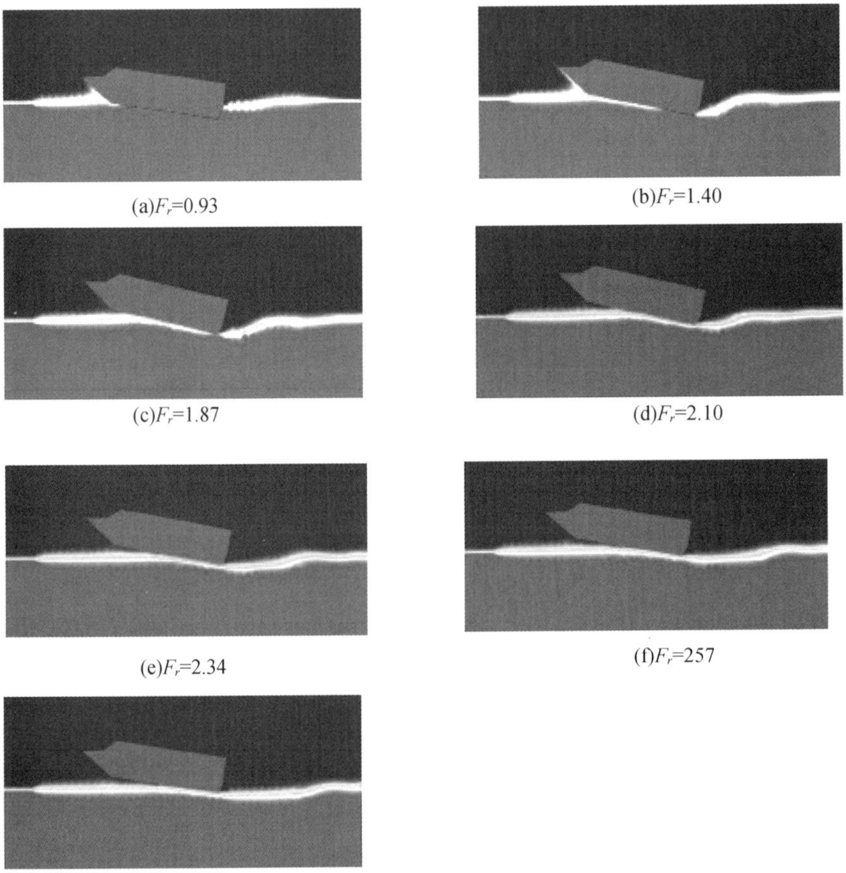

(a)F_r=0.93

(b)F_r=1.40

(c)F_r=1.87

(d)F_r=2.10

(e)F_r=2.34

(f)F_r=257

(g)F_r=281

图 2－64　典型的 *Fr* 数车体稳定航行水汽两相云图

不同典型 *Fr* 下车体稳定后最终航行绕流形态图见图 2－65。由图 2－65 得知，随着 *Fr* 数的增大，车体重心位置逐渐升高，车体逐渐抬起。*Fr*＝0.93 时，车体处于排水航行状态，静浮力是支持车重的主要成分，车体大部分在水面以下，车首兴波较小，尾部流场没有明显的“鸡尾流”形态；*Fr*＝1.40 时，车体稳定后重心位置高于 *Fr*＝0.93 工况，但仍有部分车体在水面以下，即车的质量由静浮力和动浮力共同支持。这表明随着航速的提高，动浮力的比重将越来越大，尾部流场开始出现“鸡尾流”形态；$Fr=1.87$ 时，大部分车体从水中抬起，车体基本处于在水面滑行的状态，车体首部兴波上卷较大，两侧兴波向后喷溅，尾部出现典型的“鸡尾流”形态，动浮力为支持车重的主要成分。

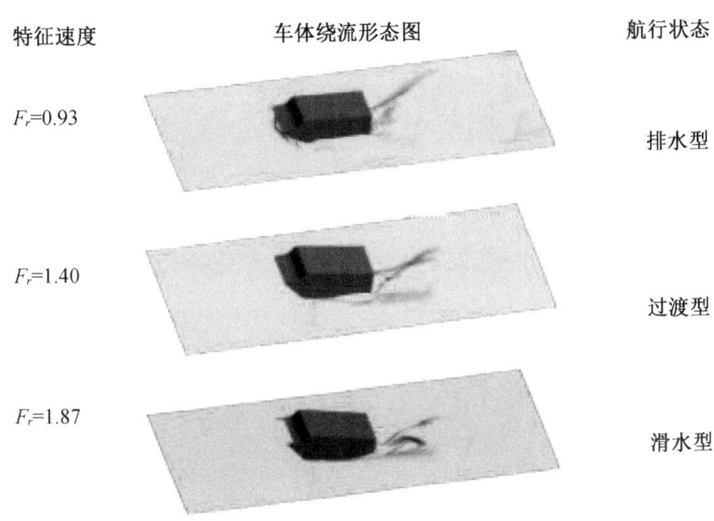

图2－65 不同 *Fr* 下车体稳定航行绕流形态图

(4)车体周围压力场分析

为了进一步分析车体运动规律变化原因，图2－66列出了工况 $Fr=0.93$ 下几个典型时刻的车体仰视图的压力变化云图，结合纵倾力矩系数的变化，选定这几个时刻分别为力矩最大值时刻点 t_2、力矩最小值时刻 t_3，以及平稳运动阶段中的时刻 t_5。

大幅振荡调整时期，纵倾力矩系数的两个峰值点，即最大峰值 t_2 及最小峰值 t_3 时刻，对比其压力分布，可发现各处的压力分布与其水上兴波密切相关。在 t_2 时刻的仰视图中，后底部的高压区域对车体产生了一个绕 z 轴正的转矩，仰视图中其余位置的压力分布几乎沿纵剖面对称；而 t_3 时刻的仰视图中，艏前部产生压力较高的区域，将产生一个绕 z 轴负的转矩。但是在平稳运动时期的时刻 t_5，车体表面的压力基本趋于稳定，不会导致大的波动出现。相应地，中速($Fr=1.40$)到高速($Fr=1.87$)以及其他速度车辆压力云图的变化情况和低速时基本相同，压力的变化造成了车体航行特性的变化。

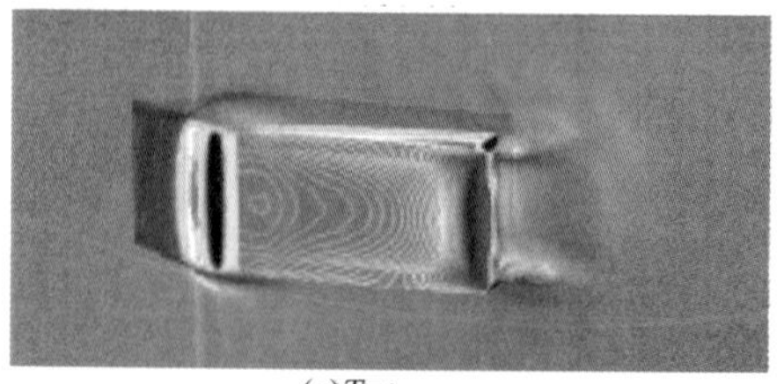

(a)$T=t_2$

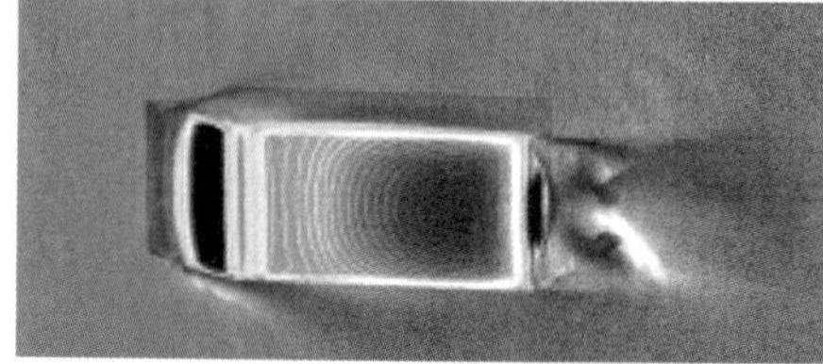

(b)$T=t_3$

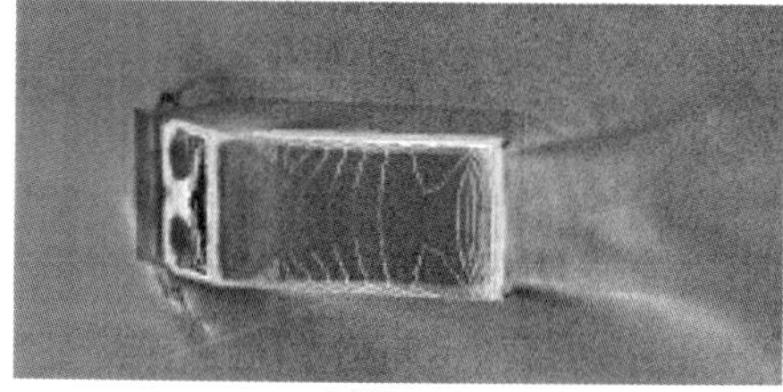

(c)$T=t_5$

图 2－66 典型时刻车体压力云图($Fr=0.93$)

(5)车体航行阻力和功率分析

图2－67分别给出了不同 Fr 数下车体单位排水量总阻力变化图和单位功率变化图。图2－67(a)中横坐标为弗鲁德数 Fr,纵坐标为单位排水量总阻力 C_D,图2－67(b)中纵坐标为单位功率 P'。

由图2－67(a)可知,在低 Fr 数时,随着 Fr 数的增加,车体所受阻力增加,此时车体处于排水型状态;在一般情况下,车体的阻力峰值出现在过渡期。结算结果符合预期,在 $Fr=1.7$ 左右时出现了阻力峰值,此时车体处于最恶劣的工作环境;但当车体的航速越过此峰值以后,在高速阶段,即 $Fr=1.87$ 及以上,随着 Fr 数的增加,阻力急剧减小,这是因为在高速航行时,动升力起主要作用,静水浮力的作用减小,因而水作用在车体上的阻力减小,此时车体处于滑水型状态。在 $Fr=1.7$左右时,需要进行必要的车体姿态控制以及采用减阻措施,使得车体在该处的阻力峰值降低,这样有利于降低发动机的有效功率,从而为设计减阻增速方案提供参考。由图2－67(a)可知,车体功率在 $Fr=1.9$ 左右时达到峰值。

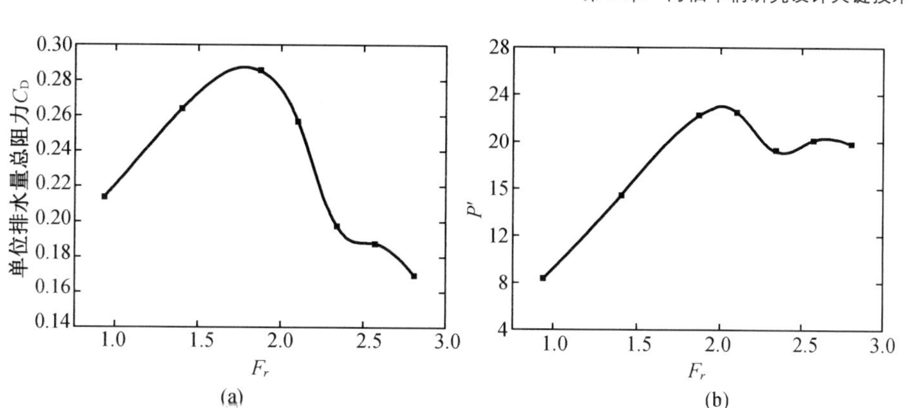

图 2－67　不同 *Fr* 数车体单位排水量总阻力变化图与不同 *Fr* 数车体单位功率变化图

另外，在高速段随着速度的增加，车体阻力下降速度逐渐减小。车体的航行阻力中水阻力相比于空气阻力占很大一部分，所以车体的航行阻力主要由水阻力决定。车体刚到高速航行时，处于刚从过渡型状态到滑水型状态的转变阶段，车体的重心提升情况很明显，并且随着速度的增加，车体的抬升作用越来越大，故阻力下降很快。但是当速度达到一定后（如 $Fr=2.57$），动升力的增加对车体抬升的作用减小，即车体不能始终向上移动，由于车体重心位置不能上升更多，所以车体阻力下降速度逐渐减小，总阻力值逐渐趋于稳定。

（6）数值模拟与静水拖模试验数据对比

本书将自动调整方法模拟值与拖模试验值车体最终稳定航行绕流形态和航行姿态以及阻力系数进行对比，见图 2－68 至图 2－70。升沉和纵倾角的误差范围均在 12.6% 以内，阻力系数的误差范围在 13.3% 以内，考虑到动态网格精度特点，已达到了较高的精度要求。纵倾角的模拟值小于试验的模拟值，主要原因为数值模拟中我们是以重心作为拖曳点，而试验中的拖曳点很有可能不是重心，这样就对车体产生了一个附加力矩，造成了纵倾角的试验值偏大。另外，阻力系数的试验值也普遍比模拟值大，其原因为网格数量不够多、网格不够细。原则上网格数量越多，精度越高，模拟值与试验值才更加符合，但由于工程问题要兼顾时间和成本，所以网格数量不能过大。

通过 $Fr=1.40$ 和 $Fr=1.87$ 时数值模拟与试验的绕流形态图，对比相同 Fr 的流场形态图可知，模拟结果与试验结果吻合较好，但是受网格尺度影响，无法描述车首周围向外抛出的喷溅水体与空气混合后的流动结构。

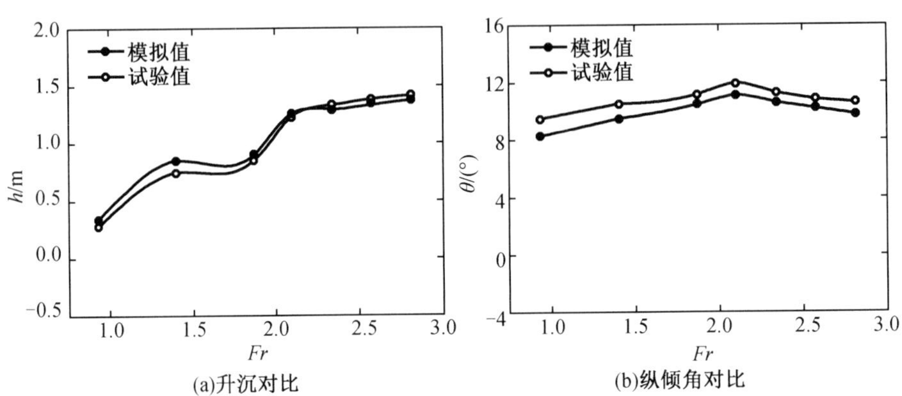

(a)升沉对比　　(b)纵倾角对比

图 2－68　升沉和纵倾角的模拟值与试验值对比图

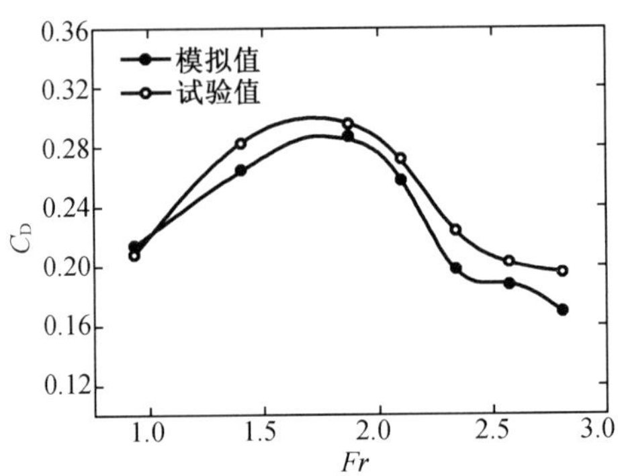

图 2－69　阻力系数的模拟值与试验值对比图

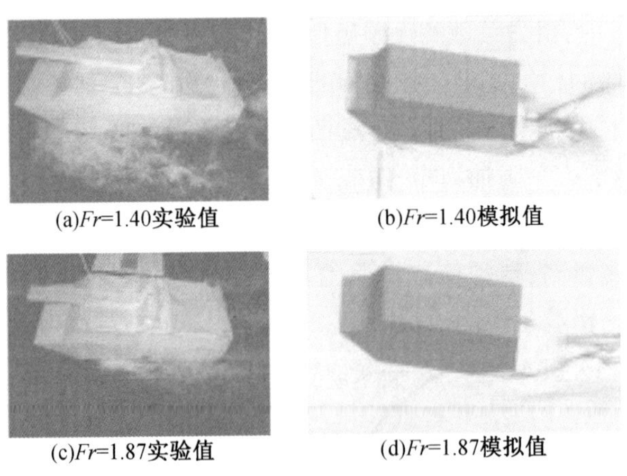

(a)Fr=1.40实验值　　(b)Fr=1.40模拟值

(c)Fr=1.87实验值　　(d)Fr=1.87模拟值

图 2－70　数值模拟与试验的绕流形态图对比图

通过研究,验证了数值计算结果的可靠性。得到的具体结论如下。

①结合混合耦合(HC)算法的动态网格技术可以有效求解两栖车的航行姿态,数值计算结果与试验结果的吻合程度较好。

②低速下车体姿态调整幅度较大,车体航行姿态的变化过程会经历大幅振荡调整和平稳运动两个阶段。在平稳运动阶段后,车体的航行姿态也会略有改变,继而动升力和纵倾力矩也会改变,但变化幅度已不大。由此可以得出车体平衡实际是动态平衡的概念;中速和高速下车体姿态会由初始姿态逐渐过渡到稳定航态,尤其在高速条件下,车体的航行姿态改变会对其受力特性发生很大的改变。

③从低速到高速的过程中,车体由初始航态到稳定航态的时间逐渐缩小,主要是由于车体航行状态的不同。低速下,车体处于排水航行状态,主要依靠排开水体积产生的静浮力支撑车体质量,所以姿态调整更为明显,调整时间也最长;高速下,车体处于滑水航行状态,主要依靠由于速度增大产生的动浮力支撑车体质量,姿态调整不明显,调整时间较小。

④随着速度的增加,车体阻力先增加后减小,车体从排水状态逐渐过渡到滑水状态,在 $Fr=1.7$ 左右时,阻力系数出现峰值,此时车体所受阻力达到最大;在高速段,车首抬出水面,车体处于滑行状态;且随着速度的增加,车体阻力迅速减小。车体功率在 $Fr=1.9$ 左右时达到峰值。

2.2.10　悬架K特性分析

1. 说明

对SZ15A项目前后悬架进行K&C特性仿真,分析其运动规律。

2. 建模参数

建模参数见表2-10。

表 2－10　建模参数表

系统	参数		数值
整车基本参数	满载质量/kg		—
	满载轴荷/kg	前轴	—
		后轴	—
	单轮簧下质量/kg		—
	质心高度/mm		550
	轮距/mm		1 390
	轴距/mm		1 880
前悬架	前束/(°)		0
	外倾角/(°)		0
	弹簧	自由长度/mm	—
		刚度/(N·mm^{-1})	—
后悬架	前束/(°)		0
	外倾角/(°)		0
	弹簧	自由长度/mm	—
		刚度/(N·mm^{-1})	—
轮胎系统	自由半径/mm		276
	径向刚度/(N·mm^{-1})		210
	车轮质量/kg		10

注：表中“—”表示未知数值。

3. 模型搭建

利用 Adams/Car 软件搭建前后悬架模型（图 2－71）

4. 仿真工况

（1）双轮平行跳动工况

双轮同时同向上跳动＋50 mm，下跳动－50 mm，如图 2－72 所示。

（2）双轮反向跳动工况

双轮同时反向上下跳动±50 mm，如图 2－73 所示。

5. 前悬仿真结果

（1）双轮平行跳动工况见图 2－74 至图 2－83，图中实线代表左后轮，虚线代表右后轮。

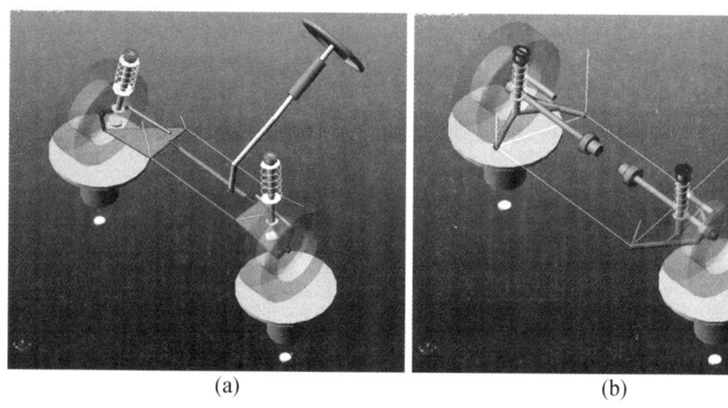

(a)　　(b)

图 2－71　前悬架模型与后悬架模型图

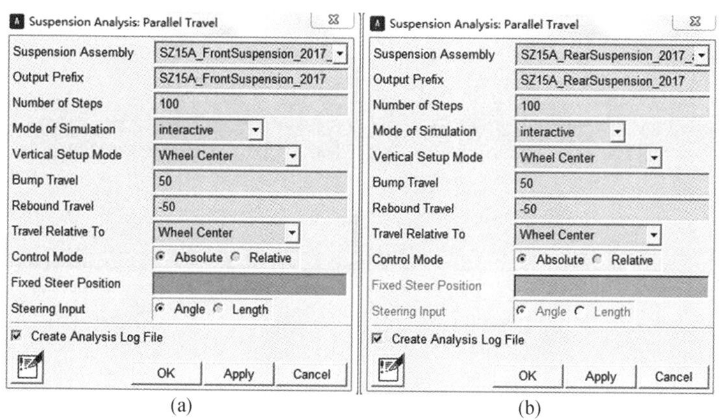

(a)　　(b)

图 2－72　前悬平行跳动工况输入与后悬平行跳动工况输入

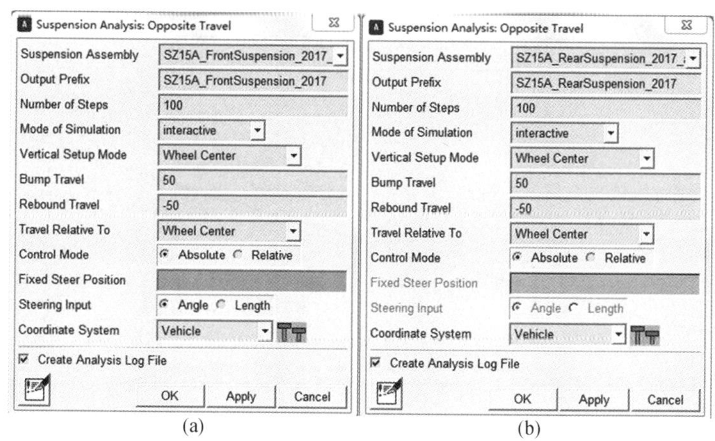

(a)　　(b)

图 2－73　前悬反向跳动工况输入与后悬反向跳动工况输入

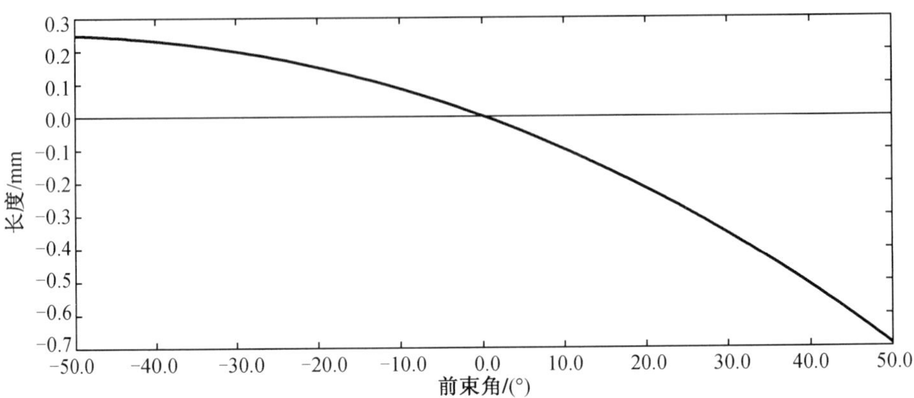

图 2－74　前束角截图

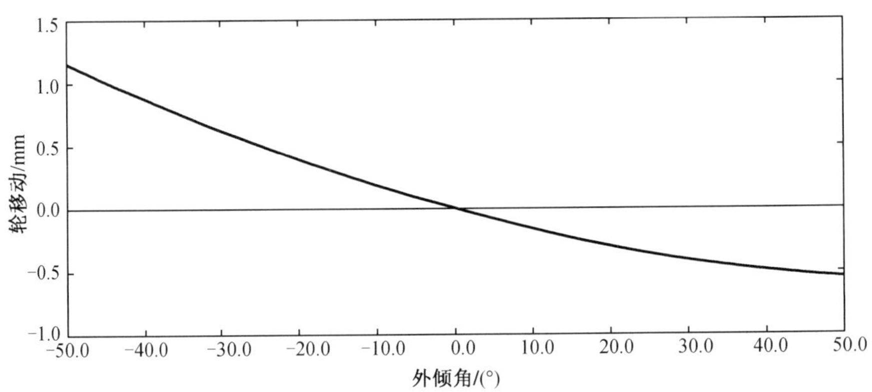

图 2－75　外倾角截图

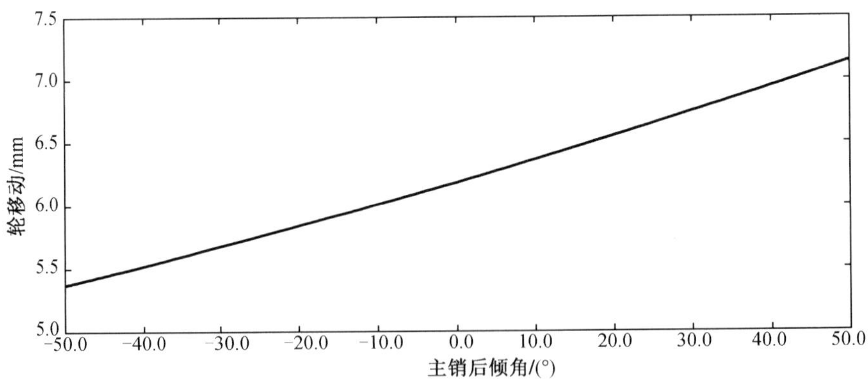

图 2－76　主销后倾角

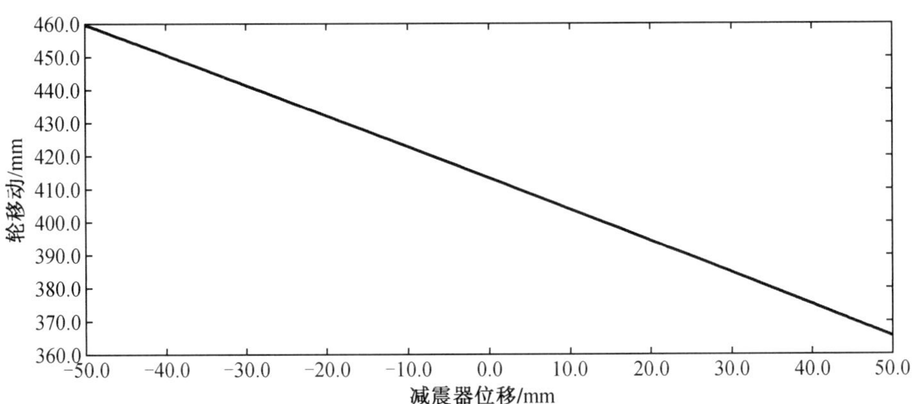

图 2－77　减震器位移

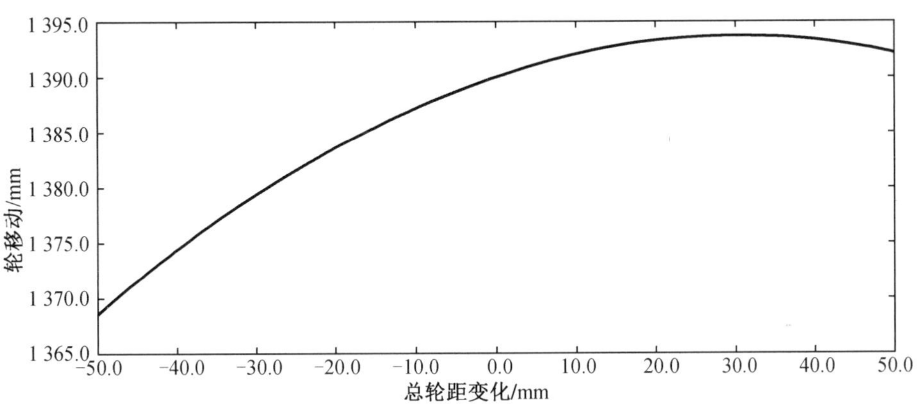

图 2－78　总轮距变化

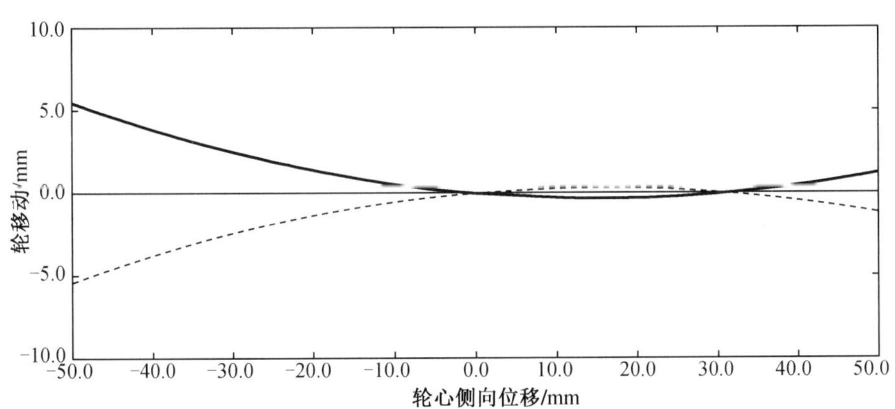

图 2－79　轮心侧向位移

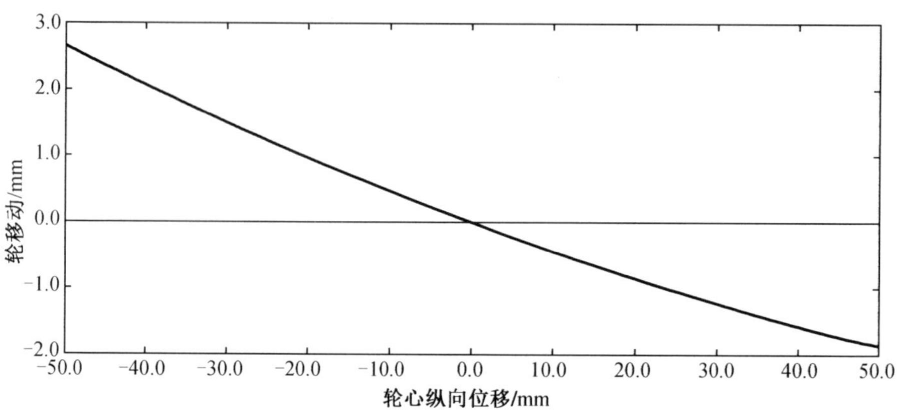

图 2－80　轮心纵向位移

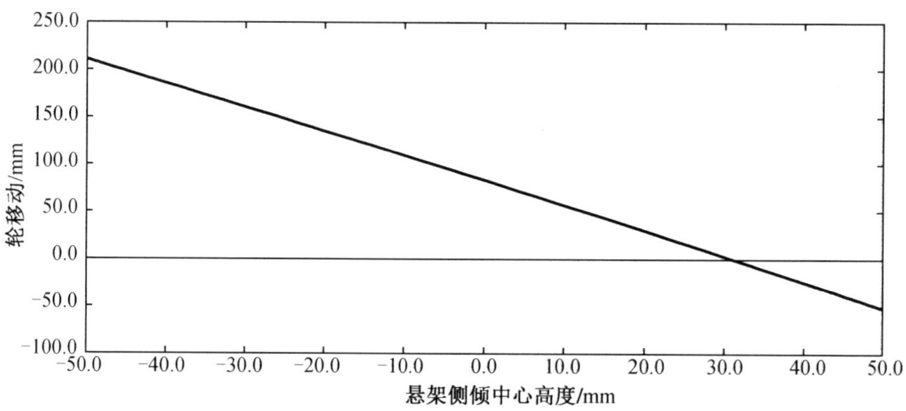

图 2－81　悬架侧倾中心高度

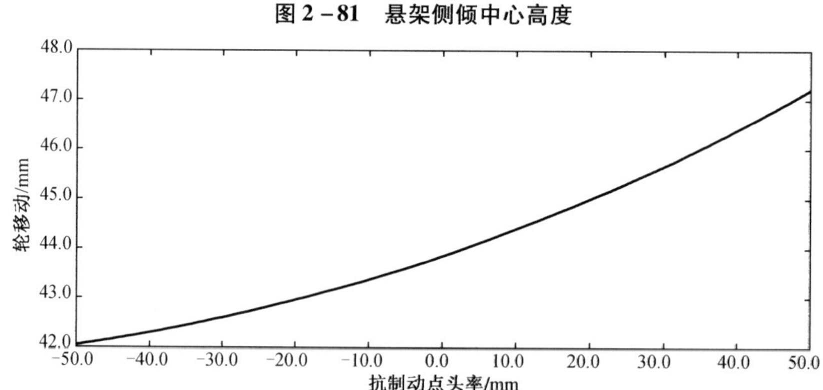

图 2－82　抗制动点头率

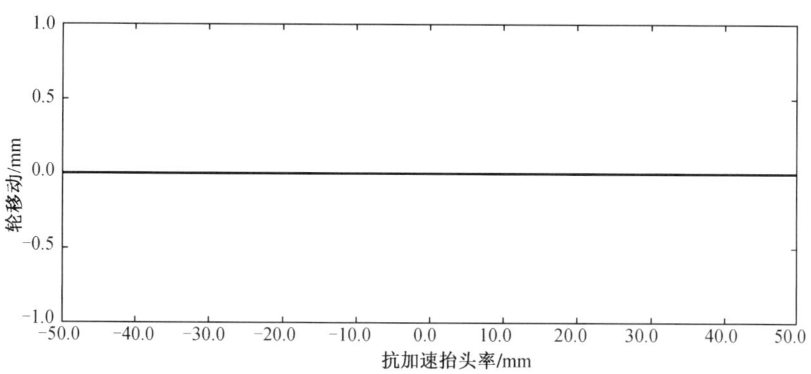

图 2－83　抗加速抬头率

（2）双轮反向跳动工况见图 2－84 至图 2－88，图中实线代表左后轮，虚线代表右后轮。

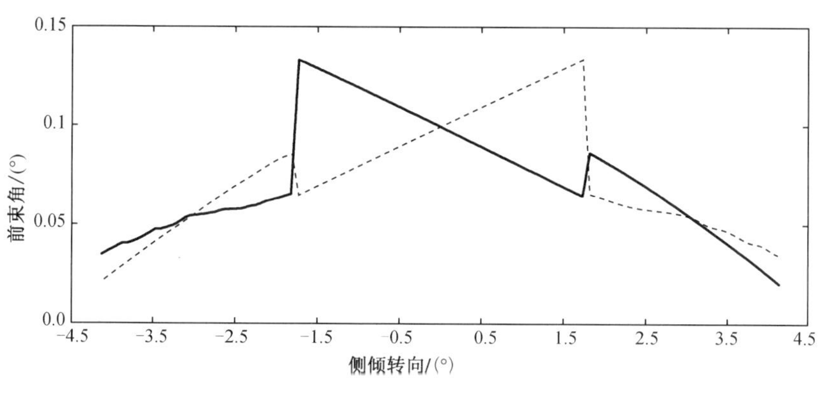

图 2－84　侧倾转向

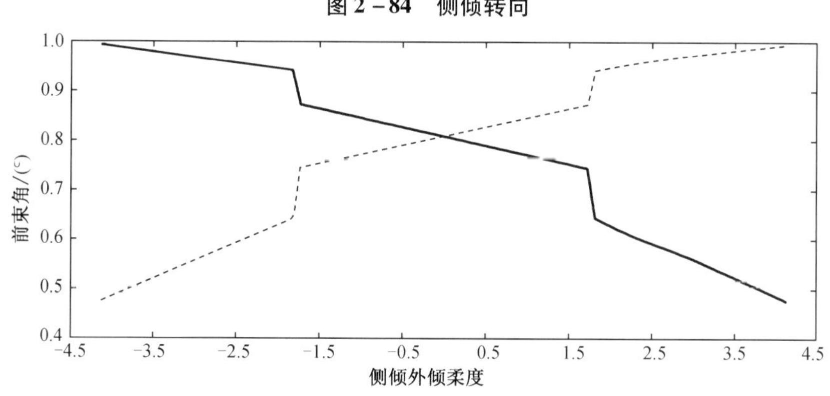

图 2－85　侧倾外倾柔度

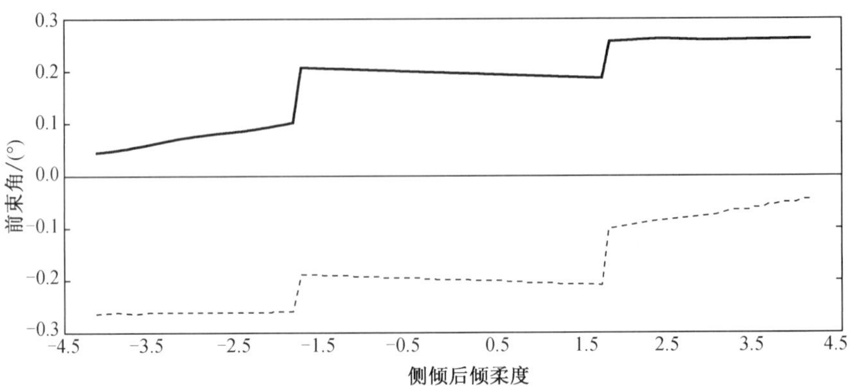

图 2－86　侧倾后倾柔度

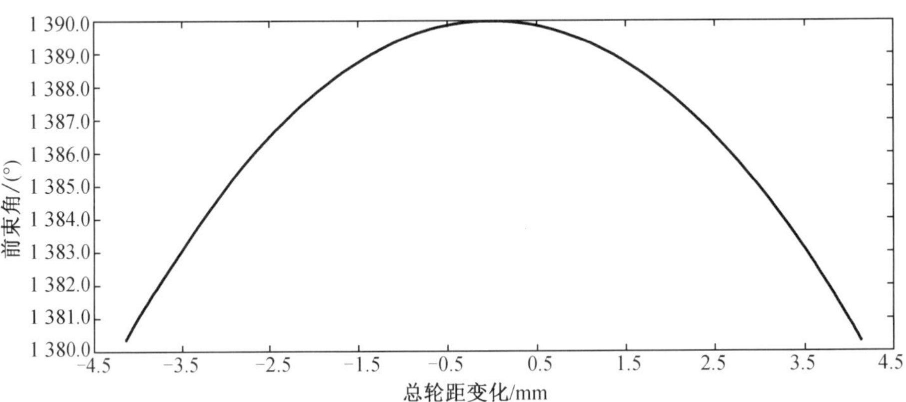

图 2－87　总轮距变化

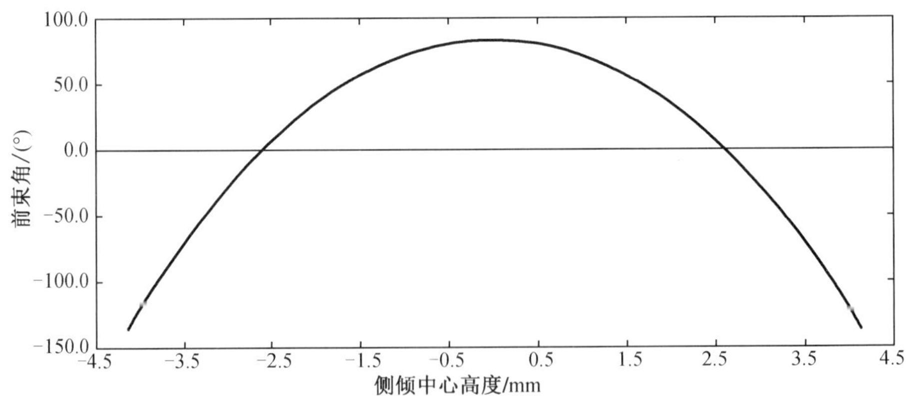

图 2－88　侧倾中心高度

(3)转向工况见图 2-89 至图 2-98,图中实线代表左后轮,虚线代表右后轮。

6. 后悬仿真结果

(1)双轮平行跳动工况见图 2-99 至图 2-106,图中实线代左后轮,虚线代表右后轮。

(2)双轮反向跳动见图 2-107 至图 2-110,图中实线代左后轮,虚线代表右后轮。

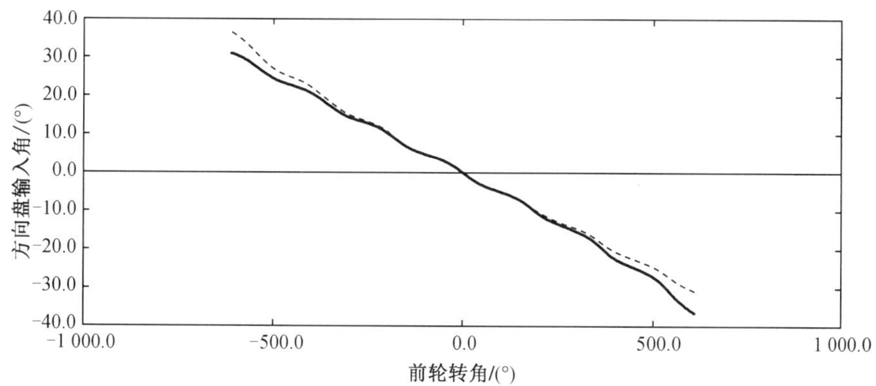

图 2-89　前轮转角

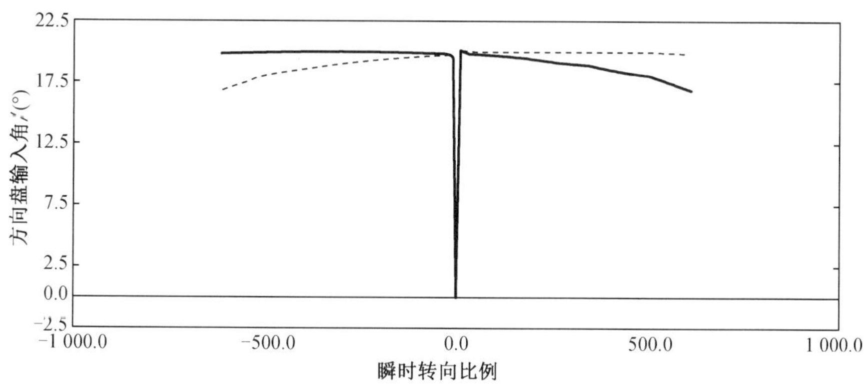

图 2-90　瞬时转向比例

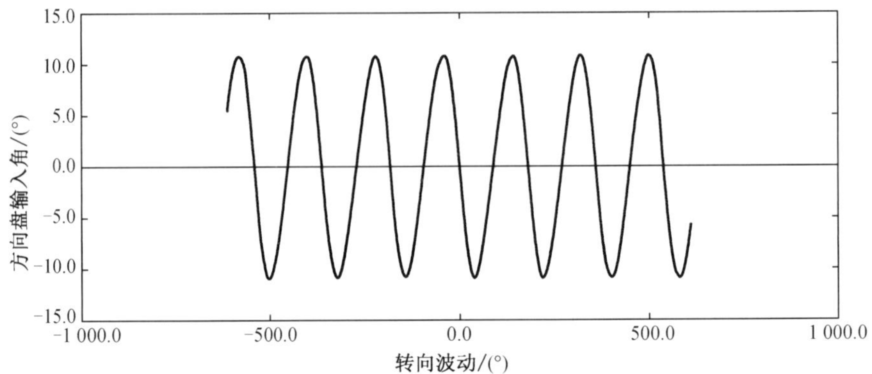

图 2－91　转向波动

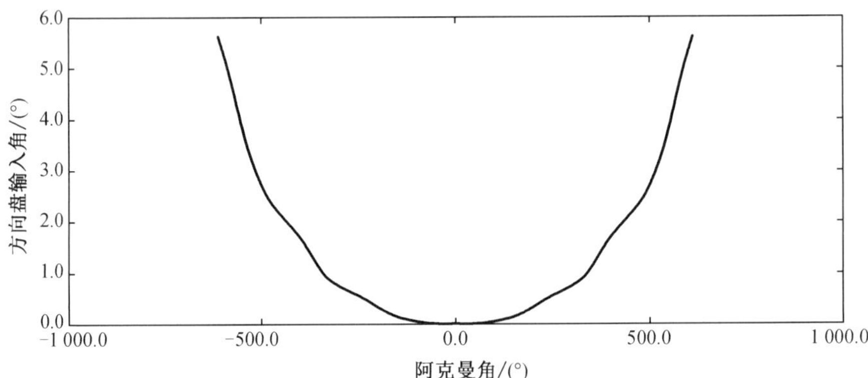

图 2－92　阿克曼

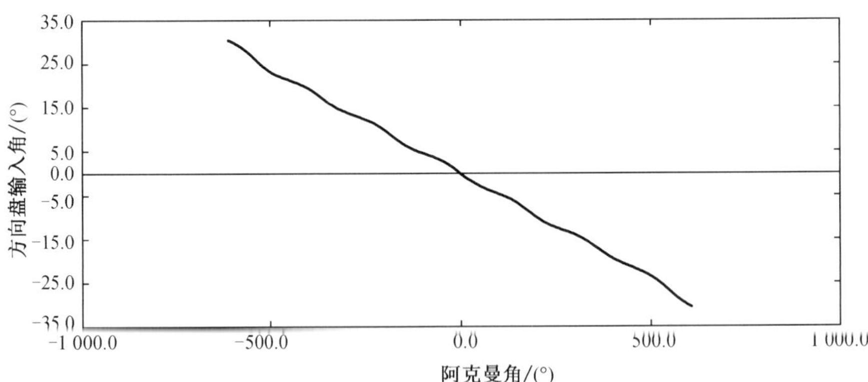

图 2－93　阿克曼角

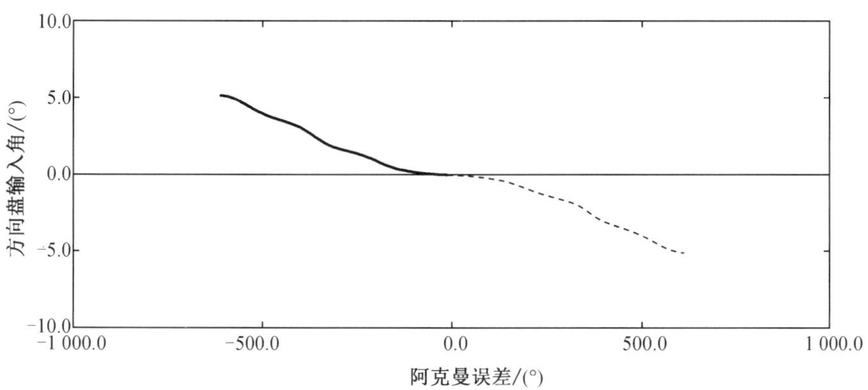

图 2-94　阿克曼误差

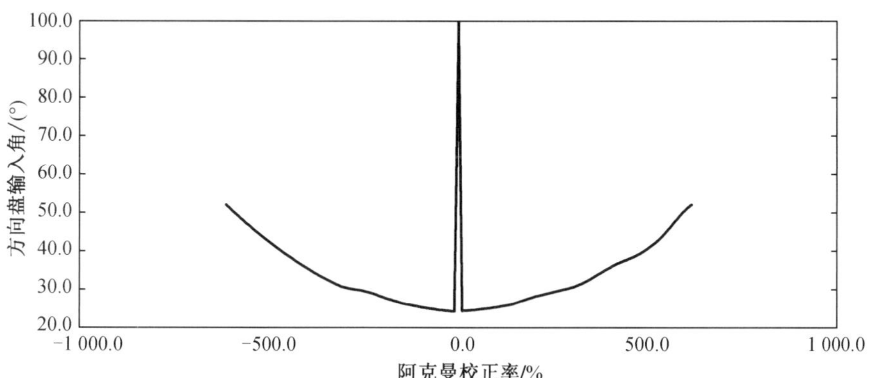

图 2-95　阿克曼校正率

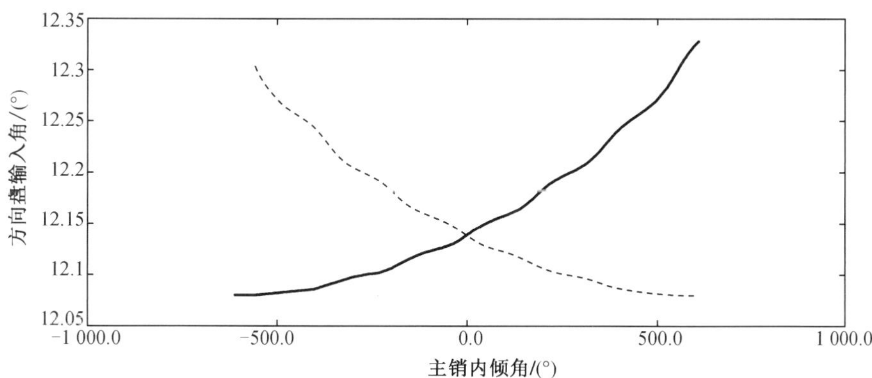

图 2-96　主销内倾角

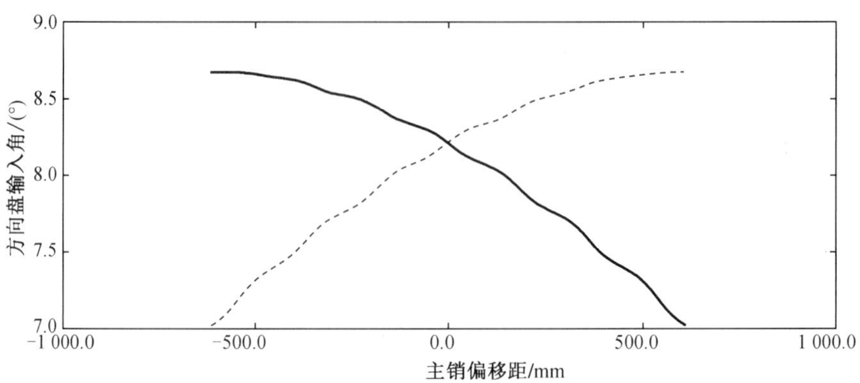

图 2-97　主销偏移距

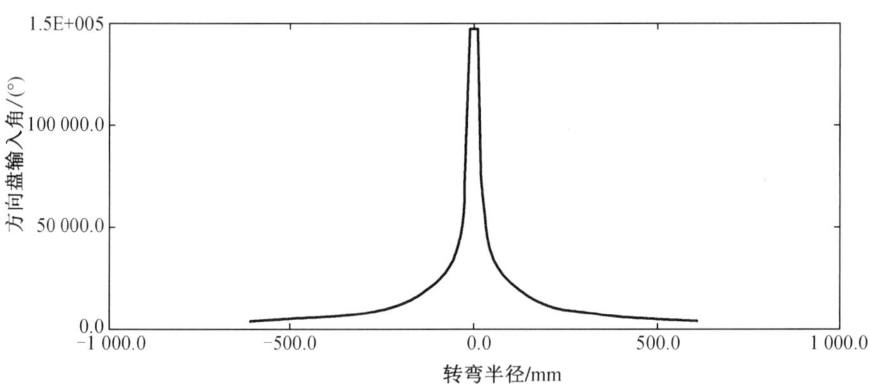

图 2-98　转弯半径

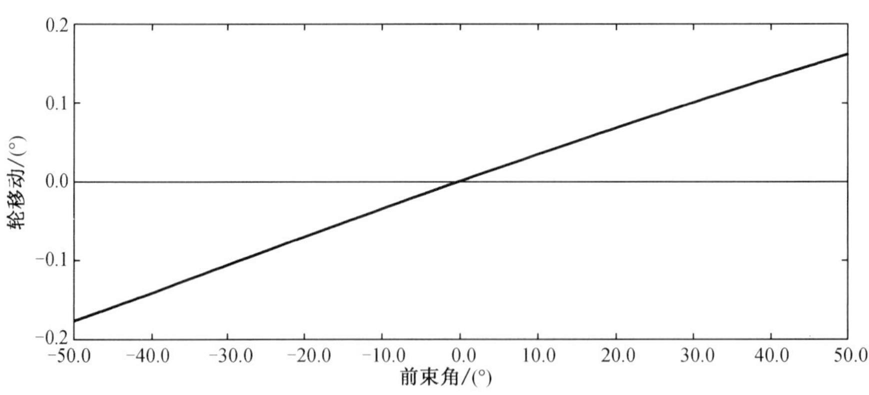

图 2-99　前束角

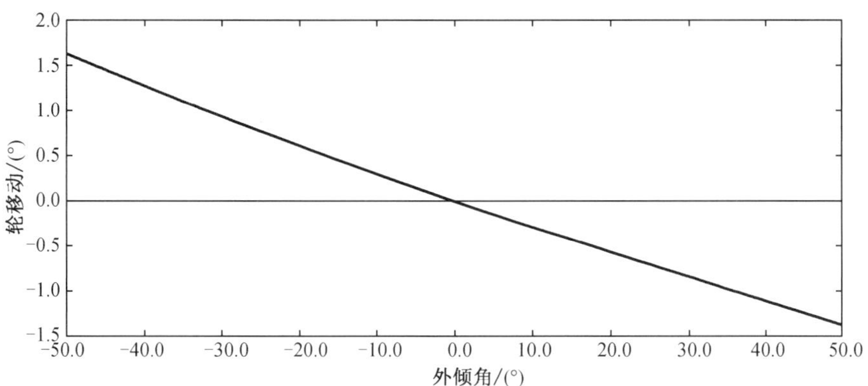

图2-100 外倾角

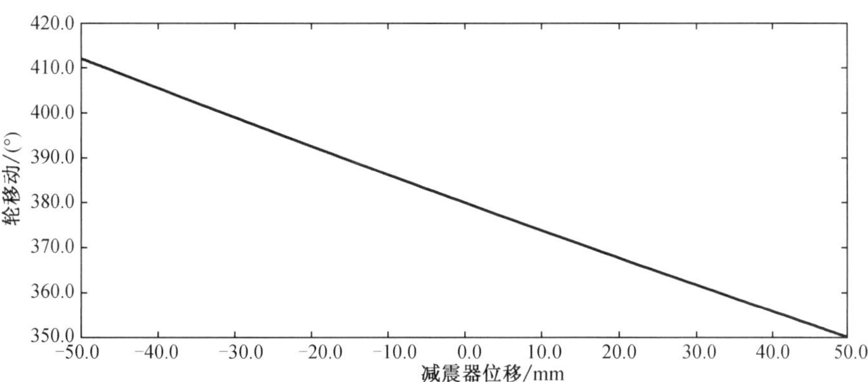

图2-101 减震器位移

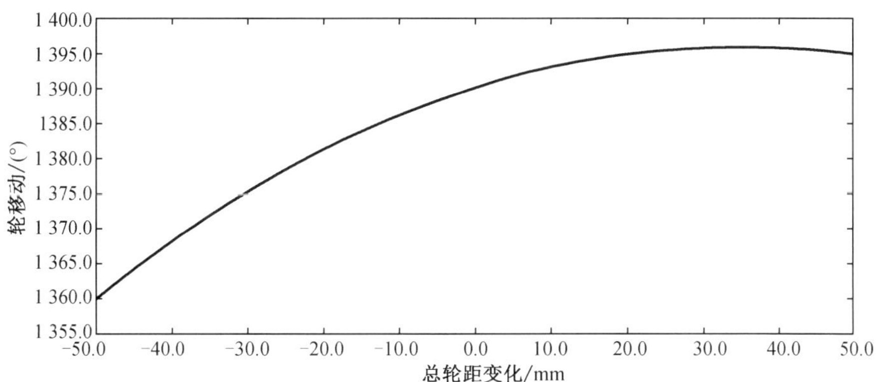

图2-102 总轮距变化

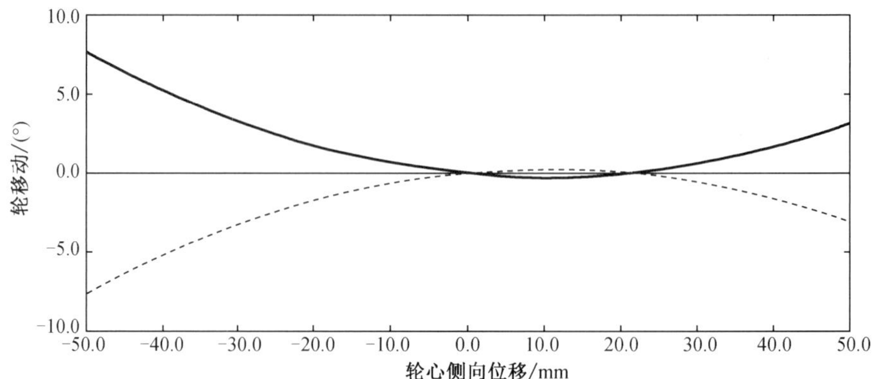

图 2－103　轮心侧向位移

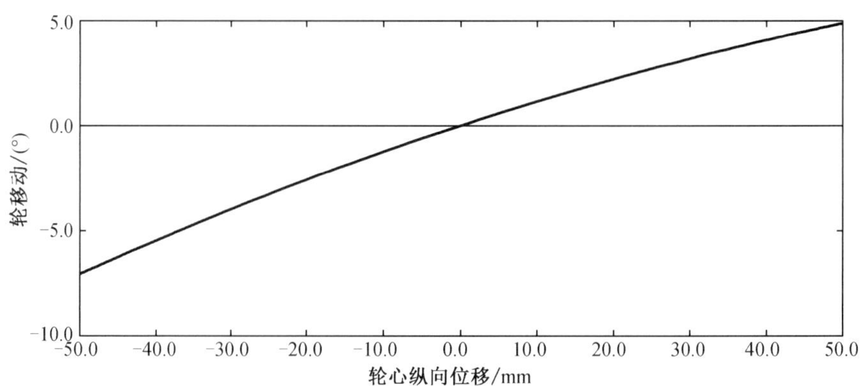

图 2－104　轮心纵向位移

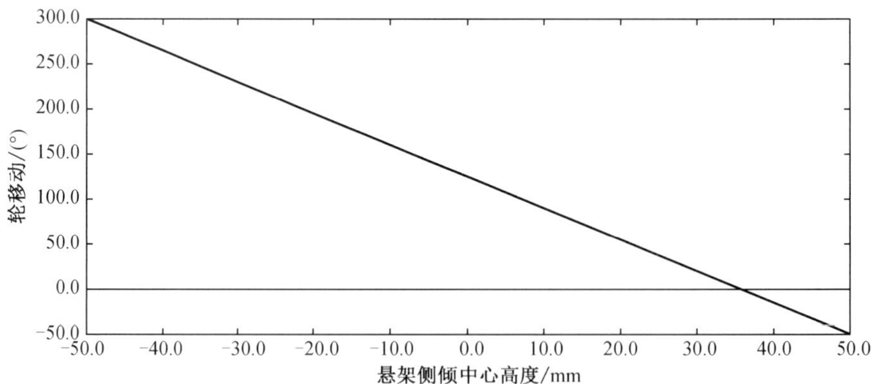

图 2－105　悬架侧倾中心高度

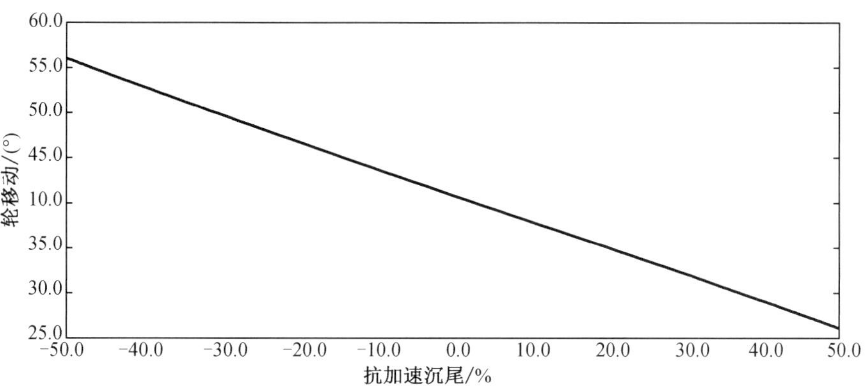

图 2－106　抗加速沉尾

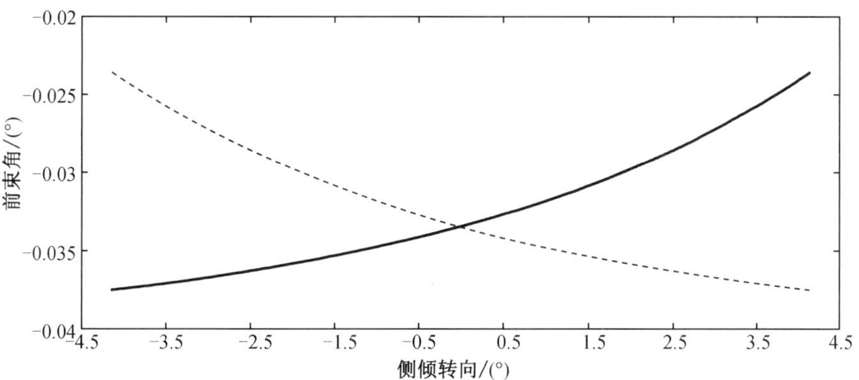

图 2－107　侧倾转向

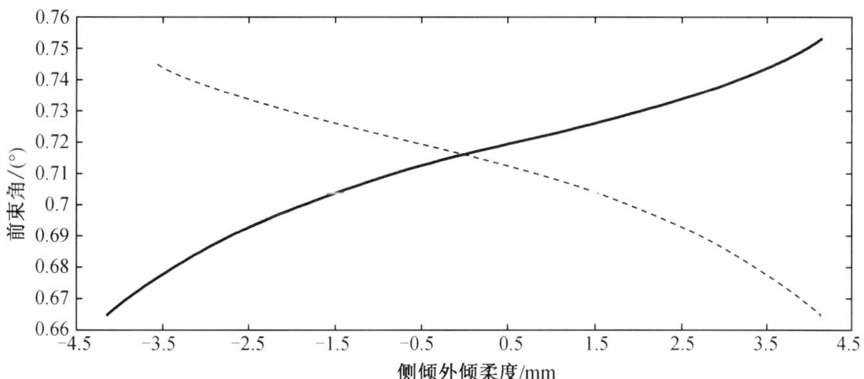

图 2－108　侧倾外倾柔度

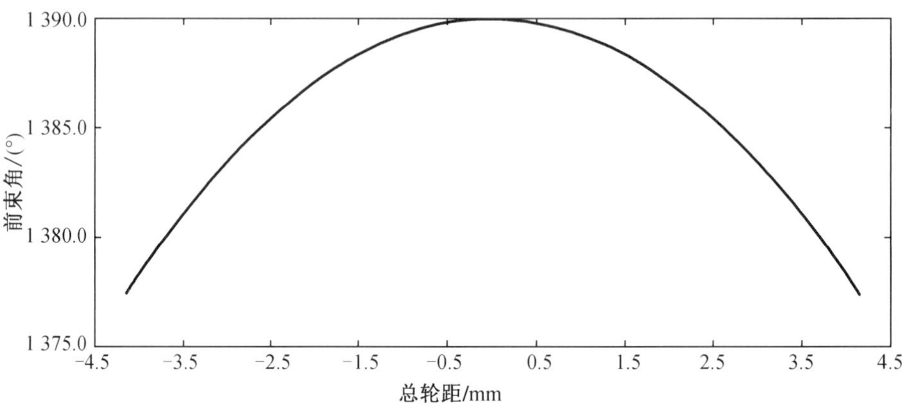

图 2－109　总轮距

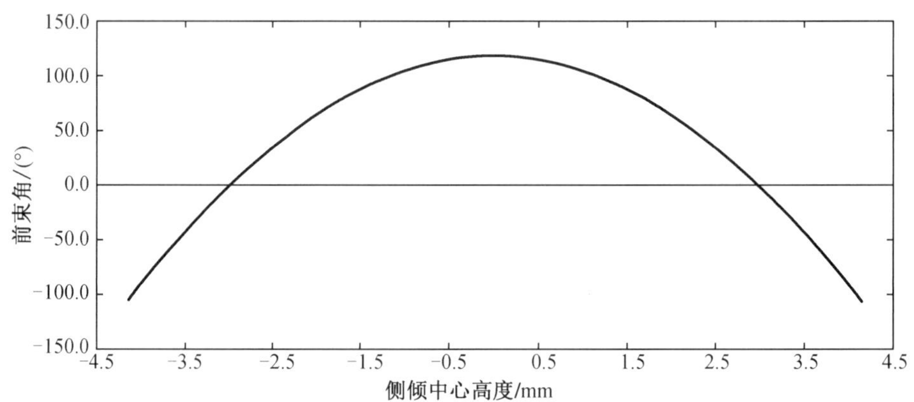

图 2－110　侧倾中心高度

7. 总结

仿真数据见表 2－11。

表 2-11　仿真数据表

	工况	特性参数	单位	数值	最优设计范围
前悬	平行跳动	悬架刚度	N/mm		
		转向角变化梯度	(°)/m	-9.1	[-8,-2]
		外倾角变化梯度	(°)/m	-17.5	[-20,-8]
		后倾角变化梯度	(°)/m	17.7	[8,18]
		轮心侧向位移变化梯度	mm/m	41.9	[40,100]
		轮心纵向位移变化梯度	mm/m	45.9	[0,20]
		轮距变化梯度	mm/mm	0.245	
		侧倾中心高度 mm	84	[50,100]	
		侧倾中心高度变化梯度 mm/mm	-2.6		
		杠杆比		0.94	
		抗点头率		43.8	
		抗抬头率		0	
	反向跳动	侧倾角刚度	Nm/(°)		
		侧倾转向	%	9.9	
		侧倾外倾柔度	%	80.9	
		侧倾后倾柔度	%	19.9	
	转向	后倾角	(°)	6.2	
		后倾拖距	mm	33.4	
		内倾角	(°)	12.1	
		主销偏移距	mm	8.2	
		车轮转角	(°)	36.7/31.1	
		瞬时转向比例		20	
		阿克曼校正率	%	52	[40,80]
		最小转弯半径	m	4.29	
后悬	平行跳动	悬架刚度	N/mm		
		转向角变化梯度	(°)/m	3.5	[1,5]
		外倾角变化梯度	(°)/m	-29.5	[-30,-10]

表 2-11（续）

	工况	特性参数	单位	数值	最优设计范围
后悬	平行跳动	轮心侧向位移变化梯度	mm/m	44.3	[50,200]
		轮心纵向位移变化梯度	mm/m	119.4	[30,50]
		轮距变化梯度	mm/m	0.035	
		侧倾中心高度	mm	118	[100,150]
		侧倾中心高度变化梯度	mm/m	-3.34	
		杠杆比		0.62	
		抗制动抬尾	%	41.6	
		抗加速沉尾	%	40.8	
	反向跳动	侧倾转向	%	0.2	
		侧倾外倾柔度	%	71.6	

2.2.11 轮胎收放

限制水陆两栖装备水面速度的一大因素就是车体航行阻力。两栖装备在水中行驶时，车轮部分将产生大量涡流损失，所产生的阻力约占总阻力的25%，为减少水陆两栖车辆在水中的行驶阻力，需针对水陆两栖装备设计一种可收放悬架系统，在陆上行驶时，这种可收放悬架系统发挥普通悬架的作用，传递作用在行走机构与车体间的力和力矩，缓和车辆行驶时传至车体的冲击力，并减少车体振动。当两栖车进入水中时，可收放悬架系统，又能将行走机构整体收起，通过减少行走机构的涡流损失以实现减阻增速，提高其推进效率。

英国 Gibbs 公司的高速两栖汽车（HSA）采用了一种可收放悬架，该车陆上速度达 160 km/h，水上行驶时通过收放悬架将车轮收起，航速可达 55 km/h，其收放悬架结构已申请了相关专利；该可收放悬架结构复杂、占用空间较大，目前只应用于轻型民用车辆，尚未应用在军事领域。美国于 1997 年也设计了一种可收放悬架，该收放悬架类似于双横臂悬架，结构简单，车轮在提升过程中翻转角很小，但其收放行程较小，减阻增速效果不明显。

一些两栖车辆在设计基本成型后进行轮胎收放系统的大略的设计，前后轮都采用双横臂式螺旋弹簧独立悬架系统。

这里举例的悬架系统参考了专利 US 2006/0148340（图 2-111），在原来悬

架的基础上加入了收放机构。

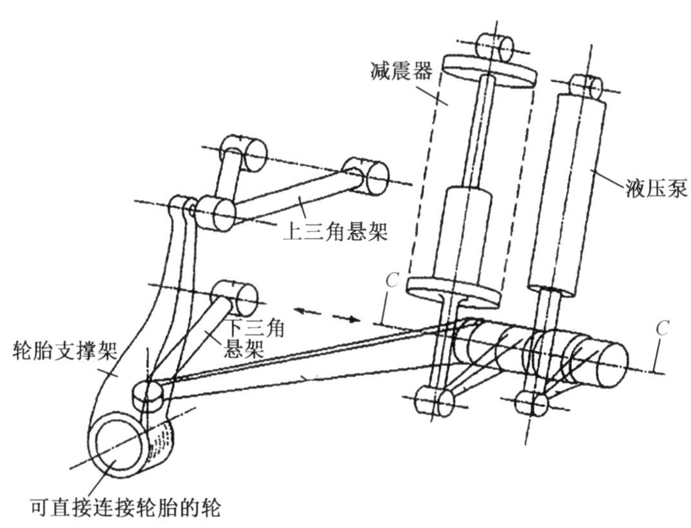

图 2－111　轮胎收发系统

上、下三角悬架使用相同的尺寸，这样就能保证在收起放下后始终使轮胎保持垂直状态。具体的样式如图 2－112 和图 2－113 所示。

该水陆两栖车辆在路上行驶时采用齿轮－齿条式转向系统，其齿轮－齿条的结构，使驾驶员在转动方向盘的时候，将方向盘的转动转变成齿条的横向移动，齿条在横向移动的时候带动转向横拉杆进行运动，拖动转向节转动从而实现转向。

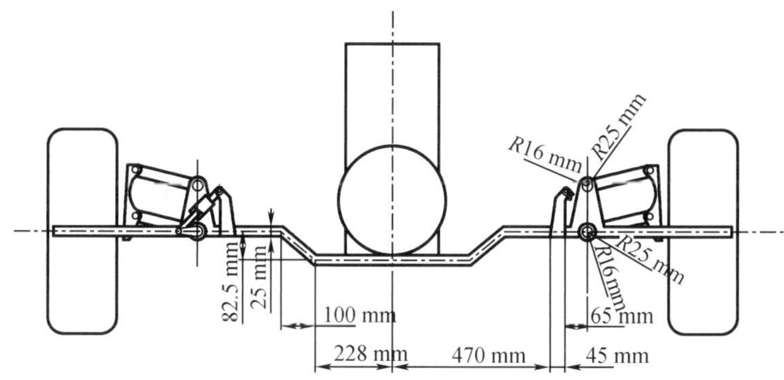

图 2－112　轮胎收放系统右视图

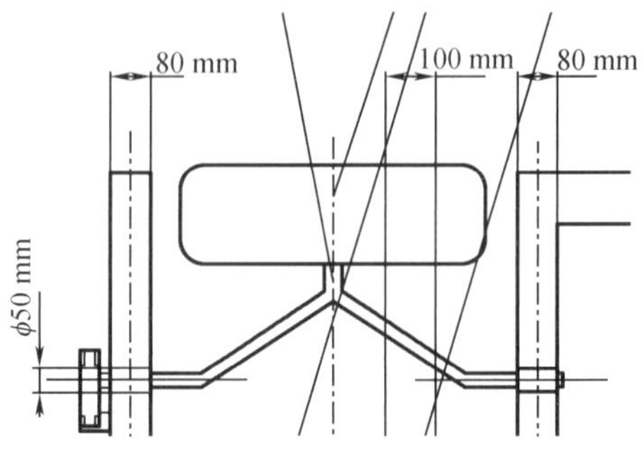

图 2－113　轮胎收放系统俯视图

2.3　两栖车辆三维设计技术

以小型两栖车辆的三维设计为例，展现了三维设计的部分过程，可以作为开展两栖车辆三维设计技术的参考。

2.3.1　两栖车辆三维设计案例

1. 两栖车辆三维图

某小型的两栖车辆三维示意图如图 2－114 所示。

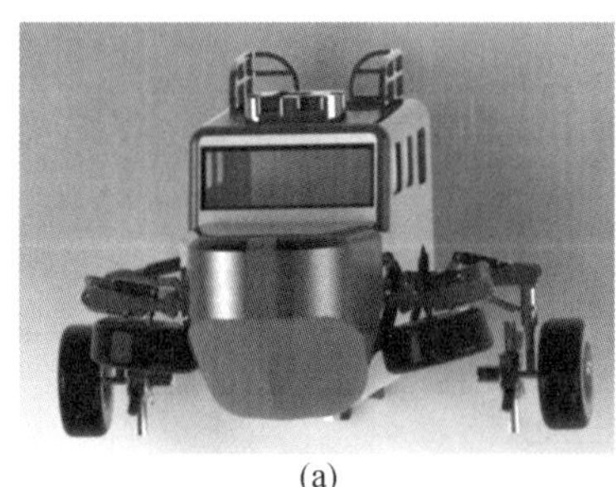

(a)

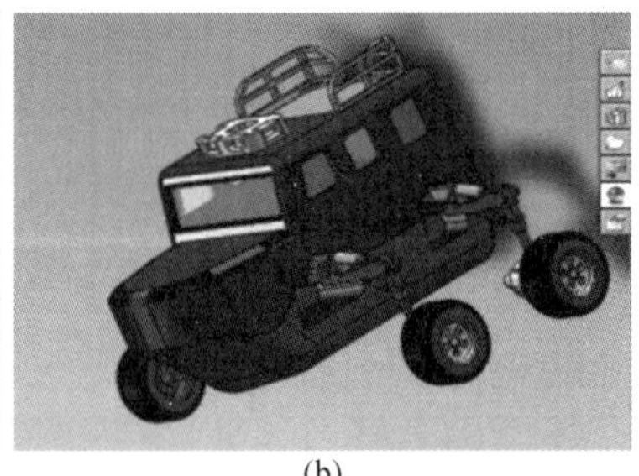

(b)

图 2－114　两栖车辆三维示意图

这一两栖车辆主要由车体、轮胎、车轴结构、驱动电机、叶轮、升降结构、油压缸、伸缩结构组成,采用太阳能清洁能源。

2. 设计方案分析(图 2 – 115)

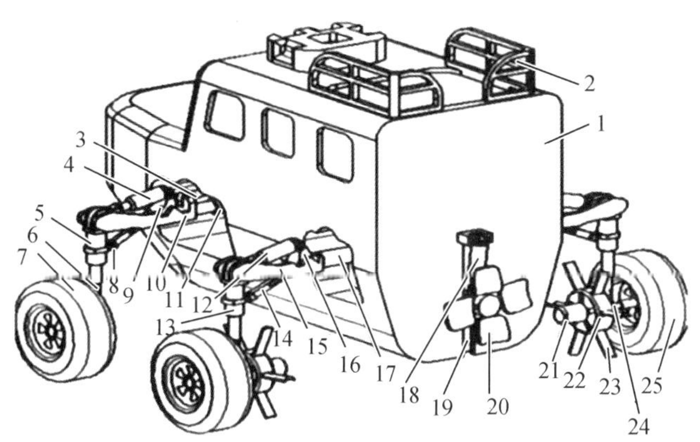

1—车体;2—载物护栏;3—轴伸缩油压缸;4—前轴转向油压缸;5—前轴升降油压缸;6—前轮轴;7—前轮;8—前轴连杆;9—前轴三角机构;10—前轴架;11—前轴座;12—后轴转向油压缸;13—后轴升降油压缸;14—后轴连杆;15—后轴架;16—后轴三角机构;17—后轴座;18—叶轮升降油压缸;19—叶轮滑道;20—叶轮;21—驱动电机;22—驱动轮盘;23—叶片;24—后轮轴;25—后轮。

图 2 – 115　设计方案示意图

整体三维结构视图如图 2 – 116 和图 2 – 117 所示。

(a)陆上形态

(b)水域形态

图 2 – 116　陆上形态与水域形态视图

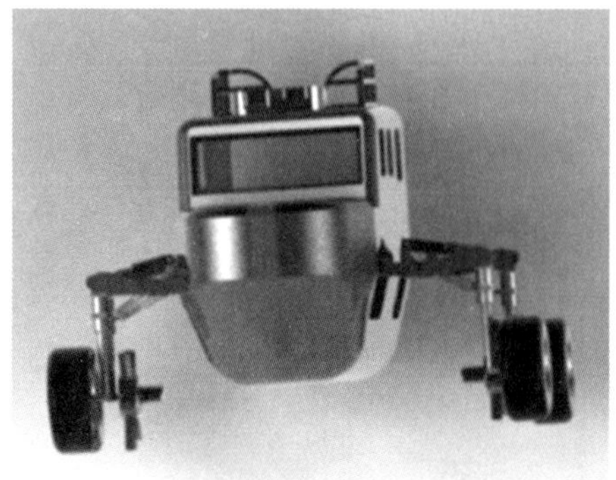
(a)正视图

(b)后视图

图 2-117　车体正视图与后视图

3. 两栖车辆连接装配

(1)载物护栏与车体固定连接;

(2)前轴座通过前轴伸缩油压缸与前轴架连接,并与前轴架同轴单自由度连接;

(3)前轴三角机构通过前轴转向油压缸与前轴升降油压缸连接;

(4)前轴三角机构与前轴架单自由度转动连接;

(5)前轮轴与前轴升降油压缸同轴连接;

(6)前轮三角机构和前轴升降油压缸同轴连接;

(7)前轮与前轮轴转动自由连接;

(8)前轴连杆分别与前轴三角机构、前轴升降油压缸连接;

(9)后轴座通过后轴伸缩油压缸与后轴架同轴固定连接;

(10)后轴三角机构通过后轴转向油压缸与前轴升降油压缸连接;

(11)后轴三角机构与后轴架单自由度连接;

(12)后轮轴与后轴升降油压缸同轴连接;

(13)后轮与后轮轴转动自由连接;

(14)后轴连杆分别与后轴三角机构、后轴升降油压缸连接;

(15)驱动轮盘与后轮、驱动电机同轴连接;

(16)叶片在驱动轮盘周向分布装配;

(17)叶轮升降油压缸与车体连接;

(18)叶轮通过叶轮滑道并随叶轮升降油压缸移动。

这一小型两栖车辆在水面行驶是通过前轴伸缩油压缸、前轴转向油压缸、前

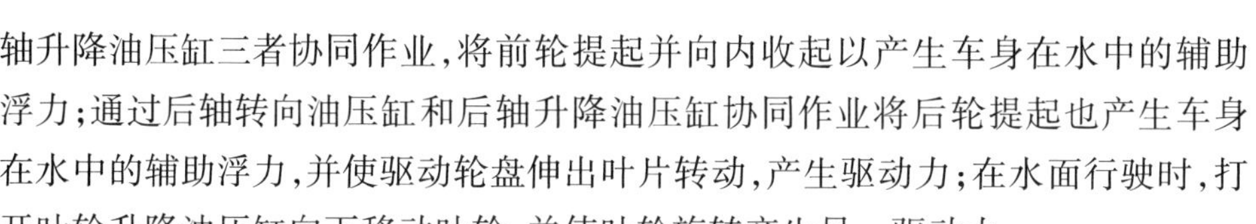

轴升降油压缸三者协同作业，将前轮提起并向内收起以产生车身在水中的辅助浮力；通过后轴转向油压缸和后轴升降油压缸协同作业将后轮提起也产生车身在水中的辅助浮力，并使驱动轮盘伸出叶片转动，产生驱动力；在水面行驶时，打开叶轮升降油压缸向下移动叶轮，并使叶轮旋转产生另一驱动力。

2.3.2　两栖车辆仿真分析

根据小型船舶的设计原理并参照船级社的相关规定，需要对两栖车辆的可靠性、安全性进行全面的分析论证。由于对两栖车辆的规范与标准并不齐全，因此应用 CAE 数值仿真软件对其进行整体结构分析是必要的、可行的。

两栖车辆的数值仿真分析程序与常规的船舶分析程序相同，也是建立数字模型、网格划分、施加各类载荷、施加整体的约束，并对各类运动施以相应约束条件。其后进行解算，然后输出应力、位移等分布的云图，最后根据需要，智能化地利用自然语言写出研究分析报告。

小型两栖车辆的仿真分析三维数字模型如图 2－118 所示。

图 2－118　仿真分析三维数字模型图

根据数值仿真分析结果图（图 2－119 和图 2－120）可见：该小型两栖车辆结构的半轴安装位置的受力较大，从云图中也可看出车体结构的前部变形较大。

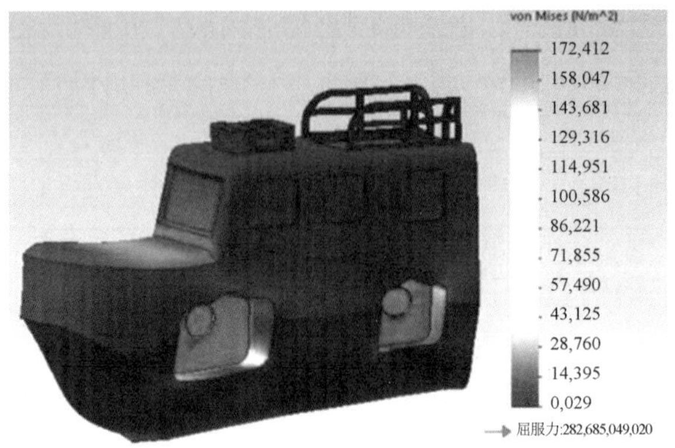

图 2－119　车体应力云图

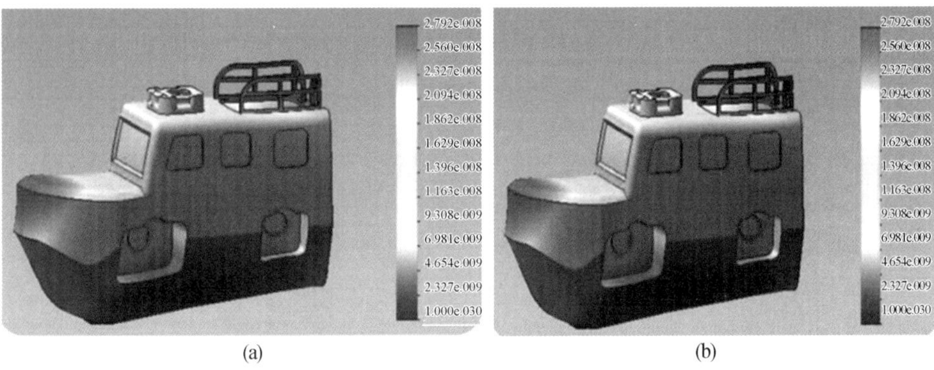

(a)　(b)

图 2－120　车体变形云图

2.3.3　三维生产设计

对两栖车辆进行三维生产设计是加强计划性、保证产品质量的有效措施，更是批量生产必不可少的程序(表 2－12、图 2－121)。

表 2－12　小型两栖车辆产品物料清单

文件名称	数量/个	质量/t
驱动轮	2	0
连杆	4	0
车轴底座	2	0

表2-12(续)

文件名称	数量/个	质量/t
车轮	4	0.02
车体1	1	1.3
油压缸2-2	7	0
油压缸2-1	7	0
油压缸1-3	4	0
油压缸1-2	4	0
油压缸1-1	2	0
后轴架	2	0
后轮小轴	2	0
后车轴底座	2	0
叶轮盘	1	0
叶片	12	0
动力叶片	4	0
前轴架	2	0
三角机构	4	0

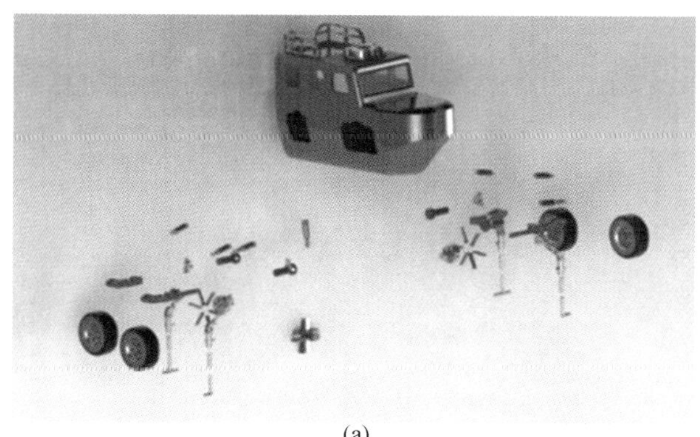

(a)

图2-121 两栖车辆产品分解视图

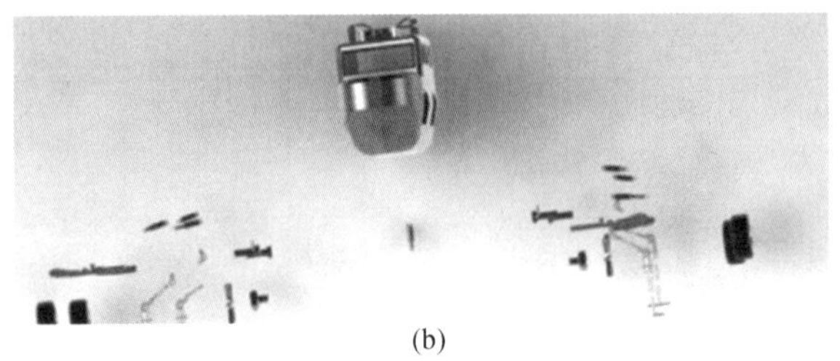

(b)

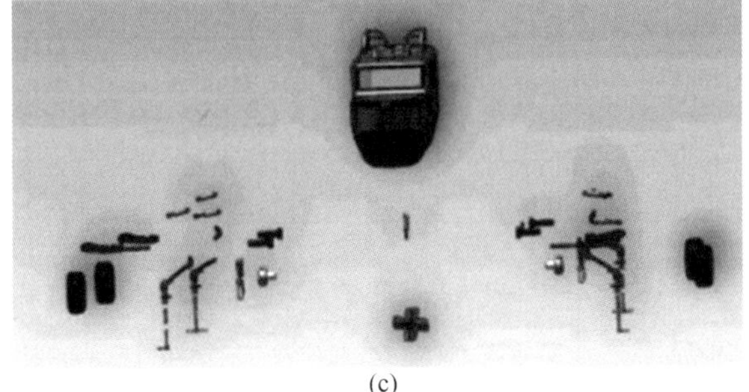

(c)

图 2－121(续)

两栖车辆产品零件图视如图 2－122 至图 2－130 所示。

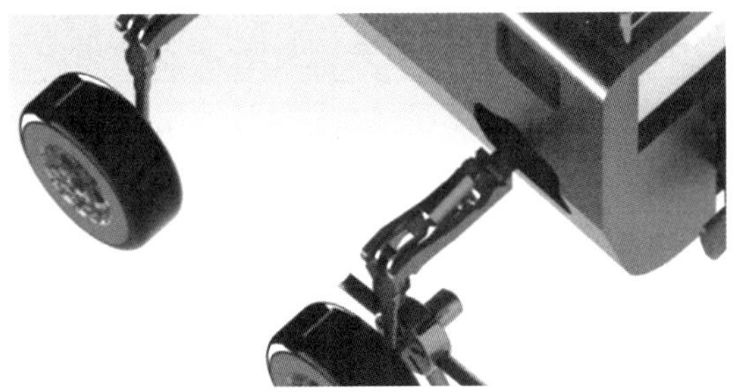

图 2－122　车后轴图

图 2－123　车轮叶片

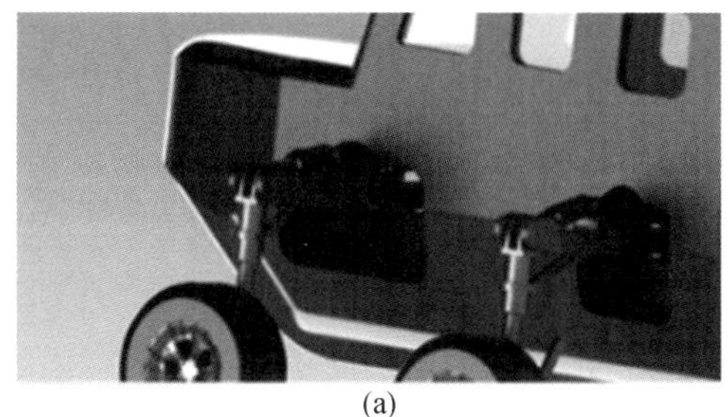
(a)

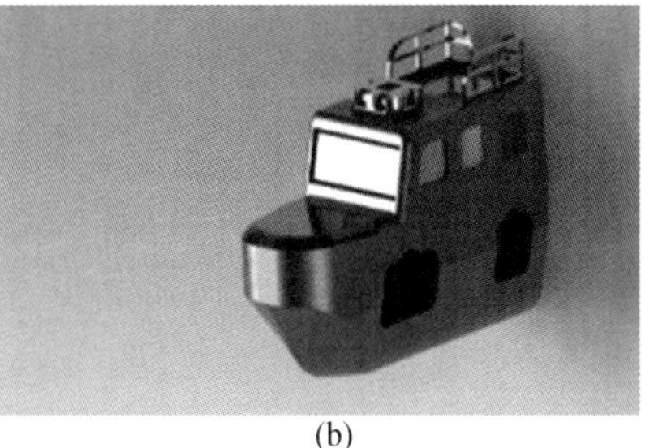
(b)

图 2－124　车前轴与车体

(a)

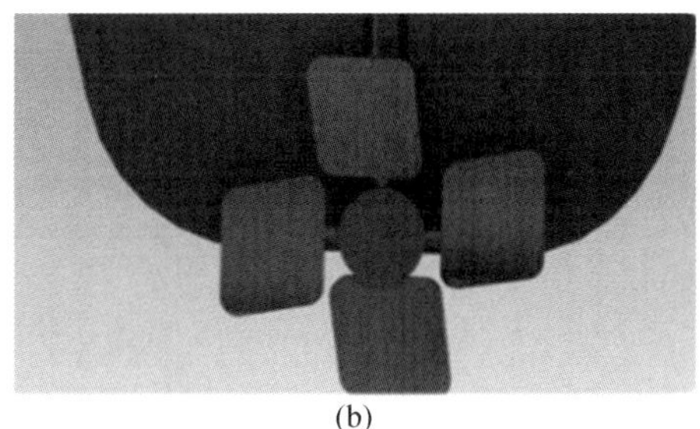
(b)

图 2－125　动力叶片与后方叶轮

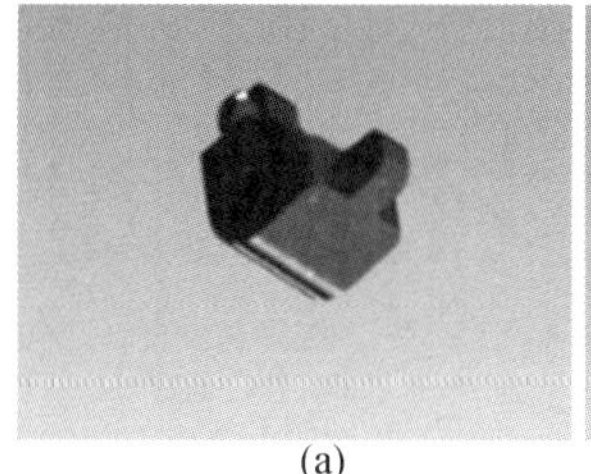
(a)

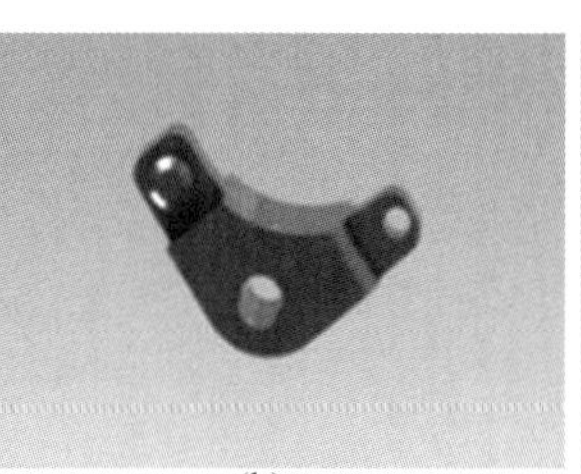
(b)

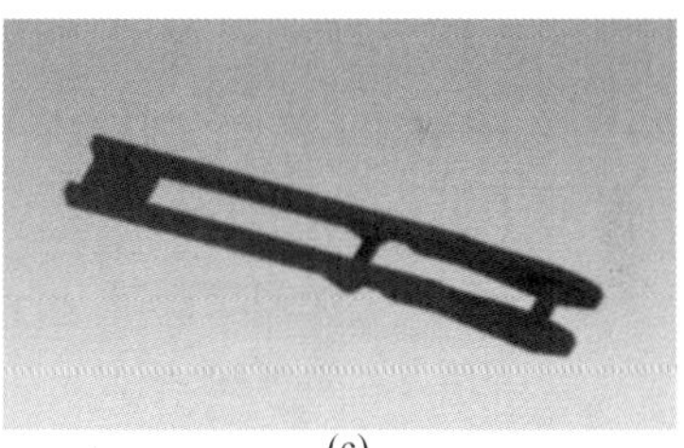
(c)

图 2－126　三角机构与轴架

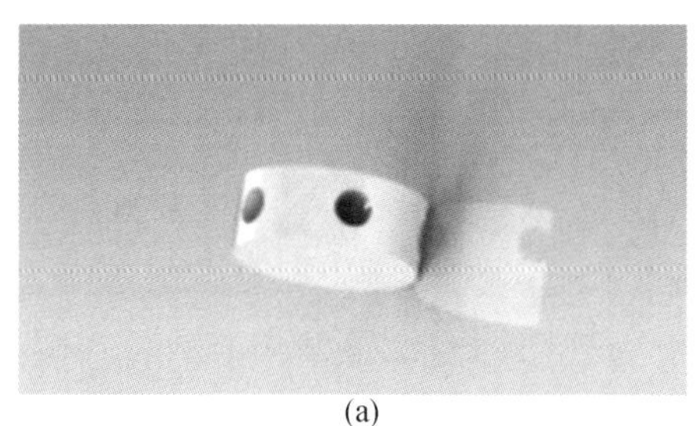
(a)

(b)

图 2－127　叶轮盘

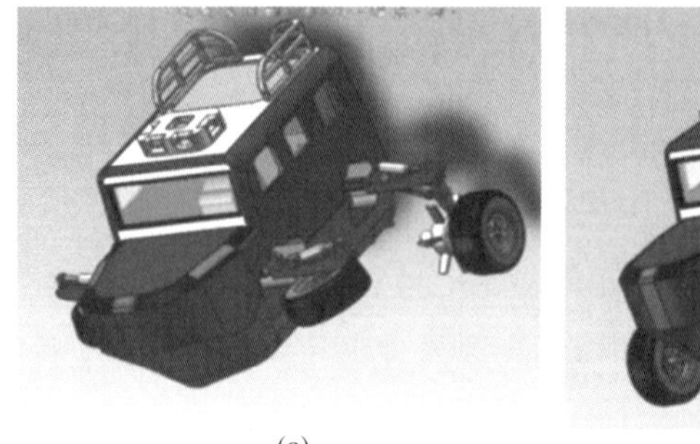
(a)

(b)

图 2－128

图 2－129　三维维车体示意图

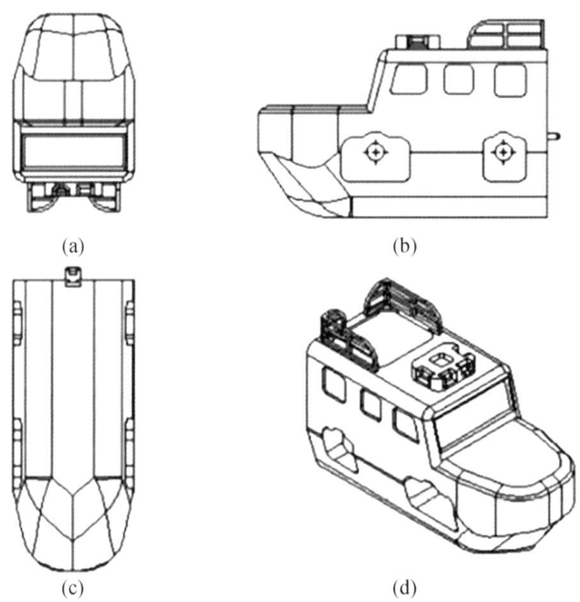
(a)　(b)　(c)　(d)

图 2－130　二维车体设计三视图

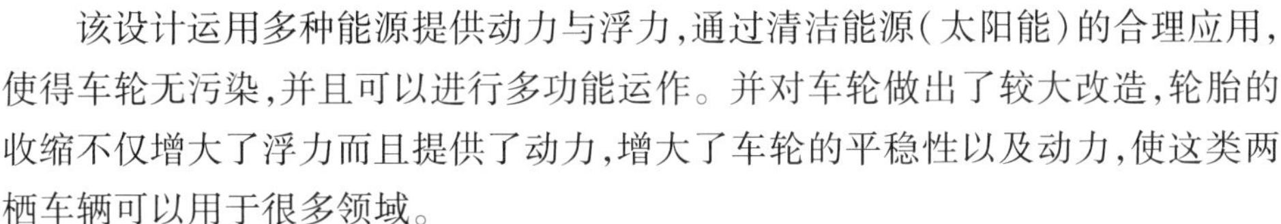

该设计运用多种能源提供动力与浮力，通过清洁能源（太阳能）的合理应用，使得车轮无污染，并且可以进行多功能运作。并对车轮做出了较大改造，轮胎的收缩不仅增大了浮力而且提供了动力，增大了车轮的平稳性以及动力，使这类两栖车辆可以用于很多领域。

该类小型两栖车辆可以应用于如下领域。

（1）水面环境的环保：水面垃圾处理、漏油处理等污染问题；

（2）采集水样、勘察水质等科学试验；

（3）自驾、旅游等娱乐活动，避免了水陆交换车辆的麻烦；

（4）水面与水下的侦察等军民两用。

2.4　水陆两栖混合动力车辆

2.4.1　样车显示

1. 外观显示（图 2－131）
2. 底盘展示（图 2－132）
3. 行驶状态（图 2－133）

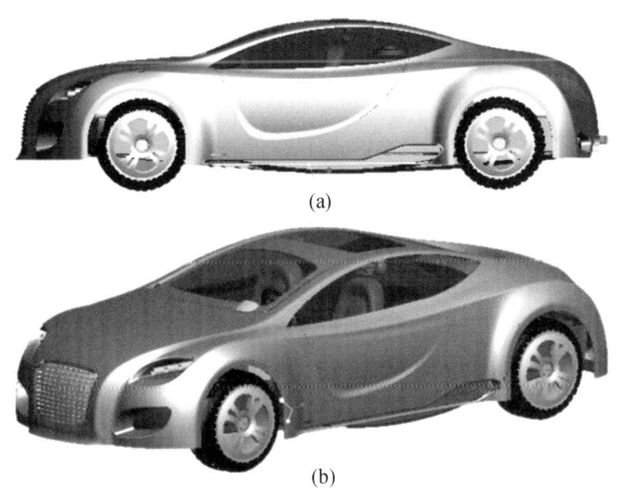

(a)

(b)

图 2－131　外观显示图

(a)

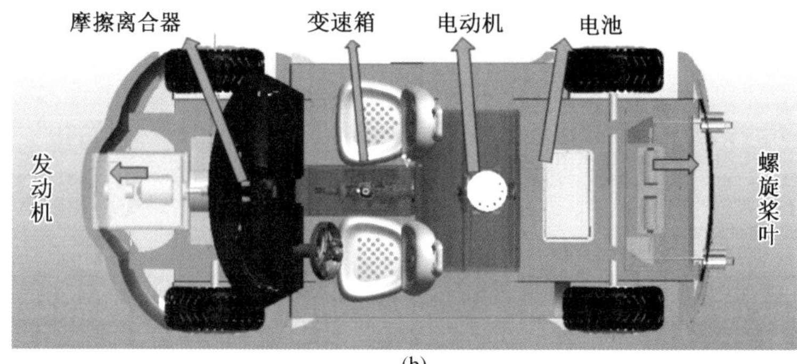

(b)

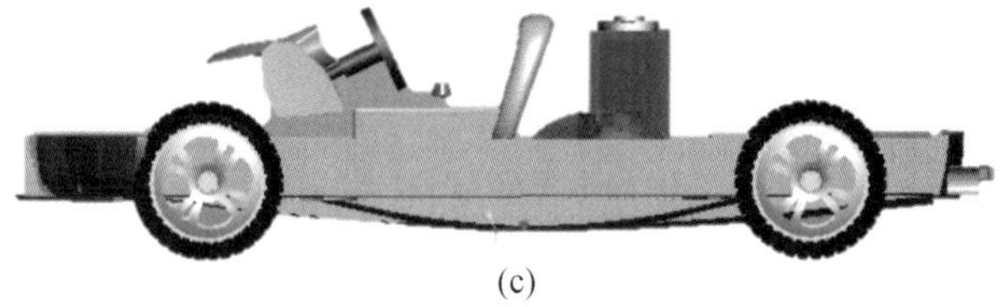

(c)

图 2－132　底盘示意图

(a)水面行驶状态

(b)陆地行驶状态

图 2－133　行驶状态图

底板收纳装置通过特定机构实现底板的上升与下降,从而改变车辆的行驶状态。

4. 桨叶传动装置(图 2－134)

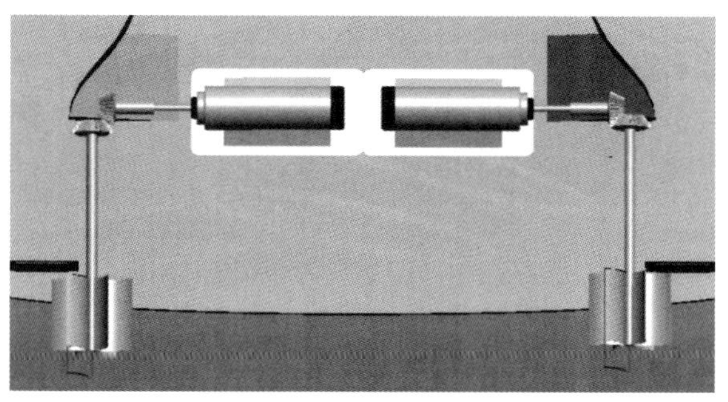

图 2－134　桨叶传动装置

5. 变速箱、摩擦离合器、电动机(图 2－135)

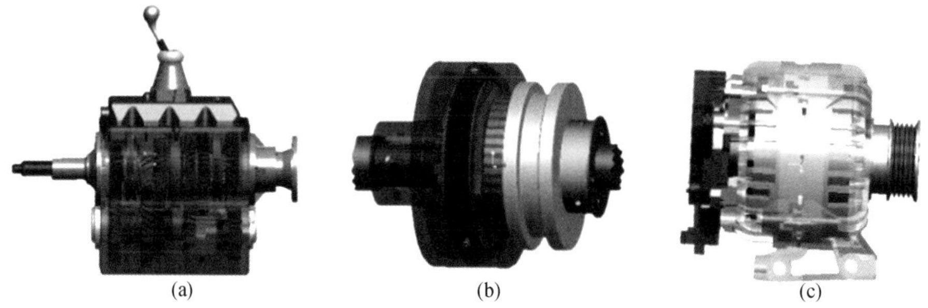

(a)　(b)　(c)

图 2－135　机电设备示意图

6. 三维零部件工程图(图 2－136)

(a)　(b)

图 2－136　零部件工程示意图

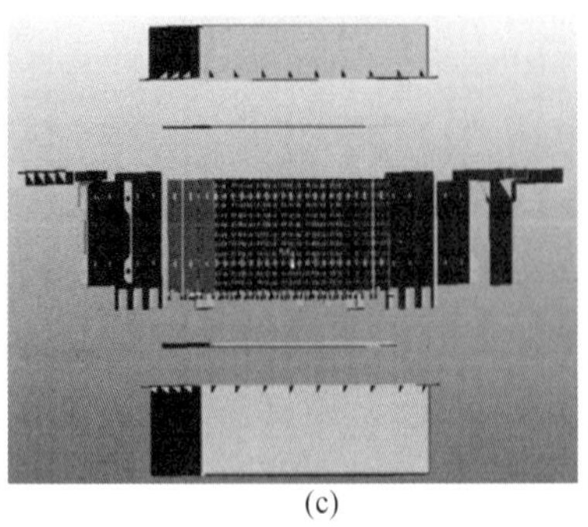
(c)

(d)

图 2 - 136(续)

2.4.2 奥迪两栖混合动力车辆

奥迪两栖混合动力车辆如图 2 - 137 所示。

(a)

(b)

图 2 - 137　奥迪两栖混合动力概念车型图

(c)

(d)

图 2-137(续)

奥迪混合动力水陆两栖概念车有独立的转动车轮和驾驶模式。除此之外，它还有 4 个让你不管是陆地上还是水上都能舒服驾驶的轮胎。

参 考 文 献

[1] 李成重，蒋橙，肖斌，等. 某两栖车辆动力舱冷却风道流场仿真分析[J]. 商用汽车，2013(20)：77-79.

[2] 陈思忠，吴志成，杨林，等. 轮式两栖军车高航速技术探讨[J]. 车辆与动力技术，2009(2)：61-64.

[3] 黄燕滨，周科可，巴国召，等. 沿海两栖车辆腐蚀现状及腐蚀综合控制技术[J]. 兵工学报，2016，37(7)：1291-1298.

[4] 郭宇. 海洋结构物阴极保护数值仿真与优化[D]. 哈尔滨：哈尔滨工程大学，2013.

[5] 周康康,王诗原,高鑫,等. 一种海陆两栖车辆的减阻结构设计[J]. 机电工程信息,2017(30):106-107.

[6] 刘锋,郭晓林,刘成,等. 基于计算机三维建模技术的两栖车辆静水性能计算[J]. 装甲兵工程学院学报,2008(5):32-35.

[7] 郭张霞,李魁武,潘玉田,等. 基于 CFD 的两栖车辆阻力计算与预报研究[J]. 火炮发射与控制学报,2011(4):1-4.

[8] 徐国英,王俊,周景涛. 基于 CFD 的两栖车辆阻力和浮态数值模拟[J]. 舰船科学技术,2006,28(4):22-26.

[9] 赵彬. 基于动网格的两栖车航行特性数值模拟研究[D]. 北京:北京理工大学,2015.

[10] 清华大学苏州汽车技术研究院. SZ15A 项目悬架 K 特性分析报告[R]. 苏州:清华大学苏州汽车技术研究院.

[11] 剧冬梅,项昌乐,陶溢,等. 电驱动差速转向轮式水陆两栖车辆可收放悬架机构运动学分析与参数优化[J]. 兵工学报,2019,40(8):1580-1586.

[12] 董阳,徐国英,姚新民,等. 两栖车辆形体优化数值模拟[J]. 装甲兵工程学院学报, 2007,21(4):52-56.

第3章 低速两栖车辆的设计

低速两栖车辆的主要应用领域集中在民用领域和应急抢险领域:民用领域的用途包括旅游观光、科学考察、近岸施工、物资运输等;应急抢险领域的用途包括洪涝灾害救援、近岸消防、堰塞湖治理等。在军事用途上主要是后勤支援与物资及人员运输。

两栖车辆的设计可以分为基于某个车型的设计与全新流程设计两类,全新流程设计是基于项目技术要求的、全新配置设计的路径,其设计建造交付的周期长、经费高,但是可能更满足用户要求。这里主要阐述前一类设计方法,本质上是以某车型为基础,符合进行船舶功能的改造设计。

3.1 低速两栖车辆的总体设计

这里以 6 ×6 全轮驱动卡车改型设计水陆两栖车辆为案例,提供基本的设计思路与设计方法。

3.1.1 设计规范与指南

对于车辆来说,车辆上路行驶必须通过认证过程来确认车辆质量,不同国家和地区认证机构不同。按照中国国情来说,车辆必须经过车辆公告制度的确认,才能合法上路。

车辆公告管理制度是为了使行驶在路上的全部车辆管理统一化、制度化,保证车辆质量。目的是合理有效地调配和使用各种类型车辆,最大限度地节约投入成本,最真实地反映各种车辆的实际应用情况,尽可能地发挥车辆行业最大经济效益,并且对国内汽车公司所有种类车辆的保养、维修等售后服务行为进行有效控制,以确保车辆安全有效、性能良好地运行。

目前,对于两栖车辆的设计还没有完善的标准。从车的角度来看:经过改装设计后必须满足特种车辆的技术要求;从船的角度看:同样要求必须满足在某个水域的某型船舶的设计要求等条件来进行改装设计工作,在过程中必须与有关船级检验机构进行密切沟通、协商,开展各项设计程序。两项要求均须满足,才能得到一个成功的两栖车辆设计方案。

因此,两栖车辆研发机构必须事前与船级检验机构密切合作,通过研发、使用的事先沟通和事后进行仔细总结,与船级检验机构紧密合作,建立两栖车辆的设计规范或指导性文件,使日后两栖车辆设计有范可规,为两栖车辆发展提供技术支撑。

目前国内水陆两栖军用装甲车、工程车等相关标准主要来自国家军用标准和水利部的行业标准(表3-1)。

表3-1 国内主要两栖车辆的规范、标准

序号	标准号	标准名称	标准类型
1	GJB 6914	两栖工程作业车通用规范	国家军用标准
2	GJB 6627	两栖工程作业车设计定型试验规程	国家军用标准
3	GJB 6624	水陆两栖越野汽车设计定型试验规程	国家军用标准
4	GJB 8106	两栖装甲破障系统规范	国家军用标准
5	GJB 8470	两栖装甲路面规范	国家军用标准
6	GJB 6912	两栖装甲步兵战车通用规范	国家军用标准
7	GJB 6911	两栖车辆喷水推进器通用规范	国家军用标准
8	GJB 6882	两栖装甲车辆海上抢救抢修要求	国家军用标准
9	GJB 7665	两栖装备锌铬防腐涂层应用技术要求	国家军用标准
10	GJB 5833	两栖装备硅酮密封剂应用技术要求	国家军用标准
11	GJB 59.71	装甲车辆试验规程 第71部分:两栖装甲车辆水上射击试验	国家军用标准
12	SL/T 64	两栖式清淤机	行业标准
13	SL/T 66	SLQY-30型两栖式清淤机技术条件	行业标准

整体看来,目前国内两栖车辆标准数量少,发布年代久,覆盖面窄,偏向军用和专用车辆;对于高速水陆两栖军用车辆、两栖改装车以及大部分两栖工程车没有完整的船级社规范,也缺乏行业标准,对于企业的研制和生产缺少指导作用。

这一情况完全不能满足民用车辆进行两栖车辆改装产品的技术需求;也不能

满足和适应我国当前对发展水陆两栖车辆，装备我国应急救援与部队的紧迫需求；更不能满足和适应我国应急救灾、工程与旅游及军事斗争态势的紧迫需求。

低速两栖车辆的设计也要符合一定的行业法规，国标 GB 7258 与 GB 1589 是两条重要的车辆改装法规，在低速两栖车辆设计过程中，有重要的指导意义。

国标 GB 7258 是国家标准《机动车运行安全技术条件》，该标准是我国机动车安全技术管理的最基本的技术性法规，是公安机关交通管理部门新车注册登记和在用车定期检验、机动车查验、事故车检验等安全技术检验的主要技术依据，同时也是我国机动车定型强制性检验、新车出厂检验及进口机动车检验的重要技术依据之一。

国标 GB 1589 是国家标准《汽车、挂车及汽车列车外扩尺寸、轴荷及质量限值》，该标准规定了汽车、挂车及汽车列车的外廓尺寸、轴荷及质量的限值，是低速两栖车辆设计的重要参考标准。

低速两栖车辆的基本设计思路是“以车改船、以车为主”。因此，基本的设计思路是基于符合国家机动车检验检测标准，对于拥有出厂合格证的全轮驱动车辆进行合法有效改装的设计思路。

两栖车辆行业中，有个别企业为了增加低速两栖车辆有效载重，采用在玻璃钢船体上增加汽车大梁结构，改造悬架，配以相应的船体结构，以适应水上行驶要求。这种思路在技术上是可行的，但自制底盘是不合法的，在国内不能合法上路，这样就失去了两栖车辆的含义，无法被采用。

由此可见，制定水陆两栖车辆的技术标准，特别是需要建立民用车辆进行两栖改装的技术标准，是实现快速研制改装、快速批量生产适合国民经济建设和国防装备急需的各型两栖车辆极其重要的基础性工作。

两栖车辆按照上述要求进行设计与建造，必须通过船级社的认可与批准，通常是国内 CCS 船级社的认证，其认证所需要的企业资质、设计资料等材料清单参见表 3－2。

表 3－2 认证所需提供资料清单

序号	资料名称	能力认可		产品检验	
		资料要求	是否提交	资料要求	是否提交
1	工厂概况（包括工厂历史及现状）	●		☆	
2	工厂法人资格证明（如营业执照、组织机构代码证）	●		●	

表 3-2(续)

序号	资料名称	能力认可		产品检验	
		资料要求	是否提交	资料要求	是否提交
3	近三个月产品生产的合格质量水平的统计数据,和有关产品不合格的主要原因的说明	●		●	
4	主要技术管理人员与检验相关的资格或资历	●		●	
5	相关部门(包括车间、储备场所、试验室、计量室)的职责	●		☆	
6	主要工序的生产设备清单	●		●	
7	主要检测、试验设备清单	●		●	
8	标明检验和试验的全过程生产流程图和主要的工艺规程	●		●	
9	产品的验收依据	●		●	
10	为实施质量控制所规定的程序、制度	●		☆	
11	产品图纸及技术文件	●		●	
12	型式试验大纲	●		☆	
13	有关的资质证书(如生产许可证、质量管理体系证书等)	●		●	

注:● 为必须提交的资料;☆ 为可选资料。提交时打"√",未提交时打"×"。

3.1.2 总体概念设计

水上小型快速航行的装备大体有三种,即滑行艇、水翼艇与气垫船,这三类小艇的原理、性能等都不太适合改装成两栖车辆。

关于低速两栖车辆,由于其相对高速两栖车辆的体积、长度、质量要大很多,在水上的要求更接近小型船舶,如果其动力系统仍然是民用车的系统,则由于水中的阻力问题,其速度不可能很快,要比陆上低很多,如果要很高的航速则必定要提高动力系统的能力。在民用车辆改装的情况下,只能采用一些技术手段与辅助设施来减少阻力,提高航速。

设计的目的是使陆地行驶的车辆拥有水上的浮力,并且可以在水上漂浮;改造动力系统使其可以在水上进行航行;增设水上转向系统,可以控制车辆在水上行驶的方向。一切的改型设计都围绕着增加浮力、改造动力系统、解决转向系统,另外就是水上安全性设计,即保持车辆在水上不同载荷下,有一定的抗风浪能力,保证车辆及乘员、货物的安全。总体上说,低速水陆两栖车是依靠静浮力支持车体(船体)重力的机械装置,其水上运动属于"静力航行"或"排水航行"。

3.1.3　外观设计思路

车辆的外形一般为方正的轮廓,但车辆入水之后如果还采用方正的造型,会严重影响车辆在水中的行驶阻力。水陆两栖车辆的外观设计要尽量借鉴船舶的造型方案,其主体造型应兼顾体现两栖车辆水上行驶的快速感与美感,注重各个舱室空间利用效率,并与时俱进。两栖车辆水线上的外形轮廓应注重线条光顺和整体流线型配合,整体形态应表现出昂扬向前的动感效果,在具体形体的比例和各个总成分布上体现出均衡设计和稳定感。如图 3－1 所示。

图 3－1　水上两栖车型

两栖车辆除了考虑水上航行的外形需要外,车辆在入水、出水、陆地形式通过能力上还有一定的要求。两栖车辆的宽度在满足国标 GB 1589 的要求下尽量做宽,以提高排水体积从而增加浮力。

为提高水陆两栖车辆的浮力,其长度方向上应尽量做长。做长的目的有两个:一是能有效增加浮力,二是减少阻力。根据流体力学基本常识可知,两栖车辆的水上行驶阻力随航行速度的提高而猛增。阻力主要有两种,即黏性阻力与兴波阻力，两栖车辆的长度增加主要有利于减少兴波阻力。

车体与水体交界处的黏性阻力约略正比于速度的二次方，而兴波阻力约略正比于速度的六次方。一味地增加主机功率，对提升航速没有直接帮助。阻力墙在 16 ~ 18 km/h 产生，所以一般低速两栖车辆的水上速度为 10 km/h，水上最高速度一般设置在 15 km/h。

两栖车辆在高度上的设计是比较复杂的，需要综合考虑车体重心、浮心、携带不同载荷后重心的变化、水线与发动机高度、水线与乘员舱相对高度等。车辆高度设计最重要的就是重心浮心耦合设计，它关系着水陆两栖车辆的水上安全性。其设计方法就是在有限的空间内，应用虚拟设计软件设计分析，布置动力、传动、悬架、散热系统等车辆装置，反复修正各部件硬点位置，平衡重心、浮心，实现水陆两栖车辆的总体集成设计。水线与发动机高度、水线与乘员舱相对高度主要是密封的问题，在实际的两栖车辆设计过程中，应考虑密封结构的安全有效性。

车辆的接近角与离去角主要影响水陆两栖车辆登岸能力与离岸能力。旅游型、交通型的低速水陆两栖车辆的行驶路线相对固定，其入水口和出水口处可以预制一定倾斜度的水泥斜坡，斜坡深入水中 3 ~ 5 m，坡度 15° ~ 20°。两栖车辆在出入水时，可以在斜坡上行驶，这种工况下，接近角与离去角可以适当缩小，以提高车辆浮力，一般推荐接近角与离去角控制在 15°左右；而应急救灾、科学考察等应用场景的两栖车辆，因为其入水与出水位置不确定，要求车辆有一定的登岸能力，这种工况下，接近角与离去角要适当做大，以提高车辆通过能力，一般将接近角与离去角控制在 25°左右，部分特种需求的两栖车辆，其接近角与离去角甚至要到 35°，接近角与离去角的提升会导致车辆在长度方向上无法有效加长，最大的坏处就是减少了车辆的有效浮力，降低了车辆水上承载能力。

3.1.4　总体设计与分析

进入 21 世纪，随着世界格局的稳定，水陆两栖车辆的主要应用也从军事装备逐渐转变为民用救灾抢险和大众生活娱乐设施。人们既追求各种情境的适用性，也追求其美观、性能、舒适与经济性。我国早期车辆，以逆向开发为主，通常是选定一款成熟的对标车辆，部分借鉴国外成熟水陆两栖车辆经验，形成了我国的轮式水陆两栖车辆总体设计思路。

具备代表性的车型为北京汽车制造有限公司在 BJ2032S 底盘的基础上进行

改装形成的水陆两栖运输车(图3-2),该车型搭载2.8 t柴油发动机,前置排气管、发动机冷却风扇,车尾配置水轴承控制四片式叶轮。该车的主要性能参数如表3-3所示。

(a)

(b)

图3-2 北汽制造水陆两栖车

表3-3 北汽制造水陆两栖车主要性能参数

长×宽×高/mm	4 630×1 830×2 150	发动机型号	JE493ZLQ4CB
轴距/mm	2750	燃油/排放	柴油
最小离地间隙/mm	205	排量/mL	2771
水中转弯直径/mm	20	额定功率/(kW·rpm^{-1})	75/3 600
接近角/离去角	42/33	最大扭矩(N·m·rpm^{-1})	220/2 000
轮胎型号	240/80R16	整备质量/kg	1 850
驱动形式	分时四驱	最大爬坡度/(°)	60
前/后制动器类型	前盘后鼓	陆地最高车速/(km·h^{-1})	90
前/后悬架	双横臂式独立悬架/变刚度钢板弹簧非独立悬架	水上最高航速/(km·h^{-1})	22

该车的总体设计阶段主要进行了如下几个方面的工作。

(1)陆地行驶传动结构,保留BJ2032S底盘动力传动结构,保留原车的发动机、手动变速箱、分动器、前后整体桥,保留板簧结构。主要目的就是降低开发费用,使两栖车型能沿用大量成熟可靠的底盘零部件。

(2)重新设计防水下车体,保留底盘零部件,在原底盘大梁基础上,在车辆的水线下部设计密封结构,把动力传动机构全部包裹进下车体内部,防止水对动力传动总成的腐蚀。在半轴输出部位,设计若干旋转密封结构,解决动密封问题。

(3)增设水上螺旋桨结构,方法是在分动箱后部增加取力器结构和传动轴,在车辆后部中央设计螺旋桨,传动轴与螺旋桨相连接,解决车辆水上动力传动的需求。由于车辆在水上行驶,水上阻力偏大,用以上的方法改装时,车辆在水上无法利用变速箱换挡,车辆的行驶速度仅能依靠油门踏板控制发动机转速,对车辆进行整体调速。在某些工况下,螺旋桨转速偏高会产生空跑现象,影响车辆在水上的最高行驶速度。

(4)车辆的水上转向机构有两种解决方法:一种方法是使用方向盘调整车辆前轮的方向,前轮与水侧切,产生横摆力矩使车辆转弯;另一种方法是在车辆螺旋桨后端增加一个辅助方向舵,利用钢丝绳、机械拉杆、电控等方案实现车辆水上转向。

(5)除了解决以上密封、传动、转向等问题外,两栖车辆在水上还要解决重心、浮心耦合的问题,这需要总布置人员参考船舶的设计要求,合理布局各个零部件位置,调整车辆在水上的重心。对于两栖车辆水上的乘客和货物载荷,也应设计合理摆放位置,防止货物或者乘客的移动而导致的两栖车辆在水上的质心位置不合理,导致水上安全事故。

总结两栖车总体设计工作包括解决车辆水上密封、水上动力传动、水上转向、水上质心浮心耦合设计等工作。

1. 总体布置设计

为了使两栖车辆水上航行的总体综合性能有大的突破,应在充分掌握原车型结构特点的基础上,参照国内外两栖车辆的技术特点,按照现有的两栖车辆国标和规范进行设计,依据项目技术要求及总布置设计理论与方法,进行总布置设计。

某两栖车辆的布置设计示意图如图 3 - 3 所示。

2. 外形与车身设计

根据总布置设计的车辆几何尺寸,结合目标船型及运载车辆功能特点,在满足相关法规要求下,符合水上航行、陆上高效机动并满足人体工程学的需要,针对两栖车辆的应用环境与技术需求,设计出合适的造型,在总结中对两栖车辆的造型设计规律进行优化。

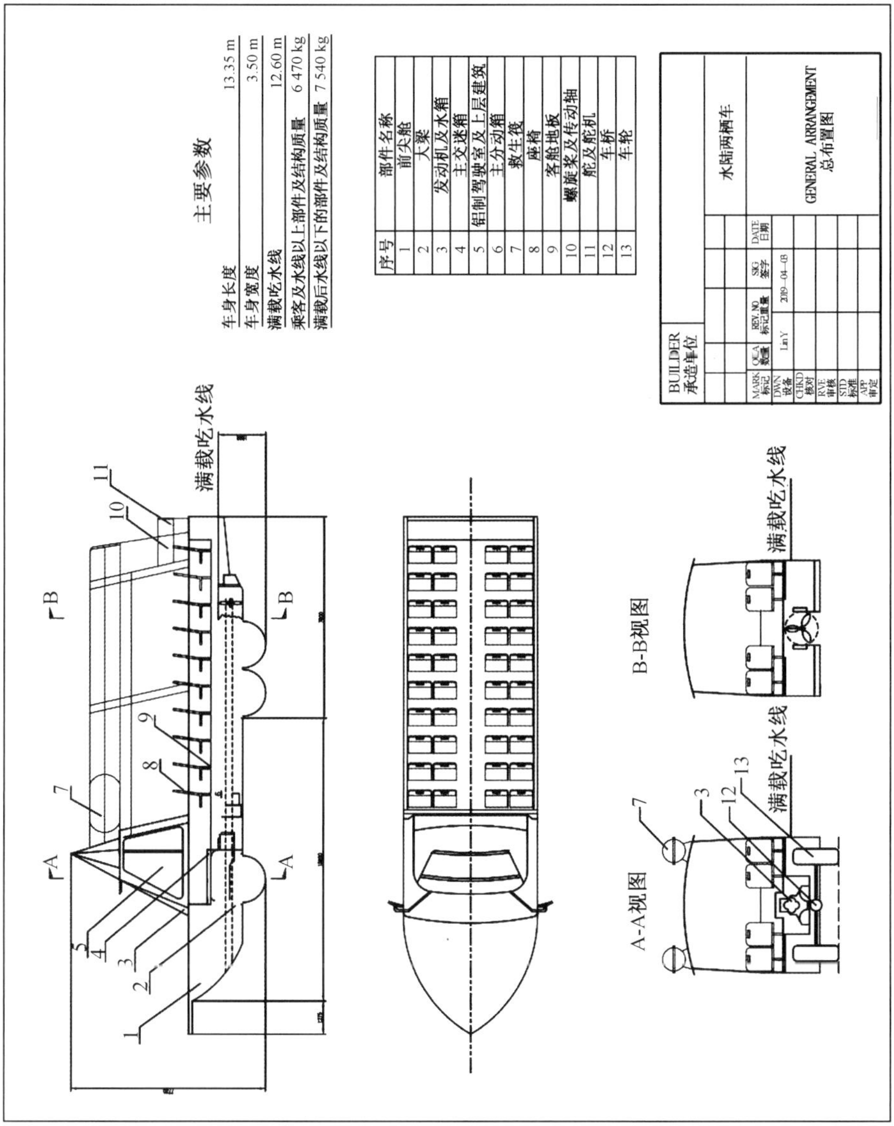

主要参数

车身长度	13.35 m
车身宽度	3.50 m
满载吃水线	12.60 m
乘客及水线以上部件及结构质量	6 470 kg
满载后水线以下的部件及结构质量	7 540 kg

序号	部件名称
1	前尖舱
2	大梁
3	发动机及水箱
4	主变速箱
5	铝制驾驶室及上层建筑
6	主分动箱
7	救生筏
8	座椅
9	客舱地板
10	螺旋桨及传动轴
11	舵及舵机
12	车桥
13	车轮

BUILDER 承造单位

水陆两栖车

GENERAL ARRANGEMENT 总布置图

MARK 标记　QUA 数量　REV. NO 标记重量　SIG 签字　DATE 日期

DWN 设备　LinY　2019-04-03

CHKD 核对

RVE 审核

STD 标准

APP 审定

满载吃水线

A-A视图

B-B视图

图3-3　两栖车辆布置设计示意图

图 3-3　两栖车布置设计示意图

必须结合工作水域自然条件和项目技术需求，充分考虑水上航行和陆上高效机动要求的融合，采用轻量化技术，并综合分析水上动力与推进系统/陆上动力传动系统，以及其他系统布置安装对车身结构的要求，对车身进行设计(图 3-4)。

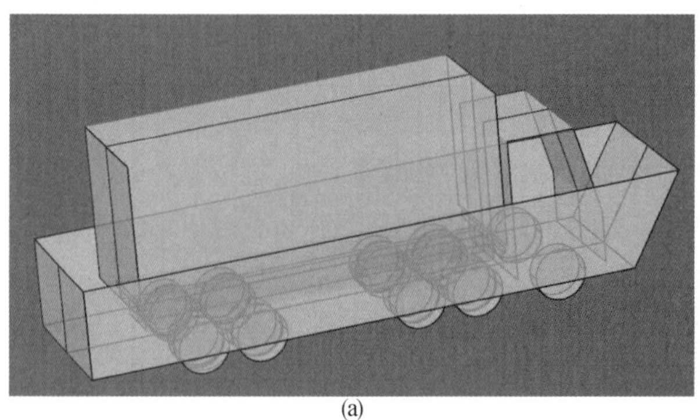

(a)

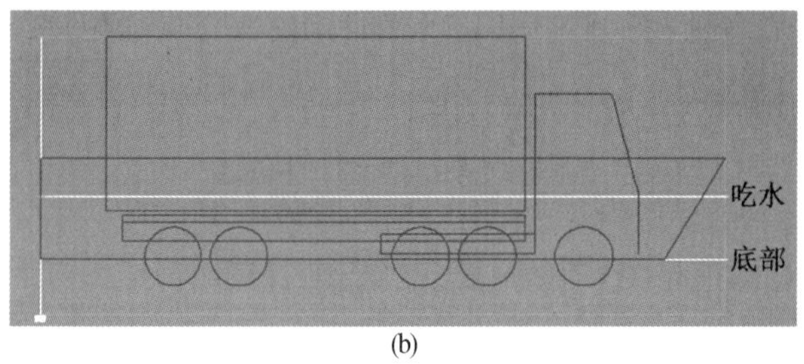

(b)

图 3－4　两栖车身设计示意图

3. 艇式车身设计技术

低速水陆两栖车:静浮力支持重力的航行称为“静力航行”或“排水航行”,阻力随航行速度的提高而猛增,如图 3－5 所示。

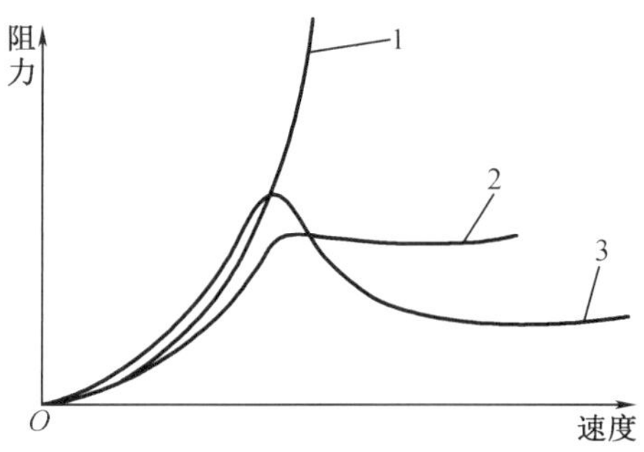

1—排水型车辆;2—滑行型车型;3—水翼型车辆。

图 3－5　不同车型的阻力－速度关系

两栖车辆在静止时或低速航行时,净浮力＝重力。

(1)随着航速的提高,动浮力的相对密度越来越大,使车辆逐渐从水中抬起,相应的静浮力的相对密度减小；

（2）越过阻力峰，直至动浮力成为主要升力达到平衡状态，两栖车辆就进入高速滑行状态。

4. 两栖车辆形体优化数值模拟

针对两栖车辆水上行驶时，车体包络线对黏性阻力的影响问题，基于 RANS 方程，结合 $k-\varepsilon$ 湍流模型，利用“刚盖”假定，不计兴波阻力及来流湍流度的影响，进行了某两栖车辆车体模型静水航行的数值模拟。分析了车体在特定速度下，车体包络线的局部改变对黏压阻力系数和摩擦阻力系数的影响。通过分析对比模拟结果，提出了对车体局部细节的优化意见。

（1）计算方法

在计算中，航速统一采用 $u_\infty = 5.778$ km/h，根据兴波阻力相似定律（傅汝德定律）：

$$\frac{V_{\mathrm{m}}}{(gL_{\mathrm{m}})^{1/2}} = \frac{V_{\mathrm{s}}}{(gL_{\mathrm{s}})^{1/2}}$$

式中，下标 m、s 分别表示车模与实车。

全场湍流计算在 FLUENT 软件中进行，网格布置及物理边界条件设置如图 3 - 6 所示。

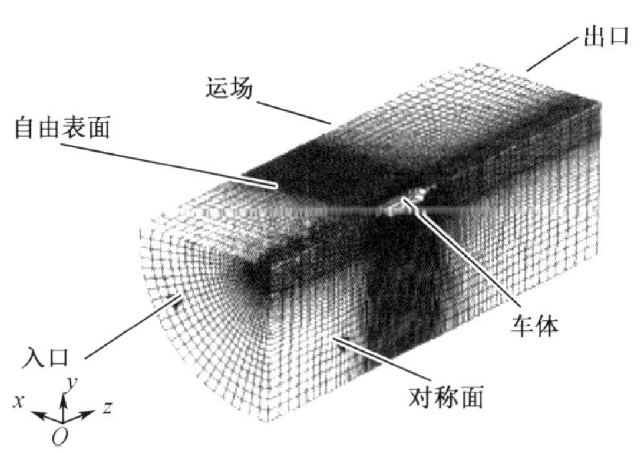

图 3 - 6　全场网格布置流场物理边界

全场形状为 1/4 圆柱体，中心轴线是水线面与中纵剖面的交线，车长为 L，圆柱半径为 $8L$，车首至入口距离为 $2L$，车尾至出口距离为 $5L$，圆柱底面半径为 11 倍车体吃水深。本书采用在物面附近使用半结构网格（三棱柱网格）模拟边界层，然后由非结构网格过渡到外场的结构网格的方案进行流场计算区域的离散。

按照网格形式将流场分为2块。第1块是沿车长方向距车体前后各0.2L,沿车体法向距车体0.5L的1/4圆柱,中心轴线是水线面与中纵剖面的交线,圆柱高1.4L,圆柱底面半径为2倍车体吃水深。第2块是剩余区域。全场共约40万个网格单元。

边界条件设置如下。

入口:满足一类边界条件(Dirchlet条件),其中用到的湍流强度通常由试验测定,由于是计算静水中的情况,所以认为来流基本无扰动,此时湍流强度参照有关资料取为0.01%。

出口:第二类边界条件,满足$\frac{\partial \Phi}{\partial n}=0$。

固壁:使用壁面函数法处理近壁湍流,将研究对象做光滑车体处理,数值计算时并未考虑粗糙度。

对称面:混合边界条件,满足$\frac{\partial \Phi}{\partial n}=0$, $u_n=0$。

远场:各物理量与无穷远处相同,按入口边界处理,参数与入口处相同。

自由表面:定义为“刚盖”,满足法向速度为0,同时k、ε的法向梯度也为0。可见“刚盖”满足的条件与对称面满足的条件基本相同,本书将自由表面按对称面处理。

计算采用有限体积法离散控制方程,控制方程中的对流项使用二阶迎风格式,扩散项和源项使用中心差分格式。高斯-赛德尔法结合代数多重网格法迭代计算离散后的方程组。由于使用不可压缩流体,连续性方程中没有压力项,使用SIMPLE法处理压力速度耦合问题,时间步进使用改进的欧拉法。

(2)影响快速性的形状因数

①车首形状的影响

a.车首导流角采用倒角过渡的影响

在计算中发现黏性阻力占总阻力的绝大部分,它的大小与车体首尾形状有直接关系。现以某两栖车模型为例, 分析车首的导流角度对黏压阻力产生的作用。在保证A处角度β不变的前提下,修改B处导流角α的值进行计算,如图3-7至图3-9所示。

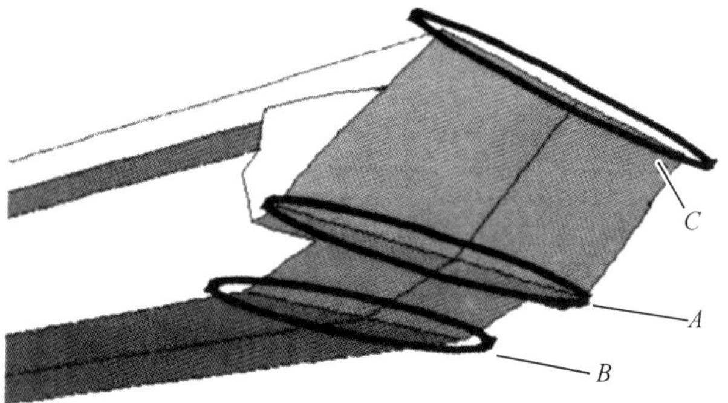

图 3-7　车首过渡位置示意图

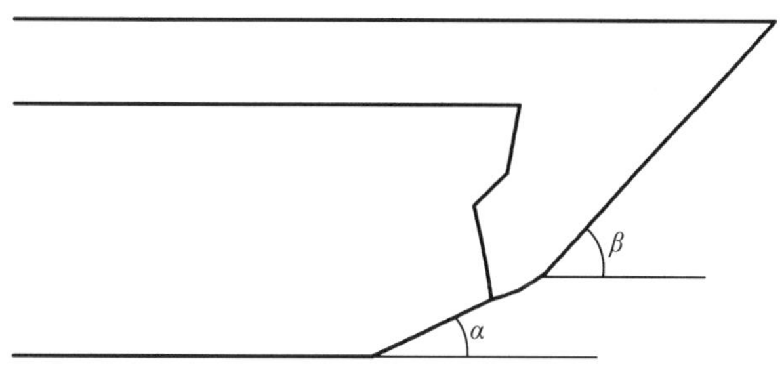

图 3-8　车首导流角定义示意图

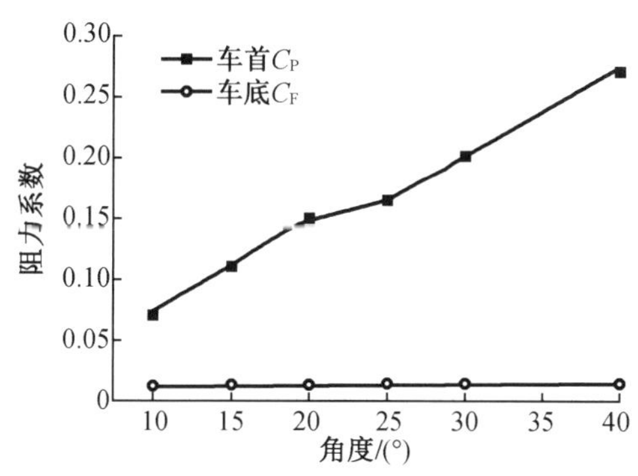

图 3-9　α 变化后的阻力系数计算结果

很明显,车首倾角对黏性阻力有着决定性的影响。B 处导流角在 10°~40° 范围内变化时,黏压阻力系数几乎呈线性变化。车底摩擦阻力几乎不受 B 处导流角的影响,但仍有细微变化且趋势与黏压阻力相同。计算结果说明减小车首倾角有利于减小车体阻力。

在保证 A、B 处角度不变的前提下，改变 A 的垂向位置，计算结果列于表 3－4。

表 3－4　A 处垂向位置调整后车首压阻力结果

A 处的垂向位置	位置 1	位置 2	位置 3
压阻力系数 C_P	0.150	0.114	0.089

其中位置 1 是原始位置，距车底的垂向高度为 h；位置 2 距车底 $2h$；位置 3 距车底 $3h$。表 3－4 表明降阻效果明显，这是由 A 处过渡角的特点引起的，无论 A 的垂向位置如何，来流经过 A 后速度增大，压力下降，在 A 下方的车首上形成负压区。随着 A 处垂向位置的提升，正压区逐渐缩小，负压区逐渐增大，利于降低阻力。

b. 车首采用圆角过渡的影响

当 B、C 两处角度不变时影响车体首部压阻力的主要是车首的过渡情况。在保证 B、C 两处角度不变的前提下，修改 A 处为圆角，结果列于表 3－5。

表 3－5　A 处圆角化后车首压阻力结果

A 处圆角的半径/m	原始形状	0.5	1	2
压阻力系数 C_P	0.150	0.141	0.138	0.133

可以看到圆角化后的车首压阻呈下降趋势，且随着圆角半径的增大而逐渐增大。这说明保证 A 处有良好的流线形，有助于减小压阻力。

同时计算证明 B 处的圆角化对车首压阻并无影响，但是因为 B 位于车首和车底的结合部，直接影响到车底开始部分的速度分布，因此会对车底的摩擦阻力造成影响。根据平板边界层理论，将导致边界层提前分离，增大摩擦阻力，修改 B 处为圆角。结果列于表 3－6。

表 3－6　B 处圆角化后车底摩擦阻力结果表

B 处圆角的半径/m	原始形状	0.2	0.3	0.4
摩擦阻力系数 C_l	0.003 19	0.003 24	0.003 21	0.003 24

可以看到 B 处的圆角化无助于减小车底的摩擦阻力，相反却有一定增加阻力的趋势。

c. 车首入流角

在车首的压力分布可知，整个车首的上部区域压力基本相等而且很大，这是因为车首的入流角基本为 90°。这里将车首的入流角改变，仍旧在 $u_\infty = 5.778$ km/h 下分析其对车首压力分布和阻力的影响。图 3－10 是车首仰视图。

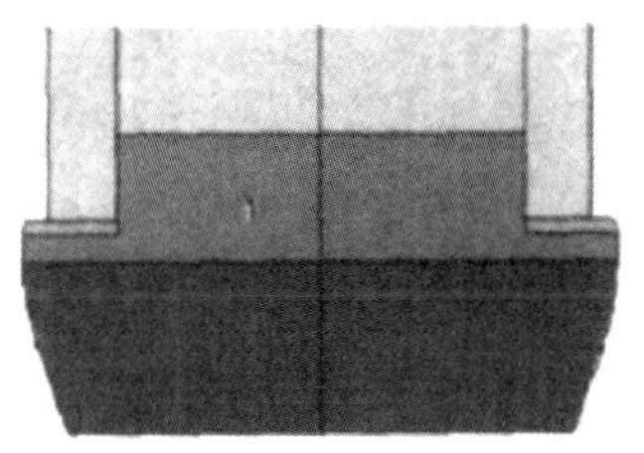

(a)入流角改变前

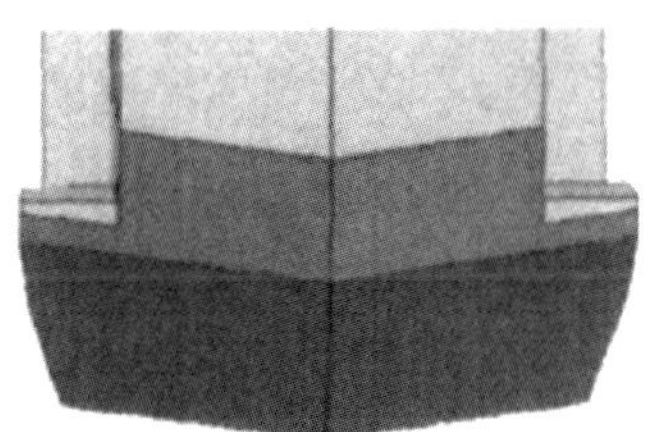

(b)入流角改变后

图 3－10　车首仰视图

表 3－7 显示了改变前后的车首黏压阻力的结果，可以看出，降阻效果明显，降阻幅度达到 17%。

表 3－7　车首压阻力结果表

入流角/(°)	90	100
黏压阻力系数 C_P	0.150	0.124

图 3－11 显示了改变前后车首的压力分布情况。说明改变入流角后高压区域集中于车首的尖形突出部，而不再是均布于整个车首的上部区域，因而利于降低阻力。

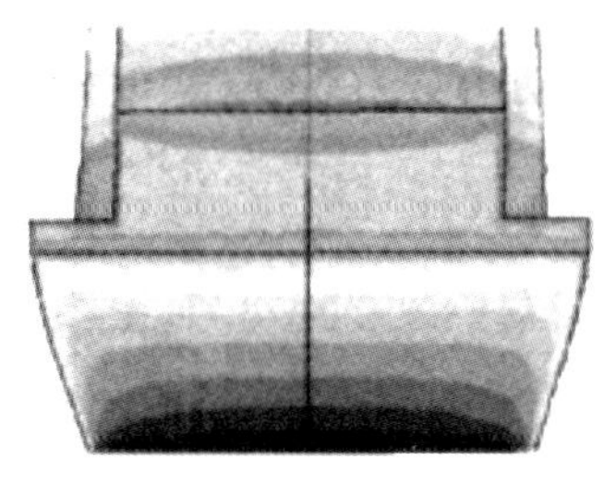

(a)入流角改变前

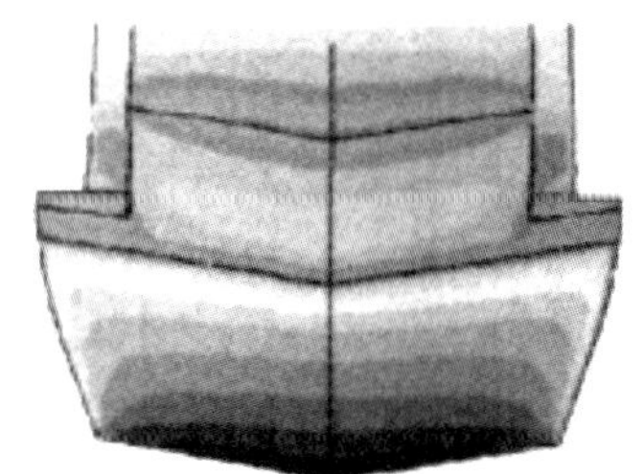

(b)入流角改变后

图 3－11　车首压力分布仰视图

②车尾形状的影响

a. 车尾导流角采用倒角过渡的影响

这里分析车尾的导流角度对黏压阻力产生的作用。如图 3-12 至图 3-14 所示。在保证 D 处导流角 γ 不变的前提下,修改 E 处导流角 θ 的大小进行计算。

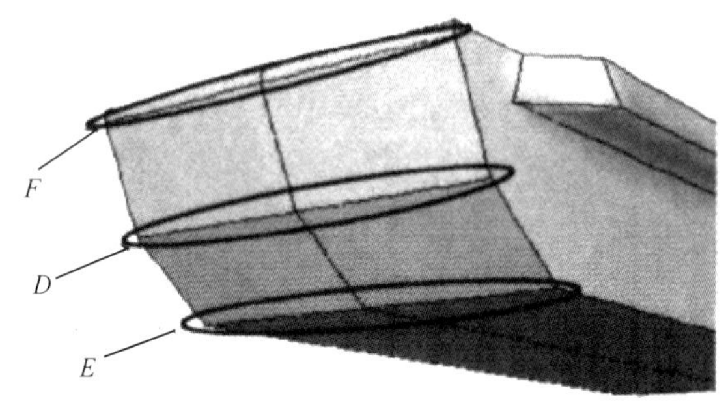

图 3-12　车尾过渡位置示意图

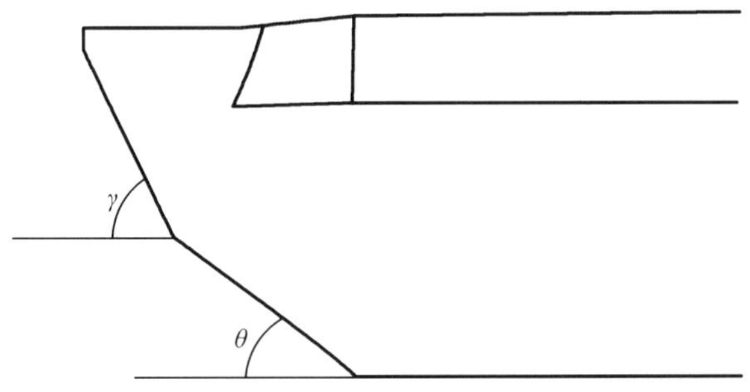

图 3-13　车尾导流角示意图

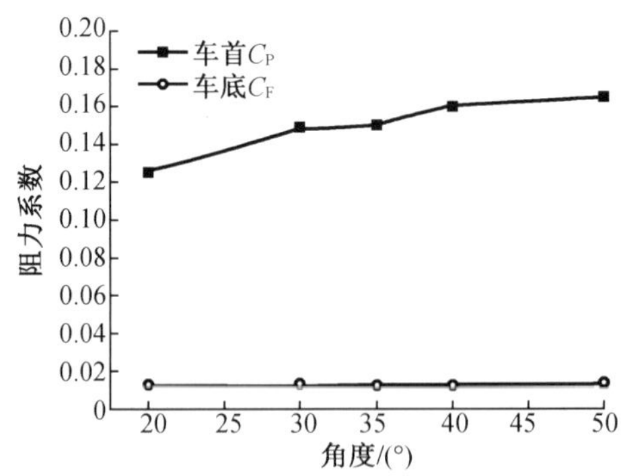

图 3-14　θ 变化后的阻力系数计算结果

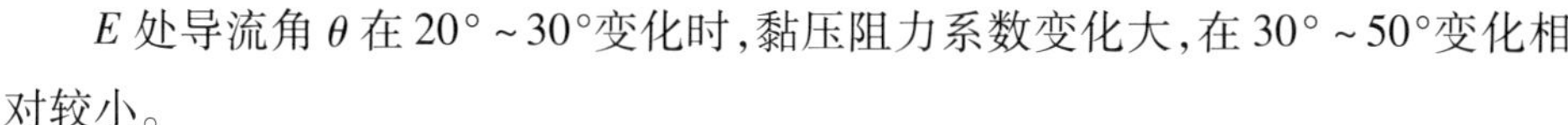

E 处导流角 θ 在 20°～30°变化时，黏压阻力系数变化大，在 30°～50°变化相对较小。

车底摩擦阻力几乎不受 E 处导流角的影响。计算结果说明，减小车尾倾角有利于减小车体阻力。

在保证 D、E 处角度不变的前提下，改变 D 的垂向位置，计算结果列于表 3－8。

表 3－8 D 处垂向位置调整后车尾压阻力结果表

D 处的垂向位置	位置 1	位置 2	位置 3
压阻力系数 C_p	0.185	0.148	0.150

其中位置 1 是原始位置，距车底的垂向高度为 h；位置 2 距车底 0.5h；位置 3 距车底 2h。表 3－8 表明降低 D 的垂向位置会使压阻增大。

b. 车尾采用圆角过渡的影响

当 E、F 两处角度不变时，影响车体尾部压阻力的主要是车尾的过渡情况。在保证 E、F 两处角度不变的前提下，修改 D 处为圆角，计算结果列于表 3－9。

表 3－9 D 处圆角化后车尾压阻力结果表

D 处圆角的半径/m	原始形状	0.2	0.3	0.5
黏压阻力系数 C_p	0.148	0.179	0.171	0.174

可以看到圆角化后的车尾压阻增大，这与车首的情况不同，说明 D 处的圆角化无助于减小压阻力。

同时计算证明 E 处的圆角化对车尾压阻并无影响，但是因为 E 位于车尾和车底的结合部，直接影响到车底结束部分的速度分布，因此会对车底的摩擦阻力造成影响。修改 E 处为圆角，计算结果列于表 3－10。

表 3－10 E 处圆角化后车底摩擦阻力结果表

E 处圆角的半径/m	原始形状	0.2	0.5
摩擦阻力系数 C_f	0.003 19	0.003 28	0.003 28

可以看到 E 处的圆角化不但无助于减小车底的摩擦阻力，相反，却有一定增阻趋势。

c. 车尾侧边的影响

车尾后旋涡运动的另一个主要来源是车体侧边，因此车尾侧边的过渡也会对黏压阻力造成影响。这里将原有的直角过渡改为圆角光滑过渡，圆角半径为 0.05 m，计算结果表明，车尾黏压阻力系数由 0.148 下降为 0.109，降幅达到 26%。可见使车尾侧边变为光滑过渡有很好的降阻效果。圆角化后车尾的压力要高于原始直角过渡的情况。速度矢量图 3－15、图 3－16 反映出调整后原有的大涡变小且上移，因此由旋涡消耗的能量缩小，总压升高。

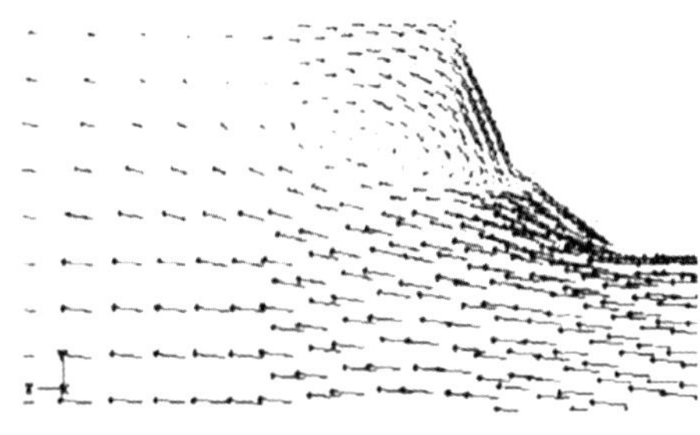

图 3－15　车尾侧边直角过渡图

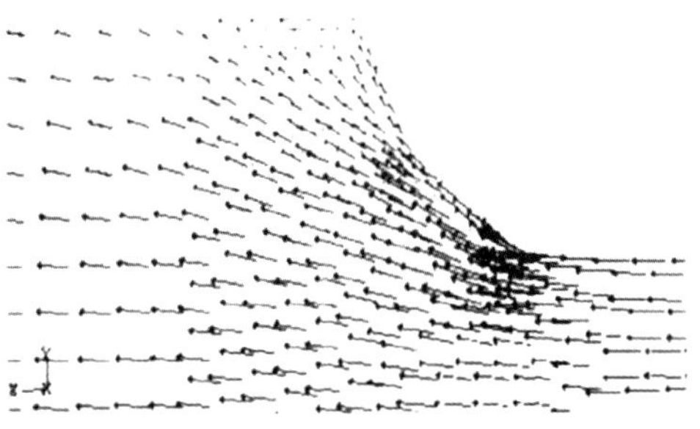

图 3－16　车尾侧边圆角光滑过渡图

由以上的模拟结果可以发现，减小车首、底部倾角有利于减小车体阻力；车首的圆角化过渡对于不同的过渡位置有不同的影响，底甲板处圆角过渡增大了摩擦阻力；增大车首入流角利于降阻，入流角仅增大 10°，车首黏压阻力就下降了 17%；减小车尾倾角有利于减小车体阻力；圆角过渡车尾无助于减小阻力，相反有一定增阻趋势；车尾侧边光滑过渡有很好的降阻效果。

文献[4]在优化模拟中只考虑了两栖车辆形体包络线对其水上行驶阻力的影响，另外行动部分、扰流装置、来流湍流度同样对两栖车水上行驶阻力有较大的影响，后期计算中可以综合考虑这些因素。

3.2　两栖车辆性能分析

3.2.1　静水力性能分析

1. 传统船舶静水力计算方法

(1) 排水量Δ,t

$$\Delta = \omega v = \omega \times 2\int_0^T A_w d_z \tag{3-1}$$

式中　ω——质量密度,淡水 1.0 t/m³;海水 1.025 t/m³;

v——排水体积,m³。

(2) 船型系数

方形系数:

$$C_B = \frac{v}{LBT} \tag{3-2}$$

菱形系数:

$$C_p = \frac{v}{A_x L} = \frac{C_B}{C_x 或 C_p} = \frac{v}{A_x L} = \frac{C_B}{C_M} \tag{3-3}$$

舯截面系数:

$$C_M = \frac{A_M}{BT} \tag{3-4}$$

式中　A_M——舯截面积。

最大横截面系数:

$$C_x = \frac{A_x}{BT}$$

式中　A_x——最大横截面积。

水线面系数:

$$C_{wp} = \frac{A_w}{BT} \tag{3-5}$$

垂向菱形系数:

$$C_{vp} = \frac{v}{A_w L} = \frac{C_B}{C_{wp}} \tag{3-6}$$

(3)横稳心半径

$$\overline{BM}=\frac{I_x}{v} \tag{3-7}$$

(4)纵稳心半径

$$\frac{\overline{BM}_L=I_y}{v} \tag{3-8}$$

(5)浮心纵向及垂向位置 $L_{CB}(X_B)$ 及 Z_B

纵向(距舯):

$$L_{CB}=\frac{1}{v\int_0^T A_w X_p d_z} \tag{3-9}$$

舯前为正 。

垂向(距基线):

$$Z_B=\frac{1}{v\int_0^T A_{wz} d_z} \tag{3-10}$$

(6)漂心距舯 X_p

$$X_p=\frac{2\int_{-L/2}^{L/2} xy d_x}{A_w}=\frac{M_y}{A_w} \tag{3-11}$$

(7)每厘米排水量吨数 TPC

$$TPC=\omega\left(\frac{A_w}{100}\right) \tag{3-12}$$

(8)每厘米纵倾力矩 MTC

$$MTC=\frac{\Delta\times\overline{GM}_L}{100L}\approx\omega\left(\frac{I_y}{100L}\right) \tag{3-13}$$

2. 静水力性能近似计算式

(1)浮心距基线高度 Z_B

$$Z_B=\alpha_1 T$$

$$\alpha_1=\frac{C_{wp}}{(C_{wp}+C_B)}$$

$$\alpha_1=0.5\left(\frac{C_{wp}}{C_B}\right)^{1/2}$$

$$\alpha_1=0.858-0.37\left(\frac{C_B}{C_{wp}}\right)$$

$$\alpha_1 = \frac{(5C_{wp} - 2C_B)}{6C_{wp}} \tag{3-14}$$

(2)横稳心半径

$$\overline{BM} = \frac{\alpha_2 B^2}{T\ C_B} \tag{3-15}$$

式中，α_2 见图 3－17。

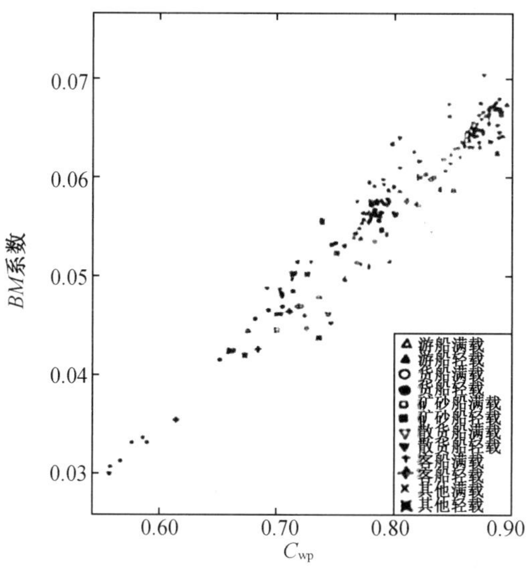

图 3－17　$C_{wp}-\overline{BM}$ 系数 α_2 图

(3)纵稳心半径

$$\overline{BM}_L = \frac{\alpha_3 L^2}{T}$$

$$\alpha_3 \approx \frac{1}{15}$$

$$\alpha_3 = \frac{{C_{wp}}^2}{14C_B}$$

$$\alpha_3 = \frac{(0.008 + 0.077{C_{wp}}^3)}{C_B}$$

$$\alpha_3 = \frac{(0.1070C_{wp} - 0.0378)}{C_B} \tag{3-16}$$

(4)每厘米纵倾力矩 MTC

$$MTC \approx \frac{7.54 \times 10^{-4} A_w^2}{B} \tag{3-17}$$

式(3－17)为假定重心与浮心重合得出,或按下式计算:

$$MTC=\frac{2.61\times10^{-4}\Delta L}{T^{1/2}} \tag{3-18}$$

式(3－18)是半截情况,满载时 $MTC=1.1\ MTC'$,空载时 $MTC=0.9\ MTC'$。

$$MTC=\frac{C'\Delta L}{T} \tag{3-19}$$

丰满船型 $C'=0.000\ 72$,较瘦船型 $C'=0.000\ 94$。

(5)吃水变化时的静水力性能计算

可从已知的满载时的静水力性能近似换算出吃水变化后的静水力性能,下列各式中 0 表示原始(满载或设计吃水)状态,1 表示计算状态。

型排水体积:

$$V_1=V_0\left(\frac{T_1}{T_0}\right)^{\left(\frac{C_{wp0}}{C_{B0}}\right)} \tag{3-20}$$

吃水:

$$T_1=T_0\left(\frac{V_1}{V_0}\right)^{\left(\frac{C_{wp0}}{C_{B0}}\right)} \tag{3-21}$$

方形系数:

$$C_{B1}=C_{B0}\left(\frac{T_1}{T_0}\right)^{\left(\frac{C_{wp0}}{C_{B0}}\right)-1} \tag{3-22}$$

水线面系数:

$$C_{wp1}=C_{wp0}\left(\frac{T_1}{T_0}\right)^{\left(\frac{C_{wp0}}{C_{B0}}\right)-1} \tag{3-23}$$

利用式(3－20)至式(3－22),可以计算得到各个性能值。

3. 基于三维模型的静水力性能计算

文献[5]建立车辆的 3D 实体模型,以任意浮态下浮心的计算方法,求解水陆两栖车辆在静水平衡状态时的浮态。

(1)浮心与浮态

建立传统坐标系 $O-xyz$ 和固联于车辆的坐标系 $O'-x'y'z'$。定义基面、中纵剖面和中横剖面的交点为 O';基面与中纵剖面的交线为 x'轴,其正向由车尾指向车首;中纵剖面和中横剖面的交线为 y'轴,其正向由车指向车顶;z'轴按右手法则确定。在此基础上,规定传统坐标系 $O-xyz$ 和初始浮态下固联于车辆坐标系 $O'-x'y'z'$重合。如图 3－18(a)所示。

不考虑静水阻力，如果车辆在初始浮态下受到重力和浮力的作用线不重合，重力和浮力形成力偶矩，使车辆产生转动，最终达到平衡状态；如果重力和浮力作用线重合，这时坐标系 $O-xyz$ 和 $O'-x'y'z'$ 不再重合，如图 3－18(b)所示。

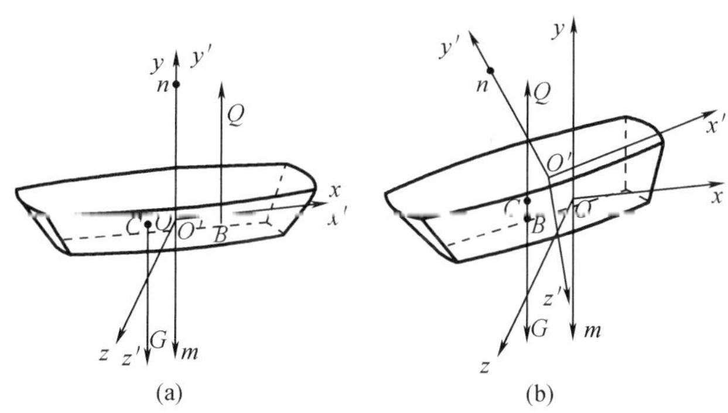

图3－18　车辆静水受力分析

一般描述浮心位置是以车辆的 3 个基准面为参考的，即 $O'-x'y'z'$ 下的坐标。而浮态一般用横倾和纵倾的角度来表示，是在传统坐标系 $O-xyz$ 中描述车辆相对于坐标平面的姿态。因此在坐标系 $O'-x'y'z'$ 中进行浮心和浮态的计算，然后再将计算结果中的浮态变换到传统坐标系 $O-xyz$ 中。

水线面始终与重力作用线垂直，因此可用重力矢量表示水线面的法向量，在坐标系 $O-xyz$ 和 $O'-x'y'z'$ 中分别记为 $\boldsymbol{m}^w$ 和 $\boldsymbol{m}^U$，设重力矢量的模为 G，则有 $\boldsymbol{m}^w=(0,-G,0)$，$\boldsymbol{m}^w$ 是不变的。浮态可以用车辆基面的法向量表示，坐标系 $O-xyz$ 和 $O'-x'y'z'$ 中分别记为 $\boldsymbol{n}^w$ 和 $\boldsymbol{n}^U$，可令 $\boldsymbol{n}^U=[0,1,0]$，$\boldsymbol{n}^U$ 是不变的。

传统坐标系 $O-xyz$ 中，车辆的每种浮态 n^w 和在 $O'-x'y'z'$ 中每种浮态下的水线面向量 $\boldsymbol{m}^U$ 一一对应。

(2)计算两栖车辆在任意浮态下的浮心

确定水线面的位置。假设某一确定浮态下对应的水线面的法向量 $\boldsymbol{m}_i^u$ 已知，并设 $\boldsymbol{m}_i^u$ 所在的直线为 L，可用二分法求解水线面在 $O'-x'y'z'$ 中的位置。

①设置浮心计算误差 $\sigma_1>0$，计算重力与浮力大小相等时，车辆排开水的体积 $V_0=m/\sigma$ 将其作为计算的目标值。

②计算车辆在直线 L 上的投影范围，如图 3－19 所示。

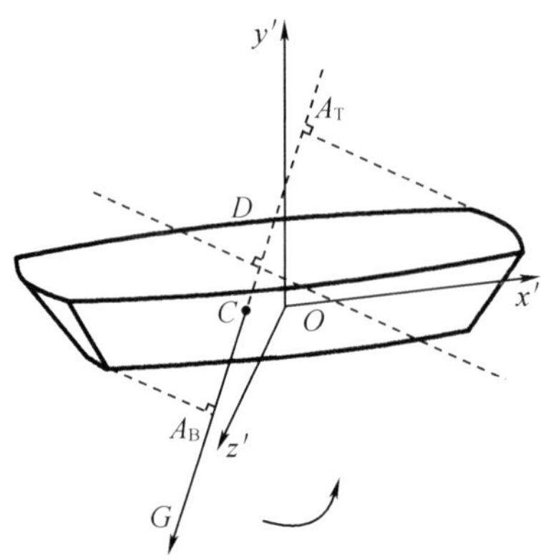

图 3-19 投影范围视图

其投影范围是一条线段，记作 A_rA_B，为迭代区间。

③取 A_rA_B 的中点 D，过 D 点做平面垂直于计算平面下车辆排开水的体积 V，求出相对误差 $e=IV-V_0I/V_0$，如果 $e \geqslant \sigma_1$，则转入第 3 步；如果 $e<\sigma_1$，这时所求的体积 V 就是满足精度要求的车辆排开水的体积，而过 D 点且垂直于 A_rA_B 的平面就是静水平面，利用 API 函数提取静水平面和水下车辆外表面围成的区域的形心，即浮心 B'（B'是浮心在坐标系 $O'-x'y'z'$下描述的点），计算结束。

④如果 $V \geqslant V_0$，则将点 D 作为新的点 A_r；如果 $V<V_0$，则将点 D 作为新的点 A_B。从而确定了新的 A_rA_B，再转入第 3 步。

(3)确定静水平衡时的浮态及浮心

①计算部序

a. 设置误差 $\sigma_2>0$，车辆的初始浮态为正浮态，对应的水线面法向量：

$$m_0{}^u=(0-G_0)$$

b. 根据确定浮态 S_i对应的水线面法向量 m_i^u，按照第 2 节中的部序，计算浮态 S_i下的浮心，记为 B_i。计算车辆受到的力矩，如图 3-20 中 $O'-x'y'z'$坐标系车辆合力矩分析所示。在坐标系 $O'-x'y'z'$中，根据浮心 B_i和重心 G 计算重力对浮心 B_i的矢量 $r_i^u=B_iC=O'C-O'B$。车辆受力矩为 $M_i=r_i^u * m_i^u$，若 $IM_iI<\sigma_2$，则认为车辆平衡，计算结束，所求浮态和浮心即静水平衡时的浮态和浮心；若 $IM_iI \geqslant \sigma_2$，则转入下一步。

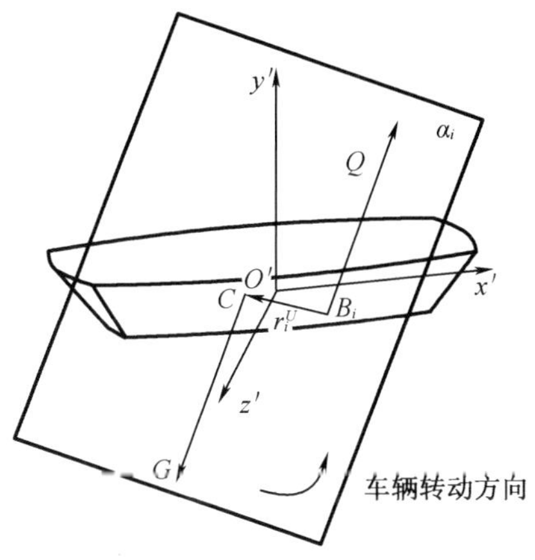

图 3－20　坐标系 $O'-x'y'z'$ 中车辆合力矩分析

c. 在传统坐标系 $O-xyz$ 中观察，车辆在 M_i 的作用下，将在重力和浮力作用线确定的平面内转动，在 $O'-x'y'z'$ 中观察，则是水线面在此平面内反方向转动，在 $O'-x'y'z'$ 中计算出重力和浮力作用线确定的平面，记为 α。令水线面的法向量在平面 α_i 内转动一个角度 θ，则 $\boldsymbol{m}_i^U$ 端的轨迹是以 m_i^U 的起点为圆心，模为半径的圆，记为圆 C。作过 $\boldsymbol{m}_i^U$ 的失端且与圆 C 相切的矢量 $\boldsymbol{GK}$，以 $\boldsymbol{GK}$ 和 $\boldsymbol{m}_i^U$ 为直角边作三角形，$\angle GCK=\theta$，计算矢量 $\boldsymbol{GK}$ 得到新的浮态下 S_{i+1} 对应的水线面法向量 $\boldsymbol{m}'^U_{i+1}$，最后将 $\boldsymbol{m}'^U_{i+1}$ 规范为与 $\boldsymbol{m}_i^U$ 的模相等的矢量，即做变换：

$$\boldsymbol{m}'^U_{i+1}=I\boldsymbol{m}_i^U I\boldsymbol{m}'^U_{i+1}/I\boldsymbol{m}'^U_{i+1}I$$

将这时重力和浮力作用线确定的平面记为 α_{i+1}，一般平面 α_i 和 α_{i+1} 是不重合的。然后进入第二步。如果步长 θ_i 选择得足够小，上述方法总是收敛的，最终可求出车辆平衡时的浮态，S_n 下对应的水线面法向量 m_n^U 及浮心 B_n。

②误差控制

在①的分析中，以车辆受到的力矩来判定车辆是否平衡。σ_2 刻画了计算得到的平衡浮态逼近实际平衡浮态的程度，但是以有量纲的参数作为误差控制的方法使计算结果变得不稳定，如果车辆的形状、尺寸或转动惯量相差较大，则以同样的 σ_2 值作为判定标准并不能得到相同精度的结果。

实际上，车辆处于平衡状态时，重力和浮力作用线重合，也就是矢量 $\boldsymbol{r}_1^U$ 和重力矢量 $\boldsymbol{m}_i^U$ 作用线的夹角 β_i 满足：$\sin\beta_i=0$，即 $\sin\beta_i$ 描述了重力和浮力作用线的共线程度，如图 3－21 所示。因此，在计算中可用 $I\sin\beta I$ 作为误差控制的参数来判定车辆是否接近平衡状态，其终止条件为 $I\sin\beta_i I<\sigma_2$。由此计算得出的浮态

与实际浮态的接近程度只和 σ_2 的大小有关，与车辆的形状、尺寸及转动惯量无关。$\sin\beta_i$ 可以按下式计算：

$$\sin\beta_i = \boldsymbol{r}_1^U / I\boldsymbol{r}_1^U I * \boldsymbol{m}_i^U / I\boldsymbol{m}_i^U I \tag{3-24}$$

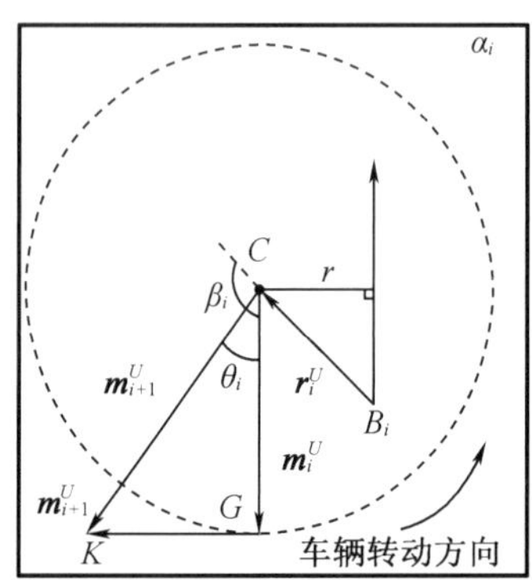

图 3-21　坐标系 $O'-x'y'z'$ 中计算新的水线面法向量

③步长选择

步长 θ_i 的选择直接影响计算的收敛速度。如何以 **GK** 同向的矢量为步长，确定怎样选择步长加快计算的收敛速度？

车辆受到合力矩的大小取决于重力和力臂，由于重力始终是不变的，因此力臂的长短决定了车辆的合力矩的大小。确定了初始浮态下车辆合力矩 $\boldsymbol{M}_0$ 的位矢 $\boldsymbol{r}_0^U$，计算力臂 r，如图 3-21 所示，将矢量 **GK** 的模变换为 r，即做运算 $T_0 = r\boldsymbol{GK}/I\boldsymbol{GK}I$，以此作为初始步长 T_0。那么△**GCK** 中 **GK** 边对的内角为 θ_0。

根据初始步长确定新的浮态 S_1，计算水线面法向量 $\boldsymbol{m}_1^U$、浮心 B_1 及合力矩 $\boldsymbol{M}_1$，确定平面 α_1，由于 α_0 和 α_1 一般不重合，因此力矩 $\boldsymbol{M}_0$ 和 $\boldsymbol{M}_1$ 不平行，如图 3-22 所示。

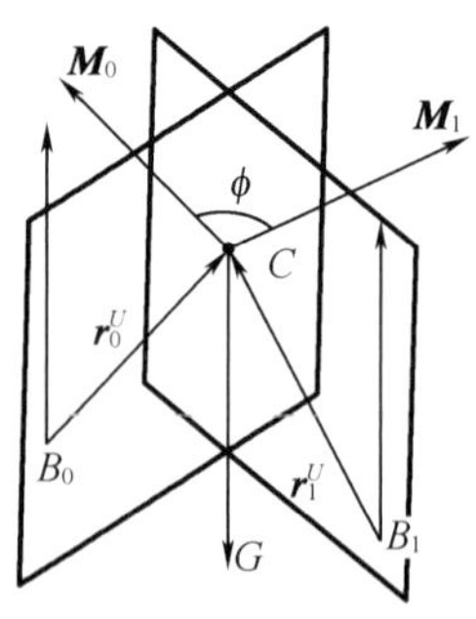

图 3-22　计算步长的确定

- 如果 $\boldsymbol{M}_0$ 和 $\boldsymbol{M}_1$ 的夹角 ϕ 为锐角，车辆从 S_0 转动到 S_1 与车辆从 S_1 转动到 S_2 的方向大致相同，车辆在接近平衡位置，可令 $IT_1I = IT_0I$，T_1 的方向由 $\boldsymbol{GK}$ 确定。
- 如果 $\boldsymbol{M}_0$ 和 $\boldsymbol{M}_1$ 的夹角 ϕ 为钝角，车辆从 S_0 转动到 S_1 与车辆从 S_1 转动到 S_2 的方向大致相反，在此过程中，车辆先是接近平衡位置，然后远离平衡位置，表明初始步长 T_0 较大，可令 $IT_1I = 0.5IT_0I$，T_1 方向由 $\boldsymbol{GK}$ 确定。

对于任意的 $T_i(i>0)$ 均可按上述方法确定 IT_iI。一般的表达为

- 如果 $M_i>0$，ϕ 为锐角，$IT_iI = IT_{i-1}I$；
- 如果 $M_i\leqslant 0$，ϕ 为钝角，$IT_iI = 0.5IT_{i-1}I$；

上述计算静水平衡时的浮态及浮心的流程如图 3－23 所示。

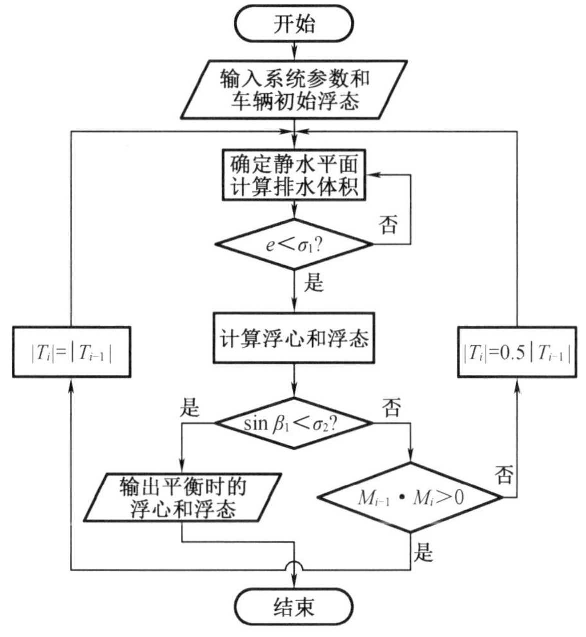

图 3－23　计算程序流程图

采用变步长 T_i 计算，可使收敛速度加快，快速计算出车辆在静水平衡浮态 S_n 下对应的水线面法向量 $\boldsymbol{m}_n^U$ 及浮心 B_n。计算结果中浮心 B_n 的描述符合一般的描述方法，而水线面法向量 m_n^U 需要转换成对应的浮态，即在传统坐标系 $O-xyz$ 下描述。在传统坐标系 $O-xyz$ 中，水线面法向量 $\boldsymbol{m}^w$ 始终不变，即

$\boldsymbol{m}_n^w$ 在坐标系 $O'-z'y'z'$ 中始终不变，即

$\boldsymbol{n}_n^U=[0,1,0]$。设从坐标系 $O'-z'y'z'$ 到 $O-xyz$ 的坐标变换矩阵为 $\boldsymbol{A}$，则

$\boldsymbol{A}=\boldsymbol{n}_n^U$。如图 3－24 所示，根据 $\boldsymbol{n}^w$ 计算出车辆的纵倾角 $\boldsymbol{\Psi}_x$ 和横倾角 $\boldsymbol{\Psi}_z$。

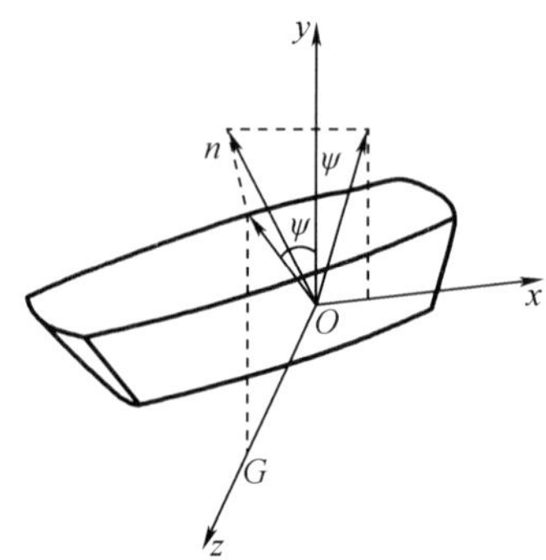

图 3－24　浮态计算

文献[5]利用 Solid Works 建立两栖车辆的三维实体模型，应用其 API 函数进行二次开发，计算车辆在静水平衡时的浮态和浮心，得出较为准确的静水性能计算结果，而且速度更快，便于多方案的快速比较和决策，可以为两栖车辆以及船舶的设计提供技术支持，还可以拓展两栖车辆稳性理论分析的研究方法。

3.2.2　阻力分析

1. 简述

船体水阻力的主要成分的相关公式如下。

总阻力：

$$R_T=R_v+R_w \tag{3-22}$$

式中，R_v 为黏性阻力。

$$R_v=R_p+R_{pv} \tag{3-23}$$

式中，R_w 为兴波阻力；R_p 为摩擦阻力；R_{pv} 为黏性压阻力。

在试验分析及设计计算中常用：

$$R_T=R_p+R_R \tag{3-24}$$

即将黏性压阻力 R_{pv} 计入剩余阻力 R_R 中。

或

$$R_T=R_p(1+k)+R_R \tag{3-25}$$

即与不发生界层分离时“$R_{pv}/R_p=$常数”的理论相一致。

利用摩擦阻力系数 C_{po} 计算实船的 R_p 时，需加上粗糙度补贴 ΔC_p，实质上 ΔC_p 还包括了其他尺度效应在内，故应该用 $R_p = R_{po} + R_A$，即 $C_p = C_{po} + C_A$，C_A 为船模与实船换算的阻力增值系数；为了利用现有资料，实际上仍然多用 ΔC_p 计算。有的资料也把附属体阻力计入 ΔC_p 中。

为了计算方便，有文献中列出了航速以节计的一些因次计算式，其中包括一些用于表达同型船阻力的系数（C_{TL} 及海军系数 C 等）。

C_{TL} 可转换成其他形式，如 $RL/\Delta V^2$。

2. 水上阻力性能数值计算

理论上，任何物体在流体中的绕流阻力模型都可以化为一组偏微分方程，这些偏微分方程可通过流场网格划分，采用数值计算方法求解。计算流体力学 CFD 就是通过计算机数值计算和图像显示，对包含流体流动和热传导等相关物理现象的系统所做的分析，CFD 的快速发展代替了经典力学中的近似计算方法和图解法。

文献[6]基于流体力学即船舶力学的基础知识，采用了 Navier—Stokes 方程（N－S 方程）的数值计算方法，结合 $k-\varepsilon$ 模型，对两栖车辆在不同航行速度条件下进行了黏性流场数值模拟，获得了摩擦阻力、剩余阻力和实车阻力系数，从而计算总阻力，并与试验结果进行比较，验证了计算方法的可靠性。

（1）计算方法

快速性是两栖车辆诸性能中的重要性能之一，对两栖车辆而言，快速性与提高战斗力、生存能力密切相关，是两栖车辆设计中的关键技术之一。快速性包括阻力和推进两方面，减少航行中的阻力对快速性具有重要意义。

长期以来，两栖车辆阻力的确定都停留在水池模型阻力试验的基础上，不但耗费大量的人力、物力，而且对车辆周围的流场不能精确描述。因此，在两栖车辆的设计阶段，采用 CFD 的方法无疑是比较理想的选择。

两栖车辆与船舶构型差别显著，其特点是长宽比小，车辆的负重轮、履带等行动装置导致形状不规则。因此，船舶理论中有关航行阻力的分析方法对两栖车辆的适用性及在两栖车辆的航行总阻力中，其航行阻力的构成比例和量值也与船舶很不相同。

两栖车辆的航行阻力主要由摩擦阻力、形状阻力和兴波阻力组成，摩擦阻力与水的黏性有关；形状阻力与水的黏性和水的压力有关；兴波阻力与航速有关。对于水池试验的拖模来讲，要让它和实车同时满足雷诺数和傅汝德数相等也是不能实现的。因此，只能在保证傅汝德数相等的情况下进行试验。为了能从拖模试验结果中求得实际的阻力，傅汝德做了如下假定。

假定两栖车辆的航行阻力分为两部分，一部分是摩擦阻力，可以按 1957 年 ITTC 相当平板公式计算，只与雷诺数有关；另一部分称为剩余阻力（包括兴波阻力和形状阻力），符合傅汝德相似准则，即对应的无因次阻力系数相等，只与傅汝德数有关。

两栖车辆采用换算的总阻力以下述形式表达。

剩余阻力系数

$$C_{\mathrm{r}} = C_{\mathrm{tm}} - C_{\mathrm{fm}} \tag{3-26}$$

实车阻力系数

$$C_{\mathrm{ts}} = C_{\mathrm{fs}} + C_{\mathrm{r}} + \Delta C_{\mathrm{F}} \tag{3-27}$$

总阻力

$$F_{\mathrm{ts}} = C_{\mathrm{ts}} \times (\rho^{S} v^{2}/2) \tag{3-28}$$

式中 C_{ts}——实车总阻力系数；

C_{fs}——实车摩擦阻力系数；

C_{r}——剩余阻力系数；

ΔC_{F}——模型与实车之间阻力换算的补偿值，一般取 0.004；

C_{tm}——拖模总阻力系数；

C_{fm}——拖模摩擦阻力系数；

F_{ts}——实车总阻力；

ρ——水密度；

S——湿表面积；

v——航速。

这样通过 CFD 数值模拟可以计算出模型的剩余阻力，从而求得剩余阻力系数 C_{r}，通过相应的经验公式可以得出 C_{fs}，进而求得总阻力系数 C_{ts}，利用阻力系数和阻力的关系可计算出总阻力。

（2）数学模型

①控制方程

不可压缩流体连续性方程和 N－S 方程：

$$\frac{\partial u_i}{\partial x_i} = 0$$

$$\rho \frac{\partial(u_i u_j)}{\partial x_j} = -\frac{\partial P}{\partial x_i} + \rho g_i + \rho \frac{\partial}{\partial x_j}\left[\nu\left(\frac{\partial u_i}{\partial x_j} + \frac{\partial u_j}{\partial x_i}\right)\right] - \frac{\partial(\rho\, \overline{u_i' u_j'})}{\partial x_j} \tag{3-29}$$

式中　u_i、u_j——速度分量时均值（$i=1,2,3;j=1,2,3$）；

P——压力时均值；

ρ——流体密度；

ν——流体黏性系数；

g_i——重力加速度分量；

$\rho\,\overline{u_i'u_j'}$——雷诺应力项。

自由面的波动是采用 VOF 的方法来追踪的，其方程可写为

$$\frac{\partial a_{ij}}{\partial t}+\frac{\partial(u_i a_{ij})}{\partial x_i}=0\quad(q=1,2)\tag{3-30}$$

②湍流模型

对两栖车辆航行阻力的计算采用 $k-\varepsilon$ 湍流模型。其湍流动能 k 方程为

$$\frac{\partial}{\partial t}(\rho k)+\frac{\partial}{\partial x_i}(\rho k u_i)=\frac{\partial}{\partial x_j}\left[\left(\mu+\frac{\mu_i}{\sigma_k}\right)\frac{\partial k}{\partial x_j}\right]+C_{\mathrm{k}}+C_{\mathrm{b}}-\rho\varepsilon-Y_{\mathrm{M}}+S_{\mathrm{k}}\tag{3-31}$$

湍流耗散率 ε 方程为

$$\frac{\partial}{\partial t}(\rho k)+\frac{\partial}{\partial x_i}(\rho\varepsilon u_i)=\frac{\partial}{\partial x_j}\left[\left(\mu+\frac{\mu_i}{\sigma_\varepsilon}\right)\frac{\partial k}{\partial x_j}\right]+C_{1\varepsilon}\frac{\varepsilon}{k}(G_{\mathrm{k}}+C_{3\varepsilon}G_{\mathrm{b}})-G_{2\varepsilon}\rho\frac{\varepsilon^2}{k}+S_\varepsilon\tag{3-32}$$

式中　G_{k}——由于平均速度梯度引起的湍动能产生；

G_{b}——由于浮力影响引起的湍动能产生；

Y_{M}——可压缩湍流脉动膨胀对总的耗散率的影响；

μ_{t}——湍流黏性系数，作为常数，$C_{1\varepsilon}=1.44$，$C_{2\varepsilon}=1.92$，$C_{3\varepsilon}=0.99$。

③边界条件

这是一个气液两相流动问题，由于两栖车辆上部为空气、下部为水，在航行过程中必然引起水与空气之间的相互作用，并产生波浪。波浪理论大致可分为线性波和非线性波两类。在实际海况中，波浪的波高相对于波长（或相对于水深）一般是有限的，在这种有限振幅波中，波动的自由水面引起的非线性影响必须加以考虑，因此，对于实际海洋中的波浪进行研究需要基于非线性波理论。采用二阶 Stokes 波浪，入射边界处的速度满足以下条件。

x 方向速度：

$$u=\frac{\pi H}{T}\frac{\cosh ks}{\sinh ks}\cos\theta+\frac{3}{4}\frac{\pi H}{T}\left(\frac{\pi H}{L}\right)\frac{\cosh 2ks}{\sinh^4 ks}\cosh 2\theta\tag{3-33}$$

y 方向速度：

$$v=\frac{\pi H}{T}\frac{\sinh ks}{\sinh kd}\sin\theta+\frac{3}{4}\frac{\pi H}{T}\left(\frac{\pi H}{L}\right)\frac{\sinh 2ks}{\sinh^4 kd}\sinh 2\theta \tag{3-34}$$

式中 H——波高；

θ——相位角；

L——波长；

k——波数；

d——不计及波面的水深；

s——计及波面的水深；

T——周期。

本书利用 UDF 技术将其作为入射边界条件耦合到计算方程中，从而实现非定常波浪模拟。

此计算域的边界条件分为入口、出口及壁面等，在来流方向的入口边界上给定来流速度、空气和水的体积分数；出口边界远离两栖车辆且流动已达到稳定状态；将与来流方向平行的远方边界设为自由出流边界；考虑到黏性的影响，将车辆表面定义为不可滑移壁面；将计算域底部设为固定边界。

④数值计算方法

采用有限体积法离散动量方程。对流项采用二阶迎风差分格式，扩散项采用中心差分格式，压力速度耦合采用 SIMPLE 算法。

(3)计算某两栖车辆

①两栖车辆的拖模试验

试验在某大学船模试验水池进行，水池长 160 m、宽 7 m、水深 3.7 m；拖车为空腹梁结构，速度范围 0.01 ~ 8 m/s。供试模型采用钢质模型，全部用 2 mm 优质冷轧钢板焊接制成，模型缩尺比为 1:4。模型经过防锈处理，加装防浪板及导航板等附件。模型试验的数据如图 3 - 25 所示。

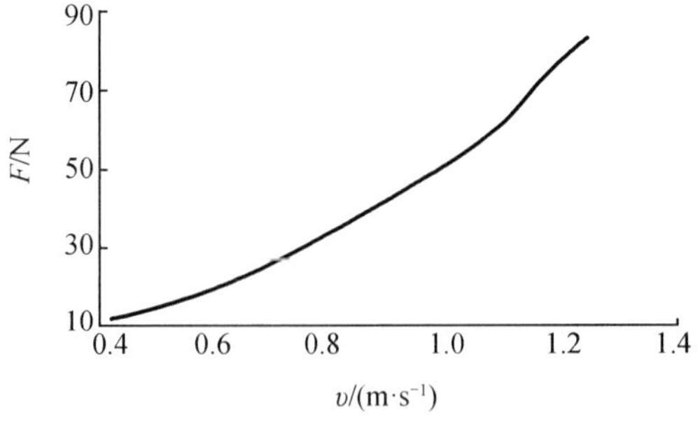

图 3 - 25　模型试验的阻力曲线

②计算模型建立

实践证明，同结构网格相比，非结构化网格更适合于复杂区域的网格划分，其随机的数据结构更易于作网格自适应，以便更好地捕获流场的物理特性，因此，计算的模型均采用非结构化网格。计算采用的计算模型与模型一致，数值计算流场的长度、宽度和水深分别为 160 m、7 m、3.7 m（参照了模型试验所在水池的尺寸），图 3－26 为两栖车辆模型示意图。为了简化问题，轮胎用近似圆柱体代替，计算模型按左右对称处理，计算域为车前 5 倍车长，车体顶部 2 倍车长。

③计算结果

通过一系列的两栖车辆湍流黏性流理论和傅汝德二次因法计算以后，实车总阻力计算结果比较见表 3－11，表中 ΔC_F 取 0.004。图 3－27 为两栖车辆剩余阻力系数随航行速度变化曲线，图 3－28 为两栖车辆总阻力随航行速度的变化曲线。

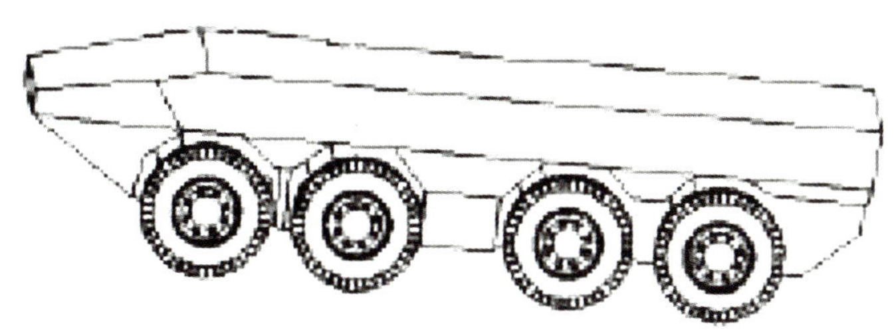

图 3－26　两栖车辆模型示意图

表 3－11　两栖车辆实车阻力计算结果表

序号	航行速度 $v/(\mathrm{m \cdot s^{-1}})$	剩余阻力系数 $C_s \times 10^{-2}$	摩擦阻力系数 $C_f \times 10^{-3}$	总阻力系数 $C=(C_s+C_f+\Delta C_F)\times 10^{-2}$	总阻力 F/kN
1	0.833	3.005	3.315	3.737	0.714
2	1.111	2.589	3.148	3.304	1.122
3	1.389	2.398	3.026	3.101	1.645
4	1.667	2.226	2.932	2.953	2.256
5	1.944	2.228	2.856	2.966	3.083
6	2.222	2.231	2.793	2.989	4.059
7	2.500	2.500	2.738	3.094	5.318

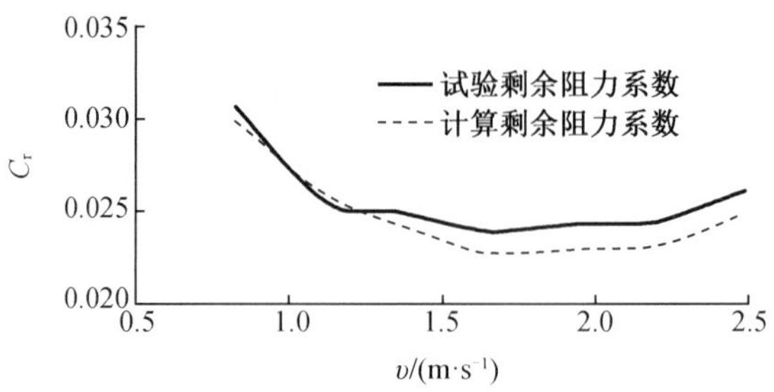

图 3-27　两栖车辆剩余阻力系数随航行速度变化曲线

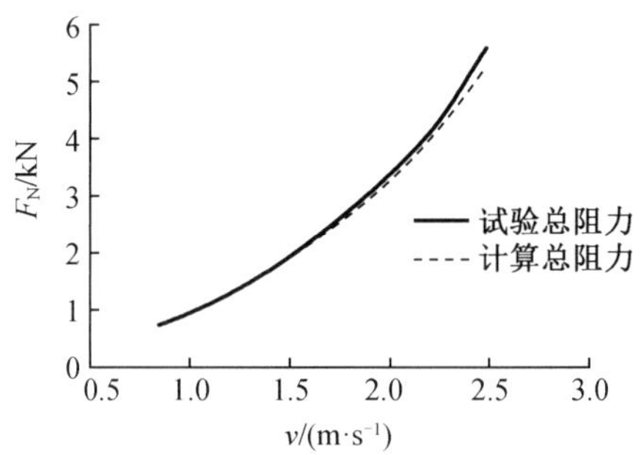

图 3-28　实车总阻力随航行速度变化曲线

利用流体力学理论对两栖车辆航行性能进行了数值模拟，从最终研究结果可以得到如下结论。

(1)在湍流黏性理论下，对于剩余阻力系数的比较而言，数值模拟下的计算值与模型试验值基本一致，特别在 $v \geq 1.667$ m/s 时，剩余阻力系数基本不随航行速度的变化而变化，当 $v < 1.667$ m/s 时，变化率较快。

(2)从图 3-28 可以看出车的水中阻力随航行速度的增大而增大。同时通过比较可以看出，计算所得的阻力曲线和试验所得曲线是较吻合的，尤其是在低航速时，计算结果和试验结果吻合得相当好，说明对两栖车辆流场进行数值计算所采用的湍流模型、计算方法和边界条件是合理的。

(3)在目前流场数值计算技术比较成熟的情况下，建议采用数值计算技术和试验技术相结合的手段对两栖车辆阻力进行预报。

3.2.3 稳性计算——某两栖车辆稳性计算范例

1. 简要叙述

利用专业软件分析某两栖车辆在漂浮状态下的完整稳定性，稳性衡准如下：

(1)初始稳性高度(GM)不小于0.2 m。(GM0.2)

(2)复原力臂GZ曲线下的面积，在横倾角等于30°时，应不小于0.055 m·rad。(AREA30)

(3)横倾角等于或大于20°处的复原力臂GZ应不小于0.2 m。(GZ0.25)

(4)最大复原力臂最好应在横倾角大于30°处，但不得小于20°处。(MAXGZ25)

(5)进水点进水角度不应小于20°。(DWNFLD20)

(6)气象衡准

$$K_f = l_d / l_w \nless 1.0 \tag{3-35}$$

式中 l_d——最小倾覆性的力臂，m；

l_w——风压倾侧力臂，m。

但是这里的风压值为104 Pa，对应目标两栖车辆的最大许可风速为13.0 m/s。(KF.A)

(7)乘客移至车辆一侧所引起的最大横倾角不应大于客船车辆甲板的浸没角和12°。(MAXHEEL)

乘客移动所引起的倾侧力矩按下式计算：

$$MP = N \times 0.075 \times (B/4)\ \mathrm{N \cdot m} \tag{3-36}$$

式中 N——乘客人数，人；

B——乘客甲板宽度，m。

目标两栖车乘载人数$N=40$人，乘客甲板宽度$B=2.6$ m，对应倾侧力矩为1.95 N·m。

2. 静水力模型

目标两栖车辆的静水稳定性计算模型如图3-29所示。部分部件，包括6个轮胎、螺旋桨和舵按等效浮力简化。模型坐标原点位于车辆中心线、浮心垂直线和基线(轮胎底部)的交会处。x轴指向船首为正，y轴指向车辆左舷为正，z轴向上为正。

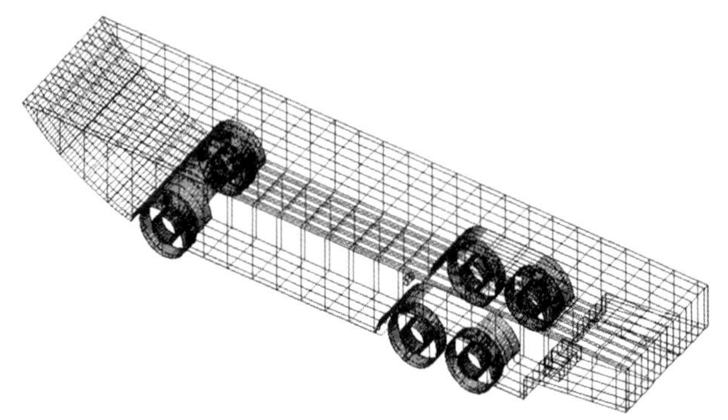

图 3－29 稳性计算模型(等距视图)

3. 风倾力矩的计算

风倾覆力矩等于风力和倾覆力臂的乘积,倾覆力臂取水下侧向面积中心到风力中心的距离。目标两栖车辆的风速轮廓线示意图如图 3－30 所示。

图 3－30 风速轮廓线示意图

(1)风力

$$F = 0.5\rho C_S C_H A V^2 \tag{3-37}$$

式中 ρ——空气密度,取值 1.266 kg/m^3;

C_S——形状系数,取值 1.0;

C_H——高度系数;

A——水线以上受风面积,m^2;

V——风速,取值 13.0 m/s。

(2)进水点

两个非保护性开口进水点位置如下:

UNOP1 (－7.3, 1.3, 1.87)

UNOP2 (5.2, 1.3, 1.87)

(3)许用 VCG 曲线(图 3－31、表 3－12)

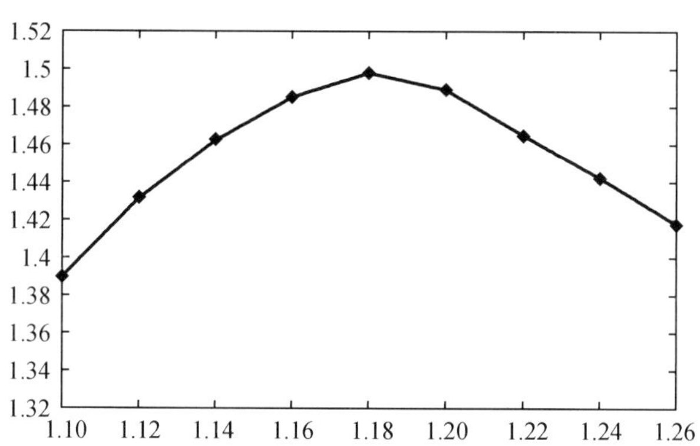

图 3－31　满足完整稳性要求的许用 VCG 曲线

表 3－12　容许 VCG 表

Draft/m	1.10	1.12	1.14	1.16	1.18	1.20	1.22	1.24	1.26
AVCG/m	1.390	1.432	1.463	1.485	1.498	1.498	1.465	1.442	1.418

(4)典型装载工况稳性检查

通过实际 VCG 与许用 VCG 的比较,验证了三种典型工况的稳性。

从表 3－13 可以看出,目标两栖车辆的完整稳性完全满足上述衡准。

表 3－13　典型工况稳性检查表

工况名	描述	排水量/t	吃水/m	VCG/m	AVCG/m	余量/m
Lightship	无乘客	10.03	1.125	1.144	1.443	0.299
HalfMan	乘客 20 人,人均质量 100 kg(包括行李),重心高度在基线以上 2 m	12.03	1.190	1.287	1.505	0.218
FullMan	乘客满员 40 人,人均质量 100 kg(包括行李),重心高度在基线以上 2 m	14.03	1.255	1.388	1.424	0.036

(5)完整稳性结果分析(表 3－14 至表 3－17,图 3－32、图 3－33)

初始加载状况:吃水 = 1.1 m、横倾 = 0.0 m、纵倾 = 0.0°、KG = 1.39 m。

表 3-14 标准表

RCR	TEXT	REQ	ATTV	UNIT	STAT
GM0.2	GM > 0.2 m	0.200	1.229	m	OK
GZ0.25	Max GZ > 0.25	0.250	0.330	m	OK
MAXGZ20	Max. GZ at an angle > 20°	20.000	37.240	°	OK
DWNFLD20	Downflooding angle over 25°	20.000	32.148	°	OK
AREA30	Area under GZ curve up to 30°	0.055	0.131	mrad	OK
KF.A	Weather Criteria Kf > 1, A Class, River	1.000	2.235		OK
MAXHEEL	Max. heel at sailing	12.000	11.991	deg	OK

表 3-15 稳性曲线

HEEL degree	GZ /m	EPHI /(rad·m)	T /m	TR /m	MOM /tm	RESFRB /m	RESUNFL /m
0.0	-0.000	0.000	1.100	0.000	0.452	0.77	0.77
1.0	0.021	-0.001	1.100	0.000	0.452	0.75	0.75
2.0	0.042	-0.001	1.099	-0.000	0.452	0.73	0.72
3.0	0.062	-0.001	1.097	-0.002	0.452	0.70	0.70
4.0	0.081	-0.000	1.094	-0.004	0.452	0.68	0.68
6.0	0.116	0.001	1.087	-0.013	0.452	0.64	0.63
8.0	0.149	0.004	1.078	-0.023	0.452	0.61	0.58
10.0	0.180	0.008	1.066	-0.035	0.452	0.57	0.53
12.0	0.210	0.013	1.052	-0.049	0.452	0.54	0.48
14.0	0.240	0.020	1.036	-0.064	0.452	0.50	0.43
16.0	0.269	0.027	1.019	-0.079	0.452	0.47	0.38
18.0	0.299	0.035	0.999	-0.095	0.452	0.43	0.33
20.0	0.330	0.044	0.978	-0.111	0.452	0.40	0.28
25.0	0.405	0.072	0.917	-0.148	0.452	0.31	0.15
30.0	0.453	0.106	0.837	-0.178	0.452	0.24	0.04
40.0	0.475	0.180	0.624	-0.230	0.452	0.11	-0.14
45.0	0.434	0.215	0.496	-0.262	0.452	0.06	-0.22
50.0	0.378	0.246	0.362	-0.285	0.452	0.01	-0.30
55.0	0.317	0.273	0.226	-0.303	0.452	-0.04	-0.37
60.0	0.251	0.293	0.091	-0.318	0.452	-0.10	-0.44

表 3 – 16　非保护性开口的溢流进水角

NAME	X/m	Y/m	Z/m	IMMA degree	IMMR/m	REDPD/m
UNOP1	-7.30	1.300	1.870	32.1	0.770	0.023
UNOP2	5.20	1.300	1.870	48.7	0.770	0.023

表 3 – 17　风瞬时总结倾力矩计算

NAME	CII	LL/m	UL/m	WPR/ (t · m^{-2})	AREA/m^2	WFZ/m	WF/t	WMOM/ (t · m)
WINDHULL	1.000	1.10	2.10	0.02	9.3	1.49	0.213	0.165
WINDHULL	1.093	2.10	2.60	0.03	9.3	1.49	0.213	0.165
WINDHULL	1.169	2.60	3.10	0.03	9.3	1.49	0.213	0.165
WINDHULL	1.240	3.10	3.60	0.03	9.3	1.49	0.213	0.165
WINDHULL	1.307	3.60	4.10	0.03	9.3	1.49	0.213	0.165
WINDHULL	1.369	4.10	4.60	0.03	9.3	1.49	0.213	0.165
WINDHULL	1.422	4.60	5.10	0.03	9.3	1.49	0.213	0.165
WINDHULL	1.471	5.10	5.60	0.03	9.3	1.49	0.213	0.165
WINDHULL	1.511	5.60	6.10	0.03	9.3	1.49	0.213	0.165
WINDHULL	1.542	6.10	6.60	0.04	9.3	1.49	0.213	0.165
WINDHULL	1.569	6.60	7.10	0.04	9.3	1.49	0.213	0.165
WINDHULL	1.587	7.10	7.60	0.04	9.3	1.49	0.213	0.165
WINDHULL	1.604	7.60	—	0.04	9.3	1.49	0.213	0.165
WINDHOUSE	1.000	1.10	2.10	0.02	10.3	1.53	0.235	0.191
WINDHOUSE	1.093	2.10	2.60	0.03	11.4	1.62	0.265	0.239
WINDHOUSE	1.169	2.60	3.10	0.03	12.4	1.73	0.292	0.296
WINDHOUSE	1.240	3.10	3.60	0.03	12.4	1.73	0.292	0.296
WINDHOUSE	3.307	3.60	4.10	0.03	13.0	1.82	0.308	0.338
WINDHOUSE	1.369	4.10	4.60	0.03	13.0	1.82	0.308	0.338
WINDHOUSE	1.422	4.60	5.10	0.03	13.0	1.82	0.308	0.338
WINDHOUSE	1.471	5.10	5.60	0.03	13.0	1.82	0.308	0.338
WINDHOUSE	1.511	5.60	6.10	0.03	13.0	1.82	0.308	0.338
WINDHOUSE	1.542	6.10	6.60	0.04	13.0	1.82	0.308	0.338

表 3-17(续)

NAME	CH	LL/m	UL/m	WPR/(t·m^{-2})	AREA/m^2	WFZ/m	WF/t	WMOM/(t·m)
WINDHOUSE	1.569	6.60	7.10	0.04	13.0	1.82	0.308	0.338
WINDHOUSE	1.587	7.10	7.60	0.04	13.0	1.82	0.308	0.338
WINDHOUSE	1.604	7.60	—	0.04	13.0	1.82	0.308	0.338
WINDFRAME	1.000	1.10	2.10	0.02	13.5	1.82	0.311	0.342
WINDFRAME	1.093	2.10	2.60	0.03	14.5	1.83	0.319	0.355
WINDFRAME	1.169	2.60	3.10	0.03	15.3	1.85	0.325	0.368
WINDFRAME	1.240	3.10	3.60	0.03	19.0	1.98	0.357	0.451
WINDFRAME	1.307	3.60	4.10	0.03	22.0	2.11	0.384	0.536
WINDFRAME	1.369	4.10	4.60	0.03	22.0	2.11	0.384	0.536
WINDFRAME	1.422	4.60	5.10	0.03	22.0	2.11	0.384	0.536
WINDFRAME	1.471	5.10	5.60	0.03	22.0	2.11	0.384	0.536
WINDFRAME	1.511	5.60	6.10	0.03	22.0	2.11	0.384	0.536
WINDFRAME	1.542	6.10	6.60	0.04	22.0	2.11	0.384	0.536
WINDFRAME	1.569	6.60	7.10	0.04	22.0	2.11	0.384	0.536
WINDFRAME	1.587	7.10	7.60	0.04	22.0	2.11	0.384	0.536
WINDFRAME	1.604	7.60	—	0.04	22.0	2.11	0.384	0.536

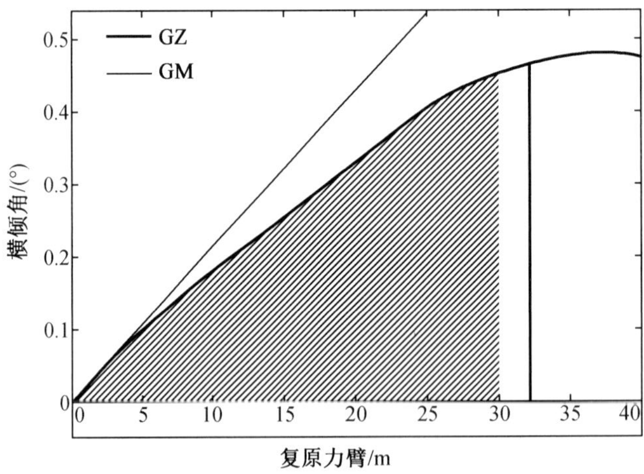

图 3-32　气象衡准 KF. A 校核

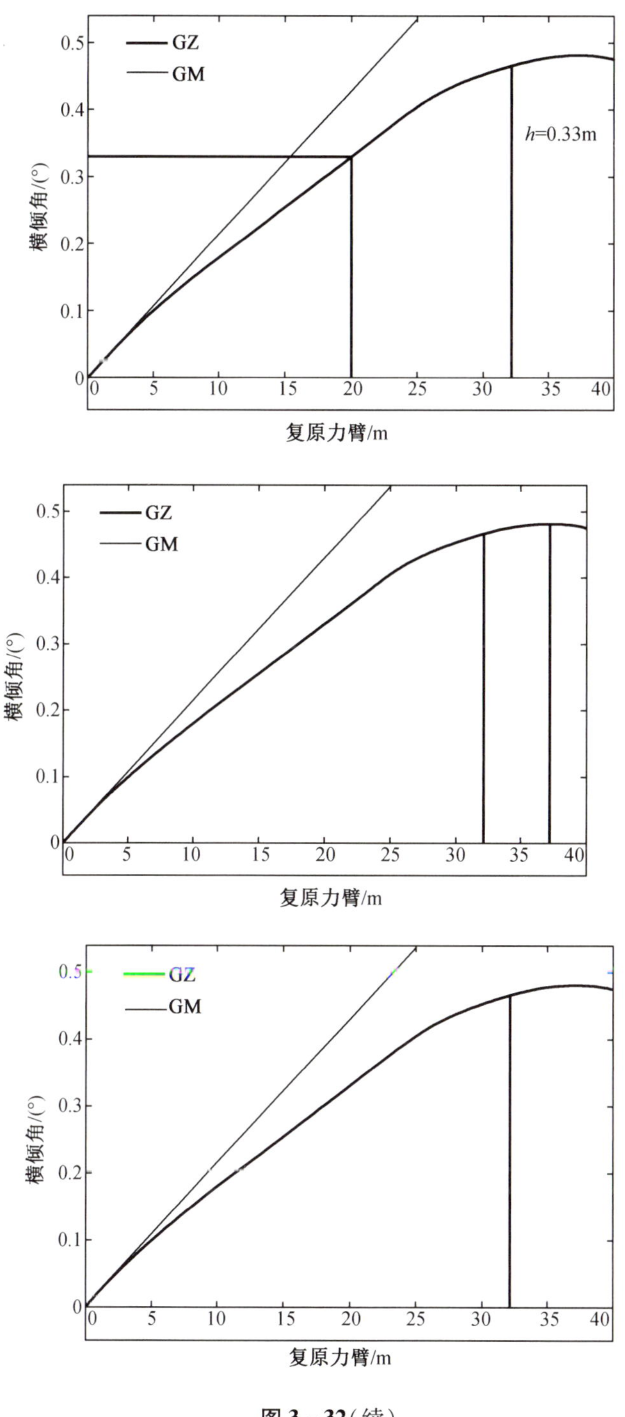

图 3－32（续）

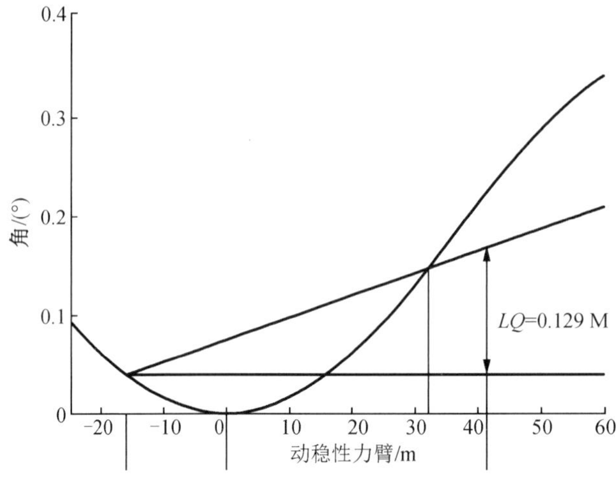

$B=2.600$ m	
$Tr=1.678$ s	横摇周期
$f=0.008\ 63$	
$C1=0.223$	
$C2=0.539$	
$C3=0.014\ 5$	
$C4=1.000$	
$ROLL=15.95°$	横摇角
$FA=32.15°$	进水角

图 3-33　计算结果曲线

其余结果不一一列举。

3.2.4　有效干舷问题

干舷是衡量两栖车辆的水上浮性的一个重要指标,它对于两栖车辆的设计及使用有重要意义。文献[8]研究了两栖车辆的有效干舷问题,提出了一种理论求解方法。根据流体力学的基本原理,利用连续性方程、贝努利方程、浮力与重力之间的关系,建立了车辆吃水量和航速的函数关系。由此得到了由于航速变化引起的干舷变化量,并结合由于兴波影响而产生的干舷变化,求得总的干舷变化量。通过对某型两栖车辆有效干舷的理论计算和模型试验结果的比较,验证了理论计算的有效性,为两栖车辆的设计和使用提供了依据。

1. 有效干舷的定义

浮力储备或干舷是衡量两栖车辆的水上浮性的重要指标,其大小直接决定两栖车辆在水中的安全性能。两栖车辆的浮力储备是指其在营运全重状态下,浮停于静水中时吃水线以上水密部分所能提供的浮力。干舷则是指吃水线以上水密部分的最小高度 D,是对浮力储备和安全性从另一个侧面进行的描述。在考虑车辆的抗沉性能时,通常关心其浮力储备。而在具体设计或布置有关部件时,干舷常常是更值得考虑的主要因素。因为在车辆的外廓尺寸长、宽确定以后,干舷就是由“木桶”中最短的一块木板的高度确定的,与其说,非水密部件的布置位置直接决定着车辆干舷的大小,不如说车辆的干舷高直接左右着非水密部件的布置位置。从干舷的定义可以看出,它属于一个静态指标。实际上两栖车辆在水中航行时,水线的位置是要发生变化的。变化的趋势根据车辆在水中的航行方式而有所不同。当滑水型和水翼型的两栖车辆处于滑水或水翼航行状态时,由于车体的大部分在流体动力的作用下升出水面,因此干舷值大大增加。而排水型的两栖车辆由于其航行方式的特点,一般来讲,干舷值有减小的趋势,其影响因素是两栖车辆的兴波特性和车辆的下沉量。变化以后的干舷称为排水型两栖车辆“有效干舷”(图3-34)。

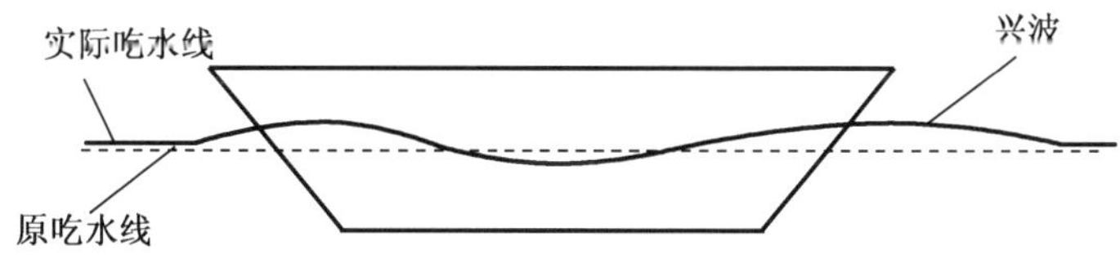

图3-34　两栖车辆的有效干舷示意图

2. 两栖车辆的兴波特性

由于水流在流经车体表面时压力产生变化,从而导致车体周围水面升高或降低,在重力和惯性的作用下形成波浪,其形状与正弦波略有不同,但由于正弦波易于处理,且产生的误差较小,所以通常按正弦波处理。设车辆在静水中的航速为 v,则其兴起波浪的波形方程为

$$\zeta = r\sin \omega t \tag{3-38}$$

通过对波浪上水质点的运动分析,可得

$$c = \frac{g}{\omega} = \left(\frac{g\lambda}{2\pi}\right)^{1/2} \tag{3-39}$$

$$T = \frac{2\pi}{\omega} = \left(\frac{2\pi\lambda}{g}\right)^{1/2} \tag{3-40}$$

式中　c——波速;

T——波的传播周期;

λ——波长。

由于在航行过程中,波始终随车体一起前进,所以 $c=v$。据此可求得 λ、ω 和 T。波形方程中 r 的值可根据下述方法求得。如图3-35(a)所示,车辆以速度 v 在静水中航行。则根据伯努利方程:

$$\frac{v_A^2}{2} + \frac{p_A}{\rho} = \frac{v_B^2}{2} + \frac{p_B}{\rho} + Z_B g \tag{3-41}$$

注意到:

$$v_A = v \quad v_B = 0$$

$$p_A = p_B = p_0 \quad r = Z_B = v^2/2g \tag{3-42}$$

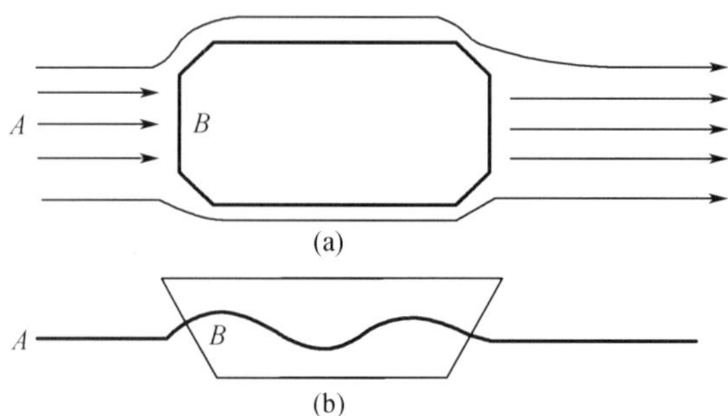

图 3-35　两栖车辆的兴波特性示意图

根据 r、ω 及 λ 可求得沿车体方向上不同部位的兴波高度。由于 B 点是理论上的波峰点，也是车首部实际吃水线的起点，为方便起见，车体兴波的波形方程也可以表示为

$$\zeta = r\cos 2\pi(x/\lambda) \tag{3-43}$$

这里说明两点：

(1)实际上由于水质点在 B 点还存留部分向上的速度，因此车体在航行过程中形成的 r 值较理论值要小。但出于安全考虑，实际分析时采用理论 r 值是可以接受的。

(2)由于水的黏性，实际上车辆兴波的第一个波峰点的位置也要落后于 B 点。图 3-36 是车辆在不同速度时的兴波曲线(横轴为波长，纵轴为波高)。

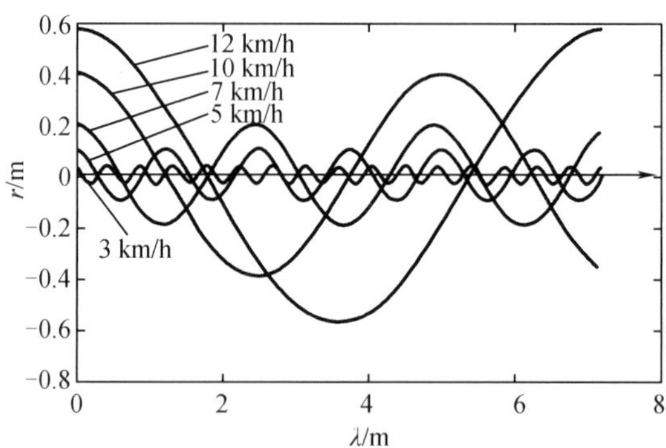

图 3-36　车辆不同速度下的兴波曲线

3. 车体下沉量

车辆在水面上静止不动时,其所受到的浮力是水压在车辆浸水面积上的作用,此时浮力和重力是平衡的。车辆在航行过程中,车体正前方的水流经车体底甲板流向后方。由于水流路径上有曲面变化,使得车体下方水流的流速变大,从而引起车体下方浸水面积上的压力变小,这样,原来车辆在静水中浮力与重力的平衡被破坏。车体下沉,浮力与重力重新达到平衡。此时,车辆的吃水线发生变化。为研究方便,将实际车体水中部分的形状简化如下:车体浸水部分是由前下甲板、底板、后甲板和两个侧板围成的规则形状。前下甲板浸水宽为 b,与水平面的夹角为 α;车体底甲板的长、宽分别为 l 和 b;车体后甲板宽为 b,与水平面的夹角为 β。这样流经前下甲板、底甲板和后甲板的这部分水流,就可以看作是在一个宽为 b 而高度有变化的矩形水道中流动(假设河床水平)。通过伯努利方程、流动连续方程及车体排水量和流体压力之间的关系,就可以求得车辆在水深为 H 的静水中以速度 v 航行时(图 3－37)的下沉量。

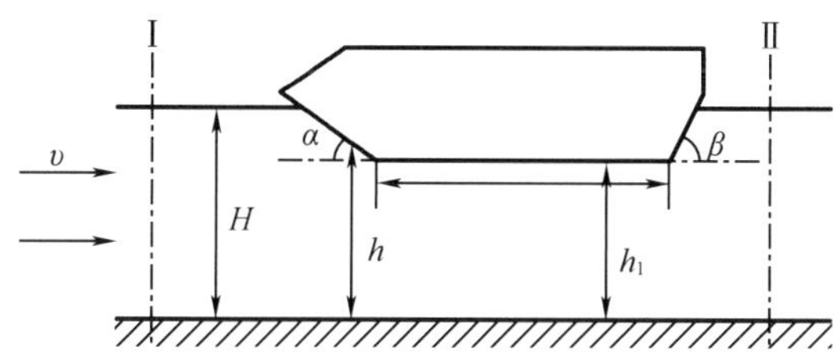

图 3－37　车辆航行时的流动示意图

将直角坐标系固定在车辆上,远处的来流以速度 v 流向车体。设水的密度为 ρ,取Ⅰ、Ⅱ截面之间的水流为控制体,截面宽度为车宽 b,h 为控制体内任意过流断面的高度,h_1 为车底板到水底的距离。根据连续性方程,流经Ⅰ、Ⅱ截面之间的所有过流断面上的流量相等。即有

$$Q_H = Q_h \quad v_H A_H = v_h A_h \quad v_H b_H H = v_h b_h h \tag{3-44a}$$

式中,下标表示过流断面的高度;Q_h 即表示高度为 h 的过流断面的流量;A_h 表示高度为 h 的过流断面的面积;b_h 表示高度为 h 的过流断面的宽度。因为所取过流断面的宽度相等,即 $b_H = b_h$,所以:$v_H H = v_h h$

根据伯努利方程,在车体底面流线上有

$$\frac{v_H^2}{2} + gH + \frac{p_H}{\rho} = \frac{v_h^2}{2} + gh + \frac{p_h}{\rho} \tag{3-44b}$$

因 $v_H = v$、$p_H = p_0$,将式(3－44a)与式(3－44b)联立,得

$$\frac{1}{2}v^2+gH+\frac{p_0}{\rho}=\frac{1}{2}\frac{H^2}{h^2}v^2+gh+\frac{p_h}{\rho} \tag{3-45}$$

$$p_h=\frac{1}{2}\rho v^2\left(1-\frac{H^2}{h^2}\right)+\rho g(H-h)+p_0 \tag{3-46}$$

在水中行驶的车辆所受的浮力 F 为

$$F=\int_{h_1}^{H}(p_h-p_0)\frac{b}{\tan\alpha}\mathrm{d}h+(p_{h_1}-p_0)bl+\int_{h_1}^{H}(p_h-p_0)\frac{b}{\tan\beta}\mathrm{d}h \tag{3-47}$$

考虑到车辆所受浮力与车重相等,即 $F=G$。将式(3-47)中 ph 代入,可得

$$G=\left[\frac{1}{2}\rho g(H-h_1)^2-\frac{1}{2}\rho v^2\frac{(H-h_1)^2}{h_1}\right]b\left[\frac{1}{\tan\alpha}+\frac{1}{\tan\beta}\right]+\left[\frac{1}{2}\rho v^2\left(1-\frac{H^2}{h_1^2}\right)+\rho g(H-h_1)\right]bl \tag{3-48}$$

式(3-48)在给定航速 v 的情况下,只有 h_1 是未知量,即可得出关于 h_1 的方程式 $f(h_1)=0$。整理得

$$Ah_1^4+Bh_1^3+Ch_1^2+Dh_1+E=0$$

其中,

$$A=\frac{1}{2}\rho gb\left(\frac{1}{\tan\alpha}+\frac{1}{\tan\beta}\right)$$

$$B=b\left(\frac{1}{\tan\alpha}+\frac{1}{\tan\beta}\right)\left(\rho gH-\frac{1}{2}\rho v^2\right)-bl\rho g$$

$$C=b\left(\frac{1}{\tan\alpha}+\frac{1}{\tan\beta}\right)\left(\frac{1}{2}\rho gH^2+\rho v^2H\right)+bl\left(\frac{1}{2}\rho v^2+\rho gH\right)-G$$

$$D=\frac{1}{2}\rho v^2H^2b\left(\frac{1}{\tan\alpha}+\frac{1}{\tan\beta}\right)$$

$$E=-\frac{1}{2}\rho v^2blH \tag{3-49}$$

将解方程求得的 h_1 值与静水中车辆底甲板到水底的距离 h_0 比较,即可求出下沉量 $\Delta h=|h_1-h_0|$。

图 3-38 所示为某型装甲输送车不同速度下的拖模试验和理论计算的下沉量曲线,共有裸车体、长首尾和短首尾三种工况。两栖车辆水线以下具有不规则的形状,在进行理论分析时,根据排水量利用同一吃水线和统一的宽度进行了换算。可以看出,裸车体和短首尾车型模型等效后的理论计算结果与实车的试验结果较符合。长首尾车型相差较大,可能是模型简化过程误差较大(如宽度增加)引起的。但从总体上看,理论分析与实际情况还是比较吻合的。现将理论和

实际贴合较好的短首尾工况的数据进行拟合,可得 $\Delta h = kv^n$。其中参数的估计值 $k = 0.009\ 68$,$n = 2.032\ 41$,均方差 $S = 0.001\ 2$。从拟合结果看,下沉量 Δh 与航速 v 的平方成正比,即 $\Delta h = kv^2$,k 为比例系数。

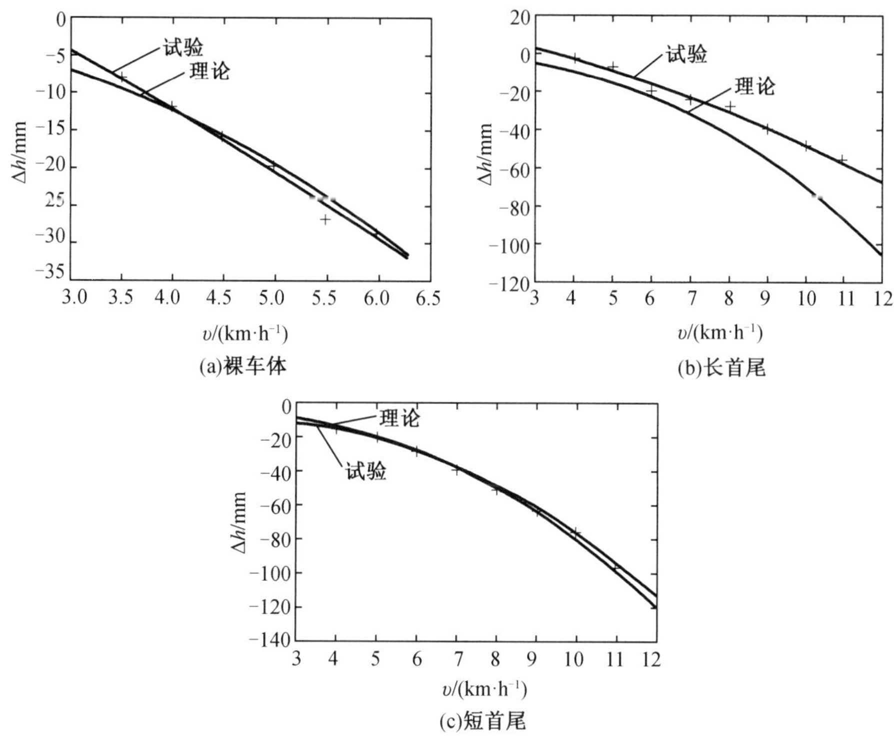

图3-38　车辆不同工况下沉量随航速变化曲线

在上述理论计算的过程中,水深 H 对车辆的下沉量有着直接的影响。由连续性方程第一式可以看出,当水深相对于车辆吃水不大时,速度的变化比较明显,则下沉的现象比较明显;但当水深相对于车辆吃水足够大时(大于15倍),意味着水深 H 与过流断面高度 h 相差很小,可近似认为控制体内水流速度相等,则车辆浸水面积上的压力基本不发生变化,车辆的下沉量可以忽略。而两栖车辆主要使用在近海登陆作战中,水深相对于车辆吃水不是很大,并且车辆近岸过程中水深在不断减小,这种情况下,航行中车体的下沉量是不可忽略的。另外由于本书研究的对象是排水型两栖车辆,目前世界各国的该类车辆航速均在18 km/h以内,实践证明,此速度范围内的水流在车辆前下甲板上产生的升力尚不足以对车辆的整体下沉趋势产生影响。

4. 车辆的有效干舷

根据上述分析结果，车船的有效干舷 D^* 为

$$D^* = D - \zeta - \Delta h \tag{3-50}$$

干舷变化量 ΔD 为

$$\Delta D = \zeta + \Delta h$$

某装甲输送车水上航速从 3 km/h 到 12 km/h 时的干舷变化量 ΔD 见表 3-18。

表 3-18　某装甲输送车干舷变化量

$v/(\mathrm{km \cdot h^{-1}})$	ζ/m	$\Delta h/\mathrm{m}$	λ/m	$\Delta D_{max}/\mathrm{m}$
3	0. 035 4cos 11. 760 0t	0. 008 8	0. 445 2	0. 044 2
4	0. 063 0cos 8. 820 0t	0. 013 6	0. 791 5	0. 076 6
5	0. 0. 98 4cos 7. 056 0t	0. 019 9	1. 236 8	0. 118 3
6	0. 141 7cos 5. 880 0t	0. 027 6	1. 780 9	0. 169 3
7	0. 192 9cos 5. 040 0t	0. 037 0	2. 424 1	0. 229 9
8	0. 252 0cos 4. 410 0t	0. 048 2	3. 166 1	0. 300 2
9	0. 318 9cos 3. 920 0t	0. 061 2	4. 007 1	0. 380 1
10	0. 393 7cos 3. 528 0t	0. 076 2	4. 947 1	0. 469 9
11	0. 476 0cos 3. 207 3t	0. 093 5	5. 986 0	0. 569 8
12	0. 566 9cos 2. 940 0t	0. 113 4	7. 123 8	0. 680 3

注：$\alpha = 24°$，$\beta = 40°$，$l = 4.704$ m，$b = 2.33$ m，$H = 9.9$ m。

从表 3-18 中数据可以看出，车辆航速较低时，下沉量和波峰值尚小。但随着航速的增加，下沉量和波峰值发生了显著变化。在航速 12 km/h 时，干舷变化最大达到了 0.68 m，所以在设计和使用时要对该部位设备的密封问题进行重点考虑。

在实际使用过程中，车辆不同部位的干舷确实发生了不小的变化。在这里仅仅分析了静水中车辆的干舷变化问题，如果考虑波浪的影响，车辆的干舷将发生更大的变化，因此，在两栖车辆的设计和使用过程中要充分考虑有效干舷问题，以确认两栖车辆的抗风浪能力。

3.2.5 水动力性能模拟及试验验证

两栖车辆作为一种特殊船体,其在设计、制造时必须参照船舶领域的研究方法。20世纪70年代以后,基于CFD的流场分析技术受到了船舶领域的高度重视。近年来,一些研究者采用数值计算方法对两栖车辆的绕流场进行了数值模拟。国内有学者利用CFD研究车体首端和尾端切角并对车辆外形进行优化,减阻效果达到了51.2%。王涛等基于CFD计算了典型的两栖车辆迎浪直航运动。黄劲等基于CFD将计算所得水动力导数与船舶经验公式值进行对比,分析了两栖车辆与船舶的差异对水动力导数造成的影响。

文献[9]通过对某型两栖车辆实车和模型静水三自由度运动进行模拟,采用模型试验对仿真值进行验证,分析了两栖车辆实车与模型之间的水动力性能换算关系,基于CFD理论建立了两栖车辆带自由液面黏性绕流场的数学模型,采用Realizable k-6两方程湍流模型、流体体积法及重叠网格对两栖车辆绕流场进行三维瞬态数值计算,得到绕流场、阻力、纵倾与升沉。模型试验在中国特种飞行器研究所高速水动力试验室的拖曳水池进行。

1. 实车与模型的仿真模拟

轮式水陆两栖车辆的实车及模型,主要参数见表3-19。

表3-19 两栖车辆参数表

实车长度/m	实车宽度/m	实车高度/m	缩尺比
3.13	1.27	0.80	2.5

(1)数值水池与数值处理方法

在进行仿真模拟时,先将姿态角抬高5°,实车自由液面降低0.2 m,这样调整可以使计算状态提前稳定。车体运动求解采用DFBI(dynamic fluid body interaction)刚体运动模型。该模型将车体视为空间中的六自由度运动刚体,在流体压力、摩擦力、重力及其他外力的作用下发生平动及转动。在求解过程中,主要关注重心的移动及绕重心的纵倾角度。

按照相似理论,来流方向两栖车辆不动,流体在入口以固定速度流入。入口距离车身首部1L(L为车体长度),该入口为速度入口,水线上方为气相入口,水线下方为液相入口;出口距离车身尾部3L,该出口为压力出口,压力随水深变化而变化。上边界、下边界距离车身均为 1.25L,设置为速度入口。侧边距离车身 1.5L,设置为对称边界。

由于静水航行流场沿中纵剖面对称,因此仅对流域一半进行网格离散,中纵剖面设置为对称边界。计算时先采用整体运动网格,在计算过程中发现车身姿态变化显著,容易发生自由液面移动出网格加密区的情况,从而导致计算精度大幅降低。针对此问题,采用重叠网格,从而保证了模型在大角度姿态时自由液面的加密区网格不发生移动。采用流体体积法捕捉自由液面,可以处理空气和流体具有交界面的稳态和瞬态等问题。

(2)数值结果与流场分析

表 3-20 中分别给出了实车及模型的仿真计算结果。其中实车仿真值记为 A;根据弗劳德数相似的换算方法,把 A 换算成模型仿真值,记为 B;模型仿真值记为 D。速度、阻力、实际姿态、升沉的换算比例分别为 $\lambda^{0.5}$、λ^3、1、λ,λ 表示实车与模型间的升沉比例关系。从表 3-20 可以看出,B 与 D 两者存在误差,但是差值不大,进一步验证实车与模型之间在一定程度上可以采用船舶的弗劳德数相似的换算方法;计算域内网格的精细程度及计算步长会导致 B 与 D 之间存在误差。

表 3-20　实车仿真值及模型仿真值表

参数	实车仿真值 A	由 A 按船舶比例换算到的模型仿真值 B	模型仿真值 D	B 与 D 的误差/%
速度/(m·s^{-1})	4.63	2.93	2.93	0
阻力/N	8.48×10^3	542.53	515.48	5.2
实际姿态/(°)	6.27	6.27	6.33	-1.0
升沉/mm	134.67	53.87	49.33	9.2

如图 3-39 至图 3-41 所示,车体尾部后方水面下降,车辆陷入由自身运动而形成的盆状空间内,整体车辆尚未因滑行而完全托出水面。两栖车辆设计需要考虑车辆的陆地行驶性能,因此车体曲度变化较突然。

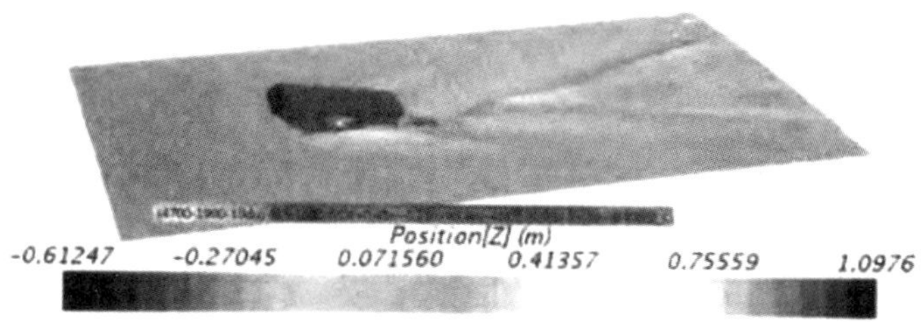

图 3 - 39 实车自由液面图

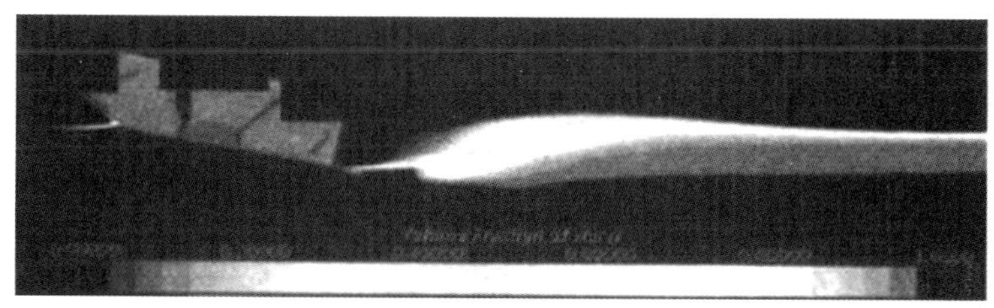

图 3 - 40 实车对称面

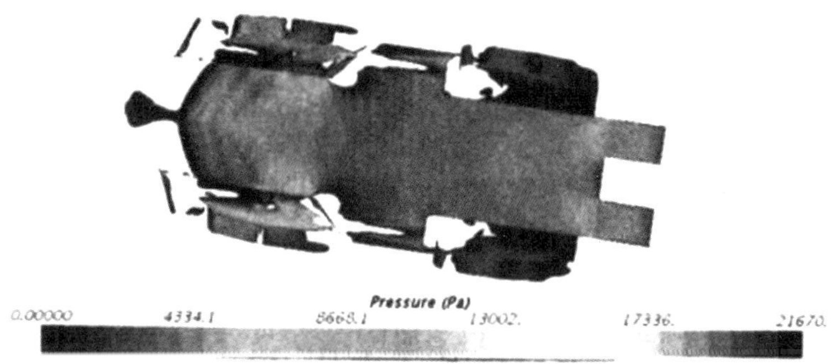

图 3 - 41 实车正压

在两栖车辆车体形状骤变处，特别是车体的尾部常会产生旋涡，越靠近旋涡中心压力越低，从而形成吸力，此吸力阻碍了两栖车辆的前进。两栖车辆在水上运动过程中会掀起波浪，由于波浪的产生，改变了船体表面的压力分布情况。车首的波峰使首部的压力增加，而车尾的波谷使尾部压力降低，于是产生首尾流体动压力差，进而形成阻力，压差阻力占两栖车辆总阻力的绝大部分。

2. 模型试验

(1) 试验主要设备与模型

模型在拖曳试验水池进行试验，试验水池及拖车等水动力试验设备技术指标如下。

①水池主尺度：池长 510 m，池宽 6.5 m，池深 6.8 m，水深 5.0 m。

②拖车性能：速度范围 0.1 ~ 22.0 m/s，车速稳定精度优于 0.2%。

③测试手段：试验数据采集和处理分析自动化。

进行模型试验时，水池宽度不会引起阻塞效应。如图 3-42 所示，模型试验过程中，低速时模型首部上浪严重，因此在首部添加了挡板。

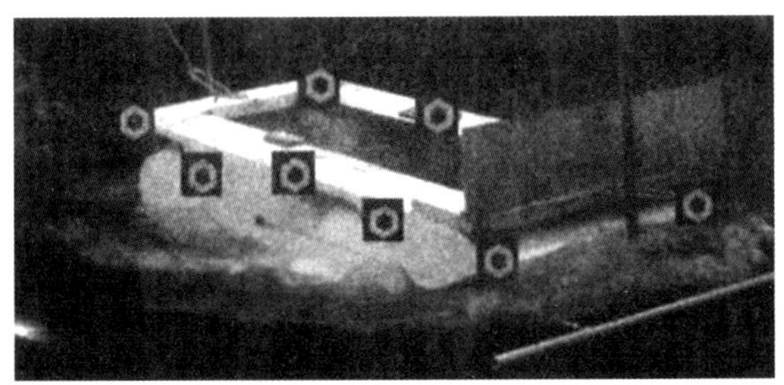

图 3-42　模型试验图示

(2)试验结果与分析

为验证仿真结果，对仿真计算的两栖车辆模型进行了水动力性能试验。表 3-21为两栖车辆模型的试验结果。

表 3-21　模型试验值表

速度/($m \cdot s^{-1}$)	阻力/N	实际姿态/(°)	升沉/mm
0.67	23.52	1.10	-4.23
1.33	129.26	0.60	-21.27
2.00	414.74	6.10	-9.02
2.67	496.27	8.50	30.91
2.93	484.90	7.55	48.46
3.33	502.25	7.43	72.39

图 3-43 给出了车辆模型的水动力性能试验结果与速度的变化关系。随着速度增加，先埋首，后抬头，阻力值逐渐增加，2.67 m/s 左右阻力趋向于一个峰值，这与船舶的运动现象类似。

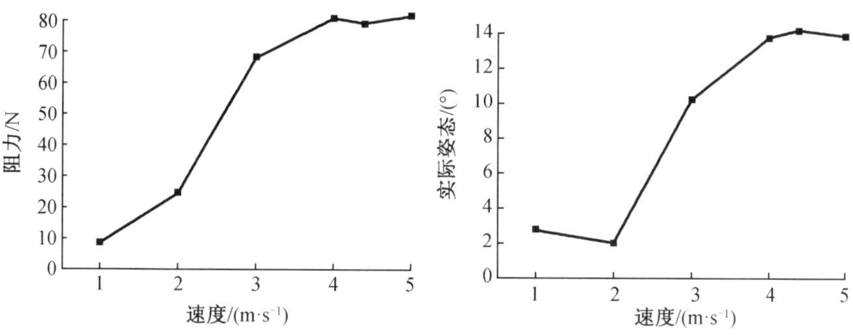

图3-43 阻力变化曲线与实际姿态变化曲线

图3-44为两栖车辆模型试验的高速流场。从图3-44可以看出,由于车首为钝形,因此水线进水角较大。在车体首部还有大量的被车体掀起后很快就破碎的波浪,这种波浪称为破波。尾部呈现一波谷,此现象具有与船舶类似的特点,同时由于前车轮两侧压强较高,在该处形成较大的波峰。

图3-44 高速流场图示

3. 仿真与试验对比分析

表3-22给出了速度为2.93 m/s时模型的仿真值与试验值,虽然两者存在一定的误差,但是该精度在进行两栖车辆选型及水动力性能仿真分析时已在可接受的范围内。结果表明:采用重叠网格可以较为准确地预报两栖车辆的水动力性能及求解三维流固耦合问题,运用数值方法分析两栖车辆的水动力特性是两栖车辆有效的研究方法。

表 3－22　模型仿真值及模型试验值表

参数	模型仿真值	模型试验值	误差/%
阻力/N	515.48	484.90	6.3
实际姿态/(°)	6.33	7.55	－16.2
升沉/mm	49.33	48.46	1.8

表 3－23 给出了实车仿真值与模型试验值以及按比例换算得到的模型仿真值与模型试验值之间的关系。表中按船舶换算比例得到的模型仿真值与试验值之间虽然存在一定的误差，但是也进一步验证了水陆两栖车辆的实车与模型之间的水动力性能换算在一定程度上可以采用船舶的弗劳德数相似的换算方法。

表 3－23　实车仿真值及模型试验值表

参数	实车仿真值 A	由 A 按船舶比例换算到的模型仿真值 B	模型仿真值 C	B 与 C 的误差/%
速度/($m \cdot s^{-1}$)	4.63	2.93	2.93	0
阻力/N	8.48×10^3	542.53	484.90	11.9
实际姿态/(°)	6.27	6.27	7.55	－17.0
升沉/mm	134.67	53.87	48.46	11.1

综合比较表 3－22 与表 3－23，可以得出试验值与仿真值在模型尺寸一致时，仿真值的精度更高。

图 3－45 和图 3－46 显示了速度为 2.93 m/s 时两栖车辆模型周围的仿真与试验流场，仿真与试验结果在车体周围波形分布情况基本相同。仿真过程很好地捕捉了车体尾部的兴波，数值黏性的影响会使远车体的兴波有所衰减。鉴于此现象在车体尾部的开尔文区域进行网格加密。

基于计算流体动力学理论对自由液面的两栖车辆黏性绕流场进行了数值模拟并对数值结果进行了试验验证，可以得到如下结论：

采用重叠网格可以有效地完成两栖车辆水上滑行的仿真工作，验证了重叠网格及流体体积法对求解三维流固耦合问题的有效性。

图 3－45　模型仿真流场（2.93 m/s）

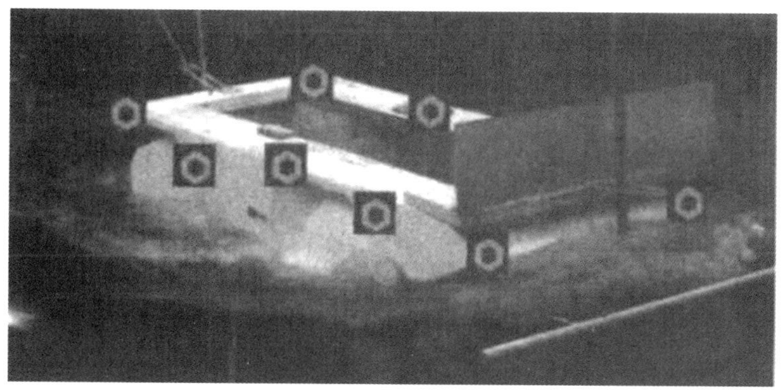

图 3－46　模型试验流场（2.93 m/s）

计算方法可以用来预测两栖车辆水面滑行状态下的水动力性能，并且指导试验方向，减少试验的盲目性和随机性，为两栖车辆减阻及其设计优化提供一定的技术支持。

从模型试验值、模型仿真值及实车仿真值三者之间的关系，可以进一步验证两栖车辆模型与实车水动力性能换算在一定程度上可以采用船舶的弗劳德数相似的换算方法。

3.3　两栖车辆的结构设计

低速两栖车辆的结构设计包括车身与车架结构设计、螺旋桨与驱动系统结构设计、浮力箱结构设计、驾驶室结构设计、进排气系统结构设计等，最重要的部分为车辆的浮力箱结构设计。

目前国内外浮力箱结构设计一般分两类,即整体式浮力箱结构与分体式浮力舱结构,两种浮力箱结构各有各的优点与缺点,应用场景也不一样,后文将详细介绍。

3.3.1 车身与车架结构设计

1. 车架结构形式及选择

目前,汽车车架的结构形式基本上有几种类型,其中以边梁式车架应用最广。根据参考需要,文献[10]列出了三种形式:周边式车架、X 形车架与梯形车架。

(1)周边式车架

周边式车架广泛用于中级以上的桥车,见图 3 -47。这种车架的形状是中部宽、两段窄,左右相关纵梁右横梁连接。其最大特点是前后两端纵梁系经缓冲臂或抗扭盒与中部纵梁焊接相连。前缓冲臂位于车厢前围板下部倾斜踏板前方;后缓冲臂位于后座下方。其结构形状允许缓冲臂有一定的弹性变形,可吸收来自不平路面的冲击并降低车内噪声。

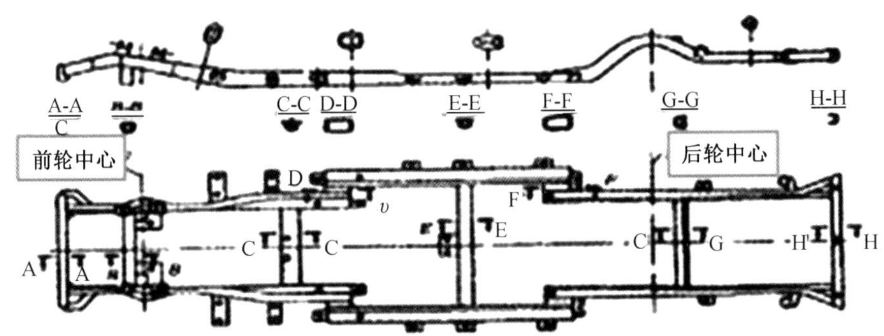

图 3 -47　周边式车架示意图

(2)X 形车架

这种车架常为一些轿车所采用(图 3 -48)。车架的中部为位于汽车纵向对称平面上的一根矩形断面的空心脊梁,其前后端焊以叉形梁,形成俯视图上的 X 形状。前端的叉形梁用于支撑动力传动总成,而后端则用于安装后桥。传动轴经中部管梁通向后方。中部管梁的扭转刚度大。前后叉形边梁由一些横梁相连，后者还用于加强前、后悬架的支承。

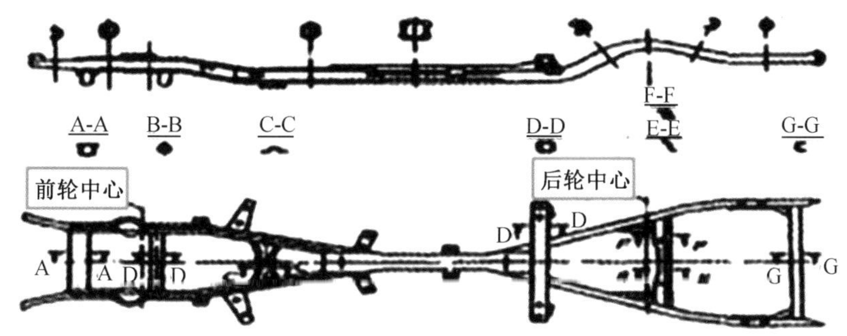

图 3－48　X 形车架示意图

(3)梯形车架

梯形车架又称边梁式车架(图 3－49)，由两根互相平行的纵梁和若干根横梁组成。其弯曲刚度较大，当承受扭矩时，各部分同时产生弯曲和扭转。其优点是便于安装车身、车厢和布置其他总成，易于将汽车改装和变型，因此被广泛地应用在载货汽车、越野汽车、特种车辆和用货车底盘改装的大客车上。在中、轻客车上也有所采用，轿车则较少采用。

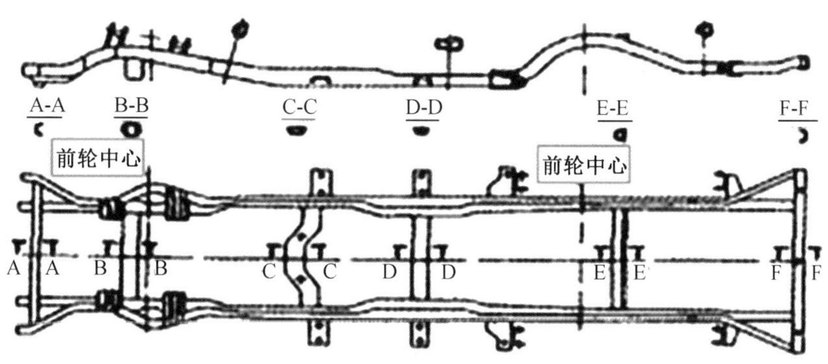

图 3－49　梯形车架

2. 纵梁、横梁及其连接

纵梁是车架的主要承载元件，也是车架中最大的加工件，其形状应力求解简单。载货车辆的车架纵梁沿全长应多取平直并且断面也不变或少变，以简化工艺。载货车辆纵梁的断面形状多为开口朝内的槽形,也有Z形、工字型的。槽形断面梁的弯曲刚度大、强度高、工艺性好,零件的安装与紧固方便,但抗扭性差。适合水陆两栖车的车型。

横梁将左右纵梁连在一起,构成一完整的车架,并保证车架有足够的扭转刚度,限制其变形和减小某些部位的应力。横梁还起着支承某些总成的作用。汽车车架通常有4~6根横梁,其分布与有关总成、驾驶室、货箱或车身的支承位置有关。

货车车架的纵、横梁多以铆钉连接,具有一定弹性,有利于消除峰值应力,改善应力状况,这对于要求有一定扭转弹性的货车车架具有重要意义。

纵梁与横梁的连接方式主要有3种,见图3-50。

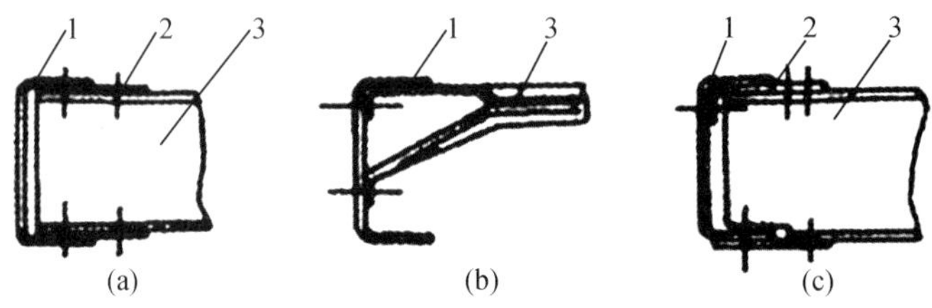

1—纵梁;2—连接板;3—横梁。

图3-50 纵梁与横梁的连接示意图

如选择图3-53(a)所示横梁与纵梁上下翼板连接的方式,该种连接方式的优点是利于提高纵梁的抗扭刚度,缺点是当车架产生较大扭转变形时,纵梁上下翼面的早期损坏。由于这一车架的前后两端扭转变形较小,因此该种连接方式比较合适,同时为了提高纵梁的扭转刚度,选择纵向连接尺寸较大的连接板。

3. 水上车架选择

针对两栖车辆的特点,同时考虑到船体、车身与车厢的布置,以及车架与船体的易连接性,所以在上述几种车架形式选择中,以货车用的梯形车架为最好,在其基础上再进行优化改装设计。

在上述选择后,要进行必要的优化改装设计。首先从车体的侧面看,决定将车架纵梁设计成阶梯形,前高后低。这样的设计是出于考虑与船体是前端向上而后端不向上收的形状相配合(图3-51),避免将车架做得离地面较高。并且,这种阶梯形对纵梁的应力产生影响不是很大,可将截面过渡设计得较平缓一些。

同时,车架在全长上也不能是等宽的。前部必须较狭,以免导致船体对转向机构产生干扰,造成前轮的转向角过小。参考解放 CA1091K2 型汽车,其前部宽度缩小正是为了给转向轮和转向纵拉杆让出足够的空间,以保证最大的车辆偏转角度。

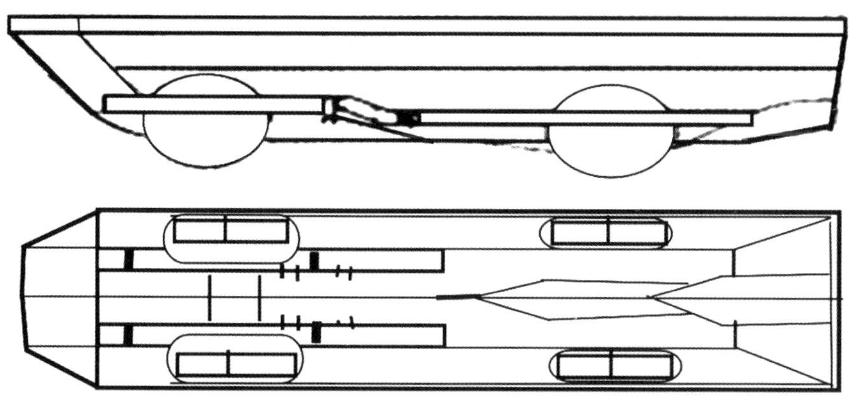

图3-51 初步确定的车船结合图示

纵梁形状确定后,随之确定横梁以及其他的结构。初步设计布置了3根横梁通过铆钉与纵梁上下翼板连接;3根托架用于与船体相连接,也用来放置货厢悬置系统与货厢相连接;此外再确定发动机支架、变速器支架等。

两栖救援车设计中还要对船体形状设计、密封设计(后轴的静密封与转向器的动密封)、车体与厢体的防震设计、裸露部件的防腐等做进一步完成与完善。此外,还必须与制造企业密切配合。

3.3.2 螺旋桨与驱动系统结构设计

1.螺旋推进式两栖车辆的结构设计

(1)整体结构设计

螺旋推进式水陆两栖汽车主要包括车身本体、升降装置、驱动装置、螺旋推进器以及气泵等部分。如图3-52所示,车体前后分别安装有升降装置,前后两升降装置分别与螺旋推进器的两端相连接。通过升降装置调控螺旋推进器的位置,实现轮式行驶与螺旋推进行驶两种模式的切换。驱动装置布置在车尾,通过链条传动为螺旋推进器及螺旋桨提供驱动力。

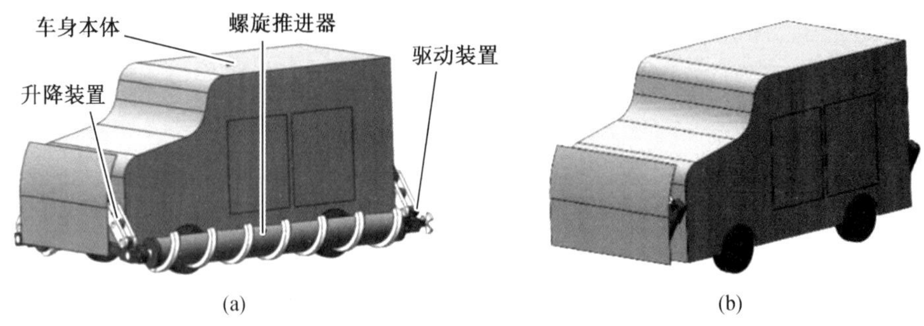

图 3－52　螺旋推进式两栖车辆推进行驶模式状态结构示意

(2)螺旋桨的近似设计计算

①最佳直径估算式

a. 最佳直径

$$D_0 = kP_{\mathrm{D}}^{a}/V_{\mathrm{KA}}^{b}N^{c} \quad \mathrm{m} \tag{3-51}$$

B 系列桨的 k、a、b、c 见表 3－24。

表 3－24　B 系列桨的 k、a、b、c 表

型式	系数			
	k	a	b	c
B. 3－35	16. 00	0. 216	0. 078	0. 569
B. 3－50	15. 47	0. 220	0. 098	0. 561
B. 3－65	13. 62	0. 228	0. 138	0. 545
B. 4－40	16. 77	0. 202	0. 011	0. 595
B. 4－55	13. 74	0. 219	0. 094	0. 562
B. 4－70	14. 31	0. 215	0. 075	0. 570
B. 4－85	13. 74	0. 218	0. 088	0. 565
B. 4－100	13. 43	0. 217	0. 084	0. 566
B. 5－45	13. 98	0. 216	0. 081	0. 567
B. 5－60	14. 12	0. 215	0. 073	0. 571
B. 5－75	14. 05	0. 214	0. 070	0. 572
B. 5－105	14. 08	0. 212	0. 059	0. 576

b. 最佳直径

$$D_0 = 15.95 P_D^{0.2}/N^{0.6} = 15.95(P_D/N^3)^{1/5} \tag{3-52}$$

此式适用于四、五叶桨，六叶桨的直径应减小约 3%。

c. 可调螺距螺旋桨的直径估算

三叶螺旋桨：

$$A_E/A_0 = 0.5 \quad P/D = 0.6 \quad \delta = 9.3B_p^{0.5} + 6 \tag{3-53}$$

四叶螺旋桨：

$$A_E/A_0 = 0.40 \text{ 及 } 0.55 \quad P/D = 0.6 \quad \delta = 8.62B_p^{0.5} + 12 \tag{3-54}$$

②B 系列螺旋桨最佳转速估算式

当直径预先选定时（一般单桨海船 $D = 0.7T$）

最佳转速

$$N = C(P_D/D^5)^{1/3}, \text{r/min} \tag{3-55}$$

式中，D 以 m 计算，C 值见表 3-25。

表 3-25　*C* 值

型式	C
B.4-40	92
B.4-55, B.4-70, B.5-45	88
B.3-35, B.3-50	101
B.3-65	90

(3) B 系列螺旋桨敞水效率估算（表 3-26）

表 3-26　效率估算值

型式	η_0	
	按最佳直径设计时	按最佳转速设计时
B.4-40	$43.9(1-13.7/\delta_0)\delta_0$	$130.6/(137+\delta_0)$
B.4-55	$42.7(1-13.7/\delta_0)\delta_0$	$76.5/(68.6+\delta_0)$
B.5-45	$40.8(1-13.1/\delta_0)\delta_0$	$75.6/(68.6+\delta_0)$

注：表中 $\delta_0 = N_D/V_{kA}$。

①升降装置的结构设计

升降装置主要包括电动推杆、连杆 A、连杆 B、连杆 C 等。连杆 A 上端、电动推杆的右端以及连杆 C 的右端分别与车身本体铰接。连杆 B 两端分别与连杆 A、连杆 C 铰接。电动推杆的左端与连杆 B 铰接于连杆 B 的中段。进一步可得升降装置的机构运动简图如图 3 -53 所示。

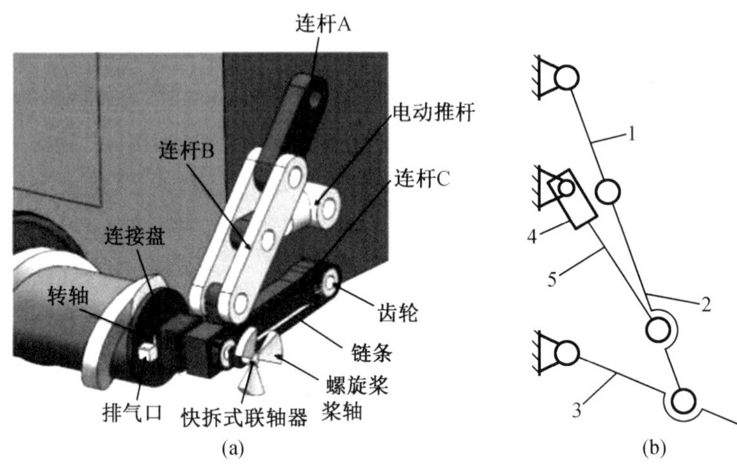

1—连杆 A;2—连杆 B;3—连杆 C;4—电动推杆的滑套;5—电动推杆的动杆。

图 3 -53 升降装置和驱动装置结构示意图与机构运动简图

进一步,可计算升降装置的自由度如下:

$$F = 3n - 2p_1 - p_h \tag{3-56}$$

式中 F——机构的自由度数目;

n——活动构件的数目;

p_1——低副的数目;

p_h——高副的数目。

当计算升降装置的自由度时,车身本体可以视为机架。因此可得活动构件的数目 n 为 5,低副的数目 p_1 为 7,其中 6 个转动副、1 个移动副,没有高副。升降装置的自由度为 1,而其原动件为电动推杆,自由度数等于原动件数,所以升降装置符合设计。当电动推杆伸缩时就可以调整螺旋推进器的位置,当调整好位置后,电动推杆保持长度,即可以锁定螺旋推进器。

②驱动装置的结构设计

驱动装置主要包括动力源、减速器、齿轮、链条、螺旋桨等。驱动装置的结构示意图参见图 3 -53(a)。动力源与减速器布置于车身本体内。两齿轮分别与连杆 C 的两端铰接。链条与齿轮相互啮合传动。螺旋桨与齿轮之间通过快拆式联

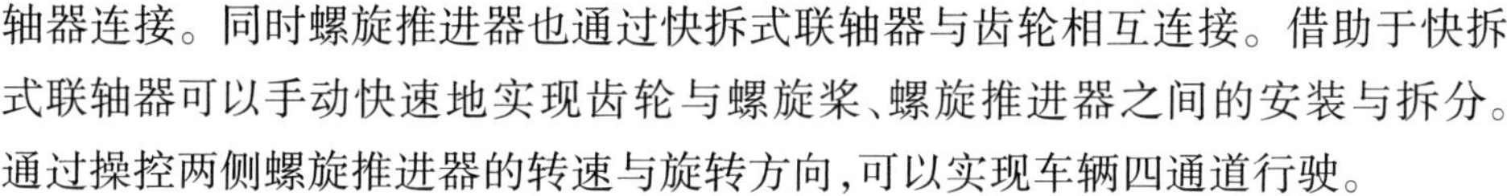

轴器连接。同时螺旋推进器也通过快拆式联轴器与齿轮相互连接。借助于快拆式联轴器可以手动快速地实现齿轮与螺旋桨、螺旋推进器之间的安装与拆分。通过操控两侧螺旋推进器的转速与旋转方向,可以实现车辆四通道行驶。

③螺旋推进器的结构设计

螺旋推进器由螺旋管、连接盘、转轴等组成。螺旋管由具有一定弹性的橡胶材料制成,可实现充放气折叠,以此节省空间;螺旋管两端分别与硬质连接盘连接。后端连接盘上设置有排气口,通过排气口可以实现对螺旋管的充放气。连接盘通过转轴以及快拆式联轴器与齿轮相互连接,进而将驱动装置的扭矩传递到螺旋管、驱动螺旋管旋转。

2. 螺旋推进式两栖车辆的行驶模式

螺旋推进式两栖车辆主要有轮式行驶和螺旋推进行驶车两种模式。当其在硬地面行驶时,可操控升降装置使其收纳起来,同时通过快拆式联轴器将螺旋桨从升降装置上拆下置于车内,汽车正常驾驶。在湿软路况或水面行驶时,升降装置展开,将螺旋推进器和螺旋桨连接到升降装置,并通过气泵对螺旋管进行充气,进而通过驱动装置驱动其旋转,实现湿软路况的行驶。

通过对普通越野车的改进优化,加装可充气折叠的螺旋推进器以及升降装置、驱动装置、螺旋桨等,创新设计一种螺旋推进式两栖车辆,其将螺旋推进车的优点与轮式车辆的优点相结合,使得该螺旋推进式两栖车辆可良好地适应各种不同地形,其不仅为人们的出行提供了便利,同时可以在不同路况行驶,解决了传统汽车难以在湿软路面行驶的问题,使驾驶员能够体验水陆两栖自由行驶的乐趣,更加自由地探索驾车行驶的新世界。

3.4　传动与动力系统设计

传动系统各个部分如图 3 – 54 至图 3 – 56 所示。

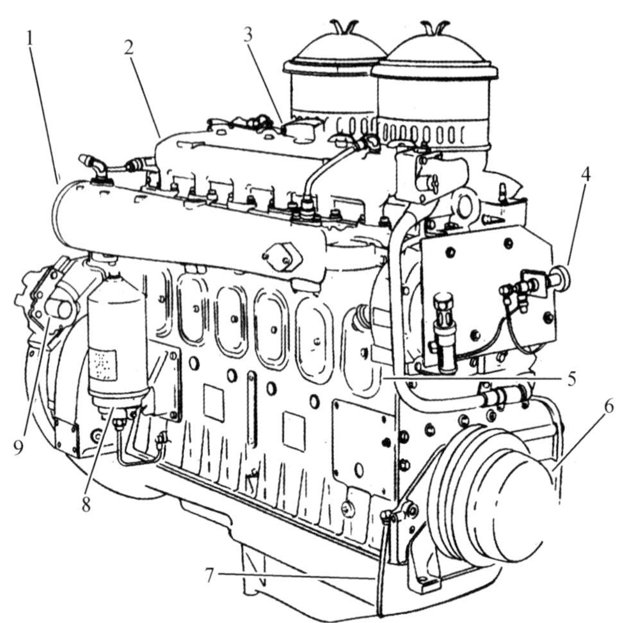

1—排气歧管;2—导水管;3—通气管;4—液体启动助推器;5—封盖;
6—取力器;7—引流管;8—旁通油滤器;9—注油泵。

图 3－54　两栖车辆发动机侧面

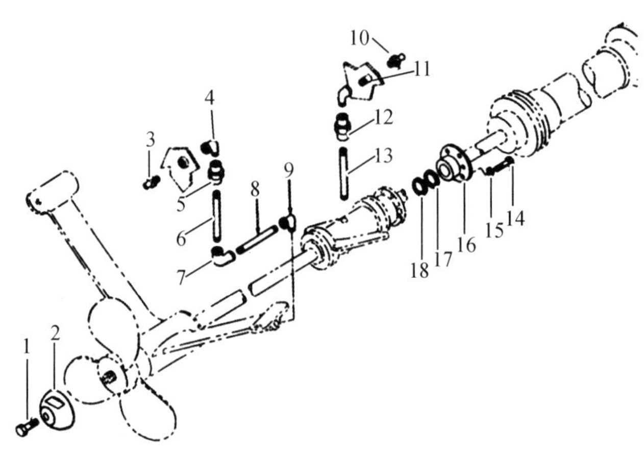

1—螺栓;2—流线体帽;3—减速机;4—肘部;5—联盟;6—管;7—弯管;
8—管;9,11—肘部;10—减速机;12—联盟;13—管;14—有头螺钉;
15—垫圈;16—填料压盖;17—包装护圈;18—包装。

图 3－55　传动轴部件

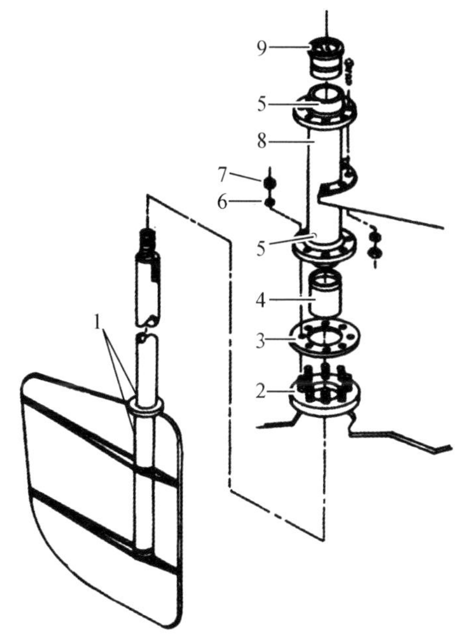

1—舵;2—螺柱、套筒安装板;3—垫片;4—滑动轴承;
5—润滑装置;6—垫圈;7—螺母;8—套筒组件;9—轴承。

图 3－56　两栖车辆舵和套筒示意图

3.5　分动器设计

分动器是两栖车辆水陆转换时的重要转换机构,起到水陆转换的作用。可以通过换挡机构,改变放大器的输出轴,从而达到水陆转换的功能。

3.5.1　分动器原理

分动器原理图见图 3－57。

在图 3－57 中:轴 1 为输入轴,与变速器输出轴相连。轴 3 为输出轴,通过一系列传动装置与螺旋桨相连。轴 4 为另外一个输出轴,轴端有一锥齿轮与后桥上另一个锥齿轮相连,构成主减速器;2,5 为接合套,图示位置处于空挡状态,通过拨叉拨动接合套 5 向左移动可接通驱动桥,拨动接合套 2 向左移动可以接通螺旋桨,同时使接合套 2,5 向左移动,则同时接通后桥与螺旋桨。

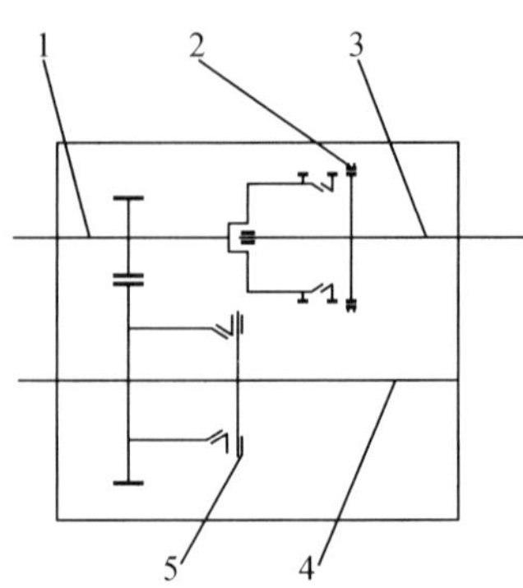

1—输入轴;2,5—接合套;3,4—输出轴。

图 3-57　分动器原理图

3.5.2　分动器齿轮传动设计

分动器内齿轮转速较高,为减少冲击与噪声、提高寿命,该齿轮副选择斜齿圆柱齿轮传动。按表中变速器在不同挡时的最大转矩及对应转速计算。

小齿轮输入转矩:$T_1=183\ \mathrm{N\cdot m}$;

小齿轮转速:$n_1=4\ 000\ \mathrm{r/min}$;

传动比:$i_a=3.1$。

初步计算传动主要尺寸:

$$d_1 \geqslant \sqrt[3]{\frac{2kT_1}{\varphi_d}\cdot\frac{u+1}{u}\cdot\left(\frac{z_E z_H z_\varepsilon z_\beta}{[\sigma]_H}\right)^2}\ \mathrm{mm} \tag{3-57}$$

小齿轮传递的转矩:

$$T_1=183\ \mathrm{N\cdot m}=183\ 000\ \mathrm{N\cdot mm} \tag{3-58}$$

设计时,因 V 值未知,k_v 不能确定,故可初选载荷系数:$k_i=1.1\sim1.8$。这里初选:$k_i=1.4$;取齿宽系数:$\varnothing_d=0.9$;弹性系数:$Z_E=189.8(\mathrm{mp_a})^{1/2}$;螺旋桨角:$\beta=12^0$,查表得节点区域系数 $Z_H=2.6$;齿数比:$u=i_a=3.1$;选 $Z_1=2.3$,则 $Z_2=uZ_1=3.1\times23=71.3$。

因为一对齿轮的齿数 Z_1 和 Z_2 以互为质数为好,以防止齿轮磨损集中于某几个齿上,而且为了保证最低车速不低于 50 km/h,故取 $Z_2=72$,反算传动比:

$$i_a'=u'=\frac{z_2}{z_1}=\frac{71}{23}=3.087 \tag{3-59}$$

得重合度：

$$\varepsilon_\alpha = \left[1.88 - 3.2\left(\frac{1}{z_1} + \frac{1}{z_2}\right)\right]\cos\beta = 1.66 \tag{3-60}$$

轴面重合度：

$$\varepsilon_\beta = 0.318\varnothing_{\mathrm{d}} Z_1 \tan\beta = 1.40 \tag{3-61}$$

查得重合度系数：$Z_\varepsilon = 0.84$。

螺旋角系数：$Z_\beta = 0.99$。

许用接触应力计算：

$$[\sigma]_{\mathrm{H}} = Z_{\mathrm{N}}\sigma_{\mathrm{HLim}}/S_{\mathrm{H}} \tag{3-62}$$

接触疲劳极限应力为

$$\sigma_{\mathrm{HLim1}} = 570\ \mathrm{MPa} = \sigma_{\mathrm{HLim2}} = 390\ \mathrm{MPa} \tag{3-63}$$

小齿轮应力循环次数为

$$N_1 = 60n_1 aL_n \tag{3-64}$$

式中　n_1——小齿轮转速 4 000 r/min；

a——齿轮转一周，同一侧齿面齿合的次数，$a = 1.1$；

L_{n}——齿轮的工作寿命，h。

取齿轮寿命为 8 a，每年工作日按 250 d 计算，每天工作时间，即该水陆两栖车辆在陆上行驶时间按 5 h 计，则

$$N_1 = 6.2952 \times 10^8 \tag{3-65}$$

大齿轮的应力循环次数：

$$N_2 = N_1/i_a = 2.039 \times 10^8$$

得寿命系数：

$$Z_{N1} = 1.05 \quad Z_{N2} = 1.12$$

取安全系数 $S_{\mathrm{H}} = 1.0$，得

$$[\sigma]_{\mathrm{H}_1} = Z_{N_1} \times \sigma_{\mathrm{HLim1}}/S_{\mathrm{H}} = 598.5\ \mathrm{MPa} \tag{3-66}$$

$$[\sigma]_{\mathrm{H}_2} = Z_{N_2} \times \sigma_{\mathrm{HLim2}}/S_{\mathrm{H}} = 436.8\ \mathrm{MPa} \tag{3-67}$$

故取：

$$[\sigma]_{\mathrm{H}_1} = [\sigma]_{\mathrm{H}_2} = 436.8\ \mathrm{MPa} \tag{3-68}$$

初算小齿轮 1 的分度圆直径 d_{1t}：

$$d_{1t} \geqslant \sqrt[3]{\frac{2kT_1}{\varphi_d} \cdot \frac{u+1}{u} \cdot \left(\frac{z_{\mathrm{E}} z_{\mathrm{H}} z_\varepsilon z_\beta}{[\sigma]_{\mathrm{H}}}\right)^2} = 84.1\ \mathrm{mm} \tag{3-69}$$

3.5.3 校核齿根弯曲疲劳强度

$$\sigma_F = \frac{2kT_1}{bm_n d_1} Y_F Y_S Y_\varepsilon Y_\beta \leqslant [\sigma]_F \tag{3-70}$$

式中,各参数 K、T_1、m_n、d_1 值同上。

齿宽 $b = b_2 = 75$ mm;齿形系数 Y_F 和应力修正系数 Y_S。

当量齿数:

$$Z_{v1} = Z_1/\cos^3\beta = 24.5$$

$$Z_{v2} = Z_2/\cos^3\beta = 75.63$$

查得

$$Y_{F1} = 2.63 \quad Y_{F2} = 2.24 \quad Y_{S1} = 1.58 \quad Y_{S2} = 1.77$$

重合度系数 $Y_\varepsilon = 0.72$

螺旋角系数 $Y_\beta = 0.91$

许用弯曲应力由式 $[\sigma]_F = Y_N \sigma_{FLim}/S_F$ 计算。

查得弯曲疲劳极限应力:

$$\sigma_{FLim1} = 220 \text{ MPa} \quad \sigma_{FLim2} = 170 \text{ MPa}$$

查得寿命系数: $Y_{N1} = Y_{N2} = 1.0$,安全系数 $S_F = 1.5$。

故

$$[\sigma]_{F1} = Y_{N1}\sigma_{FLim1}/S_F = 176 \text{ MPa}$$

$$[\sigma]_{F2} = Y_{N2}\sigma_{FLim2}/S_F = 136 \text{ MPa}$$

$$\sigma_{F1} = (2kT_1/bm_n d_1) Y_{F1} Y_{S1} Y_\varepsilon Y_\beta = 74.68 < [\sigma]_{F1} \tag{3-71}$$

$$\sigma_{F2} = \sigma_{F1} * Y_{F2} Y_{S2}/Y_{F1} Y_{S1} = 71.25 < [\sigma]_{F2} \tag{3-72}$$

满足齿根弯曲疲劳强度。

3.5.4 齿轮传动其他几何尺寸计算

(1)齿顶圆直径

$$d_a = d + 2h_a$$

式中,h_a 为齿顶高,$h_a = h_a \times m = 1 \times 3.5 = 3.5$。

得

$$d_{a1} = d_1 + 2h_a = 89.4 \text{ mm}$$

$$d_{a2} = d_2 - 2h_a = 261.2 \text{ mm}$$

(2)齿根圆直径

$$d_f = d + 2h_f$$

式中，h_f为齿根高，$h_f = (h_a{}^* + C^*)m = 4.375$ mm

得

$$d_{f1} = d_1 + 2h_f = 73.65 \text{ mm}$$

$$D_{f2} = d_2 - 2h_f = 245.45 \text{ mm}$$

3.5.5　分动器传动轴设计与计算

1. 轴的结构设计(图 3 - 58)

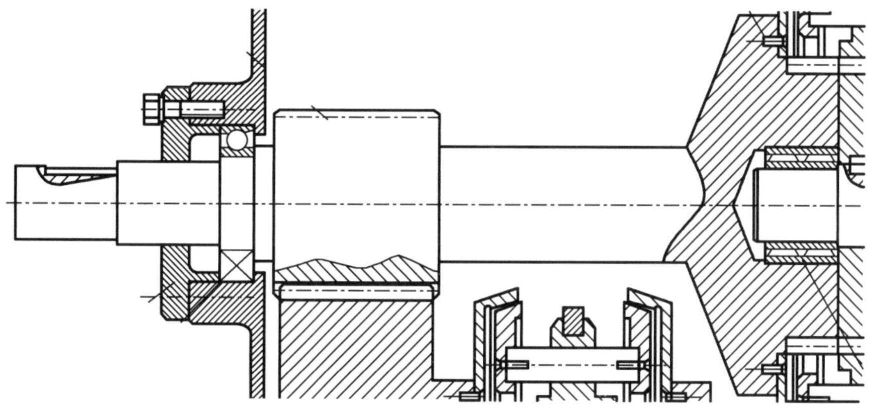

图 3 - 58　输入轴部分图示

2. 轴的强度校核计算

考虑到螺旋桨输出轴的轴径最小，故主要对其进行强度校核。

(1)轴的支承反力

在水平面上

$$F_t = M/d = 183\ 000/133 = 1\ 376 \text{ N}$$

$$Fr = F_t \tan\alpha = 1\ 376 \times \tan 20° = 501 \text{ N}$$

垂直面内的支反力：

$$R_{1v} = Fr40/(40 + 96) = 147.4 \text{ N}$$

$$R_{2v}=Fr96/(40+96)=353.6\ \text{N}$$

水平面内的支反力：

$$R_{1H}=Fr40/(40+96)=404.7\ \text{N}$$

$$R_{2H}=Fr96/(40+96)=971.3\ \text{N}$$

(2)计算弯矩

垂直面内：

$$M_{\text{v}}=R_{1\text{v}}l_1$$

$$l_1=l_{\text{CA}}=96\ \text{mm}$$

$$M_{\text{v}}=147.4\times96\times10^{-3}=14.2\ \text{N}\cdot\text{m}$$

水平面内：

$$M_{\text{H}}=R_{1\text{H}}\,l_1=404.7\times96\times10^{-3}=38.9\ \text{N}\cdot\text{m}$$

总弯矩：

$$M=(M_{\text{v}}^{\ 2}+M_{\text{H}}^{\ 2})^{1/2}=(14.2^2+38.9^2)^{1/2}=41.4\ \text{N}\cdot\text{m}$$

(3)弯矩图(图 3-59)

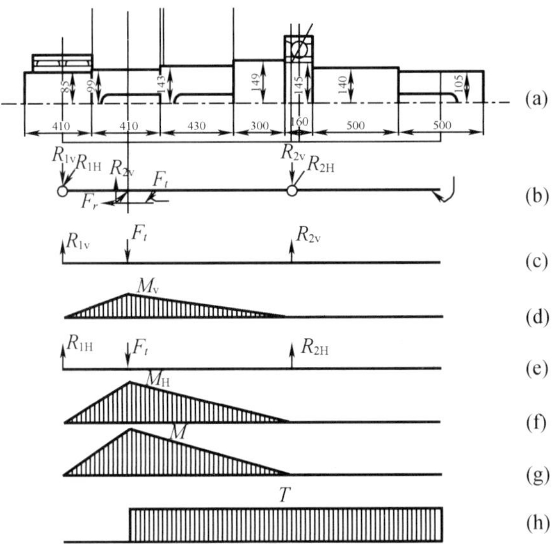

图 3-59 弯矩图

(4)校核轴的强度

根据轴的结构图和弯矩、转矩图对危险截面进行强度分析。

按第三强度理论:

$$\sigma_{ca}=\frac{\sqrt{M^2+(\alpha T)^2}}{W}\leqslant[\sigma_{-1}] \tag{3-73}$$

式中 σ_{ca}——轴的计算应力,MPa;

M——轴所受弯矩,N·m;

T——轴所受转矩,N·m;

W——轴的抗弯截面系数,mm^3;

α——扭转切应力为静应力时,取 $\alpha\approx0.3$。

所以

$$\begin{aligned}\sigma_{ca}&=[M^2+(\alpha T)^2]^{1/2}/0.1d^3\\&=[41\ 400^2+(0.3\times91\ 500)^2]^{1/2}/0.1\times39^3\\&=8.37\ \text{MPa}\end{aligned}$$

查文献得

$$[\sigma_{-1}]=213\ \text{MPa}$$

故,$\sigma_{ca}<[\sigma_{-1}]$,即安全。

(5)校核键连接的强度

所有的键都选为《普通型 平键》(GB/T 1096—2003)中规定的 10×35。

联轴器处的轴径最小,对其进行校核。

$$\sigma_p=2T/kld\leqslant[\sigma_p] \tag{3-74}$$

式中 T——轴传递的转矩,N·m;

k——键与轮壳键槽的接触高度,平键 $k=0.5h$,此处 h 为键的高度,mm;

l——键的工作长度,A 型平键 $l=L-b$, L 为键的公称长度;

d——键的宽度,mm;

$[\sigma_p]$——最小的材料的许用挤压应力,MPa。

$$\sigma_p=2T/kld=2\times183\ 000/4\times29\times35=90.1\ \text{MPa}\leqslant[\sigma_p]$$

所以强度足够。

(6)换挡操纵装置(图3-60)

为了避免冲击、减少噪声,在换挡过程中需要用到同步器,这样可以从结构上保证接合套与待接合的花键齿圈在达到同步之前不接触。

在同步器锥环与被接合齿轮锥盘逐渐接合过程中,两接合齿轮转速趋于一致,此时锁销与接合套锁止面压力消失,拨动齿套无阻碍地推进,达到无冲击齿合。

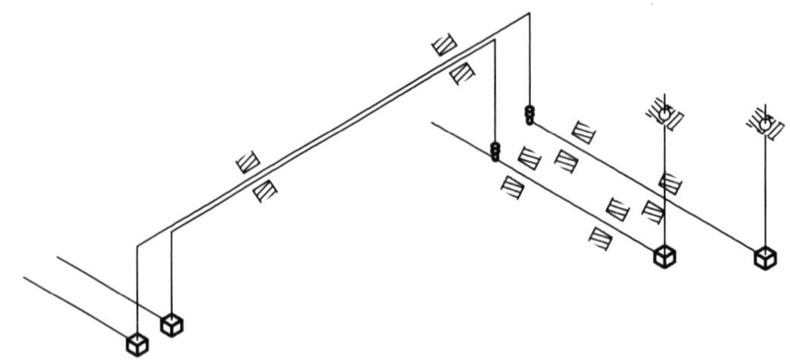

图 3－60　远距离操纵的杆系传动机构图示

3.6　低速两栖车辆机电设计

3.6.1　推进系统设计

研究两栖车辆的关键是要提高其水上快速机动性，而选用的水上推进装置及其推进效率是实现这一目标的关键，为此有必要对其所用的水上推进装置进行研究。车辆保持某一稳定的速度航行，是发动机、推进器和一定的车体外形三者相互匹配的结果。其中发动机是能量的提供者，车体则是能量的接受者，而推进器担负着转换器的角色，通过推进器的运转，使发动机的能量转换成车辆前进的动力。

1. 水上推进装置的分类

两栖车辆在陆上和水中行驶时遵循着不同的运动学规律，依据两种不同的推进技术与系统。对推进器类型的选择，主要考虑效率、转向灵活性、操纵方便、良好的保护、减小车内容积等。把车辆本身与推进器两者的结构特点结合起来，将车辆的推进划分为以下几类。

(1)履带推进装置

履带推进装置分为全部浸水和部分浸水两种推进装置。部分浸水推进装置是依靠下部的履带向后划水，产生反作用的推力。这种结构是为减少上支回程履带的反作用而设计的。当履带回转速度很高时，吸进的空气被带入水中，在履带的底部形成水－空气的混合层，从而减小了水的反作用力，导致履带推力的降低。

当这种车辆在波浪中航行时，上支回程履带往往也会浸在水中，这更会造成履带推进器的推力下降。

当今两栖车辆已都采用全部浸水的推进装置。这种推进装置是将全部上下支履带都分布在车辆的吃水线以下。在这种情况下，回转中下支履带所建立的推力 P_H，其方向与车辆的运动方向完全一致，而上支回程履带所建立的推力 P_B 为负值，其方向与车辆的运动方向相反。这时的总推力应该是上下两支履带的推力之差。

为了改善履带推进装置的水力参数，许多现代两栖车辆都把上支回程履带用专门的外罩遮住。外罩 1 通常是由前罩 2 和布置在后面的导向器 3 以及挡水板 4 组成的。履带推进装置的车辆，其回转性能是依靠两侧履带的速度差，或使一侧履带完全制动来实现的（图 3 - 61）。

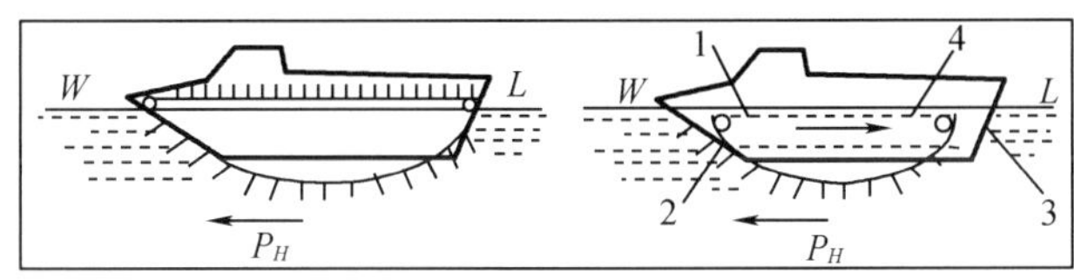

1—外罩；2—前罩；3—导向器；4—挡水板。

图 3 - 61　部分浸水的履带与全部浸水的履带推进装置

（2）轮胎推进装置

轮胎推进装置利用旋转的轮子的下部与上部在水中产生的反作用力之差使车辆在水中行驶。虽然只能获得不大的运动速度，但由于结构简单，不需要专门的水上推进和传动机构，而且轮胎本身还具有一定的浮力，能为全车提供一定的排水量，因此轮胎推进装置也得到了应用。

将轮胎作为推进装置的车辆航速主要由轮胎推出的水量及其推出速度来决定。但由于轮胎结构是由陆上行驶性能所决定的，因此轮胎推出的水量也不会大。轮胎推出水的速度取决于轮胎的回转速度、车辆的运动速度、河水的流速及流向等，其中轮胎的回转速度是决定因素。通常这种车辆是利用方向轮进行水上转向。但由于车辆航速低，方向轮得不到足够的侧向力，因而车辆的水上操纵性不好，很难保持车辆的运动方向，甚至在流速不大的河流上行驶也很困难。但对于机动性要求不高的车辆，或作为装有螺旋桨、喷水推进等专用推进装置的应急辅助推进装置还是很有效的。

(3)螺旋桨推进装置

螺旋桨推进装置是在轮毂上沿径向按等角度的距离安装一排叶片,螺旋桨旋转时,翼状截面的桨叶使其产生的水动力分力指向车辆的行进方向,这些分力的合力,即轴向力 P,称为推力。所有桨叶上的推力之和作用在两栖车辆的车体上使其在水中行驶(图 3-62)。

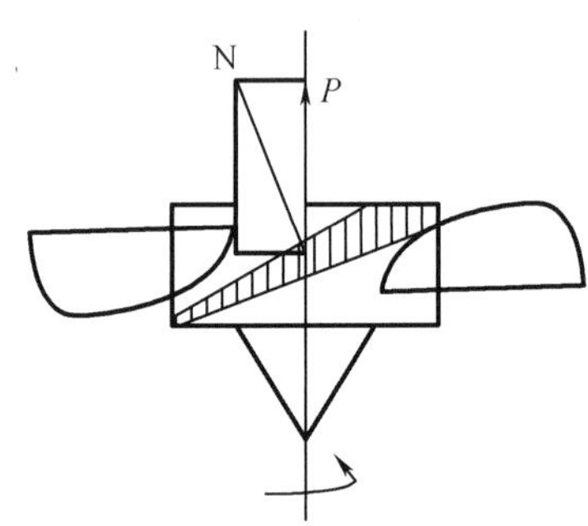

图 3-62　螺旋桨推力产生原理

一般车辆采用的螺旋桨直径为 300~1 000 mm,具有 4 个桨叶,螺旋桨的螺距与直径之比称为螺距比,一般为 0.55~0.75,桨叶叶面的展开面积与直径之比称为盘面比,一般在正常情况下为 0.48~0.8。

一般情况下,两栖车辆都要装一个或两个螺旋桨,通常采用单桨的车辆大多安装在车尾中线两侧。为防止陆上越野行驶时碰坏螺旋桨,在某些车辆上采取了一些特殊结构形式。许多车辆均将螺旋桨布置在车辆尾部的涵洞中,使通过螺旋桨的水流顺畅。在推进器后方装有艇舵,用来改变车辆航向。

(4)喷水推进装置

喷水式推进装置又称为液力反应式装置,它是通过专用泵进行高速排水,借助排出水的反作用产生推力而使车辆行驶。

现代两栖车辆广泛采用喷水推进装置,它具有一些突出优点:

①由于推进器在车体内部,所以车辆在陆上、出入水以及在浅滩行驶时均有良好的抗损坏能力;

②可以利用喷水推进器的管道,设置车内的引射式排水工具;

③不改变叶轮的回转方向就能实现倒车和转向,从而能保证车辆具有很好的机动性;

④对水面状态的敏感性很小,在浅滩及水面条件较差的情况下,即使吸进足够的水量,也能正常工作。

喷水推进器由输水管道、推进器装置(或称推进泵)和换向装置组成。有些车辆的出水管还装有倒水道,倒车时,首先关闭喷口,这时水就会通过倒车水道向车首方向喷出,实现倒车和转向。有些车辆则采用换向装置实现倒车和转向。

喷水推进器的数量及其安装位置是由车辆总布置决定的。可以根据车辆尾部的吃水深和推进器的布置位置,确定推进器的喷口是从水下、半水下,还是从大气中喷水。在车辆在水深不大的情况下,这种叶轮的布置方式能保证推进器正常工作。某两栖车辆具有两个喷水推进器,布置在车尾的两侧,其结构式见图 3-63。喷水处装有换向装置,该装置可以在水平面内改变喷水方向,也可将水喷向车首方向,用丁实现转向、制动和倒车。

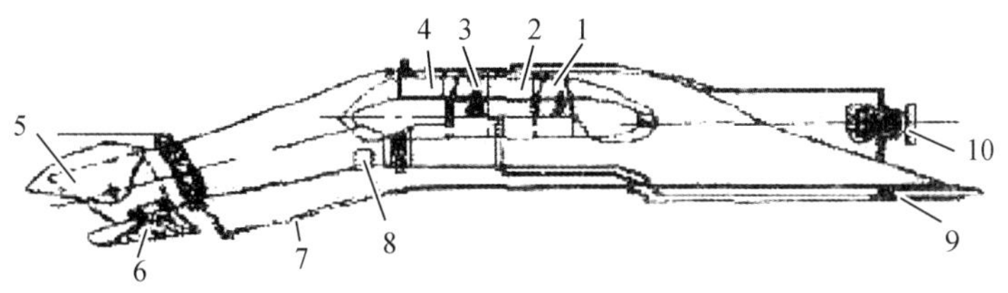

1—前叶轮;2—前导流器;3—后叶轮;4—后导流器;5,6—换向装置;
7—车体侧板;8—排水泵接口;9—吸水口防护格栅;10—方向传动法兰。

图 3-63　某水陆两栖车辆双级喷水推进器简图

2. 水上推进装置比较(表 3-27)

在进行新型两栖车辆的论证、设计或改造时,应考虑车辆的质量、体积及结构特征,根据具体的作战需要、使用安全性以及用途种类等选择恰当的水上推进装置,不可为了追求单一的指标而影响了两栖车辆的总体性能。

表 3-27　水上推进装置性能比较表

推进装置类型	单位推力/(拖桩)/$(N \cdot kW^{-1})$	回转直径/m	燃油消耗量/$(L \cdot km^{-1})$	机动性	抗损能力	维修性	作为引射排水工具的可能性
轮胎推进装置	4.0 ~ 20.0	2.5 ~ 4.5	12 ~ 18	较差	不强	简便	—
履带推进装置	26.7 ~ 53.4	8 ~ 11	8 ~ 15	较差	较强	简便	—
螺旋桨推进器	106.7 ~ 160.1	1.6 ~ 3.5	1.2 ~ 3.5	良好	不强	不便	—
喷水推进装置	66.7 ~ 133.4	4.5 ~ 6.0	4.5 ~ 6.0	很好	较强	不便	可能

3.6.2 典型电气设计图

电气元件对设计的高度提升，主要是在电气元件、接插件、线束等低于水线的部分，增加密封结构或者重新设计电器线束走向来解决密封问题。机械结构上的通气孔位置提升，方法更加简单，可以利用通气管把通气管高度提升。

3.7 综合性数值分析

两栖车辆的设计阶段，如前面所述，除了陆地所要求的数值分析及陆地试验内容外，在水上部分要进行车辆的一系列的数值分析，如性能分析、稳性分析、阻力计算、结构在水上的环境载荷及强度计算、螺旋桨设计分析以及各个专业的所需分析计算等，具有了这些设计资料并满足船级社的指南、规范或双方（设计建造方与船级社）商定的技术准则才能进行生产设计及建造等下一步工作。

3.8 安全管控设计

3.8.1 车载安全管控

水陆两栖车辆的安全管控是设计中要关注的重点，在陆地时要充分考虑车辆的仪器、仪表、动力系统、管路系统与轮胎等硬件系统的安全控制，也涉及道路路口与人员自身的状态问题；在河海水面上，除了陆地上的问题外，又要考虑在水面的风浪、阻碍物等造成的安全隐患问题的监控。

1. 整车陆上分布式驱动控制技术（图 3 – 64）

（略）。

2. 陆地汽车运行安全问题（图 3 – 65）

陆路交通系统是人、车与环境组成的多元交互式系统，要解决这个多元系统的互相作用而产生的负面影响，以保证人与车的安全问题（图 3 – 65 至图 3 – 67）。

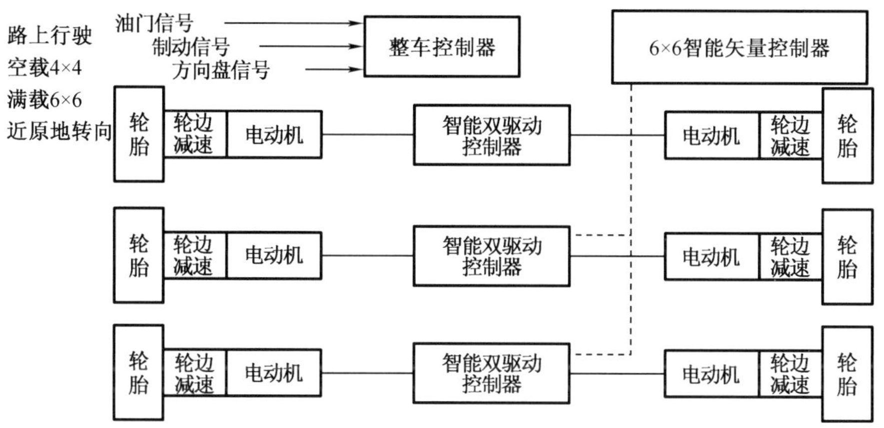

图 3-64 整车陆上分布式驱动控制技术

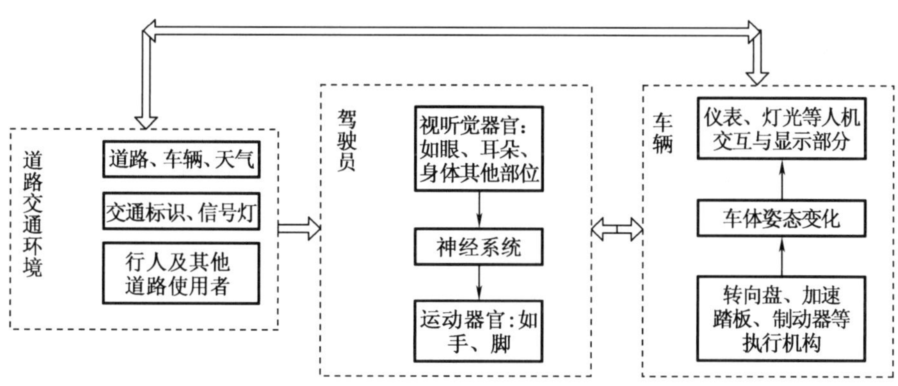

图 3-65 陆路交通系统各组成部分互相关系示意图

3. 水上安全管控

两栖车辆水上安全保护依靠一个由岸基-两栖车辆联网的信息管理和智能化决策支持的整体集成系统来实现,该系统的完整性包含以下三个维度。

第一是内容的完整性,包括水上环境实时预警、作业人员的安全保障、两栖车辆上的设备运维安全、两栖车辆本体结构生命健康实时安全监控等多个方面;同时,包含两栖车辆上的管理系统及岸基的决策中心的软硬件系统方面的技术。

第二是事件的完整性,即在应用该系统技术时不仅仅进行检测、监控,而且要在重要事件发生后,对本体及该事件进行分析、处理、决策,并对该事件对两栖车辆本体生命力的影响进行评估,从而得出该事件的完整结果,形成事件的闭环。

第三是系统的完整性,包含软硬件、近体与远程、视频与指挥系统、存储与传输、自然语言的报告、完整的数据库结构、两栖车辆上的实时响应控制中心与岸基智能决策支持中心(图 3 - 68 至图 3 - 72)。

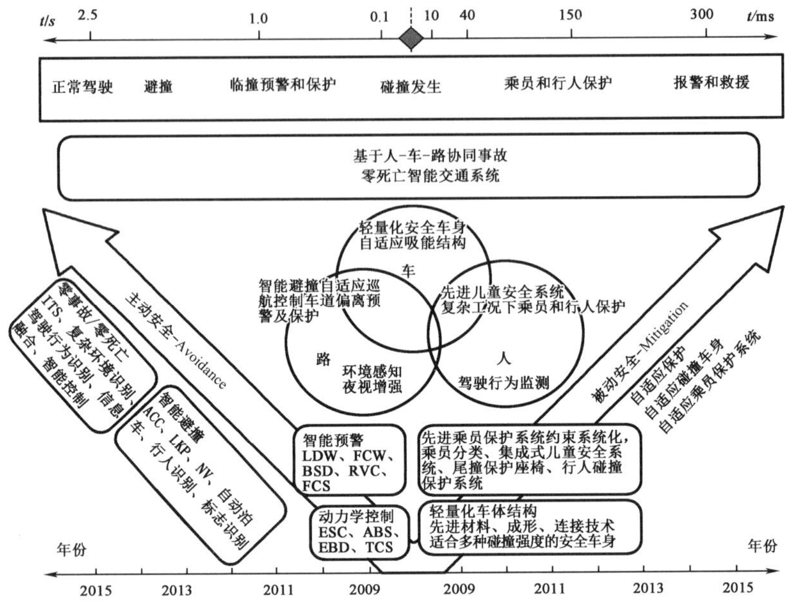

图 3 - 66　汽车安全技术的发展

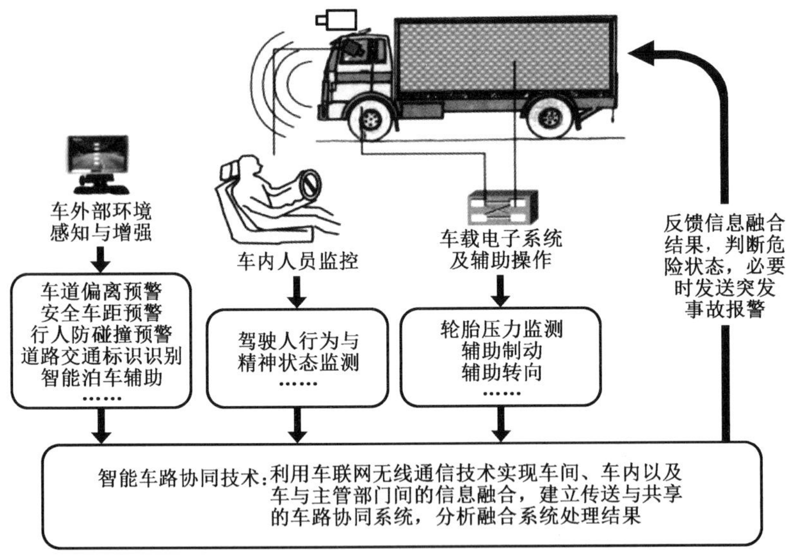

图 3 - 67　汽车安全辅助驾驶技术

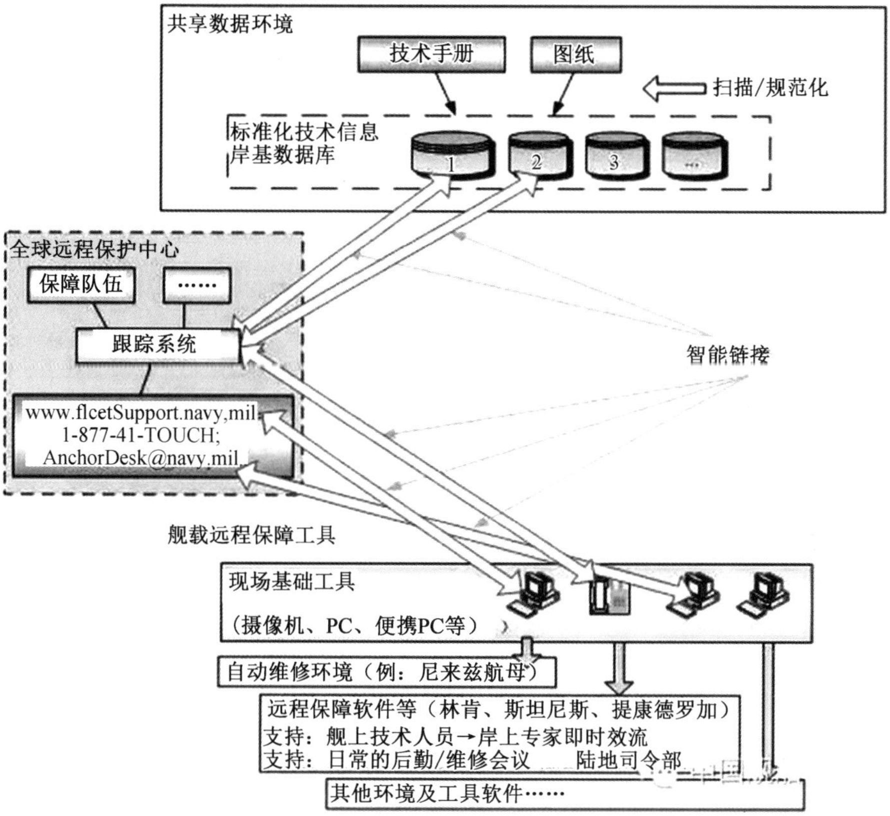

共享数据环境
技术手册
图纸
扫描/规范化
标准化技术信息
岸基数据库
1
2
3
…
全球远程保护中心
保障队伍
……
跟踪系统
www.flcetSupport.navy,mil
1-877-41-TOUCH;
AnchorDesk@navy,mil
智能链接
舰载远程保障工具
现场基础工具
（摄像机、PC、便携PC等）
自动维修环境（例：尼米兹航母）
远程保障软件等（林肯、斯坦尼斯、提康德罗加）
支持：舰上技术人员→岸上专家即时效流
支持：日常的后勤/维修会议　陆地司令部
其他环境及工具软件……

图 3－68　美国海军远程安全保障系统的结构体系

岸基决策
平台中央控制与综合管理系统
远程诊断
电力监控
推进监控
综合舰桥
作业监控
环境监视
综合管理与决策
保障管理
损管综合监控
综合状态监测
人员保护
装备物资保障
后勤服务保障
行政与人事
损管监控
危险品防火防爆安全监控
三防\集防监控
气象目标特征监测
灾害目标特征监测
水下目标特征监测
空天目标特征监测
水文目标特征监测
船体结构状态监测
主要设备状态监测
人体健康信息监控分析
人员生活工作休息分析
人员逃生与定位
人因工程训练
平台中央主干网与混合云库

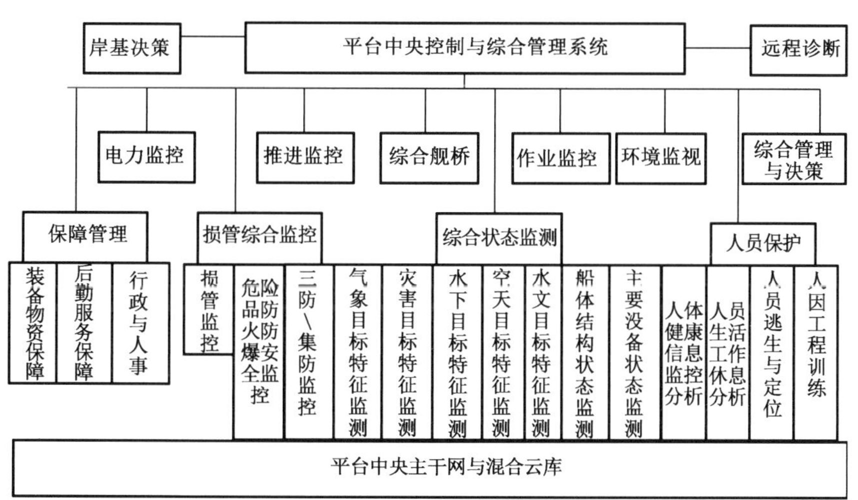

图 3－69　系统设计思路

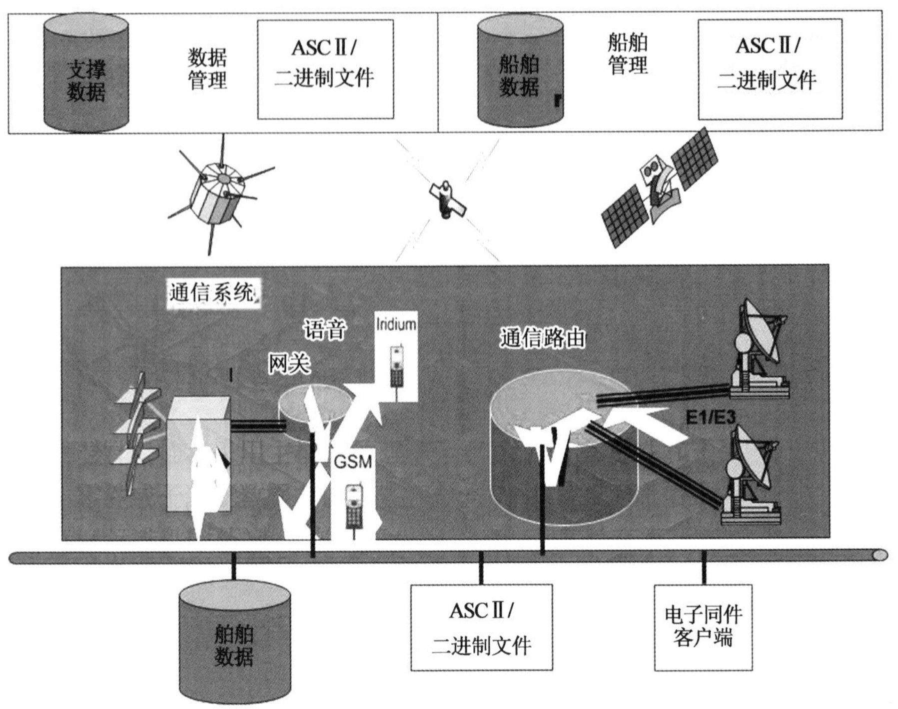

图 3－70　信息传输协议与管理

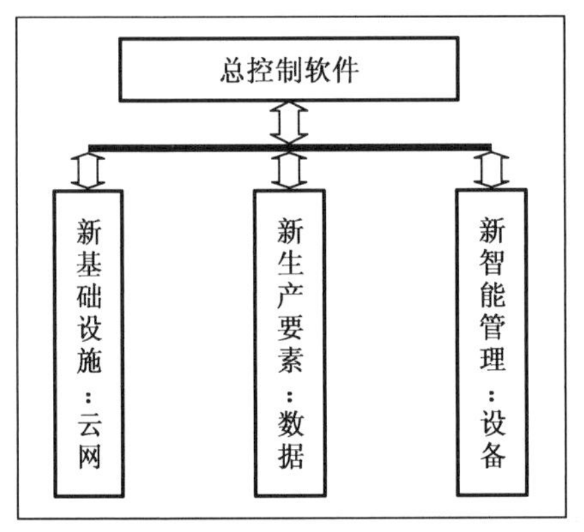

图 3－71　总控制软件结构图

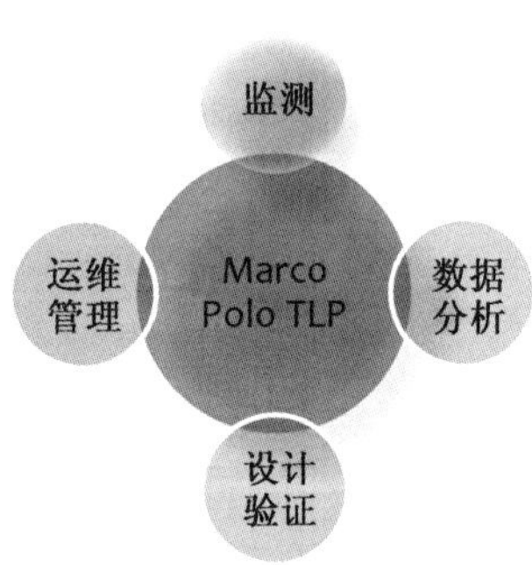

图 3－72　系统构架示意图

两栖车辆结构本体在水上的安全保障技术系统如图 3－73 至图 3－80 所示。

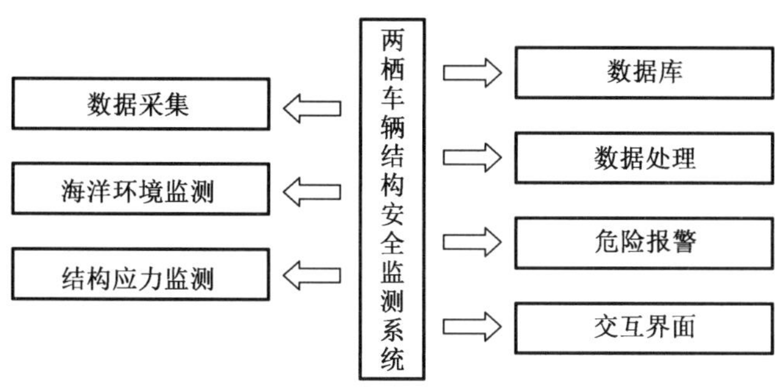

图 3－73　两栖车辆结构安全检测系统主要功能

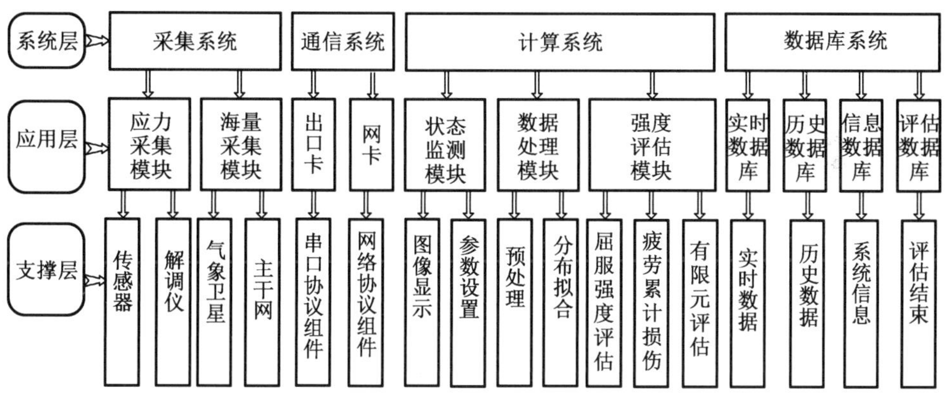

图 3－74　系统结构图

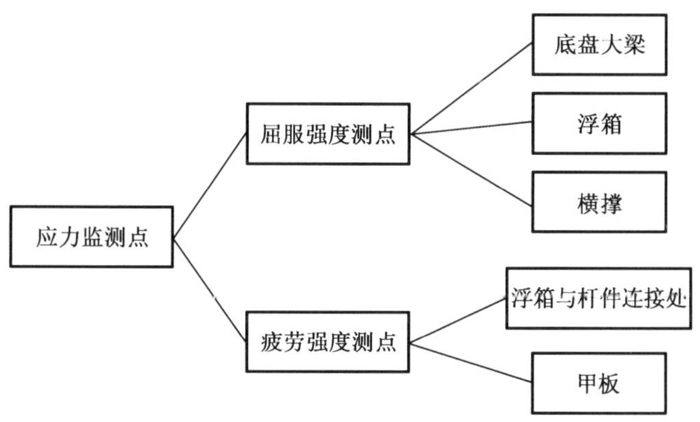

图 3－75　测点位置与分类图

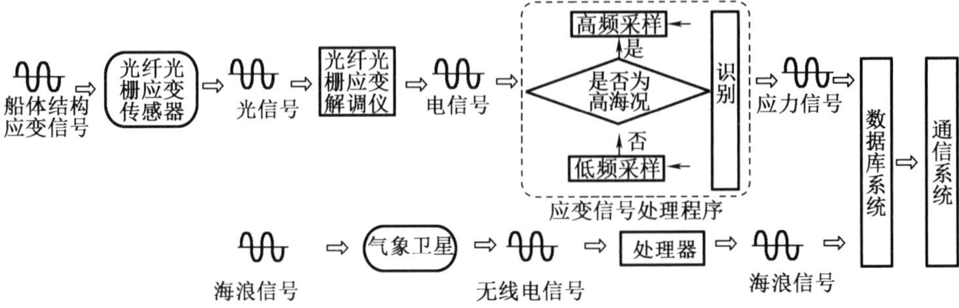

图 3-76　采集系统工作流程图

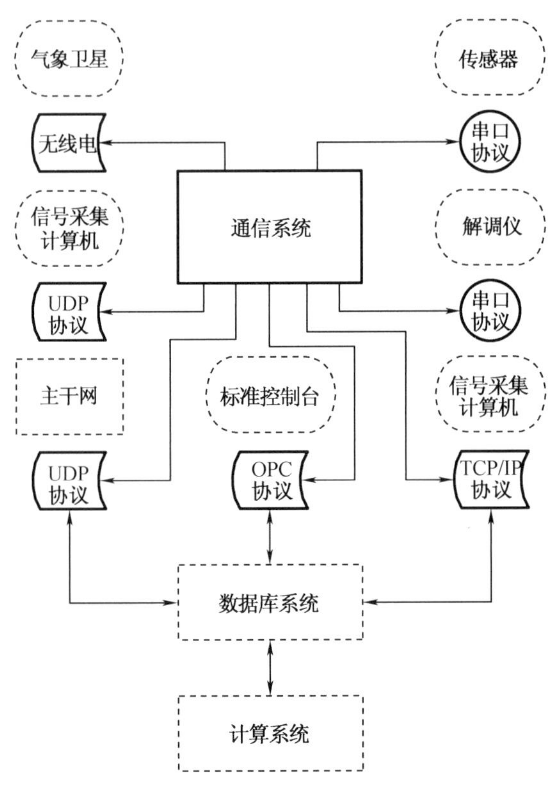

图 3-77　通信系统图

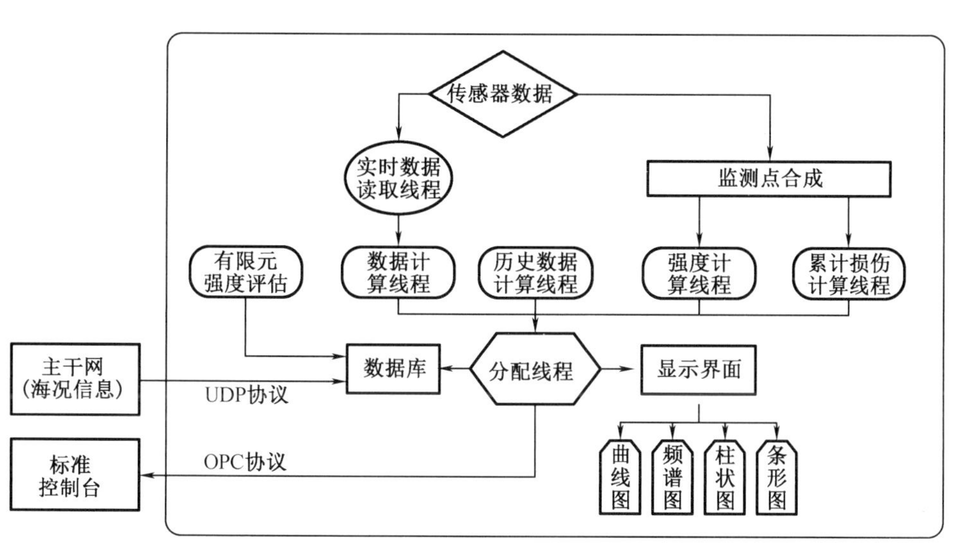

图 3 – 78　计算系统数据结构

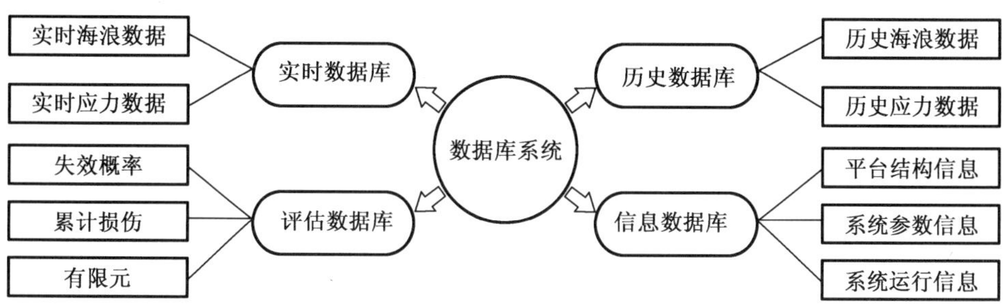

图 3 – 79　数据库结构图

两栖车辆结构安全监测系统为决策者提供真实可靠的最新数据，保障两栖车辆安全，增强了结构的风险预防能力，提高安全性能，为保证装备安全提供科学依据。因此，采用结构安全监测系统将使在水面运行的两栖车辆在安全性能、风险防控、智能化水平等各个方面获得极大的提升。

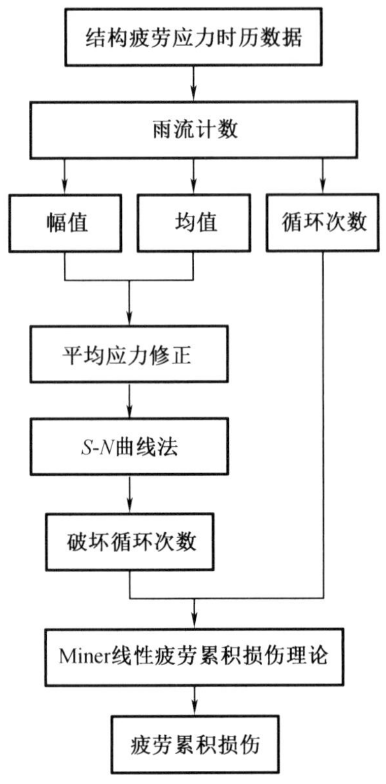

图 3-80　疲劳评估流程图

新能源电动两栖车热管理系统主要由乘员舱热管理、电驱电控热管理和电池热管理三个部分组成。乘员舱是两栖车行驶过程中驾驶人员所处的环境空间，为保证驾驶人员舒适的驾驶环境，乘员舱热管理需要控制室内环境的温度、湿度和新风量等。乘员舱热管理模块通常包含电动压缩机、冷凝器、蒸发器、多通换向阀、膨胀阀和连接管路等部件。电驱电控热管理和电池热管理模块主要由水泵、液冷板、多通水阀、板式散热器、BMS、水冷管路等部件组成。电驱与电控是新能源电动两栖车关键的能量输出环节，电机工作过程中由于线圈电阻发热、机械摩擦等原因会产生大量热量，温度过高将导致电机内部短路、退磁等问题。而动力电池热管理是保障新能源电动两栖车高效安全运行的重要技术，过高的电池温度将引发热失控等安全事故，过低的使用温度则会严重影响电池使用寿命和电池容量。

基于模型的热管理控制策略，从功能、能量、控制三方面协调管理，综合调配各种热能以及废热回收，充分共享各系统的控制资源和信息，综合协调热管理系统与其他系统的控制需求，既满足动力系统整车热管理的性能要求，又减少能量浪费，提高能量利用效率。通过与数字样车联合仿真，可提供精益高效的新能源电动两栖车热管理集成解决方案。

4. 整车热管理技术（图 3－81）

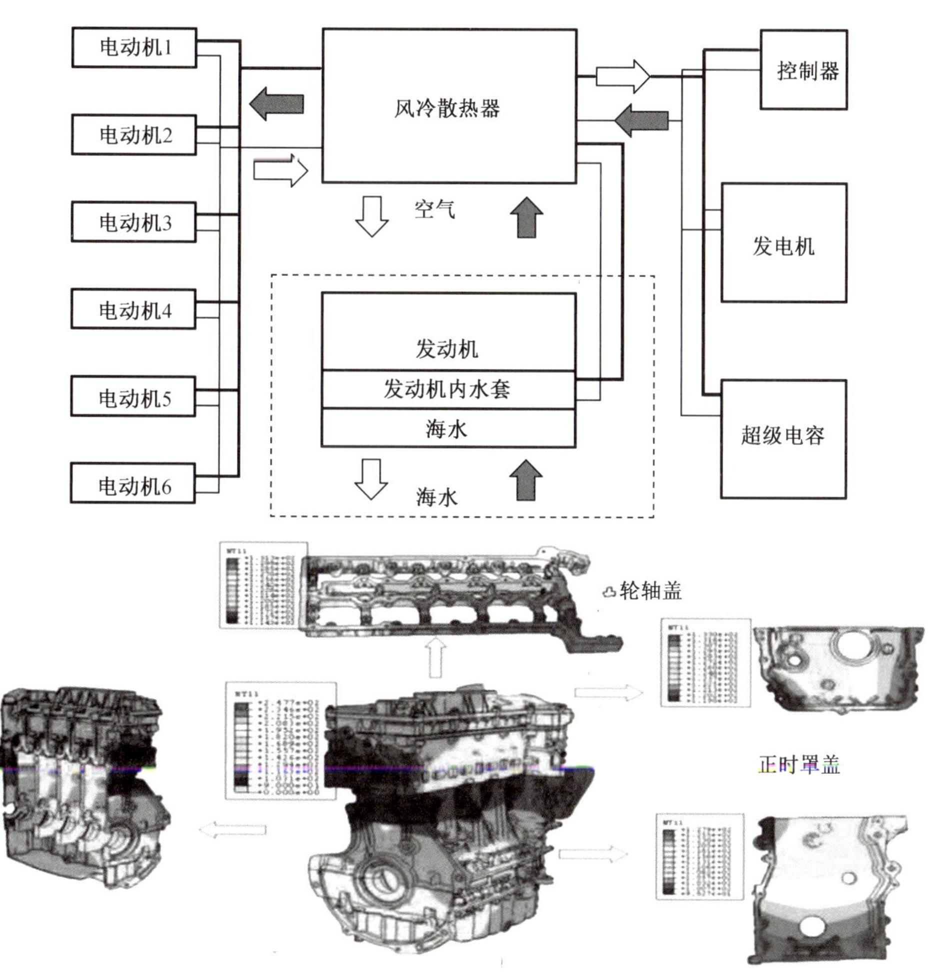

图 3－81　发动机整机温度场分析

3.8.2　两栖军用车辆的武器应用安全

两栖军用战车设计的突出问题之一是要解决它在海面发射火炮的安全性和

稳定性,因其在发射后坐力而产生的下沉量、横倾和纵倾对该两栖车辆的安全性和稳定性产生影响。文献[14]对此进行了合理简化和假设,根据动量定理和动量矩定理,建立了战车海面运动方程,详细分析了作用在战车上的外力和外力矩,运用四阶龙格-库塔法进行数值求解计算,获得了战车海面运动特性。

1. 车辆水上动力学

(1)坐标系及假设

基于船舶设计通用的 ITTC 坐标系,结合车辆的习惯,建立两栖车辆随车坐标系,即将车辆视为一个在水面上做 6 自由度运动的刚体,在车辆的质心处建立 $Oxyz$ 坐标系,纵轴 Ox 在其纵剖面内且平行于车体基线,正向指向车首;横轴 Oy 平行于车体基面,正向指向左侧;Oz 轴垂直向上,如图 3-82 所示。

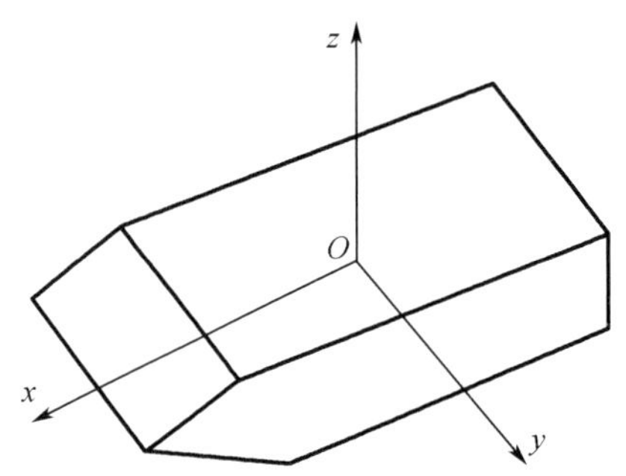

图 3-82　两栖车辆随车坐标系

假设:

①将整车视为具有一定质量和质量对称分布的刚体,各坐标轴为车辆整车的中心惯量主轴;

②假设车辆航向、侧滑和艏摇三个方向的运动不存在恢复力和恢复力矩,而垂向、横摇和纵摇三个方向的恢复力和恢复力矩为线性关系;

③考虑车辆的对称性等因素,略去系数矩阵中很小的元素项;

④假设车辆不存在操纵控制力和控制力矩。

(2)动力学方程

车体质心相对于地球的线速度为 U',绕质心转动的角速度为 Ω',作用在车体的外力为 F',作用在车体质心的外力矩为 M'。定义随车坐标系中的三个线位移为纵向位移 x、横向位移 y、垂向位移 z 和三个角位移为横摇角位移 φ、纵摇角位移 θ、首摇角位移 ψ,线速度 U'和角速度 Ω'在随车坐标系 $Oxyz$ 三坐标轴的分

量为 u、v、w、p、q、r 。

根据动量定理和动量矩定理，建立车辆在随车坐标系中的运动方程为

$$m' U'' + m'(\Omega' \times U') = F' \tag{3-75}$$

$$J' \Omega'' + \Omega' \times (J' \Omega') = M' \tag{3-76}$$

式中，m'、J'为整车质量张量、惯量张量，统称质量特性张量，在随车坐标系中均为 3×3 阶对角阵，根据基本假设，质量张量和惯量张量。F'、M'为作用于车辆上的外力向量、外力矩向量。

(3)外载荷

水上作用车辆的外力和外力矩向量 R' 由多种因素组成，一般包括恢复力和恢复力矩、附加质量惯性力和惯性力矩、阻尼力和阻尼力矩、其他水动力和水动力矩、推力和推力矩、导弹发射扰动力和扰动力矩及海浪干扰力和干扰力矩。R' 可写为

$$\begin{aligned} R' &= (X\ Y\ Z\ K\ M\ N)^{\mathrm{T}} \\ &= -R_k' - R_{\mathrm{m}}' - R_n' - R_{\mathrm{a}}' - R_b' + R_t' + R_g' + R_{\mathrm{s}}' \end{aligned} \tag{3-77}$$

X、Y、Z 为整车在随车坐标系中沿 x 轴方向的纵向力、沿 y 轴方向的横向力、沿 z 轴方向的垂向力；K、M、N 为整车在随车坐标系中沿 x 轴旋转的横倾力矩、沿 y 轴旋转的纵倾力矩、沿 z 轴旋转的转首力矩。

随车坐标系中两栖车辆水上运动的矩阵形式为

$$Mo'A'' + Mc'\Gamma r' = R' \tag{3-78}$$

上述外力和外力矩可根据两栖车辆水动力特性计算，导弹发射扰动力根据理论计算结果施加。导弹后坐力施加作用点距质心距离为 X 方向 1.959 2 m，Y 方向 0.444 m，方向垂直于车体 XY 平面，持续时间为 0.12 s。

2.动力学数值仿真

(1)静水发射条件下车辆平稳性

按照 $t=0$ s 时火炮发射，计算在 20 s 内，静浮于水面上的两栖车辆稳定性，给出炮弹后坐力对车辆运动状态的影响。

由于炮弹后坐力方向垂直于车体 XY 平面，因此对车辆纵向和横向位移、速度的影响较小；对车辆垂向位移和垂向速度的影响如图 3-83 所示。由图 3-83 可以看出，垂向位移最大为 -0.062 m，速度最大为 -0.219 m/s，大约 8 s 后由于垂向恢复力的影响，位移和速度均趋于 0。

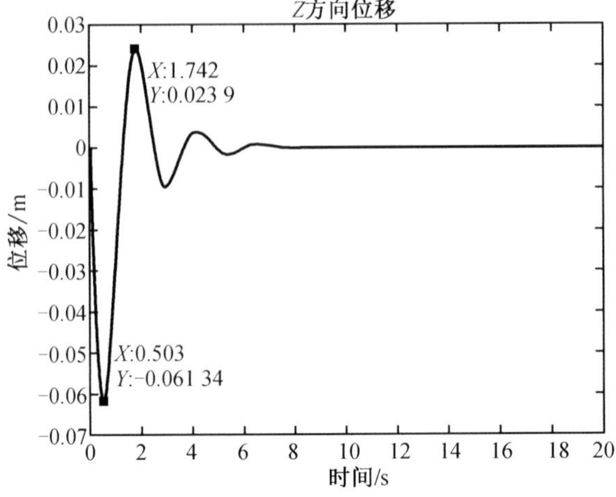

图 3-83 车辆垂向位移

后坐力对车辆横摇角位移和横摇角速度的影响如图 3-84、图 3-85 所示。横摇角位移最大为 0.049 rad(2.826°),横摇角速度最大为 0.103 6 rad/s,导弹发射约 15 s 后横摇运动衰减为 0。

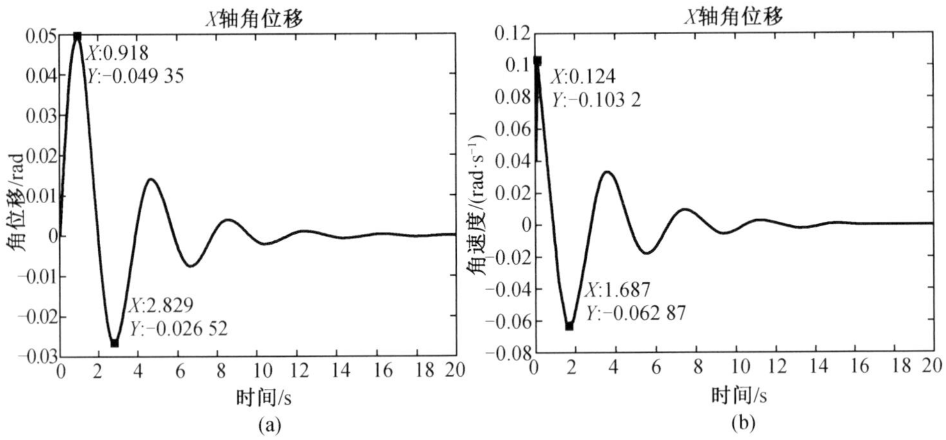

图 3-84 车辆横摇角位移与车辆横摇角速度

后坐力对车辆纵摇角位移和纵摇角速度的影响如图 3-85 所示。纵摇角位移最大为 0.149 rad(8.54°),最小 -0.061 6 rad(-3.53°),纵摇角速度最大为 0.440 6 rad/s,10 s 后纵摇运动趋于 0。

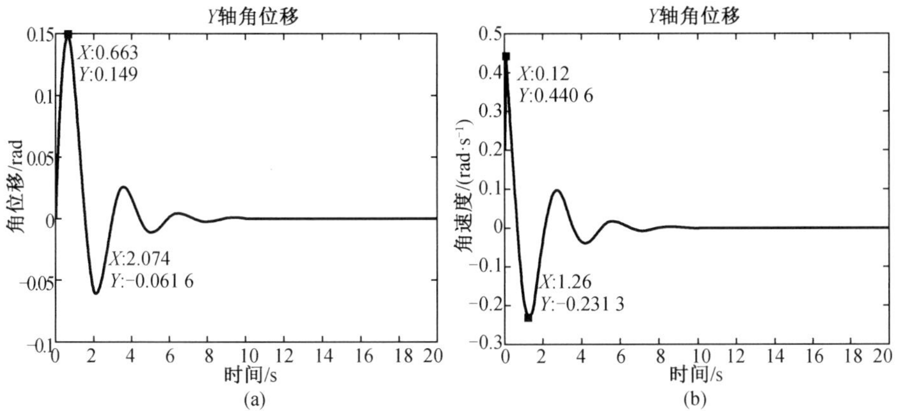

图3-85 车辆纵摇角位移

后坐力对车辆首摇角位移和首摇角速度的影响较小。

(2)海浪条件下车辆航行平稳特性

根据航行推力特性分析,航行推力曲线是油门开度和航速的非线性函数,当航行推力等于航行阻力时,两者处于动态平衡状态,此时航速接近匀速运动。以三级海况为例,海面风速 $U=5.5\sim7.9$ m/s,海面征状为小浪。

选取工况较为恶劣的逆浪(航向角 $\gamma=180°$)工况,风速选择 $U=7.9$ m/s,航速 $v=6.9$ m/s,进行随机海浪条件下车辆航行平稳性计算。车辆在航行过程中,主要变化的是垂向位移和垂向速度、纵摇角位移和纵摇角速度。

车辆垂向位移和垂向速度曲线如图3-86所示,逆浪航行过程中车辆垂向起伏在±0.65 m内,垂向速度在±2 m/s内。

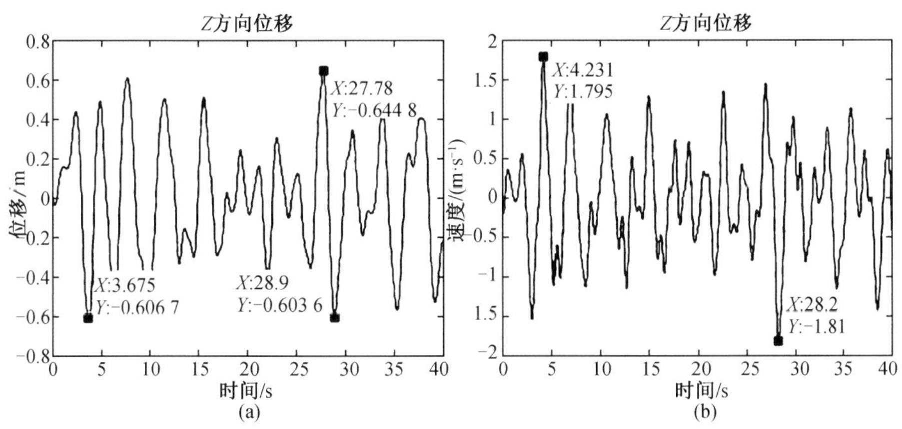

图3-86 逆浪情况下车辆垂向位移

车辆纵摇角位移和纵摇角速度曲线如图 3-87 所示,逆浪航行过程中车辆纵摇角在 ±0.16 rad(±9.17°)内,纵摇角速度在 ±0.46 rad/s 内。

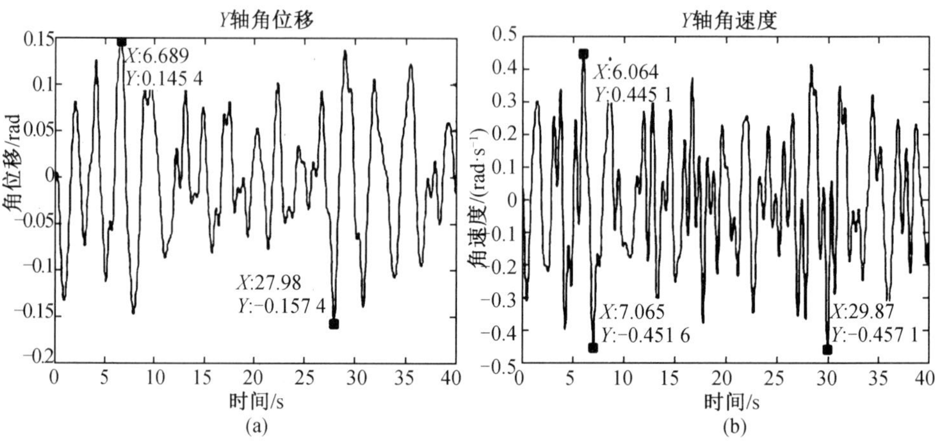

图 3-87　逆浪车辆纵摇角位移与逆浪车辆纵摇角速度

(3)海浪条件下发射平稳特性

在开始随机海浪激励 10 s 后加入导弹发射后坐力,得到海浪激励和导弹发射双重作用下的车辆升沉、横摇、纵摇运动位移和速度时间历程曲线,如图 3-88 至图 3-90 所示。

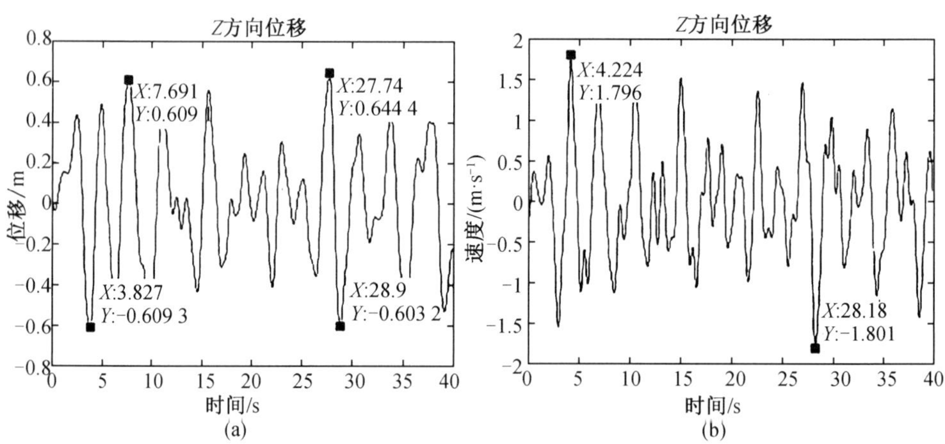

图 3-88　海浪激励和发射作用下车辆垂向位移

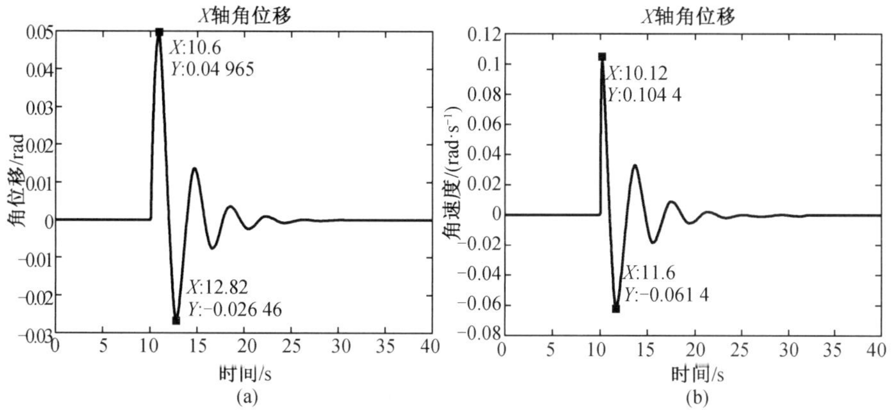

图 3-89　海浪激励和发射作用下车辆横摇角速度

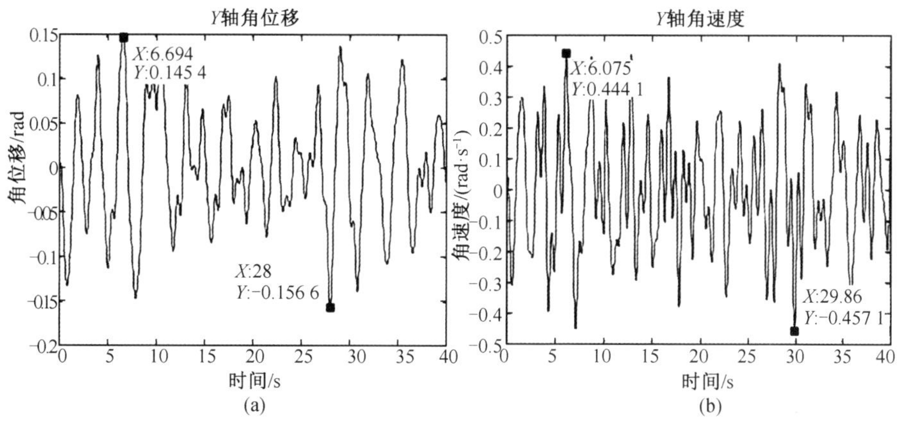

图 3-90　海浪激励和发射作用下车辆纵摇角位移与海浪激励和发射作用下车辆纵摇角速度

海浪激励和导弹发射作用下车辆垂向起伏在 ±0.65 m 内，垂向速度在 ±2 m/s 内。

后坐力产生的横摇力矩，使战车产生横摇运动，海浪激励和导弹发射作用下车辆最大横摇角和最人横摇角速度分别为 2.84°、0.104 4 rad/s。

海浪激励和导弹发射作用下车辆纵摇角在 ±0.16 rad(±9.17°)内，纵摇角速度在 ±0.46 rad/s 内。

通过计算可以看出，两栖车辆水面发射时升沉、横摇和纵摇会出现较大变化，其余方向的变化较小，因此主要对这三个运动特性的变化情况进行汇总，见表 3-28。表中工况 1、工况 2 和工况 3 分别代表车辆静水发射条件、海浪条件下航行和海浪条件航行发射这三种工况，表 3-28 中数值为三种运动特性变化区间。

表 3-28 计算结果汇总表

运动特性		工况 1	工况 2	工况 3
升	位移(mm)	(-61.34,23.9)	(-606,644.8)	(-609.3,644.4)
沉	速度(mm/s)	(-219.8,113.7)	(-1 810,1 795)	(-1 801,179 6)
横	角位移(°)	(-1.52,2.83)	小量	(-1.52,2.84)
摇	角速度(rad/s)	(-0.063,0.103)	小量	(-0.061 4,0.104 4)
纵	角位移(°)	(-3.53,8.54)	(-9.02,8.31)	(-8.97,8.33)
摇	角速度(rad/s)	(-0.231,0.441)	(-0.457 1,0.445 1)	(-0.457 1,0.444 1)

根据计算结果可以得到以下结论:

①随机海浪激励造成的车辆升沉位移和速度要远大于导弹发射后坐力造成的车辆升沉位移和速度。

②车辆航行时(工况 2)横摇角运动为小量,车辆横摇角位移和横摇角速度是由导弹后坐力对车辆产生的横摇力矩引起。

③海浪条件下车辆航行(工况 2)和海浪条件下发射(工况 3)造成的纵摇运动大于静水发射条件下(工况 1)的纵摇运动,车辆纵摇角位移和角速度主要由随机海浪激励引起。

④水面发射时导弹后坐力对车辆的稳定性影响较小。

计算结果表明,该两栖战车在规定的航速和海况下能够承受炮弹发射产生的后坐力,为两栖战车的工程研制提供理论依据。

3.9 设计案例——7~10 t 级载重两栖救援车

3.9.1 民用车辆选择

根据我国城市内涝所需的两栖救援车船的功能与性能要求,选择的基础改装车型应该具备如下特征:

(1)具有良好通过性;

(2)具有良好动力;

(3)具有一定的涉水能力;

(4)排放达标;

(5)载重大约7~12 t。

考虑这几个特性,我们将目标定为在6×6、柴油驱动的、国V排放标准的、国产越野卡车。

同时,又考虑到经济性,确定以东风EQ2220车型为改装车型,其主要的特性如表3-29所示。

表3-29 东风EQ2220改装车型特性

产品名称及型号	EQ2220AX	驱动方式	6×6
尺寸参数	外形尺寸 长×宽×高/mm	8 470×2 500×3 520	
	货箱内部尺寸 长×宽×高/mm	5 720×2 294×800	
	轴距/mm	3 800+1 400	
	轮距(前/后)/mm	2 110(越野胎)/2 150(沙漠胎)	
尺寸参数	前悬/后悬/mm	1 770/1 500	
	接近角/离去角/(°)	30/22	
	最小离地间隙/mm	400	
	油箱容积/L	400	
性能参数	最高车速/(km·h⁻¹)	75	
	最小转弯直径/m	21	
	最大爬坡度/%	60	
质量参数	整备质量/kg	11 765	
	额定载质量/kg	10 000	
	总质量/kg	21 895	
发动机	型式及类别	直列增压中冷六缸水冷柴油机	
	型号	L315 30	
	生产企业	东风康明斯公司	
	排量/mL	8 900	
	燃料种类	柴油	
	额定功率 kW/转速/(r·min⁻¹)	228/2 100	
	最大扭矩(N·m)/转速/(r·min⁻¹)	1 200/(1 100~1 400)	
	缸径×行程/(mm×mm)	114×144.5	
	压缩比	16.6:1	

表 3-29(续)

产品名称及型号	EQ2220AX	驱动方式	6×6
离合器	型号及型式	单片干式膜片离合器	
	生产企业	东风汽车有限公司	
	操纵方式	液压远距离操纵	
	摩擦片直径/mm	φ430	
变速箱	操纵方式	单杆操纵	
	前进挡位数	9	
	速比	12.6 8.39 6.31 4.46 3.43 2.45 1.874 1.35 1.0 R 11.02	
分动箱	型号	高低档 带差速锁	
	速比	0.89 1.536	

东风 EQ2220 改装车型如图 3-91 所示。

图 3-91　东风 EQ2220 改装车型图

3.9.2　数字设计技术

1. 数字化设计建模系统软件

汽车设计行业广泛采用 CATIA 软件进行数据设计,两栖车产品的设计也要遵循 CATIA 数据的一般要求。但是,目前我们也要从长期的商业利益与可能的军民两用需求出发,必须考虑运用具有自主知识产权的国产软件。

(1)数据名称定义

涉及设计断面的CAITA数据为例,应包含数据所在车型－编号－分组－位置－日期(如A0－02－IP－DRIVER SIDE－090525);涉及数模的CATIA数据,名称中应包含数模零件号及结构区别号(如5306010U8050),涉及数模的数据名称不允许出现英文注释。数模零件号的定义应满足项目前期的定义要求。工艺数模B面结构不做倒角要求的数模,主要用于产品模具分析和初步的DMU检查的数据。

(2)数据质量要求

一般规定最终数模的数据应该为封闭的实体。不能将由一组面组成的片体数据作为产品最终数据,数据示例如图3－92所示。

在不注明的情况下,数据模型的尺寸是零件进行表面处理后的最终状态的尺寸,特殊情况除外。数据为零件按照1∶1的比例建立的三维模型,单位采用公制单位:mm。

(a)正确　　(b)错误

图3－92　数据示例图1

弹性零件(如弹簧、橡胶零件、发泡零件)数据应该是零件的自由状态。为了更清楚地表达设计意图,可以用线框轮廓来表示其工作状态时的特征。

数据模型中不应该包含无关的几何对象,模型中不允许出现重复的特征或实体,如数据示例图3－93所示。

(a)正确　　(b)错误

图3－93　数据示例图2

数据中不允许存在与其他零件关联的几何元素或特征。数据中所有实体特征都应处于非隐藏状态(用表达式来抑制特征除外)。特征也不能处于非激活状态。非零件实体特征，如基准特征及辅助建模的曲线、曲面特征等，应处于相应的几何图形集中，并使其不可见，如数据示例如图 3 - 94 所示。

图 3 - 94 数据示例图 3

装配数模，推荐采用主模型原理。装配中的所有零件和子装配都处于非隐藏状态，零件或子装配数据应该完整齐全，并与总装配存放在同一个目录中。所有零部件（标准件除外）数据的绝对坐标系应该与零件在汽车中的车身坐标系重合。同一车型中的零件，其车身坐标系应该一致，沿用或借用件的绝对坐标系应该经过转换，与新车型的车身坐标系重合。如果零件数据的绝对坐标系不与车身坐标系重合，应该在该数据中保存坐标系与车身坐标系重合，并存放在单独的数据中。

2. 数字化设计建模系统软件

现代装备的设计、制造过程除了电脑外，离不开工业软件，诸如二维与三维 CAD 软件、CAE 数值仿真分析软件以及 PLM 与 PDM 的管理软件。可以说，离开这些工业软件，装备设计制造将一事无成。

几十年来，我国使用的工业软件几乎全部都是国外引进的软件，我国的工程师只能面对如此的困窘，无可奈何！芯片的困境像一声春雷，惊醒了我国上上下下的梦中人，因此，本书的案例设计中尽可能采用国产工业软件。

第一，软件需要提供三维标准件库，助力企业快速构建基础资源模型。

为设计研发类制造企业提供可批量导入的全套国家标准件、行业标准件、常规采购件等 3D 模型资源库，支持企业自定义，助力企业搭建专属零部件系统，提升设计效率。

第二，软件需要更符合中国工程师使用习惯。

要有工业软件强大内核，结合国际顶级设计/仿真软件的核心技术，不仅软件功能与国际三维 CAD 技术接轨，软件体验也更符合国人的设计、出图习惯，易学易用。

第三，软件需要与主流 CAD 格式全支持，高效迁移数据。

支持打开所有主流 CAD 软件数据，具备智能迁移 CAD 数据的能力，可批量

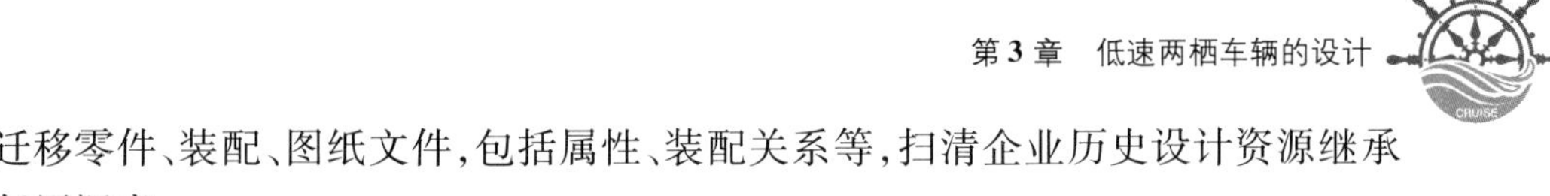

迁移零件、装配、图纸文件，包括属性、装配关系等，扫清企业历史设计资源继承复用疑虑。

(4)软件需要超高的性价比享受 3D 带来的便利

近年来，国外主流 3D 设计软件价格及维护费用高昂，并且逐年递增，软件要立足于提供设计协同服务，在软件功能方面可媲美国外三维软件，同时还具有更高的设计效率、更好的技术协同沟通能力，助力企业设计创新，加速新产品上市周期。要获得超高的性价比，帮助企业用户节约采购 3D 设计软件的成本(图3 -95)。

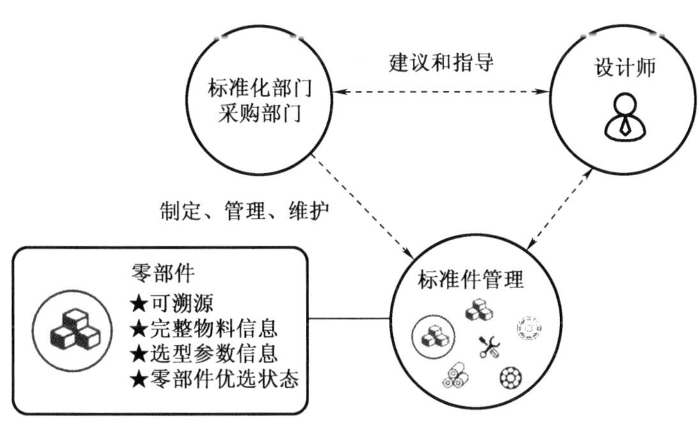

图 3 -95　软件功能示意图

(5)软件功能要求

①参数化驱动图形，让设计修改简单易行；

②直接建模与顺序建模和谐统一，加速产品设计；

③PMI - 基于模型的产品制造信息的定义；

④优化大型装配体，为您的设计方案“瘦身”；

⑤精准钣金设计与展平；

⑥3D 模型与 2D 图纸保持链接关联，实现自动同步更新；

⑦运动仿真；

⑧内置有限元分析，实现设计仿真一体化；

⑨工程参考设计器，快速完成零部件设计以及管路 3D 布置；

⑩具有逆向工程等功能。

3. 工程装备设计软件集成系统

工程装备设计、制造、试验与管理软件集成系统平台架构如图 3 -96 所示。以国外软件为基础的数字信息链集成如图 3 -97 所示。

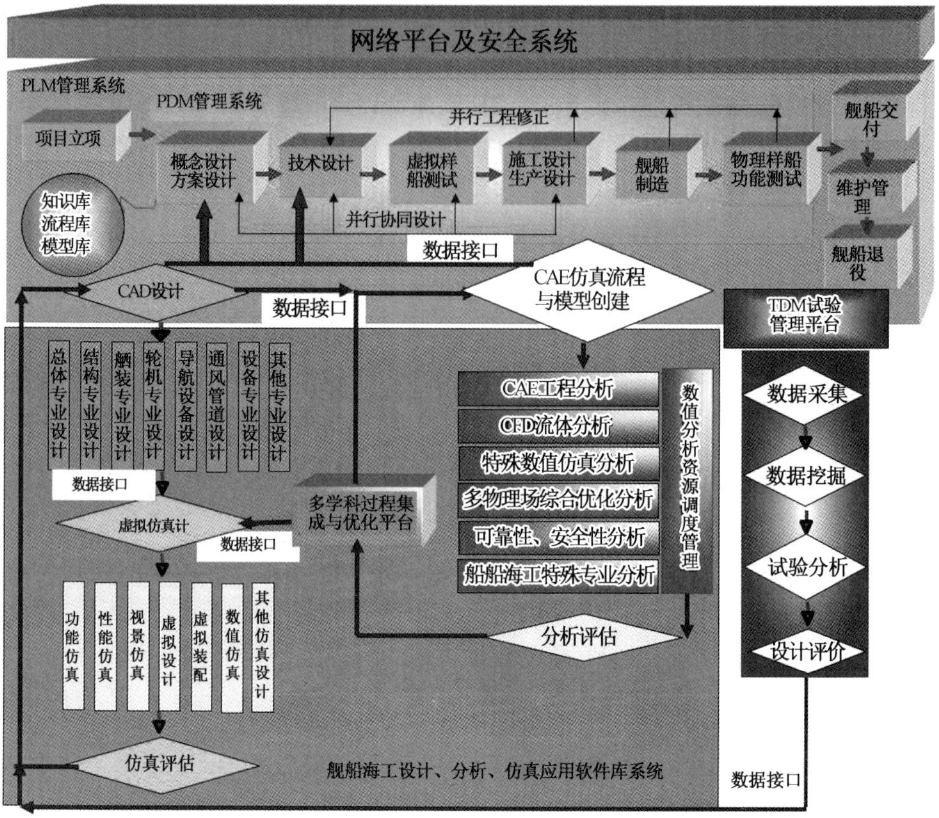

图 3－96　集成系统平台架构示意图

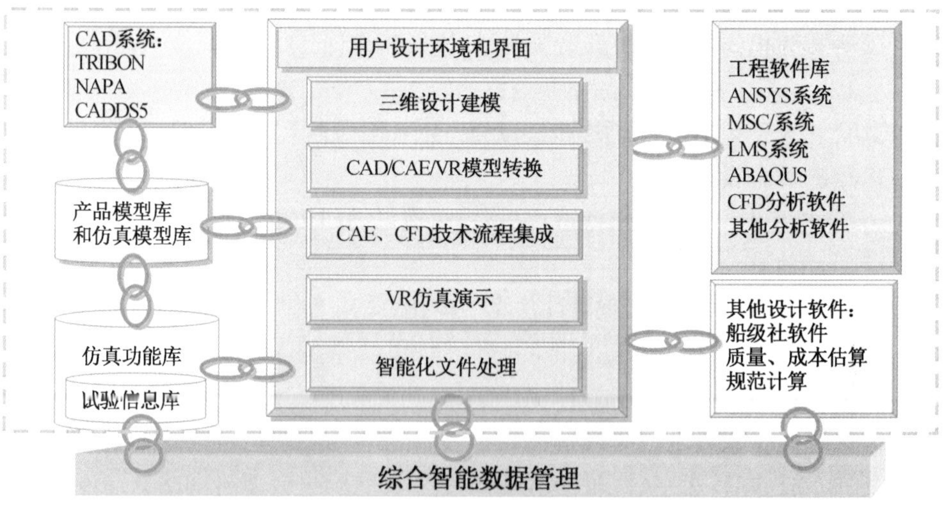

图 3－97　数字信息链系统示意图

上述集成系统中的软件应由具有自主知识产权的软件代替，否则我国的工程装备研制的核心技术还是依靠国外，如芯片的矛盾出现，则对我国工程界的发展将是致命的。

根据上述选定的车型，首先进行数字化设计，不断完善建立车型的数字模型，直到交付两栖车辆。

4. 数值分析软件

与船舶专业相关的数值仿真分析软件内容如表 3－30 所示。

表 3－30　数值仿真软件列表

水动力	型线优化	螺旋桨设计	耐波性预报	操纵性预报	CFD 应用	
水动力	动力定位设计	波浪运动计算	水压场计算	静水力分析		
总体	总体性能计算	安全性分析	可靠性分析	特种推进计算及仿真		
结构	总强度	剪切强度	扭转强度	总振动	线性与非线性有限元	疲劳强度
结构	多物理场仿真	波浪载荷预报	船舶结构分析专用软件	晃荡分析		
轮机	轴系强度	轴系振动	轴系对中			
电气	电力系统分析	高频电磁场分析				
专用	磁防护性能综合分析	多物理场耦合分析	声学分析			
专用	水下爆炸冲击分析	后勤保障、备件优化	使用与保障仿真			
其他 CAE 分析软件						

关于汽车设计所用的数值仿真分析软件也与表 3－30 中所列内容大同小异。由于软件的核心功能——计算器的理论、数学力学的处理及源代码长期以来改变不大，我国在 20 世纪 80 年代也已经有了发展。但是，在前后处理技术上、在用户使用与服务上国外软件显示了其能力水平，冲垮了国内软件的市场。

因此目前国内使用的这些专业软件，除极少是国产软件外，绝大部分是国外引进软件，这对发展我国的制造业，特别是军用装备是非常不利而且是危险的，所以，我们要防患未然，一定要积极发展自主知识产权的分析软件。

当前，我国正在积极解决自主知识产权化问题，其核心应该解决前后处理，前处理应该与新一代的 IT 技术结合，改变国外软件几十年不变的功能；后处理应该按照国家标准《机械产品结构有限元力学分析通用规则》（GB/T 33582—2017），加入智能化技术，产生各种不同需要的自然语言版本的输出。

关于 CFD 软件主要解决流体力学方面的专业软件，涉及较多的学科，研究的目标对象很复杂，在国内这一类高质量的自主知识产权软件很少，开发成功的商业软件也不是能在短时间内完成的，一般都是运用引进的商业软件，目前通用和专用的 CFD 软件有：Fluent、CFX、PHOENIC、STAR - CD 等通用软件，船舶领域专用软件有 ShipFlow、Splash 等。通用商业软件大多使用了有限体积法，并且在方程求解算法上做了大量改进，但这类软件需要的计算机资源比较多。专用 ShipFlow 软件比较针对性地将船舶把流场分成三大区域（图 3 - 98），其中 ZONE1：采用具有线性、非线性自由表面边界条件的高阶面元法，ZONE2：对于层流、湍流边界层采用动量积分法，ZONE3：采用雷诺平均的 Navier - Stokes 方程，k - epsilon 湍流模型求解，求解速度比较快，但是 ShipFlow 不能进行网格方面的计算，软件价格昂贵，限制了应用范围。

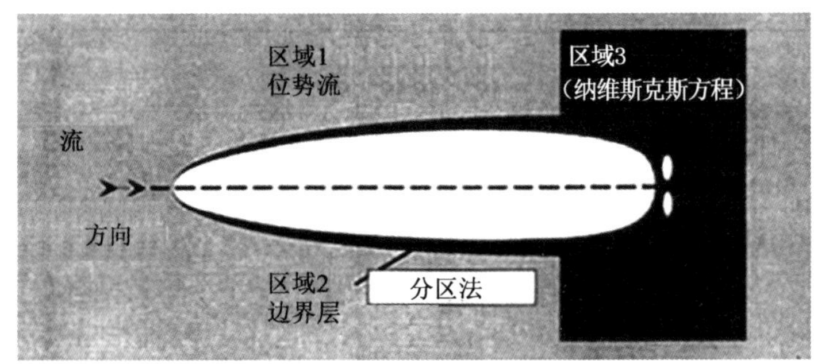

图 3 - 98　ShipFlow 中的三区计算理论

3.9.3　选用车型数字建模

根据上述选定的车型，首先建立车型的数字模型（图 3 - 99 至图 3 - 106）。

(a)　(b)

图 3 - 99　左右视图

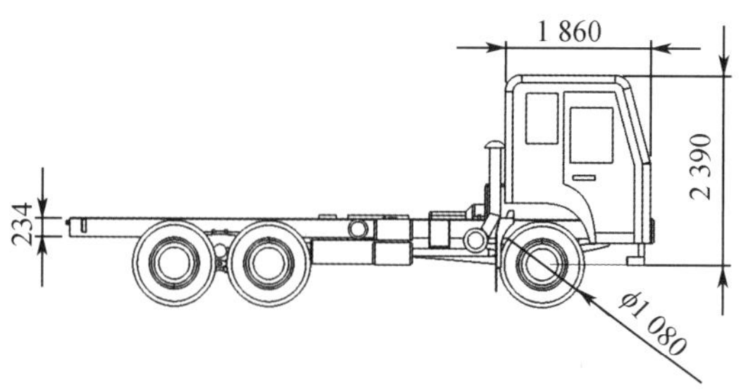

图 3-100 基础尺度(单位 mm)

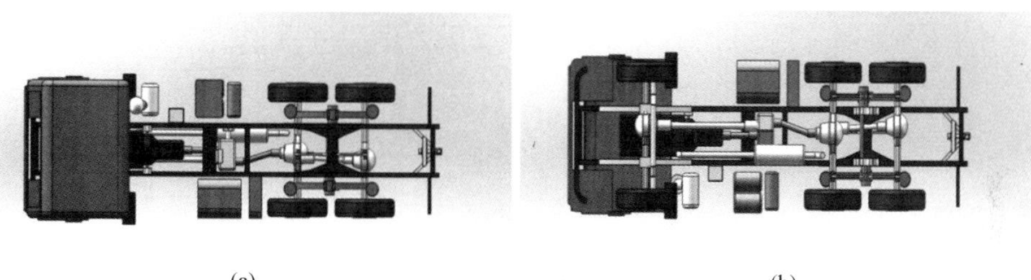

(a) (b)

图 3-101 上视图与下视图

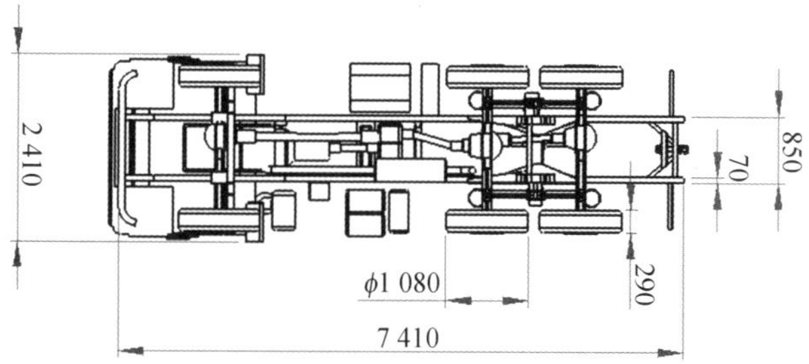

图 3-102 尺度(单位 mm)

(a) (b)

图 3-103 两后轮之间的横梁与两后轮之间的横梁内部结构

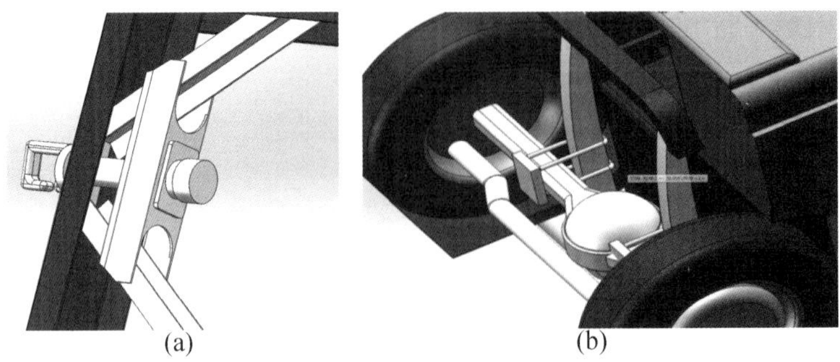
(a) (b)

图 3－104 尾部拖拉装置与车底减震结构

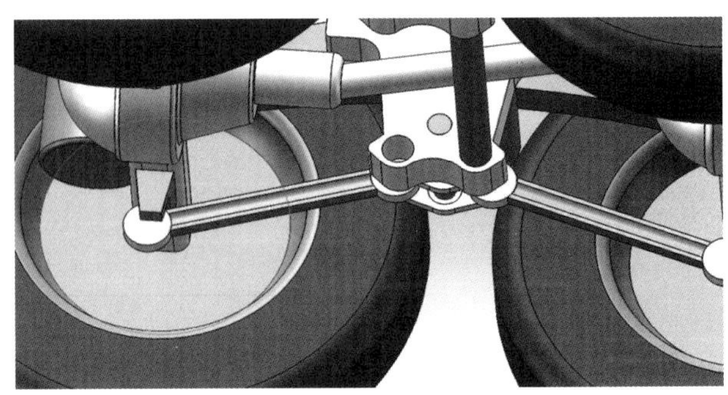

图 3－105 两轮之间的拉筋

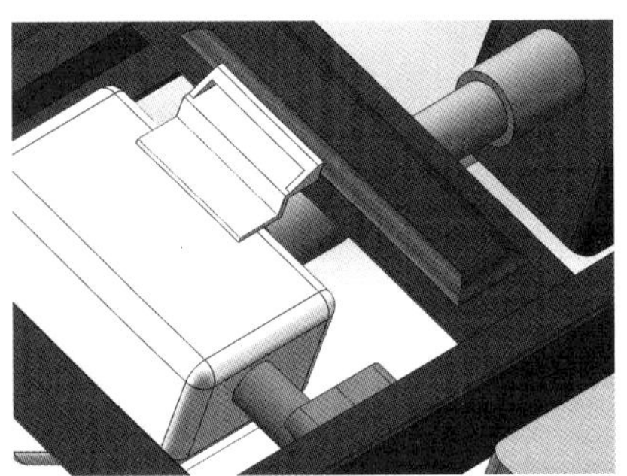

图 3－106 分动器固定装置

有了这个车辆的数字模型，就有条件进行数字化水陆两栖车辆的改装设计，首先是进行两栖车辆的总体设计。

3.9.4 民用车型改装两栖车辆总体设计

下文以6×6全轮驱动卡车改型设计水陆两栖车辆为案例,向读者提供一套基本的设计思路与设计方法。

车型配置:东风6×6驱动越野车底盘,老款东风153驾驶室选装新款D913豪华驾驶室,东风康明斯190马力国五发动机,排量5.9 mL,12.50R20钢丝子午线越野轮胎,东风六挡变速箱,东风商用车前后桥,前桥3.8 t,后桥4.5 t,电动玻璃,方向助力,断气刹,带ABS,250 mm双层车架,350 L超大油箱,三座单卧新款驾驶室,环形仪表台,尿素罐,总质量22.495 t,自重9.31 t,上户吨位12.99 t,最高时速90 km,轴距3 500 mm+1 250 mm,选装空调及液压绞盘。

陆地行驶参数:自重9.3 t,承载13 t。

1. 案例车型改装基本方案

(1)两栖车辆改造目标

有一定离地间隙,满足通过性;保证一定接近角与离去角,保证登陆性能;宽度按照改装车标准执行最宽可设计为2 500 mm;长度尽量拉长,提升浮力。

①限制条件

车辆总重9.3 t,但是车辆的重心位置不明确,大概在第一轴与第二轴中间某个位置。

车辆涉水深度不明确,即发动机的浸水高度不明确,影响水线高度设计。

②具体方案

调整轮胎离地间隙,使车架升高100 mm,提高通过性与布置空间;驾驶室提高100 mm,提高浮力箱布置位置。这200 mm的高度非常有意义,有效地提高了排水量。

(2)结构调整

车辆基本参数如下。

- 车辆尺寸:长×宽为9 900 mm×2 500 mm;
- 正投影面积:24.75 m^2;
- 接近角:25°;
- 离去角:25°;
- 离地间隙:310 mm;
- 梯形浮力箱体积:16 m^3(涉水深度1 110 mm);

- 最大排水体积:21 m^3(涉水深度 1 310 mm)。

注:1 310 mm 的涉水深度低于发动机高度 200 mm,预估涉水深度不能再继续上升,否则水会淹没发动机,导致方案不成立。

(3)参数预估(图 3-107)

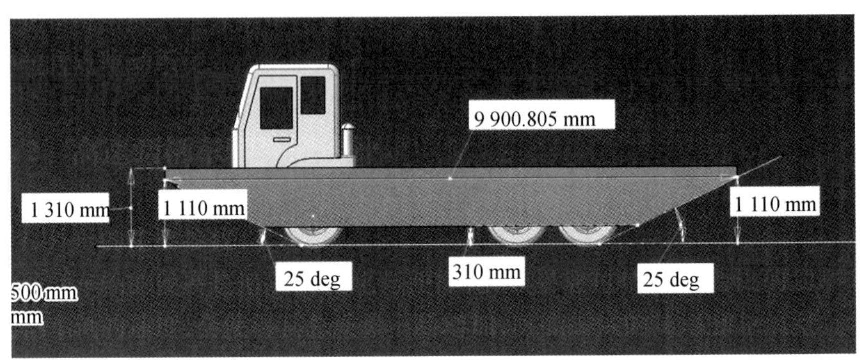

图 3-107 车型设计示意图

理论最大排水量:21 t;

排水量修正系数:0.9(根据数模初预估);

有效排水量:18.9 t;

车辆自重:9.3 t;

浮力箱结构及水上传动重量:2 t;

最大有效载荷:18.9-9.3-2=7.6 t。

(4)提高排水量方法及影响

①减小离地间隙,影响通过性;

②减小接近角和离去角,影响登陆性能;

③增加车辆长度,影响接近角与离去角,影响登陆能力;

④继续提高底盘高度,影响陆地行驶稳定性;

⑤车辆侧面制作翻转式或者充气式的浮力箱,根据载荷需要入水前进行改造。

2. 案例总布置设计

车辆是陆地行驶机械,本身有一定的涉水能力。一般的军用 6×6 卡车,其涉水能力一般为 500~600 mm,经过特殊的改装,提升其进排气系统高度,其涉水深度可以达到 1 m 以上。提高涉水深度的方法有很多,如改变悬架高度、提高发

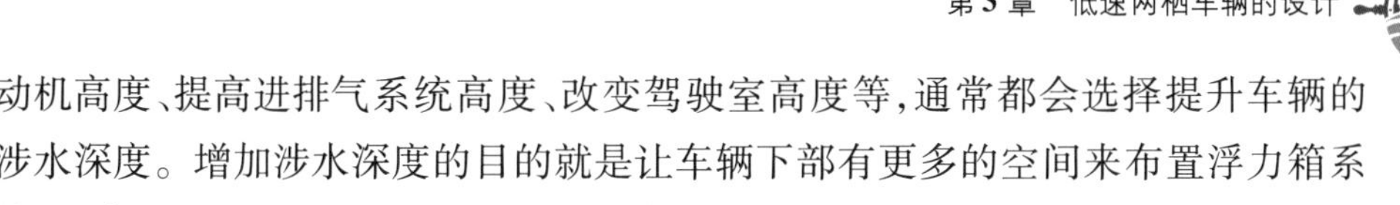

动机高度、提高进排气系统高度、改变驾驶室高度等，通常都会选择提升车辆的涉水深度。增加涉水深度的目的就是让车辆下部有更多的空间来布置浮力箱系统，越靠近地面的浮力箱，越能有效提高车辆的水上浮力。

车辆的重心位置与浮心位置的综合设计是总布置设计非常重要的一环，如果重心与浮心设计得不好会导致车辆在水上空载或者满载状态下车身倾斜，甚至影响水上安全性。这样设计前期车辆的大总成件的重量测算或者称重工作就非常必要，如果拿不到一款车辆的大总成重量中心数据，最稳妥的办法就是把车拆解，把大总成件的重量逐一测算清楚，这样才能作为准确的基础数据使用。

除了考虑原车的重量布局，还要考虑零件位置变化导致的重心变化。如下车体上的油箱、排气系统、环保净化系统、进气、制动系统、电池、分动箱等大总成，根据浮力设计的需要，其位置可能发生一定的变化，这种变化组合起来就会导致重量的变化，会直接影响车辆的中心高度。除了原车零件，车辆上新增的分动箱、传动轴、浮力箱系统、水上转向系统等总成的重量重心也会直接导致车辆的重心位置变化，在设计过程中不可轻视。

低速两栖车辆的制作过程一般分为三个阶段，即数字化样机设计、样车试制、性能试验三个阶段。数字化样机设计阶段包括升高底盘、升高驾驶室、布置螺旋桨、油箱、进排气、电池改型设计、浮力方案设计、浮力箱分块方案、浮力箱固定方案、稳性计算、密封方案、浮力箱工艺设计等设计工作；样车试制阶段就是严格按照前期的设计执行，造出样车；性能试验阶段包括陆地试验与水上试验，目的就是保证安全的前提下，验证车辆在水上与陆地的性能是否满足其设计指标。

总布置改型设计：升高底盘、升高驾驶室、布置螺旋桨、油箱，排进气，电池改型设计(图3－108至图3－111)。

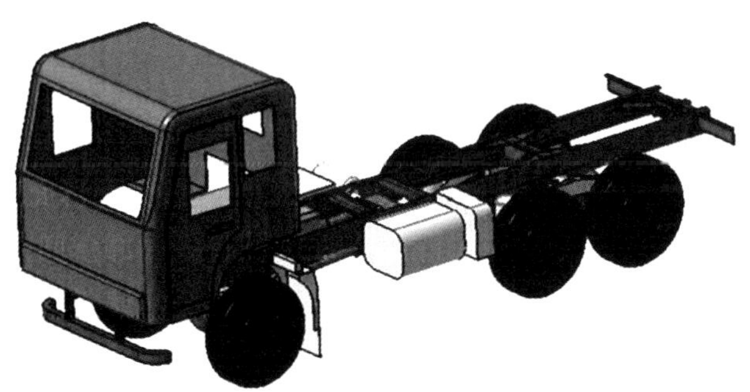

图3－108 6×6车辆改型设计基础数模图

车身/船体设计:浮力方案设计、浮力箱分块方案、浮力箱固定方案、密封方案、浮力箱工艺设计。

图 3-109　两栖车辆预布置图

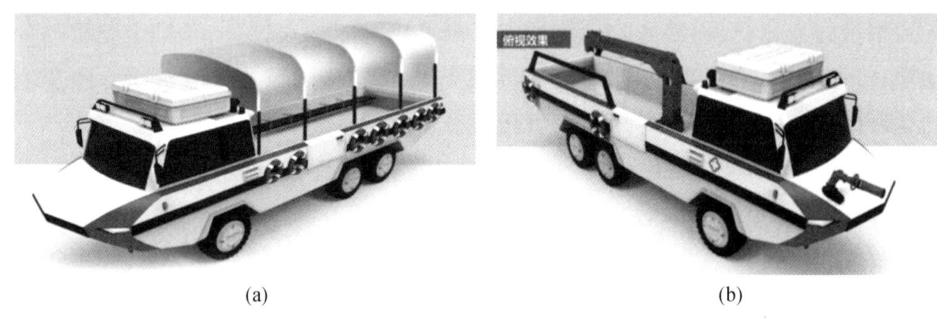

(a)　　(b)

图 3-110　两栖救援与工程车辆整车效果图

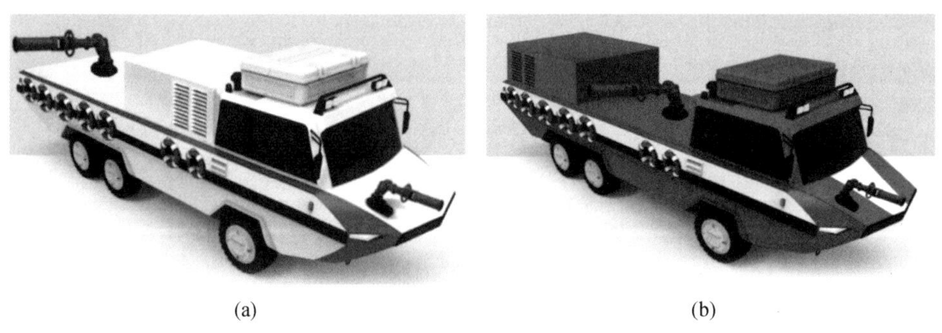

(a)　　(b)

图 3-111　两栖堰塞湖治理与近岸消防车辆整车效果图

两栖车辆试制与试验:基础车辆制作、浮力箱总成制作、陆上密封试验、总装与涂装、水上试验。

3. 低速案例两栖车辆结构设计

低速两栖的结构设计包括浮力箱结构设计、驾驶室结构设计、进排气系统结构设计等，最重要的部分在车辆的浮力箱结构设计(图 3－112)。

图 3－112　整体式浮力箱结构两栖车辆图

4. 低速案例两栖车辆动力传动设计

用卡车改装水陆两栖车辆，发动机要沿用原车发动机。车辆在陆地行驶的传动机构基本可以沿用，但有时为了提高车辆的涉水深度可能要提高整个悬架的离地间隙，这样会导致半轴的传动角度恶化，在车辆实际设计中要充分考虑半轴的传动角度。车辆入水后需要螺旋桨或者喷水泵提供动力，那么就要从发动机取力或者半轴取力，其具体的结构有很多种，这里介绍一种方案方便大家理解。图 3－113 提供了一种基本的动力传统改造方案。图中“分动箱 1”是车辆自带的分动箱，其功能是把变速箱传递过来的动力，按照驾驶员意图，分配给前桥或者后桥，使车辆全部轮胎拥有行驶动力。为了给螺旋桨或者喷水泵提供动力，在分动箱 1 与中桥、后前桥之间增设一个“分动箱 2”，劫持“分动箱 1”分配给后轮的动力，通过齿轮组结构传递给车辆的螺旋桨。

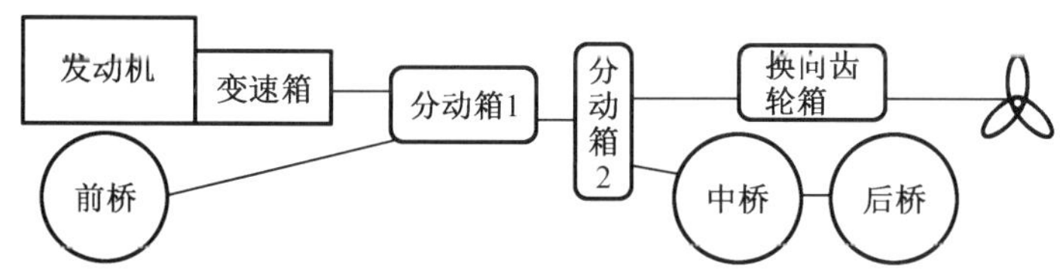

图 3－113　两栖车辆动力传动结构图

值得注意的是，在“换向齿轮箱”，起作用有两点，一是可以方便地实现螺旋桨的正转与反转,方便车辆在水中倒车。有读者会认为车辆本身有倒车挡位,利用变速箱倒车挡也能实现螺旋桨反转,实现车辆水上倒车功能,如此设计多此一举。倒车挡的速比一般同前进挡 1 挡相当,如果为了实现水上倒车,仅利用原车倒车挡,那发动机转速将非常高,不利于节能环保。换向齿轮箱的另一个作用是让螺旋桨有空间布置,改变螺旋桨的输入轴角度或者空间位置。在实际的工程中,中桥、后桥的上方被制动压力罐、车辆横梁等零件占用空间,螺旋桨传动轴不方便直接布置,需要“换向齿轮箱”在中间过渡一下,才能使螺旋桨传动轴处在合理的位置。

有少部分传动方案是利用原车的分动箱上的取力器,通过机械方式或者液压马达的形式将动力传递至车尾部螺旋桨上,都各有优缺点。两种方案的优点是不用增加“分动箱 2”,减少传动系统改动,尤其是液压传动,其结构简单、布置灵活,特别适合一些小型两栖车辆的改装;这两种方式取力的缺点也非常明显,一般只能取到发动机功率的一半,因为一般的车辆设计分动箱取力器上是为了改造液压系统组成工程车辆,取力器功率与效率不大。

5. 低速案例两栖车辆机电设计

为了提高车辆的涉水深度,除了要提升驾驶室高度、提升悬架高度外,发动机变速箱、各种电器元件、机械结构上的通气孔位置等也要随之提高。

在总布置设计方案设计里提到过:油箱、排气系统、环保净化系统、进气、制动系统、电池、分动箱等大总成,根据浮力设计的需要,其位置可能会发生一些必需的变化。

发动机和变速箱的涉水深度是最重要的涉水深度指标,即使驾驶室提升得再高,发动机不能过多地涉水也限制两栖车辆载重。在必要的时候可以按照高度来提升发动机涉水深度,但要充分论证半轴的传动角度;另外可以用异形整体密封结构把发动机与变速箱整体包裹起来,系统内唯一输出为变速箱的输出轴,在此处做好动密封结构,发动机和变速箱的位置完全可以处在水线以下,但这种结构过于复杂,且发动机与变速箱系统的散热性方案、维修可达悬置设计等都是不可避免的设计问题。

电气元件设计需要提升高度的主要是在电气元件、接插件、线束等低于水线下的部分,这部分必须增加密封结构或者干脆重新设计电器线束走向来解决密封问题。机械结构上的通气孔位置提升,方法更加简单,可以利用通气管把通气管高度提升。

参 考 文 献

[1] 清华大学苏州汽车技术研究院. 水陆两栖车辆技术发展及应用调查报告[R]. 苏州:清华大学苏州汽车技术研究院,2020.

[2] 清华大学苏州汽车技术研究院. 创客轻卡四驱物流车产品定义书[Z]. 苏州:清华大学苏州汽车技术研究院, 2012.

[3] 清华大学苏州汽车技术研究院,标准建设与服务策略[Z] . 苏州:清华大学苏州汽车技术研究院, 2011.

[4] 董阳,徐国英,姚新民,等. 两栖车辆形体优化数值模拟[J]. 装甲兵工程学院学报, 2007,21(4):52 – 56.

[5] 刘锋,孙伟,董志明,两栖车辆任意倾斜状态下浮心计算研究[J]. 兵工学报,2010(5): 553 – 557.

[6] 郭张霞,李魁武,潘玉田,等. 基于 CFD 的两栖车辆阻力计算与预报研究[J]. 火炮发射与控制学报,2011(4):1 – 4.

[7] 高富东. 两栖车辆绕流场数值模拟及外形优化分析[D]. 北京:国防科学技术大学研究生院,2007.

[8] 徐国英,姚新民,郭齐胜. 两栖车辆的有效干舷问题研究[J]. 兵工学报, 2004(4): 398 – 401.

[9] 蔡宇峰,王丽丽,汪宇,等. 基于计算流体动力学的两栖车辆水动力性能模拟及试验验证[J]. 系统仿真技术,2018,14(3):183 – 187.

[10] 成龙,过学迅,李光攀. 水陆两栖货车车架结构设计[J]. 北京汽车,2009(6):40 – 42.

[11] 王少新,王涵,金国庆,等. 水陆两栖车水动力性能与防浪板受力特性研究[J]. 兵器装备工程学报,2020,41(1):1 – 6.

[12] 佚名. 水陆两栖艇的设计[D]. 哈尔滨:哈尔滨工业大学,2017.

[13] 雷建宇,潘玉田,马新谋. 两栖车辆水上推进装置的研究[J]. 机械管理开发,2005(2):3 – 4,6.

[14] 麻小明,刘馨心,胡建国,等. 两栖战车海面发射安全性分析[J]. 弹箭与制导学报,2020,40(4):69 – 74 .

[15] 王常龙. 轮桨混合驱动两栖无人侦察车设计及分析[D]. 太原:中北大学,2019.

[16] 胡安康. 数字信息链与舰船设计智能化[D]. 北京:中国船舶工业第708研究所,2006.

[17] 李玉良. 两栖车辆水上性能的理论和数值计算及车体方案设计研究[D]. 杭州:浙江大学,2006.

[18] 王涛,徐国英,姚新民,等. 两栖车辆两相绕流场的模拟与水上快速性分析[J]. 机械工程学报, 2008(12):168-172.

[19] 刘天鹜. 螺旋推进式水陆两栖汽车的结构创新设计[J]. 内燃机与配件,2018(24):6-7.

[20] 袁益民,郭齐胜. 两栖车辆水上操纵运动建模与仿真[J]. 计算机仿真,2011(7):336-339,344.

[21] 黄燕滨,宋高伟,丁华东,等. 两栖车辆用牺牲阳极材料研究进展[J]. 装甲兵工程学院学报,2011(2):81-84.

第4章 高速两栖车辆的设计

高速两栖车辆的应用场景很特殊，主要集中在水陆跨界运输、高端旅游、军事需求。在一些特殊场景下，物资、人员需要快速投送至某一水上或者陆上目标，由于附近没有方便二次装货卸货的场地，高速水陆两栖车辆的优势就体现出来。尤其是在战场环境下。战争的特殊性，使保障的对象、关系、方向、重心始终处于动态变化当中；另外，单兵自行保障能力有限，船（艇）抵滩靠岸卸载环节多、时间长，保障空间狭小，保障力量难以展开；保障分队无法有效伴随各攻击群（队）登岛、展开、遂行保障任务，造成补给滞后，保障的实效性差，作战需求与保障的矛盾非常突出。

在未来可能出现的渡海登岛作战中，一般采用以下几点对策，针对性解决上述问题。物资保障必须根据战场变化情况，采用分散补给，扩展补给空间的方法，分散敌之火力；小批量、多批次补给，减少滩头卸货环节和时间，提高补给效率和战场生存率；以两栖登陆补给为主，无码头登陆，适应海上、沙滩、公路机动，有效伴随各攻击群（队）登岛、展开、遂行保障任务；提高海上航行速度和机动能力，缩短物资运输在途时间，充分利用稍纵即逝的战机；以机动换防护，快速通过炮火拦截区域，机动规避空中打击，建立有效的运输线。

在未来的渡海登岛作战中，采用高航速的两栖车辆作为物资保障的机动平台是上述对策的最佳解决方案。

4.1 高速两栖车辆介绍

4.1.1 国外高速两栖车辆

1. 美军 AAAV 两栖突击车（图 4 – 1）

（1）推进：2 个喷水推进器；

(2)悬架:可收放液气悬架;

(3)速度:46 km/h;

(4)滑水车体构型。

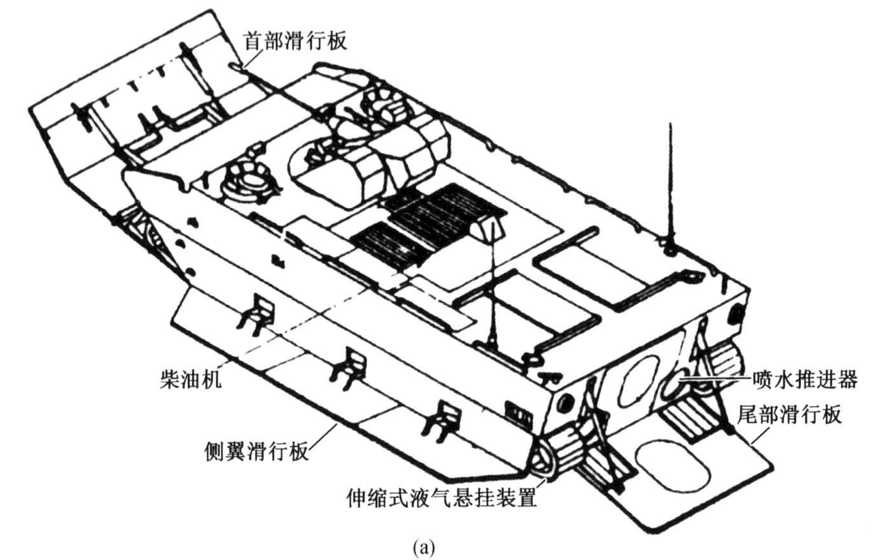

(a)

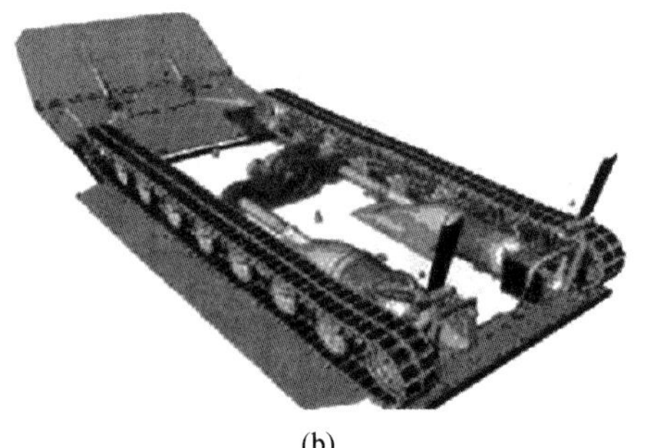

(b)

(c)

图 4-1　履带式两栖装甲车总体布置与实体示意图

2. 英国 Gibbs 公司 Humdinga 军用两栖车(图 4-2)

(1)水上航速达到 48 km/h;

(2)车重 2 750 kg、300 马力汽油发动机;

(3)满载人数为 6 人、外形酷似悍马;

(4)采用 2 个喷水推进装置,安装了车轮收放装置。

(a)

(b)

图 4 -2　Humdinga 军用两栖车

4.1.2　国内典型高速两栖车辆

1. ZBD -05 两栖突击车(图 4 -3)

(1)安装了车轮收放装置,可收回的液气悬挂系统;

(2)两台喷水推进器,单泵功率 138 kW;

(3)尾舱压浪板;

(4)车体采用滑水型,最高航速接近 40 km/h。

(a)　　(b)

图 4 -3　ZBD -05 两栖突击车

4.2 高速两栖车辆的总体设计

4.2.1 总体设计

基于高速两栖车辆特点，世界上大多数国家研制的高速水陆两栖车辆都采用滑行艇的结构（图 4－4），另增加陆地行驶机构满足陆地行驶需求。

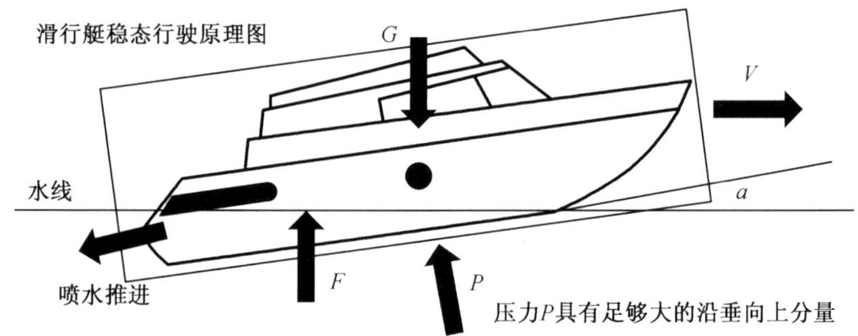

图 4－4 滑行艇稳态行驶原理图

经过一些资料对比和样车研制经验，总结出高速两栖车辆的设计原则如下。

（1）以船为主以车为辅，车身的整体架构应采用滑水式车身结构。

（2）动力系统应选择喷水推进系统，水上航行速度一般为 40～65 km/h。

（3）为满足车辆在水上高速航行，车辆的陆地行驶系统必须上翻至水面以上，以减少水上航行阻力。

高速两栖车辆的高速滑行主要经过 3 个阶段，其过程如下。

（1）两栖车辆在静止时或低速航行时，净浮力＝重力 G。

（2）随着航速的提高，动浮力 F 的比重越来越大，使两栖车辆逐渐从水中抬起，相应静浮力的比重减小。

（3）两栖车越过阻力峰，直至动浮力成为主要升力达到平衡状态，两栖车辆就进入高速滑行状态。

汽车作为陆地上重要的交通工具自发明之日起已经有 130 余年的历史，汽

车在满足安全性、舒适性要求的同时，需要具备良好的动力性能、多工况适应性、操纵的稳定性等，同时又能够实现汽车的可靠性、耐久性、便于维修等方面要求。新车型的研发，不管是乘用车还是商用车的研发，都是一个非常复杂的系统工程，目前公认的研发流程，大体要经历市场调研、概念设计、工程设计、样车试验、量产阶段五部分，详见图4－5。

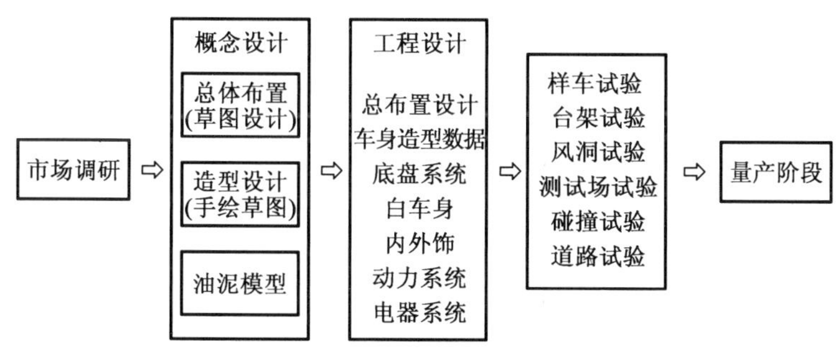

图4－5　汽车设计流程图

高速两栖车辆名义上是车辆，但从工程实际出发，其结构上60%～70%是属于船的结构，所以高速两栖车辆在概念设计阶段的工作不同于传统车辆研发的工作，其概念设计阶段的工作存在非常多的反复性，每一步的工作要被下一步工作所验证，如果在验证过程中出现不合理项，那么前项工作就要推翻重来。图4－6是在高速两栖车辆实际设计过程中，总结的总体布置工作内容，主要包括车体造型确认、动力选型、陆上行走机构布置、陆上动力传动布置、重心浮心布置五个阶段。在开发过程中每个阶段内的工作要反复确认，在进入下一个开发阶段后，也要确认前项设计的目标或者设计参数设计得是否合理，如果不合理，那么前项工作就要推翻重来。

高速水陆两栖车辆的总体设计思想基础和方法依据就是PDCA循环。PDCA循环是美国质量管理专家休哈特博士首先提出的，由戴明采纳、宣传、获得普及，所以又称戴明环。PDCA循环的含义是将质量管理分为四个阶段，即Plan（计划）、Do（执行）、Check（检查）和Action（固化）。为了向读者较为明晰地解释什么是反复设计，如何利用PDCA循环的设计方法，在此举几个例子说明高速水陆两栖车辆的总体设计过程中遇到的反复工作及对总体设计的影响，问题发生点见图4－7和图4－8。

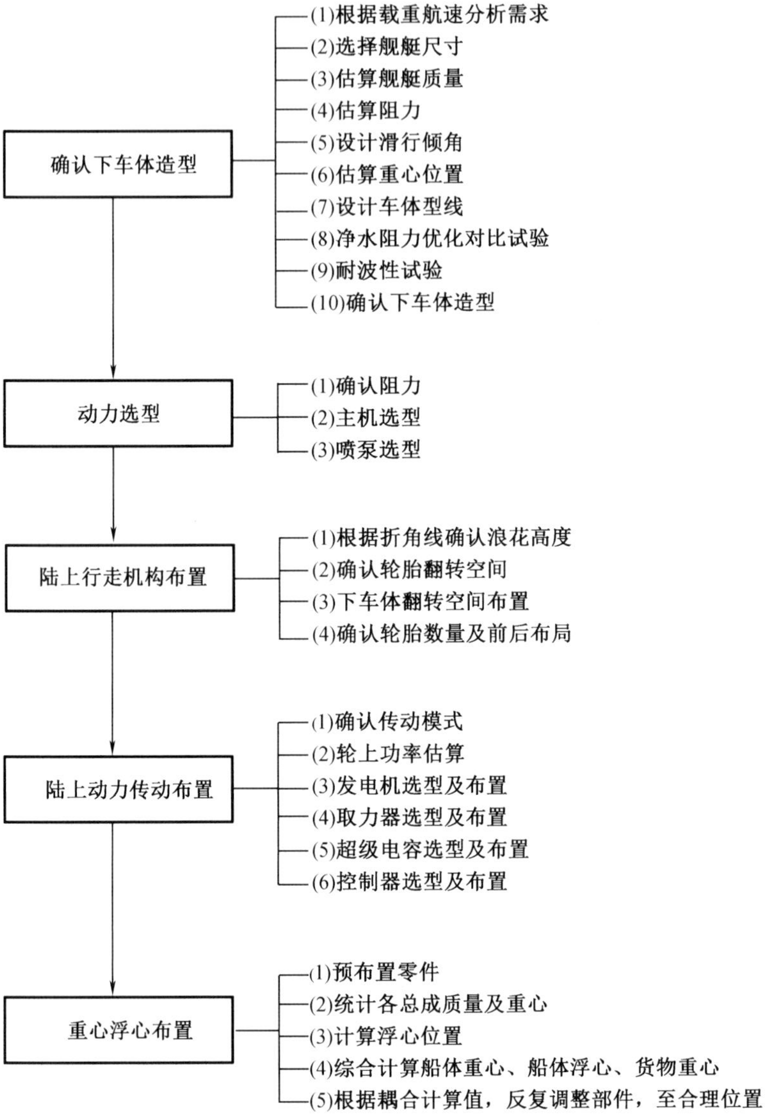

确认下车体造型
- (1)根据载重航速分析需求
- (2)选择舰艇尺寸
- (3)估算舰艇质量
- (4)估算阻力
- (5)设计滑行倾角
- (6)估算重心位置
- (7)设计车体型线
- (8)净水阻力优化对比试验
- (9)耐波性试验
- (10)确认下车体造型

↓

动力选型
- (1)确认阻力
- (2)主机选型
- (3)喷泵选型

↓

陆上行走机构布置
- (1)根据折角线确认浪花高度
- (2)确认轮胎翻转空间
- (3)下车体翻转空间布置
- (4)确认轮胎数量及前后布局

↓

陆上动力传动布置
- (1)确认传动模式
- (2)轮上功率估算
- (3)发电机选型及布置
- (4)取力器选型及布置
- (5)超级电容选型及布置
- (6)控制器选型及布置

↓

重心浮心布置
- (1)预布置零件
- (2)统计各总成质量及重心
- (3)计算浮心位置
- (4)综合计算船体重心、船体浮心、货物重心
- (5)根据耦合计算值，反复调整部件，至合理位置

图 4－6　总体设计流程示意图

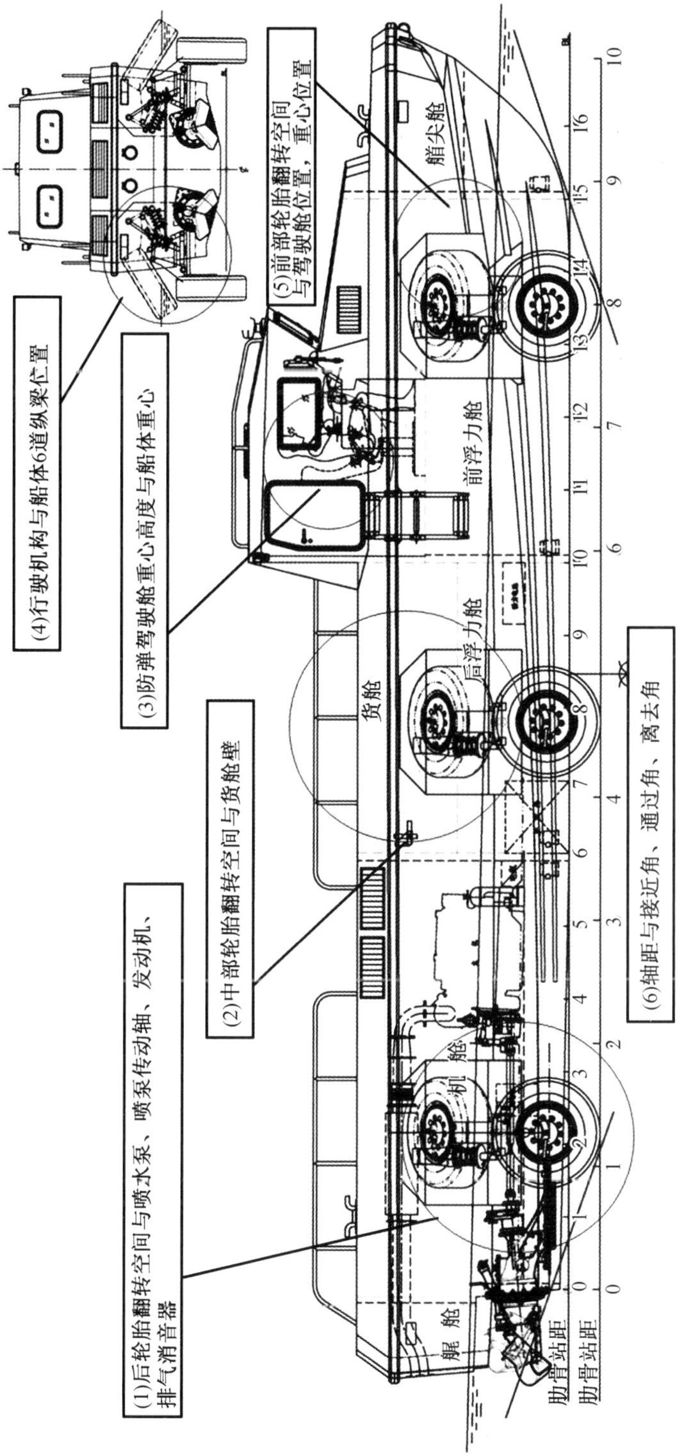
(1)后轮胎翻转空间与喷水泵、喷泵传动轴、发动机、排气消音器
(2)中部轮胎翻转空间与货舱壁
(3)防弹驾驶舱重心高度与船体重心
(4)行驶机构与船体6道纵梁位置
(5)前部轮胎翻转空间与驾驶舱位置，重心位置
(6)轴距与接近角、通过角、离去角
艉舱
机舱
货舱
后浮力舱
前浮力舱
艏尖舱
肋骨站距
肋骨站距

图 4-7　总布置反复问题举例图

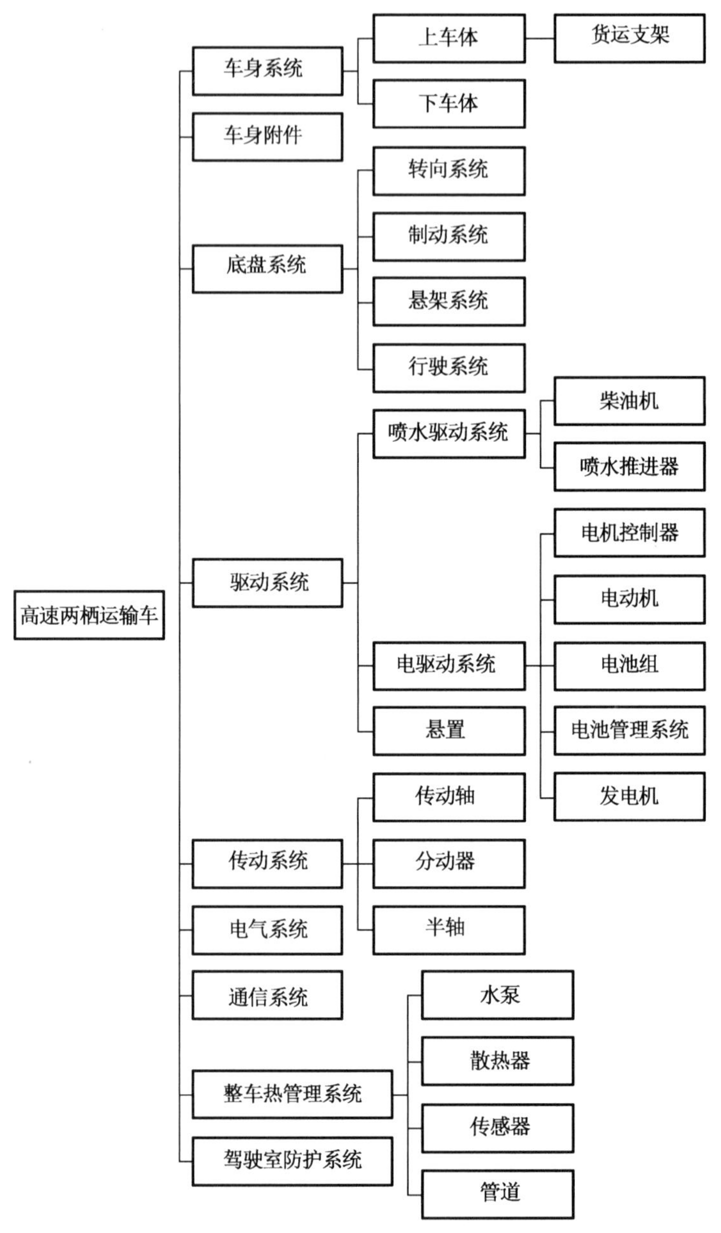

图 4-8　高速两栖运输车系统基本组成图

1. 后轮胎翻转空间与喷水泵、喷泵传动轴、发动机、排气消音器干涉

前文提到，为满足车辆在水上高速航行，车辆的陆地行驶系统必须上翻至水面以上，以减少水上航行阻力。在高速两栖车辆尾部布置了水上动力输出结构，

1～2 个喷水泵。小型两栖车辆如果只有一个喷水泵,空间问题还不大,如果有两个喷水泵,则将严重影响后轮胎的布置。轮胎向外布置,将导致车身宽度过宽,超出车辆的宽度限制;轮胎向前布置,将导致车辆的离去角减少,影响车辆的登岸能力和通过能力。在设计时要反复考虑相关限制条件,修改相关总布置参数。

2. 中部轮胎翻转空间与货舱壁干扰

根据初步总体布置方案,车辆的货舱正好布置在车辆正中部,而车轮上翻产生的空间正好与货舱位置重叠,压缩货舱空间。货舱呈“工”型或“凸”型,严重影响货舱载货空间及载货效率。

3. 防弹驾驶舱重心高度使船体重心升高

该车型要求驾驶室带防弹功能,防弹材料的质量与其 Z 向的重心高度的叠加,导致车体上部重心上移,严重影响车辆的水上安全性及承载能力。反弹材料要选择得更轻,驾驶室的布置高度要尽量降低,这样设计可能会推翻前项的总布置方案。

4. 陆地行驶机构与船体纵梁干扰

由总布置图可知,在陆地行走系统在上极限与下极限位置时,其在车辆的 X 向、Y 向上与车辆的前后贯通梁干涉。为了满足车辆的水上航行速度,陆地行走系统上翻功能不许保留,只能变更车辆上的纵梁位置,实在变更不了纵梁位置,只能采用局部变形梁的方案保证车辆的主体结构。这个问题也会使前期做的总布置方案产生重大调整。

5. 前部轮胎翻转空间与驾驶舱位置干扰

陆地行驶机构轮胎的翻转空间与驾驶室位置部分重叠,在左右两个轮胎中部,只能布置一名驾驶员的位置,而根据驾驶要求,驾驶室要有 2 名驾驶人员执行任务。为了躲避陆地行驶机构轮胎的翻转空间,驾驶室要么前移要么后移。如果采用驾驶室重心前移方案,驾驶室外的防弹结构导致驾驶室的综合质量过重,放在车体前端使车辆在水上高速滑行所需要的比功率过大,甚至根本滑不起来,无法高速行驶。

驾驶室如果向后移动,将挤占货舱空间,也会影响前期的总布置方案。

6. 轴距与接近角、通过角、离去角合理布置

高速水陆两栖车辆的登岸能力和通过能力是车辆的重要设计参数,原则上我们需要比较大的接近角与离去角,这样将导致车轮尽量靠近车的头部或尾部,还有一个办法就是增加轮胎直径来增加离地间隙,增加接近角、离去角。

车轮向后会干扰喷水泵;车轮向前导致重心向前,使车辆在水中难以高速滑行;增大车轮将使车身上开口空间增大,陆地行驶机构轮胎的翻转空间更大,持

续增加布置难度,严重影响车辆的静浮力与水上安全性。

以上问题可能会颠覆前期的车身造型设计工作,在设计过程中必须引起足够的重视。

高速两栖运输车系统基本组成如图 4 – 8 所示。整车由车身系统、车身附件、底盘系统、驱动系统、传动系统、电气系统、通信系统、整车热管理系统和驾驶室防护系统组成。本方案中动力系统是采用混合动力系统方案,所以在驱动系统中包含点驱动系统。

4.2.2 高速两栖车辆外形设计

1. 外形的主要参数

两栖车辆的发展是追求高速化与便捷化,如果通过增加发动机的功率来提高两栖车辆的速度,会使得其总质量不断增加,所能提供的功率和总质量呈现出饱和的趋势,因此,很难继续通过改进发动机来提高水面行驶的速度。所以,如何通过两栖车辆的外形设计来提高水面航行速度就变得尤为重要了。

两栖车辆的外部直接与水面接触,是行驶过程中造成阻力而影响速度的主要原因之一,合理的外形能有效地减小阻力,提高航行速度。文献[4]应用 solidworks 软件进行设计建模,通过分层设计,以及对于艏部、中部与艉部的参数要求,模拟出一款以跑车外形为理念加入船体外形概念的两栖车辆总体外形。

(1)车船首部形状设计(图 4 – 9)

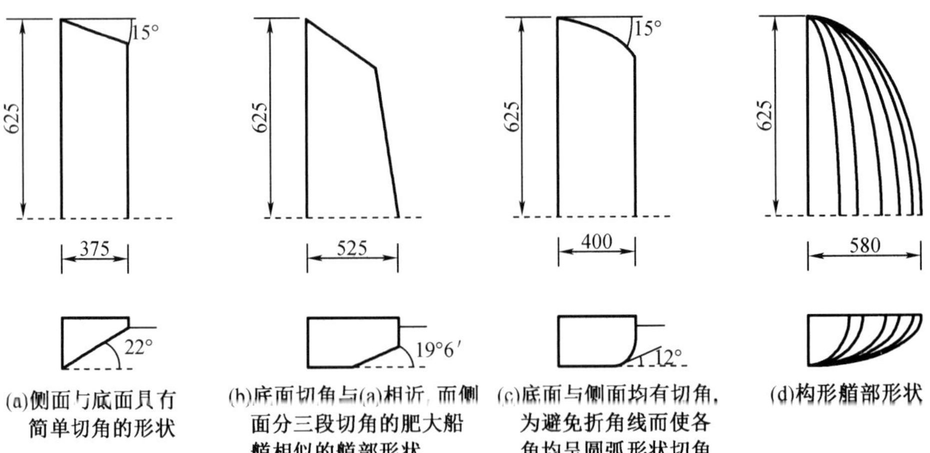

(a)侧面与底面具有简单切角的形状 (b)底面切角与(a)相近,而侧面分三段切角的肥大船艏相似的艏部形状 (c)底面与侧面均有切角,为避免折角线而使各角均呈圆弧形状切角 (d)构形艏部形状

图 4 – 9 主要船首形状示意图

经过研究表明,两栖车辆在水中的行驶阻力主要来源于黏性阻力,其大小与船首形状有直接关系。两栖车辆的形状设计包括两大方面:车船总体外观构型和车船首入流角以及艏部导流角的设计。车船的入流角对于破浪性有很大的影响,破浪性越好,艏部的堵水现象越小,能有效地减小阻力;导流角对于行驶过程中艏部的堵水情况有很大影响,艏部堵水会增加艏艉的压力差,从而加大行驶阻力。

艏部总体外观构型导流角见图 4-10,入流角见图 4-11。

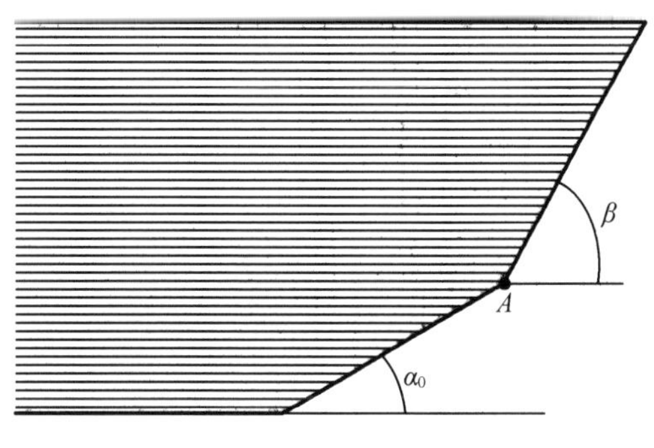

图 4-10　导流角

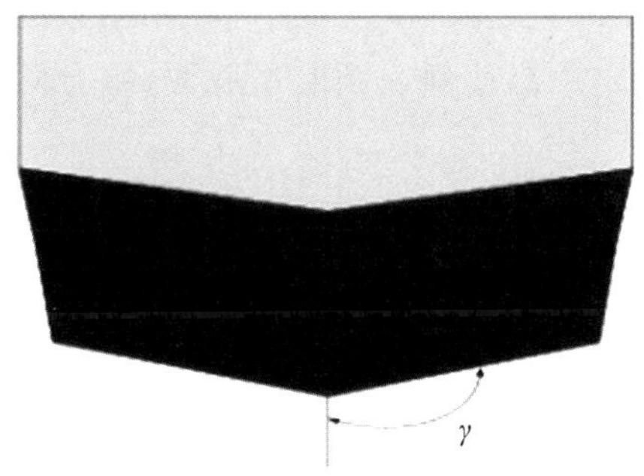

图 4-11　入流角

(2)中间截面轮廓设计

两栖车辆中间轮廓的设计可以参考滑行艇的形状。滑行艇的外形有多种:平底型、高速型、圆舭型、V 型艇、倒 V 型艇和双体型等。一般认为处于过渡状态航行艇的艇体采用高速圆舭型为宜,船体各类圆舭型如图 4-12 所示。

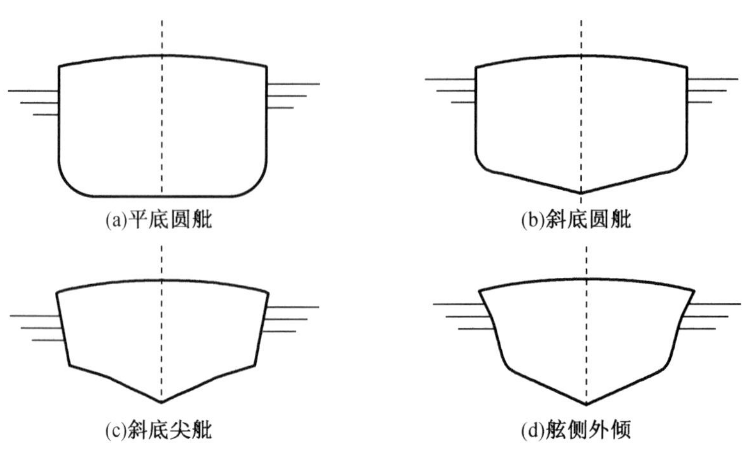

图 4－12　底部圆舭型示意图

过渡型快艇以圆舭型剖面居多,因而很多场合常称过渡型快艇为圆舭艇。这种类型艇的前部不但呈凸形、有比较大的底部斜升角,而向艉部方向凸形变小,斜升角变小,可趋向于零度。选用这样的剖面形状能有效使艇在波浪中的冲击减小,而后体形状能有效加大水动力的作用。

国内的两栖轮式车船大多使用平底。平底可以增加高速滑行车船的滑行面积,但是不适用于排水型以及过渡型的车船。根据这些原因,对所设计的处于过渡型的两栖车辆的外形选用高速斜底圆舭型底面,结合两栖车辆实际侧面形状得到中间轮廓。

(3)艉部形状设计

选用方艉是水面行驶快艇的基本特点。方艉船型最主要的优点是能够降低高速行驶时两栖车辆的总体阻力。当其高速行驶时,方艉的下端液面会低于车船舷两侧的水面,水流在艉部形成一个凹槽,就如整个车船体的延伸,[图 4－13(a)]。实际上船体没有这一部分的延伸,所以称此为虚长度。从阻力观点看,这一部分相当于增加了船体长度[图 4－13(b)]。由于水线长度的增加,排水量的长度系数变小了,总阻力也随之变小,有试验证明采用了方艉的结构能使阻力下降 10%～15%。

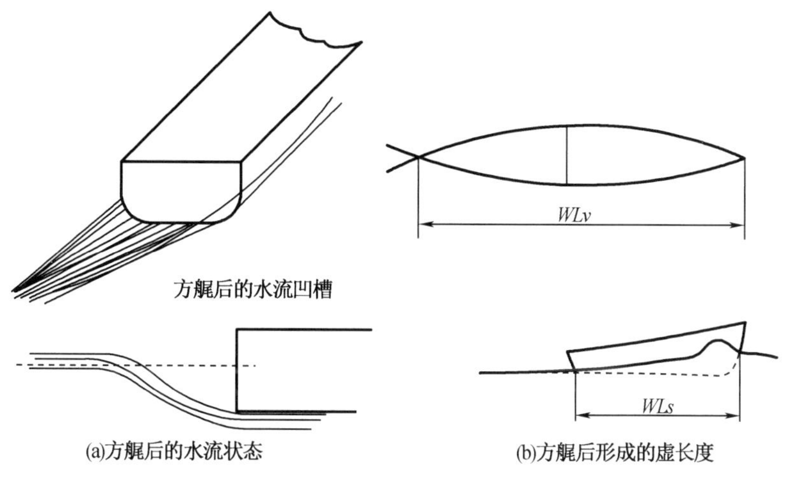

图 4－13　方艉后水流状态和虚长度

2. 整体成型

根据水面的参数以及考虑外形的美观程度,参考了跑车外形的基础上进行了适当的修改,得出的外形如图 4－14 所示。

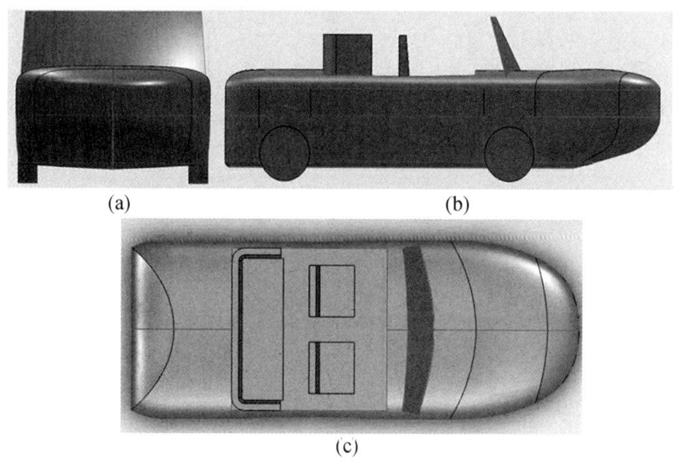

图 4－14　整车外形图

4.3 螺旋桨设计

4.3.1 三辐轮桨及回转部分结构设计

1. 回转系统结构设计

轮桨回转系统由三辐轮桨、轮桨驱动系统和回转驱动系统三部分构成。其中轮桨部分可以近似看成一个双桨船的结构,当两栖无人车进入水中时,两栖无人车尾端的两个回转系统向后回转,称为水下螺旋桨推进器。其总体布置如图4-15所示。

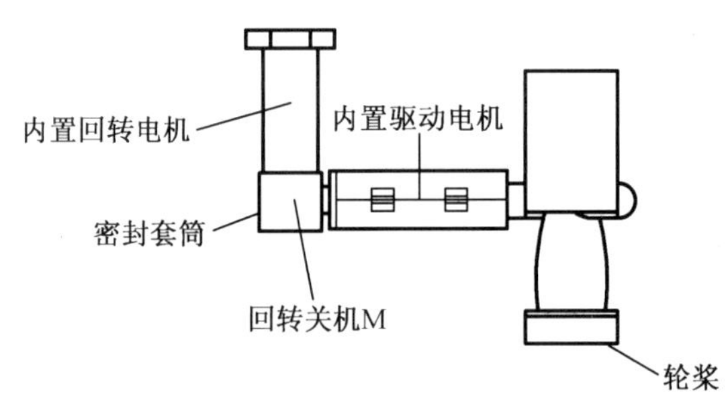

图4-15 回转系统机构图

2. 三辐轮桨原理

回转系统有两个自由度,轮桨部分的扭矩为 $Q = K_Q P n^2 D^5$,除了辐板外,三辐轮桨采用船用螺旋桨的结构,这里主要对三辐轮桨的辐板做分析。三辐轮桨的理论依据和普通螺旋桨的理论依据相似,即普通螺旋桨有动量的变化、压力的变化两种不同的角度来诠释这种理论依据。简单地说,动量变化就是将水加速通过螺旋桨,通过之后的水的总动量增加,反向推动船舶。因为动量是质量与速率的乘积。质量差异配合速度的差异变化,使动量变化的程度各不相同。

另一方面,压力变化的解释论能更清楚地阐明螺旋桨的工作原理。螺旋桨是由一群螺旋翼面组建而成的,其工作原理和机翼相近。流经机翼上下曲面的表面的压力差取决于外形形状变化与入流的攻角。依据伯努利定律可知,流体速度的异同会造成上下表面压力的异同,升力因此产生。而组成螺旋桨叶面的

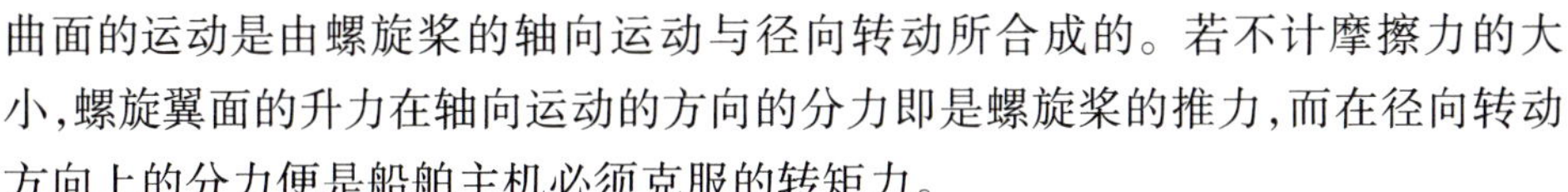

曲面的运动是由螺旋桨的轴向运动与径向转动所合成的。若不计摩擦力的大小，螺旋翼面的升力在轴向运动的方向的分力即是螺旋桨的推力，而在径向转动方向上的分力便是船舶主机必须克服的转矩力。

3. 三辐轮桨设计

推进系统的设计关键在于轮桨结构设计，如图 4－16 所示，轮桨设计需要在原有螺旋桨的基础上设计一个轮桨辐板的结构，要考虑到辐板的角度、与螺旋桨叶稍的连接方式、辐板的厚度等因素。其中回转系统的回转角为 $0° < \alpha < 90°$。密封套筒所起到的密封作用是将电机支撑架和回转电机壳体所开的 90°的缺口给密封起来，将面积较大的密封改为密封较为容易的旋转动密封。由于轮桨结构要满足在地面行驶的使用要求，故将螺旋桨设计时的倾角 θ 设为 0°，其余结构参数严格按照螺旋桨的设计要求进行设计。

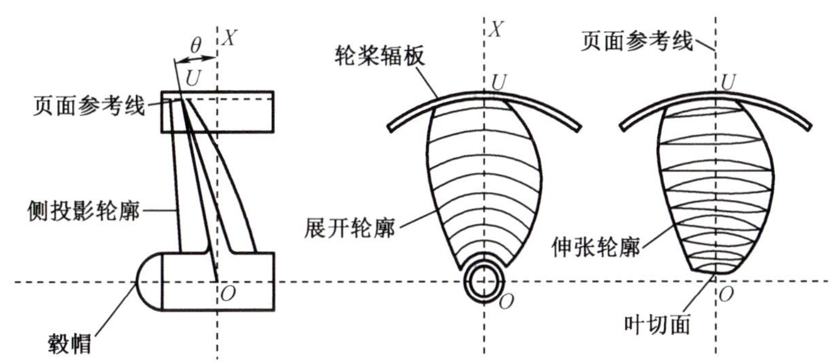

图 4－16　轮桨结构示意图

如表 4－1 所示，取轮桨跨越的垂直墙高为 50 mm，并选取 $l = 85.5$ mm 为轮桨越障的初始状态。该轮桨为混合驱动，轮桨辐板的角度设为 γ，为了在复杂地面的通过性，辐板的角度 $\gamma \geq 60°$，并且两轮桨之间的相位角为 60°。该两栖无人车跨越垂直墙高主要有三种状态：初始状态、后初始状态、前初始状态。

表 4－1　轮桨跨越垂直墙高信息表

原始状态	角度 α	l	临界状态	后续状态
初始状态	$\alpha = 60°$	$l = 85.5$	与之相切	轮桨离地
后初始状态	$\alpha < 60°$	$l < 85.5$	越过切点	轮桨离地
前初始状态	$\alpha > 60°$	$l > 85.5$	未到达切点	后初始状态

由表 4－1 可知，前初始状态的后续状态是后初始状态，故只考虑初始状态和后初始状态。

如图 4－17 所示，中轮桨由初始状态（黑实线）向前行进 H，即转过角度 $\beta_0 = 23.8°$，到达临界状态，即右轮桨（图 4－17 下轮桨）与墙高相切，左轮桨（图 4－17 上轮桨）也刚好相切，桨叶参考线到墙高的距离为 h_0，右轮桨转到两桨叶之间的空隙位置，由辐板起支撑作用，因而右轮桨在垂直方向上下降 h_1 的距离。此时左轮桨桨叶参考线与墙高之间的夹角为 $\gamma/2$，即是所求辐板角度 γ 的一半。测得 $\gamma = 64°$，满足 $\gamma \geq 60°$ 的条件。

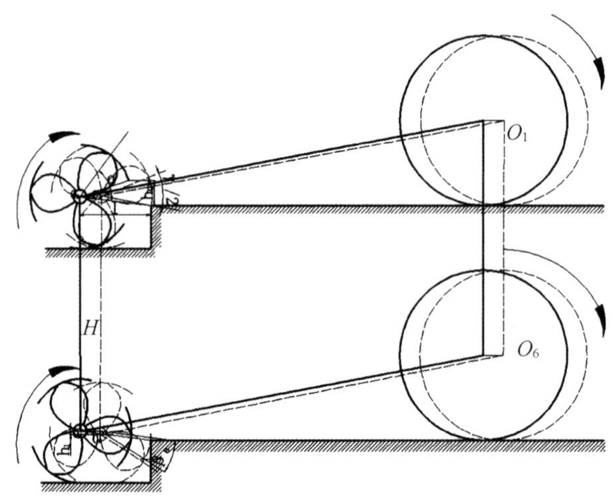

图 4－17　轮桨跨越垂直墙高初始状态

轮桨处于后初始状态时，控制该两栖无人车，继续向前行进 H（即转过角度 $\beta_0 = 23.8°$）。如图 4－18 所示，黑实线为轮桨后初始状态，以初始状态为基准，控制该两栖车辆前进距离 H，在前进过程中右轮桨与垂直墙高相切，水平方向的前进受阻，其右轮桨的理论位置为 M 点，由于垂直墙高的阻挡，右轮桨产生了打滑现象，实际位置为 O_5，与后初始状态位置 O_4 的竖直方向的距离为 h_2，旋转角度为 $\beta_1 = \beta_0$。左轮桨在前进过程中，垂直墙高刚好进入轮桨两桨叶之间的空隙，如图 4－18 左轮桨所示，左轮桨行进 H 距离后，如图 4－18 虚线所示位置，切点与桨叶参考线之间的夹角 $\gamma_1/2 = \gamma/2$。接触点越过墙高起点的距离为 H_1，即 $H_1 = H$。由此可知，若后临界状态中，l 无限趋近于 60 mm。此时可视为左轮桨与垂直墙高相切，则 $\alpha = \gamma/2 = 60°$。此时辐板角度为 120°，轮桨辐板为 360°。越障能力大为降低。故为了有较大的越障能力，又能较好的维持三角步态的稳定性，轮桨辐板

的角度为 64°。

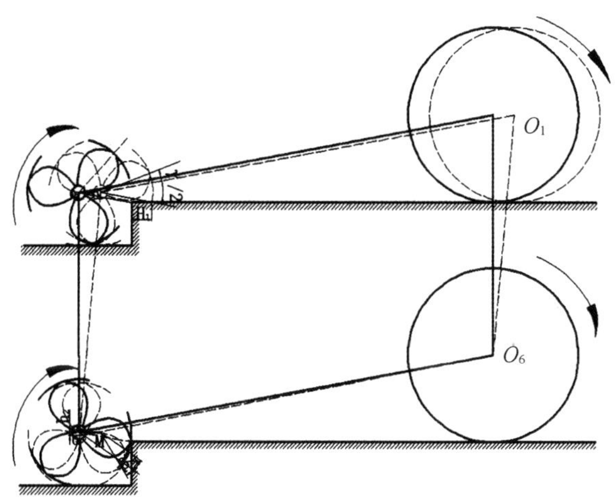

图 4－18　轮桨跨越垂直墙高后初始状态

由图 4－18 知，后临界状态越障时，整个两栖车辆会有一定程度的右倾，为使该两栖车辆越障后迅速调整姿态，各个轮桨和各个车轮分别有独立的电机驱动。

将轮桨刚与地面接触的地方至与桨叶固定的地方，简化为力矩为 H 的直梁，其截面图如图 4－19 所示。

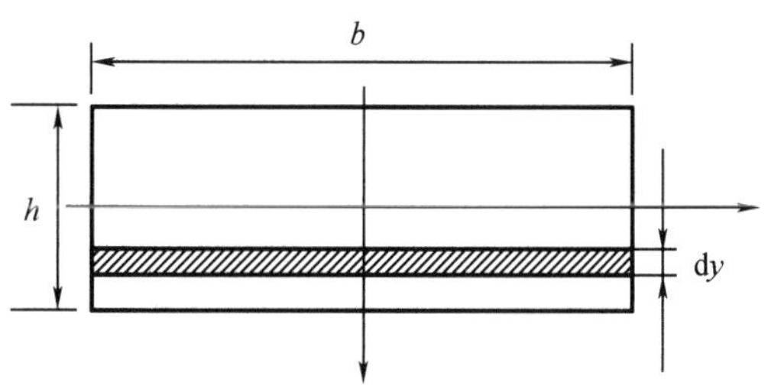

图 4－19　简化直梁截面图

图中 b 代表辐板宽度为 40 mm，h 为辐板厚度为目标值，dy 为所取积分单元，即在材料极限应力允许的条件下，求取最小 h 的值，建立相应的数学模型。直梁所受的外力偶矩为 $M_e = F_N \times H$，目标函数如下：

$$\text{Min } h \geqslant 2\sigma_{\text{tmax}} I_Z / M_e \tag{4-1}$$

式中　σ_{tmax}——材料 7075－T651 的极限应力值；

I_Z——直梁的轴惯性矩。

$$I_Z = \int_A y^2 \mathrm{d}A = \int_{-\frac{h}{2}}^{+\frac{h}{2}} y^2 b \mathrm{d}y = \frac{bh^3}{12} \tag{4-2}$$

由此数学模型得出辐板的最小厚度为0.939 mm，并且在0.939～5 mm取若干个值进行计算，所得出的辐板厚度与辐板所承受压力之间的关系如图4－20所示。

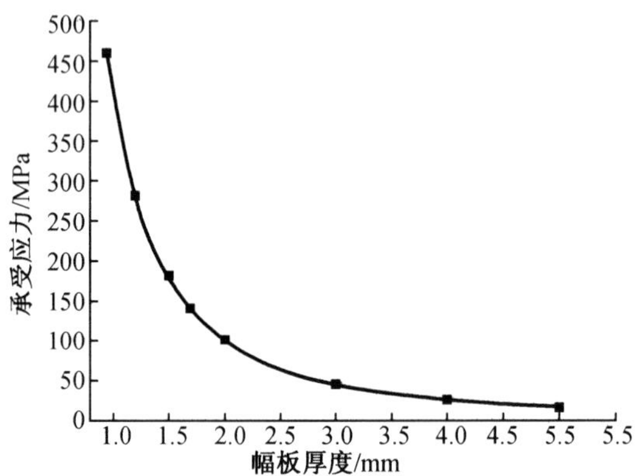

图4－20　辐板承受应力曲线图

7075－T651作为一种塑性材料，其安全系数取值范围一般为1.5～2，由辐板所承受的应力曲线可以得出，辐板厚度应为1.1～1.4 mm，但是考虑到便于加工、水中阻力对其的影响，辐板厚度取值为2 mm，并对2 mm的辐板进行计算，得出辐板所受应力为101 MPa，安全系数为4.55。

辐板最大转角为2.09′，最大挠度为1.21×10^{-2} mm。

轮桨辐板受应力曲线图如图4－20所示。轮桨弧形辐板所形成的角度为α，α所形成的角度为64°，β所形成的角度为56°。α与β所形成的角度没有均分，是因为轮桨在前轮形成三角步态时，为防止控制过程出现问题，提高容错率，能更好地保持行驶过程中的平稳性。

轮桨辐板与地面刚接触的时候，所受的力为F_N，辐板与叶稍固定点的水平距离为H，垂直距离为D，辐板厚度为d，图中虚线代表取$0.75R$，此处螺距值约等于螺旋桨的平均螺距。

根据图4－21，建立辐板的挠度和最大转角的方程：

$$M(x) = -F_N(H-x) \tag{4-3}$$

$$EIw' = -M(x) = F_N(H-x) \tag{4-4}$$

式中　$M(x)$——弯矩方程；

EIw'——挠曲线微分方程；

H——地面接触点到辐板固定点的距离；

F_N——地面给轮桨的支持力。

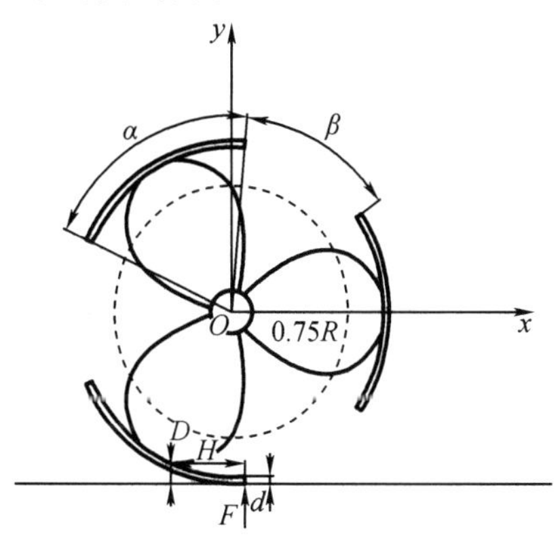

图4-21　轮桨设计参数图

最大挠度及转角：

$$\theta_{max}=\theta(H)=\frac{F_N H^2}{2EI} \tag{4-5}$$

$$w_{max}=w(H)=\frac{F_N H^3}{3EI} \tag{4-6}$$

式中　F_N——辐板所受到的支撑力；

H——受力点到固定端所受力矩；

E——辐板材料的杨氏模量(7.5×10^{10})；

I——轴惯性矩。

该轮桨混合驱动的两栖无人车的越障理论分析对该两栖车辆的模拟仿真和试验是非常必要的，如图4-22所示。

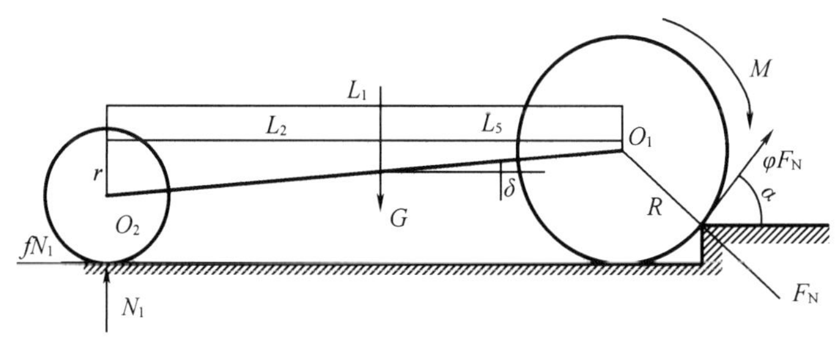

图4-22　前轮越障受力分析示意图

由于轮桨的独特结构,静力学平衡方程不能准确计算轮桨的跨越垂直墙高的能力,这里采用另一种分析方法,如图 4-23 所示,即轮桨两个辐板的边缘都与垂直墙高刚好接触(接触点为 m、n),在牵引力足够大的情况下,以 n 点为支撑点,跨越垂直墙高为 h_M。

可得:

$$h_M = R(1+\cos\alpha) \tag{4-7}$$

图 4-23 中若 α 的角度仅满足三角步态的要求,且控制轮桨转动过程中不会出现滑移现象,即 $\alpha=64°$时,轮桨理论上跨越垂直墙高的高度 $h_M=86$ mm。

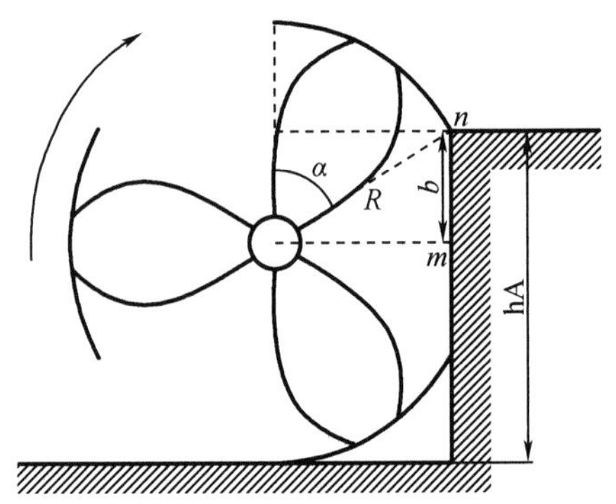

图 4-23　轮桨跨越垂直墙高示意图

考虑到工作环境的复杂性及不确定性,为保证该两栖无人车船在恶劣的环境中正常工作的能力,和传输信号的质量,这里取 $B_M=0.58\ h_M$。

4. 回转关节密封套筒设计

轮桨回转系统的关节设计的关键是两栖车辆在水中正常运行时,保证回转关节良好的密封性能,保证回转系统内没有水的浸入,从而保证整个系统的正常运作。密封套筒设计的要求如下:

(1)能绕回转轴跟随轮桨正常回转;

(2)保证装配的合理性;

(3)达到密封性的要求。

密封套筒的设计思路来自回转电机壳体部分的 90°的槽口,如图 4-24 所示,密封套筒的结构简单,配合密封圈对回转关节进行密封,效果良好。该密封套筒只在水陆姿态转换过程中才随连接法兰和回转电机转动,所需强度不高,所以该密封套筒可以采用聚四氟乙烯等轻质化材料。

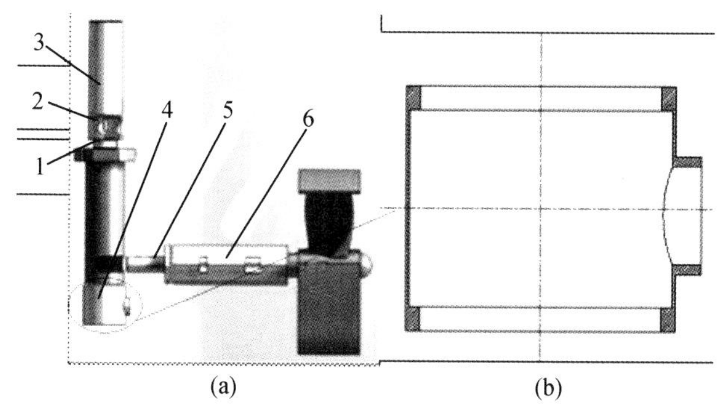

1—为止推轴承;2—为回转电机支撑架;3—为回转电机;4—为回转密封套筒;

5—为回转关节的连接法兰盘;6—为轮桨驱动电机、驱动电机壳体以及轮桨。

图 4-24　回转关节密封套筒

但是为了密封系统的正常使用和正常的寿命,对回转关节的回转速度有一定的技术要求,既不能过高,也不能过低,过低设备运行不平稳甚至会出现爬行现象;过高时润滑油形成的油膜就会破裂,摩擦力变大而发热,损坏回转机构,导致寿命降低。

这里水陆状态转换时间较短,速度也较慢,主要考虑速度不要过低的问题,一般正常回转速度应该为 0.03 ~0.8 m/s。

密封套筒的装配顺序如图 4-24 所示,1→2→3→4→5→6。其中,图 4-24(b)为密封套筒。

5. 三辐轮桨三维模型

三辐轮桨三维模型的建立,是在该螺旋桨的基础上,加上了上述中的辐板设计,在三维软件 SoildWorks 中完成三维模型的建立。由于三辐轮桨与普通的轮胎有较大的区别,下面介绍一些螺旋桨关键的几何名词。

(1)直径(D):表示螺旋桨性能的重要指标之一。一般直径越大,拉力越大,效率越高。所以在满足要求的情况下,螺旋桨直径应尽可能大。螺旋桨桨尖气流应小于 0.7 个马赫,否则会出现激波,影响效率。

(2)桨叶数量(B):桨叶数量越多,螺旋桨的功率系数越大,拉力系数也越大。所以,在螺旋桨直径不能太大时,可以通过增加桨叶数量或双层桨叶的方法增大螺旋桨的功率系数和拉力系数。

(3)实度(σ):桨叶面积和盘面积(πR^2)的比值。实度对螺旋桨的影响与桨叶数量对螺旋桨的影响一致。

(4)桨叶角(β):习惯上一般取 70% D 处桨叶角值作为桨叶角的确定角度。

桨叶角不是一个定值,因半径的不同而产生差异,一般取确定角度作为衡量船桨性能的重要标准。

(5)几何螺距(H):理论上螺旋桨绕桨毂轴线旋转一周前进的距离。和桨叶角一样,也是一个因半径的不同而产生差异的标准,同样以 70% D 处的几何螺距作为确定几何螺距。如 120/60,表示螺旋桨 D 为 120 英寸,H 为 60 英寸。

(6)实际螺距(H_g):螺旋桨绕桨毂轴线旋转一周船舶所前进的距离表示实际螺距,$H_g = v/n$。一般来说,实际螺距都小于几何螺距:$H = (1.1 \sim 1.3)H_g$。

理论螺距(H_T):螺旋桨在设计的时候,流过的空气对螺旋桨速度有增加的影响需要考虑到。因而螺旋桨在空气中所前进的距离——理论螺距要比实际螺距要大。

根据以上计算结果,以及类螺旋桨的几何特征,基于 SoildWorks 建立轮桨的三维模型,如图 4-25 所示。

图 4-25　轮桨三维模型图

4.3.2　电机的选取

在设计中前后轮电机都选用无刷直流电机,前后轮驱动电机为了更好地运用 PWM 控制技术,选用控制精度更高的直流伺服电机。

1. 功率及续航能力计算

根据设计指标,陆地上该两栖车辆的行驶速度为 0.5 m/s,橡胶轮胎和湿砂地之间的滚动摩擦系数为 0.16,轮胎与各种地面之间的摩擦系数见表 4-2,该两栖车辆的设计质量为 36 kg,所以在地面平稳行驶时,功率 $P = FV$,为 28.8 W。

表4-2 摩擦系数表

地面	新翻耕地	变实耕地	草地	割后楂地	干砂土	湿砂土
摩擦系数	0.16	0.12	0.08	0.1	0.2	0.16

水中单个轮桨的实际有效功率为0.664 W,两个轮桨共1.326 W。取较大的地面功率,电机功率均为28.8 W,四个驱动电机总的功率为115.2 W,选用两个24V10AH,尺寸为215 mm×68 mm×38 mm的锂电池蓄电池作为电源。根据下列公式计算续航时间:

$$H = \text{电池容量}/\text{功率损耗}$$

可得到只在湿砂地行驶的时候,可持续行驶4.2 h。在水中行驶时,只有两个轮桨工作,功率消耗更小,续航时间更长。加上后期侦察车平台要搭载各种负载,还有回转电机消耗的功率。若负载部分限定功率200 W,则总的两栖车辆的续航能力为1.5 h。总体来说,电池的选择符合使用要求。

2.前轮电机的选取

该两栖车辆采用前后轮胎和轮桨不同的直径规格,故在沙滩、地面上的行驶速度受直径较小的轮桨的限制,设计指标在地面行驶时,该两栖车速度不超过2.3 m/s,如下式:

$$v = \pi D n \tag{4-8}$$

式中 D——轮桨直径;

n——轮桨的设计转速。

由式(4-8)可得,轮桨设计转速为6 r/s,即360 rpm;前轮转速为216 rpm。该两栖无人车在水平路面匀速行驶时,功率为

$$P = mg \times \mu \times v \tag{4-9}$$

式中 μ——摩擦阻力系数(查相关资料一般碎石路面滚动摩擦阻力系数为0.020~0.025,这里取中间值0.022 5);

v——地面设计行驶速度。

行驶时,总功率为18.75 W,平均每个轮、轮桨功率为4.69 W,即0.004 69 kW。根据电机转矩计算公式,

$$T = 9\ 550 \times P/n_1 \tag{4-10}$$

式中 n_1——前轮转速。

由以上理论可得,前轮电机转矩为207.5 N·m。然后根据以上计算结果,且

根据电机的选择要留有余地原则，可以选取型号为 MAXON DC 370354，电机具体参数如表 4－3 所示。

表 4－3 前轮电机参数表

额定功率	外径	电机长度	额定转矩	额定电压
200 W	50 mm	108 mm	405 N · m	24 V

3. 轮桨驱动电机的选择

两栖车辆在以等速度 v 直线运动的时候，所受到的阻力为 R，为了使两栖车辆维持此项运动，则必须提供相应的推力 T_e，而此时 $T_e = R$，大小相等，方向相反。

若两栖车辆以速度为 v 航行时受到的阻力为 R，则单位时间内阻力 R 所做的功为 Rv，而在单位时间内有效推力 T_e 所做的功为 $T_e v$，两者的绝对值是相等的，所以 $T_e v$（或 Rv）我们都可以称之为有效功率，用来表示轮桨所产生的实际有效功率。以马力为单位时，实际有效功率可写成：

$$P_E = T_e v/76 = Rv/76(\text{UKhp}) \tag{4-11}$$

式中 T_e——有效推力，kgf；

R——阻力 kgf；

v——航行速度 m/s。

根据设计速度 v 和计算结果，可知该两栖车辆匀速航行状态下有 $R = 2.58$ N，该两栖车双轮桨推进，每个轮桨推力分得 1.29 N。最后得 $P_E = 0.664$ W。根据式（4－11）求得电机的转矩 17.6 N · m。电机的选择一般要比计算的功率转矩大一些，所以选择 22ES60ULTRA EC 电机，其参数见表 4－4。

表 4－4 轮桨电机选择表

额定功率	外径	电机长度	额定转矩	额定电压
180 W	22 mm	60 mm	44.5 mNm	24 V

选择 22ES60ULTRA EC 电机的尺寸结构图如图 4－26 所示。

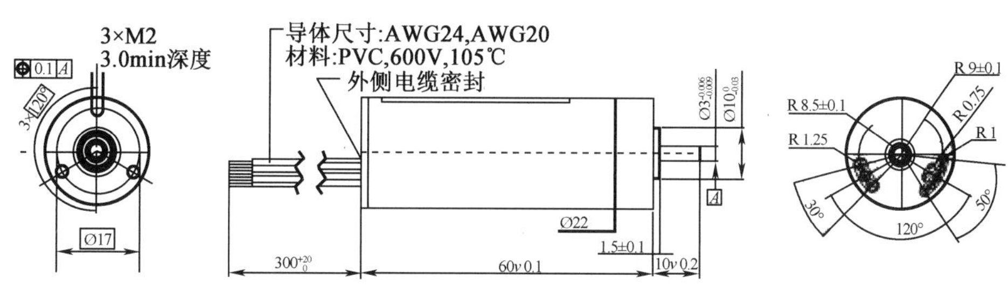

图 4－26　轮桨电机结构图

4.3.3　电机控制系统

该两栖无人车船内部置有单片机控制系统，连接控制着四路直流电机驱动模块，驱动模块主要由控制信号接口、电源接口、电机接口、控制信号电源指示灯，其中单片机与驱动模块电源应保持一致，单片机和驱动控制模块可用同一电源。其中每路电机接口控制信号逻辑如表 4－5 所示。

表 4－5　电机接口控制信号逻辑表

IN1	IN2	ENA	OUT1、OUT2 输出
0	0	×	刹车
1	1	×	悬空
1	0	PWM	正转调速
0	1	PWM	反转调速

回转电机，采用舵机的控制原理，回转电机采用单独的单片机和两路直流电机驱动模块，单片机发出对回转电机的指令信号，实质上是一个 PWM 信号，通过控制 PWM 信号的长度，控制回转电机的回转角度。

舵机主要组成为电路板、回转电机、减速器、位置检测元件和外壳，单片机发出脉冲信号给操舵装置，脉冲信号经过驱动模块传输给回转电机，电机开始工作，通过减速齿轮把能量传输至驱动电机，然后位置检测器检测目标位置是否正确，并进行实时反馈。位置检测器的实质是一个阻值变化的电阻，当舵机转动的位置变化带动相应的阻力变化，阻力的大小就是转动角度的另一种表达方式。

目前，舵机的发展已经相当成熟，在此不多做介绍。

4.4 轮式两栖车辆高航速技术

自从军用两栖车辆出现，较低的水上速度就一直是限制其战技性能发挥的重要因素。近年来，如滑水技术、水翼技术、气垫技术等高速航渡技术的应用大大地提高了两栖车辆的航速。目前，采用滑水技术的美国 AAAV 装甲车的航速已超过 45 km/h，成为军用两栖车辆额定航速的标准。

1. 传统低速两栖车辆的问题

传统低速军用两栖车辆大多采用排水型船型车体，水上推进装置有轮履划水、螺旋桨划水和喷水推进等形式。但水上速度均较低，仅能达到克服水障碍的基本要求。一些传统军用车辆的航速如表 4-6 所示。

表 4-6 一些传统军用两栖车辆的航速列表

车型	国别	研制年代/年	推进方式	航速/($km \cdot h^{-1}$)
GPA	美国	1941	螺旋桨	8
DUWK	美国	1942	螺旋桨	10.1
LAV-25	美国	1982	喷水推进	10.46
AAV7A1	美国	1985	喷水推进	13.2
GAZ46	苏联	1952	螺旋桨	9
PT-76	苏联	1966	喷水推进	10.2
BTR-90	苏联	1994	喷水推进	9
BMP-3	苏联	1990	喷水推进	10
Alvis Stalwart	英国	1962	喷水推进	9
Ckopnuoh	英国	1972	喷水推进	6.5
63 式	中国	1963	喷水推进	11~12
BJ5022	中国	2005	螺旋桨	12

如表 4-6 所示，传统的军用两栖车辆的航速较低，12~13 km/h 的航速似乎是一条军用两栖车辆不可逾越的鸿沟。其原因是航行状态为排水航行，航行阻力较大。要减小航行阻力，必须使两栖车辆从排水航行状态进入水或气动力支

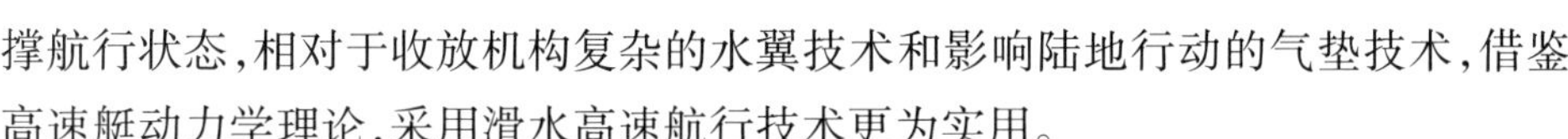

撑航行状态,相对于收放机构复杂的水翼技术和影响陆地行动的气垫技术,借鉴高速艇动力学理论,采用滑水高速航行技术更为实用。

根据高速艇动力学理论,船舶或两栖车辆要实现高速航渡必须从排水航行状态进入滑水航行状态。在航行状态转化过程中,随着航速增加,船舶或两栖车辆的排水体积逐渐减小。反映航速与排水体积关系的弗雷德系数 $Fr\Delta$ 表示为

$$F_r\Delta = (V_0/g\Delta^{1/3})^{1/2} \tag{4-8}$$

式中　V_0——航速,m/s;

Δ——排水体积,m^3。

美国的 AAAV 履带式装甲车采用喷水技术,根据其论证样车的阻力曲线可知,航行阻力的峰值出现在 15 km/h 附近,峰值阻力约 12 000 N,而最大航速已超过 46 km/h,大大地超过了传统军用两栖车辆的最大航速。如图 4-27 所示。

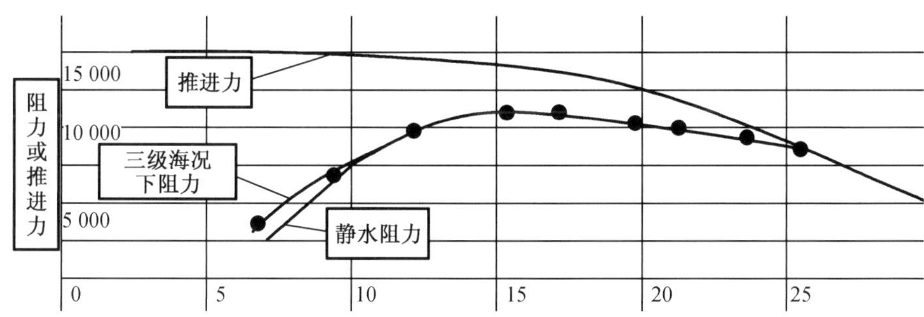

图 4-27　美国 AAAV 论证样车的阻力曲线图

有计算表明,AAAV 装甲车在超越阻力峰值时的弗雷德系数为 1.239,最大航速时的弗雷德系数为 2.279。但 AAAV 装甲车采用了可自动收放的辅助滑水板,可使车辆在较低弗雷德系数条件下进入滑水状态。

2. 高航速轮式两栖车辆现状

轮式两栖车辆的高速航渡技术的研发中,英、美两国处于国际领先的地位。2004 年以来,两国各自推出了多种轮式高航速两栖车辆。如表 4-7 所示。

表 4-7　英、美两国轮式高航速两栖车辆的航速列表

车型	国别/公司	航速/(km·h^{-1})	航行方式	推进方式
Aquada	英/Gibbs	48	滑水	喷水推进
Humdinga	英/Gibbs	64	滑水	喷水推进

表 4-7(续)

车型	国别/公司	航速/(km·h^{-1})	航行方式	推进方式
Quadski	英/Gibbs	72	滑水	喷水推进
Waterar	美/Watercar	72	滑水	喷水推进
HydroCar	美/Dobbertin	80	滑水	喷水推进
Splash	美/Rinspeed	80	水翼	螺旋桨

目前,英国的 Gibbs 公司与美国洛克希德-马丁公司决定联合开发军用高速两栖车族。该车族将基于 Gibbs 公司的高速两栖技术开发,由不同级别的三种车型组成。即 ACC-R(江河)、ACC-E(远征)、Terraquad(全地形)。三种车型的技术参数如表 4-8 所示。

表 4-8 英、美联合开发的高速两栖车辆的技术参数列表

车型	ACC-R	ACC-E	Terraquad
乘员	20	8	2
整备质量/kg	8 762	4 000	1 000
长/mm	10 800	6 096	3 850
宽/mm	2 590	2 438	2 190
高/mm	2 438	2 438	1 400
轴距/mm	8 006	3 500	2 058
轮距/mm	2 212	2 123	1 946
接近角/(°)	20°	35°	38°
离去角/(°)	20°	22°	38°
车重/kg	8 762	4 000	1 000
航速/(km·h^{-1})	65	65	80
车速/(km·h^{-1})	112	128	80
车轮及轮胎	365/80 R20	315/75 R16	26×10-12
驱动型式	6×4	4×4	4×4

这三种军用车型根据特种任务需求,装备各种武器系统,其具有网联功能,以共享和分发来自车上和远程传感器的信息。Gibbs 公司与洛克希德-马丁公司的合作促进了新一轮军用高速两栖车辆的研制。

3. 轮式两栖车辆高速航渡的关键技术

轮式高速两栖车辆的关键技术在于喷水推进器、滑水型车身和车轮的收放与驱动。

(1)喷水推进器

喷水推进是一种特殊的船舶推进方式,与螺旋桨不同,他不是利用推进器直接产生推力,而是利用推进泵喷出水流的反作用力推动船舶前进。

喷水推进具有推进效率高(50%~63%)、抗空泡能力强、操纵性优异、工作平稳、运行噪声低、传动机构简单、保护性能好、适应变工况能力强、浅水工作能力强和附体阻力小等优点。

对于两栖军用车辆,由于轮履划水效率低,航速难以适应现代战争的需要,而采用螺旋桨推进在浅吃水时容易产生浅水效应。而且螺旋桨暴露在外容易受损伤。因而喷水推进器是军用两栖车辆的首选推进方式。

近年来,在世界各主要喷水推进器制造商的不懈努力下,喷水推进技术取得了长足的进步。这些公司主要有美国的 Kodiak 公司、American Jet 公司、American Turbine 公司,英国的 Ultra Dynamics 公司,新西兰的 Hamilton 公司,瑞典的 Kamewa 公司,荷兰的 Lips Jet 公司,日本的川崎公司和三菱重工公司等等。

目前国内已经可以设计 50~2 500 kW 的喷水推进装置,用作航速在 45 km/h 左右的高航速两栖军用车船的喷水推进器,如图 4-28 所示。

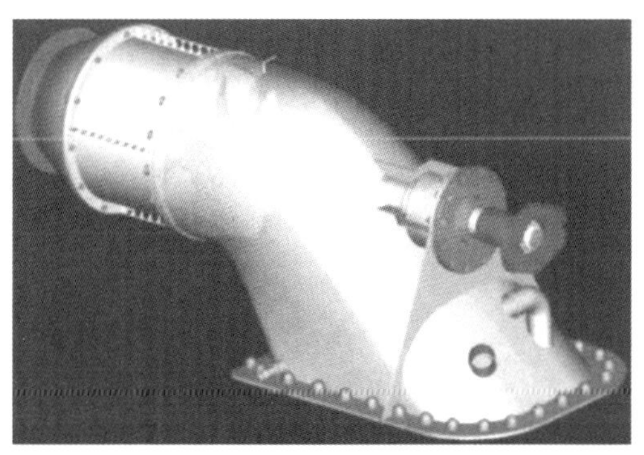

图 4-28　高航速两栖军用的喷水推进器示意图

目前为止,世界各国航速高于 45 节以上的高速装备都采用了推进器“贵族”——泵类推进器(图 4-29)。这类推进器,简单来说就是一个超级大水泵,前端将水吸进来,加压后再喷射高速/高压水流,从而利用喷口的射流反作用力来推动船舶装备前进。

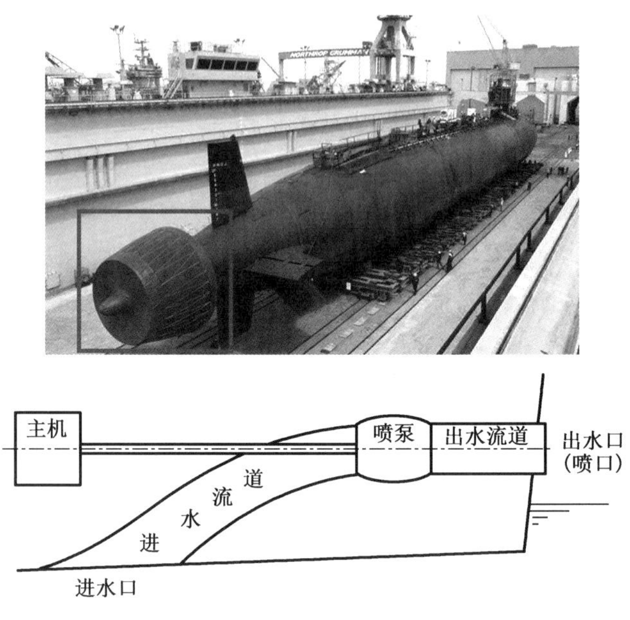

图 4-29　喷水推进器示意图

性能优异、价格不菲的喷水推进器(Waterjet,简称“喷泵”)和泵喷推进器(Pumpjet,简称“泵喷”)都属于泵类推进器,而且由于具体结构和应用场合的多样性,业界人士也极易混淆概念(图 4-30)。

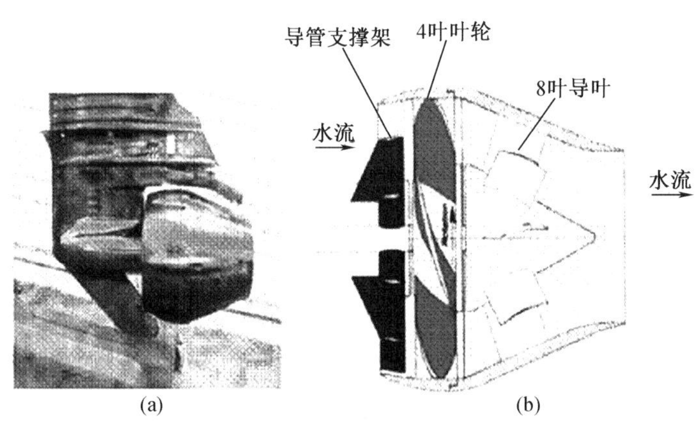

图 4-30　喷水推进器的舷外机内部结构

将快速性作为第一设计指标，追求高效率、大推力的推进器，其设计结果为喷水推进器；将声隐身性作为第一设计指标，追求低噪声、安静性的推进器，其设计结果为泵喷推进器；当需要兼顾快速性和声隐身性时，则根据设计难度的高低决定具体命名（此方法由海军工程大学的王永生教授提出）。

德国 Voith 公司近年推出了一种水下喷水推进器 The Voith Linear Jet（图 4－31），一般情况下前置 4 叶叶轮、后置 7 叶导叶的结构配置即可保证水面船舶的高效推进。但是，如果将该结构配置用于潜艇，则会带来致命的声隐身问题。

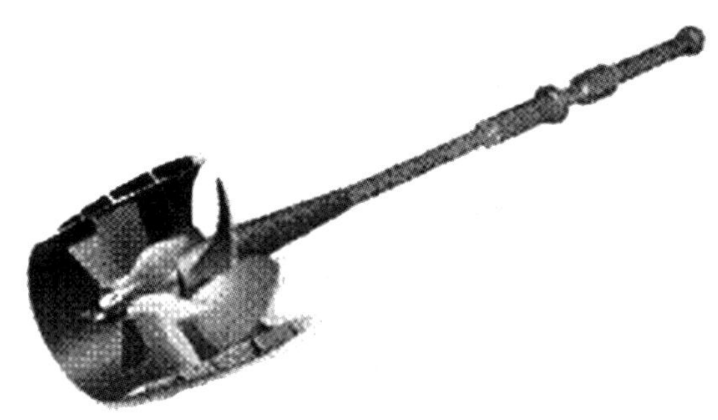

图 4－31　前置叶轮、后置导叶的 Voith Linear Jet 喷水推进器

虽然通过增加叶轮和导叶的叶片数量，并改用前置导叶、后置叶轮结构，就可以大幅降低结构噪声，但这将以牺牲推进器的效率作为代价，因此，改进之后的推进器实际上应称为泵喷推进器。

SCHOTTEL 公司将其离心式喷水推进器称为 Pumpjet（图 4－32），但这种推进器仅考虑高效率、大推力的快速性和操纵性，与低噪声无任何关联，所以称之为喷水推进（Waterjet）。

(a)

(b)

图 4－32　SPJ Pumpjet 及其应用

(2)滑水型车身

滑行艇的外形有多种,有平底型、高速型、圆舭型、V 型艇、倒 V 型艇和双体型等。一般认为,处于过渡状态航行的艇,艇体以采用高速圆舭型为宜。在接近滑行状态时,V 型艇体呈现优势。

对于两栖军车而言,V 型车体一定程度地减小了车底距地高,影响车辆的越野通过性。因此美国的 AAAV 履带式装甲车采用了平底型滑水车体加辅助滑水板的模式。但是收放辅助滑水板的操控机构复杂,而且在水中会产生阻力。

轮式军用两栖车辆一般没有装甲焊接车体,无须厚重平坦的车底甲板,因而可以采用复杂一些的车底形状以减小水中阻力,材料选用玻璃钢。

英国 Gibbs 公司开发的两栖车辆的车底形状类似于单体滑行艇与双体滑行艇的结合,这样既大大降低了车辆在水中的阻力,更容易地进入滑水状态,又增加了车辆在水中的操纵稳定性,同时还保证了最小离地问题。如图 4－33 所示。

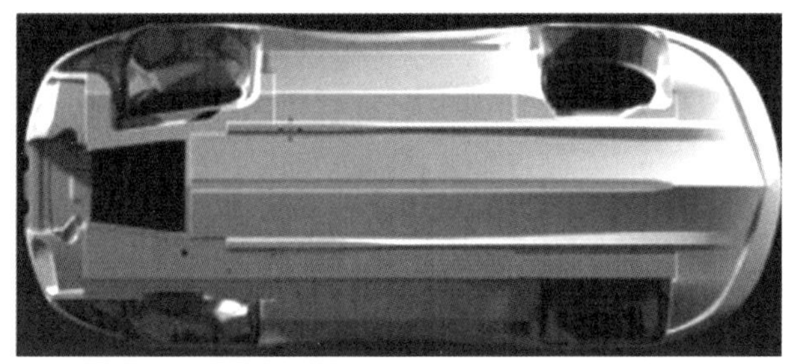

图 4－33　英国 Gibbs 公司开发的两栖车辆车底形状图

(3)车轮的收放与驱动

浸在水中的车轮悬架装置会产生很大的水上行驶阻力。欲获得高航速,收起车轮并使之高于水面是高速两栖军用车必须做的技术。

通过对一个设计用于轮式高航速两栖车辆的双横臂独立悬架模型进行运动学分析,可以得到车轮的外倾角和前束角随悬架下横臂跳动角度变化而变化的曲线。如图 4－34 所示。

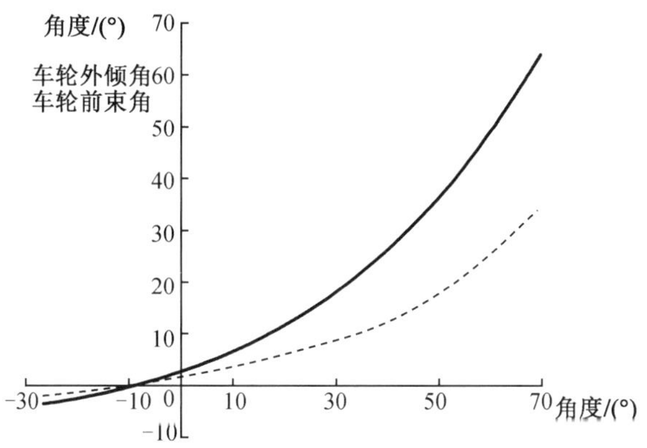

图 4－34　车轮的外倾角和前束角随悬架下横臂跳动角度变化而变化的曲线图

可以看出,悬架设计的平衡位置为下横臂跳动角在－10°位置。陆上行驶时,悬架正常跳动范围为下横臂跳动角在－26°～－10°范围。在水上行驶时,下横臂跳动角升至 70°位置车轮发生翻转,车轮外倾角达到 65°,车轮前束角达到－36°(后束状态),车轮被完全提离水面。

为实现悬架在陆上行驶时的正常功能,并在水上行驶时完成车轮的收放,可以采用油气悬架结构。油气悬架中的油气元件具有良好的弹性阻尼特性,可以很好地实现陆上行驶时的缓冲减震功能,并可以作为水上行驶时收放车轮的工作油缸。

车轮收放控制系统主要包括 4 根带隔膜式蓄能器(气体弹簧)的双向作用液压油缸、液压动力单元、4 个三位四通电磁阀,相应油路液压系统原理简图如图 4－35 所示。

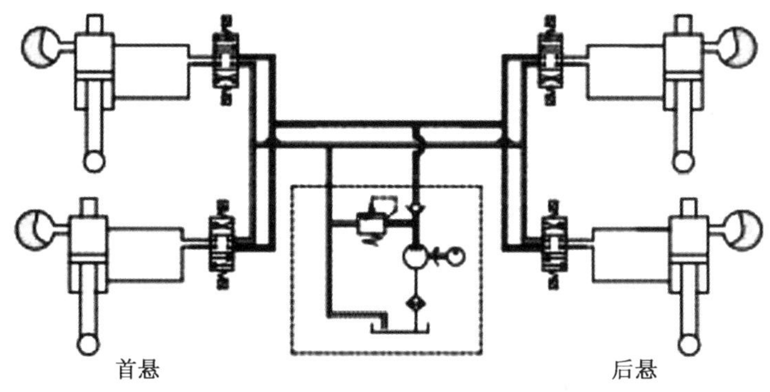

图 4－35　车轮收放控制系统液压系统原理简图

车辆的驱动是另一项必须面对的问题。车轮的大范围提升使从差速器到车轮的传动轴线变动明显,车轮传动轴必须能适合这种变动。

根据双横臂独立模型运动学分析可知,如设计使用一对球笼式等速万向节完成从差速器到车轮的传动,在车轮提升至最高点时,靠近差速器一侧的万向节输入轴、输出轴夹角超过 70°,这显然是最大传动夹角不大于 42°的球笼式万向节难以承受的。因此,靠近差速器一侧的万向节应采用特制的十字轴式万向节,允许输入轴、输出轴静态夹角超过 70°。

这样虽然十字轴式万向节最大传动角一般不大于 20°,但车轮提升后不再被驱动,故可以应用,但必要的保护措施是在车轮停转之前避免提升车轮,在车轮完全放下之前避免驱动车轮。

4.5 车身结构设计

车身设计的基础是造型,在通过水动力分析确定外形后,高速两栖车的车身设计才能顺利进行,事半功倍。如果在设计前期没有完善的造型方案,车身的设计会遇到反复,浪费时间精力。

通用车辆的车身设计,不论商用车还是军用车,通常车身的一般设计流程有 6 个阶段,详见图 4 -36。其设计过程是顺序的,只要上一步的工作完成,达到设计指标要求,才可转移到下一设计阶段,设计过程很少出现反复。

图 4 -36　两栖车辆车身开发流程图

与通用车辆相比,高速两栖车辆车身设计流程中(图 4 -37),最大的不同就是特别重视水动力分析与试验。水动力试验中,最主要的试验项目为静水阻力优化对比试验与耐波性试验,其他类型试验根据实际工程需求即可自行加入。水动力试验全部完成后,如果符合前一步滑行面设计要求,就可继续进行详细的车身结构设计,否则将发生设计反复,需分析原因找出问题所在。

滑行艇式车身造型设计 → 车身总布置与轮胎收缩空间设计 → 滑行面设计与CAE分析 → 水动力模型试验 → 车身结构设计与SE → CAE分析 → 样车试制与试验

图 4－37　高速两栖车车身设计流程图

问题往往出现在水上航速设计、车身总布置，也有可能是造型阶段的车身外造型就不能满足项目要求。这时候要推翻前期所有工作，重新进行造型设计，造成巨大浪费。

水动力试验结果的真实性对高速两栖车船的后续设计起到关键作用。在这里笔者重点讲述耐波性试验对高速两栖车辆的作用。高速水陆两栖车辆在海面上运动具有不同工况，随着海况的不同波浪的形式也不同。为了满足设计要求，除了在数字模型的基础上进行 CAE 仿真分析外，一定要进行实物模型试验分析，进一步优化造型，以满足水上高速航行和陆上高效机动的要求。

耐波性试验属于船舶工程学科内的试验，是指在能制造波浪的试验水池中所进行的船模试验（图 4－38），这里仅作科普性介绍。耐波性试验要把两栖车的模型，放在有拖拽功能的水池中，水池中配备造浪设备和消波设备，以及必要的测量仪器。在试验过程中一般采用等比例的模型进行试验，等比例模型的好处是节约试验成本，试验数据接近真实数据。

图 4－38　船舶的耐波性试验

耐波试验也有其局限性，有些水池难以进行实际两栖车辆的迎浪、顺浪、无航速横浪试验，需要选择大水池和具有造浪、消浪设备，能满足真实船体尺寸的试验要求。

4.6 陆上行驶结构设计

为了实现车辆在水上的高速行驶,车辆必须处于滑行状态。车身形状要遵循高速艇的艇型设计原则,需要增设折角线、压浪条、压浪板等结构,而轮胎、羊角、制动器、摆臂、传动轴等部件均处于划水结构附近,整个路上行驶机构会和水面直接接触,增加海水上滑行阻力,严重影响航行速度。车辆陆上行驶机构应同时满足陆上高效机动和水上高速航行需要,水上航行时,车辆陆上行驶机构应能够翻转;陆上行驶时,翻转机构不应有多余的间隙,以保证陆上行驶时对运动学/动力学特性的要求。

为了实现轮胎翻转,选择双横臂独立悬架系统,这种悬架系统是目前最为广泛使用的独立悬架系统之一。行驶系统结构原理如图 4-39 所示。

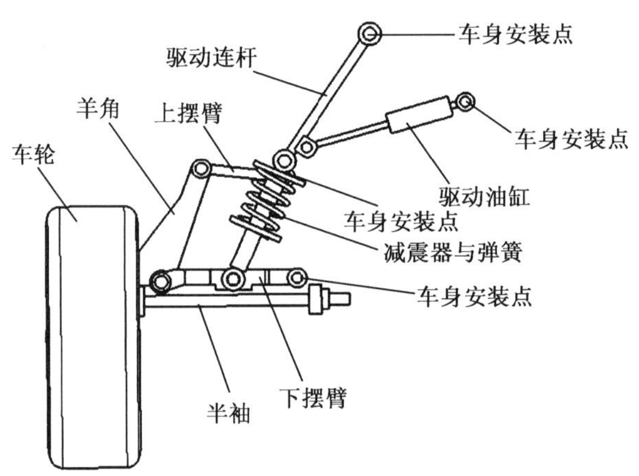

图 4-39 行驶系统结构原理

悬架羊角硬点选择与传统车辆有所不同,通用车辆的羊角内侧下摆臂的安装点一般在轮心下部,而这里采用下摆臂安装点在轮心上部的结构。这样做有两个好的作用,一是能提高摆臂在车身上的安装点高度,让出车身上折角线、压浪条、压浪板等结构空间;二是能够抬高羊角高度,为轮边减速机提供安装空间,提高整车离地间隙。

轮胎翻转机构是由上下摆臂、羊角、车身组成的四连杆机构。上、下摆臂绕着轴销旋转，羊角、轮胎、半轴、制动盘等随着摆臂旋转。在减震弹簧上支点设置一个液压缸作为翻转机构旋转的动力源（动力源可以有很多选择）。该结构可以实现轮胎从垂直状态翻转到水平状态。对于转向桥，因为转向球头摆角的限制，导致转向桥轮胎无法实现完全的水平翻转。由于水上高速航行时车辆前部抬起，转向桥轮胎已经高于水面，不会与水面接触，因而不会产生滑水阻力，不影响高速航行。车轮翻转机构翻转示意图如图 4 – 40 所示。

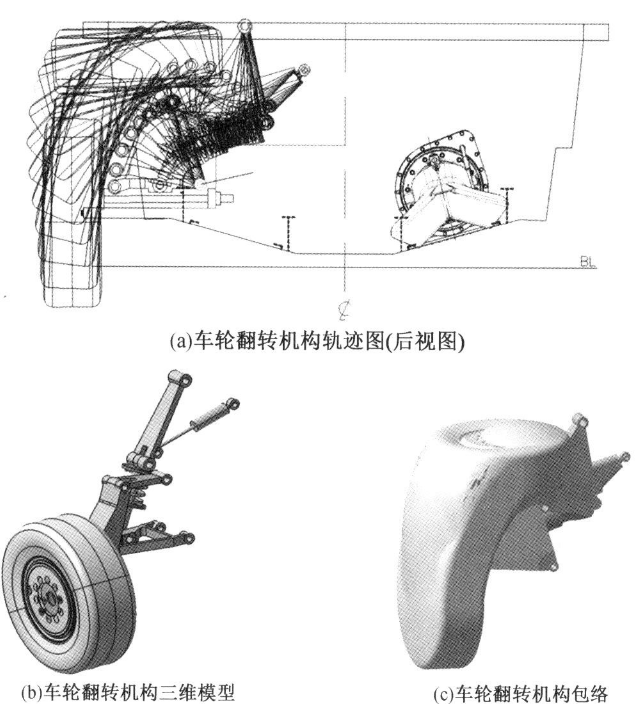

(a)车轮翻转机构轨迹图(后视图)

(b)车轮翻转机构三维模型　　(c)车轮翻转机构包络

图 4 – 40　车轮翻转机构翻转示意图

为提高离地间隙，同时增大扭矩，降低转速，增设了轮边减速机。电机输出轴通过车体伸出车体外部，通过花键连接联轴器与动力输入端相连。动力输出轴穿过车体位置增设动密封结构，保证密封性。轮胎在向上摆动过程中，半轴需要伸缩，在半轴中部增设花键滑移机构。车轮翻转机构传动示意图如图 4 – 41 所示。

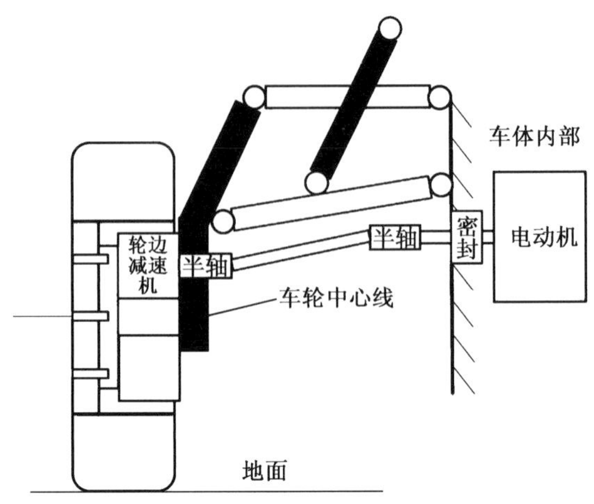

图 4-41　车轮翻转机构传动示意图

4.7　减阻结构设计

两栖车辆的水中行驶速度主要受动力系统带来的车身质量和水中的兴波阻力、附件阻力等阻力的影响。针对动力系统带来的额外车身质量,文献[7]提出了一种两栖车辆水陆模式切换系统,结构简单,整车质量轻量化,切换速度快,传动平稳。同时针对两栖车辆在水中阻力大的问题,提出一种双叉臂悬挂提升装置,这种系统主要以减小附件阻力的方法提升两栖车辆的航速,克服了传统悬挂系统提升装置挤压车内空间及忽略减震性能的弊端。

1. 方法简介

(1)构建模型

图 4-42 为水陆模式切换系统的模型。发动机位于车体中央,使得车体重心基本位于车体中间点,同时利用齿轮箱结构进行动力的传递及转换。

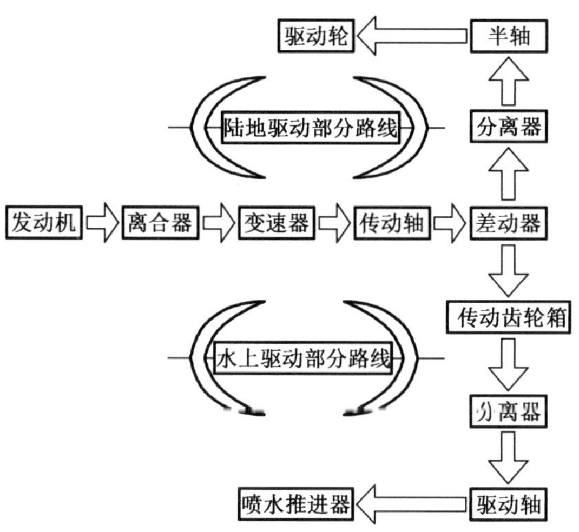

图 4-42　水陆系统切换模型

(2)车辆提升分析

图 4-43 为双叉臂悬挂系统提升装置理论模型,通过理论模型构建可以进行车轮结构及运动情况的分析。

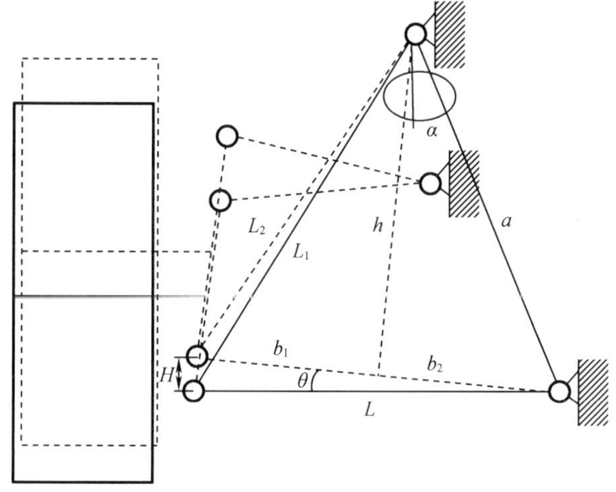

图 4-43　双叉臂悬挂系统提升装置理论模型

由图 4-43 模型可得减震液压收缩装置与车轮提升之间的长度关系:

$$\sin(\alpha+\theta)=\frac{b_2}{a}$$

$$h=a\cos(\alpha+\theta) \tag{4-8}$$

$$\frac{H}{L}=\frac{\pi}{180}\theta \tag{4-9}$$

$$L=b_1+b_2 \tag{4-10}$$

由此可得：

$$b_1=L-a\sin(\alpha+\theta) \tag{4-11}$$

$$\theta=\frac{180}{\pi L}H \tag{4-12}$$

又 $L_2{}^2=b_1{}^2+h^2$，得到：

$$L_2=\left\{\left[L-a\sin\left(\alpha+\frac{180}{\pi L}H\right)\right]^2+\left[a\cos\left(\alpha+\frac{180}{\pi L}H\right)\right]^2\right\}^{1/2} \tag{4-13}$$

$$\begin{aligned}\Delta&=L_1-L_2\\&=L_1-\left\{\left[L-a\sin\left(\alpha+\frac{180}{\pi L}H\right)\right]^2+\left[a\cos\left(\alpha+\frac{180}{\pi L}H\right)\right]^2\right\}^{1/2}\end{aligned} \tag{4-14}$$

其中，对于确定的双悬臂梁悬架，L_1、L、α、a 均已知，还可以通过改变他们的数值来确定新的提升机构。

2. 理论结构设计

文献提供一个专利号为 201620078531.7 的新型两栖车辆水陆模式切换系统，整车重量轻量化，切换速度快，传动平稳，车体行驶稳定性强，特别适用于高速两栖车辆。技术方案如图 4-44 所示。

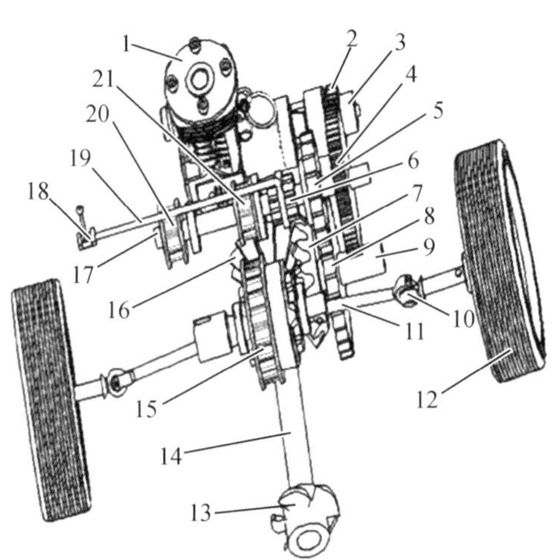

1—发动机；2—直齿轮一；3—动力输入轴；4—直齿轮二；5—直齿轮三；6—挂挡齿轮；7—主动锥齿轮；8—直齿轮四；9—动力换向轴；10—万向节；11—车辆动力输出轴；12—车轮；13—叶轮；14—叶轮动力输出轴；15—大同步带轮；16—从动锥齿轮；17—中间轴；18—挂挡机构；19—连接杆；20—调节螺母；21—小同步带轮。

图 4-44 新型两栖车水陆模式切换系统结构俯视图

该新型两栖车辆水陆模式切换系统的特征：发动机放置于车体中部，小同步带轮啮合带动同步带，再将扭矩传递到大同步带轮；中间轴是花键轴，小同步带轮右侧带有向内齿形，可以啮合挂挡齿轮，并可在中间轴上自由转动，直齿轮三左侧带有向内齿形，可以啮合挂挡齿轮，并可在中间轴上自由转动，挂挡齿轮通过套筒和中间轴连接，可以随中间轴转动并在其上左右滑动，连接杆左侧连接挂挡机构，右侧连接挂挡齿轮。

同时提供了专利号为201521065514.1的双叉臂悬挂系 统提升装置，它克服了传统悬挂系统提升装置挤压车内空间、不适应双叉臂悬挂系统及忽略减震性能的弊端。技术方案如图4-45所示。

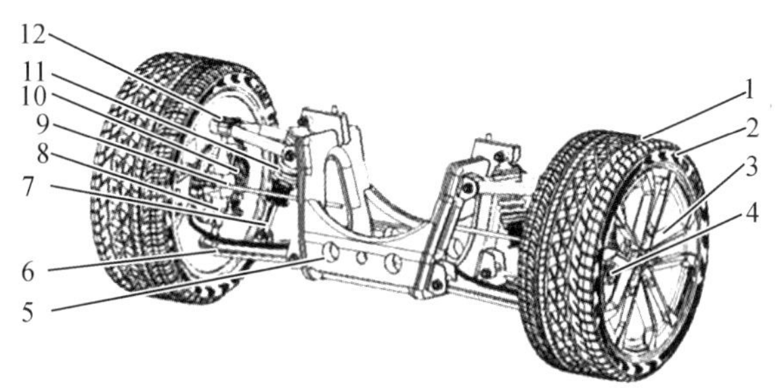

1—轮胎；2—轮辋；3—轮辐；4—轮毂；5—车桥；6—下控制臂；7—液压杆；8—连接杆；9—转向机构；10—液压刹车；11—减震系统；12—上控制臂。

图4-45 新型双叉臂悬挂系统提升装置结构示意图

轮胎与轮辋密封配合连接，轮辐与轮辋支撑固接，上控制臂一端通过活动铰链与车桥连接，另一端通过连接杆与下控制臂连接，减震系统放置在液压杆上方，液压刹车通过螺栓与轮毂连接，转向机构通过转动销与连接杆连接，连接杆中段与轮毂固接，液压杆下端通过活动铰链与下控制臂连接，下控制臂的另一端通过活动铰链与车桥连接。

在上述技术方案基础上，上控制臂短于下控制臂，上控制臂及下控制臂可随液压杆收缩或恢复上下运动，连接杆可随上控制臂及下控制臂在竖直方向上下运动，连接杆可随转向机构左右转向；减震系统放置在液压杆上方，液压杆下端通过活动铰链与下控制臂连接，液压系统和减震器相互独立工作，实现车轮几近竖直提升。

3. 模型样机组装与调试

根据设计，对模型样机进行了组装和调试，在实际操作过程中团队对水陆模式切换机构进行了适当简化，设计组装完成如图4-46所示模型样机，样机动力仅由一块蓄电池提供，同时电控系统拥有独立供电系统，提高了系统控制可靠性。进行水陆模式切换时，首先单片机发出信号，舵机开始工作，通过连杆机构拉动挂挡块开始动作，挂挡块连接两根短轴，上面固紧微型轴承（进行挂挡操作时不影响齿轮转动），然后挂挡块带动挂挡齿轮左右挂挡：在后齿轮位置时，通过齿轮传动，动力向后输出到螺旋桨；当挂挡齿轮挂上前齿轮位置时，动力输出到前轮差速器总成和后轮差速器总成，进而形成四驱结构。最后，当车体进入水中之后通过继电器—触点电路控制舵机自主动作，舵机连接车轮外活动轴，进而车轮自动收放，整车水陆模式切换完成。

图 4－46　模型样机测试试验

车轮提升系统可以将车轮提升使得车轮高于水面，再与车前倒流角配合，可减少车辆的兴波阻力及其他附加阻力，适合双叉臂悬挂系统，在实现悬挂系统提升的同时保留了其减震性能。

水陆模式切换系统可以提高空间利用率，采用单发动机模式，整车重量轻量化且发动机中置，不发生质心偏移，高速行驶车体稳定性高，水陆模式切换更加快速，操作简便，节省了切换时间。

4.8　可收放悬架机构运动与参数优化设计

两栖装备在水中行驶时，车轮部分将产生大量涡流损失，所产生的阻力约占总阻力的 25%，为减少两栖水陆车辆在水中的行驶阻力，需针对水陆两栖装备设计一种可收放悬架系统，在陆上行驶时，这种可收放悬架系统发挥普通悬架的作用，传递作用在行走机构与车体间的力和力矩，缓和车辆行驶时传到车体的冲击力，并减少车体振动。当两栖车辆进入水中时，可收放悬架系统又能将行走机构整体收起，通过减少行走机构的涡流损失以实现减阻增速，提高其推进效率。

英国 Gibbs 公司的高速两栖汽车（HSA）采用了一种可收放悬架，该车陆上时速达 160 km/h，水上行驶时通过收放悬架将车轮收起，航速可达 55 km/h，其收放悬架结构已申请了相关专利；该可收放悬架结构复杂、占用空间较大，目前只应用于轻型民用车辆，尚未应用在军事领域。美国于 1997 年也设计了一种可收放悬架，该收放悬架类似于双横臂悬架，结构简单，车轮在提升过程中翻转角很小，但其收放行程较小，减阻增速效果不明显。

文献[8]提出了一种新的可收放悬架，并以提高悬架运动特性和收放特性为目标，对行走机构的收放高度、翻转角度、外倾角以及主销内倾角等关键参数进行优化设计。

4.8.1 可收放悬架方案

有一种轮式两栖车辆行走机构采用 4 个轮式行走机构，每个轮式行走机构均安装了一个轮毂电机，车辆通过差速实现转向，因此收放悬架不涉及车轮驱动机构和转向机构。

两栖车辆悬架系统应该尽量简单可靠，能够保证装备越野行驶时有效地缓和来自颠簸地面的振动，水上航行时能够平稳而迅速地将行走机构完全收起，实现减阻增速。针对现有可收放悬架的不足，将减振效果良好且振动过程中能保持行走机构外倾角变化较小的双叉骨式悬架与旋转驱动收放的四连杆机构相结合，设计出一种新型可收放悬架。图 4-47 为采用新型可收放悬架方案的某水陆两栖车前后视角简图，车辆前后、左右对称布置 4 个相同的可收放悬架。悬架上横臂两端分别与车体和叉骨连杆连接，叉骨连杆与行走机构铰接，下横臂一端与行走机构固连，减振器一端铰接于下横臂。另有一主动摇臂，起始端与车体铰接，末端与减振器相连，主动摇臂上方有一与车体固连的限位块，对摇臂进行限位。主动臂、减振器、下横臂与车体构成另一个四连杆结构。

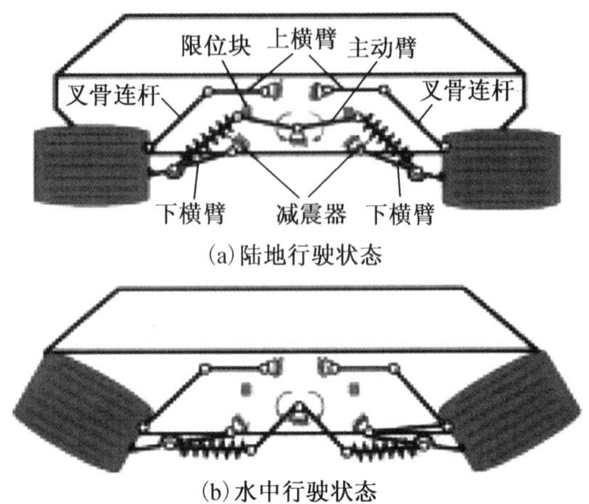

(a)陆地行驶状态

(b)水中行驶状态

图 4-47　水陆两栖车可收放悬架方案示意图

在陆地行驶时，限位块限制主动臂向上转动，与主动臂连接的减振器上端则可视为与车体铰接。此时收放悬架发挥普通悬架的减振作用。当两栖车辆完全驶入水中时，主动臂向地面一侧转动，而减振器发挥连杆作用，当越过极位后，带动下横臂向车体上方转动，实现行走机构的翻转和提升。

悬架的优点在于采用了经典四连杆机构加限位的方法，可同时实现行走机构的提升与翻转，结构简单可靠，减振器在陆上行进发挥减振作用，在收放过程中充当连杆，实现了构件的一体多用。此外，收放机构采用了旋转驱动，相比直线驱动节约了竖直方向上的空间。

4.8.2　运动分析

图 4-48 为车辆右后侧可收放悬架结构简图。其中，A 为主动臂与车体的铰链点；B 为主动臂与减振器的铰链点；C 为下横臂与行走机构的固连点；D 为下横臂与车体的铰链点；E 为叉骨连杆与上横臂的铰链点；F 为上横臂与车体的铰链点；G 为行走机构中心；l_1、l_2、l_3、l_4、l_5、l_6 分别表示车体上铰链点 A 与铰链点 D 间的距离、主动臂长度、减振器长度、下横臂长度、叉骨连杆长度和上横臂长度，l_7 表示铰链点 F 与铰链点 D 之间的距离；θ_1 表示铰链点 A 与铰链点 D 的连线 AD 与 x 轴的夹角，θ_2 表示主动臂与 x 轴的夹角，θ_3 表示减振器与 x 轴的夹角，θ_4 表示下横臂与 x 轴的夹角，θ_5 表示叉骨连杆与 x 轴的夹角，θ_6 表示上横臂与 x 轴的夹角。减振器、下横臂和叉骨连杆并未铰接于同一点，且行走机构与叉骨连杆固连

时，构成典型双叉骨式悬架。

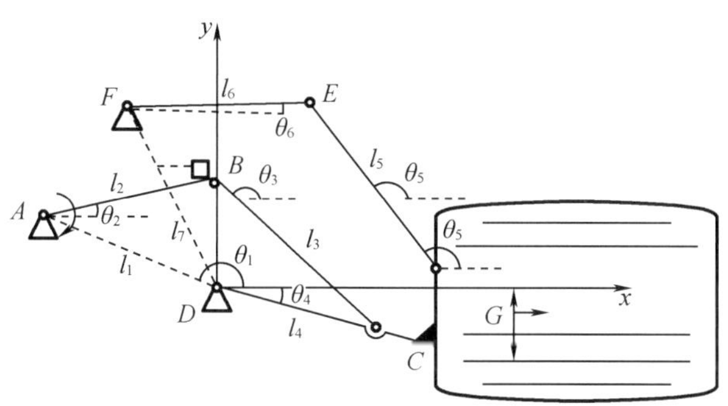

图 4－48　右后侧可收放悬架结构简图

按图 4－48 所示结构建立坐标系，在坐标系中将构件用矢量表示，并采用闭环矢量法建立机构的位置方程，有

$$l_1 + l_4 = l_2 + l_3 \tag{4-15}$$

设定各杆件及主动臂转角 θ_2已知，θ_1为常量。将上式分别在 x 轴和 y 轴方向投影后，有

$$l_1\cos\theta_1 + l_4\cos\theta_4 = l_3\cos\theta_3 + l_2\cos\theta_2 \tag{4-16}$$

$$l_1\sin\theta_1 + l_4\sin\theta_4 = l_3\sin\theta_3 + l_2\sin\theta_2 \tag{4-17}$$

以下横臂的运动为已知运动，再一次采用闭环矢量法可以研究下横臂、叉骨连杆、上横臂及车身部分组成的四连杆中各部件的运动情况：

$$l_4 + l_7 = l_5 + l_6 \tag{4-18}$$

车身部分长度 l_7及其与水平方向的夹角 θ_7已知。可以看出，通过行走机构在提升过程中，其质心的横坐标、纵坐标以及其相对于车身的旋转角度 3 个参量就可以完全表征该行走机构的运动。由于叉骨连杆和行走机构固连，为了由叉骨连杆的运动参数直接得到行走机构的参数，需要进一步分析。

图 4－49 为收放过程中行走机构的运动示意图。其中，Δy_G和 $\Delta\theta_G$分别表示行走机构中心 G 的纵坐标的变化量和相对初始位置的旋转角度，即行走机构在收放过程中的提升高度和翻转角度；$\Delta\theta_5$表示叉骨连杆相对自身的旋转角度。

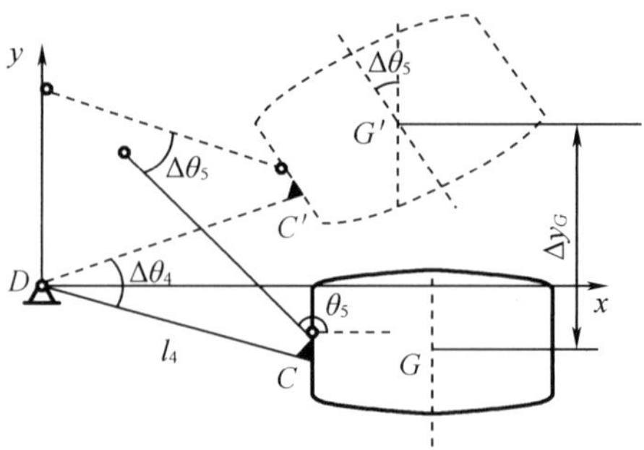

图 4－49　收放过程中行走机构运动示意图

根据平面运动学规律可知：

$$\Delta\theta_{\mathrm{G}} = \Delta\theta_5 \tag{4-19}$$

进一步根据矢量旋转方程：

$$DC' = R_{\Delta\theta_4} DC \tag{4-20}$$

$$C'G' = R_{\Delta\theta_5} C_{\mathrm{G}} \tag{4-21}$$

式中，

$$R_{\Delta\theta_i} = \begin{pmatrix} \cos\ \Delta\theta_i & -\sin\ \Delta\theta_i \\ \sin\ \Delta\theta_i & \cos\ \Delta\theta_i \end{pmatrix}, \quad i = 4,5 \tag{4-22}$$

则

$$DG' = DC' + C'G' \tag{4-23}$$

式(4－23)展开，有

$$\begin{bmatrix} x_{\mathrm{C}'} \\ y_{\mathrm{C}'} \end{bmatrix} = \begin{bmatrix} x_{\mathrm{D}} \\ y_{\mathrm{D}} \end{bmatrix} - R_{\Delta\theta_4} \begin{bmatrix} x_{\mathrm{D}} \\ y_{\mathrm{D}} \end{bmatrix} + R_{\Delta\theta_4} \begin{bmatrix} x_{\mathrm{C}} \\ y_{\mathrm{C}} \end{bmatrix}$$

$$\begin{bmatrix} x_{\mathrm{C}'} \\ y_{\mathrm{C}'} \end{bmatrix} = \begin{bmatrix} x_{\mathrm{C}'} \\ y_{\mathrm{C}'} \end{bmatrix} - R_{\Delta\theta_5} \begin{bmatrix} x_{\mathrm{C}} \\ y_{\mathrm{C}} \end{bmatrix} + R_{\Delta\theta_5} \begin{bmatrix} x_{\mathrm{G}} \\ y_{\mathrm{G}} \end{bmatrix} \tag{4-24}$$

式中，x_{D}、x_{C}、$x_{\mathrm{C}'}$、x_{G} 分别表示 D、C、C'、G 点的横坐标；y_{D}、y_{C}、$y_{\mathrm{C}'}$、y_{G} 分别表示 D、C、C'、G 点的纵坐标。可进一步得到：

$$\begin{bmatrix} x_{\mathrm{G}'} \\ y_{\mathrm{G}'} \\ 1 \end{bmatrix} = \begin{bmatrix} \cos\ \Delta\theta_5 & -\sin\ \Delta\theta_5 & x_{\mathrm{C}'} - x_{\mathrm{C}}\cos\ \Delta\theta_5 + y_{\mathrm{C}}\sin\ \Delta\theta_5 \\ \sin\ \Delta\theta_5 & \cos\ \Delta\theta_5 & y_{\mathrm{C}'} - y_{\mathrm{C}}\sin\ \Delta\theta_5 - y_{\mathrm{C}}\cos\ \Delta\theta_5 \\ 0 & 0 & 1 \end{bmatrix} \begin{bmatrix} x_{\mathrm{G}} \\ y_{\mathrm{G}} \\ 1 \end{bmatrix} \tag{4-25}$$

$$\begin{bmatrix} x_{\mathrm{G}'} \\ y_{\mathrm{G}'} \\ 1 \end{bmatrix} = \begin{bmatrix} \cos\ \Delta\theta_4 & \sin\ \Delta\theta_4 & x_{\mathrm{O}}(1 - \cos\ \Delta\theta_4) + y_{\mathrm{O}}\sin\ \Delta\theta_4 \\ \sin\ \Delta\theta_4 & \cos\ \Delta\theta_4 & y_{\mathrm{C}}(1 - \cos\ \Delta\theta_4) - x_{\mathrm{O}}\sin\ \Delta\theta_4 \\ 0 & 0 & 1 \end{bmatrix} \begin{bmatrix} x_{\mathrm{C}} \\ y_{\mathrm{C}} \\ 1 \end{bmatrix} \tag{4-26}$$

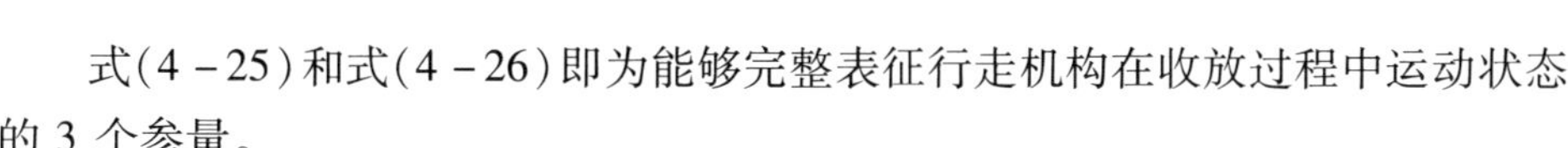

式(4－25)和式(4－26)即为能够完整表征行走机构在收放过程中运动状态的 3 个参量。

4.8.3　悬架参数优化

可收放悬架存在两种工作状态,即陆地行进时伴随崎岖地面起伏悬架的上下跳动,以及进入水中时对行走机构的收放过程。因此,对于可收放悬架的优化,需要在保证对行走机构实现最大程度收放的同时,还要使悬架在陆地行驶时具有合理的运动学特性,因此需分别针对可收放悬架的收放和陆地行驶两种工况进行参数优化,悬架水中收放以行走机构收放高度和翻转角度为优化目标,陆地行驶性能以行走机构外倾角和主销内倾角为优化目标。

1. 总体优化

可收放悬架的水中收放与陆地减振行驶是两个联系的运动过程,对其中一个运动过程的优化会造成机构参数的变化,势必会影响另一个过程的运动性能。因此,本文将其中一个运动过程的目标函数作为另一个运动过程优化的限制条件,并考虑到可收放悬架系统的参数化,表达式中包含大量三角函数,无法直接解出明确的目标函数和限制函数等情况,采用多体动力学软件模块有效地区分关键参数和非关键参数,观察参数对系统的性能影响,从而可以在实物样机制造前,综合考虑各种参数以获得最优的设计参数。图 4－50 为针对可收放悬架系统水中收放和陆地行进两个过程的优化策略。

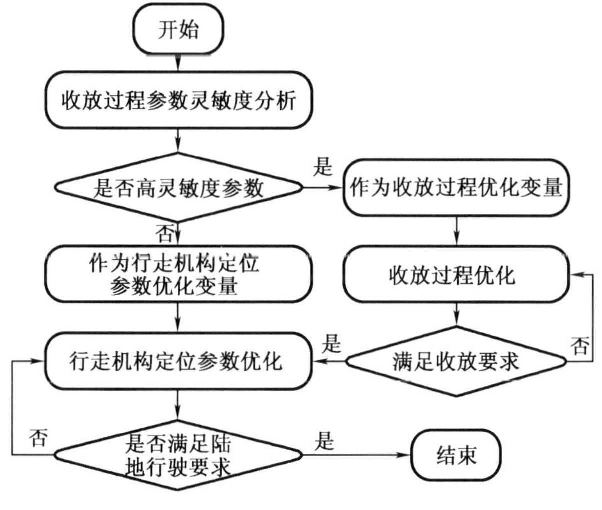

图 4－50　可收放悬架优化流程示意图

2. 虚拟试验设计与优化变量选取

考虑到悬架运动学特性参数的绝对数值相对较小,且对于系统参数的变化较为敏感,实现优化的难度较小,因此首先分别对陆地行驶过程和水上行走收放过程进行试验设计,并完成灵敏度分析。然后根据变量参数对两个过程指标参数的灵敏度不同,选择对收放过程具有高灵敏度且对陆地行驶运动参数灵敏度较低的参数;对收放过程进行优化,采用对收放过程具有低灵敏度且对陆地行驶运动参数灵敏度较高的参数对悬架运动学特性参数进行优化。最后通过对两个优化结果进行综合分析并反复优化,确定最终的系统参数。

对于收放过程,由于可收放悬架系统参数取值变化对收放运动效果影响力有所不同,为判断每个变量对目标的影响程度,进而在结构优化设计中依据影响度大小来选择优化设计变量,需要对收放过程中的系统参数对目标影响度进行灵敏度分析。可收放悬架有 8 个关键设计点,每个设计点有 x 轴、y 轴、z 轴方向各 3 个坐标参数,如果对所有参数均做优化研究,则有 24 个变量。根据可收放悬架的工作原理,将各构件简化为平面内的部件,如图 4 - 51 所示。进一步固定 D 点位置,并作为坐标系原点。同时假设下横臂在设计位置保持水平,因此减振器与下横臂铰链点 C_2、叉骨连杆与行走机构铰链点 C_1 的坐标参数只需以 x 轴坐标作为变量。由于叉骨连杆在整个过程中均与行走机构保持相对固定,行走机构的提升、翻转以及定位参数均取决于 E 点和 C_1,而和减振器与下横臂铰链点 C_2 无关,因此,实际作为可收放悬架参数灵敏度分析的变量如表 4 - 9 所示。

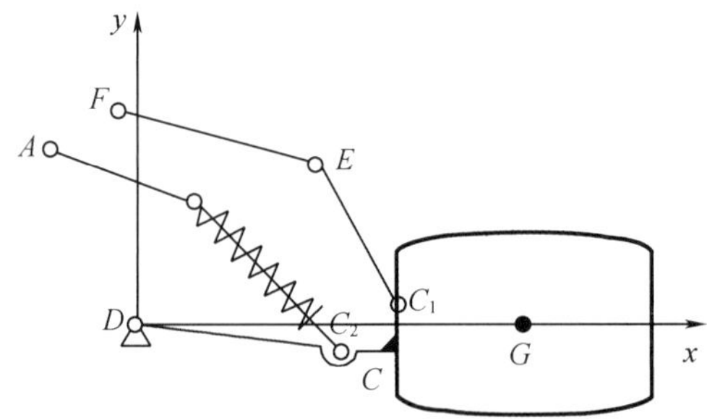

图 4 - 51 可收放悬架系统优化原理示意图

表 4-9　灵敏度分析变量表

变量	含义	初始值/mm	变化范围/mm
DV_1	叉骨连杆与行走机构连接点 C_1 的 x 轴坐标	300	-5.0~5.0
DV_2	减振器与下横臂连接点 C_2 的 x 轴坐标	225	-4.5~4.5
DV_3	主动臂与减振器连接点 B 的 x 轴坐标	-50	-2.0~2.0
DV_4	主动臂与减振器连接点 B 的 y 轴坐标	275	-4.5~4.5
DV_5	主动臂与车体连接点 A 的 x 轴坐标	-150	-2.5~2.5
DV_6	主动臂与车体连接点 A 的 y 轴坐标	300	-5.0~5.0
DV_7	上横臂与车体连接点 F 的 x 轴坐标	-25	-1.0~1.0
DV_8	上横臂与车体连接点 F 的 y 轴坐标	275	-4.5~4.5
DV_9	叉骨连杆与上横臂连接点 E 的 x 轴坐标	175	-2.5~2.5
DV_10	叉骨连杆与上横臂连接点 E 的 y 轴坐标	325	-5.0~5.0

在设计试验过程中，通过筛选研究可以分析每个变量对设计目标的贡献，将试验缩小到重要因素，并确保不排除重大因素或影响，即对各个设计变量进行灵敏度分析。由于设计变量较多，在对灵敏度进行分析时，采用线性 Fractional Factorial 设计类型，针对收放过程行走机构的提升高度共进行 16 次仿真试验，分析结果如表 4-10 所示。

表 4-10　收放过程提升高度灵敏度分析结果表

变量	原值/mm	改进后的值/mm	灵敏度	灵敏度百分比/%
DV_4	262.63	287.38	-0.607	-725.92
DV_6	285.00	315.00	0.544	650.68
DV_10	308.75	341.25	8.486	101.41
DV_5	-153.75	-146.25	-7.781	-92.99
DV_1	285.00	315.00	7.592	90.72
DV_8	262.63	287.38	-4.353	-52.02
DV_9	170.63	179.38	-1.453	-17.37
DV_3	-510.00	-490.00	1.341	16.02
DV_2	214.88	235.12	0.653	7.80
DV_7	-252.50	-247.50	-0.302	-3.61

采取同样的试验设计方法,针对收放过程行走机构的翻转角度共进行 16 次仿真试验,结果如表 4-11 所示。

表 4-11　收放过程翻转角度灵敏度分析结果表

变量	原值/mm	改进后的值/mm	灵敏度	灵敏度百分比/%
DV_4	262.63	287.38	-5.641	-66.36
DV_6	285.00	315.00	4.754	55.92
DV_1	285.00	315.00	-3.446	-40.53
DV_5	-153.75	-146.25	-1.430	-16.82
DV_9	170.63	179.38	-1.383	-16.27
DV_10	308.75	341.25	0.678	7.97
DV_3	-510.00	-490.00	0.445	5.24
DV_2	214.88	235.12	-0.368	-4.33
DV_7	-252.50	-247.50	-0.153	-1.80
DV_8	262.63	287.38	0.141	1.66

通过分析行走机构收放高度和翻转角度的试验设计结果可知:对两个目标均具有较大灵敏度的设计变量有 DV_4、DV_6、DV_5、DV_1、DV_10、DV_9;对于两个目标均具有较小灵敏度的设计变量有 DV_3、DV_2、DV_7。由于对水陆两栖车行走机构的收放中,提升高度的重要性高于翻转角度,经过综合考量,选取 DV_4、DV_6、DV_10、DV_5、DV_1 作为收放过程优化变量;选取 DV_3、DV_2、DV_7作为悬架运动学特性优化变量。

3. 收放指标优化

收放悬架能够正确实现对行走机构的收放,需要满足:

$$\overline{AB}+\overline{AD}<\overline{BC}+\overline{DC} \tag{4-27a}$$

$$|\overline{BC}-\overline{DC}|<\overline{AD}-\overline{AB} \tag{4-27b}$$

$$\overline{AB}<\overline{DC} \tag{4-27c}$$

$$\overline{AB}<\overline{BC} \tag{4-27d}$$

$$\overline{AGB}<\overline{AD} \tag{4-27e}$$

同时,当收放过程达到四杆机构 $ABCD$ 的极位,即 A、B、C 处于同一直线时,机构需要满足:

$$\overline{C_1F}\leqslant\overline{EF}+\overline{EC_1}$$

$$x_{C_1} > x_{C'}$$

将式(4 - 27a)和式(4 - 27c)式联立，作为收放过程优化的限制条件。由可收放悬架收放过程设计变量灵敏度的分析结果，选取 DV_4、DV_6、DV_10、DV_5、DV_1 作为收放过程优化变量。以行走机构质心 G 点的 y 轴坐标最大值为优化目标，经过多次迭代得到优化后的设计变量值如表 4 - 12 所示。

表 4 - 12　优化设计变量值表

变量	优化前的值/mm	优化后的值/mm	变化量百分比/%
DV_4	275.00	262.63	-0.045
DV_6	300.00	315.00	0.050
DV_10	325.00	341.25	0.050
DV_5	-150.00	-153.75	0.025
DV_1	300.00	315.00	0.050

优化前和多次迭代后最优化的结果导入 MATLAB 软件进行比较，优化前后行走机构的提升高度和翻转角度对比如图 4 - 52 所示。

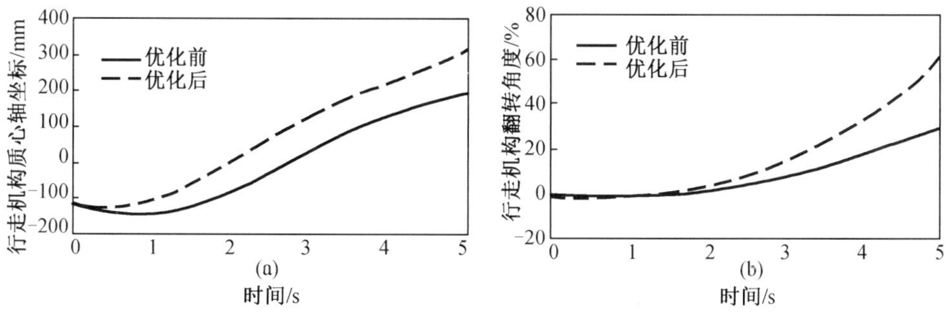

图 4 - 52　行走机构提升高度优化与翻转角度优化

由图 4 - 52(a)中优化前后行走机构提升高度的变化曲线可知：优化后提升高度最大值有显著增加，增加了 64.8%。同时优化后提升速率也得到了增加，即要求提升同样高度情况下，优化后的系统所需时间更短。行走机构提升前的下放过程中，其下放的最大值在优化后降低了 12.9%，即优化后的可收放悬架在对行走机构提升时，初始阶段先向下推动的动作幅度得到了减小，符合预期结果。由图 4 - 52(b)行走机构翻转角度变化曲线可知：优化后翻转角度最大值也有明显提升，增加了 112.2%；但翻转角度初始值不再是 0°，而是 -1.56°，需要在行走机构的定位参数优化中做进一步的优化。

4. 悬架典型运动学特性优化

车轮上下跳动时,悬架运动学特性变化反映了悬架性能。在正常车轮跳动行程内,应使车轮运动特性参数变化量保持在合理范围内,以保证车辆具有设计所期望的行驶特性。基于上述可收放悬架系统参数优化策略、灵敏度分析以及收放过程优化结果,对悬架运动学特性进行优化。

行走机构定位参数中外倾角 γ、主销内倾角 σ 以及轮距 L 的计算公式为

$$\gamma = \arctan[(x_{C2} - x_{C1})/(y_{C2} - y_{C1})] \tag{4-28}$$

$$\sigma = \arctan[(x_{C2} - x_{E})/(y_{E} - y_{C1})] \tag{4-29}$$

$$L = 2_{x_G} \tag{4-30}$$

在 ADAMS 软件模型基础上构建试验台,同时建立外倾角、主销内倾角、轮距 3 个测量,然后选取 DV_2、DV_3、DV_7、DV_9 作为悬架运动学特性优化变量,以最小化主销内倾角的最大值为优化目标,在[-50 mm,50 mm]车轮跳动行程范围试验下经过多次迭代,得到优化后的变量如表 4-13 所示。

表 4-13 定位参数优化前后变量对比表

变量	优化前的值/mm	优化后的值/mm	变化量百分比/%
DV_2	225.00	225.00	0
DV_3	-50.00	-50.00	0
DV_7	-25.00	-25.25	-0.01
DV_9	175.00	179.38	0.25

优化前后测得的主销内倾角、优化前后的车轮外倾角以及优化前后的轮距分别进行对比,结果如图 4-53 所示。

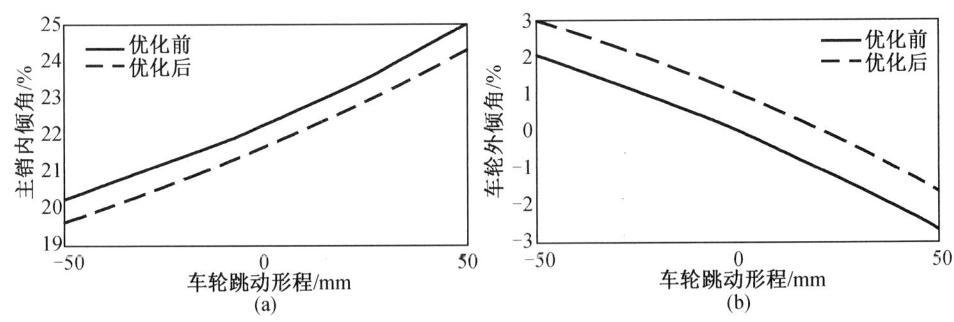

图 4-53 主销内倾角优化前后对比与车轮外倾角优化前后对比

由优化结果来看,主销内倾角在[-50 mm,50 mm]车轮跳动行程范围试验下最大值、最小值均减小了 0.75°,相应地,车轮外倾角则整体增加了 1°左右,同时平衡位置的外倾角由原来的近似 0°增加到了 1°,这对于将平台满载时其车轮外倾角减小至 0°,并减小行走机构的不正常磨损是有益的。因此表明本文所设计的优化方案针对行走机构定位参数的优化是有效的。

文献提出了可降低水陆两栖车辆的水中形状阻力、提高水中行驶速度的可收放悬架方案,对该悬架运动特性进行了分析与优化。得到以下主要结论。

(1)通过运动学分析得到描述悬架机构运动特性的公式,从而能够完整表征行走机构在收放过程中运动状态的 3 个参量。

(2)设计 ADAMS/Insight 软件模块仿真试验实现了收放悬架的优化,优化试验结果证明所选取的优化变量有效,悬架参数优化后行走机构收放高度和翻转角度显著提高。

(3)参数优化后,陆地行驶时行走机构的主销内倾角和外倾角变化更加合理。

4.9 高速两栖车辆传动与动力系统设计

4.9.1 传动系统简述

四驱两栖车辆传动系统如下。

目前大多数两栖车辆采用传统的发动机前置布局,导致了两栖车重心靠前,水上行驶时阻力增加,不利高速行驶。另外,采用螺旋桨作为水上推进器,占用空间大,产生推力小,不利于浅滩行驶。受传动形式所限,两驱式两栖车辆不适合野外、山地等工况使用。

有的两栖车辆采用两台发动机提供动力,一台发动机提供的动力用于陆上行驶,另一台发动机与推进器相连,将动力用于水上行驶,这种传动系统设计简单,但质量大,生产成本高。

为了克服上述两栖车辆的不足,文献[9]提供一种结构紧凑、占空间小、质量轻、生产成本低的高速四驱水陆两栖车辆传动系统设计。四驱水陆两栖车辆传动系统设计方案:单台发动机后置;水陆分动机构实现陆上行驶和水上行驶系统分动;车用变速器箱体、分动器箱体和驱动桥壳体一体化设计;水上推进器采用大功率高效的喷水推进器。

4.9.2 传动系统总体方案设计

为了保证汽车预期的最高车速,方案设计首先需要选择发动机应有的功率。最高车速虽然仅是动力性中的一个指标,但它实质上也反映了汽车的加速能力与爬坡能力。这是因为最高车速愈高,要求的发动机功率愈大,汽车后备功率大,加速与爬坡能力必然较好。两栖车辆在水上行驶时,发动机功率传递到与之匹配的喷水推进器上,喷水推进器发挥的功率克服航行时的水阻,发动机功率越大,对提高航行速度越有利。

为了保证两栖车辆在水上的高速性能,各国两栖车均选用大功率发动机以提高比功率值。根据资料国外高速两栖车比功率均在 60 kW/t 以上,相应航速在 45 km/h 以上。图 4-54 为四驱高速传动系统原理图。

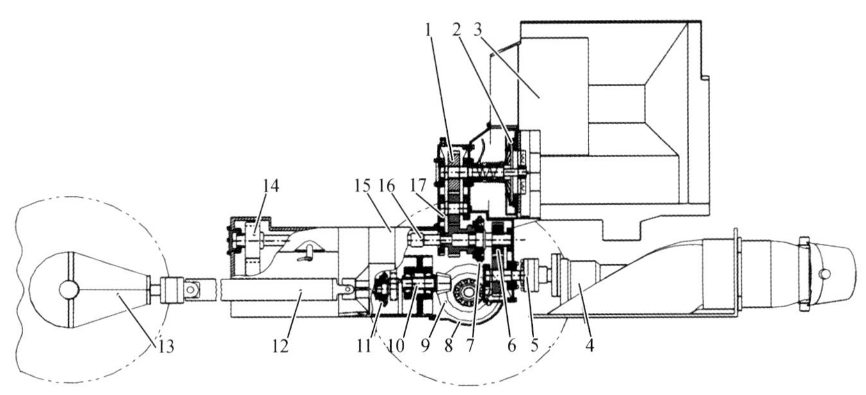

1—齿轮组;2—离合器;3—发动机;4—喷水推进器;5—联轴器;6—圆柱斜齿轮;7—水、陆分动器;8—驱动桥壳;;9—被动齿轮;10—主动齿轮;11—四驱、两驱分动器;12—传动轴;13—前驱动桥;14—圆柱斜齿轮;15—变速器;16—第一轴;17—角接触球轴承。

图 4-54 四驱高速水陆两栖车传动系统原理图

此外,需要根据高速艇动力学理论对发动机功率进行估算。由比功率和高速艇动力学估算可得,在传动系统设计中,选用可以满足两栖车辆的高航速要求发动机。为了与发动机相匹配,选用喷水推进器功率。

4.9.3 传动系统结构设计

高速四驱两栖车辆传动系统包括陆上行驶系统和水上行驶系统两部分。如图4－54所示,发动机3连接离合器2,离合器与齿轮组1连接。齿轮组由3个圆柱斜齿轮组成,起到传递动力、调节发动机与喷水推进器4、驱动桥壳8与地面间距的作用。齿轮采用飞溅润滑。齿轮组中安装水、陆分动器7实现齿轮组与水上行驶机构离合作用。水上行驶机构由一对圆柱斜齿轮6、联轴器5和喷水推进器组成。圆柱齿轮用于减速和换向,联轴器起到隔振作用,而安装在车体上的喷水推进器给两栖车辆在水面高速行驶提供足够的推力。各齿轮轴两端安装相同的角接触球轴承17,便于采购、装配和箱体的加工。齿轮组通过花键与变速器中第一轴14相连。变速器前端安装一对圆柱斜齿轮14,用于换向和减速作用。动力通过换向后传递到车用变速器15中。车用变速器的设计结构与传统车用手动变速器一致。变速器输出端安装四驱、两驱分动器11,实现陆上行驶四驱与两驱的分动功能。向前与万向节相连,通过传动轴12,可以将动力传递到前驱动桥13上。向后通过花键与后驱动桥主动齿轮10相连,从而带动被动齿轮9实现陆上行驶。被动齿轮偏置布置,避免与水上行驶机构齿轮干涉。

这款两栖车辆传动系统采用独特的多箱体组合结构设计,陆上四驱、两驱自由切换,水上高速航行,拥有这些特性的水陆两栖车辆可以在公路、山地、浅滩、海洋等多种工况下畅通无阻。

螺旋桨式水上驱动系统示意图如图4－55所示。

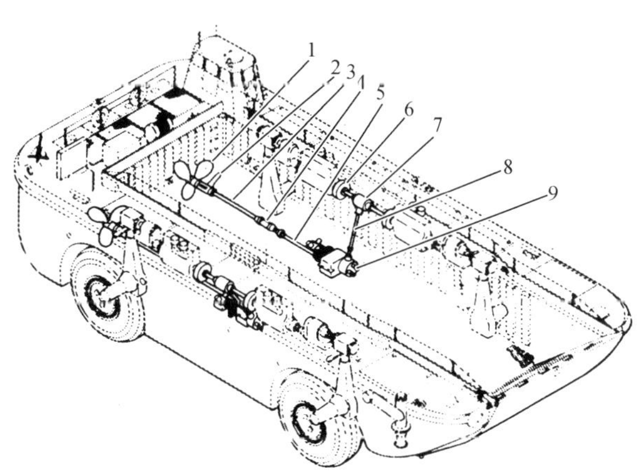

1—螺旋桨;2—支柱;3—螺旋桨轴;4—尾轴管;5—螺旋桨中间轴;
6—流体耦合;7—收集盒;8—角传动联轴器;9—船用齿轮。

图4－55 水上驱动系统示意图

高速水陆两栖车辆的传动与动力系统设计,要兼顾考虑车辆在陆地的高机动行驶和水上的高速航行。为满足陆上、水上行驶、航行各自的要求,一般有三种传动与动力系统方案,即纯机械传动、混合传动、纯电驱动,但不管用什么方案,两栖车辆的发动机一定要选择成熟船用柴油机作为动力源,当然不计成本地选用航空发动机也可以做动力源,其物料成本对于通用车辆来说高不可攀,在这里不做过多赘述。

高速滑行艇用的船用柴油发动机为高转速柴油机,这是由船舶中传动系统没有变速箱只有减速机决定的。一般滑行艇用柴油机的优点包括转速高,有效转速范围宽的特点,应有良好的低转速工作性能。其转速能达到 5 000 r/min,一些特殊型号转速甚至能达到 6 000 r/min;车辆使用柴油机一般为低转速柴油机,转速在 3 000 r/min。综合各种因素的影响,高速滑行艇用应选用船用高速柴油机做动力源。

根据数据统计和实际的设计计算,高速两栖车辆发动机的功率选择还有一个简单的估算方法。为了能有效定义一款越野车动力性能指标,我国一般用吨功率的概念来衡量越野车的机动能力。如一台越野卡车满载质量 10 t,其发动机的额定功率为 200 kW,那么这台越野车的发动机额定功率与其质量的比值,即为 20 kW/t,该指标是衡量越野车加速性能的重要指标。我国军用越野车吨功率的设计指标一般为 20 ~ 25 kW/t,而高速两栖车辆的吨功率的设计指标一般为 50 ~ 60 kW/t,这就意味着一般路上行驶所需要的功率仅为水上高速航行状态下功率需求的一半左右。

4.9.4 分动器结构设计与操作

1. 换挡机构

为了避免冲击、减小噪声,在换挡过程中需用到同步器,它可以从结构上保证接合套与待接合的花键齿圈在达到同步之前不可能接触。

这里选用的是锁销式惯性同步器。换挡时,拨叉拨动接合套,接合套通过定位销推动锥环与锥盘接触。在锥环与锥盘接触瞬间,锁销与接合套齿端斜面相接触。在换挡过程中,两接合齿轮转速未一致前,锁止面阻碍接合套前移,接合套不能与花键齿圈接合,反映在换挡时感到费力。

在同步器锥环与被接合齿轮锥盘逐渐接合过程中,两接合齿轮转速趋于一致,此时锁销与接合套锁止面压力消失,拨动齿套无阻碍地推进,达到无冲击啮合。

2. 换挡操纵装置

因分动器与驾驶座距离较远,不适合直接操纵,因此选用远距离操纵装置所示位置分动器处于空挡位置。

当向后拉动控制杆1时,通过杆系1带动分动器内后桥拨叉移动,从而接合分动器后桥输出轴,使动力传动后桥;

同理,当向后拉动控制杆2时,通过杆系2带动分动器内螺旋桨拨叉移动,从而接合分动器螺旋桨输出轴,使动力传向螺旋桨。

4.10 热管理设计

高速水陆两栖车辆的热管理设计不同于陆地上的车辆,陆地车辆的发动机处于高功率状态下,车速也达到较高速度,处在车辆前端散热器在吹风的作用下,形成有效散热;而两栖车辆如果采用陆地车辆发动机做动力源,水上最大功率下,水上速度一般只有陆地速度的1/3~1/2,所以水陆工况切换下,整车热管理必须要引起充分的重视。如果高速两栖车辆使用船用发动机在陆地工作,更是需要改造散热系统,因为船机都是直接与外部的水进行热交换,两栖车一旦上路,船机的外部环境改变,没有水了,散热系统就失效了。

研究水陆两种状态下驱动系统的散热规律,就是要综合解决陆上高效机动、水上高航速航行两种状态下的热管理问题,系统地从整车角度统筹考虑发动机、超级电容、电动机、发电机、功率控制器等部件的散热问题,提高热管理水平。

从整车角度统筹车辆发动机、超级电容、电机等相关部件及子系统的优化匹配与控制,有效解决整车热相关问题,提高整车经济性和动力性,保证车辆安全行驶。

针对水陆两栖车辆的工作环境,热管理系统分为两种工作模式:水面航行时,以海水为热交换介质;陆上行驶时,以空气为热交换介质。热管理系统原理如图4-56所示。

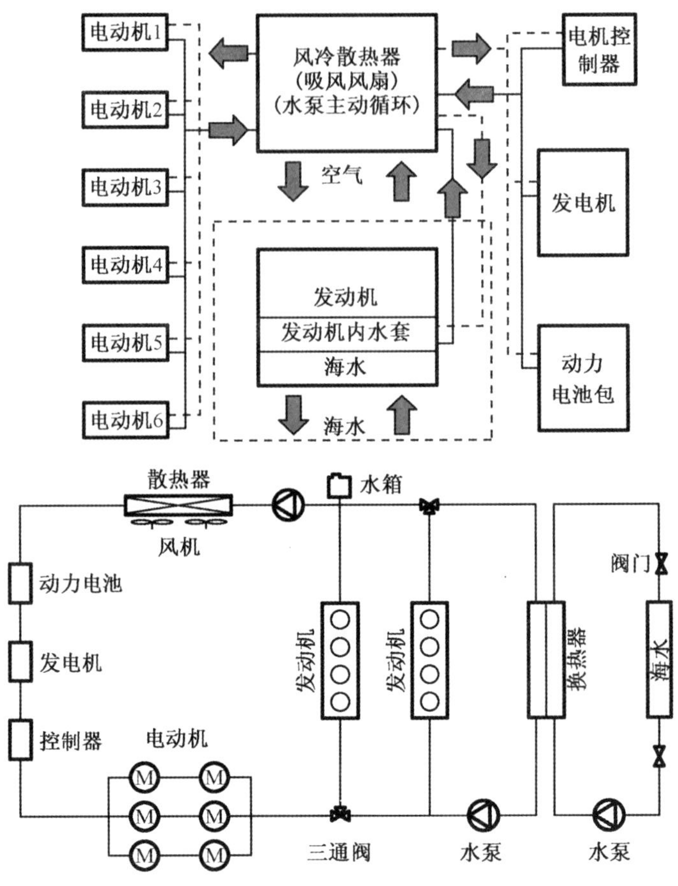

图 4－56　热管理系统原理图

在水上航行时，两个发动机各自驱动喷水推进器工作，电驱动系统不工作。这种工况下，发动机为主要热源，热管理系统以海水为散热介质。如图 4－57 热管理系统局部原理图所示，两个发动机工作时产生的废热，通过换热器，与车辆外部的海水进行换热。热交换量可以通过调节水泵的流量与流速进行调节，冷却回路的通断，由阀门控制（图 4－58）。

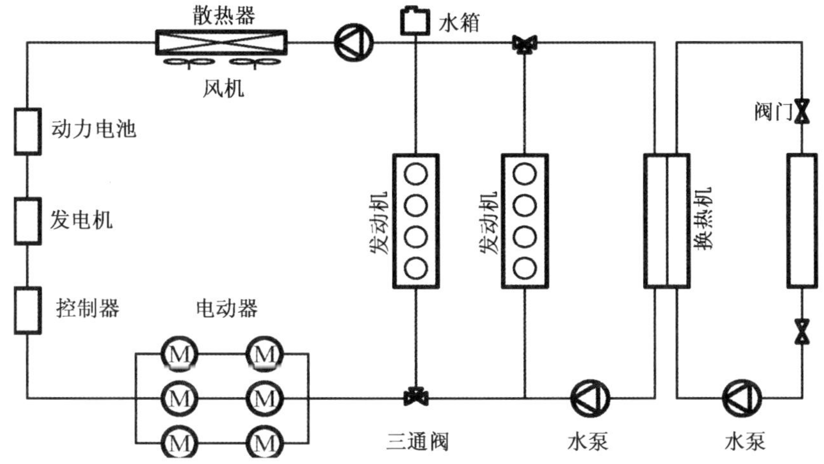

图 4－57　热管理系统局部原理图

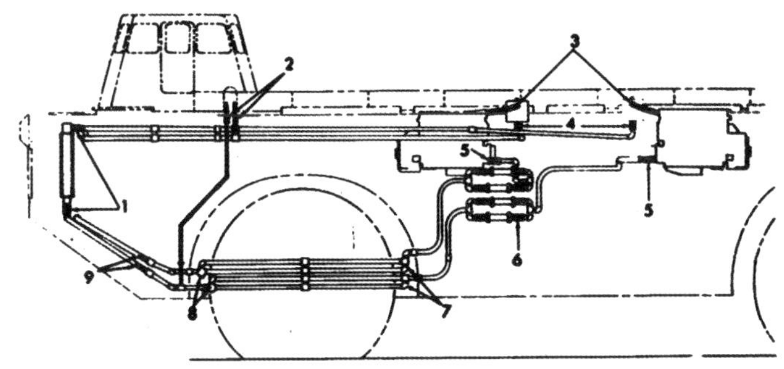

1—散热器软管;2—驾驶室加热软管;3—膨胀罐入口软管;4—膨胀罐出口软管;5—发动机进气软管;6—油冷却器软管;7—冷却线圈;8—管插头;9—冷却盘管入口软管。

图 4－58　发动机冷却系统示意图

在陆上行驶时,电机系统驱动车轮工作,一个发动机驱动发电机工作为超级电容充电,另一个发动机停止工作。这种工况下,电机、超级电容、发动机(1 个)、发电机等为主要热源。

如图 4－58 热管理系统原理图所示,电动机、发电机、超级电容、发动机(1 个)等部件是热源,热量通过散热器,与水陆两栖车辆外部的空气换热。热交换量,通过调节风机转速实现。冷却液流经散热器,其温度降低后,依顺序为各个部件散热。循环顺序由各部件的适宜工作温度决定,由低到高依次连接。其中,电机系统的冷却管路并联,确保电机的温差保持在适宜的范围之内。

在进一步的设计中,将考虑废热利用,以提高能量利用率,降低能耗。

4.11 设计案例——700 kg 载重高速两栖车辆

本书根据一个预研项目的论证过程，介绍如何研发高速两栖车辆。项目立项确定后，设计高速两栖车辆的第一步就是完成概念设计，包括完成车辆总体布局、造型设计、油泥模型制作、外表面数据采集等，然后直接进入工程设计阶段（图 4 - 59 至图 4 - 62）。

图 4 - 59　700 型高速两栖车辆水上效果图

图 4 - 60　700 型高速两栖车辆陆上效果图

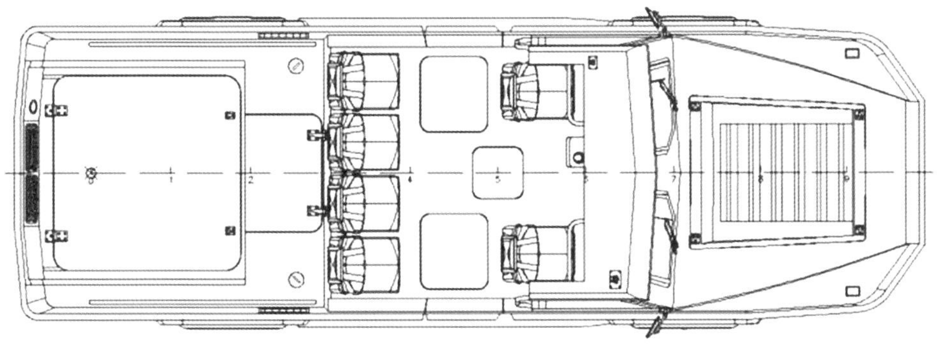

图 4 - 61　高速两栖车辆设计图

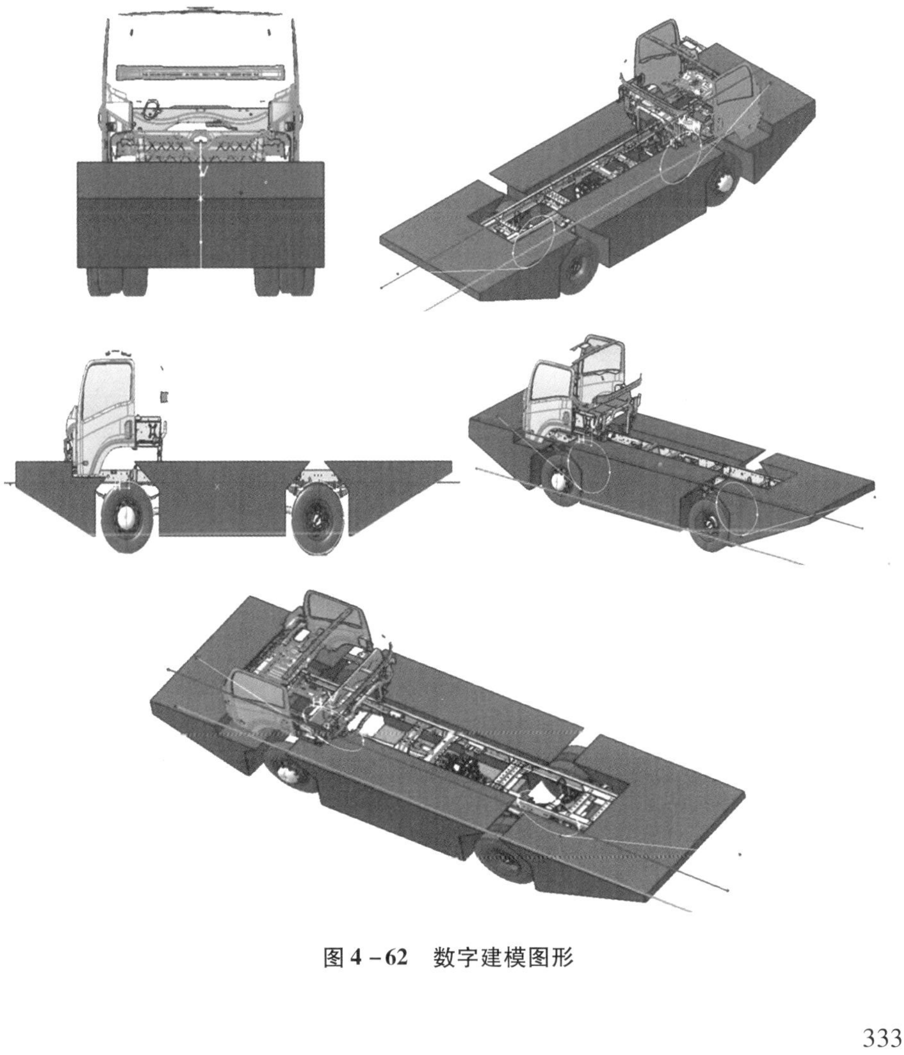

图 4 - 62　数字建模图形

4.11.1 按水上航行动力选型

1. 功率估算

从流体动力学的观点理解,“滑行”就是在高速航行时,船/车辆的质量主要靠流体动压力来支持。这种流体动压力的合力在铅垂方向的分量称为动浮力,故也可以简单地说,“快艇”是航行时主要靠动浮力支持艇重的艇。当然快艇/两栖车辆在静止时或低速航行时,净浮力仍然是支持艇重的主要部分,随着航速的提高,动浮力的比重越来越大,使艇逐渐从水中抬起,相应地静浮力的比重减小,直至动浮力成为主要成分,艇/两栖车辆就进入滑行状态。

通常按艇的容积佛氏数来划分艇的运动状态,容积佛氏数定义为

$$Fv = \frac{V}{\sqrt{g\sqrt[3]{\nabla}}} \tag{4-31}$$

式中 V——航速,m/s;

g——重力加速度,m/s^2;

∇——艇的容积排水量,m^3。

按容积佛氏数,艇的运动状态分为三个运动级:

(1)当:$F_V<1.0$——排水航行状态或简称航行级;

(2)$1.0<F_V<3.0$——过渡航行状态或过渡级;

(3)$F_V>3.0$——滑行状态或滑行级。

之所以用容积佛氏数 F_V 来划分艇的运动级,是因为就物理本质而言,F_V 值反映了惯性力与重力的比值,惯性力与动浮力是相当的,它们都取决于航速,故 F_V 也就反映了动浮力与艇重的相对大小,这正是划分运动级的依据。

需要强调指出,F_V 值的大小只是反映了动浮力与艇重的相对大小,对于不同排水量的艇,进入滑行状态的艇速是不同的。例如对排水量为 50 t 的艇,只要有约 35 kn 的速度就可以滑行了,而对一条 1 000 t 的船,则需要有约 58 kn 的航速才能进入滑行状态,这也就是未见建造大吨位的滑行舰的问题。

根据本两栖车辆载重 700 kg 的需求,综合考虑路上行走系统及动力传动系统的安装需求,车体(船体)需要采用组合船型,参考已经服役的高速滑行艇的尺寸及质量,本两栖车辆的基本几何尺寸为:7 600 mm × 2 550 mm × 2 250 mm。

本两栖车辆以服役的高速滑行艇的裸体船模拖曳试验结果为依据。初步选择国外民用市场广泛使用的500 马力发动机,该机器质量为 500 kg,初步估算整备质量 4.3 t、全重 5 t。

在考虑附加阻力、粗糙度和空气阻力的影响，并预留5%的功率贮备的情况下，参考其他项目的模型试验结果，换算到本两栖车辆满载排水量为5 t时的阻力，并用相同船型的实船阻力修正后，满载排水量状态下的最大航速约60.8 km/h，考虑到在首制两栖车辆的研发中不确定因素较多且在实际建造中可能存在的超重问题，故本两栖车辆水上最大航速约60 km/h。

2. 水上驱动形式

根据本车型实际需求应选择喷水推进形式，使得本两栖车辆设计有如下优点。

(1)水上操控性能好，回转半径小，可实现定位、原地回转、平移等常规螺旋桨难以实现的状态。

(2)喷水泵没有突出体，艇底龙骨线即为吃水最大深度，吃水较浅，抢滩登陆时可有效避免河床对推进装置的碰撞，不存在打桨、挂网等问题；且在吸水口增设挡草格栅，有效避免小型漂浮物对推进装置的影响。

(3)其特殊的喷水推进原理，大幅度降低螺旋桨运转时产生的脉冲震动，比螺旋桨推进噪声低20%。

4.11.2　陆上行驶动力选型

初步估算两栖车辆的自重5 t，根据初步的总布置图4－63可知，后轮翻转机构与喷水泵干涉，如果采用传统机械传动，为了躲避干涉部位会增加相应的机械结构及质量，决定陆上形式采用全电传动，从发动机输出轴取力发电，再把电力供给轮毂电机或者轮边电机。陆上动力学计算采用电传动计算。

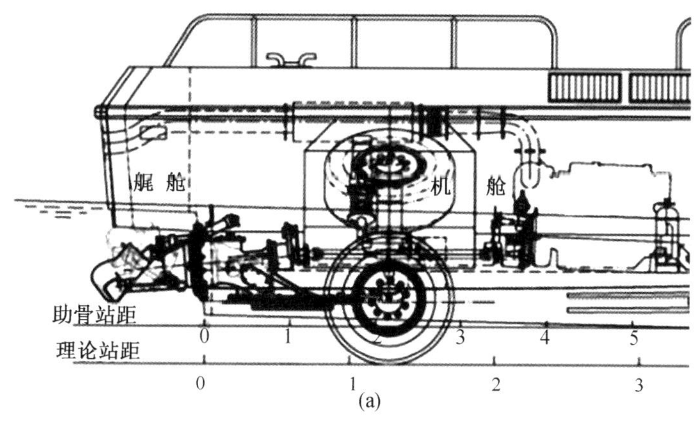

图4－63　总布置图初步设计

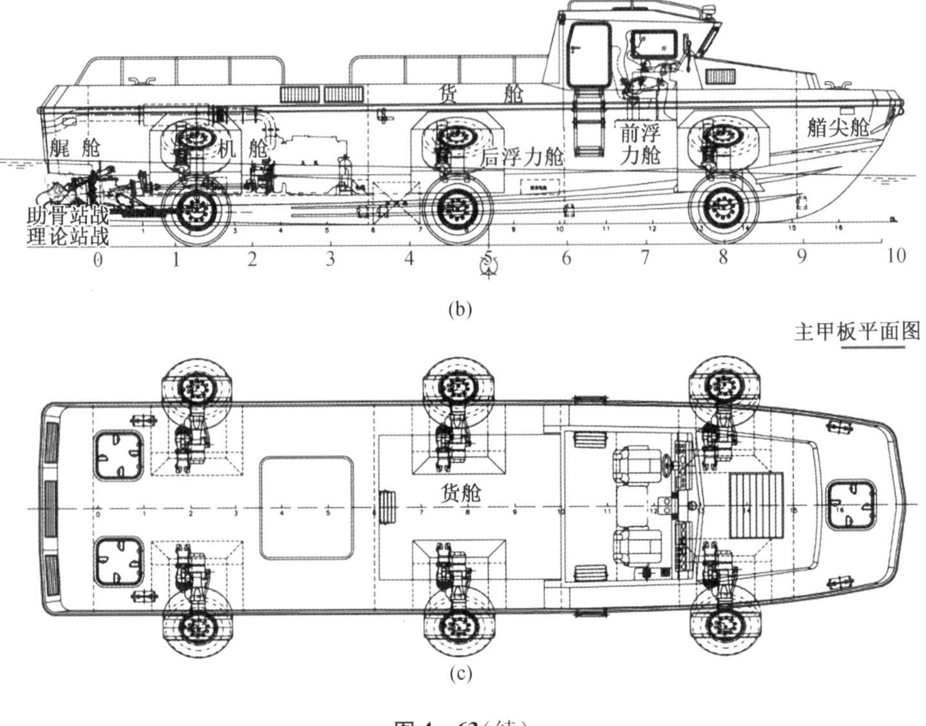

(b)

(c)

图 4－63(续)

按照战斗全重5吨,陆上最高车速120 km/h初步估算(表4－14、表4－15)。

表4－14　纯电动车动力总成选型计算表

代号	名称	车型	备注
$m_{空}$	空载质量/kg	4300	
	有效载质量/kg	700	
m	电动汽车试验质量/kg	5000	
	电动车满载质量/kg	5000	
η_T	传动系机械效率	0.93	
$\eta_{电}$	电机及电机控制器总效率	0.896	
A	迎风面积/m^2	4.0	
C_D	空气阻力系数	0.45	

表 4 – 14(续)

代号	名称	车型	备注
f	滚动阻力系数	0.075	参考货车轮胎滚动阻力系数经验公式:f = 0.007 6 + 0.000 056ua
r	车轮滚动半径/m	0.445	$r = F \times d = 2\pi$,其中 F 为常数,子午线胎 F = 3.05,斜交胎 F = 2.99,d 代表自由直径。
d	车轮自由直径/m	898	
g	重力加速度/($m \cdot s^{-2}$)	9.8	
i_1	变速箱 1 挡速比	1	速比初选
i_2	变速箱 2 挡速比	1	
i_3	变速箱 3 挡速比	1	
i_4	变速箱 4 挡速比	1	
i_5	变速箱 5 挡速比	1	
i_0	主减速比	10	
i_{max}	最大总速比	10	

表 4 – 15　整车设计性能目标

代号	名称	数值	备注
U_{max}	最高车速/($km \cdot h^{-1}$)	120	
	1 km 最高车速	120	
	最大爬坡度/%	40	法规要求:≥20%
	0 ~ 30 km 加速时间/s	—	
	30 ~ 50 km 加速时间/s	—	
	0 ~ 100 km 加速时间/s	12	
	50 ~ 80 km 加速时间/s	—	
	车辆通过 4% 坡道车速/($km \cdot h^{-1}$)	60	法规要求:≥60 km/h
	车辆通过 12% 坡道车速/($km \cdot h^{-1}$)	30	法规要求:≥30 km/h

在如此输入参数下,最高车速整车电机选型参数如表 4 – 16 所示。

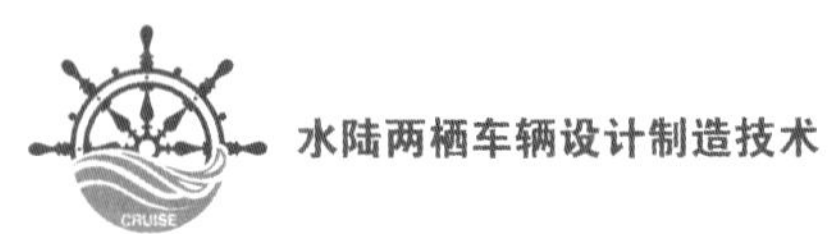

表 4 – 16　电机选型参数

$$P_e = \frac{u_{max}}{3\,600\eta_T}\left(mgf + \frac{C_D A u_{max}^2}{21.15}\right)$$

代号	名称	数值	备注
P_e	最高车速时的功率/kw	176	利用电机额定特性、待求
u_{max}	最高车速/(km · h^{-1})	120	
η_T	传动系机械效率	0.93	
m	电动汽车试验质量/kg	5000	
g	重力加速度/(m · s^{-2})	9.8	
f	滚动阻力系数	0.075	
C_D	空气阻力系数	0.45	
A	迎风面积/m^2	4	

车辆以最高稳定车速 10 km/h 通过 40% 坡度时电机所需提供的功率电机选型参数如表 4 – 17 所示。

表 4 – 17　电机所需提供的功率电机选型参数

B 车辆以最高稳定车速 10 km/h 通过 40% 坡度时电机所需提供的功率

代号	名称	数值	备注
P_a	满足爬坡性能电机所需提供的功率(kW)	65	利用电机峰值特性
U_i	爬坡车速(km/h)	10	主要适用于乘用车,其他作为参考
m	电动汽车满载质量(kg)	5 000	
g	重力加速度/(m · s^{-2})	9.8	
f	滚动阻力系数	0.075	
η_T	传动系机械效率	0.93	
a	爬坡角度/弧度	0.38	需注意单位为弧度
C_D	空气阻力系数	0.45	
A	迎风面积/m^2	4	

结论:从以上估算的动力计算数值可知,路上行驶状态,最高车速状态工况下需要的最大功率为 176 kW,确认体发动机的功率为 500 马力/367 kW,不管使用全电传动,还是传统机械传动均能满足路上动力需求。

4.11.3 车身轻量化设计

根据项目需求分析，高速水陆两栖车辆的车身材料选择用5083铝合金材料，5083合金中的主要合金元素为镁，具有良好的抗蚀性与可焊接性能，以及中等强度。用5083材料制作船体，与不锈钢材料相比减重30%以上，比玻璃钢材料和碳纤维材料的维修性更好。

本两栖车辆在海上航行状态下为高速艇，要求车体/船体质量轻、强度高，因此采用纵骨架式结构，相较横骨架式结构拥有更强的纵向强度及更轻的结构质量。全船采用全铝合金焊接结构，为保证达到设计指标，施工时一定要严格控制焊接形变量，确保施工质量，以达到高质量的外形精度。

下车体及上装均为单板、纵骨架式结构。车身的结构设计要同时满足车辆在陆地行驶的刚强度需求和CCS《沿海小型船舶法定检验技术规则》(2016)、《国内航行海船法定检验技术规则》(2011)等相关规范的要求，根据船在水中受到的水压力进行结构设计。

下车体底部在外板的基础上，设置旁龙骨、肋板、底纵骨，旁龙骨采用T型铝焊接形式，作为支撑下车体底部的主要构件，从后向前分别设置3/4道水密舱壁，将下车体/船体底部分为若干个水密隔舱，确保在下车体底部局部破损后仍具有足够的浮力储备及强度。

舷侧采用纵骨架式结构，在每个肋位上设置肋骨的同时，沿车体前后方向设置舷侧纵骨。地板设置2根甲板纵桁，主要承受车体/船体纵向载荷，纵桁两侧自车体前部至车体尾部设置甲板纵骨若干，增加板格局部强度。每个肋位设置横梁，与肋骨、车体肋板形成强框架，确保车体横向强度。构件原则上纵向连续或等效连续，确保车体的整体强度。

4.11.4 底盘系统轻量化设计

为控制船体自重，底盘中比如上下摆臂、转向节、车轮翻转机构的连杆等许多结构件都采用轻量化材料，目前轻量化材料可选择的有铝合金、碳纤维、钛合金等材料。

其中铝合金因强度不高、韧性差等，导致结构构件尺寸变大的问题未被选用；碳纤维因维修性不易的问题未被选用。

钛合金材料机械性能具有高强度(TA4的屈服强度能达到825 MPa)，接近钢材的 5 倍,低密度(钛合金的密度为 4.452.73 g/cm^3),大约为钢材的一半。TA4 合金的伸长率 10%,抗腐蚀、工艺性能好,可锻造、可切削、可热处理。鉴于钛合金具有以上这些优点,考虑到本案例两栖车辆的承载及轻量化要求,上述结构件都采用钛合金制造,唯一的缺点就是价格昂贵。

4.11.5 制动系统方案

制动系统采用双回路气压盘式制动系统,配备 ABS 车轮防抱死系统。考虑到本车质量及几何尺寸,制动器及 ABS 借用原南汽依维柯或者二汽猛士系统。制动系统 ABS 具有轮速识别、车速估计等功能,结合可智能充放气轮胎,并能按照 VCU 指令进行控制,可提高制动安全性。驻车制动采用断气驻车制动。

为适应车轮翻转机构,制动器采用双活塞制动分泵,制动盘、制动钳、门桥减速器和转向节一体化设计,减少所占各部件的布置空间,减轻重量,制动器与车轮一起翻转。另采用盘式制动器可提高制动效能稳定性。压缩机采用免维护电动压缩机,依据系统压力,电动压缩机可智能启停,节约能源。

4.11.6 转向系统方案

采用两套转向系统,分别为传统机械转向系统和差速转向系统。

传统机械转向系统采用智能电液耦合助力转向系统(IEHPS),在部件和结构上借用原南汽依维柯或者二汽猛士系统,具有助力随速可变,主动回正控制等功能,并能按照 VCU 指令进行控制;转向器采用循环球式转向器,转向梯形、各硬点和各杆件均借用原南汽依维柯或者二汽猛士系统。为适应车轮翻转结构,转向拉杆内点和外点均采用球头连接,在车轮翻转时,转向拉杆随车轮一起翻转。同时车辆在水上航行时,助力电机停止工作,可节约能源。

差速转向系统利用六个轮边电机,采用矢量控制系统,可使左右车轮进行差速转向。采用差速转向系统可使车辆进行原地转向,提高车辆行驶机动性。

4.11.7 电器系统方案

电器系统可以同时满足水面和陆地两种工作模式的使用需求,包括车灯系统、开关系统、组合仪表系统、雨刮洗涤系统、整车电器控制系统、空调系统、整车电路和保险丝系统。车灯系统具有陆地和水面两种照明和信号模式;开关系统

可以同时控制船载和车载系统；组合仪表系统综合显示陆地和水面模式两种模式下车辆信息；雨刮洗涤系统可满足大风、大雨和水面行驶的使用需求；整车电器控制系统包括车身控制器和辅助控制器；通过计算连续工作设备、短时工作设备和随机工作设备的用电量和功率，整车电路和保险系统可同时满足船用喷射驱动和轮边电机驱动时电量、功率和保护要求。

参考文献

[1] 清华大学苏州汽车研究院. 4X4 高速水陆两栖车辆项目汇报[Z]. 苏州：清华大学苏州汽车技术研究院, 2019.

[2] 清华大学苏州汽车研究院. 水陆两栖车辆设计制造技术[Z]. 苏州：清华大学苏州汽车技术研究院, 2019.

[3] 杨楚泉. 水陆两栖车辆原理与设计[M]. 北京：国防工业出版社,2003.

[4] 佚名. 水陆两栖艇的设计[D]. 哈尔滨：哈尔滨工业大学,2017.

[5] 王常龙. 轮桨混合驱动两栖无人侦察车设计及分析[D]. 太原：中北大学,2019.

[6] 陈思忠,吴志成,杨林,等. 轮式两栖军车高航速技术探讨[J]. 车辆与动力技术,2009(2):61－64.

[7] 周康康,王诗原,高鑫,等. 一种海陆两栖车辆的减阻结构设计[J]. 机电工程信息,2017(30):106－107.

[8] 剧冬梅,项昌乐,陶溢,等. 电驱动差速转向轮式水陆两栖车辆可收放悬架机构运动学分析与参数优化[J]. 兵工学报,2019,40(8):1580－1586.

[9] 蒋国春. LM01 型四驱动水陆两栖车传动系统设计[J]. 中国新科技新产品,2017(6): 134－135.

[10] 何斌,潘双夏,吴旺胜. 两栖车辆减阻装置概念设计系统[J]. 农业机械学报,2007,38(9): 183－185.

[11] 黄劲,余志毅,刘朝勋,等. 基于 CFD 的两栖车辆水动力导数的计算方法[J]. 车辆与动力技术,2 014(2):39－43.

[12] 李春艳,范知友. 两栖车辆浮态计算方法研究[J]. 车辆与动力技术,中国北方车辆研究所,2009(4):45－47.

第5章 两栖车辆的制造与改装

目前两栖车辆的生产制造,还是以民用或军用轮式车辆的改装为主要形式,都要经历车身制作、车辆涂装、总装等工艺过程。高速车辆与低速车辆的改装两栖车辆的工艺过程既有相同之处,也有不同之处。低速两栖车辆是以汽车的制造工艺为主后向的船舶特性要求的特种车辆改装,而高速两栖的制造工艺更接近船舶。

特殊军用的两栖车辆会经过全新的设计、验证试验、样车到批量生产的过程。

5.1 高速两栖车辆的生产制造

以轻型两栖车辆(LARC－LX 型号)为例,LARC 是一种四轮、柴油发动机、两栖车辆,用于在海滩或内陆江湖中转站之间运送货物和部队。其陆地和海上操作如下。

5.1.1 陆地操作

在陆地作业中,每个轮子由四个引擎中的一个独立驱动。车轮驱动功率通过相应的转矩转换器、变速器、斜接箱和轮柱从发动机的飞轮端传送到车轮的陆行齿轮上(图 5－1 至图 5－3)。

LARC 有六个主要的识别板,盘子上列有如下信息。

(1)发动机选择设备板块。铭牌上印有型号、机组序列号、发动机等级以及机组上安装的所有选项和附件。发动机的基本型号和序列号印在缸体的鼓风机侧的右上角。

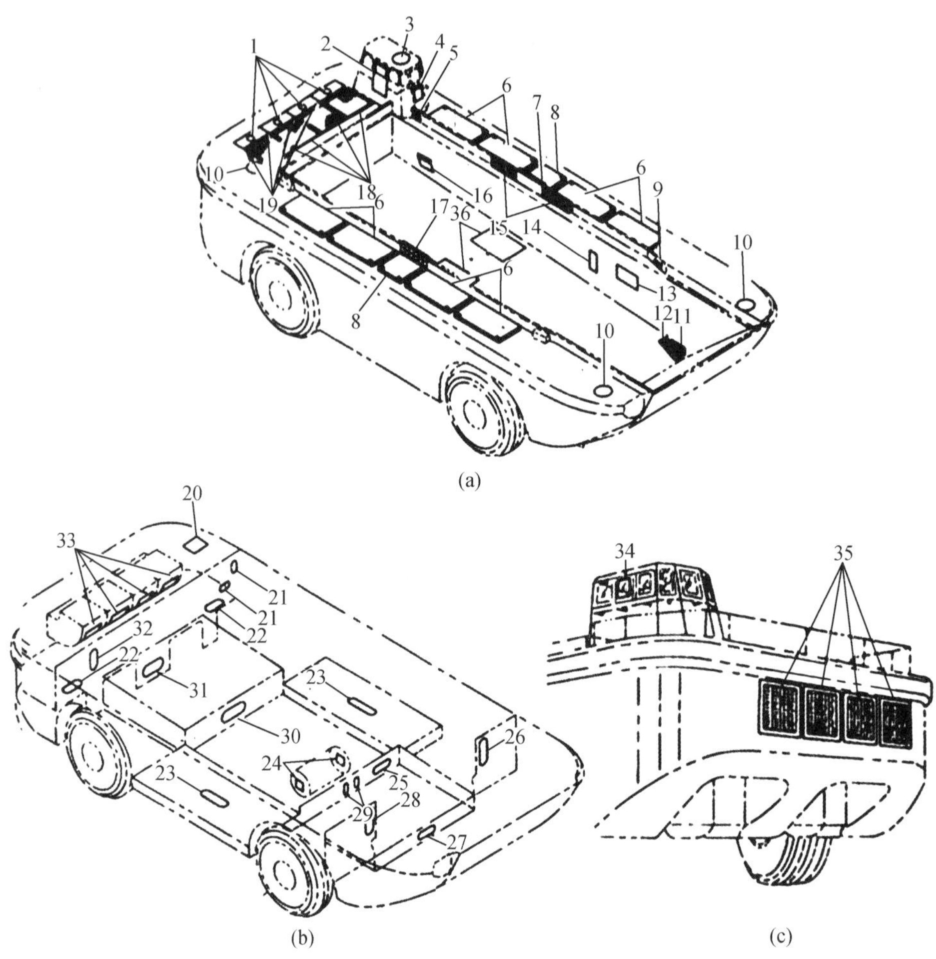

1—散热器小龙头检修盖;2—右驾驶室门禁盖;3—驾驶室气孔盖;4—液压油柜接口驾驶室前进检修盖;
5—后发动机排气百叶窗;6—6 号舱壁;7—大型机械舱口盖测量板接口盖;
8—机舱舱口盖通道盖前发动机排气百叶窗;9—发动机前通风门;10—3 号甲板舱口盖通道;
11—泵舱;12—3 号货油泵甲板格栅检修盖;13—前斜接箱盖;
14—液压管路检修盖中央发动机排气百叶窗;16—艉斜检修盖;17—排气百叶窗;
18—散热器甲板风扇格栅接口盖;19—散热器接口盖;20—驾驶室工作人员座位;
21—14 号舱壁驾驶室左室门盖;22—船尾储藏区甲板通道;23—下机舱甲板;24—液压油柜检修盖;
25—6 号舱壁通道口盖板 26—3 号舱壁通道口盖板;27—3 号舱壁中心通道口盖板;
28—3 号舱壁右舷通道口盖板;29—6 号舱壁中心口盖板;30—11 号舱壁通道通道口盖板;
31—14 号舱壁中心通道口盖板;32—14 号舱壁右舷;33—散热器管道通路(通路开口);
35—斯特恩百叶窗;36—船用齿轮检修盖。

图 5－1 LARC－LX 车型船体和驾驶室通道盖

(2)集箱铭牌。发电机固定在集电箱上。

(3)船用齿轮铭牌。安装在船用齿轮上壳的控制阀上。

船体从19号到24号在船用齿轮上有Transval电子公司铭牌。这些船用齿轮装置与安装在船体5号至18号和船体25号至60号上的西方齿轮公司铭牌相同。

(4)变矩器铭牌。安装在转炉外壳左侧。

(5)人字盒铭牌。安装在人字盒斜角盖上。

(6)构建器铭牌。安装在驾驶室左舷墙上。

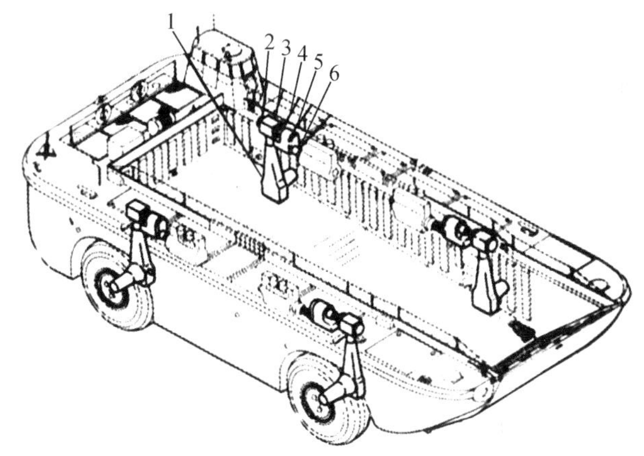

1—圆柱体;2—减速板;3—斜口轴箱;4—弹性轮;5—变速箱;6—弹簧。

图5-2　陆地驱动系统示意图

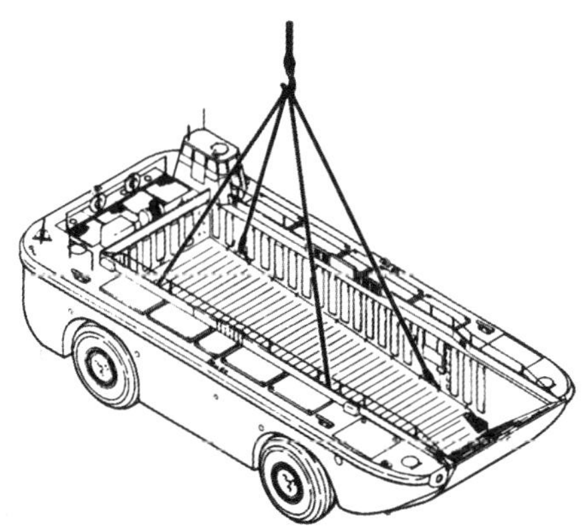

图5-3　吊运提升车辆

5.1.2 海上操作

在海上作业中,左舷螺旋桨可由左舷发动机或左舷发动机之一或两者之一驱动,右舷螺旋桨可由右舷发动机或两者之一驱动。船用驱动的动力来自于飞轮末端相对的发动机的末端。来自发动机的动力通过流体联轴器和集箱传送到相应的船用齿轮上。轴从每个船用齿轮延伸到船尾,通过船体来驱动螺旋桨(图5-4至图5-6)。

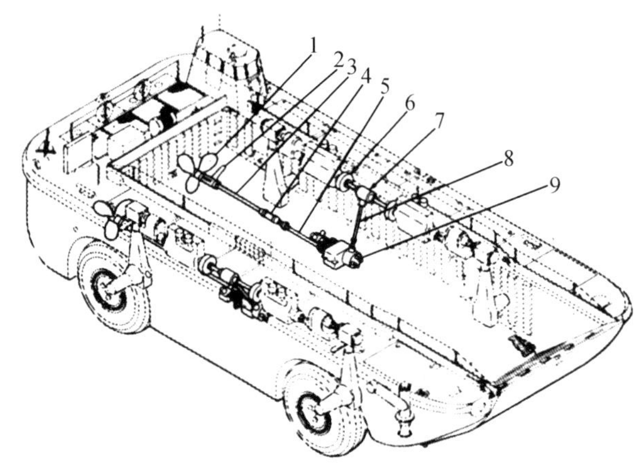

1—螺旋桨;2—支柱;3—螺旋桨轴;4—尾轴管;5—螺旋桨中间轴;6—流体耦合;7—收集盒;8—角驱动联轴器;9—船用齿轮。

图5-4 海上驱动系统示意图

1. 电气系统

电气系统是一个24 V的直流系统,由两个12 V的电池串联供电。电池由安装在收集箱上的两个电池充电发电机充电。电气系统主要用于LARC照明,如图5-7至图5-14所示。

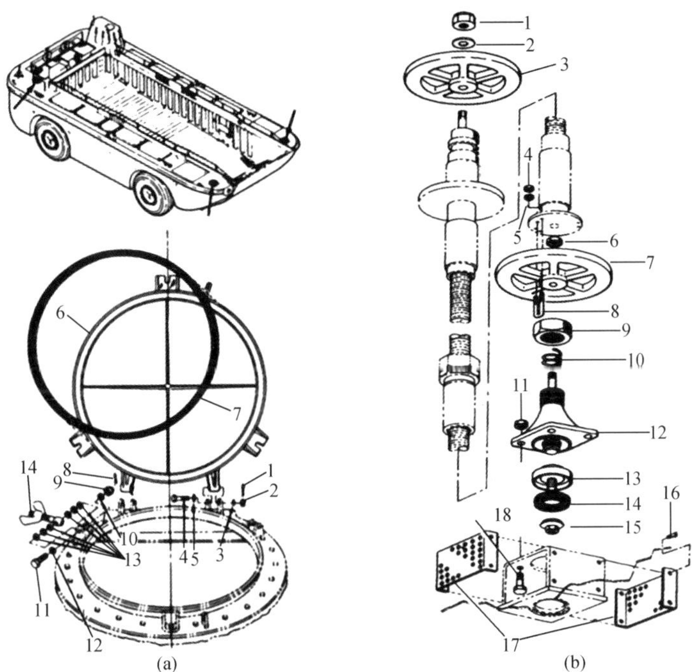

1—拆卸螺母;2—平垫圈;3—拆卸手轮;4—螺母;5—锁紧垫圈;6—拆卸螺母;7—拆卸手轮;8—U 形螺栓;9—过拆卸螺母;10—填料;11—螺母与螺丝;12—阀体;13—磁盘架;14—阀瓣和阀瓣固定器来拆卸阀门;15—阀瓣固定器;16—拆卸螺丝;17—拆卸筛网;18—阀门。

图 5-5　舱室舷窗盖安装和拆卸与舱底排水阀分解图

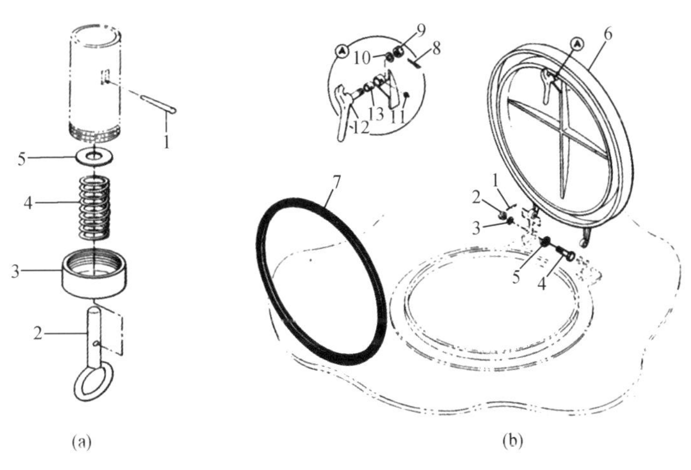

1—钉;2—钉和环;3—罩;4—弹簧;5—平填圈。

1,8—开口销;2,9—螺母;3,5,10—平填圈;4—螺栓;6—升降口盖;7—填圈; 11—配件;12—板牙扳手 13—套管。

图 5-6　滑动舱口锁扣拆卸和安装与驾驶室天窗盖拆卸和安装示意图

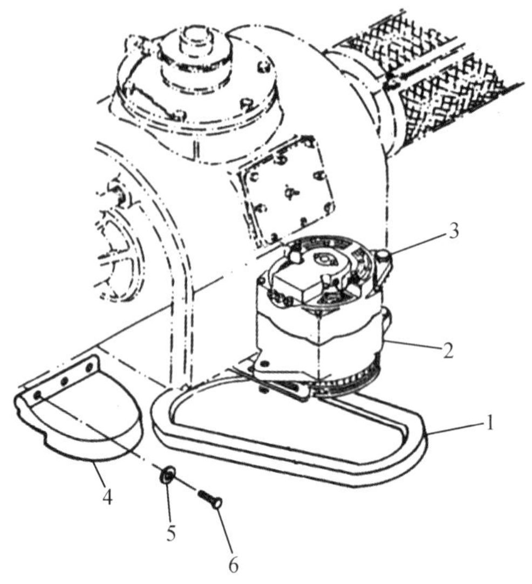

1—传动皮带;2—交流发电机;3—安装螺栓;4—封面;5—锁紧垫圈;6—有头螺钉。

图 5-7　电池充电驱动皮带调整示意图

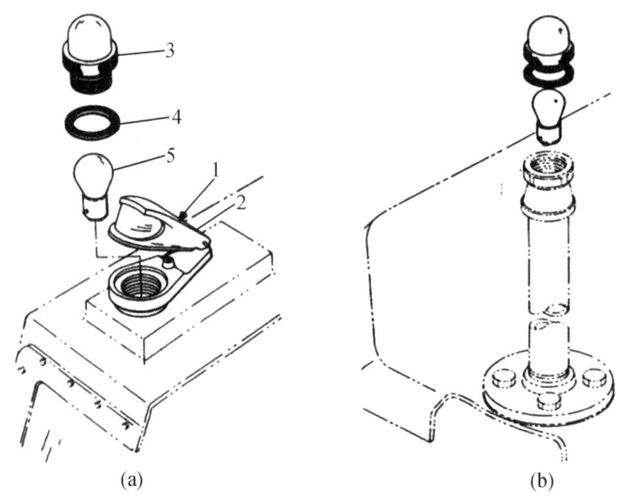

1—螺丝;2—覆盖;3—透镜;4—填圈;5—灯。

图 5-8　更换船首和划桨灯图与更换锚灯图

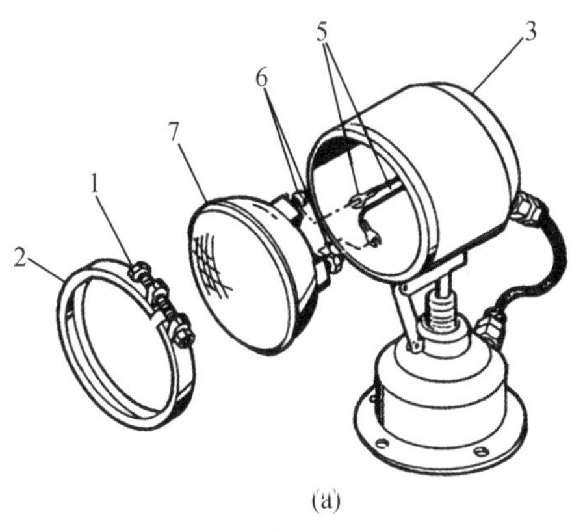

(a)

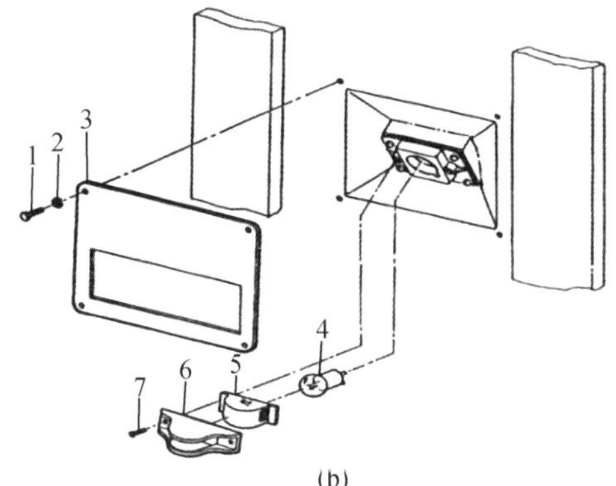

(b)

1—螺钉;2—保护边缘;3—罩;
4—灯泡;5—线;6—螺母;7—灯。

1,4—螺丝;2—锁紧填圈;3—防护板;
5—覆盖;6—透镜;7—灯。

图 5-9　探照灯替换图与货舱灯安装、更换

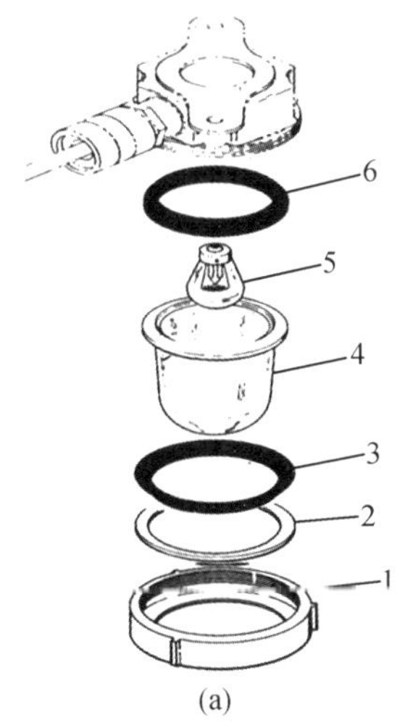

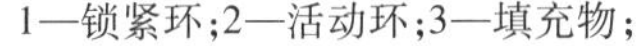

(a)

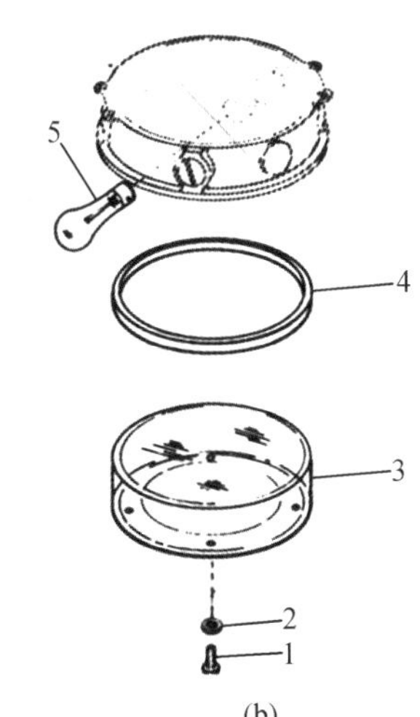

(b)

1—锁紧环;2—活动环;3—填充物;
4—球状物;5—灯;6—填圈。

1—螺丝;2,4—填充物;3—透镜;5—灯。

图 5-10　舱室灯与机舱灯安装更换

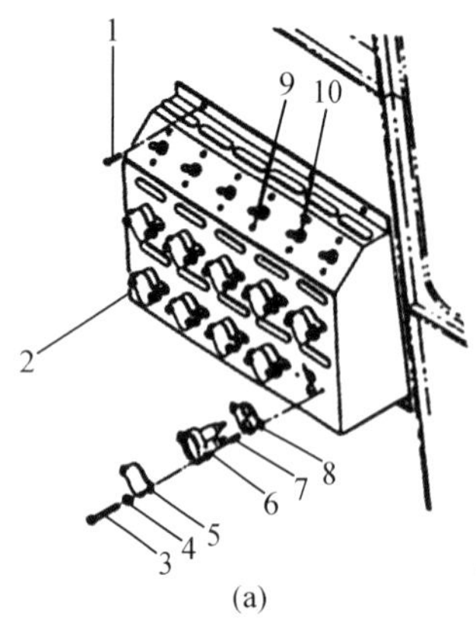

(a)

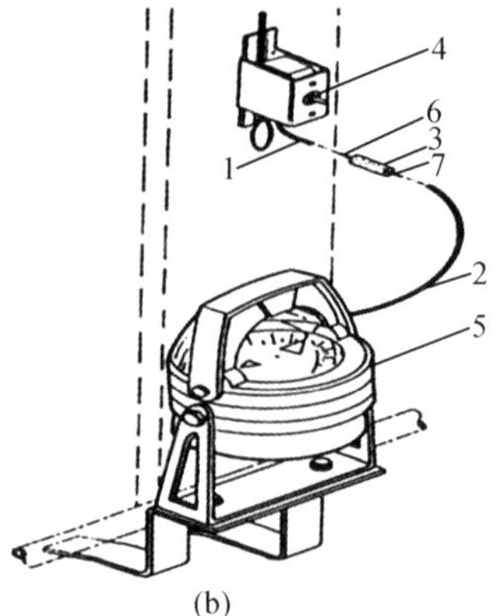

(b)

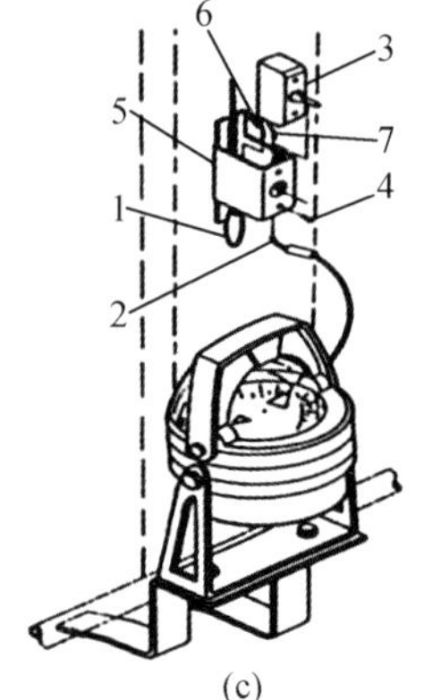

(c)

1,3,9—螺丝;2—跳开关通板;
4—填圈;5—板材;
6—跳开关;7—逆电流器;
8—垫圈;10—开关。

1—线;2—灯装配线;
3—电阻器;4—拨动开关;
5—罗盘;6,7—电阻引线。

1—线;2—灯装配线;
3—拨动开关;4—螺丝;
5—支架;6,7—引线。

图 5-11　断路器面板与罗盘电阻器与开关

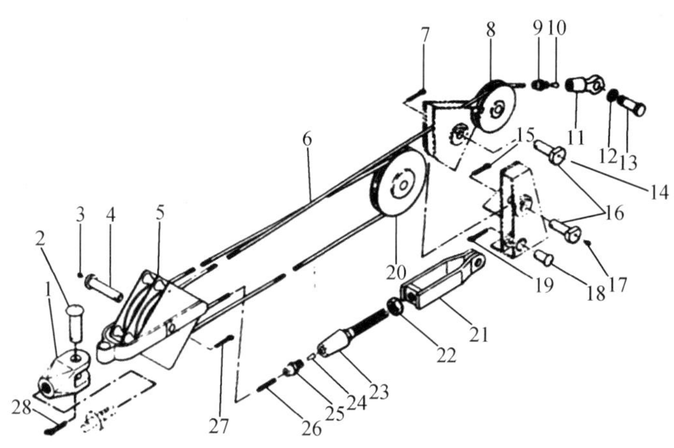

1—U 形接头;2—马蹄钳栓;3,14,17—配件;4,18—销栓;5—双阻塞部件;6,26—钢丝索;
7,15,19,27,28—开品销;8,20—滑车轮;9,25—套管;10,24—插头;11—眼端配件;12—平填圈;
13—螺栓;16—滑轮轴;21—调节控制装置;22—防松螺母;23—插口。

图 5-12　电缆线束安装和拆除

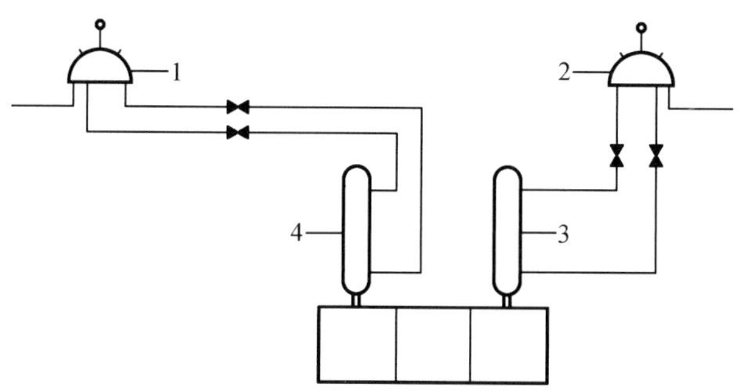

1—货井泵控制先导空气阀;2—斜坡控制先导空气阀;3—斜坡控制双作用气缸;4—双泵货油泵控制。

图5-13 货井泵和斜坡控制系统图

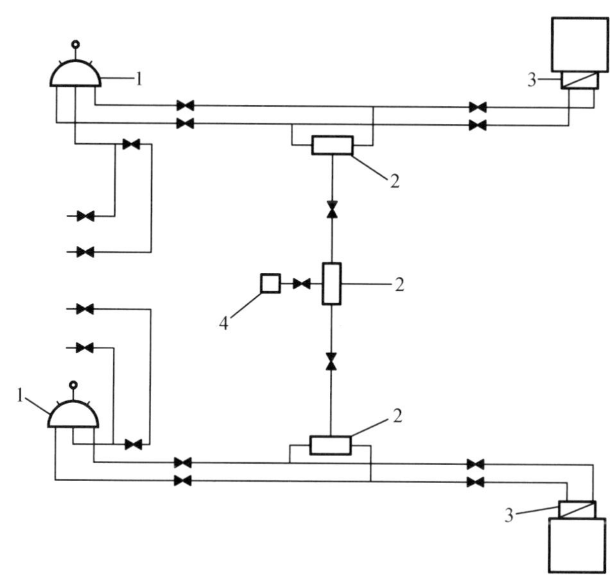

1—船用齿轮变速和节流阀;2—穿梭阀(或双止回阀);3—洛根阀;4—单作用气缸。

图5-14 船用设备和散热器风扇控制系统图

2. 船体和驾驶室通道开口

LARC 内部有许多隔间,其中一些是水密的。这些隔间存放操作所需的机械、电气、气压和液压元件。76 个通道盖提供维修人员进入相应隔间内所有工作区域的通道。船用舵见图 5-15 和图 5-16,量规仪器面板图 5-17,起货机图 5-18,控制架拆卸与安装图 5-19,绞车架安装图 5-20,速度控制联动拆装图 5-21,锚载与安全栏杆、救生索、支柱拆装见图 5-22,前轮定位系统图 5-23,雨棚安装与维修示意图见图 5－24。

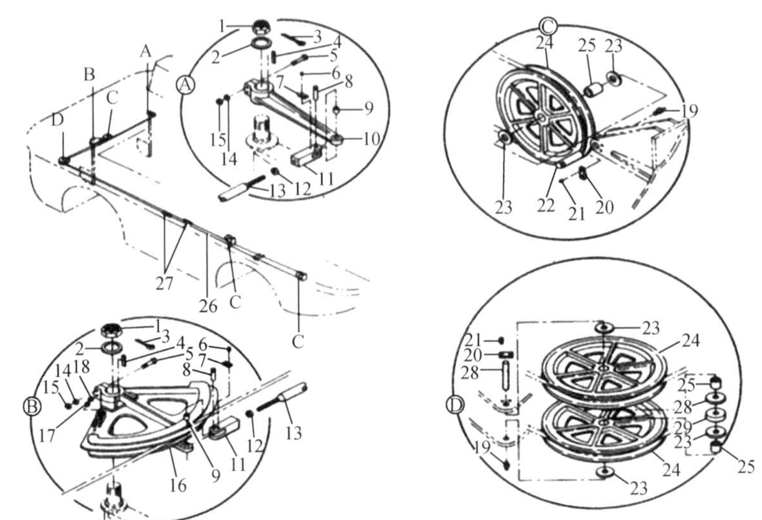

1—螺母;2—平垫圈;3—开口销;4—密钥;5—螺栓;6—有头螺钉;7—开关板;8—销;9—衬套;
10—舵柄手臂;11—栓;12—防松螺母;13—十字杆 ;14—平垫圈;15—螺母;16——象限;
17—平垫圈;18—螺母;19—润滑装置;20—关键板;21—有头螺钉;22—销;23—间隔;
24—滑轮;25—衬套;26—钢丝绳;27—螺丝扣;28—销;29—间隔。

图 5－15　船用操舵分解图

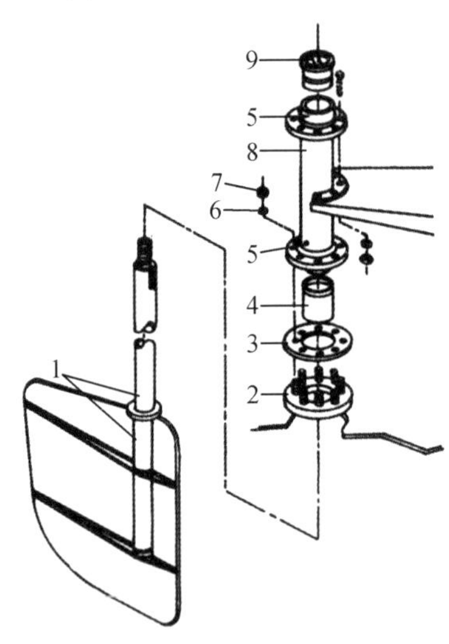

1—舵;2—螺柱,套安装板;3—垫片;4—滑动轴承;5—润滑装置;
6—平垫圈;7—螺母;8—套筒组件;9—轴承。

图 5－16　方向舵和套管分解图

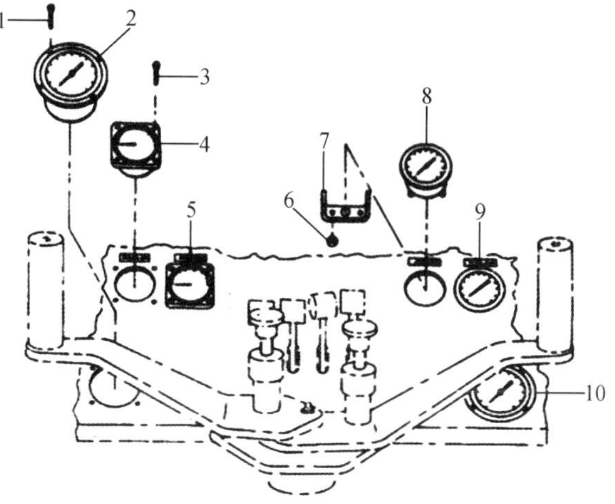

1—螺杆;2—船用齿轮油压;3—螺钉;4—后转向压力计;5—前转向压力计;6—螺母;
7—U 形夹;8—主空气压力计;9—轮胎气压计;10—船用齿轮油压力计。

图 5－17　量规仪器面板示意图

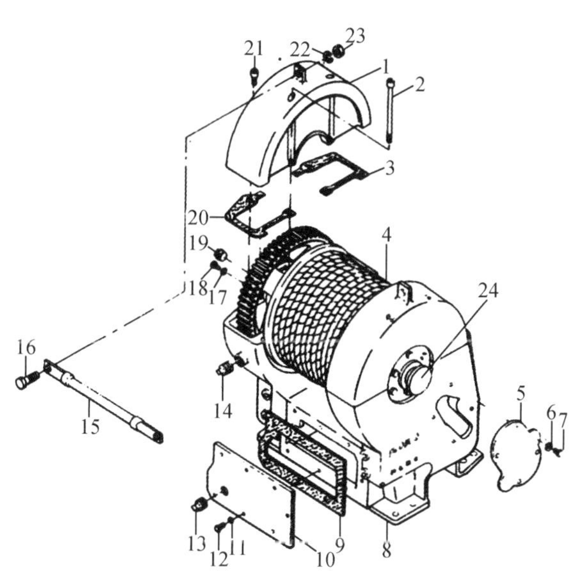

1,10—覆盖;2,7,12,18,21—有头螺钉;3,9,20—垫片;4—钢丝绳;
5—制动覆盖;6,11,17,22—锁紧垫圈;8—绞车房;13,14,19—管塞;
15—电缆护;16—螺栓;23—螺母;24—假脱机自由控制。

图 5－18　起货机组装

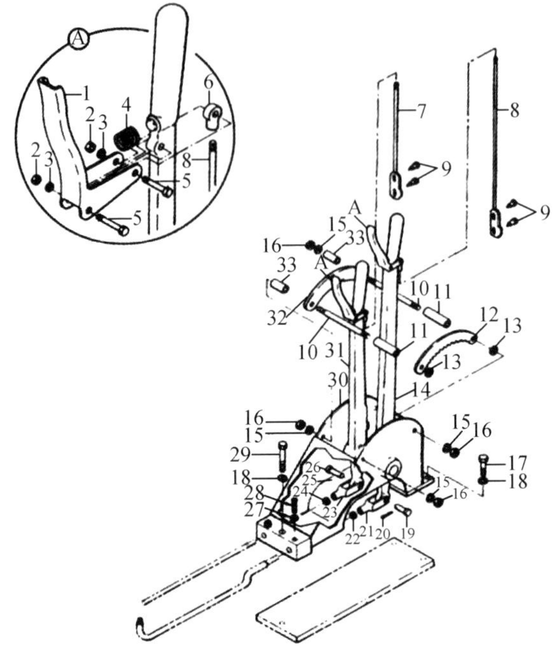

1—控制锁;2,16—螺母;3—垫圈;4—弹簧;5,9—螺丝;6—杆端;7—爪和杆;8,24,27—防松螺母;10—螺栓;11—垫片;12—棘轮;13—间隔;14—制动杆;15—锁紧垫圈;17,29—有头螺钉;18—锁紧垫圈;19,26—轭销;20,25—开口销;21,23—轭;28—固定螺丝钉;30—控制站;31—变速杆;33—间隔。

图5－19　控制架拆卸和重新装配示意图

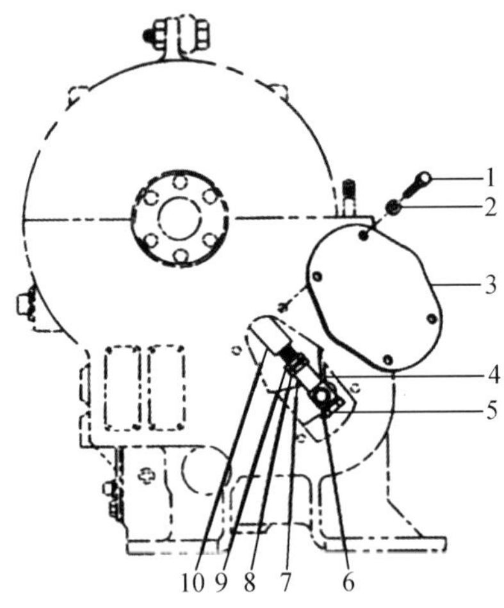

1—有头螺钉;2—锁紧垫圈;3—制动器盖;4—刹车手;5—螺栓,刹车调整;6—销、闸调整;7—间隔;8—防松螺母;9—防松螺母;10—制动器调整链接。

图5－20　绞车架安装示意图

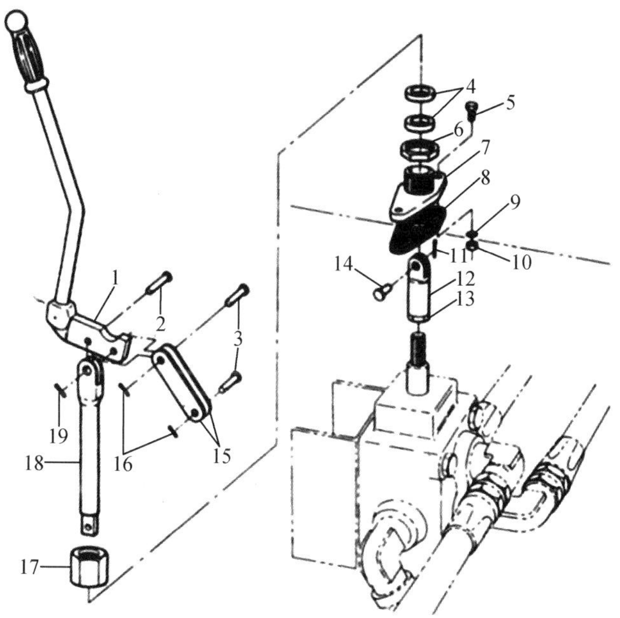

1—操纵臂;2—栓钉;3—栓钉;4—填料环;5—螺栓;6—防松螺母;7—填料函;8—垫片;
9—锁紧垫圈;10—螺母;11—开尾销;12—栓;13—防松螺母 ;14—栓钉;15—连杆;
16—开尾销;17—螺母,填料函;18—轴;19—开尾销。

图 5 – 21　速度控制联动拆装分解图

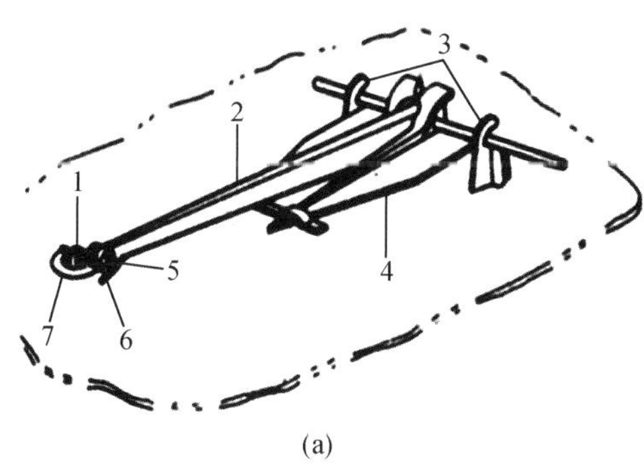

(a)

1—眼;2—柄;3—积载支架;4—锚爪;5—卸扣销;6—栓钉;7—连接卸扣。

图 5 – 22　锚载与安全栏杆、救生索、支柱、拆除和安装示意图

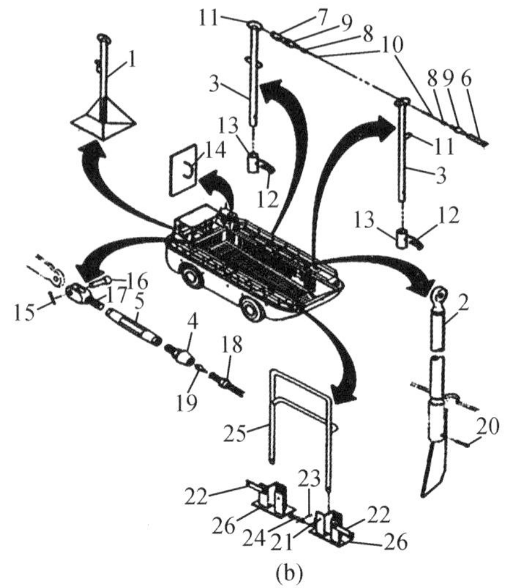

(b)

1,2,3—支柱;4—插口;5,6—螺丝扣;7—提前;8—夹;9—顶针;10—生命线;11—支柱眼;12—切换引脚;13—套接字;14—眼;15—开尾销;16—销 17—U 形接头;18—袖;19—插头;20,23—开尾销;21—蝶形螺母;22—护圈;24—柄销;25—安全栏杆;26—支架。

图 5-22(续)

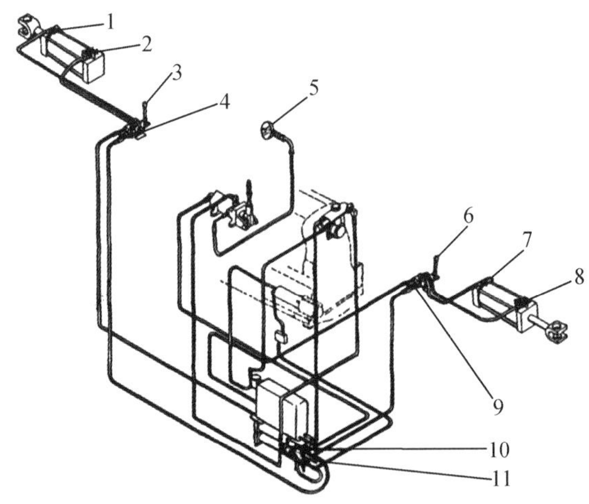

1,2,4,7,8,9—针阀;3—阀杆针形阀;5—阀杆压力计;6 阀芯;10,11 球阀。

图 5-23 前轮定位系统

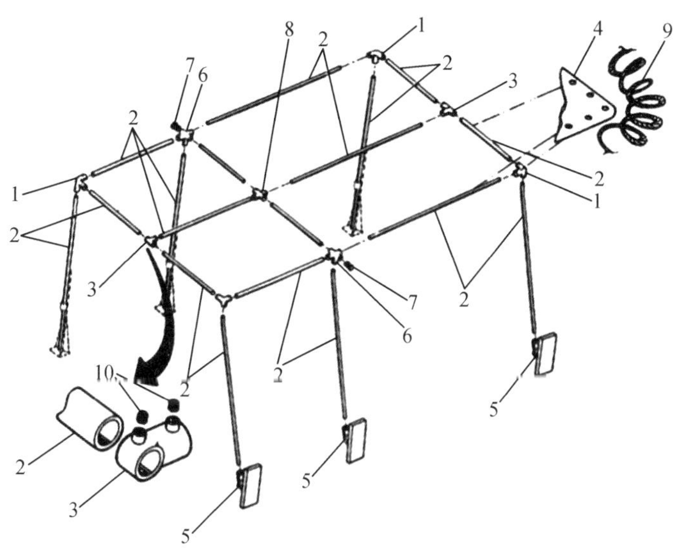

1—侧出口塑料弯头塞;2—管;3—绳子;4—覆盖;5—旋转法兰;6—侧孔三通;
7—二插座;8—交叉单插座三通;9—绳索;10—螺丝。

图5-24 雨棚安装和维修示意图

3. 液压系统

(1)绞车、转向油缸、转向对中油缸、斜坡、货油井泵、舱底泵、散热器风扇等操作的液压油压力由8台双液压泵提供。由船用齿轮驱动的双液压泵以所需的工作压力提供液压油。

(2)独立的液压启动和轮对系统的液压油压力由3号发动机驱动的泵提供。泵给蓄电池充电。如果系统没有增压,并且发动机不能通过空气启动,则提供手动泵。油压操作液压启动马达和车轮定位油缸。

4. 压缩空气系统

压缩空气系统由两台空气压缩机提供。每个船用齿轮驱动配有一台压缩机。压缩空气储存在两个气罐中,分别位于货油舱甲板下的左舷和右舷。压缩空气系统作为节流器、货油井泵、坡道、变速箱、船用齿轮和散热器风扇的控制系统。该系统为空气喇叭、空气制动器、发动机启动马达和挡风玻璃刮水器的操作提供空气。该系统还为斜坡密封和轮胎充气提供空气(图5-25至图5-30)。

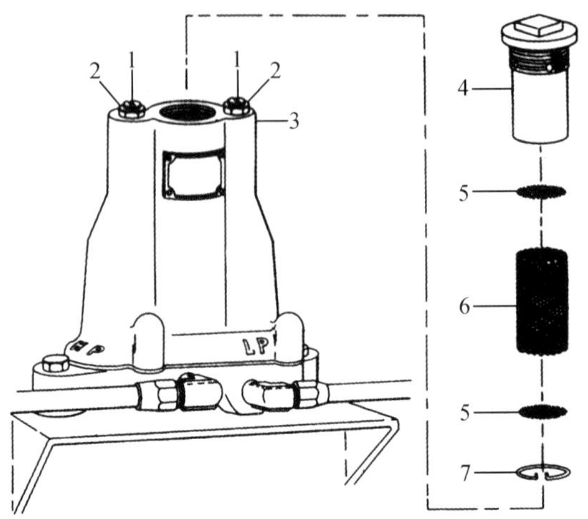

1—调整螺钉;2—防松螺母;3—机体;4—沉积物过滤器外壳;5—滤板;6—过滤器;7—扣环。

图 5-25 空气压缩机调速器滤网分解图

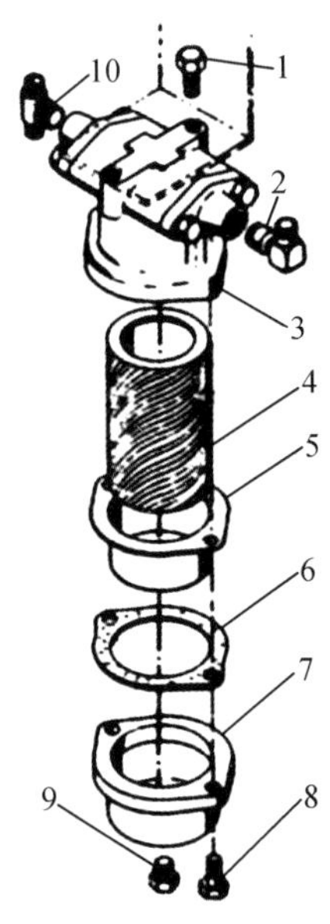

1,8—有头螺钉;2—肘部;3—过滤体;4—元素;5—元件支持;6—垫;

7—土室;9—泄水、油塞;10—三通。

图 5-26 主供气滤清器可拆卸和组装示意图

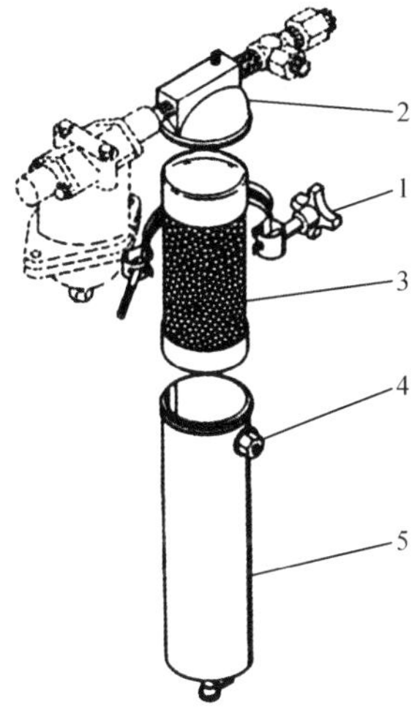

1—带夹;2—顶部;3—盒;4—观察窗;5—外壳。

图 5－27　空气干燥器

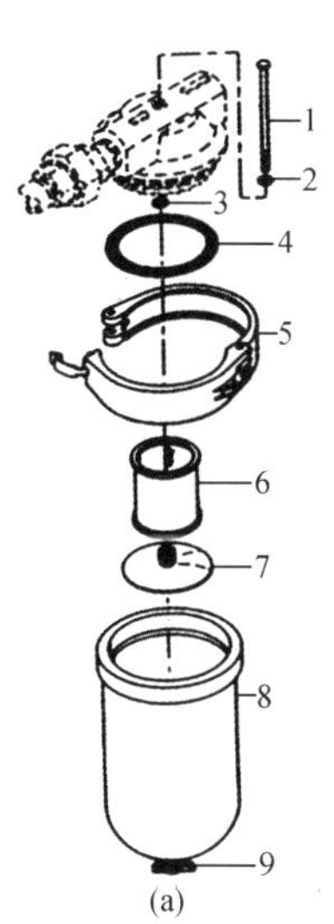

(a)

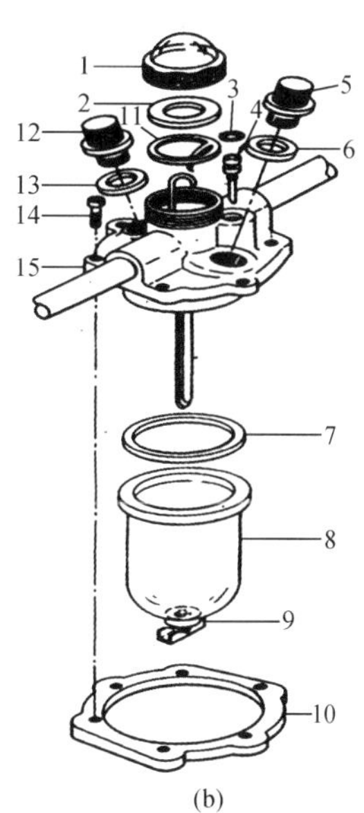

(b)

1—过滤螺丝;2,4—包装;3—挡圈;

5—锁紧圈;6—滤芯;7—挡板;

8—滤杯;9—排气阀。

1—滴油器圆顶;2,6,7,13—垫片;

3—O 形密封圈填料锁紧垫圈;4—螺纹;

5—填充塞; 8—注油器碗;9—排气阀;

10—锁紧圈;11—锁紧填圈;12—注液孔塞;

14—螺杆;15—阀体。

图 5－28　空气启动过滤器拆装与空气启动油雾器拆装示意图

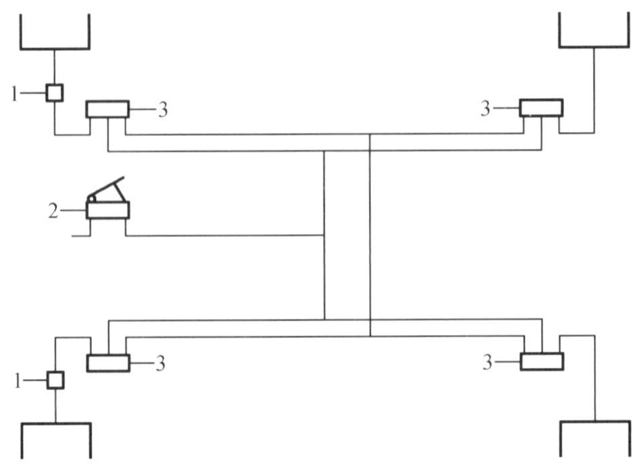

1—截止阀;2—脚控阀;3—继电器空气阀。

图 5-29　气闸控制和供应系统图

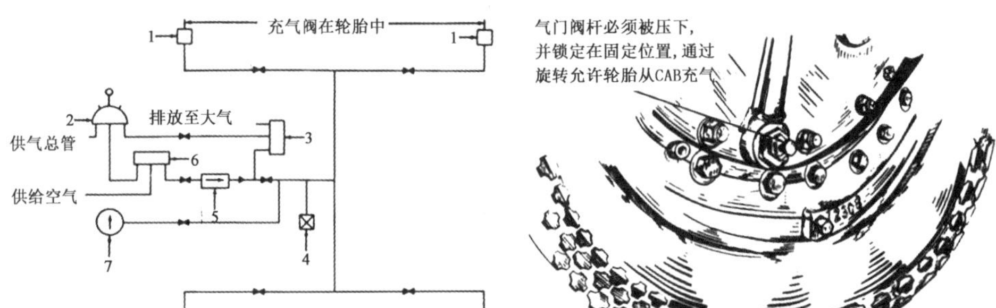

1—角形截止阀;2—控制空气阀;3—换气继电器气阀;4 号安全阀;

5—止回阀;6—通货膨胀继电器空气;7—轮胎充气。

图 5-30　轮胎充气-充气控制和供应系统图与轮胎充气止回阀

5. 传动系统

LARC 的前轮和后轮可以独立操纵,使它在陆地上更容易操纵。在海上作战中,LARC 由两个舵操纵。

发动机的飞轮端通过各自的转矩转换器、变速器、斜接箱和轮柱到达车轮中的行星齿轮。(图 5-31 至 5-48)

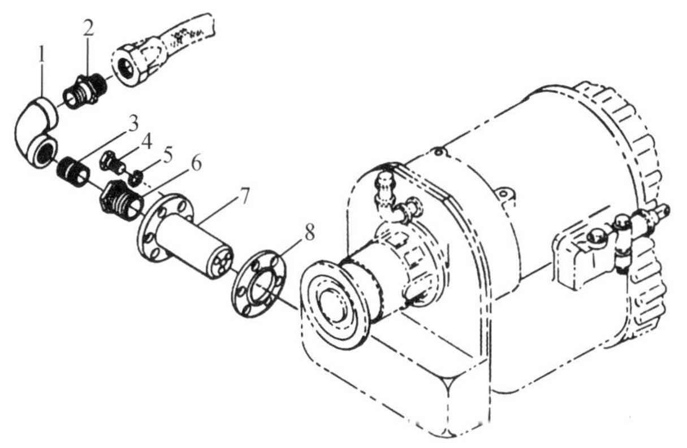

1—肘部;2—适配器;3—螺纹接管;4—有头螺钉;5—锁紧垫圈;6—衬套,管;7—油过滤器;8—垫片。

图5-31　传动滤网分解图

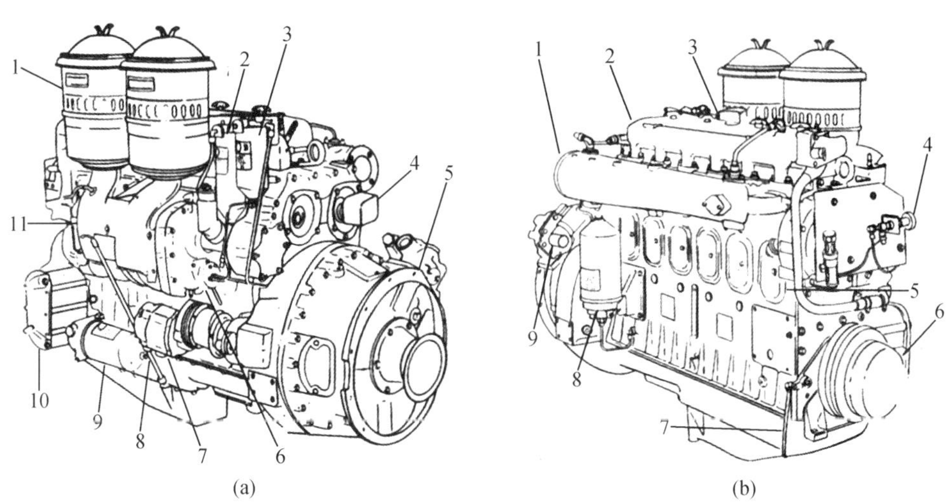

1—空气滤清器;2—燃油滤清器(二次);3—燃料过滤器;4—(一次)驱动;5—变矩器;6—燃料泵;7—空气启动电机;8—油量尺;9—滤油器(全流量)转速表;10—油冷却器;11—进气口外壳。

图5　32　发动机的附件　侧与发动机的管侧图

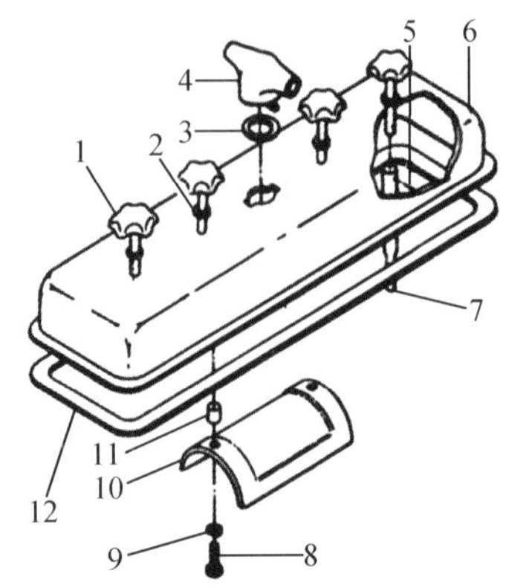

1—翼形螺钉;2—非金属垫圈;3—呼吸管垫圈;4—呼吸管;5—销;6—摇椅盖;7—扩展学生;8—螺栓;9—锁紧垫圈;10—挡板;11—垫片;12—摇臂盖垫圈。

图 5-33　摇臂盖的组装、拆卸和安装

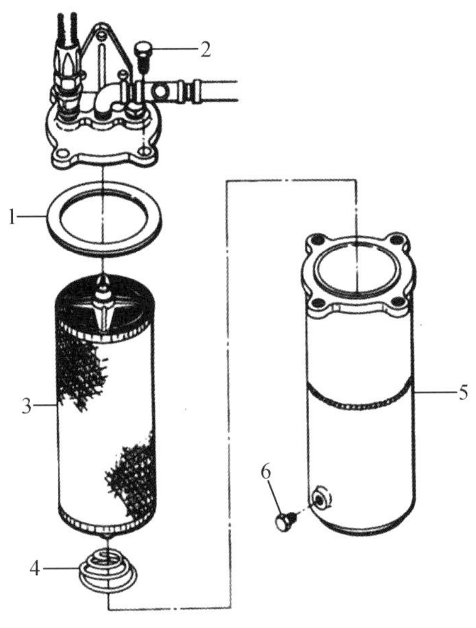

1—垫圈;2—有头螺钉;3—元件;4—弹簧;5—壳;6—排水塞。

图 5-34　变速器滤油器分解图

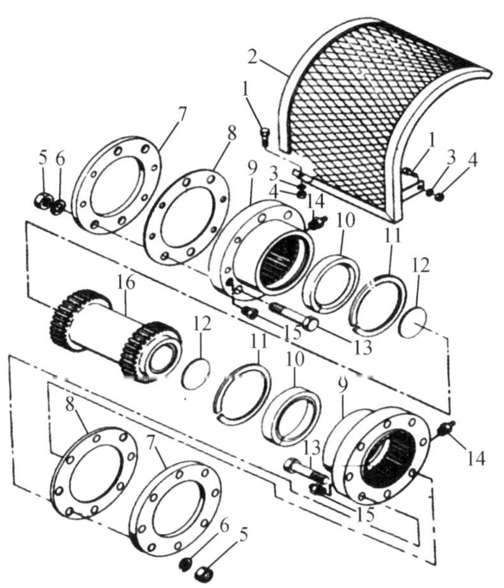

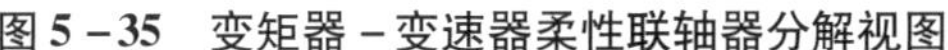

1—螺栓;2—机械螺栓;3—锁紧垫圈;4—螺母;5—螺母;6—锁紧垫圈;7—适配器板;8—垫片;
9—法兰;10—密封;11—扣环;12—密封板;13—螺栓;14—润滑装置;15—减压装置;16—集线器。

图 5-35　变矩器-变速器柔性联轴器分解视图

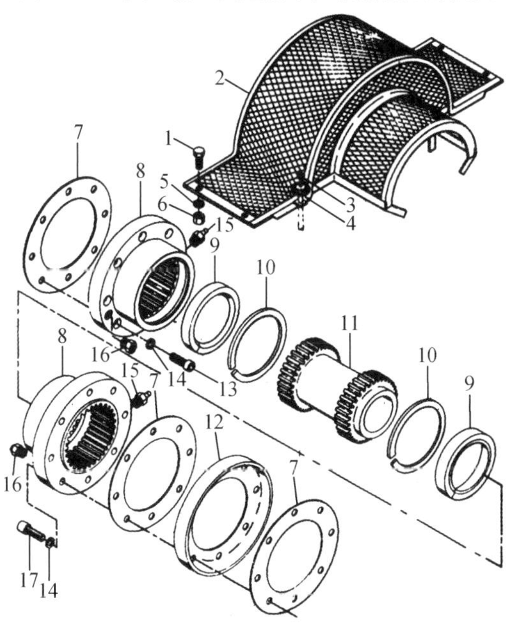

1—螺栓;2—机械保护;3—螺母;4—数值手柄;5—锁紧垫圈;6—螺母;7—垫片;8—法兰;9—密封;
10—保留;11—扣套;12—关闭环;13—螺丝;14—锁紧垫圈;15—润滑;16—减压装置;17—有头螺钉。

图 5-36　变速箱-人字盒柔性耦合分解视图

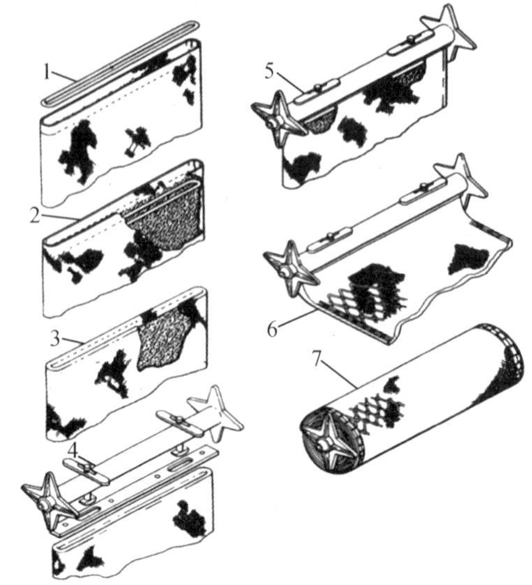

1—包和环;2—中环;3—袋处于折叠环顶部;4—线轴垫片;

5—袋子附在卷轴上;6—垫片缠结袋;7—垫片。

图 5－37　油过滤器的元件

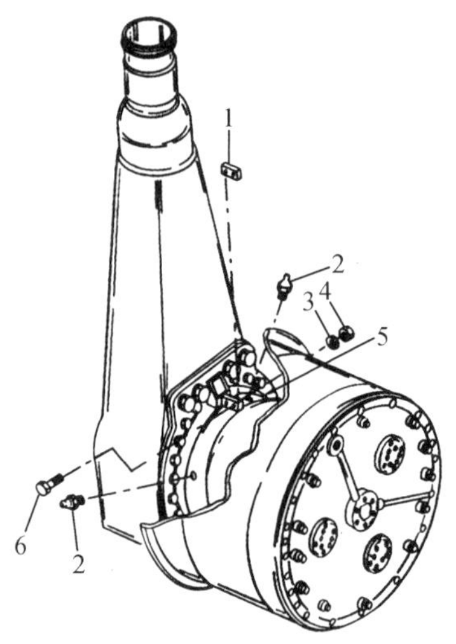

1—垫圈;2—拟合;3—锁紧垫圈;4—六角螺母;5—护圈;6—有头螺钉。

图 5－38　立柱和轮轴护脂器安装和拆卸

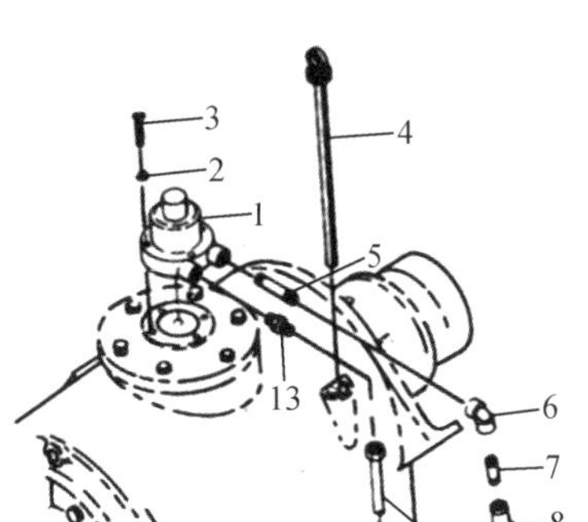

1,8—集油箱贝尔减速器;2—锁紧垫圈;3—有头螺钉;4—油尺;5—接头;6—肘部头;7—接头;
9—适配器;10—排水塞;11—肘部;12—管;13—适配器。

图 5－39　集油箱油泵及管路安装、拆卸示意图

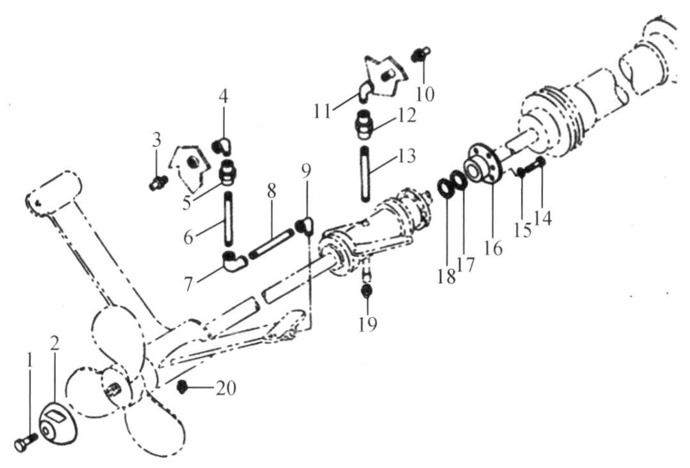

1—螺栓;2—流线体帽;3—减速机;4,9,11—肘部;5,12—联接头;6,8,13—管;
7—弯管; 10—减速机; 14—有头螺钉;15—平垫圈;16—填料压盖;17—包装护圈;
18—包装;19—润滑配件;20—润滑装置。

图 5－40　传动轴部件安装和拆卸示意图

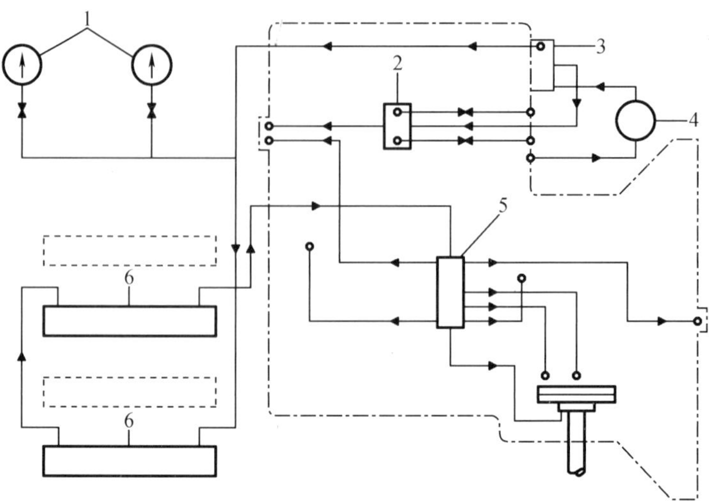

1,4—油压表;2—油渣滤网空气控制阀;3—油泵;5—油管;6—油冷却器。

图 5－41　船用齿轮油管路流程图

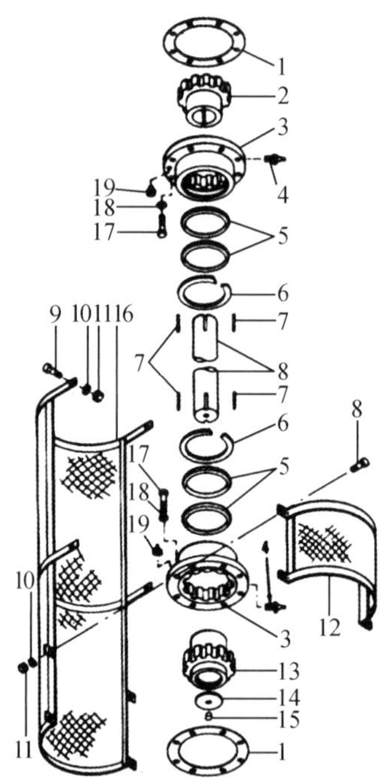

1—垫片;2—中心齿轮;3—法兰;4—润滑装置;5—密封;6—扣环;7—钥匙;8—轴;9—螺栓;10—锁紧垫圈;11—螺母;12—机械保护;13—中心齿轮;14—推力板;15—按钮;16—机械守卫;17—有头螺钉;18—锁紧垫圈;19—减压装置。

图 5－42　收集箱－船用齿轮角驱动联轴器，分解视图

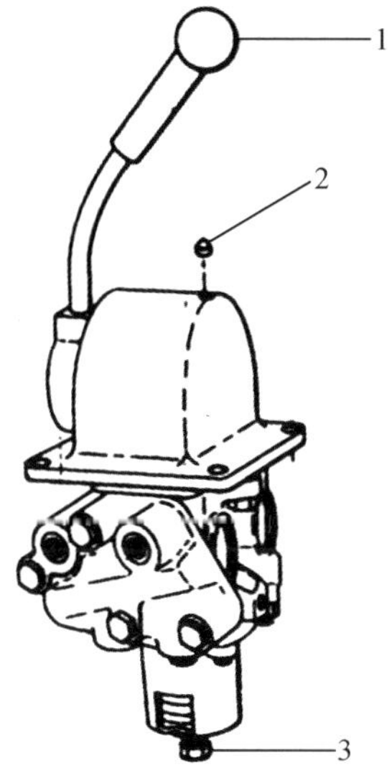

1—控制阀;2—注油器;3—调整螺钉。

图 5-43　船用变速和节气门控制阀

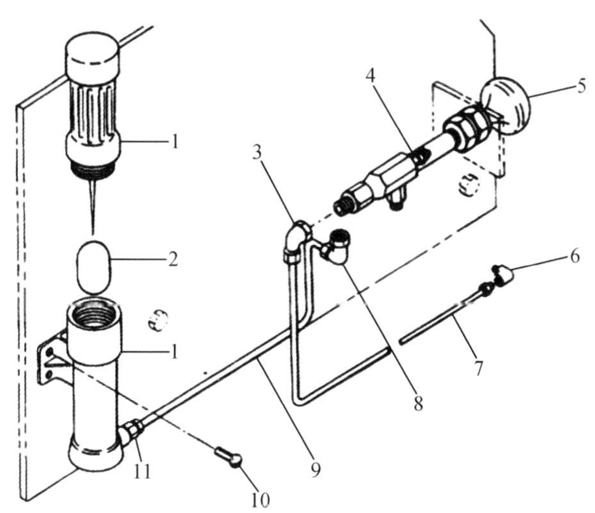

1—刺穿工具组件管;2—醚胶囊;3—肘部;4—泵柱塞密封螺钉;5—泵机组;6—喷嘴肘;7—管;8—肘部;9—管;10—螺钉;11—拟合。

图 5-44　液体开始流动示意图

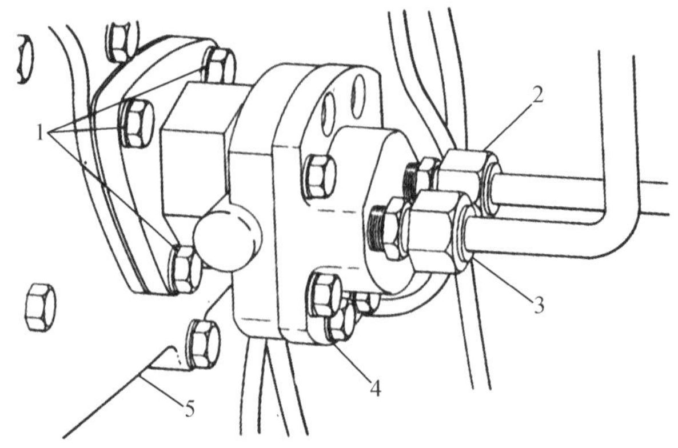

1,2—螺栓和密封垫圈输入连接;3,4—出口连接,燃料泵;5—风机组装。

图 5－45　燃油泵总成示意图

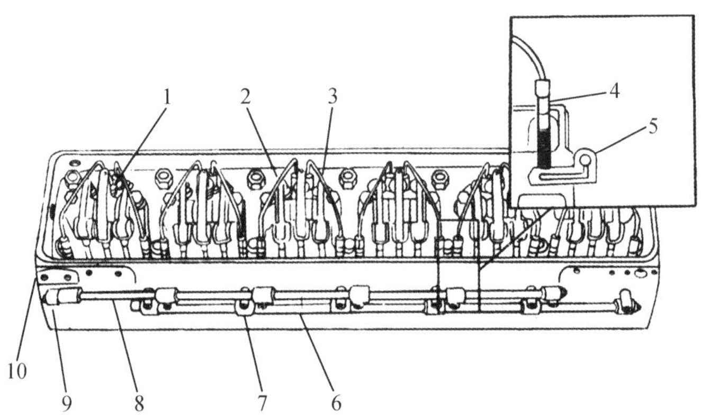

1—喷油器;2—燃油出口管;3—进油管;4—燃料连接器;5—燃油总管;6—进油管;7—T 形连接;8—出口燃料总管;9—限制拟合;10—气缸头。

图 5－46　带有外部燃料管的气缸盖

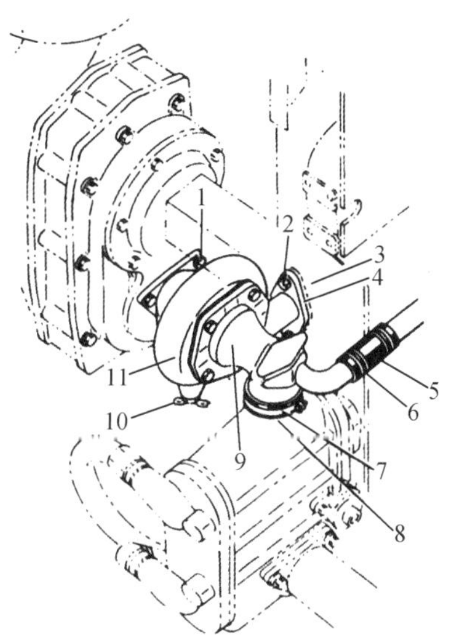

1—螺栓和密封组件;2—螺栓;3—预成型包装(出口);4—出口法兰;5—软管;6—管夹;7—管夹;8—预成型包装(入口);9—水泵盖;10—排气阀;11—水泵。

图5-47　水泵总成

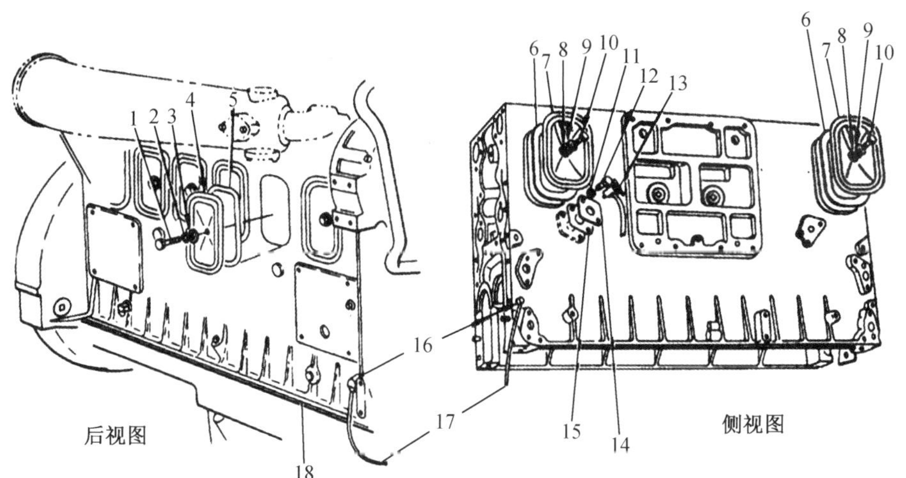

1—有头螺钉;2—垫圈;3—垫片(铜);4—握住覆盖;5—垫片;7—覆盖;8—垫片(铜);9—垫圈;10—有头螺钉;11—锁紧垫圈;12—有头螺钉;13个—排气阀;14,6—水孔盖垫片;15—垫片;16—肘部;17—空气箱排液管垫圈;18—气缸体。

图5-48　发动机缸体部件拆卸和安装示意图

5.2 低速两栖车辆的制造

低速水陆两栖车的制造过程，是在保持基础车型路上行驶性能的前提下进行的。在改装过程中，要尽量保持基础车型的完整状态，没必要改动的零件及总成不去进行拆卸。基础车型上线前做好上线检查，防止后期发现质量问题出现反复。

根据车型设计要求，对进气系统、排气系统、制动系统、转向系统、传动系统进行改造，根据产量需要生产工位布置可采用固定式或流水线式布局。为了降低工装设备的投资，在生产批量小的情况下可以采用固定式工位，车辆置于固定式举升台上，各种零件及总装，围绕车辆放置，工人组成不同的工作小组互相协作。这种生产方式的缺点是工人生产效率低，导致产量低。

当两栖车辆产品有小批量订单的情况下，流水线的生产方式才能满足产量的需要。图 5－49 为最基本的低速水陆两栖车的生产流程示意图。

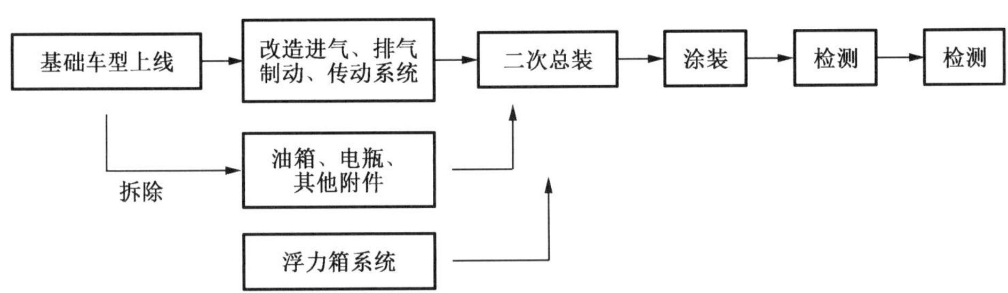

图 5－49　低速两栖车辆的生产制作流程示意图

5.3 两栖车辆的改装建造

两栖车辆的建造有两种方法：一是用民用车辆改装建造，二是直接新设计建造，由于批量问题，通常两栖车辆的建造是采用第一种方法，图 5－50 是其建造的流程示意图。

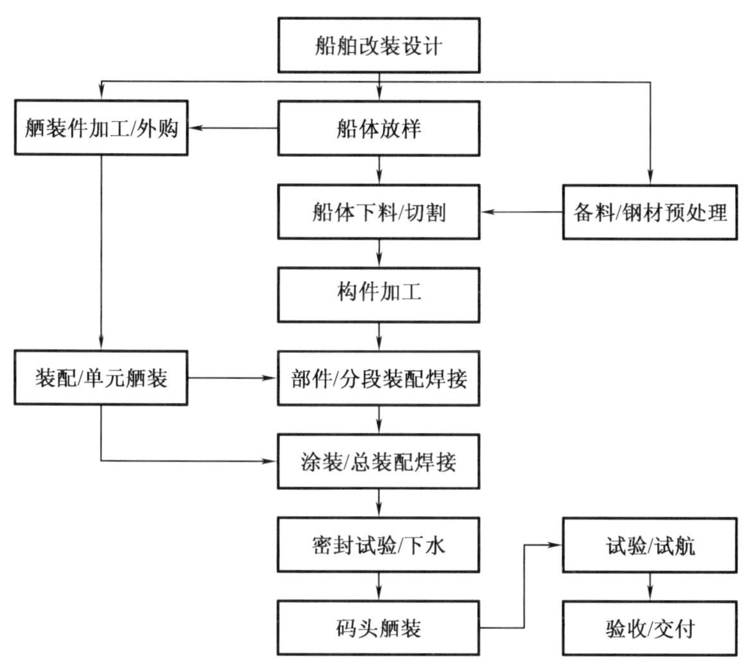

图 5 - 50　改装工艺流程示意图

本文涉及的民用车辆改装低速水陆两栖车辆是一个正在执行的项目,包括陆地试验与水上试验的工作,还在计划中进行,有关内容的情况还没有到完全披露的时候,包括上述设计中的一些体验,我们将在项目完成并交付使用后再做完整的报告。

5.4　两栖车辆试验技术

水陆两栖车辆是一类特种的装备,其设计方案应该满足有关的标准、规范等要求进行相应的测试。需要在陆地与水上两种环境下应用,因此必须进行陆地与水上的试验验证。水上试验除证实两栖车辆的性能外,还要满足船级社的有关规定以取得认证。

表 5 - 1 和表 5 - 2 中列举了部分陆地试验内容与水上试验内容,在具体的产品开发过程中,可以根据项目需求进行适当的增减。

表 5-1 两栖车陆地试验内容表

序号	试验内容	备注
1	整车动力性能试验	车辆主体建造完成后
2	整车经济性试验	车辆主体建造完成后
3	整车制动性能试验	车辆主体建造完成后
4	整车操纵稳定性试验	车辆主体建造完成后
5	整车平顺性试验	车辆主体建造完成后
6	整车通过性试验	车辆主体建造完成后
7	轮履互换性能试验	设计阶段
8	整车除霜除雾性能试验	车辆主体建造完成后
9	整车防腐蚀试验	车辆主体建造完成后
10	整车多路面道路试验	车辆主体建造完成后
11	关键总成台架性能试验	设计阶段
12	关键零件强度、模态试验	设计阶段
13	关键电器件性能试验	设计阶段
14	整车电磁兼容性能试验	车辆主体建造完成后
15	功能操纵件性能试验	车辆主体建造完成后
16	驾驶舱防护性能试验	车辆主体建造完成后

表 5-2 水上试验项目表

序号	试验内容	备注
1	静水阻力优化对比试验	设计阶段
2	耐波性试验	设计阶段
3	水密性试验	车辆主体建造完成后
4	倾斜试验	车辆主体建造完成后
5	系泊试验	车辆主体建造完成后
6	快速性试验	车辆主体建造完成后
7	操舵、回转和倒车试验	车辆主体建造完成后
8	惯性及航向稳定性试验	车辆主体建造完成后

表 5－2(续)

序号	试验内容	备注
9	起滑时间及盲区试验	车辆主体建造完成后
10	振动及噪声试验	车辆主体建造完成后

5.4.1　陆地试验

如图 5－51 是正在陆地试验 5 t 载重的两栖车辆,陆地试验内容参见表 5－1。

图 5－51　正在陆地试验的两栖车辆

5.4.2　船模试验

两栖车辆的船模试验

(1)静水阻力优化对比试验

分别用不同线型的船模进行阻力性能优化对比试验,确定最优线型后进行后续船阻力性能试验,为实船设计提供准确依据。

(2)耐波性试验

对设计船进行波浪条件下的运动响应测试及波浪增阻测试,通过试验数据进行实船在规定海域条件下的运动预报,完善阻力计算以便得到准确的航速预报。

5.4.3 实船试验

1. 实船试验内容

(1)水密性试验

船体建造完成后,测试船体各位置水密情况,确保船体各部位无渗漏现象。

(2)倾斜试验

船体全部建造完毕后,在航行试验前进行,用来确定两栖车体准确的质量重心。

(3)系泊试验

两栖车建造完成,船上的设备、系统安装完毕后进行。其目的在于检查两栖车结构、船舶装置、机电设备、系统仪表等的制造安装质量及其完整性、正确性、可靠性,并检验船在静水中的静力性能,为航行试验做好必要的准备,系泊试验包括主机磨合试验及负荷试验。

(4)快速性试验

按照船舶设计的正车工况,分别测定指定工况的船舶航速。

(5)操舵、回转和倒车试验

测量在给定主机转速下,测量船舶操舵转向时间、回转直径及横倾角以及倒车航速。

(6)惯性及航向稳定性试验

分别测定船舶全速工况下至停车和倒车时,船舶的惯性滑行距离、时间、船首偏转度数;保持航向不变,记录船舶要求航速情况下最大操舵角。

(7)起滑时间及盲区试验

记录船舶在规定排水量下,从零到起滑和从起滑到全速的时间。测量静态和全速航行时的最大盲区距离。

(8)振动及噪声试验

主机正车连续变化转速时,测量船上各部位振动及噪声情况,确定最大振幅并记录共振区主机转速。

(9)密封性试验

监测船体的涉水与密封问题,记录船体部位涉水的情况,评估危险的程度。

2. 试验条件

(1)试验场地条件

①试验水池

试验水池应选择尽可能避风的位置,其长度不小于 250 m,宽度不小于 25 m,能够满足车船在正常使用状态下的长时间、不停顿的航行需要,在测量区段长度上应具有相同深度的直线航道,为避免浅水对阻力的影响,航道应具有足够深度。

水池深度:

$$h = 4T + 3v_0^2/g$$

式中　T——车船的吃水深,m;

v_0——车船的航速,m/s;

g——重力加速度,m/s^2。

②试验过程中考虑的因数

a. 风的影响

试验过程中要考虑风的影响,为了计算水线以上迎风面积的风力,以便对车辆的航速修正。表 5 -3 列出风速和单位风压的对照表,当侧风风速超过 5 m/s 时,试验应该停止进行。

表 5 -3　蒲氏风级表

风级	风的名称（按蒲氏风标）	风速/(m·s^{-1})		单位风压/Pa	
		平均	突风时	平均	突风时
0	无风	0.2	0.4	0.39	1.27
1	软风	1.4	2.6	1.56	5.39
2	轻风	2.8	5.1	6.27	20.79
3	微风	4.3	7.7	15.0	47.28
4	和风	6	10.5	28.64	87.79
5	清风	7.9	13.8	49.73	151.66
6	强风	10	17.2	79.6	235.44
7	疾风	12.7	20.7	118.70	341.38

表 5 -3 列出的是水平面以上 2 m 时的风速变化等级,如果距水平面的距离增加时,风速将有所提高,由于高度引起的风速修正见表 5 -4。

表 5-4　风速修正表

水面以上的高度/m	3	4	5	8	10
风速增大系数	1.1	1.16	1.22	1.34	1.41

水池所处位置,应尽可能使车船运动方向与风向一致。

试验过程中,风的影响为作用在车船迎风面积上的风力:

$$P = p \times S$$

式中　p——单位风压,Pa,可根据所测风的等级在表 5-4 中查得,也可以近似计算($p \approx 0.083V^2$);

S——风力作用方向投影面积,m^2;

V——风速,m/s。

b. 水流影响

试验应在静水中进行,如果在流动的水中进行试验,要考虑水流速度的影响,应当用水文测速仪测速以后,对试验结果进行修正。

③车船出入水坡道

水池岸边应具有 10°~35°不同角度的车船出入水坡道。

④标记

水池岸边应装有指明航向的方向与距离标记,并标出测速区段(图 5-52)。此外,还应设置测定拖桩推力用的柱桩。

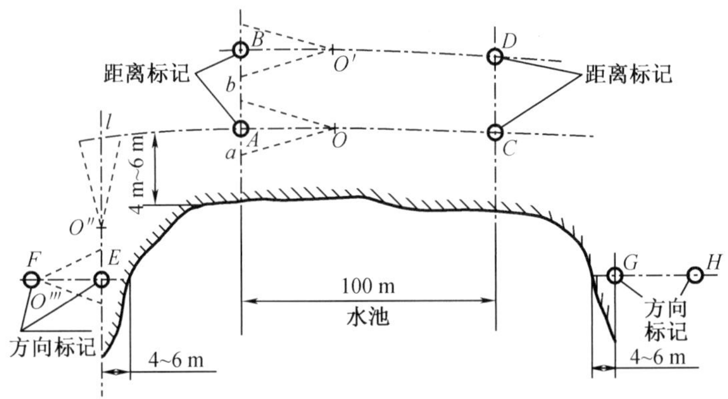

图 5-52　方向和距离标记装置示意图

(2)试验准备

①密封性检查

为了检查全车船密封性,并测定单位时间内渗入车船内的水量。应将车船没入水中,模拟 4 ~5 级风浪的航行状态,采取超过浮力储备要求的装载方法,使车船顶部距水面 200 ~250 mm。车船在水中的持续时间约为 30 ~40 min。对此时间内的车船渗水情况进行仔细观察。

按照船级社要求的渗漏水量测试方法:将两用车置于试验水池中(车况要求同水上最大航速试验条件)2 h,然后将车开上岸,打开车底放水阀门,将渗漏到车内的水用容器收集、称重,乘以系数 1.1 再除以时间 2 h,即可得出渗漏水量。测量结果在企业标准值(企标 4.4.2.5)误差 ±10% 内即为合格。

为保证车船能够可靠地出水,可采取检查后从岸上拖曳的方法进行,出水后,将车船停放在倾斜 2° ~4°的斜坡上,以便放出积水,测定单位时间内的渗水量。

②排水工具检查

检查内容包括:排水工具开始泵水时的车船内积水量;排水工具的泵水能力;车船内无法排出的残余水量。

5.4.4 根据船级社要求的测试

通常要通过船级社的批准而进行的试验要编制船级社要求的检测、试验大纲,下面以某两栖车辆为例进行说明

1. 验证两栖观光车船的外廓尺寸是否符合企业标准

方法:现场测量后,将测量值与企标对照,误差应不超过对应企标(企标 4.1 外形尺寸)相应数值的 ±1% 以内即为合格。

2. 验证两栖观光车船的总重和轴载是否符合企业标准

方法:现场用电子地磅称量,称量值与企标值(企标 4.3 质量参数)误差 ±1.5% 之内即为合格。

3. 最大航速试验

方法:在一直线距离不小于 1 000 m 且深度超过 2 m 的静止水面,使用手持式 GPS 直接测量。直线测试航道的两端应另有 150 m 的加速航道。测试时,风速应小于 1.5 m/s,两用车载重不超过 4 000 kg,油箱内燃油不超过 300 kg。两用车在加速航道用 3 挡加速到最大航速行驶,开始测量。同样的测量进行 3 次并

取算术平均值。测量结果与企业标准值(企标4.4.2.1)误差±10%以内即为合格。

航速测定的同时,还应测定燃油小时消耗量,根据获得的数据,绘出航速和燃油消耗量 G(或功率)随发动机转速 n 变化的曲线(图5-53)。

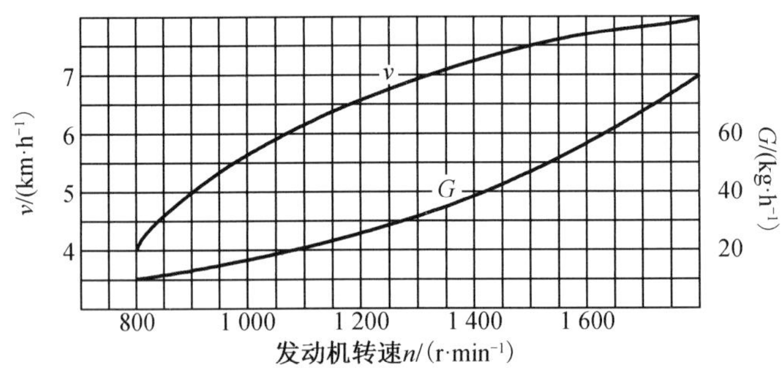

图5-53　运动速度与燃油小时消耗量随发动机转速的变化曲线

4. 水上最大装载量时安全干舷

方法:将整车整备质量状态的两用车置于静水中,测量其最大干舷,然后加载4 000 kg标准水泥配重,再测最小安全干舷,测量结果在企业标准值(企标4.2结构参数表2)误差±15%以内即为合格。

5. 满载排水量试验

方法:测量静水池中水位高度,将处于最大总质量状态下的两用车缓慢置于静水池中,再测量放入两用车后,水位上升的高度,用两次高度差数值乘以水池面积及水的比重即得满载排水量。测量结果在企业标准值(企标4.4.2.4)误差±10%以内即为合格。

6. 满载最大吃水深度

方法:方法同第5条。记好最大总质量状态下的两用车辆在水中的吃水线位置,然后用专用尺测定该线至轮胎最低点的距离即为满载吃水深度。测量结果在企业标准值(企标4.4.2.2)误差±10%以内即为合格。

安全管控系统试验技术

7. 水上露天适航性试验

(1)航行阻力测定

车船在水面行驶时的水阻力包括摩擦阻力、形状阻力和兴波阻力,对两栖车辆来说有决定意义的是形状阻力和兴波阻力。

行驶的总阻力可以用拖曳方法测得。拖曳方法可以用安装在水池岸边的绞车(图 5 - 54),绞车鼓轮的转速应能保证被拖车船达到预定的车速范围,而且要保证拖曳速度的稳定性,拖曳时牵引钢丝绳的张力应呈水平状态。

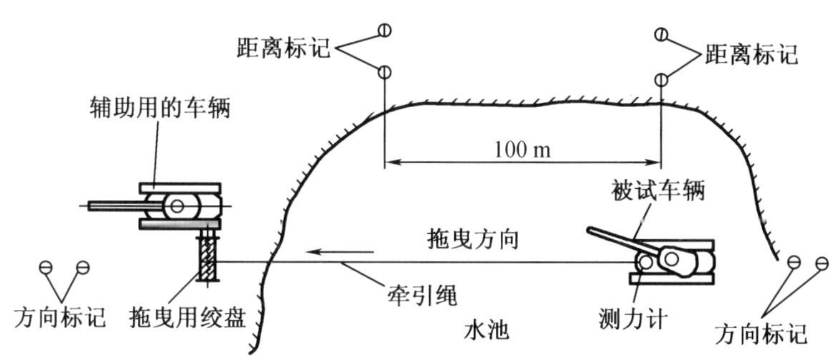

图 5 - 54　车船的拖曳

试验也可以利用另外一辆履带式车辆进行拖曳的方法,这时可以在车辆的主动轮上安装拖曳用的绞盘。

在宽阔的水域中拖曳车船时,可以用船舶(拖轮)进行,在这种情况下,钢丝绳的长度应当排除拖轮后的螺旋桨水流对被测试车船的阻力影响。为此应该找出在拖轮影响下造成的阻力增加,并具有固定数值时的钢丝绳长度。

测力计应该系在被测试的车船上,试验进行的前后均应对测力计进行校正。

车船行驶阻力的测定应在被测车船自航速度的范围内进行,根据获得的数据可给出行驶阻力随拖曳速度的变化曲线(图 5 - 55)。

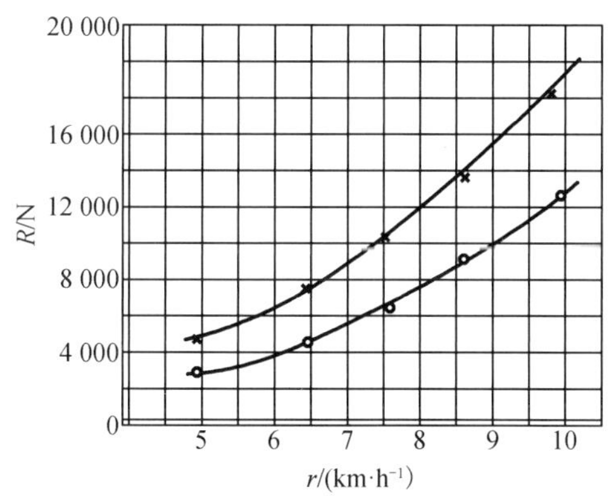

图 5 - 55　阻力与拖曳速度的关系曲线

根据试验要求，车船的拖曳也可以在接通和断开水上推进器，以及履带工作和不工作等情况下进行。而且试验时也应该进行燃油小时消耗量的测定。

(2)总效率和水上推进装置效率确定

总效率中即考虑到由发动机经传动机构及轴系传递到推进器的功率损失，也考虑到推进器本身的功率损失。车船在不同航速下的总效率：

$$\eta_T = N_e / N_p \tag{5-1}$$

式中 N_e——为克服车船航行时的外部阻力所需之功率；

N_p——发动机功率。

发动机功率 N_p 是在使用转速范围内，每隔 200 r/min 测量一次，以稳定三维速度。通过测量区段运动时，由测定燃油小时消耗量来确定的。每一转速下的试验均应重复进行 2 次以上。

克服车船航行时的外部阻力所需之功率 N_e，是在同样条件下用拖曳方法，首先用测力计测得拖曳阻力。这时拖曳应在相当于自航的速度内进行，在测量区段内的通过时间用秒表记录。

将不同速度下，自航和拖曳时的功率 N_e 与 N_p 数值标在图上，在该图的曲线范围内，可确定任意速度下的总功率 η_T；然后再给出总效率（也称推进系数）随运动速度的变化曲线（图 5-56）

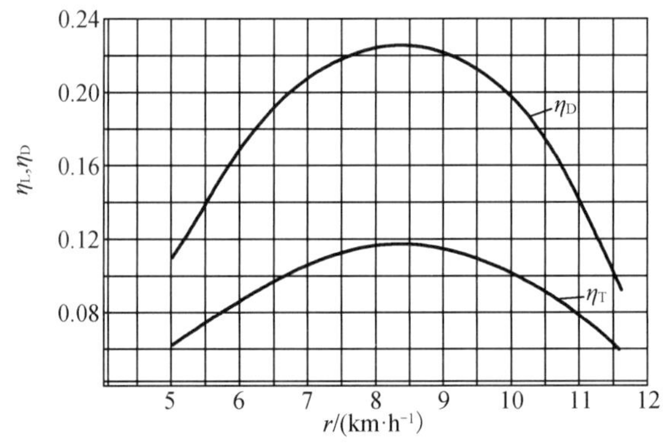

图 5-56 车船总效率和推进效率随运动速度的变化曲线

(3)螺旋桨动力特性的确定

装有螺旋桨的两栖车辆应该通过试验获得在各种使用条件下评定其工作效率的螺旋桨动力特性。螺旋桨动力特性是有效推力的无因次系数、扭矩的无因次系数，以及推进效率随螺旋桨和进程 λ 的变化关系。

螺旋桨产生的用于克服车船运动阻力的有效推力为

$$P = K_e \rho n^2 D^4 \tag{5-2}$$

式中　K_e——有效推力系数；

ρ——水的质量密度；

n——螺旋桨转速；

D——螺旋桨直径。

发动机传递给螺旋桨的扭矩：

$$M = K_2 \rho \times n^2 D^5 \tag{5-3}$$

式中　K_2——扭矩系数。

式(5-2)和式(5-3)中的 K_e 和 K_2 是无因次系数，他们与螺旋桨的尺寸无关，而取决于其几何形状和相对进程。

相对进程表示螺旋桨的工作情况，是螺旋桨旋转一周前进的距离与其直径的比，即

$$\lambda = v_0 / n \times D \tag{5-4}$$

式中　v_0——螺旋桨的移动速度，相当于车船的自航速度，m/s。

图 5-57 是在各种试验状态（自航、拖曳、拖桩）下，由螺旋桨轴上功率的试验结果建立并伴有履带绕动的功率平衡图。为了进行比较，图中还给出了消耗于车船运动的外部阻力的功率。

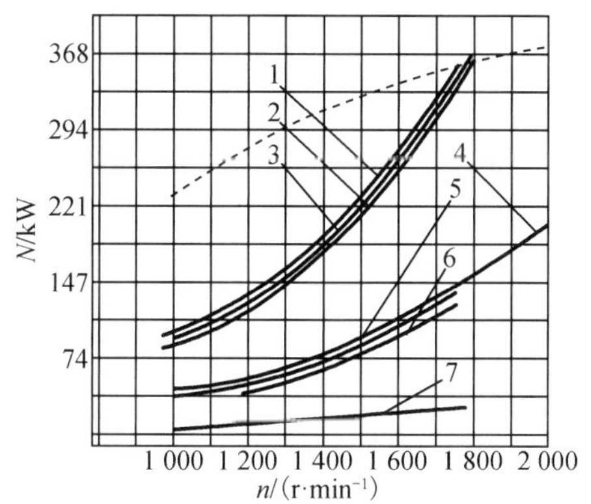

图 5-57　功率平衡图

图 5 – 58 给出了螺旋桨的动力特性曲线。

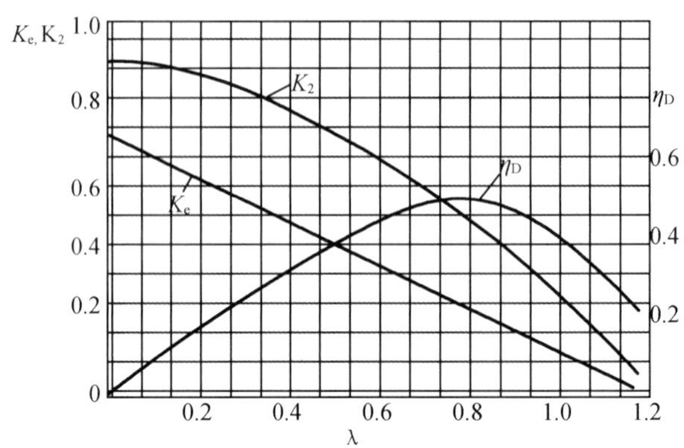

图 5 – 58　螺旋桨的动力特性曲线

车船在各种不同速度下自航时，相对进程的数值是接近常数的，因此，为了获得完整的动力特性，应根据几个 λ 数值，在自航、在牵引钩上带有附件牵引力的自航、拖桩，在固定速度下的拖曳试验（应超过在螺旋桨工作情况下的自航速度）情况下进行试验。

在固定速度拖曳时，发动机的转速应该在每隔 200 r/min 的使用转速范围内。对每一种试验情况，都应该确定出螺旋桨的轴功率、对运动的水阻力、相对进程和无因次系数。

动力特性提供了对螺旋桨工作进行分析计算及对设计正确性进行检查的可能性。

用类似的方法，也可以对装有喷水推进装置的两栖车辆进行相应的试验，并获得喷水推进器的动力特性 $K_e(\lambda)$、$K_2(\lambda)$ 和 $\eta_D(\lambda)$。

参 考 文 献

［1］ 清华大学苏州汽车研究院. 4 ×4 高速水陆两栖车辆项目汇报［Z］. 苏州：清华大学苏州汽车技术研究院，2019.

［2］ 清华大学苏州汽车研究院. 水陆两栖车辆设计制造技术［Z］. 苏州：清华大学苏州汽车技术研究院，2019.

[3]　杨楚泉. 水陆两栖车辆原理与设计[M]. 北京:国防工业出版社,2003.

[4]　清华大学苏州汽车技术研究院. 两栖车辆技术与维修手册[Z]. 苏州:清华大学苏州汽车技术研究院,2019.

[5]　清华大学苏州汽车技术研究院. 民用车辆军用两栖改装技术要求研究[Z]. 苏州:清华大学苏州汽车技术研究院,2019.

第6章 无人两栖车辆系统

当前,无人船舰已经成为各个国家对船舶与舰艇领域发展的重点,无论中小型舰艇还是民用的各类船舶,越来越多的两栖船舰成果靓丽地呈现在世界上,在国民经济和军事斗争中发挥着重要作用。两栖车辆兼顾车与船的功能,具有许多特殊作用,研制无人两栖车辆也将是一种必然发展趋势。

将物联网、云计算、大数据技术与水陆两栖车辆结合是当前一个新的方向与事物,具有探索性与创新性。我们将在新一代IT技术飞速发展背景下,将水陆两栖车辆产业链进行网联,构建两栖车辆云;建立两栖车辆的数字模型与物理模型的数字孪生,建设总体构架,整合运营与产业原有系统,建设两栖车辆群网的网联架构,无缝对接业务、数据、应用和技术各个方面的场景。

集成组合两栖车辆无人系统,通过5G的信息传输,将数据服务于对水陆两栖车辆的设计、制造、运用场景进行智能化管理。这也是两栖车辆产业链发展趋势与方向。

6.1 数字模型、数字链与数字孪生

任何无人系统都是以数字技术为基础的。无人两栖车辆也要建立数字模型、通过数字采集传输形成数字链和对应的数字孪生体。最终由一个数字模型与物理船型孪生的融合体系,存在于虚拟与现实空间、云端与电脑、船上与岸基,通过RFID与5G形成无人两栖车辆系统。

(1)数字模型是在设计与制造的过程中由计算机辅助设计CAD、数值仿真分析系统CAE与CFD、设计与制造管理系统PDM、PLM等一系列软件在计算机上完成的数字化成果。

(2)数据链,即按照一定的消息格式和通信协议实时传输数字信息的信息系统。国际通用数据链则是主要用于各国、各类船舶与海洋工程装备、各军兵种、

各类武器平台间的信息交换，主要传输设计、分析、制造、调试试验与报文信息的数据链。

(3)数字孪生(Digital Twin)一词当前迅速蹿红，成为一个炙手可热的概念。业界一般认为，是由密西根大学 Michael Grieves 教授于 2002 年针对产品全生命周期管理(PLM)提出的一个概念，当初并不叫 Digital Twin，而是叫镜像空间模型(Mirrored Space Model，MSM)，后来美国国家航空航天局(NASA)的 JohnVickers 将其命名为 Digital Twin(DT)。其模型的属性是很清楚的，尽管当时没有引起太多关注，却也没有什么歧义，DT 就是一个数字化的模型。

NASA 给出的解释是这样的：DT 是充分利用物理模型、传感器更新、运行历史等数据，集成多学科、多物理量、多尺度、多概率的仿真过程，在虚拟空间中完成映射，从而反映相对应的实体装备的全生命周期过程。又很明确地指出，Digital Twin 就是“基于仿真的系统工程”(Simulation - Based Systems Engineering)，DT 的主体又变成了系统工程。NASA 对 DT 的这些解读大概是引起后续 DT 的定义和内涵含糊不清和各类不尽相同定义的根源。例如：

①DT 是物理设备的一个实时的数字副本。

②DT 是有生命或无生命的物理实体的数字副本。通过连接物理和虚拟世界，数据可以无缝传输，从而使得虚拟实体与物理实体同时存在。

③DT 是对人工构建的或自然环境中的资产、流程或系统的数字表示。

④DT 是在云平台上运行的真实机器的耦合模型，并使用来自数据驱动的分析算法以及其他可用物理知识的集成化知识对健康状况进行仿真。

⑤DT 是现实世界和数字虚拟世界沟通的桥梁。

……

图 6 - 1 是上面各种定义中和 DT 有关的各个部分，包括：物理对象、数据、模型、仿真和仿真结果。

数字孪生是物理对象的数字模型，该模型可以通过接收来自物理对象的数据而实时演化，从而与物理对象在全生命周期保持一致。基于数字孪生可进行分析、预测、诊断、训练等(即仿真)，并将仿真结果反馈给物理对象，从而帮助对物理对象进行优化和决策。

物理对象、数字孪生以及基于数字孪生的仿真及反馈一起构成一个信息物理系统(cyber physical systems)。面向数字孪生全生命周期(构建、演化、评估、管理、使用)的技术称为数字孪生技术(Digital Twin Technology)。其构成的信息物理系统如图 6 - 2 所示。

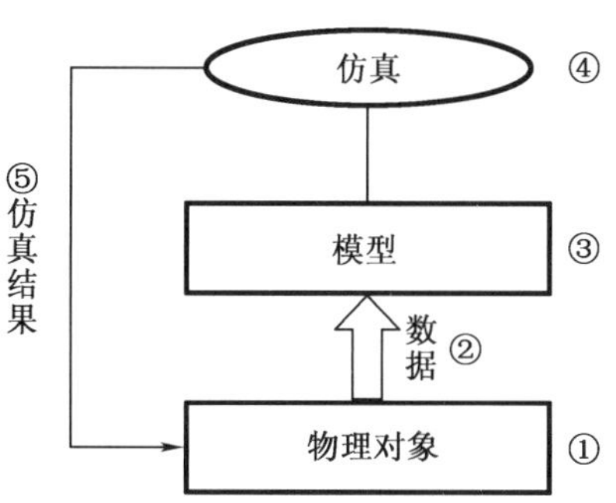

图 6-1　与 DT 相关的各个部分

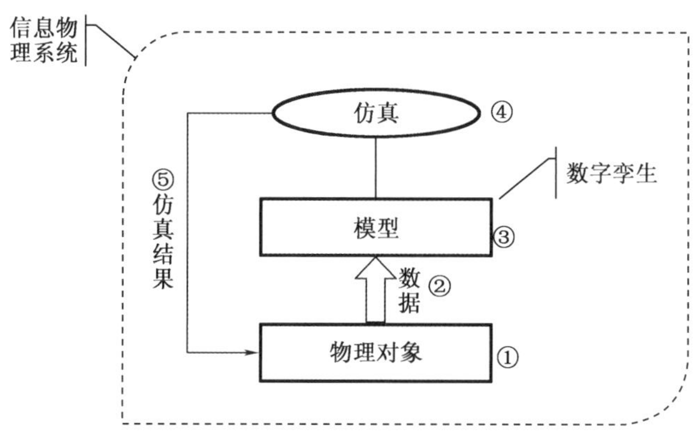

图 6-2　DT 与信息物理系统的关系示意图

图 6-3 是根据数字模型、数字链、数字孪生及物理实体的相互融合关系设计的两栖车辆的无人系统结构框架示意图。

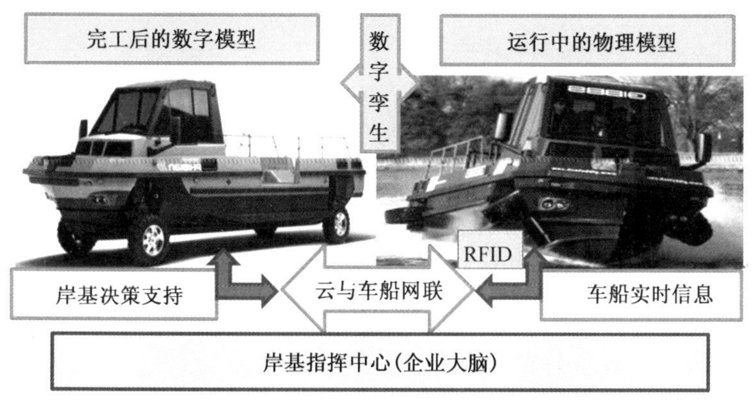

图 6-3　无人系统架构示意图

两栖车辆的无人系统结构首先要在其设计和建造期间建立完整的数字模型，这个数字模型必须是产品完工交付后，与交付的物理船一致的数字模型；在数字模型与物理模型之间的交互融合是经由设计制造中已经产生的数字链与数字孪生技术来管控与实现的（图6－4）。

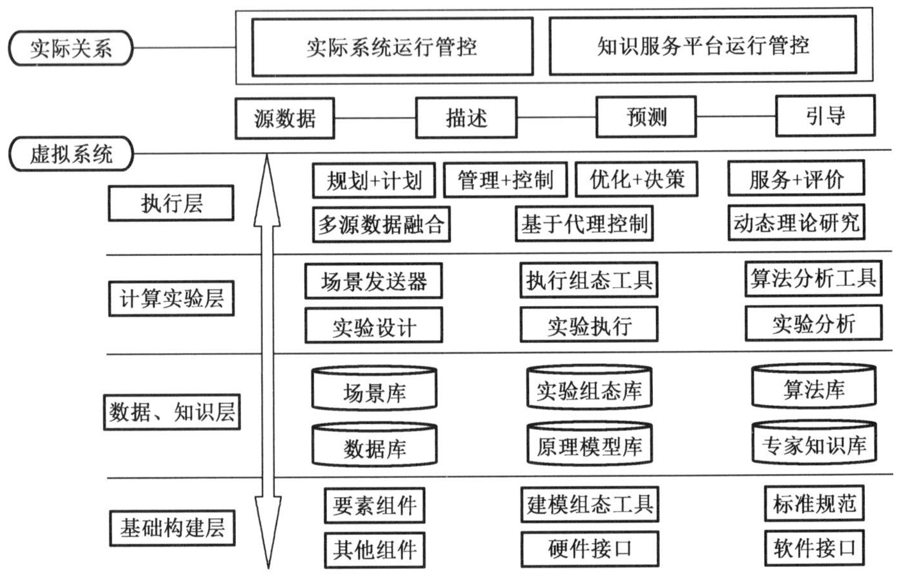

图6－4　虚实交互系统框架示意图

6.2　数字物理信息中心

无人两栖车辆在车船上有各种信息数字的收集、分析、传输与控制系统，如图6－5美国某舰的全舰计算环境系统（尽管两栖车辆的规模、内容要小很多）所示。

在岸基建有企业大脑，由软、硬件包括众多两栖车辆的数字信息系统及其物理架构组成一个企业决策指挥中心，系统应用场景如图6－6所示，其组成如下：

（1）决策部门用户、日常业务处理用户；

（2）交互环境、日常业务处理系统；

(3)知识、模型管理子系统；

(4)知识库、决策数据管理子系统、日常业务；

(5)模型库、数据库；

(6)数据库、多维数据库。

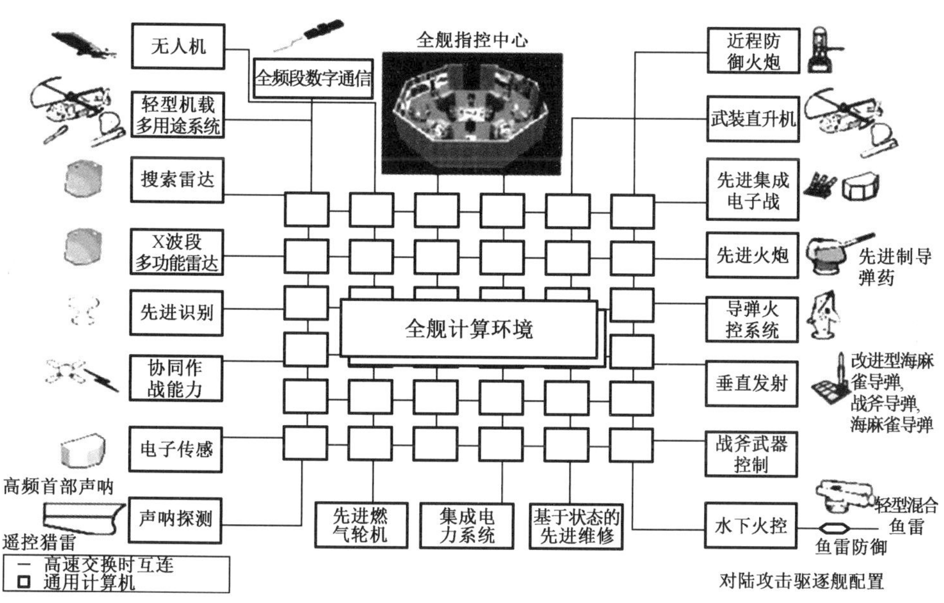

图 6－5　船载计算系统架构图

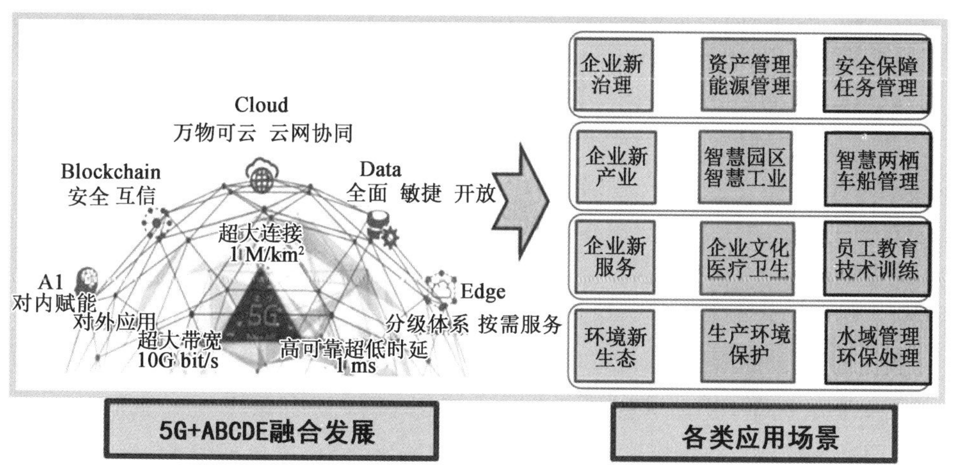

图 6－6　系统应用场景示意图

建立企业决策指挥中心的技术架构如图 6－7 所示。

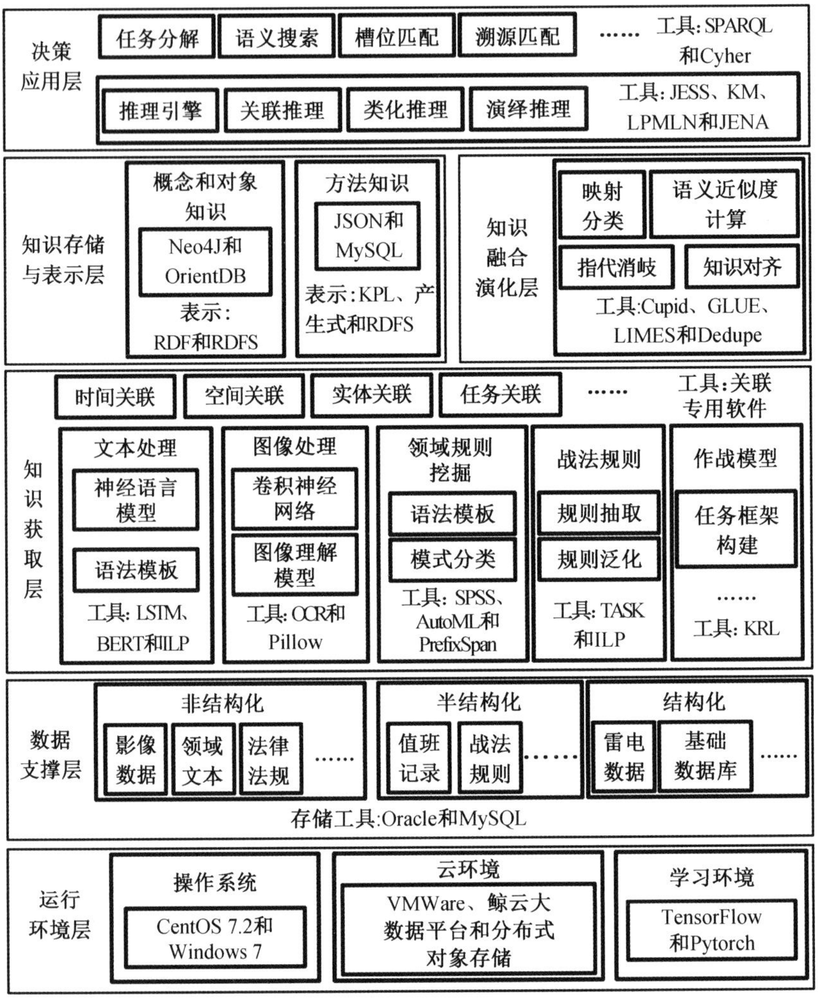

决策应用层	任务分解；语义搜索；槽位匹配；溯源匹配；……；工具:SPARQL和Cyher 推理引擎；关联推理；类化推理；演绎推理；工具:JESS、KM、LPMLN和JENA
知识存储与表示层	概念和对象知识：Neo4J和OrientDB；表示:RDF和RDFS 方法知识：JSON和MySQL；表示:KPL、产生式和RDFS
知识融合演化层	映射分类；语义近似度计算；指代消岐；知识对齐；工具:Cupid、GLUE、LIMES和Dedupe
知识获取层	时间关联；空间关联；实体关联；任务关联；……；工具:关联专用软件 文本处理：神经语言模型；语法模板；工具:LSTM、BERT和ILP 图像处理：卷积神经网络；图像理解模型；工具:OCR和Pillow 领域规则挖掘：语法模板；模式分类；工具:SPSS、AutoML和PrefixSpan 战法规则：规则抽取；规则泛化；工具:TASK和ILP 作战模型：任务框架构建；……；工具:KRL
数据支撑层	非结构化：影像数据；领域文本；法律法规；…… 半结构化：值班记录；战法规则；…… 结构化：雷电数据；基础数据库；…… 存储工具:Oracle和MySQL
运行环境层	操作系统：CentOS 7.2和Windows 7 云环境：VMWare、鲸云大数据平台和分布式对象存储 学习环境：TensorFlow和Pytorch

图 6－7　决策指挥中心的技术架构示意图

企业决策指挥中心的网络系统需要的安全级别很高，其物理架构如图 6－8 所示。建立企业决策指挥中心智能监控平台（图 6－9）。

企业决策指挥中心是企业的大脑和核心技术，涉及众多的技术和现代的 IT 技术与两栖车辆的专业知识，其关键技术体系如图 6－10 所示。

两栖车辆联智能监管平台系统地将安全辅助系统、救援环境信息、实时音频视频、行车轨迹回放、统计报表、车辆管理、系统管理等集成在平台内，指挥与管理人员通过大数据分析的结果，可以对实时作业、平时训练以及民用救援现场进行科学化的决策管理。

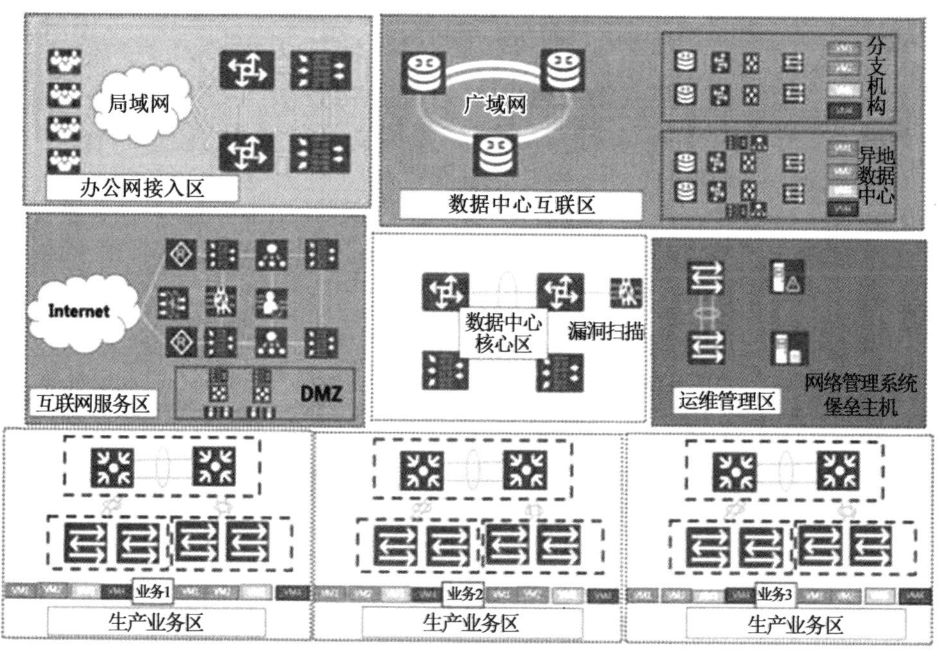

图6-8　物理架构示意图

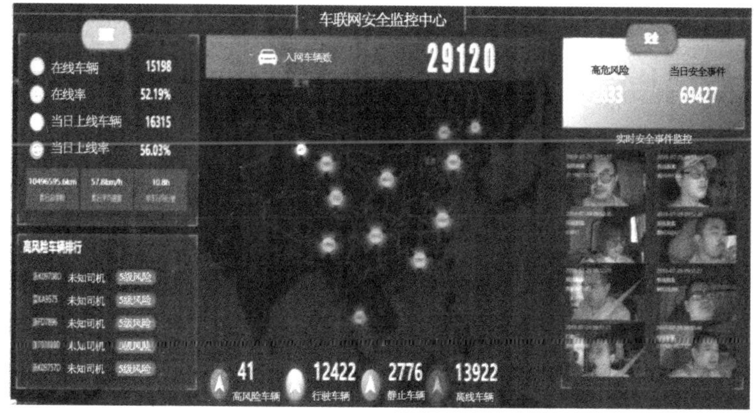

图6-9　智能监控平台

随着各类信息化、精确化、数据化武器装备的发展，智能化平台成为预先设计场景的推手，两栖车辆成为场景的主要力量，人机结合对抗成为执行作业的关键，两栖车辆作为一种新型的无人装备必将掀起新一轮人机结合协同理论变革，对应急救援、危险的工程应用以及近海的运输都将起到重要作用。

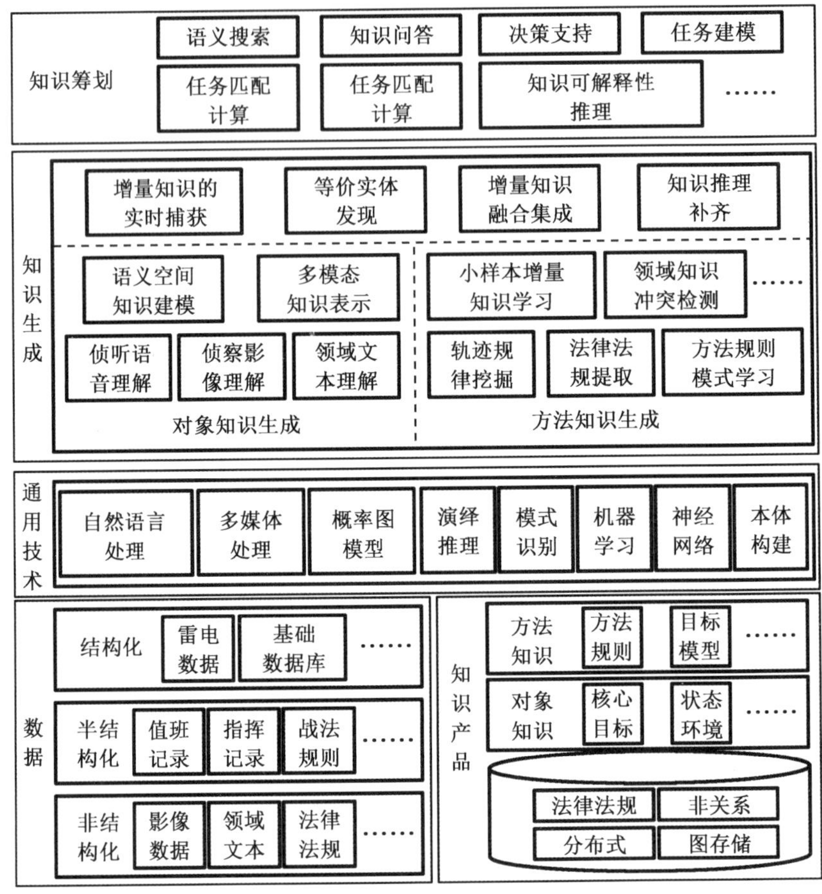

图 6-10　技术体系示意图

6.3　两栖车辆无人系统的云计算

云计算主要由云数据中心和云用户客户端两大部分组成，两部分之间通过信息网络进行信息交互，构成服务与被服务的关系，如图 6-11 所示。云用户客户端不仅包含指挥终端、便携式计算机等传统计算设备，智能手机、PDA、平板设备等基于浏览器/服务器架构的客户端也将大量部署于未来信息化场景。这些云客户端不仅接受云数据中心提供的服务，还可以作为便携机动的现场传感器，为云数据中心获取现场实时动态信息。

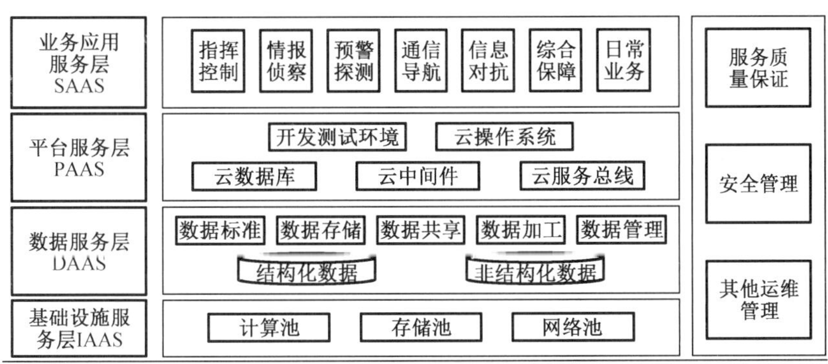

图6-11 云计算的体系框架

1. 基础设施服务层 IAAS

云计算的基础设施服务层通过虚拟化技术，将军事信息系统中的计算、存储、网络和其他基础的计算资源进行池化，为军事云用户提供快速弹性扩展的云服务。云用户不直接管理或控制底层云设施，但可以在这些设施上运行任意类型的软件，包括操作系统、平台托管、备份和恢复等，也可以对主机防火墙等网络部件实施有限的控制。

2. 数据服务层 DAAS

数据即服务基于数据应按需提供给用户的概念，而与提供者和消费者的地理位置和组织，以及数据真正存储的平台无关。军事云体系架构中的数据服务层对军事信息系统中的结构化和非结构化数据，通过制定数据标准，进行存储、共享、加工、管理、融合等各种操作。数据服务层体现了以数据为中心的军事云服务理念，充分利用基于云计算的数据技术，通过对于军事信息系统中快速增长的大数据的集中分析与处理实现信息优势和决策优势。

3. 平台服务层 PAAS

平台服务层主要提供开发和测试、数据库、应用部署、集成等服务。军事云用户可将自己创建或购买的应用程序部署到军事云设施的平台服务层上，并且可以对应用的托管环境进行配置，但不能直接管理和控制底层的云设施，包括操作系统、存储、服务器、网络等。平台服务层可以较好地支持军事信息系统作战模拟仿真、军用软件开发与测试等应用。

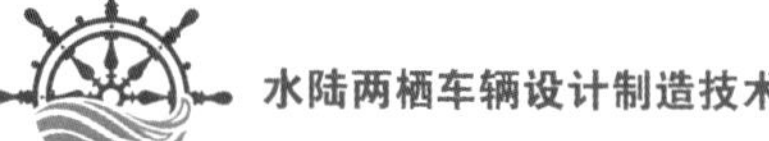

4. 业务应用服务层 SAAS

业务应用层将指挥信息系统和日常业务信息系统中的业务应用，按照面向服务架构的理念，作为服务提供给军事云用户。云用户可以使用多种不同的客户设备访问军事云设施上的各种业务应用，包括指挥控制、侦察情报、预警探测、通信导航、信息对抗、综合保障和日常业务等。业务应用服务层对于最终用户屏蔽了底层硬件、软件运行环境等与业务应用无关的信息，可以使云用户专注于自身核心业务应用。

5. 管理平台

云体系框架中的管理平台是军事云的重要组成部分，贯穿于军事云各服务层，包括服务质量保证、安全管理、服务计量等其他运维管理。服务质量保证按照服务水平协议（SLA），向云用户提供云服务可用性的保证。安全管理包括身份识别与认证、访问控制、保密审计、备份恢复、应急响应、加密等，为云用户的数据与应用提供机密性保证。服务计量主要根据存储、处理、带宽等不同的服务类型，利用计量功能自动调控和优化资源。

美国电器和电子工程师协会在 IEEE STD610.12 中定义体系结构是组成单元的结构、关系以及制约其设计和随时间演进的原则和指南。两栖车辆群的指挥与运行系统要实现互联、互通、互操作必须建立一种用于系统结构的体系结构开发与相关协议，来确定并理解系统的体系结构及交流。

基于云构建的无人两栖车辆系统，可以按需提供弹性作业资源，外在表现为一系列服务的集合，结合“云计算”的应用与研究，并根据行动的实际需求将云分为资源层、能力层、平台层、应用层及管理层五个架构（图 6－12）。

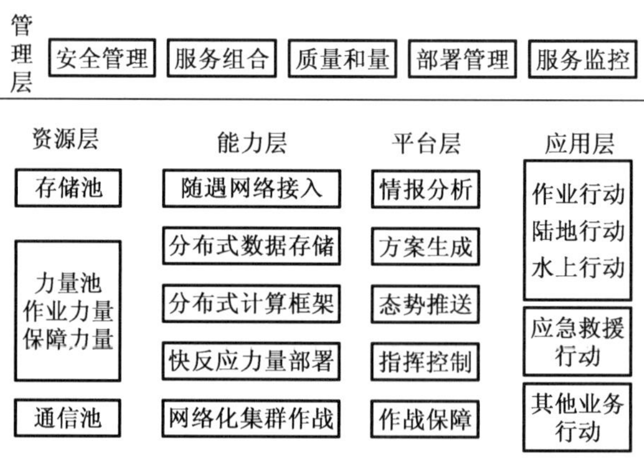

图 6－12　基于云体系构架图

(1)资源层:通过虚拟化技术将分散部署的同型异构作业资源进行抽象聚合以形成各类简明易用且弹性可扩的资源池。

(2)能力层:依托资源层提供的各种作业资源,以作战为目的将其封装成相应的作战能力。

(3)平台层:将能力层封存好的能力按应用阶段及流程组合成具体的作业功能。

(4)应用层:由基于平台层提供的应用功能来按作业行动的类型需求进行动态组合形成业务模块。

(5)管理层:主要对“应用云”各层服务实施管理。

图 6-13 至图 6-17 表达了无人系统结构中的各类信息。

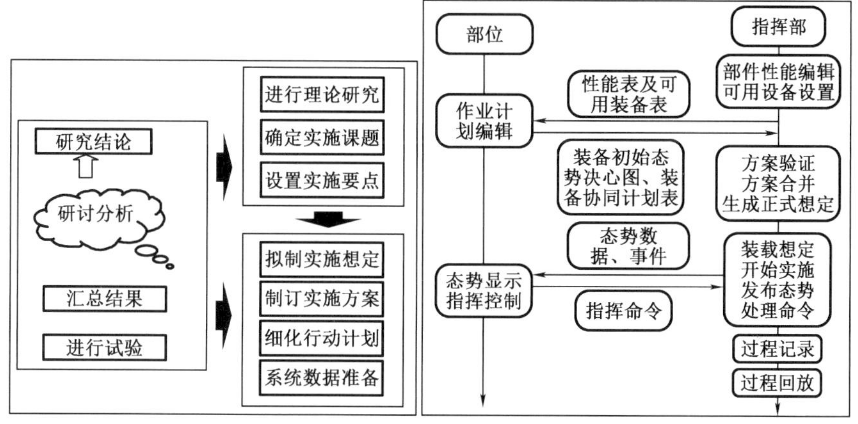

图 6-13　作业实施流程与作业时间进程流程示意图

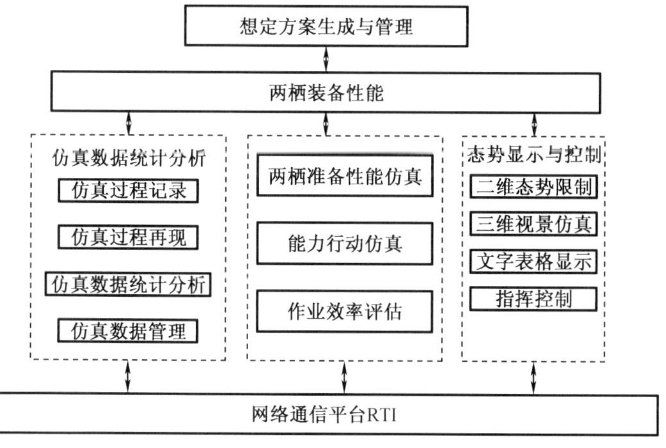

图 6-14　两栖车辆作业实施仿真系统的逻辑结构图示

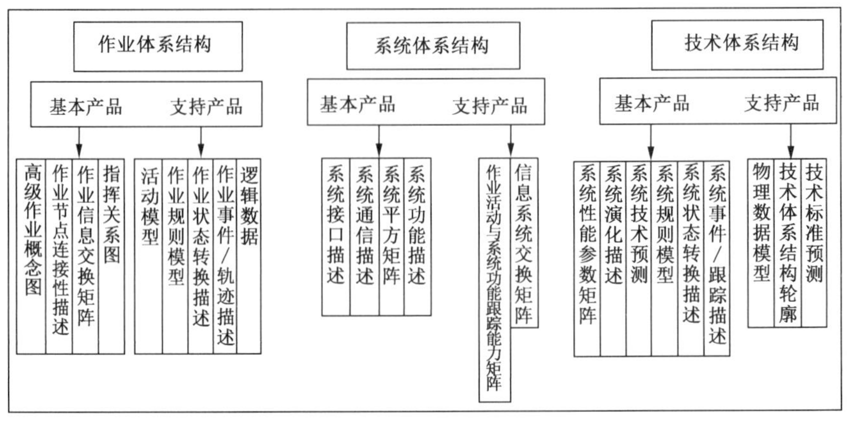

图 6－15　两栖车辆系统体系结构产品集

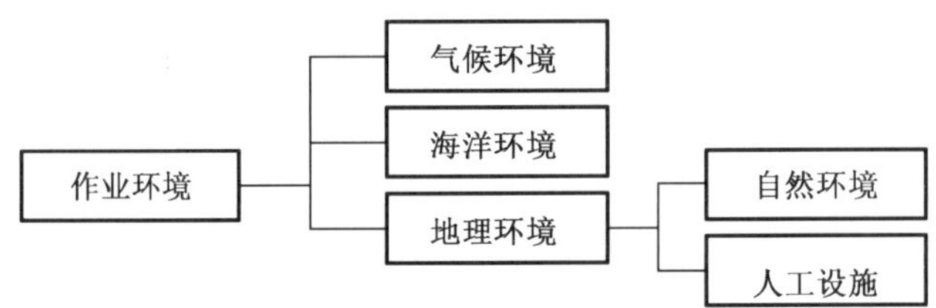

图 6－16　作业环境组成

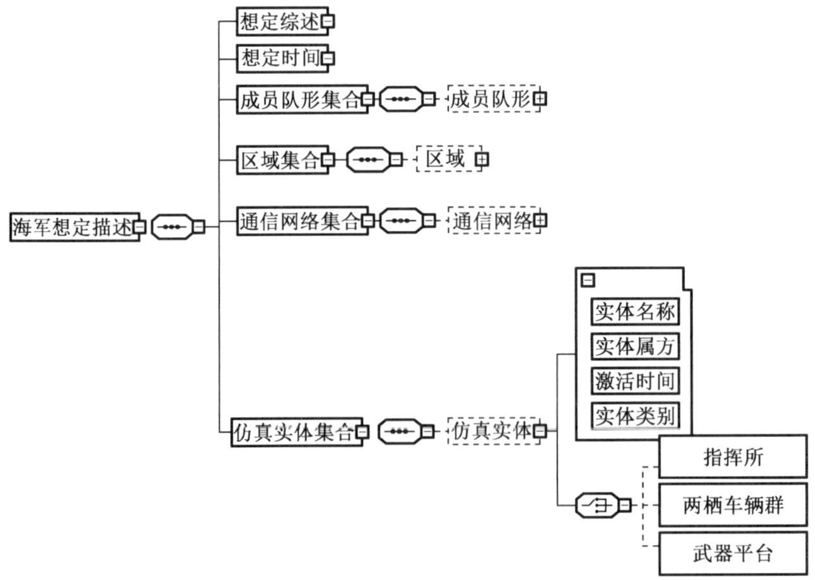

图 6－17　两栖车辆作业想定的模型

研究一个作业想定的模型，在其中出现的对象主要有元素、属性、序列、选择4种，见图6-18。分析4种对象，从其中抽出其主要特点，建立模型，在此基础上，设计实现的作业想定生成工具，能适应想定模型的改变。

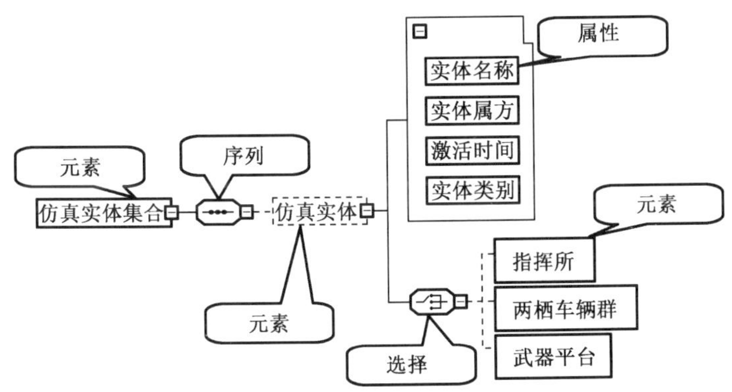

图6-18　作业想定中出现的主要对象

元素是作业想定格式中的主要构成，用于描述作业想定中存在的一个对象，如区域集合。

读入已有的作业想定文件或作业想定模板文件。若读入的是作业想定XML文件，则执行。根据作业想定XML文件中指示的模板所在位置，读入相应的作业想定模板文件，生成模板结构，其具体的流程参见图6-19至图6-21。

综合以上分析，一个态势显示和指挥控制系统，应具有的功能模块有通信管理、仿真管理、海图显示管理、态势显示控制、用户指挥命令控制等，各个模块的系统逻辑参见图6-22和图6-23。

(1)通信管理的主要功能为接受和处理外部仿真发来的场景态势信息和事件信息，发送仿真节点的场景信息和指挥命令给其他成员。并协调处理场景的更新，处理用户的指挥控制，并转发到通信管理发送。

(2)海图显示控制主要是处理海图的正确显示，及海图分层设置、海图漫游等。

(3)态势显示控制主要作用是将当前的态势及实体信息正确显示在视窗上。

(4)用户指挥命令控制主要是处理并响应用户的指挥控制操作，并形成指挥命令发送出去。

指挥控制系统要对用户复杂的指挥做出准确的响应，对用户指挥控制进行行为分析和建模是必要的(图6-24至图6-32)。

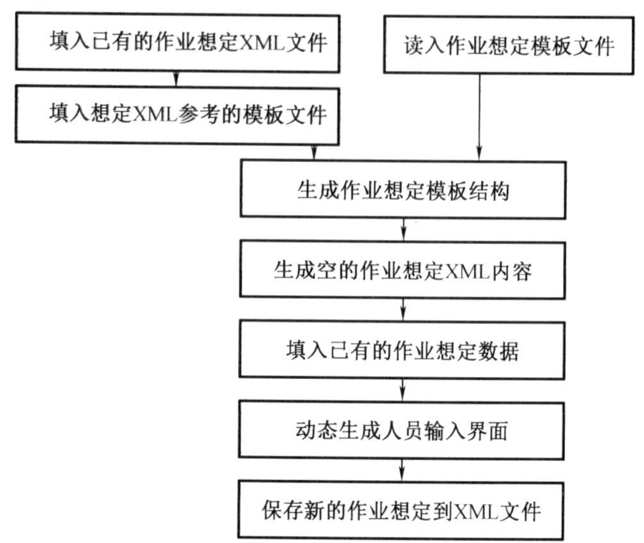

图 6－19　读入实施想定模板的处理流程图

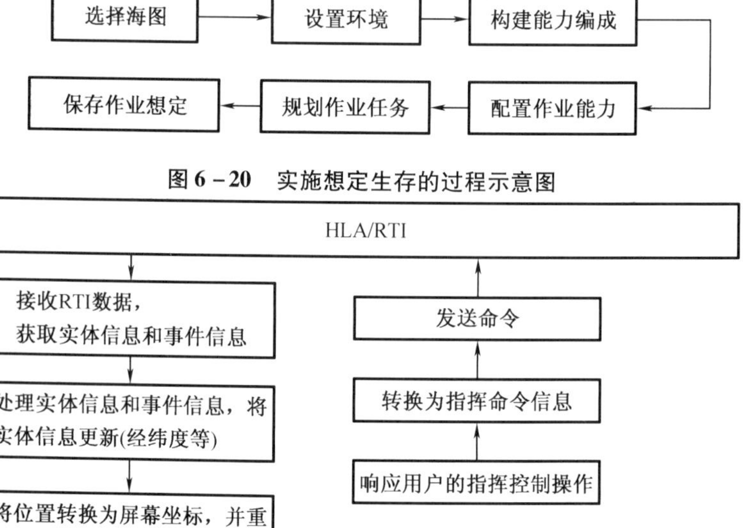

图 6－20　实施想定生存的过程示意图

图 6－21　态势显示和指挥控制过程示意图

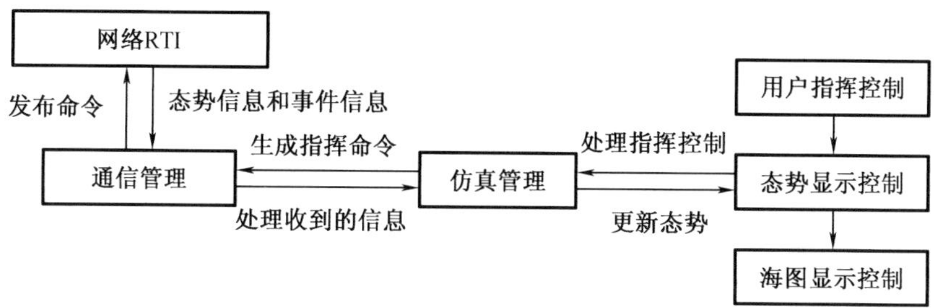

图 6－22　态势显示和指挥控制的系统模型

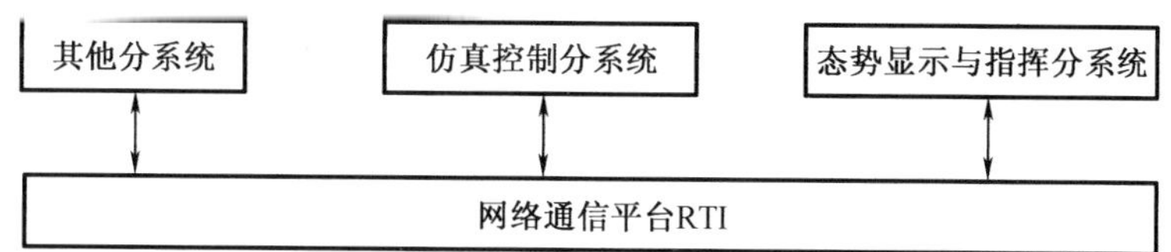

图 6－23　基于 RTI 的通信方式

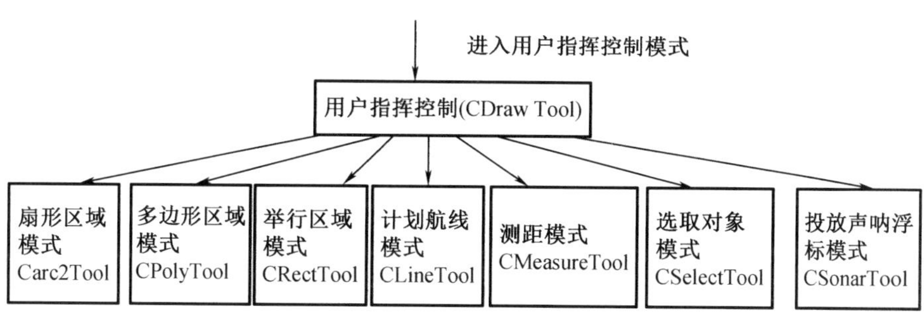

图 6－24　用户指挥控制模式示意图

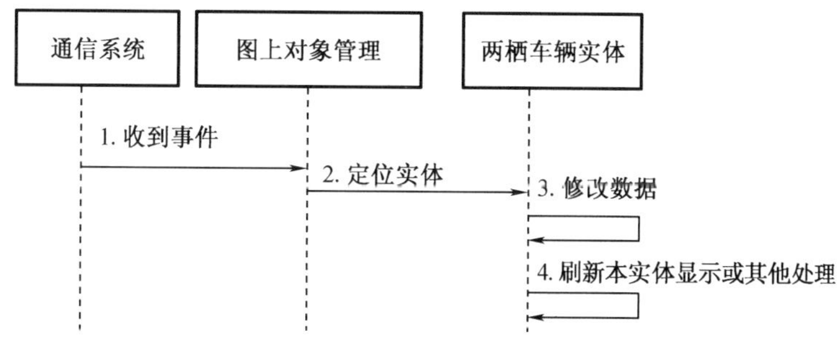

图 6－25　事件驱动机制的处理顺序示意图

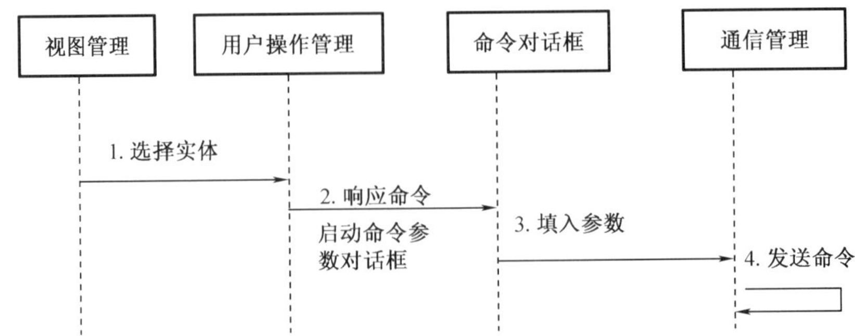

图 6－26　命令处理流程图

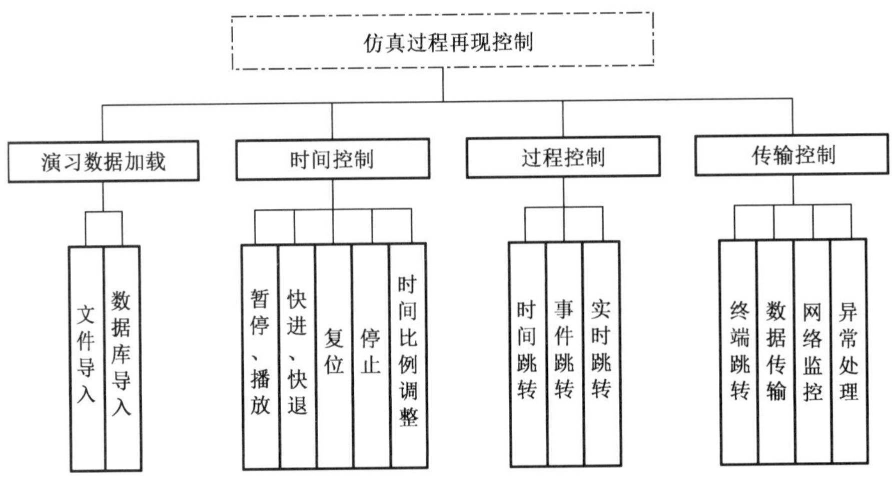

图 6－27　过程仿真再现的控制模块功能设计示意图

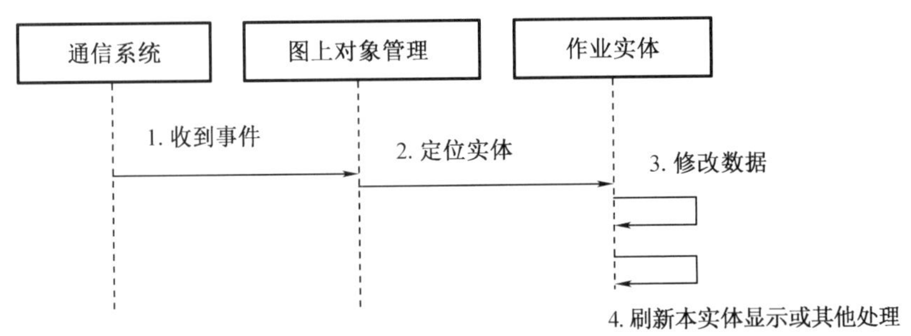

图 6－28　事件驱动机制的处理顺序示意图

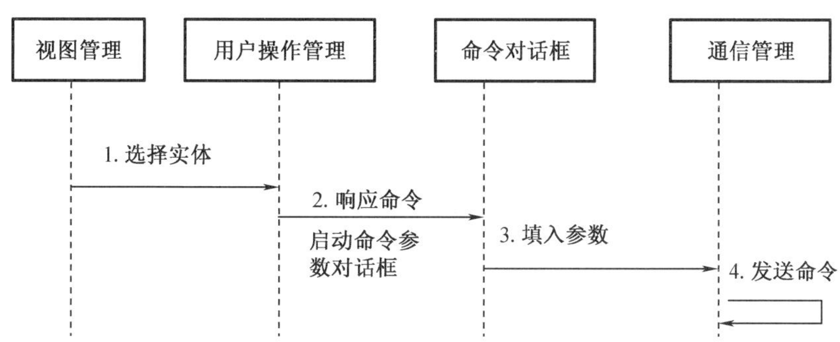

图 6－29　命令处理流程示意图

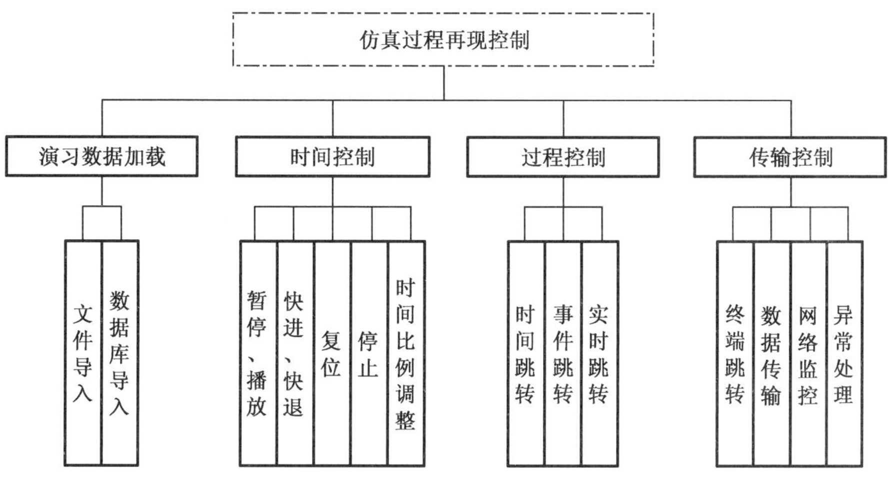

图 6－30　过程再现控制模块功能设计示意图

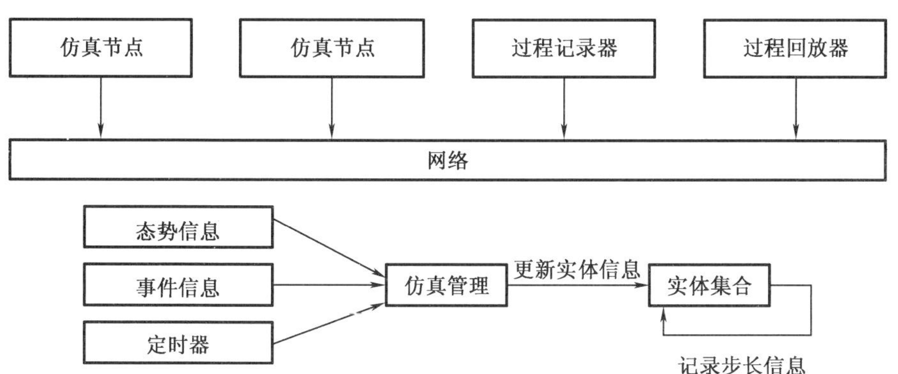

图 6－31　集中式的记录与回放及记录器的系统逻辑图

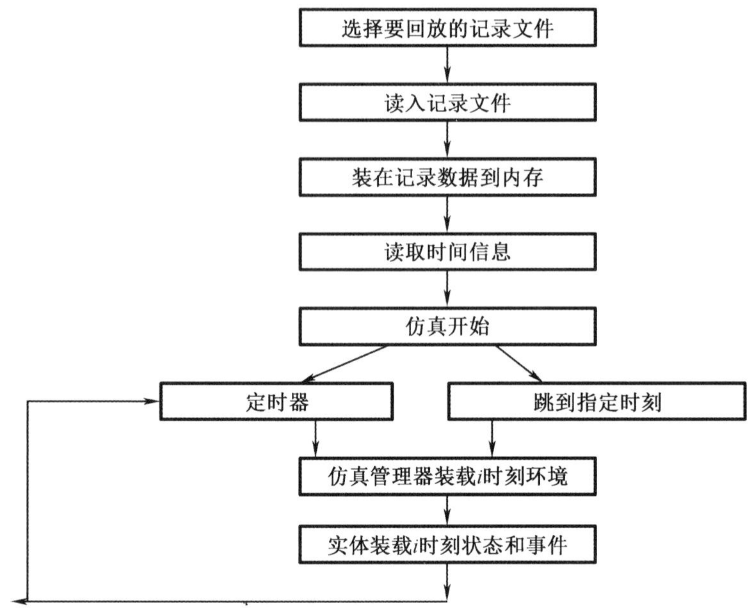

图 6－32　回放的工作流程示意图

由前面的分析可知,集中的记录方式适合于小规模的虚拟场景。

6.4　无人两栖车辆设计案例

6.4.1　国内外发展情况

目前关于无人飞机、无人船的研究设计案例不胜枚举,但是针对无人两栖车辆的研究较少,尽管同类型的两栖机器人的研究已经取得了一定的成果,主要可以分为轮式两栖机器人、腿式两栖机器人和蛇形机器人等。移动时能量损失小、电能利用率高是轮式机器人区别于其他类型的机器人最大的特色,但是一般只适用于相对平坦的地形,难以应付复杂的两栖环境;腿式机器人较为复杂,主要有大腿、小腿、腿关节等部分,能应对较为复杂的环境,但是与地面接触面积较小,在沙地行动较为不便;蛇形机器人能够应对大部分极为复杂的环境,甚至近乎苛刻的环境,但是在相对恶劣的环境下效率难以保证。

中国科学院沈阳自动化研究所(简称“沈阳自动化所”)发明了一种轮桨腿一体两栖机器人。此种机器人能够自如地应付陆地、滩涂、海底等复杂地形,包括在部分极浅海域的浮游。沈阳自动化所将常用的螺旋桨与橡胶轮胎、腿式结构相结合,研制出一种新型的推进器,并申请了专利。该两栖机器人具备在多种环境下自由切换运动模式的能力,共有6个推进器。其轮桨结构如图6-33所示。

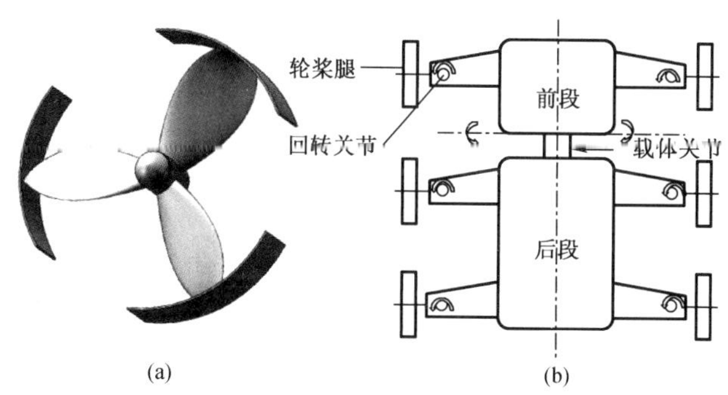

图6-33　轮桨腿一体式两栖机器人

这种带3个圆弧形状的轮辐的螺旋桨和驱动回转电机组成一个推进系统。该驱动系统具有多种功能,进入水中时还可在回转电机的驱动下回转,以调整机器人在水中的行进方向。此外推进器上装有旋转变压器,用来反馈推进器的回转角度和角速。该机器人的研究人员还在该机器人的控制系统上花费了大量的时间,用以提高该机器人的控制灵敏度。

2006年北京航空航天大学的相关人员研制出了一种新型的轮式两栖机器人,它采用了一种全新思路,通过将叶片在轮子侧面和轮子相结合的方法,组成了一种全新的推进装置,其结构如图6-34所示。

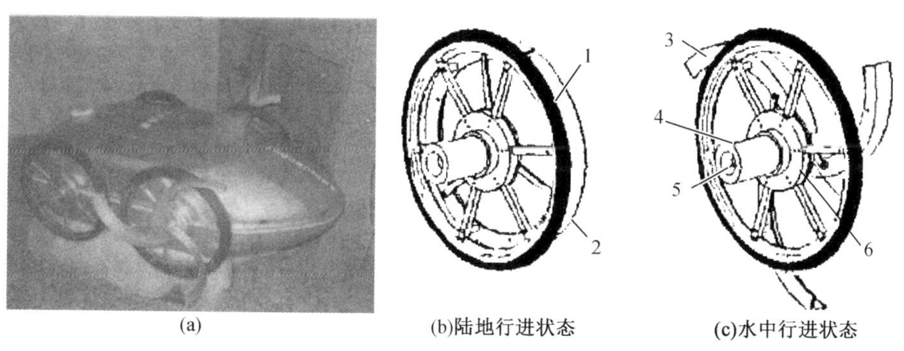

1—轮子;2—连杆;3—桨叶;4—套筒轴;5—削轮内轴;6—法兰。

图6-34　轮式两栖机器人及其推进装置

该推进装置由轮子和桨叶组合而成,分为陆地和水中两种状态:陆地,机器人在叶片收缩的情况下滚动前行;在水中,叶片舒张的情况下,拨水前进。这种叶片和轮子相结合的结构有构造简单、方便可靠的优点。在水中工作时有较好的稳定性,在地上行走时,桨叶能够收起来,不影响陆地上行进;且在水中有较高的推进效率,水陆两种状态的切换也灵活可靠。此外,该两栖机器人的研究人员还进行了水动力分析。

哈尔滨工业大学研制了一种复加式四足机器人,这种机器人既能在路面良好的情况下快速行走,同时又能适应较为复杂的环境。且该机器人有负担较大载荷的性能,能搭载侦察、作战单元。而且能进行平面直行、转向、越障、滚进等多种姿态的行进,对两栖无人侦察车的研制起到了重要的启发作用。其具体结构如图 6 – 35 所示。

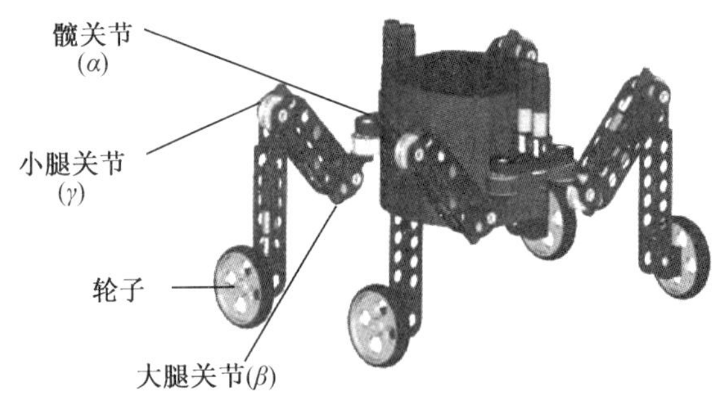

图 6 – 35　复合式四足机器人

2013 年哈尔滨工程大学研究出了一种轮桨一体的两栖机器人,它的行走机构同样依据偏心原理,采用了偏心的动蹼明轮,该明轮具有多种功能,既能路面行走又能拨水前进,该明轮环境适用性强、结构简单新颖,如图 6 – 36 所示。

图 6 – 36　轮桨一体的两栖机器人示意图

美国 UOW 大学的 T. R. Consi、S. Bingham、J. Chepp 等研制的轮式两栖机器人主要用于海岸附近侦察任务，该机器人用以太网与基站间联系，且能够发射信号，及时地反馈侦察信息。

日本 Osaka University 大学和 Yamagata University 大学的 K. T 和 R. T 等设计了一种具有全方位特点的推进系统的两栖机器人，这种全方位的推进系统叫全向轮，在机器人的四个边角各布置了一个全向轮，该全向轮既能供给推力也能供给浮力。研究者设计了三种结构的全向轮，并分别进行了水动力测试。

加拿大 University of Ontario – Institute of Technology 大学机电与机器人系统试验室设计了一种轮式两栖机器人，该机器人的推进系统同样具有两种功能，桨和轮相结合，蹼板位置相对固定，为定蹼明轮。该定蹼明轮具有构造简单、易于控制的特色。车身由前后两部分组成，中间连接有可旋转的关节，用以适应更加复杂的环境。

在美国国防部先进研究项目局（DAPRA）的资助下，加拿大 MG 大学和美国一些大学研制了 RHex 一系列的机器人，其中有 Research – RHex、Shelly – RHex、Rugged – RHex。这三种机器人，它们各自具有适应不同地形和环境的能力，但是其原理大致相似，如图 6 – 37 所示。

(a)Research-RHex

(b)Shelly-RHex　(c)Rugged-RHex

图 6 – 37　RHex 系列机器人图

加拿大 MG 对 RHex 系列的机器人进行了一系列的技术改进，研制出一种 AQUA 两栖机器人。其六条腿可以根据环境需要，随环境的变化，变化成支撑腿或者蹼板划水推动，同时具有拆卸方便的特点。在陆地上，换成近似半圆形的腿，每一个腿均可以看成独立驱动的零部件，如图 6 – 38 所示。因此该两栖机器人不但在陆地上存在多种步态，在水中运动时还可以随心所欲地控制五个方向的自由度：起伏（heave）、横摇（roll）、首摇（yaw）、纵摇（pitch）和纵荡（surge）。该机器人首端装有两个高清摄像头，用来收集战场信息，机器人收集到信息后处理后储存或传输给终端，机器人还设置有接线口在尾部。

(a) (b) (c) (d)

图 6－38 AQUA 机器人图

因此指挥中心可以实施地通过线缆对该机器人的运动进行控制；反过来，机器人也可以经搜集到的图像信息，自主导航至目的地。

AQUA 机器人的外廓尺寸为65 cm×50 cm×13 cm，质量为18 kg。理论上该机器人在水中最大下潜深度为15 m，实际下潜深度为14 m，最大速度为0.4 m/s。研究者目前已经进行了多次水下的相关试验，包括信息收集、信息反馈、对该机器人的控制及相关机械结构的问题。

综上可知，无人两栖车在轮式、腿式、轮桨腿一体式等结构上取得了一些成就，但是都存在着一些不足，功能也有所欠缺，只是针对某一种特定环境才能发挥出最大作用，离工程化应用尚有较远的路要走。还有某些球式、蛇型机器人，都有其自身的局限性。主要表现在以下几个方面：

（1）轮桨一体式两栖机器人，其结构简单，在越障能力上稍有不足，且在陆地上行动不够敏捷，行动略显迟缓。

（2）船形的两栖机器人行动敏捷，陆地上的表现较为出色，但是水中推进效率低下，能源利用率较低。

（3）目前的两栖设备鲜有能适用于沼泽、泥淖等水面与陆地过渡阶段的复杂地形，而我国拥有超过 18 000 km 的海岸线，江河湖泊不计其数，可是能在水陆过渡阶段的复杂地形工作的两栖无人车，尚有许多不足之处。

文献[10]以两栖无人侦察车为应用背景，提出了一种轮桨混合驱动的两栖无人车方案，可以在上面搭载不同的设备载荷以形成不同的使用装备。

6.4.2　两栖无人车设计

1. 设计方案

(1) 设计要求

该两栖无人车设计的基本思路和原则如下：

①轻量化设计、结构简单、推进效率高；

②实现该两栖无人车的灵活机动性，良好地适应战场环境；

③可自主实现轮桨转换，机构灵活可靠。

表 6-1 为设计相关指标(外廓尺寸)表。

表 6-1　设计相关指标(外廓尺寸)表

地面速度 /($m \cdot s^{-1}$)	水面速度 /($m \cdot s^{-1}$)	长/mm	宽/mm	高/mm	排水量/kg
≤2.5	≥0.5	≤885	≤620	≤635	35~40

该轮桨混合驱动的两栖无人车，采用 4 个两种规格的电机分别用于驱动前轮和后轮桨，这种设计方式能确保动力充足的情况下，方便灵活控制，通过控制系统控制 4 个电机的转速代替舵机转向，达到转向的目的。这种四驱系统的机构设计，动力强劲，能够适应复杂的战场环境。前轮主要采用普通的轮胎样式结构，能够增加与地面的摩擦力，避免打滑现象的发生。轮桨部分的结构采用类螺旋桨的结构，利用螺旋桨水下推进高效的特点进行改进，使之成为既可以在水中高效推进的推进器，又可以在地面做轮使用的多功能轮桨。轮桨可以在地面和进入水中的状态自主切换，车体内分布有中央控制系统、电机、电池、电池导轨、配电盒等相关设施。

轮桨混合驱动两栖无人车分为总体设计、车身设计、推进系统设计三大部分。车身设计主要包含车身外观形状、结构方式、内部零部件的布置的情况、吃水深度、排水量、水线长度等；推进系统的设计主要包括轮桨的辐板设计、回转机构的设计、回转机构的密封性设计等。图 6-39 为设计流程图。

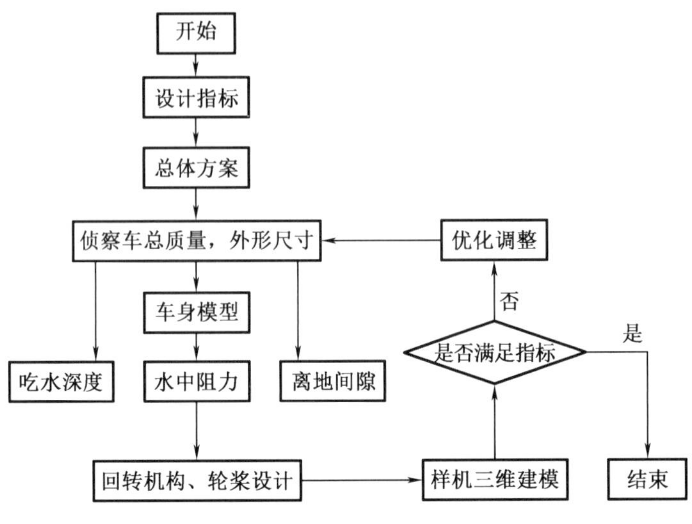

图 6-39　设计流程图

根据以上设计方案和设计要求，给出的设计模型的初步构想图，如图 6-40 所示。

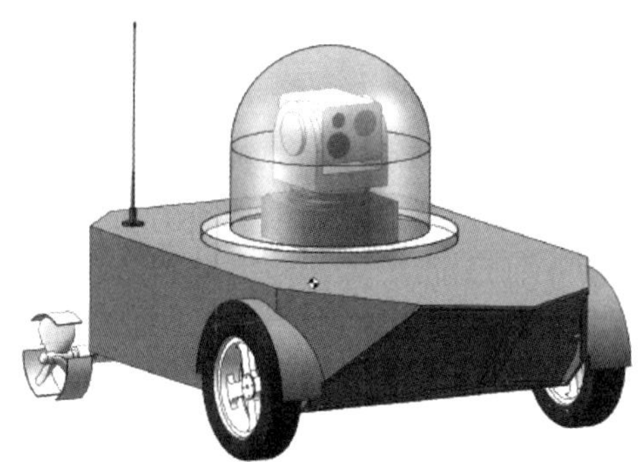

图 6-40　两栖无人车三维模型图

(2)两栖无人车组成和功能

①两栖无人车的车身部分

两栖无人车的车身部分，主要采取了高强度、低质量的 PAN 系列碳素纤维作为材料，配合车身部分的框架式结构设计，能有效地达到轻量化设计的要求，且结构简单。同时框架外部采用黏附力强、收缩性强的环氧树脂板作为蒙皮。车身前端设计成类似船首的形状，可以降低兴波阻力对车身的影响。

②前轮驱动部分

前轮驱动的左、右两侧分别采用两个独立的电机进行驱动，可以控制左、右两侧轮胎保持不同的转速，来改变陆地上的前进方向。电机采用特制的固定架固定在车身底部，输出轴通过传动轴、法兰、轴承等零部件与车轮连接。其车轮置于轮仓下。结构示意图如图 6－41 所示。

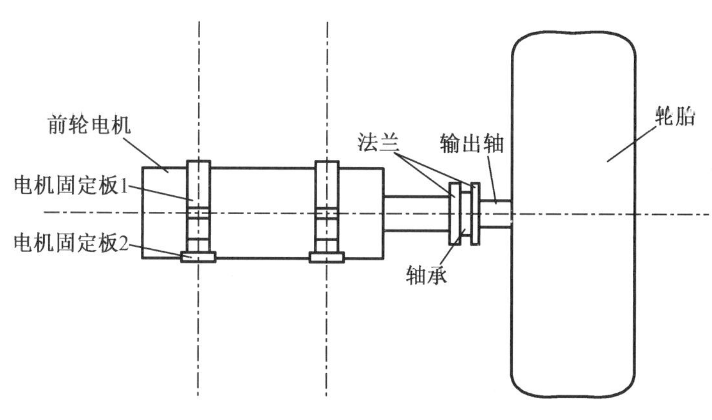

图 6－41　前轮结构图

③后轮驱动部分

后轮驱动的主要作用是在水中提供水动力，因此采用与前轮截然不同的轮桨结构。在地面行走时，能起到支撑轮的作用，进入水中时左右回转 90°，起到螺旋桨双桨推进的作用。通过两侧轮桨的转速差来实现转向的目的。其结构构造及局部剖视图如图 6－42 所示。

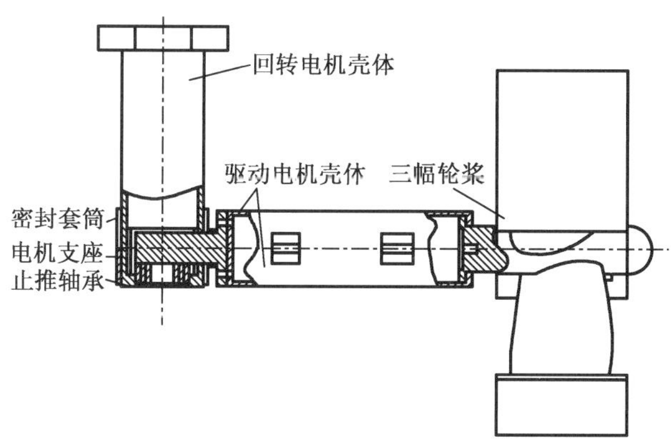

图 6－42　后轮驱动局部剖视图

④两栖无人车内部布置

该两栖无人车内部装配有前轮驱动电机、电机座、两块24V10AH的锂电池、控制电路板等。前轮电机主要分布在车身两侧，电机通过电机座固定在车身底部，电池安装在预留的电池导轨上。

⑤两栖无人车负载平台

该两栖无人车负载平台可以搭载不同的侦察设备，不同的侦察车可以搭载不同功能的负载，以实现群组作战的优势，达到信息交互、相互配合作战的目的。平台的负载能力在10 kg左右。

⑥两栖无人车的密封与防水

外部蒙皮需要采用黏附力强、收缩性强的材料。环氧树脂板恰好符合这一要求，且通常用来两栖类物件的外部蒙皮，其性能良好。其密度为1.8 kg/cm^3，估算该两栖无人车的表面积约为10 854 cm^2，平均环氧树脂板的厚度为0.4 cm，蒙皮总质量约为7.5 kg。

2. 两栖无人车技术设计

两栖无人车车身采用类船形设计，车身首端的流线设计，目的是减少风阻力和水的阻力。并且车身设计呈碳纤维的框架式的结构设计，PAN系列CFRP碳纤维具有韧性好、高强度、寿命长、轻质、可靠、经济实惠等特点，现已在航空、航天、军事等诸多领域广泛应用。在满足外部强度的要求下，又能极大地减轻无人侦察车整体的质量。

且前轮的轮仓设计，兼顾了地面车辆在复杂地面行进时，对驾驶舱的影响，这里的轮仓设计降低了高速行进时对上装侦察设备的干扰。外部采用蒙皮密封，同时考虑了加工的复杂性，又统筹兼顾了经济性的原则。经过在Soild Works中建立车架模型并修改得到图6－43。

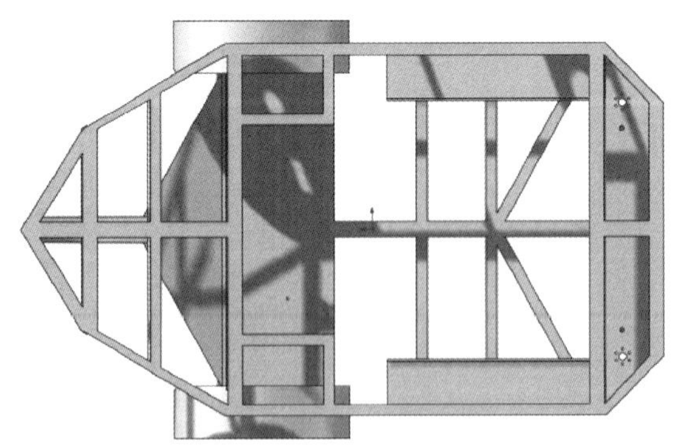

图6－43　车架模型图

(1)两栖无人车水线长度的确定

两栖无人车水线长度的确定受诸多因素的影响,如排水体积、车身宽度、吃水深度等。其中车身宽度和排水体积已经确定,而吃水深度需要考虑的因素比较多,如两栖无人车在水中的推进效率,还要考虑到轮桨与地面的间隙,轮桨驱动电机的功率及最大转矩、控制轮桨的尺寸等。其中前轮采用普通轮胎,考虑到与地面的间隙,前轮轮胎采用直径为 200 mm 的规格。轮桨需要考虑到全部没入水中,并且需要一个回转机构,进入水中后可以向后回转 90°,变成螺旋桨推进的形态,而且是双桨推进,能较大地增加推进系统的推进力的大小,且通过双轮桨的不同转速,形成一个推力差,易于实现水中的转向。

轮桨的回转系统由三副轮桨、轮桨驱动系统和回转驱动系统三部分构成。其中轮桨部分可以近似看成一个双桨船的结构,且该两栖无人侦察车需要有一定的额外负载能力,即吃水深度达到该两栖无人侦察车的最大高度 180 mm 时,根据双桨船的螺旋桨直径的经验设计公式,其 $D=(0.6\sim0.7)T_k$,其中 T_K 为满载时的吃水深度,$D=126$ mm,但是由于吃水深度远没有 180 mm,所以轮桨直径定为 120 mm。回转部分包括回转电机壳体、回转电机、密封套筒、电机支撑架、止推轴承。根据轮桨尺寸和该两栖无人车的整体质量和车身尺寸,暂定吃水深度为 95 mm。

该两栖无人车运动速度较低,其中摩擦阻力占行进过程中的阻力的 70%。摩擦阻力越大,车身湿面积 S 越大,湿面积即为两栖无人侦察车进入水时车身部分与水接触部分的表面积,由公式 $S=C_S(\Delta L)^{1/2}$ 计算,在 C_m、C_p、B/T 参数恒定的条件下,C_S 可以看作为一定值,因此排水量一定时,S 与 $(L)^{1/2}$ 成正比例相关,所以 $(L)^{1/2}$ 越短,S 就越小,车身阻力也就越小。所以增加宽度,就会减小水线长度。设计指标中两栖无人车最大宽度为 620 mm,车身宽度为 500 mm。

湿面积的计算公式为

$$S=LBT\left(\frac{1}{T}+\frac{2}{B}+\frac{2}{L}\right)-4.3\left[5\left(\frac{1}{C_b}-1\right)\right]^{\frac{2}{3}}$$

式中　T——吃水深度;

B——两栖无人车宽度;

L——水线长;

C_b——两栖无人车方形系数(C_b 是水下部分体积的丰满程度的反映,速度较低时 C_b 值较大,这里 $C_b=1$)。

据此求得湿面积为 6 435.5 cm^2,水线长度约为 795 mm。

(2)两栖无人侦察车车身

建立该两栖无人车的车身的三维模型时,主要根据前设计的主要尺寸参数和一些技术要求,最后得到车身模型如图 6 – 44 所示。

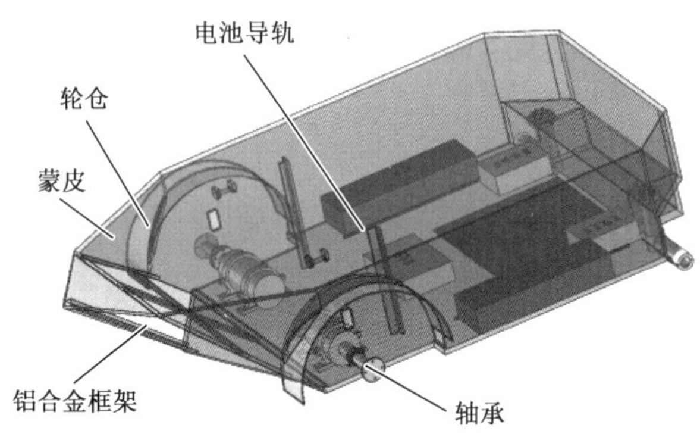

图 6 –44　车身模型图

为了减轻两栖无人车的质量以及制造加工的方便性,车身为铝合金框架结构,然后框架外用环氧树脂板进行蒙皮密封。封闭后,车身内部成为一个密封的部分,负责提供浮力。

该两栖无人车可以大致分为前轮部分、中间部分和连接轮桨部分三部分来设计。前轮部分主要是负责前轮驱动电机与轮胎之间的连接关系,并保证关节处的密封性能。两栖无人车的最前端的类似船首的设计能够使该车在水中行进时,起到分水的作用,从而很大程度地降低水中的阻力。

①前轮部分,隐藏车身前边的密封板,可以看到其中一侧的前轮结构,如图 6 – 45 所示。

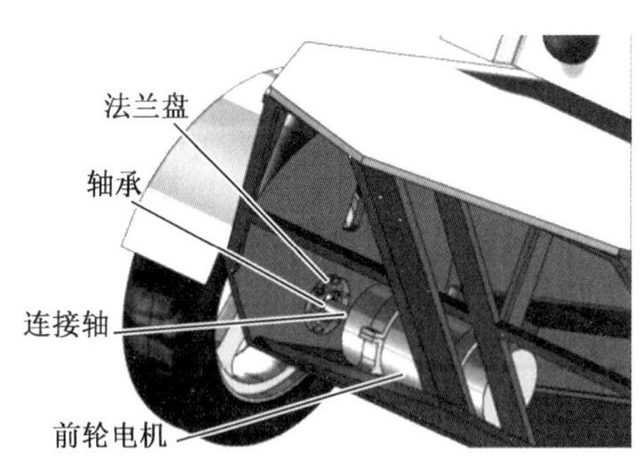

图 6 –45　前轮结构图

隐藏掉两栖无人车的前边的密封板,可以看到车身内部的结构;隐藏掉前轮电机与前轮毂之间的连接轴,并使法兰盘透明化,可以看到轴承等细小的结构。车身外侧还有轴承定位法兰,在此位置安装有密封圈,保证车内部没有水渗入。

②中间部分主要是电池、配电器、控制电路等重要零部件的安装位置。电池是零部件中质量较大的一个部分,故将两个电池分别安放在两栖无人车两侧,并置于电池导轨之上,方便两栖无人车在第一次下水时调整重心的前后位置,使两栖无人车重心稍微靠后,保证两栖无人车在水中行进过程中的纵摇稳定性。

③连接轮桨部分两侧分别安置有两个自毁装置,主要目的在于,该两栖无人车在执行任务时,逾期未归,可自行启动自毁装置,或远程遥控启动自毁装置,防止该两栖无人侦察车落入敌方手中。连接轮桨部分,需要考虑到轮桨直径和轮胎直径尺寸的区别,需要在连接轮桨的部分切除一定的车身垂直高度,来调整轮桨与轮胎的切面共面。

3. 两栖无人车载荷设计

(1)负载

该两栖无人车,在不考虑上装部分的情况下,设计质量为 26.2 kg,在空载情况下,排水体积为 26 200 cm^3,吃水深度为 78.6 mm。轮桨直径为 120 mm,为了保证轮桨的推进效率,应使轮桨全部没入水中。在保证轮桨全部入水的情况下,又要保证装载部分质量要求,尽量使该两栖无人侦察车轻量化,本书对不同负载下的吃水深度和排水体积进行了计算,结果如表 6－2 所示。

表 6－2　不同负载下吃水深度表

吃水深度/mm	排水体积/cm^3	负载量/kg
69	26 200	0
90	34 290	8.1
95	36 200	10
110	41 910	15.7
130	49 530	23.3
150	57 150	31
180	68 580	42.4

其相应的排水体积随吃水深度的变化趋势如图 6－46 所示。

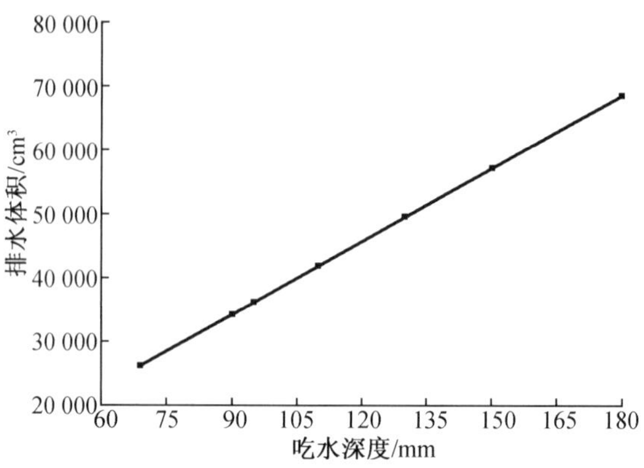

图 6-46　排水体积变化趋势图

由图 6-46 所示，排水体积与吃水深度呈正相关趋势，在轮桨驱动电机转速的限制条件下，轮桨产生的升力大于阻力，该两栖无人车的负载能力定位 10 kg，吃水深度为 95 mm。

(2)载荷选型

该两栖无人车的载荷部分系统的组成主要由跟踪器、转动支架、旋转平台、底座组成，外加防水透明罩体、通信天线等 6 部分。旋转平台和底座可以进行 360°旋转，跟踪器也可以进行 -5°~85°的俯仰。因其该侦察系统的体积较小，发射功率有限，故其活动范围也较小，在 1 km 以内。其各部分的主要组成和功能是：①激光测距；②电视跟踪系统；③红外跟踪系统。

负载设计如图 6-47 所示。

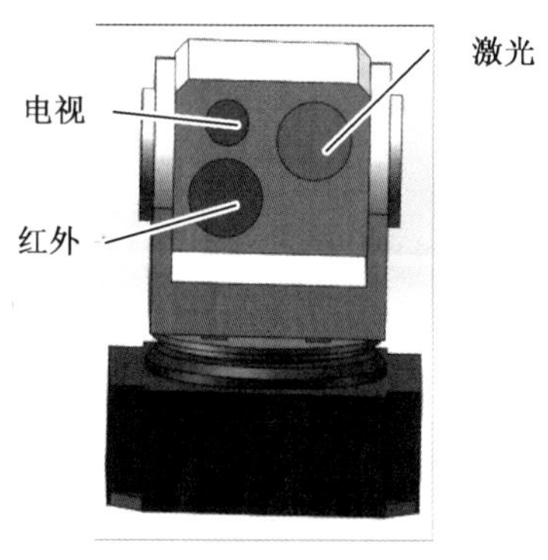

图 6-47　两栖无人车负载部分设计图

该两栖无人车的平台上设置有通用安装位置,可以搭载不同功能的负载,可使该两栖无人车具有不同的功能。如搭载侦察系统,就具有侦察功能;搭载战斗部就会针对敌方目标进行远距离打击;搭载火药,就可以进行自杀式袭击,摧毁敌方目标。

载荷部分的设计选型尺寸应不高于196 mm,旋转半径应不大于140 mm。

4. 两栖无人车船质量的计算

车身框架:3.5 kg;蒙皮:7.5 kg;电机 MAXON DC370354:1.1 kg×2 = 2.2 kg;电机 22ES60ULTRA EC:0.14 kg×4 = 0.56 kg;前轮轮胎:2.97 kg×2 = 5.94 kg;轮桨:1.25×2 = 2.5 kg,电池选型为24V10AH,整个两栖无人车整体质量为24.2 kg,考虑到还有一些其他的细小零件,整车质量定为26.2 kg,又由于该两栖无人车要有一定的负重能力,搭载一些智能设备和信息传输系统,故满载无人车质量定为36.2 kg,见表6-3。

表6-3 两栖无人车分部质量表

部位	质量/kg	数量	质量/kg
车架	3.5	1	3.5
蒙皮	7.5	—	7.5
电机 MAXON	1.1	2	2.2
电机 22ES60 ULTRA EC	0.14	4	0.56
轮胎	2.97	2	5.94
轮桨	1.25	2	2.5
电源	1	2	2
负载及其他	10	1	10
总计	—	—	36.2

将上述质量分别赋给 Soild Works 中的三维模型,建立如图6-48所示坐标系,根据三维软件的质量计算的功能选项,求得质心位置为(0.7,258.1,133.6)。

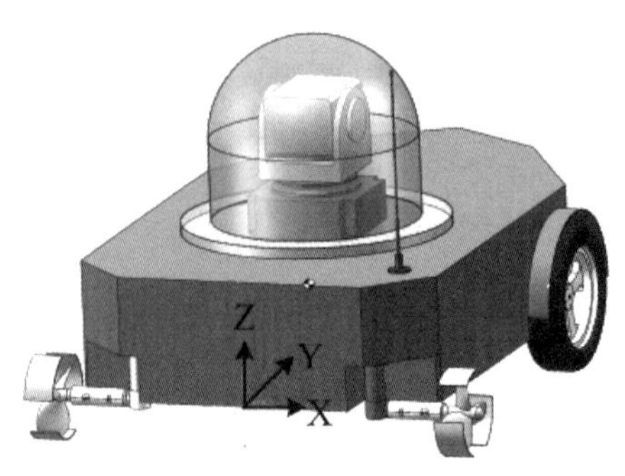

图 6-48　坐标系建立位置图

5. 两栖无人车动力学仿真分析

两栖无人车在设计阶段,还需要大量的理论验证。这里运用了 Soild Works 建立三维模型,然后用 ADAMS 软件对该两栖无人车在各种速度、各种路况下的平顺性进行了分析。为实车模型的建造提供理论依据。

(1)两栖无人车动力学仿真

轮桨混合驱动两栖无人车在军用方面多用来抢滩登陆、登岛、登礁、排除水雷、地雷等敌方工事。所处的地面环境多为海边沙滩,地质情况较为松软,地面较为平整,易于吸收小车行进过程中产生的多余能量。主要对其进行以下两个方面的分析仿真。

①不同速度下的平稳性分析

两栖无人车在行进过程中,会有不同程度的颠簸,通过对不同速度下的两栖无人车进行平稳性模拟仿真,分析不同速度下的两栖无人车的颠簸情况,从而得到对该两栖无人车颠簸影响最小的速度。以保证无人侦察车搭载的视像侦察系统的正常工作,从而减少监控设备捕捉画面时的颤动。

根据选择的电机的转速,前轮驱动电机主要对 60 r/min、120 r/min、240 r/min三种转速进行了 ADAMS 仿真分析,由于前轮直径与后轮轮桨直径不同,其对应的后轮轮桨驱动电机的转速分别为 102 r/min、204 r/min、408 r/min。对应的三种速度,即 0.63 m/s、1.25 m/s、2.5 m/s。在三维绘图软件 Soild Works 中建立轮桨混合驱动的两栖无人车完整模型,然后将三维模型另存为 x_t 等 ADAMS 可识别的格式,以上所做的是为了将模型导入 ADAMS 中做准备。

在 Soild Works 三维软件中建立的轮桨混合驱动两栖无人车模型与上述中的轮桨混合驱动两栖无人侦察车模型外廓尺寸完全一样,有所不同的是:上述中的模型比较具体,整个轮桨混合驱动两栖无人车的内部结构都详细地表达了出来;这里的模型是为了方便进行 ADAMS 仿真计算,进行了部分简化。简化后的模型主要包括车架、前轮轮胎、轮桨。考虑到轮桨混合驱动两栖无人侦察车还需要搭载一些设备，按照设计指标要求有 10 kg 的负载能力，将这 10 kg 的质量简化为一个作用在车架质心的竖直向下的 100 N 的力。两栖无人车的前轮直径为 200 mm，轮桨直径为 120 mm，车架的长宽高分别为 884 mm × 500 mm × 180 mm。将模型导入 ADAMS 中后，重命名部件，定义材料属性，施加约束，创建旋转副，施加接触，施加驱动，求解器设置，然后开始仿真，最后进行后处理分析。

三维模型如图 6 – 49 所示。

图 6 – 49　三维简化模型图

轮桨混合驱动两栖无人侦察车经合理的简化处理后导入 ADAMS/View 模块中，经过上述一系列的参数设置，得到图 6 – 50。

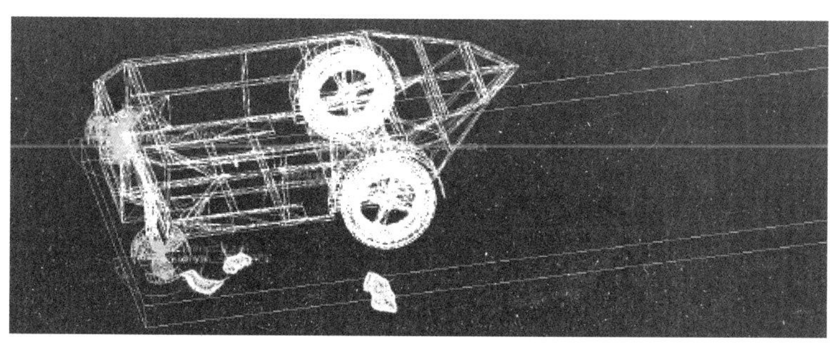

图 6 – 50　轮桨混合驱动两栖无人车参数设置图

在 ADAMS 模块中，设置轮子的转速为低速转动，与地面之间的静摩擦系数 0.3，动摩擦系数为 0.1，地面宽度设置为 800 mm，前轮转速设置为 60 r/min，轮桨转速为 102 r/min，两个三辐轮桨的桨板交替与地面进行接触，分别与两个前轮一起与地面接触，始终保持整个车体与地面有至少有三个接触点，保持三角步态的行进方式，最大限度地保证行进过程中的平稳性。

ADAMS 在求解过程中，需要对求解器进行设置，Solver - Display，在弹出对话框中，Messages 中选择 No，Update Graphics 中选择 Never。Solver - Contacts，在 Geometry Library 下拉列表中 Parasolids 准确地接触边界，精度高，但是求解速度大为降低。这里因为诸多因素选择 Default_labrary，即以多边形作为边界，以直代曲，精度较差，但求解速度快。所以求解的结果可能会有一定程度的偏差。

设置该两栖无人车分别以 0.63 m/s、1.25 m/s、2.5 m/s 三种匀速，步长为 0.001 s 的仿真计算，计算结果加速度曲线如图 6-51 至图 6-53 所示。

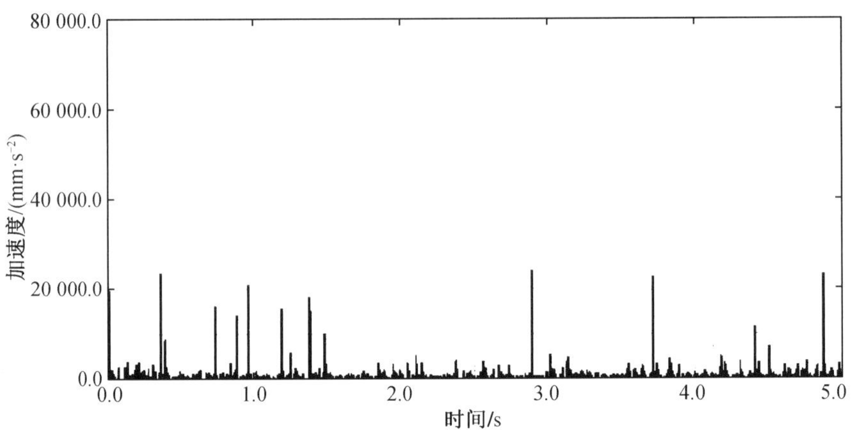

图 6-51　0.63 m/s 时加速度曲线图

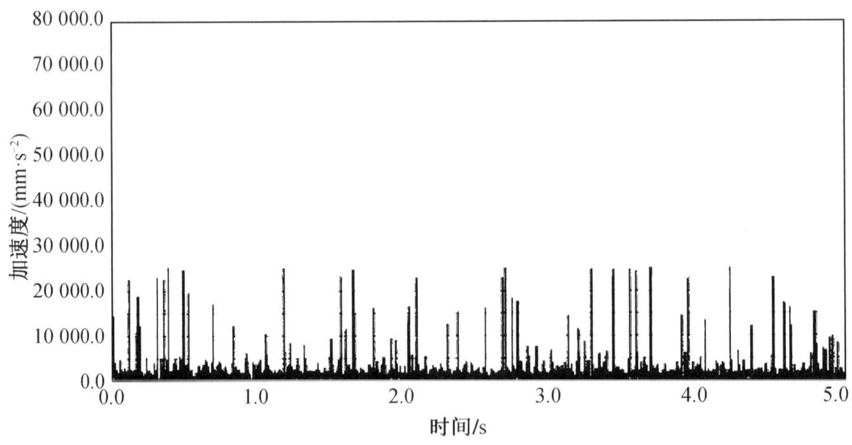

图 6-52　1.25 m/s 时加速度曲线图

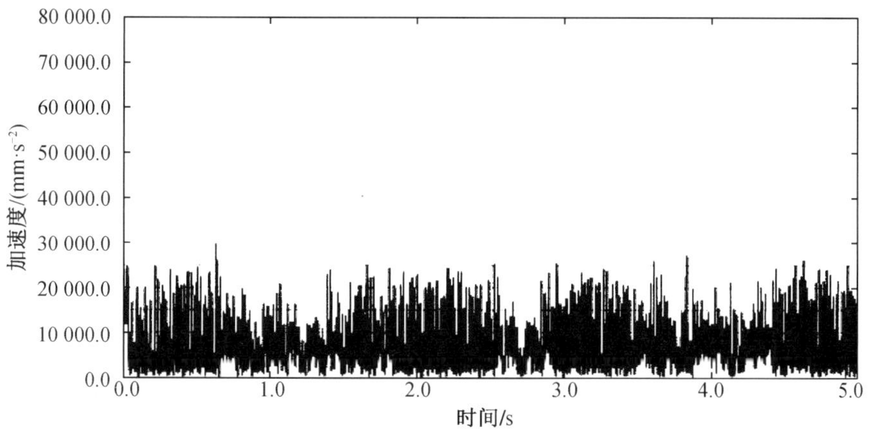

图 6－53　2.5 m/s 时加速度曲线图

通过以上不同速度下得到的加速度曲线，可以得出：

a. 速度以 0.63 m/s 匀速行驶时，加速度总体几乎趋近于零，偶尔有某一时刻的加速度接近 20 000 mm/s^2，但是由于仿真软件有一定的误差，故可忽略不计，总体行驶状态平稳。

b. 速度以 1.25 m/s 匀速行驶时，总体加速度在 0～5 000 mm/s^2 范围内摆动，部分时刻加速度 20 000 mm/s^2，该轮桨混合驱动两栖无人车行驶状态较为稳定。

c. 速度以 2.5 m/s 匀速行驶时，总体加速度在 0～20 000 mm/s^2 范围内摆动，加速度较之前有了较为明显的震动，但是震动范围仍在同一个数量级内，在可控范围内。由此以上可以得出，随着速度的增加，加速度曲线波动越来越强烈，即速度对该两栖无人车的行进中的平稳性有一定的影响。

其相应的速度曲线如图 6－54 至图 6－56 所示。通过以上速度曲线图可以得出，三种速度下，该两栖无人车行进过程中基本能保持较为稳定地匀速运动，行驶过程中，基本稳定没有较大波动；其行进过程中震动频率有较大的区别，主要表现在：速度为 0.63 m/s 时，震动频率较小；速度为 1.25 m/s 时，震动频率稍微变快；速度为 2.5 m/s 时，该无人侦察车速度震动频率较快。

但是很明显其震动幅度都较小，对该两栖无人侦察车的行进过程中的平稳定影响较小，不影响其使用要求。

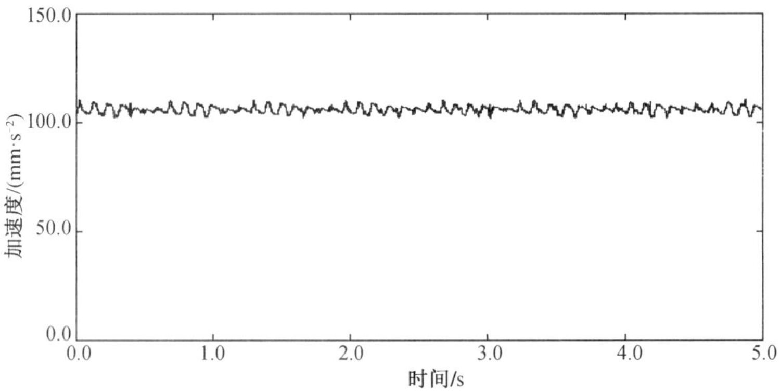

图 6－54　0.63 m/s 时速度曲线图

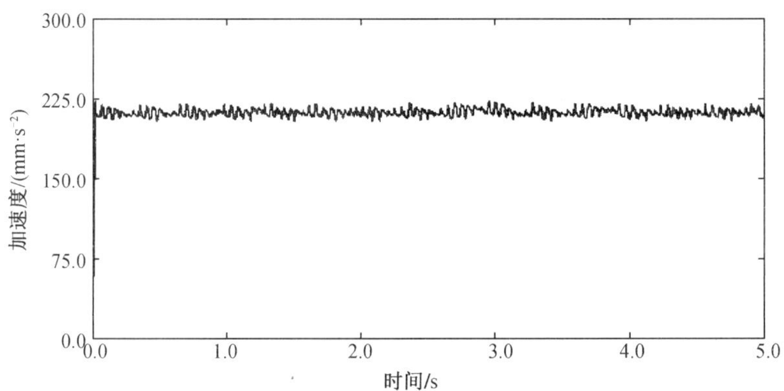

图 6－55　1.25 m/s 时速度曲线图

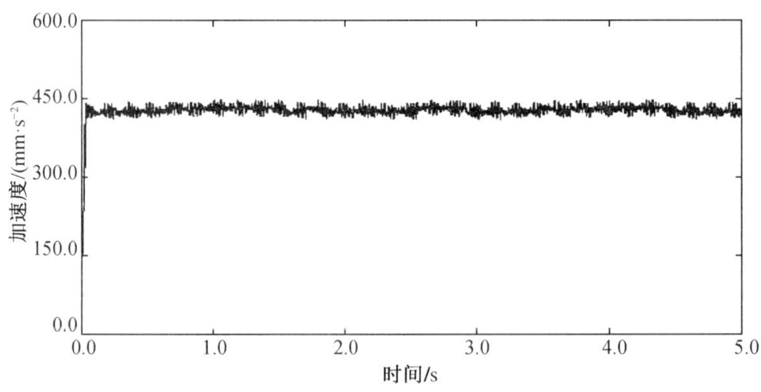

图 6－56　2.5 m/s 时速度曲线图

相应的位移曲线如图6－57至图6－59。通过以上的位移曲线可得在不同速度下，起始位置的纵坐标上的数值基本相同，且随着时间的推移，位移曲线呈类抛物线式增长，且在图像的结束位置，随着速度的增加，位移图像上的终点位置也按其规律由1 023 mm到2 250 mm变化。

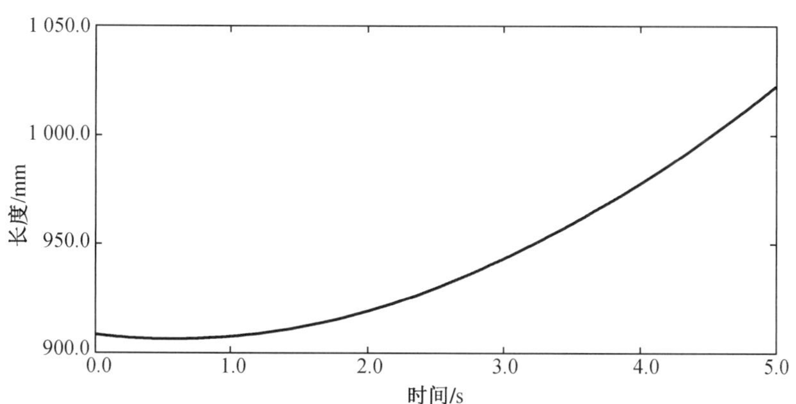

图6－57　0.63 m/s时位移曲线图

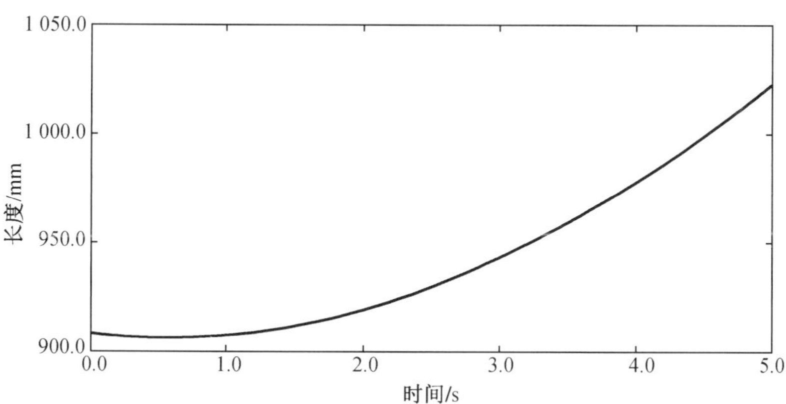

图6－58　1.25 m/s时位移曲线图

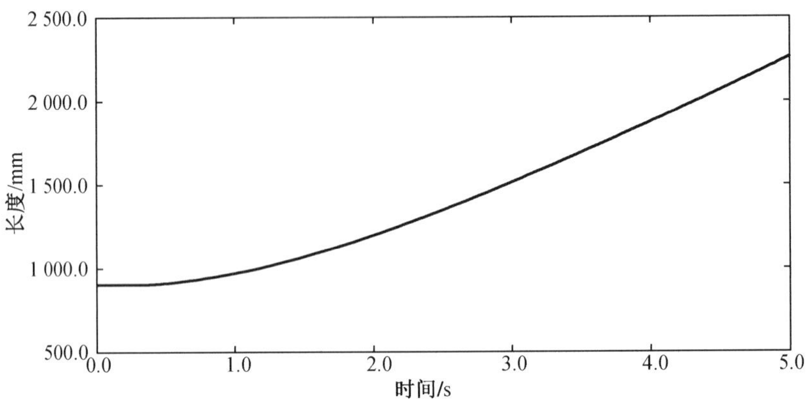

图 6－59　2.5 m/s 时位移曲线图

②跨越垂直障碍物能力分析

根据以上 ADAMS 仿真分析可知，速度越高，加速度震动幅度越大，也越不稳定，其速度的震动幅度不随速度的变化而变化，所以低速状态下，该两栖无人车的稳定性相对较好，但是速度较高的情况下也不影响其正常的工作能力。所以在以下的两栖无人车的跨越垂直墙高和凹槽的 ADAMS 仿真试验中，采用 2.5 m/s 的速度进行。

前文已经分别对该两栖无人车进行了前轮轮胎和后轮轮桨跨越垂直墙高的理论性分析。从分析结果中得出，前轮轮胎的跨越垂直墙高的能力为 33 mm；轮桨由于其结构的特殊性，跨越垂直前高的能力大大增强，理论上可以跨越 $h_M=86$ mm的垂直墙高，但是这里考虑到现实情况，以及战场的复杂性，这里取$MB_M=0.58$ h。

修改三维模型，设置相应的垂直障碍的高度为 30 mm，对该轮桨混合驱动的两栖无人车的跨越障碍时的加速度、速度、位移特征进行了分析，其结果如图 6－60至图 6－62。

从以上的轮桨混合驱动的两栖无人侦察车的跨越垂直墙高的动力学分析中可以得出以下结论：跨越 30 mm 垂直墙高的障碍物时，该两栖无人侦察车在 0.8 s时前轮与障碍物接触，在加速度曲线、速度曲线、位移曲线中均有体现。其中加速度曲线中有较明显的下降趋势，随后前轮越过障碍物；在 1.3 s 处加速度迅速增加，呈直线式增长；速度曲线中在前轮越过障碍物时，由于地球引力，有一个向前的力的分量，所以在 1.3 s 时速度明显增加；位移曲线也在相应的位置有一个渐进的变化。在 2.5 s 时，轮桨接触到障碍物，由于轮桨的特殊结构，跨越障碍物的能力明显优于前轮，但是由于自重时速度明显下降，加速度也有一个明显的变化，但是对整体位移的影响较小，可忽略不计。

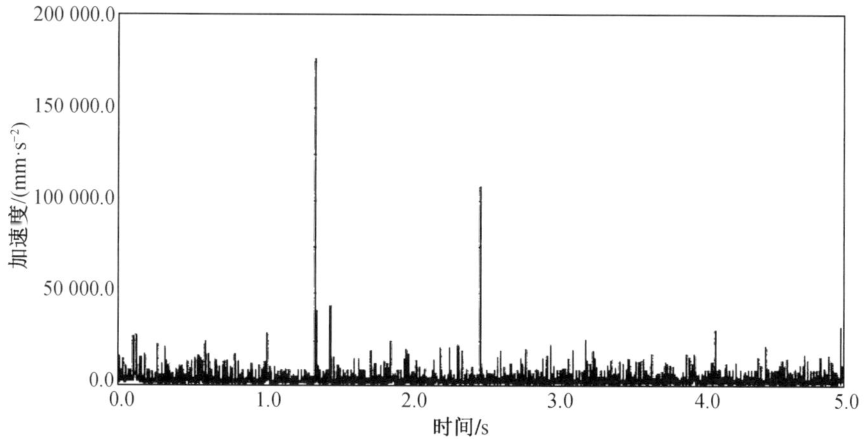

图 6-60　跨越 30 mm 垂直墙高加速度曲线图

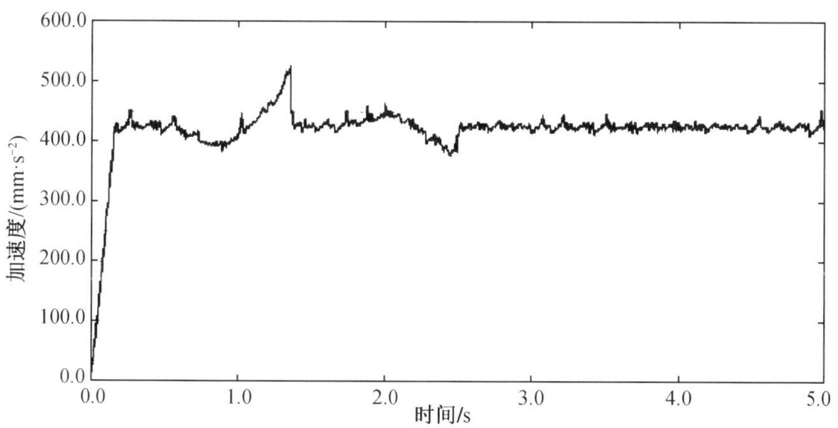

图 6-61　跨越 30 mm 垂直墙高速度曲线图

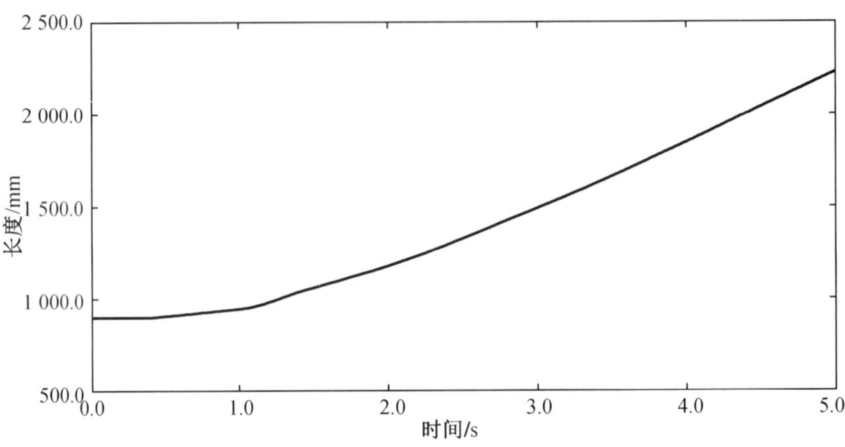

图 6－62　跨越 30 mm 垂直墙高位移曲线图

该两栖无人车在复杂的环境中,有可能两侧不能同时进行跨越障碍物。以下是对两栖无人车进行的单侧的越障的动力学分析(图 6－63 至图 6－65)。

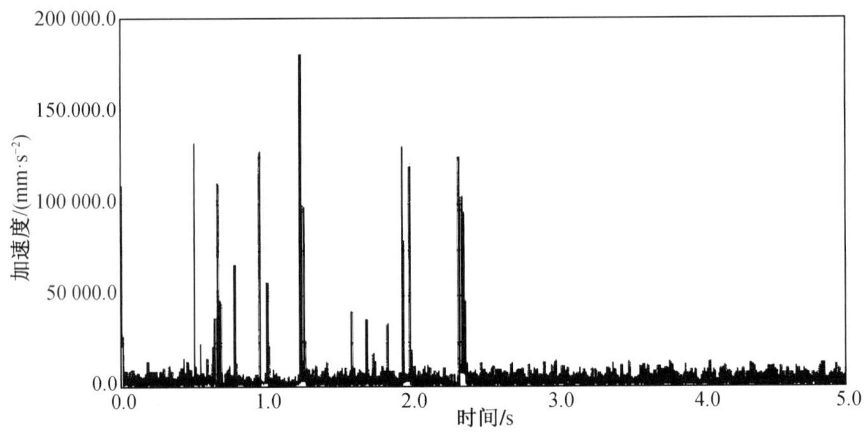

图 6－63　单侧跨越 30 mm 垂直墙高加速度曲线图

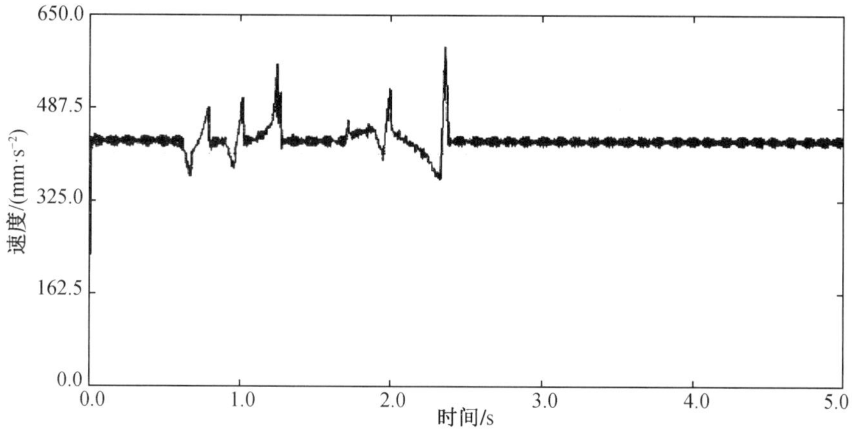

图 6－64　单侧跨越 30 mm 垂直墙高速度曲线图

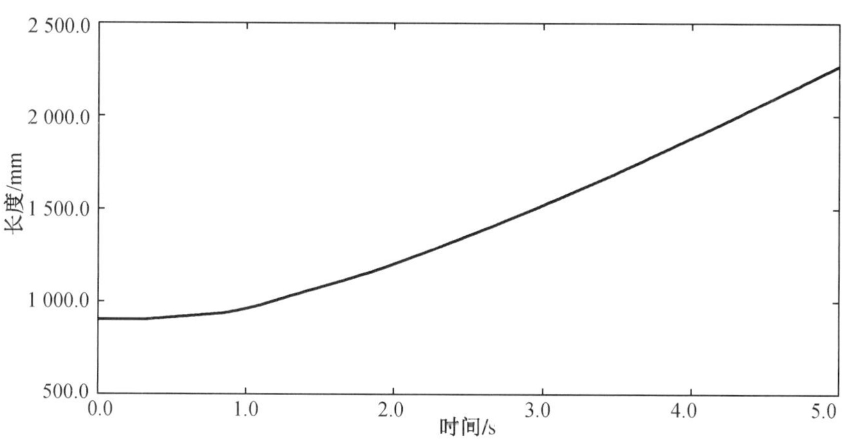

图 6－65　单侧跨越 30 mm 垂直墙高位移曲线图

单侧跨越障碍物时，当前轮左侧障碍物时，右侧轮桨有明显的悬空起伏现象，所以相应的加速度曲线变化较为复杂，当前轮接触到障碍物时，加速度呈无规则变化，其速度也相应地出现反复的起伏现象，其位移曲线此时也出现相应地较小幅度的变化。在 2 s 左右时，左侧轮桨接触到障碍物，加速度出现较大幅度的跳跃变化，其速度曲线也相应地出现渐进的变化，但此时对其横向位移的影响较小，位移曲线上的变化不明显。但是可以得到的是，该两栖无人侦察车在跨越障碍物和单侧跨越障碍物时，能迅速恢复稳定状态，不会对该两栖无人车的任务执行造成较大的影响。

由以上分析可知,该轮桨混合驱动的两栖无人车完全有能力跨越垂直高度为 30 mm 的障碍物。

③跨越壕沟能力分析

上述对前轮和轮桨的跨越壕沟时的能力进行分析,联系上文前轮的跨越垂直墙高的能力为 33 mm,可知前轮相对应的切线宽度为 148 mm,所以前轮跨越壕沟的最大能力是 148 mm × 33 mm 的壕沟。而轮桨理论上的跨越垂直墙高的高度为 $h_M = 90$ mm,考虑到与前轮的差距较大和复杂的战场环境,取 $B_M = 0.56h_M$。下面对该两栖无人车进行了跨越壕沟的相关仿真试验,其进行的一系列仿真试验如表 6 – 4 所示。

表 6 – 4　跨越壕沟尺寸表　　单位:mm

壕沟	1	2	3	4	5	6
宽	25	50	100	100	125	150
深	25	25	25	50	50	50

通过以上的 6 次仿真试验,可知该两栖无人车在跨越 150 mm × 50 mm 的壕沟试验时,没有越障成功,因此试验终止。所以在该轮桨混合驱动的两栖无人车的跨越壕沟的能力为 125 mm × 50 mm,其相应的速度、加速度、位移曲线如下图 6 – 66至图 6 – 68 所示。

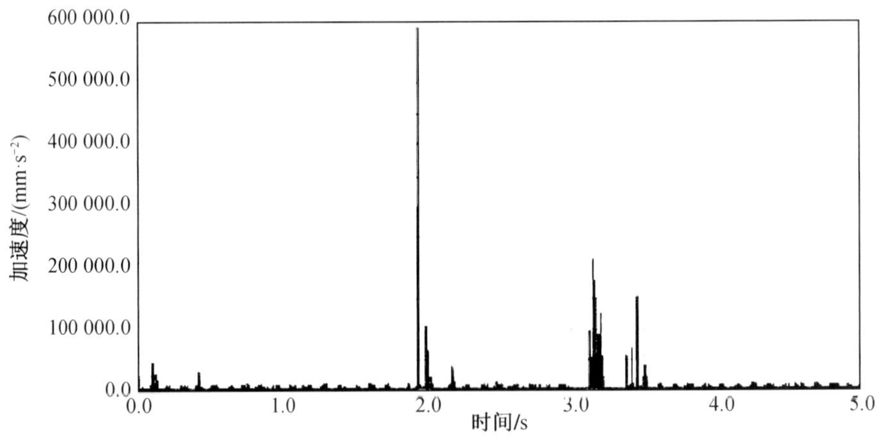

图 6 – 66　125 mm × 50 mm 壕沟跨越加速度曲线图

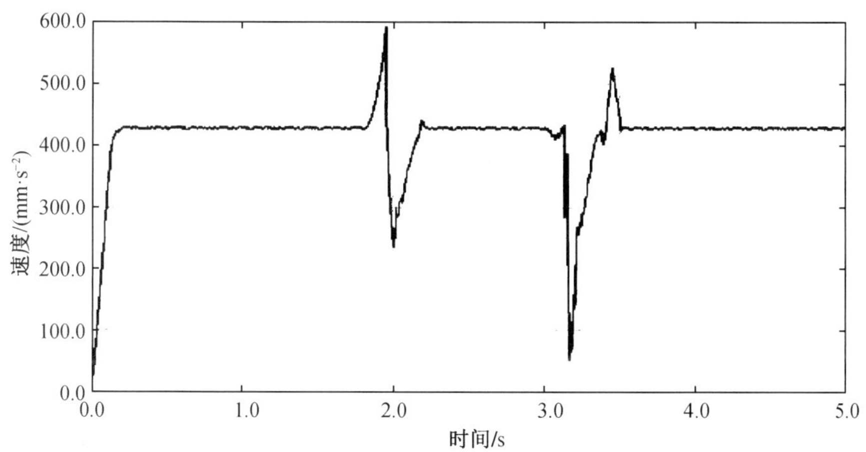

图 6-67　125 mm×50 mm 壕沟跨越速度曲线图

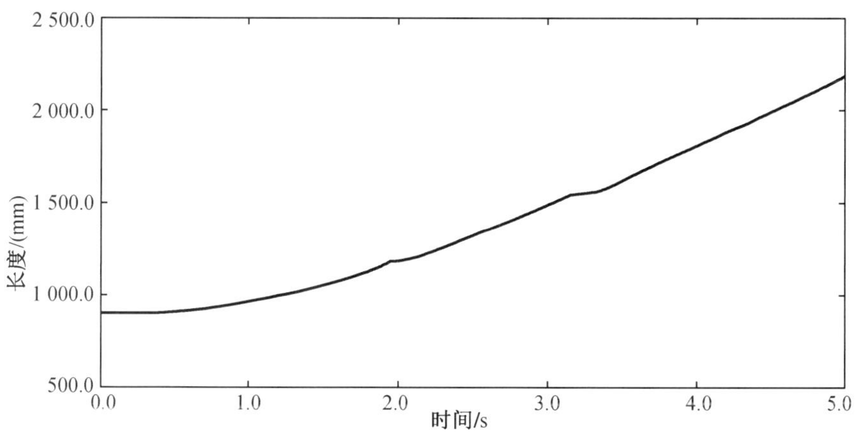

图 6-68　125 mm×50 mm 壕沟跨越位移曲线

从以上的跨越壕沟的仿真分析结果可知，在该两栖无人车的前轮进入壕沟时，加速度有明显的突变，其速度曲线上有较为明显的增加，随后前轮爬出壕沟的时候，速度又明显降低；前轮越过壕沟 1 s 后，轮桨进入壕沟，加速度也有明显的突变，由于其壕沟宽度大于轮桨直径，轮桨在某一瞬间完全落入壕沟中，整个两栖无人车的速度，由此急速下降，甚至趋近于零。当轮桨辐板的前端与壕沟边缘形成一个支点，两栖无人车轮桨以此攀越壕沟，速度也逐渐恢复正常。轮桨越过壕沟时，由于惯性力的作用，有一定的速度增加，然后迅速恢复正常，整车趋于平稳状态。在位移曲线上，前轮跨越壕沟时，位移曲线略有停顿；轮桨跨越壕沟时，由于速度的突然下降，位移曲线较前轮跨越壕沟有更大程度的停顿。当两栖无人车在跨越此壕沟时，加速度、速度曲线变化较大，在确保速度不为零的情况下，故将 125 mm×50 mm 的壕沟定位为该两栖无人车跨越壕沟的最大尺寸。

有关本无人两栖车辆的阻力、稳性等仿真分析基本上与常规船舶设计方向的方法大同小异，详见文献[10]。

参考文献

[1] 利刃号. 中国三军武器全面无人化，海上无人“蜂群”横空出世［EB/OL］.（2017－12－08）［2018－05－20］. https://baijiahao.baidu.com/s? id=1586119595979823479.

[2] 创新研究报告. 美国海洋科技发展未来十年的愿景［Z］. 中国科协创新战略研究院，2019.

[3] 高琳，张永峰. 美国水下信息系统发展现状分析［J］. 科技创新与应用，2018(19)：84－86.

[4] 王鹏. 无人机作战力量引领俄军进入智能化战争时代［N］. 中国青年报，2018－05－17(12).

[5] 夏元清. 云控制系统及其应用前景探析［Z］. 北京：中国指挥与控制学会，2018.

[6] 董晓明. 海上无人装备体系概览.［M］. 哈尔滨：哈尔滨工程大学出版社，2020.

[7] 侯兵. 美海军计划制定无人水面舰艇作战构想［Z］. 海洋防务前沿，2020.

[8] 李风雷，卢昊，宋闯，等. 智能化战争与无人系统技术的发展［J］. 无人系统技术，2018(2)：10.

[9] 俄海军研发. 水下通信新系统 搭建深海“互联网”［EB/OL］.（2017－02－07）［2018－05－21］. http://www.e110119.com/news/show－2945.html.

[10] 王常龙. 轮桨混合驱动两栖无人侦察车设计及分析［D］. 太原：中北大学，2019.

[11] 高志龙，海洋装备智能数字工程平台［Z］. 中国船舶工业集团公司第 708 研究所，2017.

[12] 高志龙，物联网建设研究［Z］. 中国船舶工业集团公司第 708 研究所，2018.

第7章 水陆两栖舟桥车船

战争时,部队攻防转换频繁,对战略投送和机动能力的要求更高。交通线是机动保障的生命线,利用舟桥搭建军用桥梁作为部队克服江河、峡谷、沟渠等障碍实施快速机动保障任务的重要装备,受到世界各国的高度重视,并得到快速发展。

两栖舟桥车船在两栖车辆的基础上研发制造,是在救灾、两栖运输和军事斗争中具有重要作用的装备之一。两栖舟桥车船是军事斗争中输送物资和战斗力的主要装置。

美国、德国新一代、先进的两栖舟桥车船型号是代表当前世界最先进的装备。我国在这方面发展缓慢,落后国际先进水平很大。但是,我国已经认识到发展两栖舟桥车船的重要意义,正在努力发展,并将在数字化的基础上,融入复合材料轻量化技术、高端智能控制决策技术,连接结构技术等关键技术,打造跨界技术融合的高端智能化水陆两栖舟桥车。

我国水陆两栖车辆也从落后到强大,正在逐步赶追国际先进水平。

7.1 国内外两栖舟桥车船的发展情况

7.1.1 国外发展情况

美国履带式两栖车辆是最早研制的、应用于战争中的两栖舟桥车,但是其轮式两栖舟桥车并没有德国先进,履带式比较笨重,目前国际上在技术上最先进的还是德国的轮式 M3 两栖舟桥车辆。俄罗斯也有先进的轮式两栖舟桥车辆,在国际上也显示了其功能和性能,下面介绍几个国家的轮式两栖舟桥车辆。

1. 德国轮式两栖舟桥车船

1996 年 10 月 31 日，德国 ENK 公司向德国联邦军事技术与供应局(BWB)和英国陆军部的代表交付了首批 M3 两栖舟桥车。并于 1996—1999 年向英国陆军和德国陆军工程兵部队分别提供了 38 辆和 30 辆这种 M3 两栖舟桥车船。

该车是在 M2 两栖舟桥车船基础上改进的第二代车型，在性能上有较大提高，如军用承载级别由 ML60 提高为 ML70(通过车辆总重由 60 t 提高到 70 t)，架设河宽 100 m 浮桥的车辆由 12 辆减少为 8 辆，完成架设任务由 48 人 35 min 减少为 30 人 24 min，每小时可通过车辆由 150 辆提高到 250 辆。车辆陆上和水上行驶性能也有较大改进和提高。

2003 年，英军在伊拉克南部和水网比较稠密的东南部地区使用了英德联合研制的 M3 自行舟桥车船，成功保障作战部队渡过宽大江河屏障。该型舟桥车船的特点是桥车合一，入水为桥，出水为车，机动灵活，车桥转换迅速，单车入水展开车上的桥节即可成为漕渡武器装备和人员的门桥，多车相连可构成浮桥。M3 自行舟桥陆上行驶速度 80 km/h，浮桥最大承载力可达 100 t 军用荷载级。

2018 年 4 月，德国联邦国防军第 9 摩托化步兵旅在宁布尔格镇附近进行实战演习。其图 7 - 1 至图 7 - 3 所示。

(a) (b) (c) (d)

图 7 - 1　德国 M3 两栖舟桥车船

(a)

(b)

图7－2　快速渡河的两栖舟桥车船

图7－3　快速架桥的两栖舟桥车船

演习中，M3自行舟桥车船大显神通，协助装甲车队快速渡河。该车体形巨大，背负两个舟桥体，在作业时，放下舟桥体开入水中。充分显示了强大的功能与性能。

它会放下舟桥体开入水中，M3自行舟桥车船依靠自身动力行驶，即可单车进行槽渡，又可多车组合成浮桥。

结束任务后，M3自行两栖舟桥车船也会自行沿着来时的坡道上去，根本不用人为地搬运，十分省力。在现代战争中部队的攻防转换频繁，使战略投送和机动能力的性能有了更高的要求，交通线也是生命线。

德军“黑色金牛座”演习中 M3 舟桥车船大发神威，将重型车辆送到彼岸。德国联邦国防军在斯托卡(Storkau)附近举行“黑色金牛座(Black Taurus)”演习。参加此次演习的有第 92 装甲步兵示范营第 2 连，第 901 工兵营第 4 连，演习的重点是机械化部队渡河。

第 92 装甲步兵示范营作为德国陆军特殊单位，担负了编写新型装备使用规范、摸索战术的重要职责。位于车队前部的先头车，已经占领滩头阵地，为后续部队提供火力掩护。德军非常重视隐蔽，所以在演习中可以看到所有“美洲豹”都挂满了树枝如图 7 -4 所示。

图 7 -4　演习中的两栖舟桥车

“美洲豹”步兵战车配备的是顶置遥控炮塔，因此并没有吊篮，更不会有车长在上面探身出来。该部队装备了最新的“美洲豹”步兵战车，由于要渡河，所以在车上装载了充气橡皮艇。充气橡皮艇将搭载侦察兵渡河，占领河对岸，建立桥头堡。如图 7 -5 所示。

(a)

(b)

图 7 -5　橡皮艇搭载在舟桥车

该部队这些战术动作，如果通过验证确实合理，将成为德军所有部队的规范。随后出场的是第 901 工兵营的 M3 自行舟桥车。如图 7 - 6 所示。

(a)

(b)

图 7 - 6　M3 自行舟桥车上岸与入水

M3 舟桥车放下车上的两个巨大浮箱，驶入河中。如图 7 - 7 所示。

(a)

(b)

图 7 - 7　M3 自行舟桥车渡河搭载

多辆 M3 舟桥车可以组成舟桥，不过这次演习数量较少，所以采用漕渡方式，将重型车辆摆渡过河流。漕渡方式在军事应用方面非常普遍，可以方便重型装备克服水障碍。

靠近岸边时，M3 舟桥车放下跳板，“美洲豹”驶下 M3 舟桥车。装甲抢救车驶下 M3 舟桥车。如图 7 - 8 所示。

如图 7 - 9 所示，“狐”式装甲车在德军序列中还有很多，即将被“拳师犬”所取代。随后是各种后勤辅助车辆、轻型装甲车。

M3 舟桥车完成任务，沿着坡道开上陆地，驶上河岸（图 7 - 10）。自动收起两侧的浮箱如图 7 - 11 所示。

(a)

(b)

图 7-8　M3 自行舟桥车搭载“美洲豹”上岸

图 7-9　搭载“狐”式装甲车

(a)

(b)

(c)

(d)

图 7-10　M3 自行舟桥车完成任务后上岸

图 7 – 11　M3 自行舟桥车自动收起两侧浮箱

这次德国 M3 自行舟桥车令国际社会大开眼界，这样好的装备对于军队来说不可缺少，在未来，各国一定会加快研究。采用先进的技术制造新型结构材料，相继推出更高级的军用桥梁。

2. 俄罗斯两栖舟桥车船

俄罗斯的轮式两栖舟桥车船在国际上也小有名气，尤其是在当前的叙利亚战争中发挥了重要作用。在解放代尔祖尔全境的战斗进入到关键时期，为了帮助进击的叙利亚政府军装甲部队顺利渡过代尔祖尔地区的幼发拉底河，俄罗斯向叙利亚输送了一批工程车辆，主要包括装甲车渡河用的自行舟桥车 PMM – 2M 和架设浮桥的 PP – 2005 军用舟桥工程车。如图 7 – 12 所示。

图 7 – 12　俄罗斯轮式两栖舟桥车船

其后，俄叙部队成功解围代尔祖尔，顺势有东进之势，美军却试图阻止叙军。

俄罗斯利用其强大的航空运输能力，飞抵叙利亚赫梅明空军基地的安 – 124 大型运输机，此次运抵叙利亚的两栖舟桥工程车共 4 辆，其中 2 辆为 PMM – 2M

自行舟桥车,其余 2 辆为 PP - 2005 军用舟桥工程车。

俄军安 - 124 大型运输机(图 7 - 13)机长 69.10 m,翼展 73.30 m,机高 21.08 m,空重达到 175 t,最大起飞重量达 405 t,配备 4 台 D - 18T 发动机,最大时速 865 km,最大航程为 15 000 km,即便载重 40 t,也可以飞行 11 500 km,拥有全球直达的能力。该机拥有一个巨大的货舱:36.0 m×6.4 m×4.4 m,几乎可以装备下已知的任何一款装备,而且它的最大载重 150 t,最多曾创造载重 171 t 的世界纪录,一次可以运送大量的装备,几乎是一艘小型登陆艇了。

图 7 - 13　飞机运输轮式两栖舟桥车船

从公开的照片(图 7 - 14),我们看到,PMM - 2M 自行舟桥车驶出安 - 124 运输机机舱,装车运往叙利亚东部地区的代尔祖尔。随着紧急输送的渡河装备运抵前线,俄叙作战部队很快就在空军掩护下,发动了渡河攻势,成功让坦克装甲部队强渡幼发拉底河。

图 7 - 14　PMM - 2M 自行舟桥车开下安 - 124

已经装车运输的 PMM - 2M 自行舟桥车,PMM - 2M 自重 36 t,最大公路速度

55 km/h,公路续航里程为500 km,使用一台522马力的发动机驱动。俄罗斯陆军装备的PMM－2M自行舟桥车船车组乘员3人,浮渡准备时间6 min。(图7－15至图7－20)

图7－15　下飞机后陆上运输PMM－2M自行舟桥车

(a)　　(b)

图7－16　PMM－2M自行舟桥车在作业中

图7－17　PMM－2M自行舟桥车在渡河

图 7－18　运抵叙利亚的 PMM－2M 自行舟桥车

图 7－19　PP－2005 舟桥车工程车在作业

图 7－20　PP－2005 舟桥车工程车十车联合作业

PMM－2M 自行舟桥车在浮渡时使用 2 部螺旋桨推进器推进，水上最大航速 11 km/h，理论续航时间 10 h。该车除单车作业外，还可以多车联合以提升运载能力。

PMM－2M 自行舟桥车浮渡状态，该车最大承载重量 42.5 t，可横跨 50～6 000 m 宽的河流，单车可运载 T－72 等 40 t 级的主战坦克，不过对于 46 t 左右的T－90主战坦克，PMM－2M也无能为力，只能通过多车结合的方式来提升运载能力。

幼发拉底河的支流在叙利亚东北部分布广泛，部分河流跨度达到200 m，没有浮渡车或舟桥车的支撑，装甲车辆很难通过。

除PMM－2M自行舟桥车外，同机运抵叙利亚的还有PP－2005军用轮式舟桥工程车。PP－2005军用轮式舟桥工程车基于KAMAZ－63501军用卡车底盘打造，俄罗斯的"龙卷风"火箭炮也使用的是该型底盘。

俄罗斯陆军的PP－2005军用舟桥工程车最大通过质量60 t，可承载重型主战坦克在内的所有装甲车辆通过，适用于大规模装甲部队渡河。

PP－2005军用舟桥工程车10车联合作业，可以在短时间内搭起一条200 m左右的机械化门桥，短时间架起水中桥梁，行驶坦克。这可大幅提高装甲部队越过水域障碍的效率。

3. 美国的两栖舟桥车船

美国的两栖舟桥车船也具有自己的特色，在战争中也体现了战术作用。美军架设过程见图7－21。

图7－21 美国的两栖舟桥车在作业

美海军陆战队第八工程师支援大队舟桥部队正在架设浮桥，图7－22至图7－25。

图 7－22 美国海军陆战队舟桥部队进行浮桥架设(一)

图 7－23 美国海军陆战队舟桥部队进行浮桥架设(二)

图 7－24 美国海军陆战队舟桥部队进行浮桥架设(三)

(a) (b)

图 7－25 美海军陆战队舟桥部队新建浮桥在海上航行

7.1.2 国外发展趋势

国外军方在不断发展特种两栖车辆,主要关注以下几方面。

1. 注重提高在未来战争中的生存能力

高度重视这类两栖舟桥车辆的防护能力,重点是实现必要的装甲化,一些轮式的两栖舟桥车辆关键部位,也将采用高强度防弹材料防护。在防备生化方面,除配备必要的通用侦察、洗消装置外,还注重提高装备的密闭性,加装滤毒通风装置。

2. 注重提高机动能力

国外在不断研制或选用新型高机动性能的汽车底盘,以提高特种两栖舟桥车船的机动性,由此提高车辆的作业性能。

3. 采用高新技术、新材料,提高两栖舟桥车船战术、技术性能

国外对底盘更新、信息、材料、夜视、混合动力等方面技术在两栖舟桥车辆上的应用非常重视。美国海军陆战队、国防高级研究局等正在研究、开发一种混合动力、多用途的特种车辆,为新一代两栖舟桥车船奠定基础。

4. 发展单元化、多功能的特种两栖车辆

国外对发展单元化的专用两栖舟桥车船很重视,利用标准配套方舱和相关器材、设备,组成各种独立的装备单元,可根据部队规模、性质及战斗需求的不同进行组合;还重视向多功能发展,把装、卸、运、储等功能集于一体。

5. 注重系列化、车族化

两栖车辆在设计时即按车族化考虑,同时还有如下趋势:车种减少,提高车辆系列化水平;零部件的标准化、通用化;发动机的大功率化;重视战术、技术性能与经济性的统一。

7.1.3 国内发展情况

两栖舟桥车船是军民融合、亦军亦民的重要装备,可以在堰塞湖和应急救援时面对的江河湖水上快速架设桥梁,打通救急道路,完成救援任务,在军事斗争中也作为部队克服江河峡谷沟渠等障碍的重要装备。目前已经引起了世界各国的高度重视,并得到了快速发展。

我军的两栖舟桥车船研制是从特种车辆发展而来,在20世纪50年代开始是

从苏联进口，然后仿制。60 年代中开始自主设计研制生产，历时 50 多年的发展，我国的特种军用车辆、两栖车辆、两栖舟桥车船都得到了令人瞩目的发展，初步建成了军用特种车辆生产和技术发展的标准化体系，特种车辆企业为部队生产出了水陆两栖车辆与轮式两栖舟桥车船，为我国军队的战斗力提供了有力保障。

同时，这些两栖装备也在强化系列化、标准化、通用化，不断改进战术、技术性能，完善设计、研制、试验、生产、验收、使用、维修等各种标准与规定，借鉴国外的经验，充分利用新技术、新材料、新工艺，结合我国军队的实际，开发出新一代的两栖车辆与两栖舟桥车船，以提高我国的特种两栖车辆与两栖舟桥车船的战术、技术性能水平。

1. 前期的以船为主的舟桥车船（图 7－26）

(a) (b)

(c) (d)

(e) (f)

图 7－26　我军的两栖舟桥车辆

(g)

(h)

图 7 – 26(续)

隶属于中国船舶重工集团公司(中船重工)的湖北华舟重工应急装备股份有限公司(华舟重工),一直以来制造的都是陆军机械化桥等特殊装备的“专业户”,比如说履带式舟桥车,其在卡车上“背”了一些大型钢板,能够临时搭建成一座桥,以便坦克等车在不好的路段上通行。

华舟重工的履带式舟桥车船,最早的是模仿俄罗斯的机械化桥,但是现在华舟重工的舟桥车已经全面地超过了俄罗斯,不论是在架设的速度还是舟桥的承重度都比俄罗斯先进了很多。

新一代重型舟桥装备是由箱体门桥、动力舟、运载车附属设备等组成,主要用于糟渡门桥和架设浮桥,它的门桥结构由于采用了箱体式,不再像以往需人工架设笨重的桥板,既安全又省力,效率成倍提高。它的服役使我军现代化舟桥铺设反应能力有极大提高。

舟桥部队所配备的人员及装备的专业性是排他性的。现代战争条件下,舟桥部队更是无可替代,战时紧急搭建野渡桥梁,陆军人员的水面运送都离不开它的身影。

近些年来,我军“带式舟桥”“特种舟桥”“重型舟桥”“高架舟桥”“箱式舟桥”等各舟桥专业设备陆续装备,这些装备在抗洪抢险、地震救灾中发挥着重要作用,舟桥部队的应急能力也受到历次检验。

其中,老旧设备暴露出的一些问题也在促进新一代舟船设备的研发,据报道,我军目前最新式的第三代重型舟桥装备已经服役,性能表现优异。

2. 第 3 代重型舟桥车船

1980 年以后又相继组建了特种舟桥旅和工兵旅。工程兵基本上实现了编组专业化、行动摩托化、工程作业机械化的要求,进一步提高了工程兵部队在现代战争条件下快速完成野战工程保障任务的能力(图 7 – 27)。

图 7-27　列装第 3 代重型舟桥 26 min 架出跨越长江浮桥

舟桥旅是一支在抢险救灾中屡建奇功的英雄部队，曾被中央军委授予“抗洪抢险模范旅”荣誉称号，该旅已被编入国家级应急专业力量体系，每年都要执行多次抢险任务，官兵们战风斗浪、攻坚克难，比平时训练更增几分凶险。

3. 新一代两栖舟桥车

2015 年俄罗斯国际军事比赛，应俄罗斯联邦国防部邀请，中国军队舟桥分队携带多种新型架桥装备，抵达俄罗斯下诺夫哥罗德地区，参加“开阔水域”军事竞赛。其中我军参赛的一款重型多功能履带式舟桥车非常吸引人，其外形巨大（图 7-28）。这是仿制俄罗斯 ПММ-2 型履带式重型舟桥车，在 ZTZ-96 式主战坦克底盘基础上，研制成功了 GZM003 履带式重型自行舟桥系统。

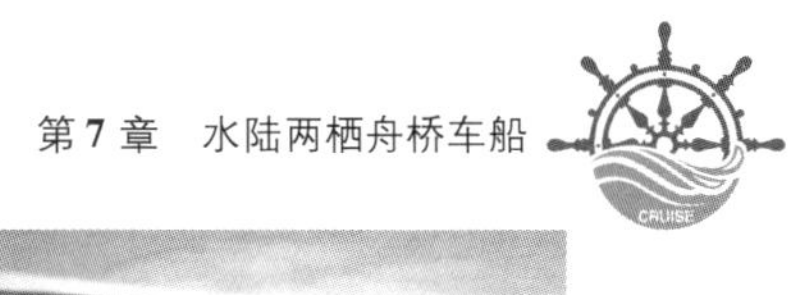

(a)　　(b)

(c)　　(d)

(e)

图 7－28　GZM003 履带式重型自行舟桥系统

GZM003 履带式重型自行舟桥在岸上展现的工作状态如图 7－29 所示。

(a)　　(b)

图 7－29　GZM003 履带式重型自行舟桥在俄罗斯军事竞赛

(c) (d)

(e) (f)

图 7－29（续）

在俄罗斯国际军事竞赛的“开阔水域”项目中，中国展示出了国产新型的 GZM003 履带式重型自行舟桥系统，造型优美，性能卓越。

两栖舟桥车水上工作状态：将带式桥与轮式、履带式两栖车辆结合为一体，保证桥体本身的水陆自行，能以最快的速度从行进状态转入架设状态图（7－30）。

(a) (b)

图 7－30　重型自行舟桥在水上

CZM003 履带式重型自行舟桥系统展开状态如图 7－31 所示。

图 7－31　重型自行舟桥在水上展开状态

GZM003 履带式重型自行舟桥系统运载装甲车辆渡河。具有机动性好、机械化程度高、架设和撤收时间短、单车架设距离大、渡河方式转换便捷等许多优点。

舟桥部队胜利完成比赛任务，取得了卓越的成绩，体现了我国的两栖舟桥车的水平和能力。

近期我国的 50 t 级新型轮式两栖自行门桥，是以 8×8“铁马”高机动轮式越野车为底盘，可承重 50 t 以下的履带式坦克装甲车和 13 t 以下的轮式车辆通行，真正做到逢山开路，遇水架桥（图 7－32）；它的驾驶速度很快，15 m 的单桥只要 9 min，27 min 架设了 1 100 m 的浮桥。数百辆重型装备在 1 h 内成功通行，2 h 内运送 2 万兵力。

(a)　(b)　(c)　(d)

图 7－32　重型自行舟桥在水装载坦克状态

我国公开的 50 t 级新型轮式两栖自行门桥如图 7-33 所示。

这一过江神器是我国的重大成果,已经受到世界各国的关注和羡慕。

(a) (b)

(c) (d)

(e) (f)

图 7-33 50 t 级新型轮式两栖自行门桥

7.2 两栖舟桥车船设计研究

7.2.1 两栖舟桥车船型号研究

国际上两栖舟桥车船的型号并不多，比较成功的是德国与俄罗斯等国，我国已经通过仿制俄罗斯的履带式两栖舟桥车船，形成了GZM003履带式重型自行舟桥系统，性能与功能等各个方面都取得了可喜的成效，当然，我们还需努力，开发更具特色的、具有自主知识产权的轮式两栖舟桥车船。下面是我国的GZM003履带式重型自行舟桥系统与印度引进法国的两栖舟桥车的比较。

南亚次大陆河流众多，地形复杂多变，为实现部队的良好机动性，印军对各种架桥器材需求强烈。近年，印度在自行研制不力的情况下，从法国引进了EFA轮式自行舟桥车（图7－34）。这是一种大型轮式自动化架桥机械，但与大家往常印象中的舟桥不同，这种架桥车并不是靠铝合金浮箱漂浮，而是靠四周吹起的大型浮囊支持车体的浮力，达到架桥的目的。四周浮囊充气的样子就像是一个超级大的羊皮筏。

(a)

(b)

图7－34 印度购买的法制EFA自行舟桥车

印度购买的法制EFA自行舟桥系统车采用轻合金材料制成，车头和车尾各铰接了1块12 m的跳板。泛水前，EFA首先将气囊设置在车体两侧和跳板下方，再充气。桥车装有4个大型低压轮胎。桥车在水上由2个可以旋转的喷水

推进器驱动。EFA 可以架设成带式浮桥，也可以作为单独的门桥使用(图 7－35)。

(a) (b)

图 7－35 EFA 可以架设成带式浮桥

当作为浮桥时，每个桥节长 23.5 m；作为门桥时，如果质量分布均匀，可承载重 90 t。从陆上行驶状态到泛水准备时间为 5 min。EFA 单车重 39 t，行驶时长 12.35 m，架设浮桥时 23.5 m，结构门桥时长 34.66 m。陆上行驶速度 60 km/h，水上行驶速度 6～12 km/h。EFA 自行舟桥系统展开组成的单独体为一个漕渡门桥，单独的一个 EFA 舟桥桥体可以作为门桥运送主战坦克过河(图 7－36)。

(a) (b)

图 7－36 EFA 可以单独为漕渡门桥并运送坦克

中国 GZM003 履带式重型自行舟桥系统如图 7－37 所示。

(a)

(b)

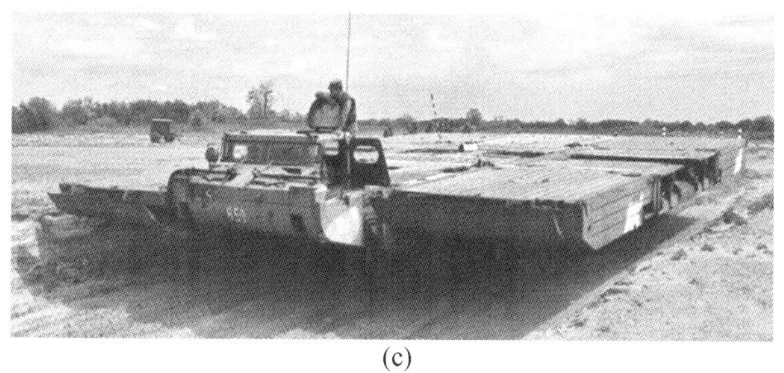

(c)

图 7－37　中国 GZM003 自行舟桥系统

GZM003 履带式重型自行舟桥系统从外观看是一种类似于 ПММ－2 自行舟桥的重型履带式自行舟桥。这也让中国成为世界上第二个拥有重型履带式自行舟桥系统的国家。GZM003 结构与 ПММ－2 基本一致，但由于后者使用的 T－64 改进底盘已经远远落后于时代，中国也没有装备，因此 CZM003 采用的是 96 式坦克改进底盘，这一底盘已经广泛应用到多种军用工程机械上，成为中国新一代工程装备通用底盘。

两两并联后形成双舟门桥，可以运送 85 t 的车辆过河（图 7－38）。履带式自行舟桥车则具有越野性能好，克服岸坡能力强的优点。恰恰是这两个特点，决定了中国和俄罗斯军队采用履带式自行舟桥车。众所周知，即使苏联鼎盛时期，苏联的高级别公路里程仍然不足以满足其经济社会发展的需要，所以对部队的越野机动性要求更高。

图 7-38　两两并联形成双舟门桥可运送 85 t 重车辆

GZM003 是中国首款履带式自行舟桥车船,起点高、效率好,将使工程兵部队如虎添翼,无论是战时,还是重大抢险救灾中,都将发挥出卓越的性能,必将更好地服务于未来战争和国防建设。

但是,我国与国外的先进两栖舟桥车船相比,还存在差距,特别是更具机动性的两栖轮式舟桥车船的水平,我国在高机动性、通用性、系列化、标准化等方面,还需借鉴国外的战术、技术性能基础上,结合我国的实际需求,采用新技术、新材料、新工艺,开发出新型的、具有更强功能的轮式水陆两栖舟桥车船。

7.2.2　两栖舟桥车船关键技术研究

水陆两栖舟桥车具有陆地行驶、水上航行和架设舟桥的三重功能,其技术架构更为复杂,要考虑多方面的关键技术。

(1)两栖舟桥车船水动力性能研究、CFD 技术的应用研究和试验验证;

(2)考虑满载重量的两栖舟桥车船的排水量、浮力与试验研究;

(3)轮式两栖舟桥车船的总体设计技术;

(4)两栖舟桥结构物的连接及多体之间的连接技术;

(5)考虑风、浪、流载荷预报与舟桥结构物强度研究;

(6)搭建后舟桥的多物理场、多单元耦合问题研究;

(7)浮力块的设计及其展开与收缩技术;

(8)轮式两栖舟桥车船的动力系统设计;

(9)轮式两栖舟桥车船的机电系统设计;

(10)两栖舟桥车船结构物疲劳评估,应力疲劳、腐蚀疲劳研究;

(11)两栖舟桥车船结构物的碰撞模拟与数值计算方法研究;

(12)整体舟桥的稳定性与强度问题研究;

(13)舟桥结构物腐蚀问题研究;

(14)关键节点与连接初特殊材料应用问题研究;

(15)两栖舟桥车船搭载能力的设计、可靠性分析与风险评估。

综上所述,两栖舟桥车船,特别是轮式两栖舟桥车船的技术是相当复杂的。近期,我国已经在这一方面取得了重大突破,研制出了具有自主知识产权的两栖舟桥神器,达到了国际先进水平。

但是这还不够,还需要我们更努力地去探索研究,争取实现建成世界上最强的轮式两栖舟桥车船面世。

参考文献

[1] 德国 ENK 公司. 德国联邦国防军舟桥车[Z]. 德国联邦军技术与供应局,1996.

[2] 俄罗斯舟桥车. PP-2005 军用舟桥工程车[Z]. 俄叙部队,2019.

[3] 俄罗斯舟桥车. PMM-2M 自行舟桥车[Z]. 俄叙部队,2019 年 4 月 10 日

[4] 美海军陆战队第八工程师支援大队. 美军舟桥部队新建浮桥在海上航行[Z]. 美海军陆战队第八工程师支援大队,2018.

[5] 江麓集团. 履带式自行舟桥[Z]. 中国兵器工业集团公司,2018.

[6] 中部战区陆军舟桥部队. 演练全天候快速架桥[Z]. 中部战区陆军舟桥部队,2018.

[7] 虹摄库尔斯克. 中印自行舟桥系统大比拼,印度外购品就像一个大皮筏[EB/OL]. (2016-08-25)[2018-05-25]. https://3g.163.com/dy/article/BVBNA418051597CR.html.

[8] 高志龙. 两栖舟桥车辆研究开发[R]. 苏州:清华大学苏州汽车研究院研究报告,2018.

第8章
水陆两栖房车研究

两栖房车既可以在陆地行驶，又可以驶离陆地，进入湖泊或河流行驶。它是豪华的汽车与游艇相结合的新型车船型号产品，是一项喜欢陆地、海上、野外旅游生活的理想载体，必将得到众多车船爱好者的青睐，其市场发展前景不容忽视。

当前，我国车船行业正在转型升级，房车与游艇都是具有良好前景的工业产品和旅游载体，两种产品结合即两栖房车，必将有效引领市场的发展，获得令人意想不到的效果。

目前，国际上发展也尚未有全面铺开，仅仅只有寥寥几个型号，我国完全可以快速赶上，以满足人们美好生活的需要。我们可以结合智能化与无人系统技术，把两栖车辆作为我国汽车行业转型升级的重要内容，将具有自主知识产权的两栖房车提升到世界前沿。

目前，两栖房车的市场仍然处于开创期，抓紧机遇与时间，组织资源研制先进技术与两栖房车产品乃是当务之急！

8.1　国内外两栖房车发展情况

两栖房车具有房车与游艇的双重概念与功能，停放简单（不需要码头）、使用方便。两栖房车的制造并不复杂，与我国房车、游艇与两栖车辆生产的基础结合，完全可以较快地生产出我国自主知识产权的两栖房车。

当今世界，智能化与无人系统技术正在热火朝天地研发，已经出现了许多可喜成果，先进的电子产品层出不穷，也完全可以将两栖房车车型结合起来，并提升、发展到一个新的世界高度。

8.1.1 国外发展情况

国外的两栖车辆发展很早,主要在军事上应用,但是两栖房车的出现也在近代,型号不多,技术上也并不完美。随着人们兴趣与需求的增加,越来越多的型号与生产厂商会不断涌现,下面是国外的房车介绍。

1. 美国两栖旅游房车

这是一款由美国南卡罗来纳州的两栖车辆制造公司生产的世界上最豪华的两栖房车,是受到许多喜欢猎奇的富豪青睐的超级豪华两栖房车,其后边还有小甲板可以附载小游艇,是一个移动的家,水上速度很快,有豪华的内部装饰,其售价为 120 万美元。它的外观与最豪华的汽车相像,一旦入水,又如同一艘游艇。见图 8 -1 和图 8 -2。

(a)

(b) (c)

图 8 -1 美国豪华两栖房车

(d)

(e)

图8－1(续)

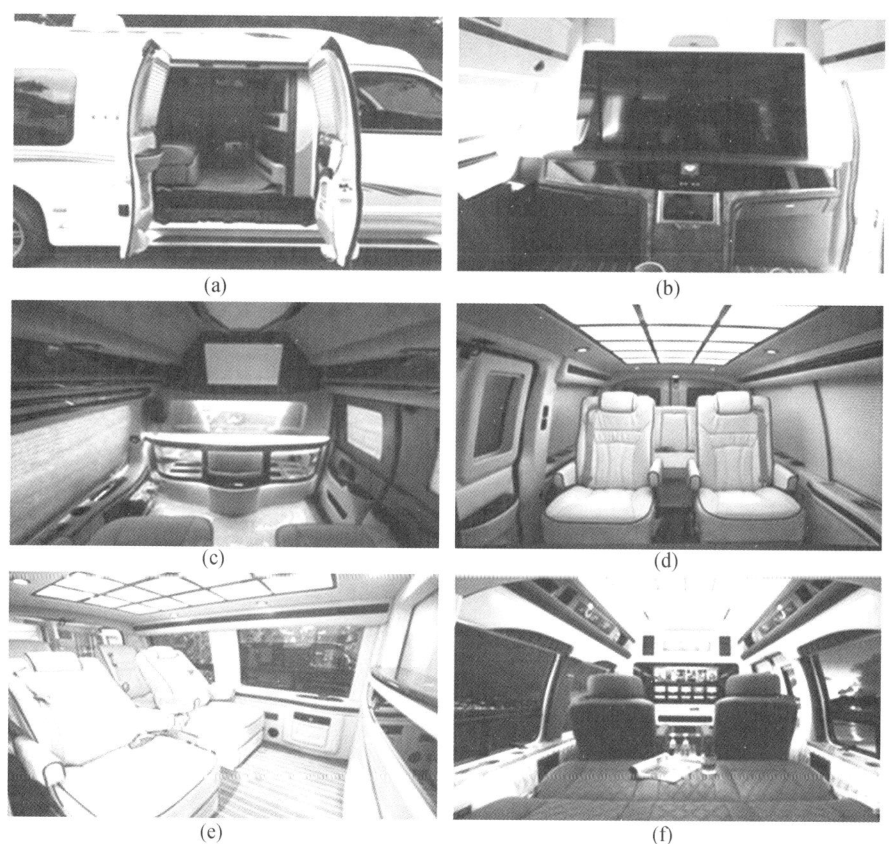
(a) (b) (c) (d) (e) (f)

图8－2 美国豪华两栖房车内装饰

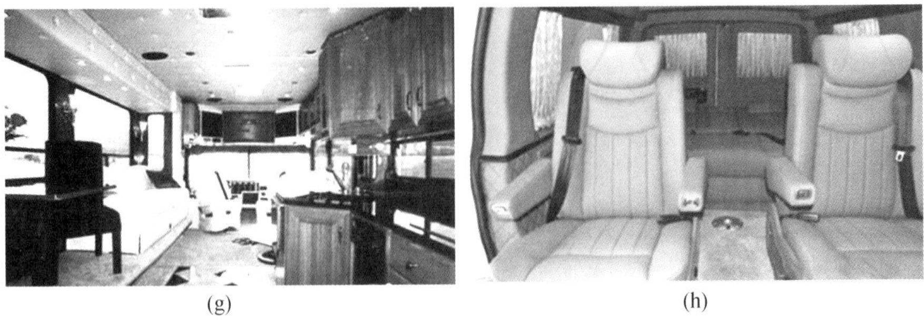

(g) (h)

图 8-2(续)

2. 澳大利亚水陆两栖房车

CaraBoat 是一家澳大利亚的公司,公司设计了一款具有房车功能特征,还如同一艘水面上高速行驶的游艇。其设计平面图见图 8-3。

通过 CaraBoat 这款产品让大家了解到两栖房车一种更加休闲娱乐的水陆两栖产品(图 8-4)。

图 8-3 澳大利亚水陆两栖房车设计示意图

(a)

图 8-4 澳大利亚水陆两栖房车在陆上与水上

(b)

图 8 -4(续)

在 CaraBoat 的尾部安装有两个 30 马力的 4 冲程舷外引擎,作为其在水上时的驱动力,其燃料储存位于后甲板下方(与内部住宿分开)。CaraBoat 生活舱室设有大窗户,提供全景观景,通风良好。在需要使用罗马窗帘式窗帘时,仍然拥有完全的隐私。如图 8 -5 至图 8 -7 所示。

图 8 -5　澳大利亚水陆两栖车房车内装饰

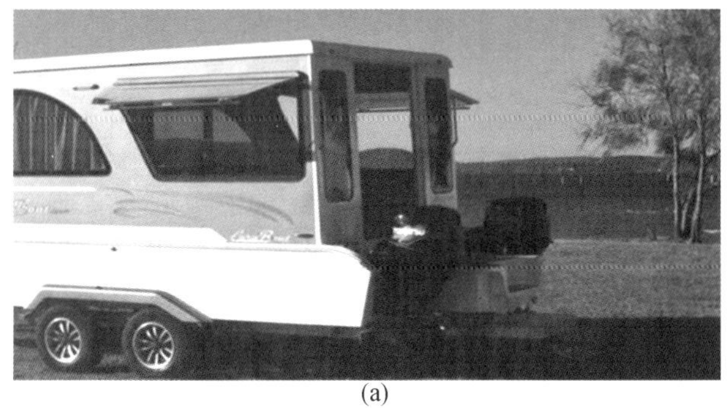

(a)

图 8 -6　澳大利亚水陆两栖房车布置与在水上行驶

(b) (c) (d) (e)

图 8 -6(续)

CaraBoat 的全高储藏室可供长时间储存物品,可减少停车等采购用品次数,非常适合长时间旅行。休息时,前端休息室只需滑出,即可打开隐蔽的双人床,船尾还有另一个休息室,有对面的座位,如果需要,也可转换为一张双人床,或 2 张单人床。

(a) (b)

图 8 -7　两栖车房车布置与在陆上行驶

CaraBoa 具有隐藏式的控制台,平时作为房车时收起完全不影响内部空间,变身游艇后展开,其在登岸时不需要将小艇取出。

CaraBoat 的轮拱被设置在船身上,减少了整体高度,降低油耗且整体美观。

3. 日本超轻两栖房车

由纽约的设计公司 Stereotank 联合日本设计师，推出了一款名为 Taku Tanku 的微型房车（图 8－8、图 8－9）。它由两个 3 m^3 的储水箱改制而成，成品房车车内面积有 9 m^2，可容纳2～3 人，配备太阳能供电的 LED 灯和换气风扇，顶部及侧面均有天窗和换气孔。

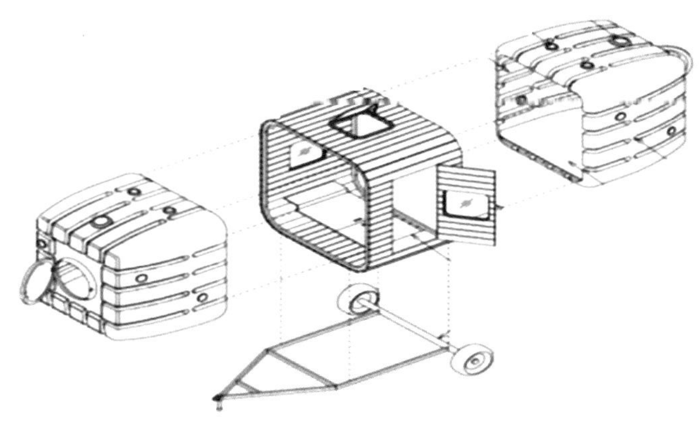

图 8－8　日本 Taku Tanku 的微型房车设计示意图

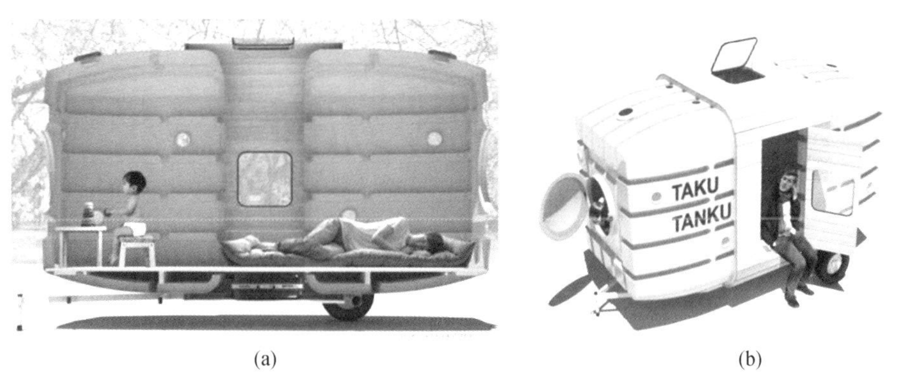

(a)　　(b)

图 8－9　日本 Taku Tanku 的微型房车布置与外形

由于所选用的储水箱为塑料质地，质量轻、能浮水，用单车、小艇均能拖动，可完成水陆两栖的驰骋。其内部空间足够大，可容纳一张床及书桌，唯一遗憾的是它并不配备卫生间。

4. 德国 MAN 8×8 越野房车

这款房车就是阿莫迪罗·征服者 F 型越野房车（图 8－10），人们称它为“征服者 F 房车”。这款房车是基于德国 MAN TGS 8×8 牵引卡车打造而成，众所周知 MAN 卡车在世界卡车领域有着举足轻重的地位。

(a)

(b)

图 8-10　德国阿莫迪罗·征服者 F 型野房车

作为一款基于重卡打造的极限路况越野房车，这台征服者 F 房车车身长度达到了 11 180 mm，车身宽 2 495 mm，高 3 930 mm，总重 21 t，行驶在路上绝对是个庞然大物，有的朋友可能会说，这么大不就是辆长途货运车吗，实则不然，征服者 F 车身体积够大，但是它采用的一体式车身，比普通货运车具有更好的稳定性，其外观造型也是无可挑剔。

征服者 F 房车的车头部分依然是保留了 MAN TGS 的原厂风格，在动力方面，这台 MAN TGS 8×8 搭载曼恩 6 缸 24 气门直列涡轮增压发动机，功率达到 540 马力，最大扭矩 2 500 N·m，带分动箱的 8×8 驱动形式，前后桥共 4 把差速锁，3 个轴间差速锁，变速箱采用 12 速越野模式自动变速箱，并且带有挡位锁止功能。为了适应更加复杂的路况以及获得更好的通过性，“征服者 F 房车”的尾部进行了大幅度的“开角”设计，因此接近角及离去角均获得了不错的数据，分别是 33°和 38°，最小离地间隙达到了 385 mm，车尾部装有电动升降的摩托车架，箱体采用断桥隔热结构，外蒙皮为德国品牌超强度玻璃钢材料。如图 8-11 所示。

从图 8-12 中我们可以看出，得益于较短的前悬，征服者 F 房车可以很轻松地上到坡面而不会伤到底盘，同时所使用的米其林的 14.00R20 XZL 全地形轮胎，以及全时 8 轮驱动，都让这个 21 t 的大家伙在沙地攀爬自如。

该车采用升降顶的设计，开启以后，车顶上方是一个大露台，进入车厢需要借助车门下方的 5 层电动伸缩踏步。如图 8-13 所示。

(a) (b)

图8－11 德国征服者F房车外形的车头与车尾

图8－12 德国征服者F房车在沙地攀爬

图8－13 德国征服者F房车外形的顶部与侧面

开启升降顶以后我们到车顶一探究竟，车顶内部配有旋转楼梯、游艇式的二层飞桥客厅、液压升降的环绕式沙发和桌椅，豪华程度可见一斑。如图 8－14 所示。

图 8－14　德国征服者 F 房车顶部布置

车顶前部是太阳能供电系统和移动卫星接收器。该车电力系统采用阿莫迪罗全自动大功率混合供电系统，配备美国品牌 5 kW 超静音水冷柴油发电机，荷兰品牌 8 kV 逆变充电一体机，荷兰品牌全自动智能电力管理系统，新西兰品牌配电盘，荷兰品牌电池隔离器，605AH 24V，磷酸铁锂电池组(14.5 kW · h)，电流监控器，后部为带有升降顶的露台。

其实所谓的“露台”是液压升降式车顶。升起来之后，便成为游艇飞桥式开放客厅，中间位置为电动升降桌，通过露台上的楼梯口可以进入下方的车厢内部(图 8－15)。

(a)

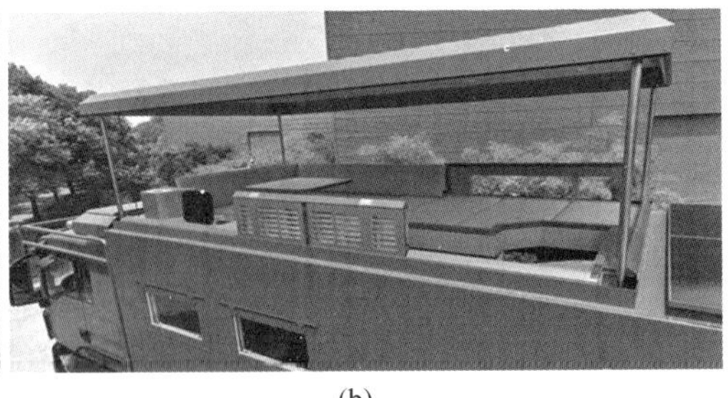

(b)

图 8－15　德国征服者 F 房车顶部装饰布置

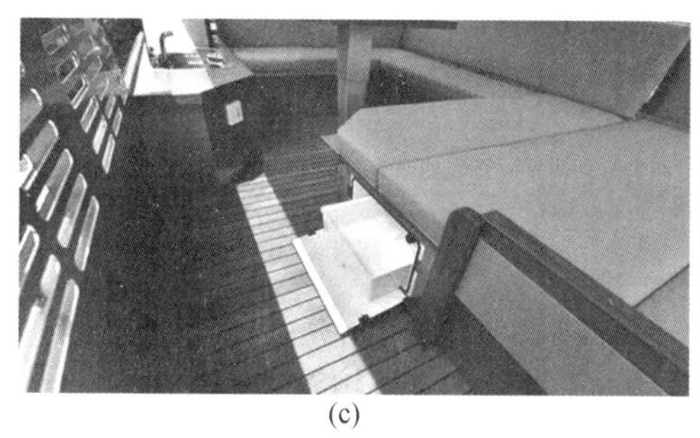
(c)

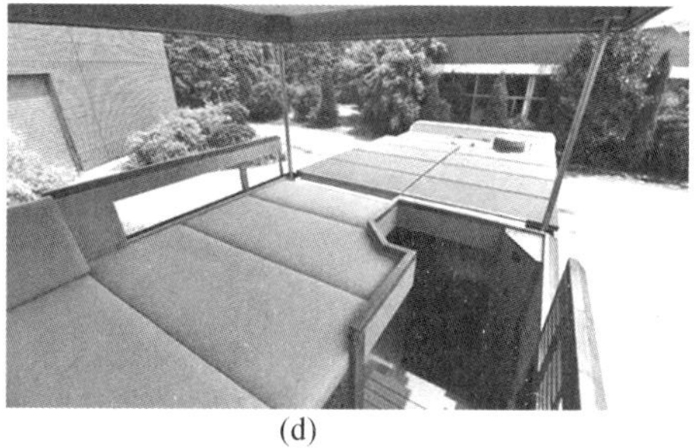
(d)

图 8－15(续)

从露台下来进入的生活区(图 8－16),楼梯采用阿莫迪罗五级踏步铝合金自动楼梯,车厢为三明治箱体结构,厚度达到 65 mm,内部的金属配色满满的科技感,提供了一个非常宽敞的生活区,车厢被分为三个区域,前部的沙发休息区、中部的厨房和卫生间、车尾部为卧室。

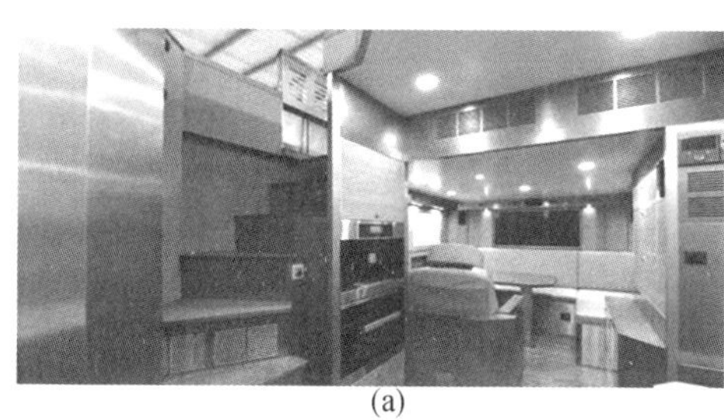
(a)

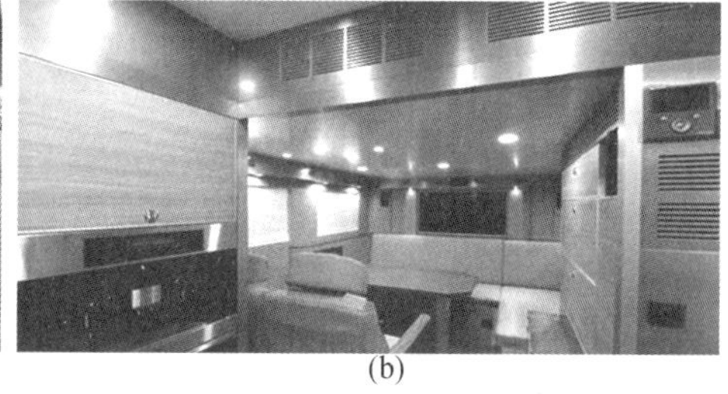
(b)

图 8－16　德国征服者 F 房车生活区

车厢前部是环形卡座沙发搭配双人沙发,宽大尺寸可以满足 6 人同时使用车上的地板采用顶级船用柚木地板,植物油抛光。带有安全带的双人座椅在行车途中也能乘坐,上方的空调出风口以及百叶窗有种淡淡的北欧简约风。

客厅装有 1 台 43 寸液晶电视机,同时还带有美国品牌音响系统,可以打造一个小型家庭影院(图 8－17、图 8－18)。

沙发偏硬的质感,搭配电动升降餐桌组合,可以变为 1 张双人床,尺寸为 2 000 mm×1 600 mm,几乎与家用无异。

(a) (b)

图 8－17　德国征服者 F 房车生活区内装饰

(a) (b)

图 8－18　德国征服者 F 房车生活区内装布置

从客厅出来，在车厢侧门旁边都是车内的控制开关（图 8－19），该房车车门是阿莫迪罗专有，配美国品牌电动门锁，可密码开启及磁卡开启。

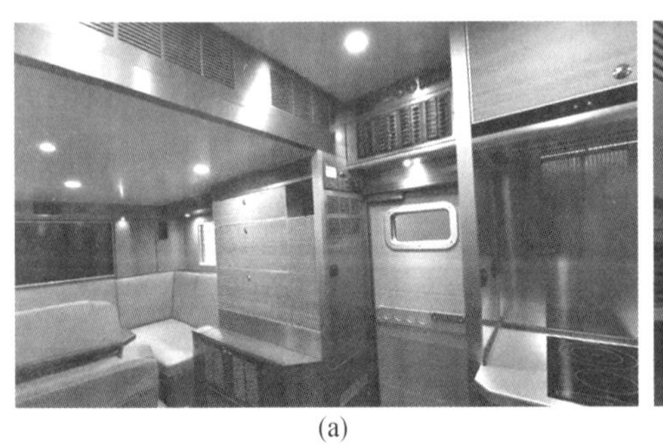
(a)

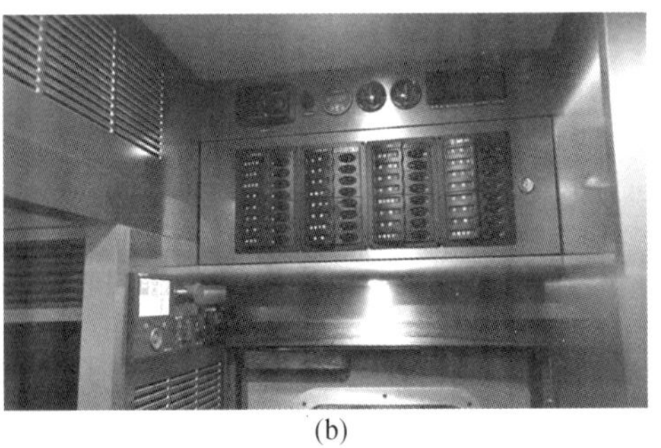
(b)

图 8－19　德国征服者 F 房车内控制系统与控制面板

车厢侧门的上方的控制面板上的每个按钮都有中文标注，因此在使用的时候也不会束手无策。

车厢中部的左侧是厨房区域(图 8 - 20)。厨房内提供了一整套的厨房设备,包括电陶炉、抽油烟机、洗菜池、冰箱等,带有标准收纳槽的碗筷抽屉,即使是越野的时候,也不会伤及内部。

(a)　(b)

图 8 - 20　德国征服者房车内厨房

车上的卫生间(图 8 - 21)采用了干湿分离的设计,即淋浴室与坐便单独使用。淋浴室位于卫生间内侧,车上装有自动恒温混水器,淋浴的时候可以保证水温适宜,提供一台 40 L 热水器,以及一个 950 L 超大净水箱,以供使用。除此之外,卫生间内部带有洗手池和陶瓷电吸马桶,车上的黑水箱容积为 80 L,配有液位感应器和电动排污阀。

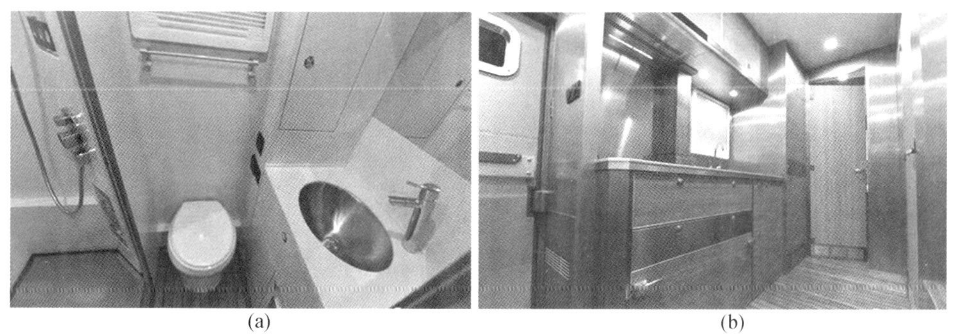

(a)　(b)

图 8 - 21　德国越野房车内卫生间

走过厨房和卫生间,进入车尾区域,车尾是主卧室所在的位置。主卧室设计比较简洁,为封闭式空间,带有屋门,内部以一张超大的双人床和储物柜为主,双人床尺寸为 2 000 mm × 1 500 mm(图 8 - 22)。

卧室内部配有一台 32 英寸液晶电视,车内共配有 1 个移动卫星电视接收系统和 2 台移动卫星接收机。

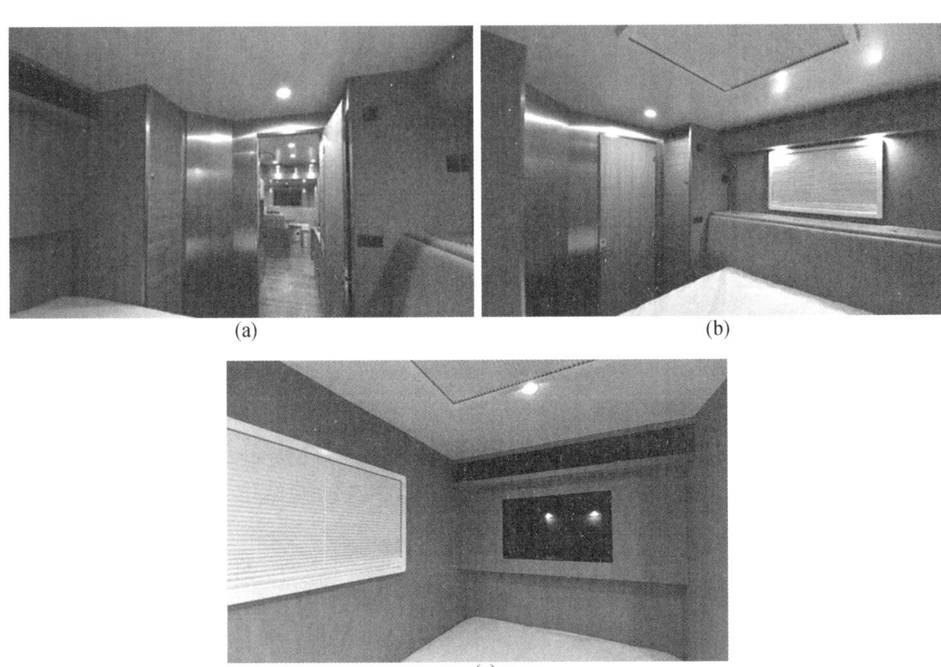

(a) (b) (c)

图 8－22　德国征服者房车内卧室

5. 国外其他两栖房车

房车变身为豪华游艇的水陆两栖车如图 8－23 至图 8－26 所示。

图 8－23　豪华游艇的水陆两栖

(a)

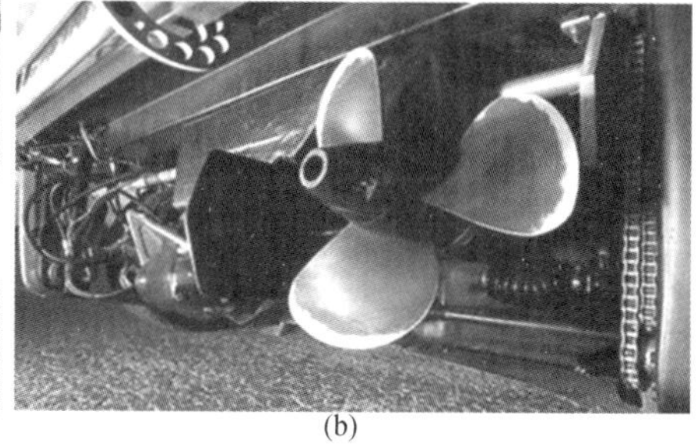

(b)

图 8－24　豪华游艇的水陆两栖房车驾驶室与艉部

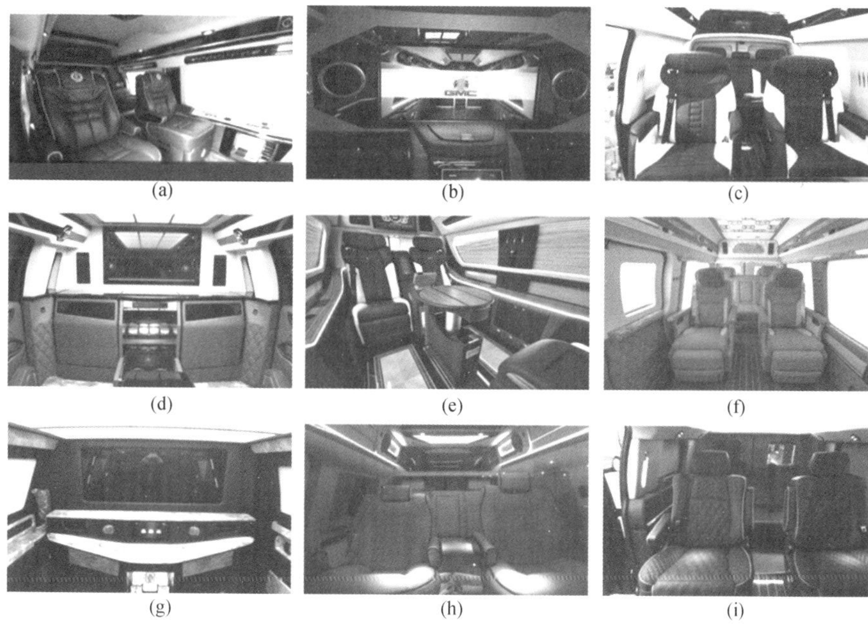

(a) (b) (c) (d) (e) (f) (g) (h) (i)

图 8－25　豪华游艇的水陆两栖房车内装饰

(a) (b)

图 8－26　水陆两栖车船在水上行驶

8.1.2 国内发展趋势

2016年重庆科技活动周的“重头戏”之一，一款水陆两栖房车在杨家坪步行街亮相“未来生活梦幻体验展”，该房车在市场上已有销售，目前售价为9.8万元人民币，该车不仅能在地上“跑”，还能在水上“游”。

2009年5月，中国青岛从澳大利亚引进第一辆水陆两栖巴士——“冒险鸭”（图8-27）。作为中国首例水陆两栖旅游项目，“冒险鸭”抢滩登陆青岛，是中国水陆两栖旅游的里程碑，填补了国内旅游市场的空白。

图8-27 引进澳大利亚的水陆两栖巴士

我国的民用两栖车辆发展是比较晚的，所以两栖房车更是没有很好地发展，但是基于两栖房车的众多特点，尤其是比小型游艇更强的优点是不用在码头停靠，省却了许多麻烦和费用，其完全可以如国外家庭房车一样，停靠在住宅小区或停车场，因此，家庭两栖房车的发展趋势可能比游艇具有更好的前景。

同时，两栖客车的旅游，在国内还没有大规模的宣传、推广，这是一个很大的市场，特别在沿海旅游区域，更是一个具有极有前途的项目。

8.2 两栖房车的关键技术

两栖房车兼有陆地房车与水上游艇的功能,其关键技术主要是三个方面:

(1)舾装的工艺设计与建造工艺水平与能力;

(2)安全性、可靠性与快速性;

(3)要掌握整个产品的经济性。

8.2.1 两栖房车的工艺设计

两栖房车不但要有在陆地上的房车功能,而且要具有在水上的小型游艇功能,因此他的工艺要求更为突出,无论是美观性还是舒适性都要别具风格。

1. 美观性

水陆两栖车辆的外观设计是指外观形式的设计即两栖车辆造型与色彩的设计,其外观设计一般包括:

(1)两栖车辆外观轮廓造型(平面、立面);

(2)上层建筑造型(型线比例、虚实布置);

(3)两栖车辆主船体造型(船艏、船艉、脊弧);

(4)舾装造型与布置(烟囱、桅杆、舷墙、救生、门窗);

(5)两栖车辆外装色彩、文字、图案。

两栖房车的发展取决于对用户的吸引力及其被接受的程度。

首先是先入为主的整体外观的美观性,这是对用户的第一印象与冲击力,它代表了整体的风格,如,现代的、古典的、欧美的、传统的,等等,这些都会影响用户的心理与感官的即时反应,起到非常重要的作用。如图8-28所示。

第二是内部空间格局的美观性,进入两栖房车内部,内部空间格局的布置与环境的美好,将更加加深给用户的印象冲击,这就需要设计时的总体把握。

第三是内部装饰的美观性:这是对各个局部的美观性评价,是更为细致的美观性。

(a)

(b)

图8－28　古典式主卧与现代盥洗室

目前，英国、挪威、美国、意大利注重造型快速感与美感的结合，日、德、苏注重舱室空间利用效益与美感的结合。

2. 舒适性

舒适性是用户直接体验在其中的操作、运动、生活的感官与心理影响，它包含多个方面。

(1)舱室环境的舒适性

两栖房车的舱室是用户接触时间最长的地方，舱室的环境会直接影响用户的心理和生理感受，主要的影响元素是家具、光环境、振动与噪声环境、空间环境、耐波性与气味等，这些元素将通过用户的视觉、听觉、嗅觉与触觉等感官影响着用户的日常应用与生活，因此是非常重要的舒适性环节。

(2)内装是舱室形式设计和功能设计的结合

舱室形式设计又称舱室艺术设计，主要对空间、色彩、灯光、家具(设备)、陈设(绿化)等要素进行设计。功能设计是实用工程设计，是设计具体结构和选用合适的材料。我国尚未进行过两栖房车的设计，在这方面尚是空白，故今后要与国内外有经验的设计师、艺术大师通力合作。

(3)操作运用中舒适性

两栖房车在陆地与水上都会在风浪流环境因素影响下产生6个自由度的运动，即横摇、横荡、纵摇、纵荡、艏摇与垂荡，在水上的显示更为明显。这些运动的各类组合会极大影响两栖房车的舒适性，影响用户对舒适度的接受程度，因此，在设计时具有重要地位，是代表两栖车辆性能优劣的重要技术指标。

(4)材料的舒适性

两栖房车是由各类材料加工组合而成的运用，其影响用户在两栖房车上活动时的感官影响程度，两栖车体材料、舱室材料、装饰材料等都必须选择环保型的材料，是舒适性最重要的评价环节，需要充分考虑两栖车辆在整个生命周期中产生的污染物，即 CO_2、CO、CH_4、SO_2、NO_x、粉尘等排放量，这些因素会直接影响用户的生理健康，不利于用户正常的工作与生活（图 8－29 和图 8－30）。

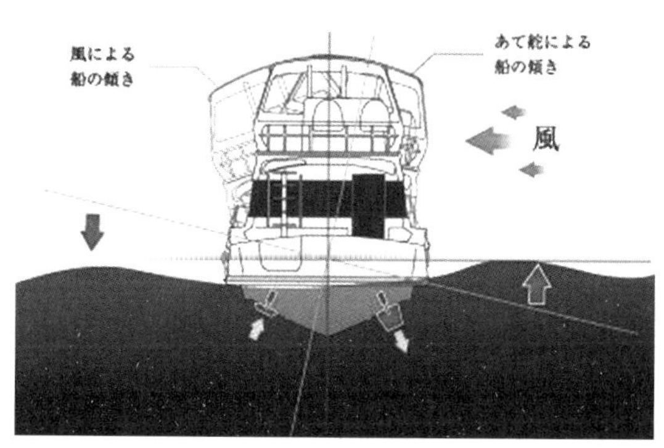

图 8－29　自动调节两栖车辆船体平衡

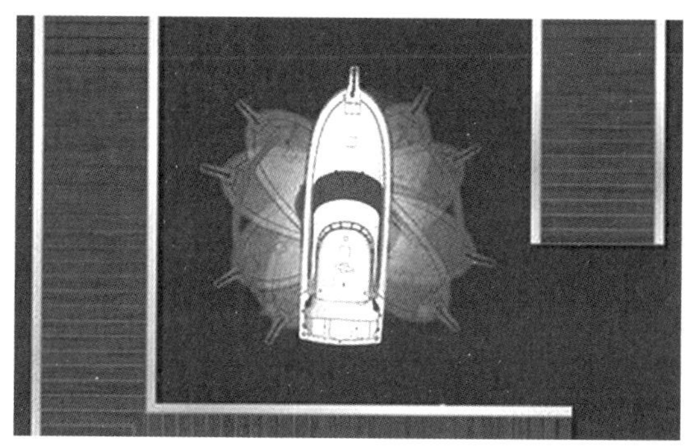

图 8－30　360°回转自如

现代游艇都自愿参加 CLEAN SEA 和 CLEAN AIR 船级标志，该标志对设计和营运提出了严格的要求，保持海洋及空气清洁以保护环境。

CLEAN SEA 船级标志意味着燃油舱必须布置在底层以上，以防止发生排放出燃油的事故。船上必须设置存放黑水和灰水的舱室以防止有机污染，还必须满足 IMO MAPROL 附录Ⅵ要求。对垃圾的专门的要求是要保证垃圾安全地得到处理，同时不得使用含 TBT 的防污漆。

CLEAN AIR 船级标志意味着必须采用符合排放硫氧化物和氮氧化物指标的发动机，并要求符合 IMO MAPROL 附录Ⅵ的要求。

“Queen Mary 2”为避免烟囱排出的烟尘污染甲板处的环境影响用户的舒适

度，对烟囱进行了广泛的风洞试验，使得在任何情况下，烟尘都不会影响环境和用户舒适度。

我们的基本目的是熟悉、了解两栖房车在水上的安全、环保的特点，及公约、规范、规则的要求，针对实际项目的环保技术与标准进行研究。

(5)振动舒适性

振动是用户人体感官的重要因素，当人体长期在振动环境中，体内的振荡运动与力的分布将导致人体的不适应与产生烦恼现象，从而影响用户的工作能力与人体的健康状况。适度的振动可能避免不了，但是过度的振动必须避免（图 8 -31和图 8 -32）。

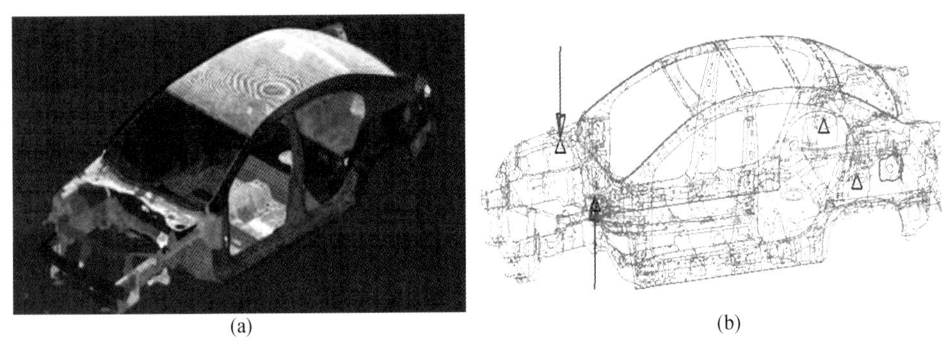

图 8 -31　两栖车辆振动分析网格

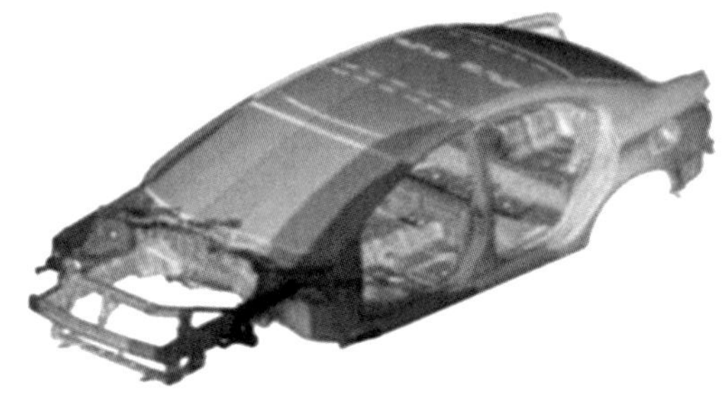

图 8 -32　两栖车辆振动分析结果云图

(6)噪声舒适性

两栖车辆的运动与各类设备装置（如螺旋桨、动力装置、辅助机械等）在工作时都会产生噪声，这些对用户有着许多不利影响，如人员之间的交流沟通不畅通、损害用户的听觉，造成“听觉疲劳”，严重时会造成“永久性听力损伤”；噪声还会危害人的健康，低频噪声可影响人员的呼吸、脉搏、血压，高频噪声可能会引起人的神经错乱和神经机能衰退。因此，噪声的舒适性是用户在两栖房车上健康工作、生活的必要条件。

两栖房车应该划分居住舱室、公共场所、娱乐场所、餐厅、冷库等，空调、通风、冷藏系统十分重要。制冷装置含海水冷却设备、海水泵、空气冷却器、管网和一个监控系统。如系统的空调、通风、冷藏系统的设计方面我们尚无经验，需收集资料，请国外专家来交流，从而了解国外设计的规范标准，并结合本项目的开发进行研究。

由此，两栖房车的美观性与舒适性是产品生产、发展的必要条件，这些设计与制造中的工艺必须把握好。

我国没有建造两栖房车的经验，无论在设计方面或者建造管理方面以及工艺设计方面都是很欠缺的，如果在这种状态下建造两栖房车，可能会造成大量废返和等工，甚至交付拖期，也就是说发生物质和工时的大量浪费，带来企业制造成本的大幅提高和大额亏损。

我国工艺设计方面也缺少强有力的工艺人员队伍，对舾装、壳舾涂技术研究不力，未引起普遍重视。生产设计必须采用先进的计算机及设计软件。另外，中国大部分制造机构的管理还是粗放型的，如果处理不当，在现场施工的实践中，会出现了不少返工情况，造成很大的损失。必须充实工艺设计的技术人才，加强与国内外的合作来弥补目前的不足。

8.2.2　两栖房车的安全性、可靠性与快速性

两栖房车的安全性、可靠性与快速性是其性能的重要体现。现代两栖房车载客人数越来越多，吨位越来越大，主机功率越来越强，必须考虑如何从抗沉性，防火、探火、报警和消防以及冗余动力装置上确保两栖房车的安全难度较大。

两栖房车与豪华游艇是按照旅客的人数设计的，要求特别高。以某型号游艇为例，它采用 Hi –Fog 防火系统，该系统有多个洒水器和喷头以及几千米的不锈钢管线，依靠电动机带动泵来工作，一旦发生火灾，洒水器上的感应器随温度上升而破裂，泵设备会自动启动，喷出水雾进行灭火。

另外对如何满足 ISPS 配置以及通道标识系统要进行研究，还要针对游艇载客人数的应急撤离系统的布置、选型进行研究。

8.2.3 两栖房车的经济性

两栖房车产业是一个令人兴奋的、充满美好前景的市场。据统计,目前世界游艇年消费额高达400亿美元,与万吨邮轮市场相当。如果加上相关的维修、管理、娱乐等费用,全球每年的游艇经济收入将超过500亿美元。全球发达国家平均每171人拥有一条私人游艇,挪威、新西兰等国家人均拥有游艇的比例高达8:1,美国为4:1,就连内陆国家瑞士也达到每69人拥有一艘。

"游艇正在进入一个亲民时代,国际是如此,国内也是如此。"海关统计资料显示,2008年,我国娱乐及运动用充气艇等四大类船艇出口继续强势增长,共计出口216.37万艘,出口额达2.21亿美元,占我国船舶出口总额的1.13%。2008年,我国游艇共出口到世界131个国家和地区,出口市场以欧洲、北美洲和亚洲为主,其中美国、中国香港、澳大利亚、俄罗斯和荷兰出口金额在1 000万美元以上。2008年,我国共有559家企业经营游艇出口业务。其中,出口额在1 000万美元以上的有4家,排在首位的是厦门唐荣游艇工业有限公司,出口额为1 616万美元。船艇出口企业中以三资企业为主,出口金额为1.55亿美元,占出口总额的70.14%。出口企业的贸易方式则以加工贸易为主,占出口总额的75.85%,一般贸易方式下的船艇出口额占出口总额的17.79%。

2008年,我国共进口船艇1 906艘,金额为5 092万美元,同比增长72.6%,主要进口来源地为欧洲、北美洲和亚洲。其中,意大利为我国第一大船艇进口国,共进口船艇22艘,金额为1 816万美元,第二是美国,进口金额为1 223万美元。第三是英国,进口金额为528.6万美元。以上三国进口船艇的金额占我国进口船艇总金额的70.05%。船艇进口企业以民营企业为主,进口金额为2 504万美元,占进口总额的49.18%,第二类是三资企业,进口金额为1 411万美元,占进口总额的27.71%,第三类是国有企业,进口金额为1 163万美元,占进口总额的22.84%。

但是,我国的游艇产业没有充分地显示出其良好的发展前景,目前仍然没有如汽车那样获得快速发展,这除了营销推广与经济性的问题外,还有一个重要原因,即游艇不是每天使用,必须占用码头停放,而游艇码头不多,租用费用又太高,使得用户望而生畏,难以接受。

而水陆两栖房车就没有这一个躲不开的问题,大型两栖房车完全可以和常规的大型卡车一样停靠在停车场,小型房车也可以和家用车辆一样停靠在住家门前和附近的停车场,而且价格是用户能够接受的范围。

两栖房车的使用价值高,维护费用远低于游艇,这就给两栖房车的发展带来了比游艇更大的优势和发展前景。目前,虽然我们技术还没有达到自主设计研发的阶段,营销还处于空白,但正是如此,其发展前景和空间将存在着无限的遐想。

无可非议,在我国要推广水陆两栖房车还是要控制其产品的经济性问题,不能价格过高,使用户望而生畏,要有多层次的产品与价格多样性,使得其能够良性和健康地发展。

8.3　新型双体两栖车船介绍

意大利著名游艇设计公司 Lazzarini 公布了一艘太阳能两栖"crabmaran"的设计,据该设计公司称,这是世界上第一艘采用这种设计的游艇。这艘名为 Pagurus 的 82 英尺(25 m)超级游艇将太阳能技术与创新设计融为一体。这艘独特的船只最初是为军事用途而设计的,现在却以 2 400 万欧元的价格向私营公司或个人出售。

这一艘独特的游艇具有许多的特点:

(1)可以水陆两栖行驶;

(2)具有双体;

(3)应用太阳能。

其形状如图 8 – 33 至图 8 – 38 所示。

图 8 – 33　意大利太阳能双体两栖车船

Crabmaran 一词源于该公司第一次将“螃蟹”和“双体船”结合起来后，取名 Pagurus：拉丁语中螃蟹的意思。Lazzarini 设计公司称，Pagurus 是他们第三个以螃蟹为灵感的项目，不仅突出了它的双体船形式，还突出了它的功能。事实上，它可以像螃蟹一样在沙滩上移动。

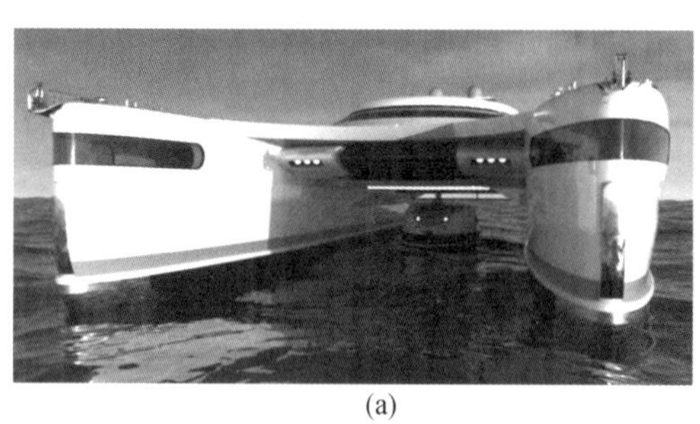
(a)

(b)

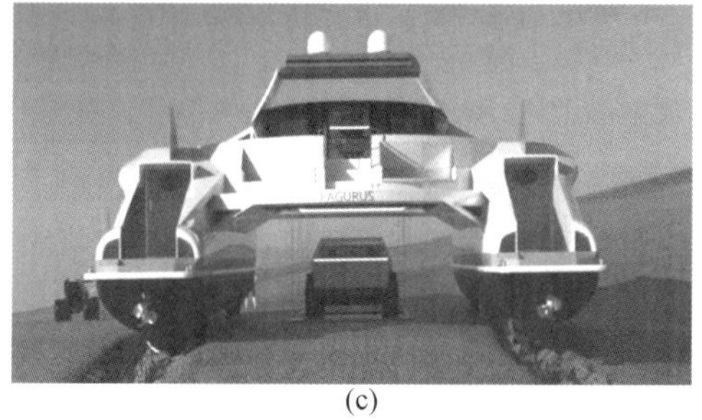
(c)

图 8－34　意大利太阳能双体两栖车船船型图

(a)

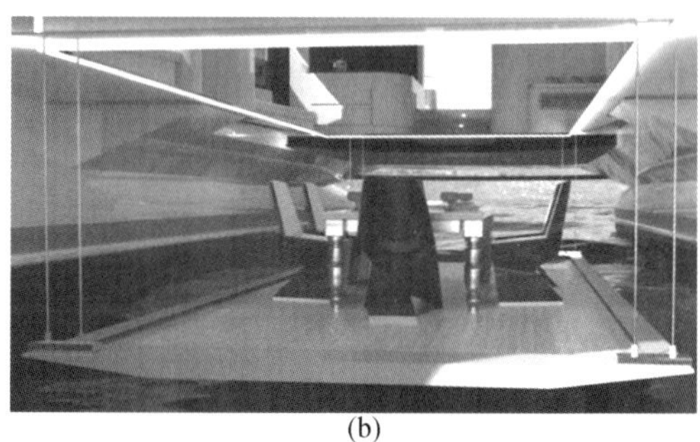
(b)

图 8－35　意大利太阳能双体两栖车船布置与内装

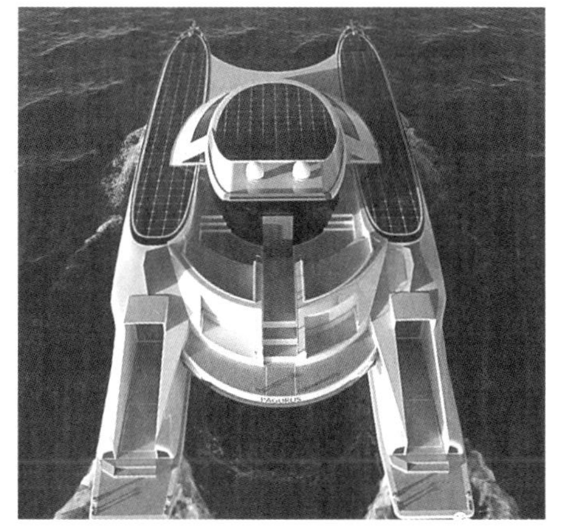

图 8－36　意大利太阳能双体两栖车船俯视图

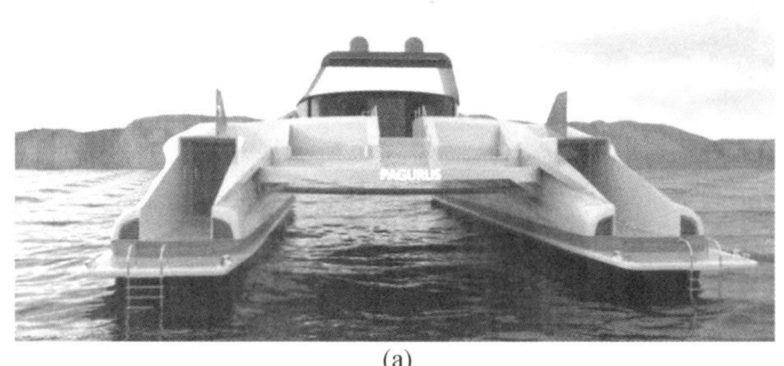

(a)

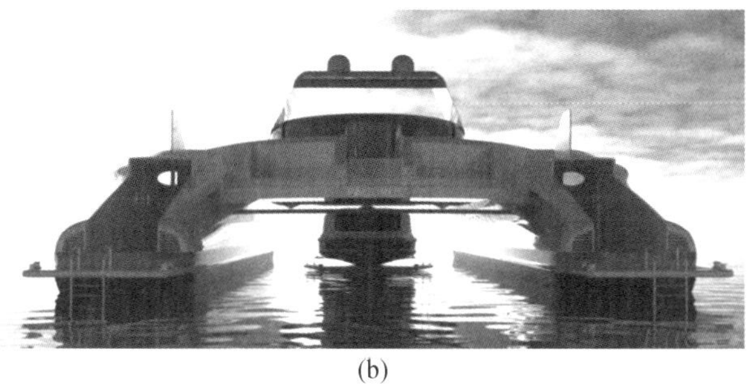

(b)

图 8－37　意大利太阳能双体两栖车船在水上

(a)

(b)

图 8－38　意大利太阳能双体两栖车船航行与上岸

Pagurus 最多可容纳 8 名客人和 4 名船员，设有 3 间卧室，外加休息室、厨房和浴室设施。游艇采用双钢船体建造，每一个船体都可以进行配置，以满足不同的内部设计要求。它的生活空间被分割在两个船体上，通过钢桥和塔式甲板连接。钢桥的实施是为了加强和强化船体的主体。

此外，游艇的中央部分还包括一个与四个电动绞车相连的起重机平台。这一功能可以装载和卸载各种物品，包括一辆越野车。它还可以被改造成一个户外休息室或用餐区。

Pagurus 配备了双艉驱动螺旋桨装置，加上双台 890 马力的柴油发动机，估计最高时速为 24 节（44 km/h 或 28 英里/小时）。

双钢螺旋筒位于船体的沉没部分，具有螺旋法兰，就像螺丝的螺纹一样。每个螺杆长度为 6.5 m（21.3 英尺），直径为 1.2 m（3.9 英尺）。这些旋转的圆柱体连接到一个输液传动装置上，能够在巡航时产生能量为游艇的电池充电。

这些气缸能够在水中产生运动（5 节），同时产生能量。

意大利太阳能双体两栖车船还在游艇的顶面安装了太阳能电池板，估计每小时可累积10 kW。太阳能系统与6个360 V电池（每个电池的容量为40 kW）相配合，在全电动模式下，以4节（7 km/h或5英里/小时）的速度提供估计约6~7 h的自主性。

同时，他们还在考虑推出一个风帆版本，并进行一些减重改进。

目前，太阳能系统可以在极轻的船舶上保证良好的自主性，然而，为了达到良好的性能，需要有更高的吨位，因此仍然依赖燃油动力发动机。

尽管如此，目前市场上的发动机为混合动力提供了一些可能性；每8 h的柴油航行，可以产生2 h的电动巡航。

当Pagurus到达陆地时，旋转的汽缸会降低约60 cm（2英寸），从而将双体船转变为能够以最高35 km/h（22英里/小时）的速度在沙地或泥地上移动的两栖车辆。在陆地上时，为了防止船体受损，游艇采用了钢制盾牌保护保险杠。

Pagurus将创新的汽车设计与航海设计融合在一起，打造出了史上第一艘水陆双体船。

以下是Pagurus的具体规格。

（1）材料：69%为锻造钢，31%为涂漆碳纤维。

（2）发动机（水上模式）：2台Caterpillar（每台890马力）。

（3）发动机（地面模式）：4台Yanmar柴油发动机（每台440马力）混合动力推进。

（4）船长：25 m（82英尺）；型宽：9.2 m（30英尺）；船高：5.2 m（16.5英尺）；吃水/浸水1 600~1 800 mm（螺钉拧出）。

（5）排水量：52 000 kg（114 640磅）。

（6）质量：52 999 kg（116 842磅）。

（7）巡航速度（水上）：18节；最大速度（水上）：25节；巡航速度（地面）：20 km/h（12.5英里/小时）；最大速度（地面）：35 km/h（22英里/小时）。

（8）电动运动最大速度（水上）：6节；电动运动最大速度（地面）：15 km/h（9.3英里/小时）。

（9）燃料：柴油油箱容量：8 000 L（2113加仑）；水容量：1 000 L（264加仑）。

（10）房间数：5；乘客：12人；船员：4人。

（11）建造时间：24个月；地点：意大利

Pagurus可按需建造，双喷气驱动的碳纤维版起价为658万欧元，水陆两栖的Crabmaran版价格跃升至2 400万欧元。

其设计效果图 8 – 39 和图 8 – 40 所示。

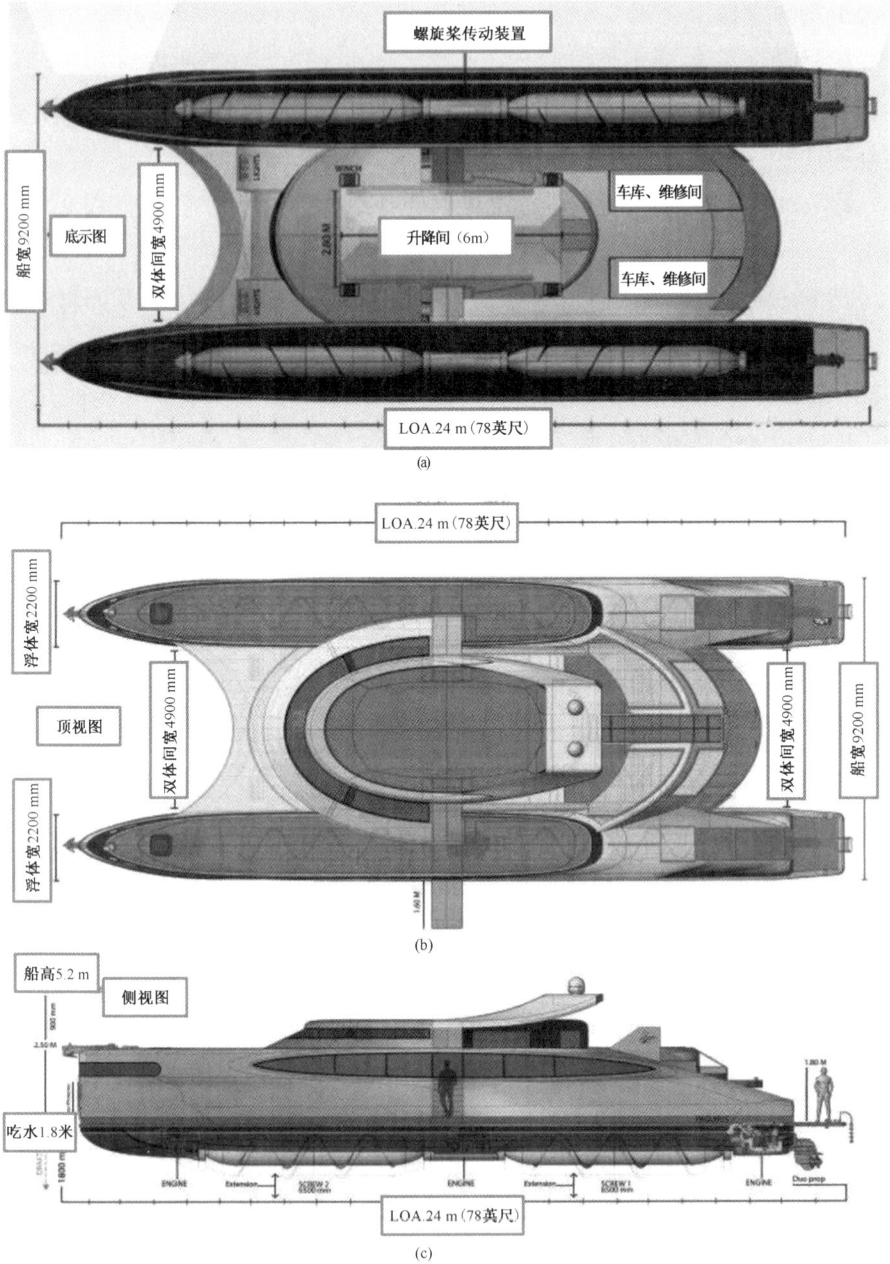

(a)

(b)

(c)

图 8 – 39 意大利太阳能双体两栖车船设计效果图（一）

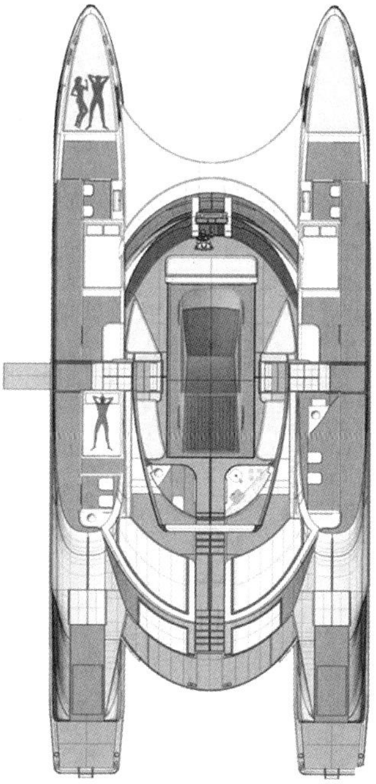

(a)

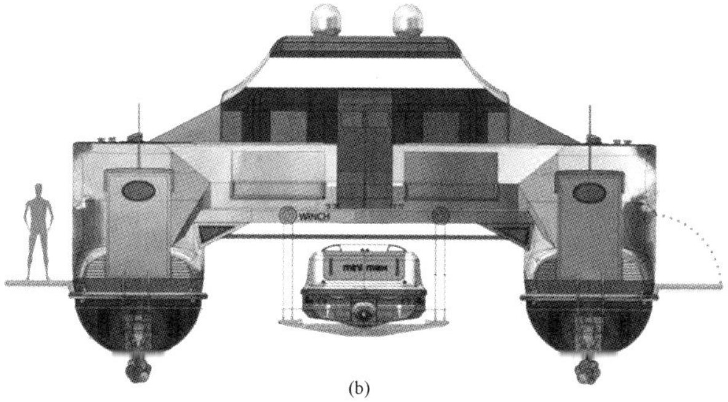

(b)

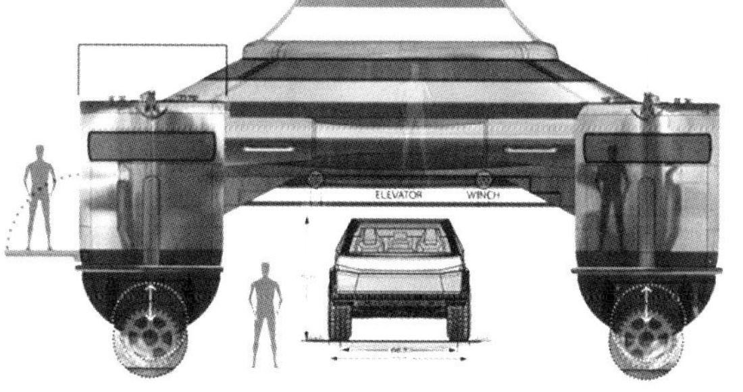

(c)

图 8－40　意大利太阳能双体两栖车船设计效果图(二)

8.4 两栖房车的展望

我国游艇与邮轮市场潜力巨大，是全球游艇、邮轮经济发展最快的区域。据中国交通运输协会邮轮游艇分会常务副秘书长郑炜航介绍：2015 年，我国游艇、邮轮旅游人次 222.4 万人次，2016 年预计达 360 万人次，1—9 月累计为 332 万人次，较去年同期增长 85%，中国已成为全球第四大游艇邮轮客源国。在上海举行的 2016 亚太游艇邮轮大会提供了另外一组数字：10 年来，我国游艇邮轮旅游人数增长了 320 倍，年均复合增长率超过 40%，预计到 2030 年，我国游艇邮轮旅游人数将接近 2 000 万人次。

过去 10 多年我国游艇邮轮产业发展处于培育期和粗放式的起步发展阶段，发展力量主要集中在政策制定、码头建设、船队引进、旅游观光和接待等方面，在邮轮管理、邮轮产业规划、邮轮制造、邮轮服务体系、邮轮市场机制、邮轮消费理念等方面还存在许多空白和不足。未来 10 年，我国游艇邮轮产业发展将处于爆发期和市场细分的快速发展阶段，全产业链快速发展，制造业与旅游业同步推进。

目前，全球大型游艇邮轮市场的供给能力难以满足市场需求，这为我国造船企业以中国和亚太游艇邮轮市场增量需求为依托，实现游艇邮轮本土建造提供了机遇。

邮轮经济已进入国家战略视野。2015 年 5 月，国务院发布的《中国制造2025》中明确提出，要“突破豪华邮轮设计建造技术”；2016 年 3 月，国家发展改革委、外交部、商务部联合发布的《推动共建丝绸之路经济带和 21 世纪海上丝绸之路的愿景与行动》中也明确指出，要“推动 21 世纪海上丝绸之路邮轮旅游合作”。

2016 年 9 月底，由工信部、发展改革委等六部委联合发布的《关于促进旅游装备制造业发展的实施意见》，将加快实现邮轮自主设计和建造作为重点任务之一；2016 年，发展改革委等 24 部门联合发布的《关于印发促进消费带动转型升级行动方案的通知》明确指出，“培育本土邮轮发展，支持国内造船企业与国外造船企业联合生产制造大型邮轮项目”。从那时起，国家和天津、深圳、上海、青岛等省市相继推出支持发展邮轮经济的相关政策(图 8-41)。

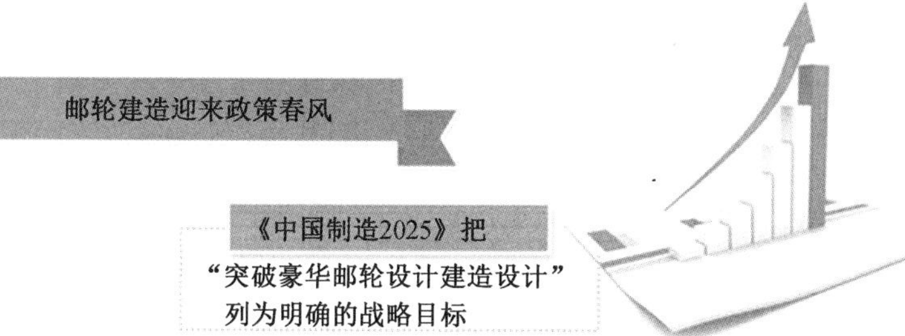

图 8-41　中国两栖车船发展规划

邮轮被誉为造船业“皇冠上的明珠”,设计、建造难度巨大,进入门槛极高,堪称“巨系统工程”。但放眼世界,过去几十年,全球船舶建造中心经历了从欧美到日本、韩国再到中国的转移,只有豪华邮轮是个例外,其制造中心一直在欧洲。中国能否将建造邮轮的梦想照进现实?

2010 年,我国成为全球第一造船大国。但是,近年来全球船舶制造行业逐渐萧条,甚至跌入行业最低谷,全球新船订单同比下降约 70%。然而,与传统船型的市场低迷相比,豪华游轮建造却有着旺盛的国际市场需求。目前世界邮轮设计建造及配套产业链主要集中在欧洲,全球年产能仅 8 艘左右,建造产能明显不足。在这一背景下,我国加快建造豪华邮轮,将为我国造船业找到新的发展动力。既能推动我国船舶工业从中低端向高端发展,还可以促进我国船舶工业供给侧结构性改革进程,最终提升我国船舶工业的整体实力。邮轮建造将成为我国船舶工业供给侧结构性改革、稳增长、调结构、促转型的重点方向。

目前,在国家大力支持及相关各方的通力合作下,国产大型邮轮设计建造进程正持续稳步推进。国家“十四五”规划中又把邮轮经济作为重要的发展项目,这为我国的邮轮产业提供了强大的推动力。

这种情况必然会带动游艇产业的发展,历年的统计数据表明,船艇工业在国际上有着巨大的市场份额。仅游艇(单指休闲用游艇)一项,从 20 世纪 80 年代开始，国际市场每年的销售额都在 200 亿美元左右，而最近几年均保持在 250 亿美元左右。另外，游艇配件/水上运动器材的年销售额约 150 亿美元。近年外销游艇的主要市场还将继续以欧美与日本等国家（或地区）为主。从未来发展来看，游艇业发展的潜在市场空间巨大，这也必将带动两栖房车的发展。

两栖房车将是一种新型的车型，又是一类比游艇更具发展的水上特色的水陆两栖游艇，既可得到陆上用户的青睐，又可得到水上用户的喜爱，是可以在陆地与水上大放异彩的新型装备，必将带动我国游艇事业的发展，按照我国的邮轮游艇发展规划，应该力争使我国两栖游艇的设计建造能力在短期内达到国际先进水平，为我国的海洋经济添上浓重的一笔！

总结目前我国两栖游艇产业主要瓶颈和薄弱环节如下。

（1）高端技术人才的培育和引进存在瓶颈

两栖房车（水陆两栖游艇）产业是技术密集型产业，高端人才是产业发展的关键条件，由于国内房车与游艇装备制造业起步晚，在专业技术人才方面存在较大缺口。

（2）关键设备本地化配套能力有待提升，游艇关键设备主要依靠进口，采购周期长，可控性差。本地供应目前仅限于材料部件和普通设备，附加值较低。房车在我国的现状比游艇更差，技术、配套、制造各个方面更需要发展健全。

（3）产业创新能力发展不平衡，共享创新机制等有待加强

游艇产业链各环节企业研发创新能力发展不均衡，没有龙头企业谈不上创新能力，产业链中下游企业的创新能力更有待加强，同时产业集群的协同创新共享机制需要进一步完善，学科建设、人才培养、高端人才引进等都有待提升。

（4）行业风险管控能力有待提高

由于游艇行业高度国际化的特点，主流市场和客户都以欧美客户为主，国内游艇企业在对西方的营商环境、文化差异、法律体系、规范标准等方面，还需要有更深入的研究，降低游艇行业的经营风险。对国内的发展也要培育一套方法、机制，尤其是新型的两栖房车（两栖游艇）更需要提高各个方面的管控能力。

我国将重点提高大型豪华游艇的总装集成能力，打造具备总承包能力和较强国际竞争力的专业化总装制造企业（集团）。以总承包为牵引，带动和引导一批中小型企业走专业化、特色化发展道路，在工程设计、模块设计制造、设备供应、系统安装调试、技术咨询服务等领域，逐步发展成为具备较强国际竞争力的专业化分包商。

我们应该培育两栖房车（两栖游艇）研发设计的高端人才，引导“产、学、研、

用”相结合，组建产业技术创新战略联盟，围绕产业技术创新链开展创新，推动实现重大技术突破和科技成果产业化。应该建立业务分包体系，培育合格的分包商和设备供应商，推动“专、精、特、新”型中小企业共同发展。

我们国家发展两栖房车（两栖游艇）完全是必要的和及时的，我国企业有实力、也有能力，必将带动产业的发展，按照我国的汽车与游艇发展规划，力争使我国的自主设计建造能力在短期内达到国际先进水平，为我国的海洋经济添上浓重的一笔！

参考文献

[1] 佚名. 中集豪华游艇邮轮研发设计工程实验室项目验收自评价报告[R]. 2018.

[2] YANG X. 见识一下：世界上最豪华的两栖房车[EB/OL]. (2007-07-13)[2018-05-25]. http://inf.m.315che.com/n/2007_07/43854/.

[3] 经销商供稿. 德国 MAN 8X8 越野房车[EB/OL]. (2017-12-14)[2018-05-28]. http://inf.315che.com/n/2017_12/942041/.

[4] 龙 de 船人. 房车不鲜见了，房船见过没？[EB/OL]. (2017-11-5)[2018-05-29]. https://www.imarine.cn/forum.php?mod=viewthread&ordertype=1&tid=696096.

[5] 高志龙. 两栖房车研究开发[R]. 苏州：清华大学苏州汽车研究院研究报告，2018.

[6] 储能世界. 意大利著名游艇设计公司 Lazzarini 推出太阳能两栖双体船[EB/OL]. (2021-01-17)[2021-09-29]. https://www.sohu.com/a/445030358_704734.

[7] 徐宝文. 信息化海战作战试验仿真系统的研究与实现[D]. 南京：东南大学 2009.

[8] 吴江. 国内外水陆两栖车应用现状调研报告[R]. 苏州：清华大学苏州汽车研究院，2019.

[9] 孙伟，韩建礼，刘西侠. 基于动网格模型的两栖车辆数值模拟[J]. 舰船科学技术，2009，31(9)：146-150.

结束语

当前,根据经济发展与军事战略需求,国家制定了各种政策促进我国水陆两栖车辆的发展。我国相关企业和科研院校经过多年的努力,这方面也取得了长足的进步,诸如军用水陆两栖车辆、民用两栖应急救援车辆,运输、旅游、工程两栖车辆装置与各类技术等都已经取得了突破,研究成果丰厚。但是,我们与国际先进水平相比还有许多不足,尤其当今技术竞争激烈,还需要在国家政策引导下,齐心协力、攻坚克难。在大家的努力下,一定会在水陆两栖车辆设计制造领域创造出越来越多的先进成果,屹立在世界的前列。

本书的编书写终于完成了,在此过程中我们对国外的资料采纳不多,除部分是笔者积累的成果外,绝大部分都是采用了国内作者的论文并偏重引用的是方法和成果,省略了一些理论描述。许多作者的论文,我们尽可能都做了引用说明,但也有可能遗漏,在此表示诚挚的抱歉!

本书得到了刘秉穗高级工程师对全文组织、文字、用语修饰的指点与帮助。军委装备发展部资深专家、原总装备部车船研究所刁增祥所长,清华大学苏州汽车研究院金达锋副院长,天津万美达船舶科技发展有限公司刘谦总工程师等车辆、船舶专家对本书的撰写提供了宝贵的意见与建议。还有众多朋友的支持、帮助,他们提供了许多宝贵的信息和资料,极大充实了本书的内容,他们是郭宇、汪洋、林一、蒋狄清、田宇、刘继伟等。他们的帮助对我们至关重要!在此,对他们的热忱相助表示真诚的感谢。

特别要感谢潘镜芙院士给了我们极大的支持和帮助,极大增强了我们编写的热情和信心,也要感谢哈尔滨工程大学出版社领导、中国船舶重工集团公司第704研究所船舶工程编辑部的田立群副主任给予我们的多方面的支持、帮助。

哈尔滨工程大学出版社的编辑对本书给出了许多中肯的意见和非常好的建议,帮助我们避免了许多不足之处,在此对他们的辛勤工作表示深切谢意。

希望本书的出版能对水陆两栖车辆工程领域的工作者提供有益的帮助,如此,我们也感无憾了。

本书如有不妥之处,真诚希望读者批评指正。

编著者

2022 年 12 月